21世纪高等院校会计学专业精品系列（案例）教材

【丛书编辑委员会】

总主编 阎达五

编 委（按姓氏笔画为序）

于长春	王又庄	刘大贤	刘仲文	阎达五
孙 铮	沈小凤	张文贤	张龙平	余绪缨
欧阳清	杨世忠	杨周南	杨雄胜	赵德武
郭复初	曹 冈	盖 地

组稿编辑 乔 剑　qiaojian0906@yahoo.com.cn

21世纪高等院校会计学专业精品系列（案例）教材

审计学

理论·实务·案例·习题

（第二版）

刘明辉　毕华书　胡　波　汪寿成 ◎ 编著

21SHIJI GAODENG YUANXIAO
KUAIJIXUE ZHUANYE
JINGPIN XILIE(ANLI) JIAOCAI

首都经济贸易大学出版社
Capital University of Economics and Business Press
·北京·

图书在版编目（CIP）数据

审计学 / 刘明辉等编著. -- 2版. -- 北京：首都经济贸易大学出版社，2025.1. -- ISBN 978-7-5638-3812-7

Ⅰ.F239.0

中国国家版本馆CIP数据核字第2024B5Z662号

审计学（第二版）
SHENJIXUE
刘明辉　毕华书　胡波　汪寿成　编著

责任编辑	彭伽佳
封面设计	砚祥志远·激光照排　TEL：010-65976003
出版发行	首都经济贸易大学出版社
地　　址	北京市朝阳区红庙（邮编100026）
电　　话	（010）65976483　65065761　65071505（传真）
网　　址	http://www.sjmcb.cueb.edu.cn
经　　销	全国新华书店
照　　排	北京砚祥志远激光照排技术有限公司
印　　刷	北京市泰锐印刷有限责任公司
成品尺寸	185毫米×260毫米　1/16
字　　数	828千字
印　　张	34.25
版　　次	2007年7月第1版　**2025年1月第2版**
印　　次	2025年1月总第2次印刷
书　　号	ISBN 978-7-5638-3812-7
定　　价	68.00元

图书印装若有质量问题，本社负责调换

版权所有　侵权必究

前 言

本书是针对第一次系统学习审计课程的审计学专业、会计学专业、财务管理专业本科生设计的，亦可作为审计专业硕士（MAud）、会计专业硕士（MPACC）及工商管理硕士（MBA）更深入探讨审计学的学习材料与参考读物。本书主要具有以下几个特点：

一是理论与实际相结合。本书旨在将审计理论及观念与审计方法及实务加以整合，以使学生真正掌握审计学的精髓。为此，本书区别于同类教材的一个重要特点是它系统地介绍了审计导因、社会地位、审计理论结构和审计目标、审计假设、审计概念体系等基本理论问题，使学生对一些基本审计问题不仅知其然，而且知其所以然。本书还强调了审计人员的职业责任与社会地位。

二是采用经营流程分块法和风险导向审计相结合的思路设计和讲解财务报表审计程序。全书按照风险导向审计的思路，讲解了各流程的内部威胁分析、剩余风险评估及与该流程有关的财务报表认定的测试，将风险评估、风险应对的核心思想融入各交易循环审计实务中。

三是充分体现审计环境、审计技术和相关法规的最新发展，体现审计理论研究和审计实务创新的最新成果。严格按照最新发布的企业会计准则和中国注册会计师执业准则体系的核心要求阐述审计实务，关注数智化对审计的影响，有利于提高读者的实际操作水平。

四是注重系统反映注册会计师业务发展脉络，充分反映注册会计师业务拓展与执业规范，系统介绍了注册会计师鉴证业务的有关内容。

五是结构合理、设计新颖。本书例示了各种重要观点、图表和审计文书格式，并配有适量的练习与思考题、案例分析题，便于组织教学。

本版共分四篇，计 19 章。

第一篇"审计与注册会计师职业"（第一章至第五章），主要阐述审计的含义与种类、审计基本理论、注册会计师执业规范体系、注册会计师职业道德规范，以及注册会计师法律责任。

第二篇"审计程序与技术"（第六章至第十一章），主要阐述财务报表审计的目标与过程、审计证据与审计工作底稿、审计测试中的抽样技术、风险评估、风险应对，以及计划对财务报表认定的测试。

第三篇"交易循环审计"（第十二章至第十七章），主要阐述财务报表各交易循环的

基本流程、内部威胁分析、剩余风险的评估，以及有关财务报表认定的测试，并对各特殊项目的审计以及终结审计和审计报告进行了详细介绍。

第四篇"其他类型的审计与鉴证服务"（第十八章至第十九章），主要阐述财务报表审计业务以外的其他业务，包括财务报表审阅、其他鉴证业务，以及经营审计、合规审计、国家审计和内部审计等。

本书由东北财经大学教授、博士生导师、财政部全国会计名家、中国注册会计师协会审计准则委员会委员、中国会计学会审计专业委员会原主任委员刘明辉博士领著。具体分工为：第一章、第二章、第三章、第四章由刘明辉教授和中华女子学院胡波副教授编著，第五章、第七章、第八章、第十五章至第十九章由刘明辉教授和嘉兴大学毕华书副教授编著，第六章由武汉学院汪寿成副教授编著，第九章至第十四章由武汉学院汪寿成副教授和嘉兴大学毕华书副教授编著。最后由刘明辉教授和毕华书副教授负责修订、总纂、定稿。

由于我们的水平所限，书中难免存在不足甚至是错误之处，尚请各位任课老师、学界同仁和职业界的朋友多加指正，不胜感谢。

编著者

2024 年 11 月 18 日

目 录

第一篇　审计与注册会计师职业

第一章　审计概论 ·· 3
 第一节　审计的含义与种类 ·· 3
 第二节　审计的动因与社会角色 ·· 6
 第三节　审计的沿革与模式演变 ··· 13
 第四节　数智化审计技术的创新和发展 ···································· 20
 思考题 ·· 22

第二章　审计理论结构 ··· 23
 第一节　审计理论概述 ·· 23
 第二节　审计环境与审计目标 ·· 30
 第三节　审计基本假设 ·· 40
 思考题 ·· 44

第三章　注册会计师执业准则 ··· 45
 第一节　注册会计师执业准则概述 ·· 45
 第二节　中国注册会计师业务技术标准体系 ······························ 51
 第三节　会计师事务所业务质量管理准则 ································· 60
 思考题 ·· 65

第四章　注册会计师职业道德规范 ·· 66
 第一节　注册会计师职业道德概述 ·· 66
 第二节　职业道德基本原则 ··· 68
 第三节　职业道德概念框架 ··· 70

第四节　提供专业服务的具体要求 ………………………………………… 73
　　思考题 …………………………………………………………………………… 79

第五章　注册会计师的法律责任 …………………………………………… 80
　　第一节　注册会计师法律责任概述 ……………………………………… 80
　　第二节　外国注册会计师的法律责任 …………………………………… 85
　　第三节　中国注册会计师的法律责任 …………………………………… 89
　　第四节　注册会计师如何避免法律诉讼 ………………………………… 92
　　思考题 …………………………………………………………………………… 94

第二篇　审计程序与技术

第六章　财务报表审计的目标与过程 ……………………………………… 97
　　第一节　财务报表审计的目标 …………………………………………… 97
　　第二节　对财务报表的责任 ……………………………………………… 99
　　第三节　审计的分块方法 ………………………………………………… 106
　　第四节　与各类交易、账户余额、列报相关的审计目标 ……………… 108
　　第五节　审计目标的实现过程 …………………………………………… 111
　　第六节　初步业务活动和总体审计策略 ………………………………… 113
　　思考题 …………………………………………………………………………… 127

第七章　审计证据与审计工作底稿 ………………………………………… 128
　　第一节　审计证据 ………………………………………………………… 128
　　第二节　审计工作底稿 …………………………………………………… 141
　　第三节　利用其他主体的工作 …………………………………………… 151
　　思考题 …………………………………………………………………………… 160

第八章　审计抽样和其他选取测试项目的方法 ………………………… 162
　　第一节　审计抽样概述 …………………………………………………… 162
　　第二节　审计抽样过程 …………………………………………………… 169
　　第三节　审计抽样在控制测试中的运用 ………………………………… 178
　　第四节　审计抽样在细节测试中的运用 ………………………………… 185
　　思考题 …………………………………………………………………………… 188

第九章　风险评估 …………………………………………………………… 190
　　第一节　风险识别和评估概述 …………………………………………… 190
　　第二节　风险评估程序以及项目组内部的讨论 ………………………… 191

  第三节 了解被审计单位及其环境和适用的财务报告编制基础 …… 196
  第四节 了解被审计单位内部控制体系 …… 204
  第五节 识别和评估重大错报风险 …… 225
  第六节 审计工作记录 …… 231
  思考题 …… 232

第十章 风险应对 …… 233
  第一节 针对财务报表层次重大错报风险的总体应对措施 …… 233
  第二节 针对认定层次重大错报风险的进一步审计程序 …… 236
  第三节 控制测试 …… 241
  第四节 实质性程序 …… 249
  思考题 …… 253

第十一章 计划对财务报表认定的测试 …… 254
  第一节 审计风险模型 …… 254
  第二节 审计重要性 …… 259
  第三节 编制测试财务报表认定的审计计划 …… 266
  思考题 …… 273

第三篇 交易循环审计

第十二章 营销、销售和分销流程的审计 …… 277
  第一节 营销、销售和分销流程的特征 …… 277
  第二节 营销、销售和分销流程的内部威胁分析 …… 282
  第三节 营销、销售和分销流程剩余风险的评估 …… 289
  第四节 有关财务报表认定的测试：主营业务收入和应收账款 …… 291
  第五节 有关财务报表认定的测试：其他相关项目（账户）的测试 …… 299
  思考题 …… 301

第十三章 供应链和生产管理流程的审计 …… 302
  第一节 供应链和生产管理流程的特征 …… 302
  第二节 供应链和生产管理流程的内部威胁分析 …… 307
  第三节 供应链和生产管理流程剩余风险的评估 …… 313
  第四节 有关财务报表认定的测试：材料采购和应付账款 …… 316
  第五节 有关财务报表认定的测试：存货 …… 320
  第六节 有关财务报表认定的测试：其他相关项目（账户） …… 325
  思考题 …… 327

第十四章 资源管理流程的审计 ································ 329
第一节 人力资源管理流程的审计 ································ 329
第二节 固定资产管理流程的审计 ································ 339
第三节 财务管理流程的审计 ···································· 350
第四节 有关财务报表认定的测试：货币资金 ······················ 360
思考题 ·· 366

第十五章 特殊项目审计 ·· 368
第一节 期初余额 ·· 368
第二节 比较信息 ·· 371
第三节 会计估计和相关披露 ···································· 378
第四节 关联方及其交易 ·· 381
第五节 持续经营 ·· 387
思考题 ·· 393

第十六章 终结审计 ·· 394
第一节 取得管理层书面声明和律师声明书 ························ 394
第二节 编制审计差异调整表和试算平衡表 ························ 399
第三节 与治理层的沟通 ·· 406
第四节 复核审计工作 ·· 410
第五节 项目质量复核 ·· 411
第六节 形成审计意见 ·· 417
思考题 ·· 421

第十七章 审计报告 ·· 422
第一节 审计报告的含义与种类 ·································· 422
第二节 审计报告的基本内容 ···································· 423
第三节 在审计报告中沟通关键审计事项 ·························· 427
第四节 其他信息 ·· 429
第五节 无保留意见审计报告 ···································· 431
第六节 非无保留意见审计报告 ·································· 434
第七节 在审计报告中增加强调事项段和其他事项段 ················ 442
第八节 对按照特殊目的编制基础编制的财务报表审计并出具审计报告 ·· 446
第九节 期后事项 ·· 450
思考题 ·· 456

第四篇 其他类型的审计与鉴证服务

第十八章 财务报表审阅与其他鉴证服务 459
第一节 鉴证业务概述 459
第二节 财务报表审阅 477
第三节 内部控制审计 482
第四节 预测性财务信息审核 507
思考题 512

第十九章 其他类型审计 513
第一节 经营审计 513
第二节 合规审计 518
第三节 国家审计 521
第四节 内部审计 528
思考题 534

第一篇
审计与注册会计师职业

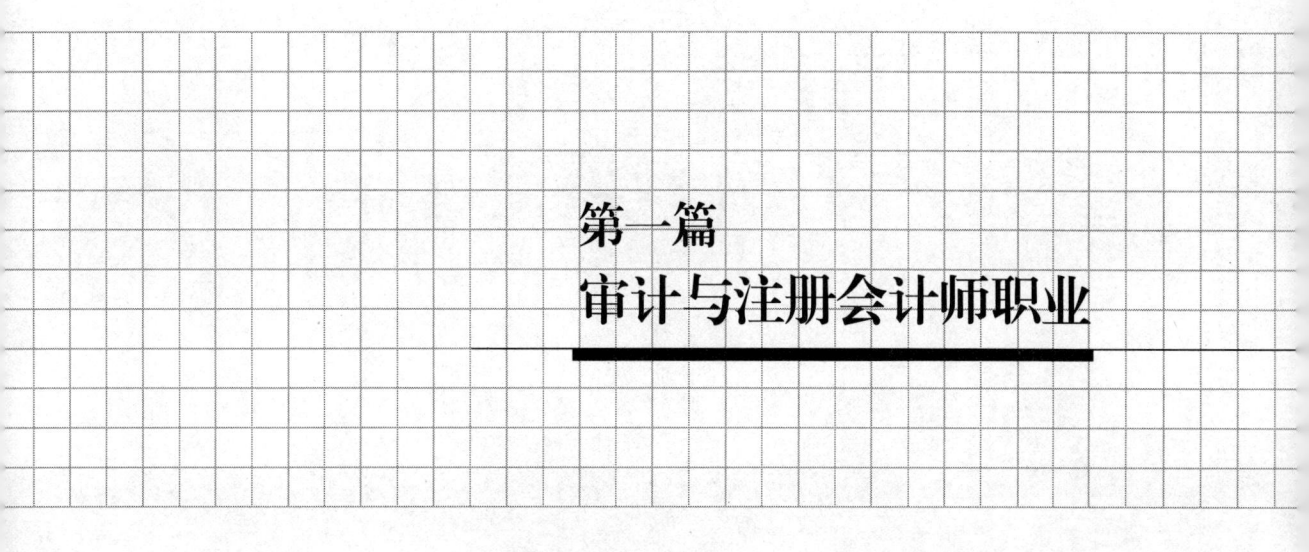

第一章 审计概论

本章要点

本章主要阐述审计的含义与种类、审计的动因与社会角色、审计的沿革与模式演变。审计是一个客观地获取和评价与经济活动和经济事项的认定有关的证据，以确认这些认定与既定标准之间的符合程度，并把审计结果传达给有利害关系的用户的系统过程。按照目的和内容的不同，可以将审计分为财务报表审计、合规审计和经营审计。审计存在和发展的动因可以从多个角度去理解，主要的学说包括：受托经济责任论、代理人学说、信息经济学说、保险论、冲突论和多因决定论。审计人员的社会角色随着社会需要的变化而变化。经历了从"警犬"到"看门人"，再到"信息风险的减少者"和"保险人"的过程。审计是商品经济发展到一定程度时，随着企业财产所有权与经营权分离而产生的。在审计发展的不同阶段，审计模式经历了三个发展阶段，即账项导向审计、制度导向审计和风险导向审计。风险导向审计发展过程又可以分为传统风险导向审计和现代风险导向审计两个阶段。现代风险导向审计是20世纪90年代审计职业界顺应审计环境的变化而采用的一种新的审计模式。国内外审计信息化和智能化发展对审计范围、审计对象、审计方法、审计模式、审计证据等产生了重要影响。

第一节 审计的含义与种类

一、审计的含义

美国会计学会在1973年《基本审计概念报告》中将审计定义为："审计是一个客观地获取和评价与经济活动和经济事项的认定有关的证据，以确认这些认定与既定标准之间的符合程度，并把审计结果传达给有利害关系的用户的系统过程。"简单地说，审计就是对有关经济活动和事项的一些说法加以验证。比如，企业通过财务报表来认定其财务状况、经营成果和现金流量情况，财务报表就是管理层认定的一种形式。注册会计师应当将财务报表同有关标准进行比较，并判断其与既定标准的符合程度。在验证过程中，特别强调注册会计师应当收集证据并得出结论，并将审计结论以一定的方式传达给财务报表的使用者。

为了更好地理解上述定义，以下就其中的几个关键术语做进一步的解释：

1. 经济活动和经济事项的认定

引起被审计单位的资产、负债、所有者权益及收入和费用发生增减变化的活动就是经济活动，或称经济事项。被审计单位有关经济活动和经济事项的认定是审计的对象，它可以是公司的财务报表，也可以是某一建造合同的总成本等等。

2. 客观地获取和评价证据

客观意味着没有偏见，这不仅是对信息获取方法的质量要求，也是对审计师的道德要求。审计证据是用来确定被审计的认定与既定标准是否一致的资料。获取和评价证据是审计的中心环节，客观地获取和评价证据要求对被审计单位有关认定的形成基础加以审查，并对其结果加以公正地评估，不因支持或反对作此认定的个人或单位而有所偏差或持有任何偏见。

3. 系统的过程

系统的过程指的是合理的、有序的、有组织的步骤或程序。审计是一种遵循顺序、逻辑严密的活动，这就要求审计的事前规划必须详细周到，执行过程必须合乎标准，传达结果的报告必须用词明确且准时送达。

4. 与既定标准相符合的程度

既定标准是指判断认定时所采用的衡量标准，这些标准可能是立法机关所制定的规则，或企业管理层所制定的预算或绩效衡量标准，也可能是财务会计委员会或其他权威机构订立的一般公认会计原则。符合程度就是将被审计单位所作的认定与既定标准相比较，验证二者的接近程度。

5. 审计结果

审计结果是基于对证据的分析与评价而得出的对认定与结果的一致程度的评价。审计结果的传达可以采用书面报告的形式，如财务报表审计的报告；也可以采用简单的口头报告。

6. 有利害关系的用户

审计服务的对象并不仅限于被审计单位或审计的委托人，其可能是所有有利害关系的用户，包括股东、债权人、证券交易机构、税务监管部门、各类金融机构及潜在投资者等等。

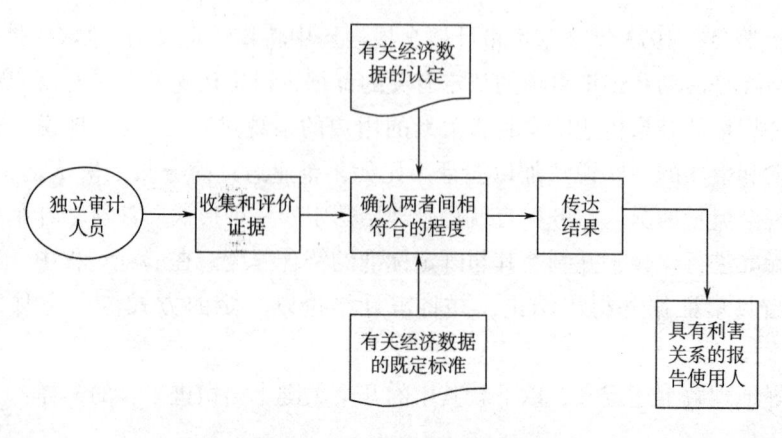

图1-1 审计的系统化过程

二、审计的种类

为了能正确理解与掌握不同的审计形态，有必要按照一定的标准对审计予以科学的分类。审计分类的标准很多，例如：按照审计的目的和内容不同，可以分为财务报表审计、合规审计和经营审计；按照审计主体不同，可以划分为政府审计、内部审计和注册会计师审计；按照审计范围不同，可以划分为全面审计和局部审计、综合审计和专题审计；按照审计时间不同，可分为事前审计和事后审计、期中审计和期末审计、定期审计和不定期审计；按审计地点不同，可分为就地审计、送达审计和远程网络审计；按审计动机不同，可分为法定审计和任意审计等。下面重点介绍按照审计目的和内容不同所划分的三种类型。

（一）财务报表审计

财务报表审计是指对被审计单位的财务报表（如资产负债表、利润表、股东权益变动表和现金流量表）、财务报表附注及相关附表进行的审计，目的在于查明被审计单位的财务报表是否按照一般公认会计准则（我国是《企业会计准则》、《企业会计制度》及国家其他相关财务会计法规，下同）公允地反映了其财务状况、经营成果和现金流量情况。财务报表审计通常是由注册会计师进行的。在审计过程中，注册会计师要遵循审计准则和有关法规，以一般公认会计原则为标准来判断被审计单位的财务报表是否公允表达，并以书面报告的形式表达其对财务报表公允性的意见，或在情况特殊时说明无法发表意见。

财务报表审计是近代股份公司出现后，由于公司的所有权和经营权的分离，以及股份的社会化而逐渐发展起来的一种审计方式。财务报表审计是现代审计中理论最完备、方法最先进的一种审计方式。

（二）合规审计

合规审计是指对被审计单位的财务及经营活动是否遵循有关的法律、法规、规章制度、合同、协议、内部控制标准等而实施的审计。在绝大多数情况下，合规审计是针对政府法规标准的遵循情况进行审计的，因为任何企业、非营利组织、政府机关和个人都必须遵守政府制定的法律法规。由税务稽查人员就企业所得税结算申报书是否遵从税法规定申报而进行的审计，就是合规审计的典型例子。我国开展的财经法纪审计，如对严重违反国家现金管理规定、银行结算规定、成本开支范围、税法规定等行为所进行的审计，也是一种合规审计。按照有关规定，审计机关对违反财经纪律的单位和个人有权予以经济制裁；对严重违法乱纪人员，有权向有关部门建议予以行政纪律处分；对触犯国家刑律的，有权提请司法机关依法惩处。

（三）经营审计

经营审计是指对一个组织的经营活动或其中约定的部分是否达到预定的目标所进行的系统检查，以评估被审计组织的经营业绩，挖掘经营管理的潜力，并为改进经营管理提出建议。经营审计通常被认为是对经营活动的效果和效率进行的审计。效果是指经营活动对既定目标的完成情况，如建立了合理的内部控制系统。效率则是指在完成经营活动目标的过程中对资源的使用情况，如以最低的成本确保内部控制系统的有效执行。经营审计对审计师的专业胜任能力要求比较高，而对独立性的要求并不像财务报表审计那样严格。内部

审计师、政府审计师和注册会计师都可以执行经营审计，但内部审计师执行经营审计有着得天独厚的条件。与财务报表审计和合规审计相比，经营审计缺乏客观和权威的评价标准，评价标准的设定也更主观，从这一点上来说，经营审计更像是管理咨询。相应地，经营审计报告使用者的范围相对有限，一般是特定的，通常是被审计单位管理层，且经营审计的内容因审计项目而异，因此审计报告一般采用非标准格式。

第二节 审计的动因与社会角色

任何事物都是基于某种客观需要，在特定条件下产生并遵循一定的规律向前发展的，审计亦不例外。审计动因是指审计产生、存在与发展的动力和原因。审计作为一种服务性职业，其存在和发展受到所处社会经济环境的影响，社会需要决定了审计的本质、职能和目标。审计动因反映了社会经济环境对审计的客观要求，制约着审计的本质、职能和目标。探求审计动因，研究社会对审计服务的需求，将从根源上认识审计本质、审计职能、审计目标、审计假设、审计规范、审计控制等理论问题，有助于构建一个具有完整性和逻辑性的审计理论结构体系，具有重要的理论价值和现实意义。

一、审计动因

关于审计存在和发展的动因，理论界和职业界存在几种不同的观点，主要包括受托经济责任理论、代理人学说、信息经济学说等。[①]

（一）受托经济责任论

受托经济责任论认为，审计是在财产所有权与经营管理权分离所形成的受托经济责任关系下，基于经济监督的客观需要而产生的，并伴随着受托经济责任的发展而发展。受托经济责任关系的确立是审计产生与存续的前提条件。

根据受托经济责任论的观点，财产所有权与经营权的分离是生产力发展到一定阶段的必然产物。伴随着两权分离以及相继出现的管理层内部分权制，产生了委托和受托关系，这种关系是一种经济上的契约关系，被称作受托经济责任关系。在受托经济责任关系下，客观上存在着委托者对受托者进行经济监督的需要，即财产所有者对财产经营管理者的受托经济责任的履行情况进行审查，于是便产生了对审计的需要。受托经济责任关系的不断发展导致了审计的发展与变革，审计方法发展的根本动力是基于评价内容日益复杂的受托经济责任的客观要求。例如，账项导向审计模式是与评价简单的受托经济责任相适应的，内控导向审计模式是与评价复杂的受托经济责任相适应的，风险导向审计模式是与评价全面的受托经济责任相适应的。因此，审计与受托经济责任之间，客观上存在着内在的、不可分割的必然联系。

（二）代理人学说

代理理论认为，审计的出现，不是外部力量强制的结果，而是社会选择所致。审计的

---

① 刘明辉、薛清梅：《注册会计师审计产生动因的观点评述》，《中国注册会计师》，2000年第9期。

本质在于促使委托人和代理人的利益都达到最大化,审计是委托人与代理人的共同需求。

詹森和麦克林认为,委托代理关系是指"一个人或一些人(委托人)委托其他人(代理人),根据委托人的利益从事某些活动,并相应地授予代理人某些决策权的契约关系"。委托人和代理人都是最大合理效用的追求者,然而他们各自的利益目标又不一致,委托人为了使代理人朝着自身的方向努力,需要付出代理成本,为了降低代理成本又能维系这种代理关系就需要监督,审计就是一种监督方式。例如,企业的股东就是委托人,管理部门则为代理人。股东除了通过管理部门的报告外,没有其他途径考察作为代理人的管理部门的工作业绩与他们的目标之间的联系程度,更无法考察管理部门做了哪些工作导致这一盈亏情况。如果将管理部门业绩与报酬相联系,管理部门有虚报业绩的动机;若管理部门的报酬固定,管理部门必然没有了工作的积极性。由此认为,用有激励的报酬合同再加上对财务报表的注册会计师审计,就可以达到股东价值最大化的目的,因此产生了对审计的需求。这是对委托人即股东而言的。对代理人而言,由于管理部门的报酬与其业绩挂钩,投资人可以通过减少报酬的方式,允许管理人员有偏离投资者利益的范围和自由。为了避免这种情况发生,精明的管理人员会主动聘请注册会计师对其业绩的真实性进行鉴定,以向股东说明其付出的努力及有效性。可见,审计是委托人和代理人的共同需求。

(三) 信息经济学说

信息经济论的解释是,之所以存在审计,是因为管理层和投资者之间存在潜在的信息不对称,审计财务信息可以降低信息不对称,并使市场更具效率。审计的本质在于增进财务信息的价值。

信息是一种特殊的经济资源,它具有价值,取得信息需要付出成本。投资者可以利用财务信息作出适当的决策。但由于信息的不对称,也就是说,内部的信息提供者可能比外部的信息使用者掌握更多的信息,外部的投资者、债权人无法知道企业的真实情况,信息提供者很可能说谎,这种不可靠的信息常常导致信息使用者的失败和损失,因而就产生了提高信息质量的要求。当然,这种需求只有在从高质量的信息中获得的利益超过为提高信息质量而付出的代价时才能真正付诸行动。但如何才能提高信息的质量呢?唯一的办法就是去查账。但如果每个人都去查账,这种代价就太高了,而且加之能力、时空等限制,就产生了利用专门人员即注册会计师对财务信息进行审计的要求。审计免去了人们对会计信息质、量的"观察","经审计"成了一种标签,它提高了财务信息的可信性,从而增加了财务信息的价值,这就是审计的本质。

(四) 保险论

保险论认为审计的本质在于分担风险。审计是降低风险的活动,即审计是一个把财务报表使用者的信息风险降低到社会可接受的风险水平之下的过程,甚至认为审计是分担风险的一项服务。[①]

保险论据以立论的基本依据是,由于财务信息的非直接性、信息提供者的偏见和动

---

① 胡春元:《审计风险研究》,东北财经大学出版社1997年版,第9页。

机、资料庞杂以及交易复杂性等原因，财务信息使用者可能得到不可靠的财务信息。[①] 此种情况下，财务信息的使用人为防止信息提供者舞弊而引起灾难性的损失，都愿意从自己将要得到的收入中支付一部分费用来聘请外部注册会计师，这部分审计费用就称为保险费用，同时也把审计的效果视为保险价值。如果注册会计师因失职而未觉察财务报表不可靠，他们有责任赔偿因失职而造成的损失，从而实现分担风险的目的。

保险论是建立在风险转移论基础上的，属于经济学分配理论的范畴。在这一理论下，审计的本质被看作一种保险行为，可以减轻投资者和其他关联人的风险压力。正如沃勒斯所说："注册会计师对破产或濒临倒闭的公司负有'深口袋'责任。在美国，法院多起判决认为，注册会计师有能力避免未保险的投资人的营业风险。法院的倾向性观念是，注册会计师有义务为向他们寻求避免财务损失的投资人担保财务报表的准确。显然，法院视审计为使风险社会化的一种手段。换句话说，因为注册会计师对揭示营业失败负有责任，注册会计师转而通过收取高额费用把成本转嫁给客户，进而通过提高产品价格和降低投资报酬转嫁给社会。"[②] 这段话的中心在于审计被认为是风险分担过程的一部分，这个过程旨在使较大的无法承受的风险变为较小的可接受的风险。

（五）冲突论

冲突论认为，财务报表的提供者和使用者之间的利益并不一致，他们之间存在实际或潜在的利害冲突，例如，贷款银行对于借款公司的资产采取比较谨慎的看法，申请贷款者对于本身的经营前途则具有乐观的信心。由于两者存在利害冲突，管理层所提供的财务报表及有关资料存在粉饰财务状况和经营成果的可能。因此，财务报表使用者期望注册会计师对财务报表实施独立、客观、公正的鉴证，并发表一个意见，以合理地保证财务报表不受利害冲突的影响。

财务报表的使用者之间也可能存在利害冲突。比如，公司股东可能期望得到丰厚的现金股利，而债权人则更倾向于不发放股利。为了使财务报表为每一个预期使用者所信赖，财务报表必须保持中立，即不能以牺牲一方利益为代价而使他方受益。基于这一考虑，也要求有独立于利害关系各方的注册会计师对财务报表予以鉴证，以维护各方的利益。

利害冲突论认为，审计之所以存在，就是因为利害冲突的存在会导致财务报表出现不实反映的可能性，这是社会需要审计的最基本原因，其他原因都是次要的。譬如，有人认为审计很专业、很复杂，可能只有专家才会做；也有人说，一般人看不到公司的账。这都不是主要的原因，因为即使你有这样的专业能力，也有机会能看到账簿，只要你的立场不对，别人也不相信你的话。比如，某公司的总会计师既懂会计，又能看到账簿，而且很专业，但如果他说"本公司的报表很公允"，别人往往难以完全相信，原因就在于他的立场不客观。

[①] 参见 A. A. 阿伦斯、詹姆士·洛贝克：《当代审计学》，张杰明等译，中国商业出版社1991年版，第13~14页。该书认为，降低信息风险的方式有三：一是报表使用者自行查证信息；二是报表使用者与管理者分担信息风险；三是提供经审计的财务报表。

[②] W. A. Wallace: The economic role of the audit in free and markets, New York: Touche Ross, 1980.

(六) 多因素决定论

多因素决定论认为，审计的存在是多方面因素决定的，单从某一角度来分析问题可能失之偏颇，也无法解释不同社会经济环境对审计的需求。决定审计存在与发展的因素包括如下几个方面：

1. 权力分散的结果

权力分散既包括财产所有权与管理权的分离，也包括企业经营决策权的下放。当企业规模不断扩大时，无论是由财产所有者还是由少数管理人员直接控制企业的全部经营管理工作，都变得越来越不现实，这时就出现了权力的分散，此时就需要对直接管理人员进行必要的监督检查。比如，就政府审计而言，不论社会制度如何，财产所有者都需要对财产管理者即政府行政部门的管理活动进行监督；就注册会计师审计而言，由于股东不参与管理，管理权交由公司管理部门如董事会等执行，公司所有者同样需要聘请独立的注册会计师对管理部门的管理活动予以监督。所以说，权力的分散是审计产生的原因之一。

2. 趋利动机的存在

信息提供者在提供信息给使用者时总有一定的动机。比如说企业希望得到银行贷款而向银行提供财务报表，为了能得到贷款，管理者就有高估资产、低估负债的倾向，银行需要对财务报表的真实可靠进行鉴定。正是由于趋利动机的存在，信息使用者为了避免决策失误，要求对信息进行鉴证，同时有些信息提供者为了证明自己未因趋利动机而使信息发生歪曲，也要求对信息进行鉴证。双方的要求只能由一个独立的第三者完成才更公正，这样就产生了对注册会计师审计的需求。

3. 调和矛盾的需要

根据经济学原理，任何一个人或集体都有自己相对独立的利益，而在社会经济资源一定的前提下，不同利益主体之间必定存在着一定的矛盾。股东和经营管理人员更是存在着利益上的冲突，因为对股东来说，经营管理所需要的费用归根到底是他们所支付的费用中的一部分，是利润的减项，而对管理人员来说，经营管理费用正是他们主要的收入来源，这也是他们冲突的根本原因，因此客观上需要由注册会计师进行审计，对他们在此类利润分配等问题上的矛盾予以调节。需要说明的是，这里的矛盾既包括公司股东和公司管理部门之间的矛盾，也包括公司管理部门与银行之间的矛盾。

4. 客观条件的约束

不论是在政府内部还是企业内部，本来财产所有人和高层管理人员完全有权力对经营管理者和中下层管理人员的活动进行检查，但受能力、时间、空间等一系列条件的限制，他们无法进行直接监督，因而聘请具有某种资格（具有独立性、受过专业训练）的人来代为检查成为一种必然。股份公司的结构使所有权与管理权发生了分离，股东不但不能直接参与公司管理，而且无权亲自检查公司的财务报表，这就需要有人代表股东实施财务报表审计，这种限制可以说是法定的限制。所有这些约束都可以说是注册会计师审计产生的原因之一。

5. 降低风险的需要

投资者为了维护自身的利益，往往要求企业提供更多的财务与非财务的信息，特别是

关于企业前景的信息。但由于信息的非直接性、信息提供者的偏见和动机、数据量大和交易复杂等原因，企业提供不可靠信息的风险与日俱增，即存在信息风险。为了降低信息风险，就要由注册会计师对信息进行审核，并提供评价，因而产生了对审计的需要。

由于经济上或经营上的原因，企业面临严峻的营业风险，而且技术创新加大了企业的营业风险。金融创新又提高了企业的投资风险，信息风险在 21 世纪也有增长的趋势。面对这种趋势，决策者为了减少自身的风险，更有必要聘请注册会计师先对信息进行鉴定。如果注册会计师未能发现信息的不真实之处，他们会为自己的失职作出赔偿，这样也就起到了转嫁风险的作用。

6. 复杂技术的约束

经济业务日益复杂，错误和舞弊的可能性都在增加，账务处理和报表编制需要专门的技术，信息使用者在自己不具备财务信息鉴证能力的情况下，有必要聘请独立的第三者对财务报表进行审计。无论在过去、现在还是未来，该因素都是影响审计的一个重要因素。

二、注册会计师的社会角色

（一）什么是注册会计师的社会角色

"角色"一词从戏剧概念而来，用于社会学理论中，始于20世纪30年代美国芝加哥学派的代表人物乔治·米德。社会角色是由一定的社会价值体系所决定的、与人们的社会地位和身份相一致的一整套权利义务的规定和行为模式，是社会对特定社会关系的同一种社会位置的价值与意义的期待，是人们进行社会活动的依据和基础。可以说，社会角色是人们对特定身份的人的行为期望。每一种角色都有社会或他人对其特定的一些期望，对注册会计师来说，基于对审计动因和审计目标的认识，人们形成了对审计的作用和价值的认识，并进一步形成了对注册会计师的社会期望，这就决定了注册会计师在社会经济生活中所扮演的角色。

（二）注册会计师角色定位的历史过程

1. "警犬"

早期的注册会计师曾被赋予"警犬"的功能。这种观点的形成主要来源于对审计目标进而对审计动因的初步认识。当时审计的目标被认为是查错防弊，注册会计师的作用和价值也就在于履行查错防弊的职能，因为审计委托人对受托人即经营管理者有经济监督的需要，审计被视为一种独立的经济监督方式，承担起了监督检查的职能。当时的公司审计业务主要涉及调查会计中的错误与舞弊行为。

2. "看门人"

随着经济现实和审计实务的发展，"警犬"的功能被否定，注册会计师被重新定位为"看门人"。由于注册会计师在实务中主要采用了以测试和评价内部控制为基础的抽样审计，为了避免过高的审计风险，他们强调自己只是"看门人"，仅仅对财务报表的合法性和公允性发表意见，不对查找账簿中的错误与舞弊负责。

3. "经济警察"

20世纪后期，社会公众对注册会计师的期望增加，仅仅履行"看门人"的职能无法满足人们对审计的需求,社会公众不仅要求他们对财务报表的公允性发表意见,还要求他们查找重大的错误与舞弊,注册会计师被誉为"经济警察"。但是,因为审计以何种方式存在以及如何发挥作用是多因素共同作用的结果,现代审计可能受自身技术、成本、时间以及外在环境甚至包括社会公众和客户等构成的社会信用体系的制约,注册会计师实际上无论多么勤勉尽职,也无法保证其审计后的财务数据绝对公允,注册会计师的作用不能盲目夸大,注册会计师的定位也不能仅仅是迎合人们的主观愿望,注册会计师不是警察,他们并不具有警察所具有的强制性。

(三) 注册会计师角色的现实定位

对注册会计师社会角色的定位有两种比较盛行的观点,一是认为注册会计师是"信息风险降低者";二是认为注册会计师是"信息风险分摊者"。这两种观点的理论依据主要来源于"信息论"和"保险论"的结合。

1. 信息风险的概念及产生原因

现代社会经济发展日新月异,企业面临着巨大的营业风险。营业风险就是指企业由于经济上或营业上的原因而导致的面临经营失败的可能性。企业的利益相关者为了作出正确的决策,需要得到大量相关的财务与非财务信息,但是这些用来判断营业风险的信息有不正确的可能性,这种可能性就是信息风险。信息风险产生的原因主要有信息的距离、信息提供者的偏见和动机、信息量过大和交易业务复杂。[①]

(1) 信息的距离。在现代社会中,决策者几乎不可能获取他所在单位的大量的第一手资料,而必须依赖他人提供的信息。信息一旦由他人提供,被有意或无意错报的可能性就会增大。

(2) 信息提供者的偏见和动机。如果信息由目标不同于决策者的人提供,就有可能出现有利于提供者的偏差。其原因可能是对未来事项的盲目乐观,或是有意以某种方式对信息使用者施加影响。无论是哪种情况,都将导致信息的错报。错报形式可能是直接的金额错误,也可能是信息揭示的不充分或不完整。

(3) 信息量过大。随着组织规模的扩大,其业务量也随之增大,这就增加了记录不当信息的可能性——这种不当信息很容易被大量的其他信息所掩盖。

(4) 复杂的交易业务。近几十年来,各经济组织之间的交易日趋复杂,从而加大了正确记录的难度。

2. 注册会计师现实定位的两种主要观点

(1) 信息风险降低者。[②] 这种观点认为,注册会计师的作用之一就是通过审计,减少财务信息中可能存在的故意或非故意的错报,以降低信息使用人的信息风险。这种观点强调注册会计师通过审计只是对财务报表中不存在重要错报作出合理的保证,而不是绝对的保证。"注册会计师有责任计划和实施审计,以便为财务报表中是否不存在因错误或舞弊事项而引起的重要错报取得合理保证。由于受审计证据的性质和舞弊事项的特性的影响,

---

[①] [美] 阿尔文·A. 阿伦斯等:《审计学——整合方法研究》,石爱中等译,中国审计出版社 2001 年版,第 13 页。
[②] 观点参见 [美] 阿尔文·A. 阿伦斯等:《审计学——整合方法研究》,石爱中等译,中国审计出版社 2001 年版,第 169 页。

注册会计师只能为查出错报取得合理的保证，而不是绝对的保证"①。能否查出重要错报而不是所有错报是确定注册会计师是否作出合理保证的依据。合理保证而非绝对保证这一概念表明，注册会计师不是财务报表正确性的保证人或保险人。如果要求注册会计师对所有报表信息予以保证，则高昂的审计成本将使审计行为在经济上不可行。信息风险的复杂性决定了注册会计师只能降低信息风险，而无法完全分担信息风险。

（2）信息风险分担者。这种观点认为，注册会计师要对欺诈和错误行为承担足够的责任，审计行为被视为分担社会风险的过程。这种风险分担的角色类似于保险人，即不分享成功决策的利益而分担损失。按照保险理论，如果发生了损失，注册会计师必须赔偿，但如果没有损失，注册会计师的利润就是其得到的审计公费。

然而，由于信息风险的复杂性，要求注册会计师对每一个错报事项负法律责任是不合情理的，这样将导致社会所支付的成本超过其收益，更重要的是，即使增加社会成本，也未必能够发现那些经过周密策划的欺诈行为，同时也不可能完全排除判断失误。注册会计师所面临的风险通常体现为重大错报风险和检查风险，只有检查风险是注册会计师有能力控制的风险，因而信息风险分担论将注册会计师视为由多种因素综合作用形成的信息风险的分担者，使得注册会计师的社会责任压力过重，从而使得这种审计期望成为不现实。

3. 中国注册会计师制度的社会价值②

1980年，经国务院批准，财政部恢复重建注册会计师制度。1986年，国务院颁布《中华人民共和国注册会计师条例》（国发〔1986〕68号）。1988年，中国注册会计师协会（以下简称"中注协"）成立，这是注册会计师行业的全国组织。1993年，《中华人民共和国注册会计师法》颁布，注册会计师行业成为最早拥有专门立法的专业服务业。1995年，中注协与中国注册审计师协会实现联合。1999年，全国会计师事务所基本完成脱钩改制。2002年，中注协确定以诚信建设为主线的行业发展思路。2009年，国务院办公厅转发财政部《关于加快发展我国注册会计师行业的若干意见》（国办发〔2009〕56号），这是新时期、新阶段指导注册会计师行业中长期发展的纲领性文件。2012年，习近平同志作重要批示，要求注册会计师行业紧紧抓住服务国家建设这个主题和诚信建设这条主线，对行业发展提出了新期望和新要求，为行业科学发展指明了方向。2021年，国务院办公厅印发《关于进一步规范财务审计秩序促进注册会计师行业健康发展的意见》（国办发〔2021〕30号），明确提出规范财务审计秩序、促进注册会计师行业健康发展的总体要求、工作原则和具体措施。2023年，中共中央办公厅、国务院办公厅印发《关于进一步加强财会监督工作的意见》（中办发〔2023〕4号），明确行业协会自律监督和中介机构执业监督是财会监督体系的重要组成部分。2023年，中注协召开第七次全国会员代表大会，深入学习贯彻习近平新时代中国特色社会主义思想和党的二十大精神，确定未来五年行业发展方向、目标和重点任务，推动行业更好服务于中国式现代化建设。

---

① 美国第1号《审计准则说明书》（AU110），转引自：[美] 阿尔文·A. 阿伦斯等《审计学——整合方法研究》，石爱中等译，中国审计出版社2001年版，第169页。

② "勇担神圣使命　服务国家建设——庆祝中华人民共和国成立75周年注册会计师行业工作与发展成就掠影"，中国注册会计师协会-要闻（cicpa.org.cn），2024-09-24。

中国注册会计师行业被视为证券市场的守门人，为我国证券市场健康稳定发展做出了重要贡献。现有法律法规和政府文件规定的注册会计师可承接的业务共579项，其中，审计鉴证类业务363项、咨询类业务216项。注册会计师服务对象涵盖国民经济与社会发展的各领域、各环节、全过程，发挥了市场经济有效运行的社会监督者、社会公众利益的维护者、企业健康高效运行的守护者作用。据不完全统计，行业每年调整上市公司隐匿虚假资产、税费等约1.25万亿元，每1元审计投入带来约150元的纠错效应。

截至2024年5月31日，全国共有会计师事务所10 794家，从业人员超过40万人，每年服务行政企事业单位420余万家，累计帮助资本市场主体融资超过220万亿元，深度参与"一带一路"建设，为3万余家中国企业在200多个国家和地区设点布局提供了强有力的专业支持。近年来，注册会计师行业不断拓展服务国家建设的广度、深度和高度。《2022年度会计师事务所综合评价百家排名信息》显示，排名前100家会计师事务所业务收入达到719.59亿元，占行业总收入的66.96%；53家会计师事务所收入超过1亿元。

第三节　审计的沿革与模式演变

一、审计的起源

审计是商品经济发展到一定阶段的产物，是随着财产所有权与经营权的分离而产生的。与政府审计和内部审计相比，注册会计师审计的产生要晚得多。通常认为，注册会计师审计产生于工业革命时期，而其萌芽则可以追溯到16世纪。

在16世纪的意大利，威尼斯城是东西方贸易的枢纽，商业经营规模不断扩大。为了满足经营资金的需要，出现了早期的合伙企业。在合伙企业中，尽管所有的合伙人都是出资人，但通常只有少数合伙人参与企业的经营管理，其他合伙人则只出资而不参加经营管理，财产所有权与经营管理权出现了分离。不参与经营管理的合伙人需要了解企业的经营状况，参与经营管理的合伙人也希望能证实自己经营管理的能力与效率，因此双方都希望能从外部聘请独立的专业会计人员来担任查账和监督工作。这些专业会计人员所进行的查账与监督，可以被看作注册会计师审计的萌芽。

18世纪下半叶，工业革命开始以后，英国的生产社会化程度大大提高，特别是股份公司兴起以后，绝大多数股东只向企业出资而完全脱离了经营管理，导致企业所有权与经营权进一步分离。股东们要求由经理人员组成的管理层定期向他们提交财务报表，以便了解公司的财务状况和经营成果。而后，随着资本市场的快速发展，企业融资渠道进一步拓宽，债权人、潜在的投资者以至广大的社会公众都需要通过财务报表了解公司的财务状况和经营成果，以作出贷款、投资等相应的经济决策，这客观上产生了由独立会计师对公司财务报表进行审计以确保其真实、公允的需要。

1721年，英国爆发了南海公司破产事件，使公司股东和债权人遭受了巨大的经济损失。会计师查尔斯·斯内尔受议会聘请，对南海公司的会计账目进行了检查，并以"会计师"的名义出具了一份"查账报告书"，指出南海公司的财务报告存在严重的舞弊行为，这标志着独立会计师——注册会计师的正式诞生。随后，为保护投资者和债权人的利益，

监督股份公司的经营管理，英国议会于1844年颁布了《公司法》，规定股份公司必须设立监事来审查会计账簿和报表，并将审查结果报告给股东。次年，又对《公司法》进行了修订，规定股份公司必要时可以聘请会计师协助办理审计业务。该法案使公司有聘请外部会计师的选择权，从而有力地促进了独立会计师的发展。其间，英国政府对一批独立会计师进行了资格确认。1853年，爱丁堡会计师协会在苏格兰成立，标志着注册会计师职业的诞生。1862年修改的《公司法》又确定注册会计师为法定的公司破产清算人，进一步明确了注册会计师的法律地位。

二、审计的发展

商品经济的发展不仅促成了审计的产生，而且不断推动审计向前发展。政府审计和内部审计如此，注册会计师审计也不例外。从审计对象的演变过程看，注册会计师审计可以分为会计账目审计、资产负债表审计和财务报表审计三个阶段。

（一）会计账目审计阶段

该阶段大致从19世纪中叶至20世纪初。由于英国的《公司法》确立了注册会计师的法律地位，使得英国的注册会计师审计得到了迅速发展，并对其他国家产生了重要影响。这期间，英国的审计模式占据主导地位。该阶段注册会计师审计的主要特点是：注册会计师审计逐渐由任意审计转变为法定审计；审计的目的在于查错防弊，保护企业财产的安全完整；审计的方法是对会计账目进行逐笔的详细审计；审计报告的使用人主要是企业股东。

（二）资产负债表审计阶段

该阶段大致包括20世纪的前30年。其间，全球经济发展的重心由欧洲转向美国。金融资本向产业资本的渗透更加广泛，企业与银行间的利益关系更加密切。银行通常要求企业提供经过注册会计师审计的资产负债表，以判断企业的偿债能力。企业也希望借助注册会计师对其资产负债表的审查，更好地获取银行信用。因此，资产负债表审计成为此阶段注册会计师的主要业务。这一阶段的基本特点是：审计对象由会计账目扩大到资产负债表；审计的主要目的在于通过审查资产负债表来判断企业的信用状况；审计方法从详细审计初步转向抽样审计；审计报告的使用人除企业股东外，进一步扩大到债权人。

（三）财务报表审计阶段

这一阶段从20世纪30年代延续至今。20世纪30年代以后，美国的证券市场得到了快速发展。为了保护投资者的权益，1934年美国《证券交易法》规定，上市公司必须向证券交易管理部门报送经过审查的资产负债表和损益表。为顺应这种需要，注册会计师审计从资产负债表审计逐步扩大到财务报表审计。在此阶段，注册会计师审计的主要特点为：审计对象扩大为企业的全部财务报表及相关资料；审计的主要目的在于对财务报表发表审计意见；审计范围扩大到测试相关的内部控制制度；抽样审计和计算机辅助审计技术逐渐被运用；审计报告的使用人进一步扩大，包括股东、债权人、潜在的投资者、证券交易机构、政府及社会公众；注册会计师审计准则体系不断建立和完善；注册会计师资格考试和认证制度逐步推行。

三、审计模式的演进

审计模式是审计导向性目标、范围和方法等要素的组合，它规定了如何分配审计资源、如何控制审计风险、如何规划审计程序、如何收集审计证据、如何形成审计结论等问题。审计环境的不断变化和审计理论水平的不断提高，促进了审计模式和方法的不断发展和完善。截至目前，一般认为，审计模式和方法的演进经历了账项导向审计、制度导向审计和风险导向审计几个阶段。

（一）账项导向审计模式

账项导向审计存在于19世纪中叶到20世纪40年代。在这一时期，由于英国的法律规定了所有股份公司和银行必须聘请审计师进行审计，致使英国注册会计师审计得到了迅速发展，并对当时欧美国家及日本等产生了重要影响，而且英国的审计模式在当时占据主导地位。早期的英国注册会计师审计没有成套的方法和理论，只是根据揭弊查错的目的，以公司的账簿和凭证作为审查的出发点，逐笔审查会计账簿记录，检查各项分录的有效性和准确性，以及账簿的加总和过账是否正确，总账与明细账是否一致，以获取审计证据，达到揭弊查错的审计目的。该种审计模式又被称为详细审计。详细审计阶段，注册会计师审计已经由自愿审计转为法定审计，审计对象是会计账簿，审计目的是以揭弊查错、保护企业资产的安全和完整，审计报告的使用人主要为公司的股东。详细审计阶段是审计发展的第一阶段，在审计史上占据着十分重要的地位，详细审计中的精华方法一直沿用至今。

一方面，账项导向审计是在当时被审计单位规模较小、业务较少、账目数量不多以及审计技术和方法不发达的特定审计环境下产生的。由于审计师可以花费适当的时间对被审计单位的账簿记录进行详细审查，所以在一定程度上和一定时期内可以实现揭弊查错的审计目标。另一方面，从现代审计环境的视角来看，账项导向审计不对内部控制的存在及其有效性进行了解和测试。虽然可以对缺乏内部控制或内部控制极度混乱的企业高效率地开展工作，验证有关凭证的真实性和合法性，但是，围绕账表事项进行详细审查费力又耗时，且无法验证账项、交易的完整性，使得审计师不能保证发现未发生的重大舞弊，很难得出可靠的审计意见，审计结论存在很大的隐患。

所以，经历一段时期之后，随着企业规模的日渐增大和审计范围的不断扩大，对被审计单位的账目记录进行详细审查的成本越来越高，客观上要求对账项导向审计进行改进。注册会计师审计开始转向以财务报表为基础进行抽查；审计方式由顺查法改为逆查法，即先通过审查资产负债表有关项目，再有针对性地抽取凭证进行详细检查。在此阶段，抽查的数量很大，但由于采取判断抽样为主，审计师仍难以有效地揭示企业财务报表中可能存在的重大错弊。

（二）制度导向审计模式

制度导向审计存在于20世纪40年代到20世纪70年代。20世纪40年代以后，随着社会和经济的发展，企业规模不断扩大，业务急剧增加，会计账目越来越多。企业为了管理的需要，开始建立内部控制制度。财务报表的外部使用者越来越关注企业的经营管理活动，希望审计师全面了解企业内部控制情况，审计目标逐渐从揭弊查错发展到对财务报表发表意见。早期的账项导向审计模式在日益复杂的经济环境面前显得越来越不可行，过多

的人工成本降低了审计师的边际收益率。为了保证审计质量,提高审计效率,必须寻找更为可靠、有效的审计方法。1938年的美国麦克森·罗宾斯公司倒闭事件成为审计史上最大的案件,该事件不仅削弱了公众对审计的信任,也暴露出审计方法和程序方面存在的弊端。

经过长期的审计实践,审计师发现企业内部控制制度与企业会计信息的质量具有很大的相关性。如果内部控制制度健全有效,财务报表发生错误和舞弊的可能性就小,会计信息的质量就较高,审计测试的范围就可以相应缩小;反之,就必须扩大审计测试的范围,抽查更多的样本。因此,顺应审计环境的要求,为了提高审计效率、降低审计成本、保证审计质量,账项导向审计发展为内控导向审计。内控导向审计要求审计师对委托单位的内部控制制度进行全面了解和评价,评估审计风险,制订审计计划,确定审计实施的范围和重点,规划实质性程序的性质、时间和范围,并在此基础上实施实质性程序,获取充分、适当的审计证据,从而提出合理的审计意见。

与账项导向审计相比,制度导向审计在制订审计计划时,不仅要考虑审计的时间资源和人力资源,还要考虑内部控制制度的健全和有效性。通过了解和评价被审计单位的内部控制制度,发现其薄弱之处,有重点、有目标地进行重点审计。制度导向审计注重剖析产生财务报表结果的各个过程和原因,减少了直接对凭证、账表进行检查和验证的时间和精力,改变了以往的详细审计方法,使得抽样审计有了一定的基础。这不但调整了工作重点,保证了审计质量,还提高了审计工作的效率,节约了审计时间和费用。

但是,制度导向审计也存在一些不足之处:第一,有时进行控制测试并不能减轻实质性程序的工作量,工作效率并不能得到有效提高;第二,内部控制的评价存在很强的主观性和随意性,容易产生偏差,对审计规划产生不良影响;第三,运用内控导向审计模式很难有效地规避三类审计风险:误报、违法舞弊和经营失败;第四,使用范围受限制,当被审计单位内部控制制度不健全或者内部控制制度设置健全但执行不好时,就不宜采用这一审计模式。

(三) 风险导向审计

1. 传统风险导向审计

在经历了账项导向审计和制度导向审计之后,审计模式和方法进入了风险导向审计阶段。审计风险受到企业固有风险因素的影响,如管理人员的品行和能力、行业所处环境、业务性质、容易产生错报的财务报表项目、容易受到损失或被挪用的资产等导致的风险;又受到内部控制风险因素的影响,如账户余额或各类交易存在错报的风险,内部控制未能防止、发现或纠正的风险;还会受到审计师实施审计程序未能发现账户余额或各类交易存在错报风险的影响。因此,审计师仅以内部控制测试为基础实施抽样审计,很难将审计风险降至可接受的水平,抽取样本量的大小也很难说服政府监管部门和社会公众。为了从理论和实践上解决制度导向审计存在的缺陷,审计师职业界很快开发出了审计风险模型,我们称之为传统的审计风险模型。[①]

[①] 2003年10月,国际审计和鉴证准则委员会(IAASB)发布了一系列新的审计风险准则,要求审计师在审计过程中更深入地进行风险评估,并对审计风险模型作出重大改动。修改后的审计风险模型为:审计风险=重大错报风险×检查风险。

审计风险＝固有风险×控制风险×检查风险

在传统的审计风险模型中，审计风险是由会计师事务所风险管理策略所确定的，谨慎行事的会计师事务所往往将其确定为较低水平。固有风险和控制风险则与企业有关，审计师可以通过了解企业及其环境以及评价内部控制对两者作出评价，在此基础上确定检查风险，并设计和实施实质性程序，以将审计风险控制在会计师事务所确定的水平。审计风险模型的出现，从理论上解决了审计师以制度为基础采用抽样审计的随意性，也解决了审计资源的分配问题，即要求审计师将审计资源分配到最容易导致财务报表出现重大错报的领域。从国外文献看，早在1983年，美国审计准则委员会就把这一审计思想写入了审计准则公告第47号，要求审计师在充分评估固有风险和控制风险的基础上确定检查风险，最终将审计风险控制在可接受的水平。同时，还要求将重要性原则与审计风险模型一同运用，以降低审计风险，并明确审计师应当承担的责任。从方法论的角度讲，审计师以传统的审计风险模型为基础进行的审计可称为风险导向审计方法，一般称为传统风险导向审计。

风险导向审计与制度导向审计的比较如表1-1所示。

表1-1　风险导向审计与制度导向审计的比较

比较内容	审计模式	
	风险导向审计	制度导向审计
对审计风险考虑的内容和范围	会计系统和程序中存在的风险，控制环境中的风险因素，企业经营面临的外部风险	固有风险、控制风险和检查风险，但没有考虑控制环境中存在的风险
确定重点审计领域的依据	对风险的评估结果	内部控制制度
程序	先分析固有风险和控制风险，确定报表项目影响因素，从而确定实质性程序的时间、性质和范围	先对内部控制制度进行评估，再确定实质性程序的性质、时间和范围
审计重点	审计风险的分析与评估	内部控制制度的分析与评估
对内部控制的运用	内部控制整体框架	内部控制的一部分内容
对审计风险的处理	审计风险评估贯穿于整个审计过程	在抽取样本实施实质性程序时考虑控制风险和检查风险
确认和测试的重点	管理部门为降低经营风险而采取的方法和行为	控制活动，通过测试内部控制，提出有关建议
报告的重点	风险降低的充分性、有效性	内部控制的充分性、有效性
审计结果	提出恰当的降低风险的建议	建议提出新的或改进的控制
对被审计单位的影响	在对企业进行全面评价的基础上确定审计重点，提出的建议直接针对被审计单位的主要问题	建议加强内部控制或增加新内部控制，建议增加的控制点多，有阻碍正常程序运转的可能

续表

比较内容	审计模式	
	风险导向审计	制度导向审计
审计的方法	既了解会计系统、内部控制制度和程序，又考虑内部控制环境和企业经营环境中存在的风险	没有充分重视和运用分析性测试，只了解内部控制的局部，如会计系统、内部控制制度和程序

传统风险导向审计主要是通过对财务报表固有风险和控制风险的定量评估，从而确定检查风险，进而确定实质性程序的性质、时间和范围。这使得传统的风险导向审计在审计范围和审计技术的操作性方面均存在缺陷。从审计范围方面看，传统的风险导向审计认为审计师通过对管理层关于财务报表账户层面各个不同认定的审计，就可以自下而上地为审计师对整个财务报表发表意见提供充分、适当的证据。而根据系统论的观点，如果相互联系的个体组成一个系统，系统往往会表现出突变行为，系统总体特征就会与假如个体之间相互独立时表现的特征有本质的区别。所以，审计师应当以整体的系统观点，结合简化、分析、综合，并进行适当的平衡，才能够对被审计单位取得深入的了解。从审计技术的可操作性来看，风险模型中的固有风险和控制风险在理论上可以作出区分，但是，固有风险和控制风险都受企业内外部环境的影响，两者之间也相互影响，在实践中很难区分。而且，大部分审计程序都是多重目的，都对财务报表是否重要错报有信息含量，也很难确定一项审计程序是为固有风险提供了审计证据，还是为控制风险提供了证据。此外，传统风险导向审计采用的自下而上的审计思路：一方面，在审计资源分配上经常是面面俱到，难以突出重点，造成审计资源的浪费；另一方面，审计师只关注企业的内部控制，很难发现上下串通的蓄意造假。

2. 现代风险导向审计

20世纪80年代以后，世界经济急剧变化，科学技术日新月异，各种文化相互渗透，市场竞争日益激烈，人类开始迈入较为成熟的信息社会和知识经济时代。在这种情况下，企业与其所面临的多样的、急剧变化的内外部环境的联系日益增强，内外部经营风险很快就会转化为财务报表错报的风险。这种环境的快速变化使审计师逐渐认识到被审计单位并不是一个孤立的主体，它是整个社会的一个有机组成部分。如果将被审计单位隔离于其所处的广泛经济网络，审计师就不能有效地了解被审计单位的交易及其整体绩效和财务状况。

按照传统风险导向审计方法，审计师是否实施审计程序，何时实施以及在多大范围内实施，完全取决于对检查风险的评估。审计师在运用传统风险导向审计方法时，通常难以对固有风险作出准确评估，往往将固有风险简单地确定为高水平，转而将审计资源投向控制测试（如果必要）和实质性程序。由于忽略对固有风险的评估，审计师往往不注重从宏观层面了解企业及其环境（如行业状况、监管环境及目前影响企业的其他因素；企业的性质，包括产权结构、组织结构、经营、筹资和投资；企业的目标、战略以及可能导致财务报表重大错报的相关经营风险；对企业财务业绩的衡量和评价）；而仅从较低层面评估风险，容易犯"只见树木不见森林"的错误。也就是说，传统风险导向审计方法注重对账户余额和交易层次风险的评估。但企业是整个社会经济生活网络中的一个细胞，所处的经济环境、行业状况、经营目标、战略和风险都将对财务报表产生重大影响。如果审计师不深入考虑财务报表背后的东西，就不能对财务报表项目余额得出合理的期望。而且，当企业管理层串通舞弊时，内部控制是失效的。如果审计师不把审计视角扩展到内部控制以外，就很容易受到蒙蔽和欺骗，不能发现因内部控制失效所导致的财务报表存在的重大错报和舞弊行为。因此，随着企业财务欺诈案的不断出现，国外一些会计师事务所在20世纪90年代对传统风险导向审计方法进行了改进。改进后的风险导向审计方法具有以下特征：一是注重对被审计单位生存能力和经营计划进行分析，从宏观上把握审计面临的风险；二是注重运用分析程序，以识别可能存在的重大错报风险；三是在评价内部控制有效的情况下，减少对接近预期值的账户余额进行测试，注重对例外项目进行详细审计；四是扩大审计证据的内涵，审计师形成审计结论所依据的证据不仅包括实施控制测试和实质性程序获取的证据，还包括了解企业及其环境获取的证据。

与以往的账项导向审计、制度导向计以及传统风险导向审计相比，现代风险导向审计具有以下特征：[①]

（1）责任前移，重心前移。账项导向审计的重心在详细检查，因而是滞后的；制度导向审计的重心移到控制风险，向前迈进了一步；现代风险导向审计的重心则再次前移，因为现代公司治理的缺陷以及管理舞弊是风险的集中来源，以固有风险为主要内容的重大错报风险就变成了"牛鼻子"。由于固有风险并不是孤立的，与企业的战略目标、经营环境、公司治理结构及内部控制等紧密相关，故以"重大错报风险"涵盖包括固有风险在内的诸多因素，便成为现代风险导向审计的核心。

（2）现代风险导向审计从系统论和战略管理理论出发，从战略风险入手，通过经营环境—经营产品—经营模式—剩余风险分析的基本思路，克服了内控导向审计简化主义的认知模式，在源头上和宏观上判断和发现财务报表存在的重大错报。将环境变量引入审计风险模型的同时，也意味着现代审计确立了战略审计观。

（3）尽管风险评估涉及询问、检查、观察、穿行测试等多种收集证据的手段，但分析程序却是最有效的方法。如果说内控导向审计主要是财务信息分析，现代风险导向审计则扩展到非财务信息的分析；风险评估分析工具多样化，如战略分析、绩效分析等。

（4）审计的目标是消除财务报表的重大错报，增强财务报表的可信性。为达到此目标，审计师应当假定整体财务报表是不可信的，从而保持全方位的职业怀疑态度，在审计过程中排除质疑。如果说内控导向审计主要靠标准化表格等工具计划和实施审计工作，现代风险导向审计则主张个性化的审计程序，如出其不意的盘点等。总之，额外的、追加的或进一步的审计程序往往比常规审计程序更有效。

现代风险导向审计方法是一种既满足外部审计目标又满足组织内部保证目标创新性的有力工具，但它也保留了外部审计很多传统的东西。例如，审计师还采用审计风险模型，根据风险评估分配审计资源，实施在很大程度上为传统审计师所熟悉的程序，根据最后得到的证据对财务报表出具意见。其创新在于：审计师的预期建立在对被审计企业多方面的

---

① 张连起："风险导向审计：在中国落户"，http://finance.sina.com.cn。

了解之上，从而可以为有效的审计程序提供基础。

现代风险导向审计方法是对传统风险导向审计方法的改进，两者本质的区别在于审计理念和审计技术方法的不同。与传统风险导向审计方法相比，现代风险导向审计方法获取审计证据的领域更广，但在执行审计工作时仍然保留了许多传统做法，例如，运用审计风险模型，按照风险评估基础分配审计资源，实施审计程序，依据获取的审计证据对财务报表形成意见；只不过后者将审计学、系统理论和经营战略结合起来，更加重视企业面临的风险。传统风险导向审计方法通过综合评估固有风险和控制风险以确定实质性程序的范围、时间和程序，由于固有风险难以评估，审计的起点往往为企业的内部控制（如果没有必要测试内部控制，审计的起点则为财务报表项目）；现代风险导向审计方法通过综合评估经营控制风险以确定实质性程序的范围、时间和程序，审计起点为企业的经营战略及其业务流程。如果企业的业务流程不重要或风险控制很有效，则将实质性程序集中在例外事项上。

现代风险导向审计方法的优点是，便于审计师全面掌握企业可能存在的重大风险，有利于节省审计成本，克服缺乏全面性的观点导致的审计风险。但该方法也存在局限性：一是会计师事务所必须建立功能强大的数据库，以满足审计师了解企业的战略、流程、风险评估、业绩衡量和持续改进的需要；二是审计师（至少对审计项目承担责任的审计师）应当是复合型的人才，有能力判断企业是否具有生存能力和合理的经营计划；三是由于实施的实质性程序有限，当内部控制存在缺陷而审计师没有发现或测试内部控制不充分时，审计师承担的审计风险就大大增加。

第四节　数智化审计技术的创新和发展

以大数据、人工智能为核心的第四次工业革命使得数智技术深刻影响到社会经济发展过程、组织治理和商业模式。数智技术以前所未有的态势席卷各个行业，审计行业也不例外。现代审计作为资本市场的守门人，提供增信价值，有必要积极采用数字技术改变原有工作方式。当前我国国家行政机关、事业单位和企业广泛运用计算机、数据库、网络等信息技术，在很多业务场景中建立和运用各类信息系统。这种信息化、数字化、智能化审计环境和审计对象对传统审计方法造成了巨大冲击。审计对象的数智化要求审计人员掌握计算机技术和智能技术以开展审计工作。2018年习近平总书记在中央审计委员会第一次会议上指出，要坚持科技强审，加强审计信息化建设。为了适应审计环境的变化，从20世纪末开始，以审计署作为主导推动"金审工程"为标志，逐步建立和发展了计算机审计、联网审计、电子数据审计和信息系统审计。国内外审计信息化和智能化发展，对审计范围、审计对象、审计方法、审计模式、审计证据等产生了重要影响。

一、智能审计

智能审计中的"智能"主要体现在审计中采用了人工智能技术，以此为技术手段采集数据，进行分析，并作出审计判断，为开展进一步审计工作提供线索。智能审计往往建立在审计信息系统中。在该系统中，不仅会植入业务规则以检测异常数据，而且可以设置审计专家系统，把审计人员的经验量化输入系统中，还可以基于机器学习训练系统预测和发现新的舞弊模式。

在数据采集方面，审计人员可以通过图像识别技术来识别纸质材料，从而完成数据采集，通过语音识别技术采集数据，通过嵌入式技术采集仪器仪表数据，通过网络爬虫技术采集数据库和网络数据。对于采集的数据，审计人员需要进行分析进而作出审计判断。智能审计数据分析可以采用传统的统计分析方法、大数据审计方法，以及人工智能技术中的自然语言处理技术等。

企业采用 RPA 技术实现智能财务机器人，与之匹配的是智能审计机器人。智能审计机器人可以应用于舞弊侦查、应收账款审计和函证等领域。

二、数智化审计技术的创新

信息技术和智能技术的广泛运用实现了审计的管控职能，扩大了审计的范围和内容，改变了审计对象、审计方法、审计模式、审计证据的形式等。

（一）实现审计的管控职能

传统审计以财务报表、财务收支审计为主，以查错防弊为辅。信息技术的运用，实时监控风险和预警模型的建立，将审计核查职能扩展到管控职能，使得审计成为企业治理和国家治理的一部分。

企业内部审计通过对日常运营数据的采集和分析，识别风险并及时采取措施有效控制风险，辅助企业决策，在企业治理中发挥着管控和监督的作用。我国开展的"金审工程"对于建设审计综合作业平台、全面检查被审计单位的经济活动发挥了重要作用。

（二）扩大审计对象的范围和审计内容

随着信息技术的广泛应用，审计对象从传统审计的账本，扩展到与财务数据相关的业务数据，以及存储和运行数据的数据库和信息系统，进而从经济领域拓展到经济安全和信息安全领域。

传统审计的审计内容以财务信息为主，包括审查原始凭证、记账凭证、分类账和总账、财务报表等，评估财务报表的重大错报风险，实施进一步审计程序以应对风险，获取充分、适当的审计证据，并据此发表审计意见，出具审计报告。

财务信息化之后，证、账、表中的数据存储在数据库中，运营于信息系统中。审计人员不仅需要利用数据库查询和分析数据，还需要对数据库本身的数据结构设计、算法和模型进行审核，以确认数据库的可靠性，进而确保数据的真实和完整。

传统审计侧重于经济领域，发挥着经济监督的作用。在信息化时代，信息、信息系统和关键信息基础设施的安全也成为审计的关注领域。审计人员通过检查物理设备和设施、存储介质、系统、网络、数据库、代码等，确定信息管理制度是否健全、信息资产是否安全，以评价组织的信息安全是否满足合规性要求。

（三）改变审计方法和审计模式

在传统审计中，审计人员一般实施现场审计，会亲自到被审计单位的经营场所进行审

计，审计资源投入大，派出人员较多、检查时间较长、人力成本和差旅费开支大。即便如此，还可能因为被审计单位经营场所分散、天气异常、交通不便等，审计人员无法亲临现场开展审计工作。在信息化环境下，审计人员可以通过与企业的信息系统建立联系，利用分析工具对企业数据进行联网审计、远程审计。通过数据分析发现异常和线索，审计人员据此到被审计单位实施进一步的现场审计，能够节省人力物力成本，提高审计的效率和效果。

传统审计主要是针对财务报表进行审计，也就是对历史财务信息进行审计。常见的年度财务报表审计一般会在接近年末或下年年初开始实施，主要是事后审计。半年报审计、季报审计、特定时点或时期的审计也一般都在半年度、季度、特定时间或时期结束之后开始实施。从决策有用性的角度看，能够对经营决策、投资决策产生影响的经审计的财务信息、审计报告的时效性相对滞后。在信息化环境下，审计人员能够开展在线审计、实时审计、持续审计，系统设置预警机制，审计人员能够及时发现异常和违规行为，将事后审计转为事中和事前审计。

（四）改变审计证据的形式

传统审计获取的审计证据主要是纸质证据，比如检查纸质的合同、发票、凭证、账本、发送纸质函证等，这些都属于有形证据。在信息化背景下，大量使用电子发票、电子凭证、数据库和信息系统，审计人员需要使用结构化和非结构化的查询和分析方法、检查电子日志等，获取以电子形式存在的证据。并且，审计人员还需要获取数据完整性、可用性和机密性等信息安全方面的证据。

思考题

1. 审计和会计有什么不同？如何理解审计的定义？
2. 如何理解审计动因理论，你最支持哪种观点？请结合自己观察到的社会现实情形谈谈自己的想法。
3. 审计人员的社会角色是如何转变的？在当前证券监管机构强化审计责任、压实中介责任的现实环境中，如何理解审计人员的角色？
4. 审计模式是如何演变的？风险导向审计与制度导向审计的本质区别有哪些？
5. 查阅相关资料，讨论我国注册会计师审计制度的萌芽和重建的简要过程，并结合自己的体会，分享对于我国注册会计师审计制度建立具有重大贡献的历史人物（例如谢霖）及其体现的爱国爱业精神的感悟。

习题及参考答案

第二章 审计理论结构

本章要点

本章主要阐述审计的基本理论。审计理论是人们基于对审计实务活动的认识,通过思维运动形成的关于审计系统化的、合乎逻辑的、合乎客观事物发展规律的理性认识,是由审计的基本概念、基本原则、基本原理以及由此推演出来的派生概念、原则、原理等内容所构成的审计知识体系。以审计环境为起点的审计理论结构由审计逻辑起点(审计环境)、前提(审计假设)和导向(审计目标),以及审计基本理论、审计规范理论、审计应用理论和审计相关理论所构成。审计环境是指与审计的存在、发展密切相关,影响审计思想、审计理论、审计实务以及审计发展水平的客观现实因素和历史因素的总和,是内部环境因素和外部环境因素的对立统一体。审计目标是特定审计环境的产物。审计目标的确定主要受到三方面因素的影响:一是社会的需求;二是审计自身的能力;三是法律、法庭判决以及会计职业团体制定的审计准则。现代风险导向审计的目标在于降低信息风险。审计假设是指对审计领域中存在的尚未确知或无法论证的事物按照客观事物的发展规律所做的合乎逻辑的推理或判断。审计概念是从审计实践中抽象出来,用审计名词或术语表示的一种理性认识。审计概念体系是相关审计概念互相联系、互相制约构成的一个完整的系统,主要涉及可信性、过程、传输与执行四个方面。

第一节 审计理论概述

一、审计理论的含义与作用

理论研究的深度是衡量一门学科成熟与否的标志,首尾一贯理论则是评估实务正确与否的指南。

(一) 审计理论的含义

审计理论是人们基于对审计实务活动的认识,通过思维运动形成的关于审计系统化的、合乎逻辑的、合乎客观事物发展规律的理性认识,它是由审计的基本概念、基本原则、基本原理以及由此推演出来的派生概念、原则、原理等内容所构成的审计知识体系。审计理论是审计实务的抽象,是上升到理论高度的抽象,它不是以人们的意志为转移,而

是对审计实务进行认真的概括和总结的产物。

(二) 审计理论的作用

审计理论的作用具体表现为以下几个方面:

1. 解释审计的职责和范围

在不断发展变化的社会经济环境下,首先要依据审计理论确定审计的职责和范围,如审计的基本目标是什么,审计报告的使用者有哪些,审计人员应就哪些方面发表意见,如何收集审计证据、发表审计意见等。

2. 指导审计准则和审计程序的制定

负责制定审计准则和审计程序的政府机构、专业团体及事务所的管理人员必须正确理解审计理论,以审计理论作为制定准则和程序的依据。

3. 指导并推动审计实务

审计理论是评价审计工作质量优劣的重要准绳,可以指出审计实务工作中存在的缺陷,从而推动审计实务的不断改进。尤其是在尚未制定出审计准则的领域,更需要直接依据审计理论来解决审计实务中遇到的问题。

4. 解释审计实务

审计理论的一个主要任务就是解释审计实务,有利于审计实务工作者、投资者、社会公众及学生更好地理解现有的审计实务。

5. 增强审计报告的有用性

在审计报告的编写过程中也需要审计理论的指导,这有助于审计报告的使用者或利害关系者集团了解审计实务与审计报告的一些基本概念和原理,从而增加对审计工作和审计报告的信任。

二、审计理论建设的里程碑

在审计发展史上,许多专家、学者相继为审计理论的建设和发展做出了重要的贡献,他们从不同的角度解答审计实务中出现的各种问题,并通过对各种理论因素加以整理,指导人们更有效地开展审计实务工作。

19世纪末,随着近代民间审计制度基本框架的逐渐形成,人们便开始了对审计理论的探索。1881年,F. W. 皮克斯利成功地编著了世界上第一部关于审计基础和审计实务的名著:《审计人员——他们的义务和职责》(Auditors Their Duties and Responsibilities, London, 1881)。该书第一版论述了公司法的历史、选举审计人员的方法、会计和审计法规、簿记理论与审计、审计基础理论、公司发表的计算书的格式、资产负债表和损益表账户中的重要项目、审计人员的义务和职责等等。[①] 在以后的第七版中,该书又增加了审计人员的地位、分配红利时应得利润、审计证明和报告等内容。《审计人员——他们的义务和职责》一书不仅创造性地提出了一系列的审计基础理论,而且在推动审计理论的发展过程中发挥着重要的作用。

---

① A. C. Littleton : Accounting evolution to 1900, 1933, p23.

继皮克斯利之后,劳伦斯·R. 狄克西于 1892 年出版了著名的《审计学——审计人员的实务手册》。这部著作被公认为现代审计理论的奠基之作之一,它对审计理论的发展产生了深远的影响。该书主要根据英国的公司法和法院判决编著而成,集中反映了当时英国审计思想和审计制度的精华。

英国的详细审计发展到美国,产生了资产负债表审计。1911 年,R. H. 蒙哥马利在《美国经营手册》一书中提出了资产负债表审计的概念,他指出,资产负债表审计指的是对资产和负债是否正确地反映了目前真实的财务状况的审计。[①] 这一观点的提出有力地推动了现代审计的发展。

1961 年,美国会计学会出版了罗伯特·K. 莫茨教授和侯赛因·A. 夏拉夫教授合著的《审计理论结构》(*The Philosophy of Auditing*),这是世界上第一部将审计理论作为一门独立的学科加以论述的重要著作。全书共分 10 章,由审计理论探索、审计方法、审计假设、各种审计理论概念、审计证据、适当反映、独立性、道德行为和审计的展望等部分组成。该书第一次从哲学的高度系统地、科学地研究了审计理论,其独到之处主要表现在以下的几个方面:①该书指出了审计理论的存在和建立审计理论的必要性。作者认为,在审计行为和思维的背后存在着理论根据和基本原理,将这些根据和原理抽象化、系统化,对于解决审计实务问题是至关重要的。审计理论一旦产生,就会成为一种积极的力量,帮助审计实务人员了解审计实践活动的规律,并按合理和一致的方法解决不断遇到的棘手问题。[②] ②对于各种审计现象,作者从理解、展望、洞察、想象四个角度进行了哲理式的思考、提炼和升华。理解,即用概括性的眼光对审计理论进行全面的思考。展望,即从综合、相互联系的角度考虑每一个审计问题。洞察,即超越偶然认可的惯例或信念去深刻认识推论的前提。想象,即超越时空,预测审计理论的发展。③从集合科学的角度来研究审计理论。作者认为审计具有集合科学的性质,他们将数学、行为科学、逻辑学、沟通学、伦理学等学科的一些研究方法渗透到审计中来,在一个更坚实的基础上研究审计理论这门崭新的科学。④系统论述了重要的审计概念。审计概念反映了审计学的本质,是人们对审计学科的基本认识,是审计理论赖以建立的基础。在该书中,作者系统陈述了审计证据、应有关注、适当反映、独立性、道德行为等审计概念。⑤逻辑地阐述了审计的理论结构。作者首先介绍了以数学、逻辑学和形而上学为核心的基础部分,继而依次论述了由基本哲学、审计假设、审计概念、应用标准、实务应用领域五部分组成的审计理论结构图,从而较为清晰地反映了审计理论各部分之间的内在联系。

1972 年,美国会计学会正式出版了《基本审计概念说明》(*A Statement of Basic Auditing Concepts*),这是一本对审计理论研究者和审计实务工作者均有助益的出色文献,它从深度和广度两个方面将审计理论的研究又向前推进了一大步。该书共分五部分:序、审计的作用、调查过程、报告过程、补论-调查过程(证据的收集和评价)。该书对审计理论建设的卓越贡献主要表现在以下四个方面:①该书研究了审计假设、审计概念和合理论证三者之间的相互关系,为探讨审计理论的结构奠定了基础;②该书指出,审计是一个系统的过

---

① R. H. Montgomery: The American business manual, 1911, p1095.
② 文硕编著:《世界审计史》,企业管理出版社 1996 年版,第 627 页。

程，它客观地收集和评价有关经济活动与经济事项声明的证据，以便证实这些声明与既定标准的吻合程度，并将其结果转达给有关用户，因而审计的作用在于帮助用户判断信息，即具有验证职能。③该书运用沟通理论论述了报告过程，认为审计人员相当于发送者，审计报告相当于所传送信息的内容，审计报告书相当于媒体，会计信息的用户相当于信息的接收者。④该书对审计过程中的种种风险提出了许多十分深刻、有用的见解，为指导审计人员正确地评价审计证据提供了合理的理论依据。

1978年，C. W. 尚德尔编著的《审计理论——评价、调查和判断》（*Theory of Auditing: Evaluation, Investigation and Judgment*）一书正式出版。该书进一步丰富和发展了莫茨和夏拉夫的审计理论思想。作者以基本假设（postulate）、定理（theorems）、结构（structure）、原则（principles）和标准（standards）为基础，论述了审计的基本原理，并就审计理论建设问题大胆地提出了自己的设想。

三、审计理论的基本结构

审计的理论结构是指审计理论各组成部分（或要素）以及这些部分之间的排列关系。

由于不同学者研究范式的差异，导致对逻辑起点存在不同见解。理论界存在审计本质起点论（汤姆·李，1984，福林特，1988）、审计动因起点论、审计对象起点论、审计职能起点论、审计目标起点论（安德森，1977）、审计假设起点论（尚德尔，1978）、审计环境起点论、哲学基础起点论（莫茨、夏拉夫，1961）、理论基础起点论、财务责任起点论（钟英详，1986）以及目标与假设双重起点论（袁晓勇，1997）、审计性质与目标双重起点论、环境与目标双重起点论（谢诗芬，2000）、生产力与生产关系起点论（李汉国，1988）等多种不同观点。

作为审计理论结构的起点理论，它至少应符合以下要求：第一，逻辑起点的实质内容应表现为审计体系中最抽象、最一般、最简单的思维规定；第二，逻辑起点应是审计体系中的直接存在物，即它必须是不以审计体系中任何其他范畴为中介前提的范畴，而其他审计范畴反倒必须以它为基础和依据；第三，逻辑起点应该揭示审计理论诸要素的内在矛盾以及审计系统整体的一切矛盾萌芽，逻辑起点本身所包含的矛盾是整个审计体系运动、发展的内在动力和源泉；第四，逻辑起点与形式逻辑系统中的公理不同，它既不是任意的和暂时承认的东西，也不是随便出现和姑且假定的东西，而是为后来的事物运动过程所证明把它作为逻辑开端是正确的；第五，从最一般的意义上讲，逻辑起点范畴作为审计系统中的一个基本要素，同整个体系发生着多方面的联系，这种联系不仅规定着审计系统整体的本质，也规定着起点范畴在审计理论体系中所处的地位和所起的作用。

我们认为将审计环境作为构建审计理论体系的研究起点更为恰当。理由有六：第一，审计环境是一种真实的存在，是审计系统中最简单、最普遍、最常见、最基本的现象。第二，审计环境是审计系统本身与影响审计的外部因素的结合体，审计环境具有联结理论与实践的功能。审计环境不简单等同于审计实践活动，它是对间接或直接影响审计的环境因素的高度抽象与概括，涵盖政治、经济、法律、科技、社会、自然多个因素。另外，审计环境来自审计实践，并不断与之进行物质与能量的交换。第三，审计环境构成审计理论体系的核心要素，是推导其他抽象的审计理论与概念的基础。审计环境是审计动因的决定因素；审计环境是审计理论体系的核心，它比审计假设所反映的社会环境约束条件更为全面、综合，也界定了审计目标所"意欲表达的理想境地"的特定内容，是审计实务的基石，以之为起点，能使整个审计理论建立在更为宽泛而坚实的基础之上。第四，审计环境反映了审计的根本属性，决定着审计的需求与供给，是整个审计体系运动、发展的内在动力和源泉；第五，审计环境蕴含多样化研究方法。审计环境倡导的多样化研究思维方法、多元化理论模式能促进审计理论自身的发展。审计理论研究的开山鼻祖美国莫茨和夏拉夫教授正是将数学、逻辑学、伦理学等研究思想渗透到审计学中来才开创了人类审计理论发展史上的第一座丰碑。第六，审计环境是衡量审计系统是否先进科学的基本标准，离开审计环境，不能解释各不同国家或同一国家在不同历史阶段审计理论与审计实务所存在的差异。

综上所述，应以审计环境为起点构建审计理论结构，这一理论结构由审计理论的起点、前提与导向，审计基本理论，审计规范理论，审计应用理论和审计相关理论五个层次所组成（如图2-1所示）。

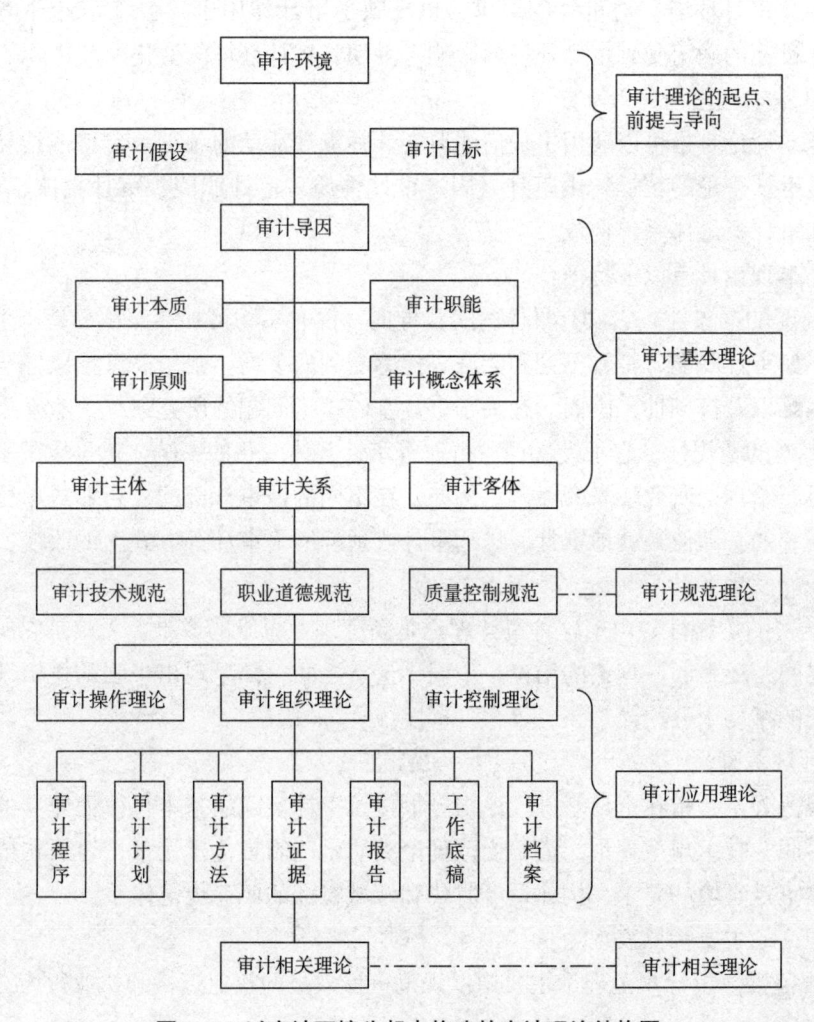

图2-1 以审计环境为起点构建的审计理论结构图

现对审计理论结构图作如下简要说明：

1. 审计理论研究的起点、前提与导向

审计环境是审计理论研究的逻辑起点。审计环境影响着审计目标、审计假设以及由此确立的审计基本理论、规范理论和应用理论。审计系统中的一切理论问题都是由审计环境展开的，并在此基础上层层深入，形成合理的逻辑层次关系。

审计假设是审计理论研究的前提。审计假设是人们对变化不定的社会经济作出的一些合乎逻辑的推论和判断，它设定了审计工作的空间、时间和质量单位。审计假设为有效地实现审计目标提供了必要的前提条件，是建立审计基本理论、规范理论和应用理论的逻辑前提。但这种假定和判断不能凭空设定，它受制于审计外环境，离开审计环境的审计假设，只能是"沙滩上盖高楼"不牢靠。

审计目标是审计理论和实务的导向。它是在认真研究审计环境和审计假设的基础上确定的，既对审计基本理论起导向作用，也对审计规范理论和审计应用理论起导向作用。审计目标是审计活动的既定方向和要达到的预定结果，是审计行动的基本指南。审计目标既反映了社会（审计环境）对审计的要求，也反映了审计作用于社会（审计环境）的实质内容。审计目标的确定受到审计环境的影响，并随着审计环境的变化而变化。

2. 审计基本理论

审计基本理论是指可以通用于任何注册会计师审计活动的各种具有普遍指导性的审计理论。它是审计理论的精髓，由审计导因、审计性质、审计职能、审计主体、审计客体、审计原则和审计概念体系等构成。

审计基本理论具有以下特征：

（1）高度的抽象性。它没有具体的实践导向，没有实物可加参照，只是产生于高度的理念之中，如审计职能，是看不到和无法直接感受到的事物。由于高度抽象性会导致人们认识上的困难以及模糊性，因而，在关于审计基础理论问题的研究中，学术流派颇多。

（2）普遍的适用性。它不受部门、行业等审计客体变化的影响，也排斥了不同审计类型的差别可能给理论研究带来的障碍。例如，在不同的被审计部门、行业或单位，审计基本职能是同一的，即使是就地审计、送达审计或远程网络审计等方式上的改变，也不能使审计基本职能发生变动。

（3）严密的逻辑性。由于这种审计理论是高度理性思维的成果，无论是它所属的各种不同理论之间，还是同一理论的结论、论据、论点之间，都呈现出极强的逻辑性，整个审计基础理论的结构十分严谨。

3. 审计规范理论

审计规范理论是指在审计基础理论指导下按照审计实践的基本规律而建立的一种审计理论。它由职业技术规范理论、道德规范理论和质量控制规范理论等内容所构成，主要研究如何根据审计环境的要求，构建适合时代和地域特征的职业规范体系。

这种理论的主要特征表现为：

（1）规范性。审计规范理论主要用以规范审计人员的执业资格和执业行为，目的在于提高审计质量。

（2）权威性。审计规范理论具有权威性和强制性，它实际上制约着审计实务。审计规范在审计理论的指导下制定的，不是审计程序、审计实务的汇总，而是当时具有代表性的审计理论的集中体现，指导审计实务，规范审计程序和方法。

（3）指导性。审计规范理论中的那些准则、规则，可以用于指导审计的实际工作。这是由于这种理论比审计基本理论更接近审计实践活动所引起的。

4. 审计应用理论

审计应用理论是在审计基本理论和审计规范理论指导下建立的一种旨在指导审计实务、提供操作指南的审计理论。它包括审计组织理论、审计操作理论和审计控制理论三个有机部分，其中，审计操作理论又可分为一般审计业务操作理论和特殊审计业务操作理论两个方面，其中一般审计业务操作理论是指由审计计划、审计程序、审计方法、审计证据、审计工作底稿以及审计报告等内容构成的基本体系，主要研究在审计基本理论和审计规范理论的指导下，如何开展年度会计报表审计工作；特殊审计业务操作理论是指由特殊目的业务审计、特殊行业业务审计和特殊性质业务审计等内容构成的基本体系，主要研究在审计基本理论和审计规范理论的指导下，如何开展特殊审计工作，如基本建设预决算审计、小规模企业审计、盈利预测审核、中期会计报表审阅等。

这种理论的主要特征表现为：

（1）具体性。这种理论常常能被找出相应的实物参照系，总是解决特定某一方面的实际问题，常常具有一定的可操作性和可察见性。

（2）有用性。它不像审计基本理论那样空洞枯燥，无法用于实际工作。理论所包含的内容相当广泛，如审计计划、审计程序、审计技术方法、审计策略与审计证据、审计报告等方面的理论，都应归入此类。

5. 审计相关理论

审计相关理论是从事审计理论研究和审计实践工作所必须具备的其他学科理论。主要包括：

（1）哲学理论。哲学为审计理论研究提供了一般方法论指导。我们应该继承并发展马列主义哲学，同时也应该汲取西方哲学中可以为我所用的精髓，以丰富和完善我们的方法论。

（2）经济学理论。经济学理论也是审计理论基础的重要组成部分，它可开阔我们的视野，为我们提供可供选择的理论依据和方法。

（3）系统科学理论。系统科学是关于系统及其演化规律的科学，它是一个大科学，包括一般系统论、控制论、信息论、耗散结构论、突变论、混饨论、运筹学、博弈论等理论分支。由于一切事物和过程都可以被看作不同的组织系统，从而使系统理论具有一般的性质，带有较高的普遍性。所以，运用系统科学的原理，研究各种系统的结构、功能及其进化的规律是可行的。

（4）财务和会计理论。现代审计可划分为财务审计和管理审计，两者分别对受托财务责任和受托管理责任的完成过程及结果进行审核。受托财务责任要求受托人最大限度地尽一个管理人的责任，诚实经营，保护受托资财的安全完整，同时要求其行动符合法律、道德、技术和社会的要求；受托管理责任，则要求受托人不仅应合法经营，而且应有效经营、公平经营，也就是说，受托人要按照经济性、效率性、效果性，甚至公平性和环保性

来使用和管理受托资源。不管是审核受托财务责任还是审核受托管理责任，均要大量分析和评价财务信息和非财务信息，而这些信息是在一定的财务和会计理论指导下产生的。因此，审计学不可避免地要以财务和会计理论为指导来构架审计理论，以便指导和预测审计实务。

（5）管理科学理论。以古典管理理论为起点，经过行为科学理论的中间发展，至今日益成熟完善的现代管理理论，理应成为审计理论基础的一部分。首先制度基础审计是以测试和评价内部控制制度为主要内容的，而内部控制制度是控制论在经济管理中的具体运用，是企业管理现代化的产物；其次，管理审计的兴起，说明企业管理活动的日益重要，管理审计迫切需要现代管理理论的指导，以客观地评价企业的经营管理，并为企业改进经营管理提出富于建设性的意见。

（6）统计科学理论。内部控制的日趋健全，企业规模的日益庞大以及高等数学方法的广泛应用，使得抽样技术在审计中广泛运用成为可能。由于审计抽样大量地应用统计科学的有关概念和方法，因此以现代统计理论为后盾构建审计理论便成为一种必需。

（7）侦查逻辑科学理论。任何审计结论和意见都需要审计证据的支持。审计证据的获取可通过检查、监盘、观察、查询、函证及计算和分析性复核等程序，这类程序类似于侦查学中的某些方法和程序。证据的获取过程中，需要大量地运用逻辑判断以整理分析审计证据，排除伪证，使获取的证据充分且适当。因此，审计理论基础应包括侦查逻辑学的有关理论。

（8）计算机与网络技术理论。计算机在会计实务中的广泛运用给当代审计实务和审计理论带来了极大的冲击。例如，EDP会计系统导致内部控制减弱，引起审计线索消失和审计方法改变，相应地也必然要求审计准则变化等，这些新问题的出现需要结合计算机技术理论重塑审计理论，以指导EDP审计实务。

（9）其他理论，如计算技术、行为科学以及人力资源理论、环境理论等。

第二节　审计环境与审计目标

一、审计环境的构成要素及其对审计的影响

任何事物的产生与发展都离不开环境的影响，审计作为社会文明的产物，当然也离不开环境的影响。所谓审计环境，是指与审计的存在、发展密切相关，影响审计思想、审计理论、审计实务以及审计发展水平的客观现实因素和历史因素的总和，是内部环境因素和外部环境因素的对立统一体。

（一）审计环境的构成要素

影响审计的环境因素很多，分类也是多种多样。按照一般对环境的分类，可以分为政治、经济、法律、社会、文化和科技；按照地域，可以分为国内环境和国外环境；按照结构，可以分为宏观、中观和微观审计环境三个层次；按照与审计本身的关系，可以分为审计内部环境和审计外部环境。限于篇幅，本节只选择性地阐述对审计产生直接或者重大影

响的若干环境因素。

1. 经济因素

审计的经济环境是指一定时期的社会经济发展水平及其运动机制对于审计工作绩效的客观要求。具体包括宏观经济运行模式以及微观的企业组织形式、经营模式等。

注册会计师审计是商品经济发展到一定程度时，随着企业财产所有权与经营权分离而产生的。18世纪下半叶，工业革命开始以后，英国的生产社会化程度大大提高，导致企业所有权与经营权进一步分离。企业主们雇佣职业经理人员来管理日常经营活动，他们需要借助外部专业人员来检查和监督经理人员，于是出现了第一批以查账为职业的审计师。随着资本市场的快速发展，企业融资渠道进一步拓宽，债权人、潜在的投资者等社会公众都迫切需要了解公司的财务状况和经营成果，以做出相应的决策。为确保财务信息的真实与公允，就催生了对财务报表的真实和公允进行审计。

从我国注册会计师制度恢复重建的历程也可以看到经济发展需求对于制度建设的决定性作用。1978年党的十一届三中全会确定了对外开放的重大战略政策。1979年，第五届全国人民代表大会第二次会议通过了《中华人民共和国中外合资经营企业法》。随后，我国对外经济贸易合作和外商投资获得较快发展。1980年，财政部发布的《中华人民共和国中外合资经营企业所得税法施行细则》规定："合营企业在纳税年度内无论盈利或亏损，都应当按规定期限，向当地税务机关报送所得税申报表和会计决算报表，并附送在中华人民共和国注册登记的公证会计师的查账报告。"为了进一步配合国家改革开放政策，财政部于1980年12月23日发布《关于成立会计顾问处的暂行规定》（以下简称《暂行规定》），这标志着中国注册会计师制度恢复重建。这是中国注册会计师制度从无到有的跨越，是我国社会监督机制的一次重大创新。"总的说来，新中国的注册会计师制度毕竟已起步了，这就是这一阶段的最大成绩。和它相比，余外的都是次要的了。"（杨时展、沈如琛，1995）

2. 诉讼及判决

诉讼与判决在审计的发展过程中扮演着非常重要的角色。当社会公众的需求发生变化时，若审计能力所能达到的水平与之相差甚远，审计师就会面临诉讼的威胁，就会迫使审计师考虑社会的需求，并通过改进审计技术来满足公众需求。法庭判决是根据社会对审计要求的变化及其合理性，并考虑审计能力后作出的，从而对明确审计的目标和审计责任产生作用。

2002年美国爆发"安然""世通"等事件，《萨班斯-奥克斯利法案》（简称"SOX法案"）改变了原有的审计行业监管格局。随后，在英国和欧盟等国家和地区掀起了重塑注册会计师审计制度的浪潮。2008年全球金融危机再度对注册会计师审计制度提出了彻底改革的要求。2018年，英国发起了关于审计改革问题的大辩论，拟采取措施对审计职业作出前所未有的变革。2019年，我国通过修订后的《中华人民共和国证券法》，2022年财政部发布《会计师事务所一体化管理办法》《会计师事务所监督检查办法》等一系列监管文件，已经向外界释放出全面加强监管的信号。

3. 法律因素

审计的法律环境是指一定时期国家法律对审计工作的干预指导程度和对审计师自身权益的保障程度。英国议会在1844年颁布了《公司法》，规定股份公司必须设立监事来审查

会计账簿和报表，并将审查结果报告给股东。次年，又对《公司法》进行了修订，规定股份公司必要时可以聘请会计师协助办理审计业务。该法案使公司有了聘请外部审计师的权利，从而有力地促进了独立会计师的发展。1862年，修改后的《公司法》又确立了审计师为法定的公司破产清算人，进一步明确了审计师的法律地位。1993年，《中华人民共和国注册会计师法》颁布，注册会计师行业成为最早拥有专门立法的专业服务业。近年来，我国颁布的不少重要经济法律法规中都有专门规定会计师事务所、注册会计师法律责任的条款，其中比较重要的有《中华人民共和国公司法》《中华人民共和国证券法》《中华人民共和国刑法》等。

4. 科学技术因素

审计的科技环境是指一定时期的科学技术发展水平所决定的技术手段对于审计操作技能和审计内容的影响。最初的审计主要依赖于手工逐笔业务核查，即采用详细审计。随着统计抽样技术的应用，以及企业管理当局广泛采用内部控制，审计主要依赖于内部控制评价基础上的制度基础审计。随着信息技术的应用与普及，一方面，会计核算普遍使用计算机，大大减少了会计核算上的计算错误；另一方面，复杂的信息技术增加了企业经营环境的复杂性，也增加了审计的风险，因此，审计很快也采用计算机作为辅助审计的手段。同时，为了合理降低审计风险和审计成本，审计师开始采用风险导向审计模式。近年来，人工智能技术以及各种机器学习的形式，为审计专业人员提供了诸多令人耳目一新的可能性。并行处理、获取海量数据以及算法优化等人工智能技术已经开始逐步走进审计实务中。

5. 相关利益群体：会计职业团体、政府、公众

审计的发展进程也是相关利益群体博弈的过程。审计师为了保护自身的利益，自发形成了行业协会——会计职业团体。会计职业团体在维护审计师的权益、提高审计师的审计能力、制定审计准则等事务中发挥了巨大的作用。公众为了保护自身的利益，不断对审计提出新的要求，审计的期望差距日深。于是，会计职业界为减少期望差距而做出新的努力。政府作为公众的代言人，扮演着维护公众利益的角色，对审计施加各种管制。这些无疑都将规范和促进审计的发展。

我国注册会计师行业施行政府监管和行业自律相结合的制度，在推进行业建设方面开展了大量工作，有力推动了行业发展。2019年，财政部修订印发《注册会计师注册办法》，严肃注册会计师任职资格检查。2020年，财政部监督评价局与中注协联合制发《加强注册会计师行业联合监管若干措施》，共同促进注册会计师行业行政监管和行业自律监管有机融合、一体推进。2023年，贯彻落实《关于进一步加强财会监督工作的意见》要求，中注协积极参加财政部财会监督专项行动，先后开展"自律监督提升年""执业监督提质年"主题活动，完善自律监督工作机制，推动形成自律监督全国"一盘棋"，提升会计师事务所执业监督质效，提升审计质量，严肃财经纪律。

6. 文化因素

审计的文化环境是指一定时期人们受教育的程度以及审计职业教育的普及程度。现代审计的任务与范围也要求审计师不仅应当具备会计审计专业知识，同时还应当具备一定的经济、工程、法律和电子数据处理系统等方面的相关知识，只有拥有这样的知识结构，审

计师才能较为圆满地完成审计任务。由此可见，文化环境不仅影响审计师的业务能力和审计信息的社会效用，而且在客观上构成了提高审计质量的必备条件。

长期以来，我国注册会计师行业致力于打造诚信文化。诚信是注册会计师行业的核心价值，是行业的立业之本和发展之要。中注协于2002年确立了以诚信建设为主线的行业发展思路，将行业的人才建设、标准建设、继续教育、执业质量监管等各项工作纳入诚信建设框架，建立行业诚信信息监控系统。2023年，财政部发布《注册会计师行业诚信建设纲要》，对注册会计师行业诚信建设进行全面系统部署，紧紧围绕加强行业诚信建设这条工作主线，聚焦落实社会信用体系建设客观需求和行业高质量发展内在需求，抓住诚信标准建设、诚信标准执行、诚信监督管理等主要环节，推进构建行业诚信闭环管理体系。这些工作对于促进中国注册会计师行业健康稳定发展起到了积极作用。

（二）审计环境对审计理论和实务的影响

1. 审计环境决定了审计需求与供给

从经济环境的变化中可以清晰地看到对审计的需求与供给的发展轨迹。早在15世纪，当时地中海沿岸的商业城市已经比较繁荣，在威尼斯出现了最早的合伙企业。在当时的商业合伙企业中，有的合伙人只出资而不参与经营管理，这样，那些不参与经营管理的合伙人也希望监督企业经营，及时了解掌握企业的财务状况，于是产生了对注册会计师审计的最初需求，即在客观上希望有一个与任何一方均无利害关系的第三者能对合伙企业进行监督、检查。同时，在15、16世纪意大利的商业城市中也出现了一批具有良好的会计知识，专门从事这种监督与检查工作的专业人员，他们就是注册会计师审计的最初供给者。

股份有限公司的兴起使企业的所有权与经营权进一步分离，绝大多数股东已完全脱离经营管理，他们需要准确了解企业的经营成果，以便做出是否继续持有公司股票的决定。与此同时，投资市场上潜在的投资者、金融机构、债权人也需要及时正确掌握公司的经营成果和财务状况，以避免给他们带来巨大的经济损失。因此，公司股东、潜在投资人及债权人在客观上进一步要求对公司财务报表进行审计。而"南海公司事件"中，斯耐尔以"会计师"名义提出了"查账报告书"，宣告注册会计师的诞生。其后，苏格兰爱丁堡创立的第一个注册会计师专业团体——爱丁堡会计师协会，标志着审计供给作为一种职业——注册会计师职业的诞生。然而，此时的审计还只是处于任意需求、任意供给的状况。1933年，美国《证券法》规定，在证券交易所上市的所有企业的财务报表都必须接受审计，并出具审计报告。不久，会计准则和审计准则相继出台。至此，在法律规范的介入下，注册会计师审计的需求与供给逐步走向法治化、规范化。可见，法律环境最终为注册会计师审计的需求与供给提供了有力保障。

第二次世界大战后，经济发达国家通过各种渠道推动本国的企业向海外拓展，跨国公司得到空前发展，国家间资本的相互渗透带动了注册会计师审计国际需求的发展。相应地，一大批国际会计公司建立起来了，并且随着客户规模的扩大不断进行合并，形成了"四大"国际会计公司[①]，注册会计师行业成为世人所瞩目的职业。

[①] 根据英格兰及威尔士特许会计师协会的《会计》杂志（Accountancy）2004年6月号刊载的国际会计公司最新排名资料。

近年来，我国注册会计师行业积极响应国际化发展战略，培育具有国际影响力的大型会计师事务所，不断拓展国际业务，服务中国企业"走出去"。根据国际会计公报（IAB）发布的国际会计网络（联盟）收入排名信息，2024年，我国有62家事务所加入或自创34家国际会计网络（联盟）。其中，58家加入国际会计网络（联盟），4家自创国际会计网络。

2. 审计环境决定了审计模式的建立与调整

审计模式一般意义上可以规定为若干审计特征的集合，而且是具有一定性质和组合形式的集合，它的生成和变换均取决于社会经济环境的变化。

从生成方式看，通常一种审计模式的产生并不是凭空而起的，而是另一种审计模式变换的结果。当社会经济环境发生巨大变化时，旧的审计模式就会由无组织到有组织地被新的审计模式所替代。当审计模式同社会经济环境部分不相适应时，就会对原有审计模式有组织地进行调整。

从变换方向看，一种是受本国社会经济环境的引导而生成新的审计模式，如英国的审计主要是在本国政治、经济、文化中发展起来并为本国经济服务的，具有一定的超然性，其社会经济环境内部的矛盾运动具有独立性，受他国社会经济环境的影响不大；另一种是审计模式的变换受到因输入外来社会经济环境而带来的本国社会经济环境的变化的引导而生成新的审计模式。这种新的审计模式类似于输入国的审计模式，当然，随着本国社会经济环境与输入国社会经济环境的背离，也会导致审计模式与输入国审计模式的分道扬镳。

3. 审计环境决定着审计职能的扩展和变化

职能是一事物在特定环境中所具有的特定功能，它既是该事物的质的内在规定，也是该事物能满足客观环境需求的能力的外在表现。在特定的环境中，它是不以人们的主观意志为转移的客观存在。只要决定这一事物职能的客观环境保持不变，该事物的职能将持续存在并发挥作用；当这一事物所依存的客观环境发生变化，对该事物产生新的需求，这一事物就会产生新的职能，否则就将消失。

注册会计师审计产生的经济背景是股份公司的出现。股份公司的一个基本特征是经营权与所有权相分离所产生的受托经济责任。这一特征决定了社会对注册会计师审计提出的要求首先就是对财务报表进行鉴证，因而注册会计师审计的基本职能是鉴证、评价。同时，只要受托经济责任关系永远存在，注册会计师审计的鉴证、评价职能就将持续存在并发挥作用。

鉴证服务是审计师审计服务的延伸和发展，它的产生是审计服务自身内在的扩张动力和外部环境变化共同作用的结果。社会环境的迅速变化急剧地改变决策者对信息来源和信息质量的需求。会计信息（历史的、财务的、交易的信息）再也不是唯一的商业语言，许多非财务信息正变得对商业决策越来越重要。这一变化趋势将改变审计师在未来提供服务的内容。正是信息技术、公司组织结构、受托责任、资本构成等一系列的变化，才形成了鉴证服务市场。

4. 审计环境制约着审计的具体内容

注册会计师审计目标是审计工作的基本服务方向，代表着社会各利益集团要求的基本方向，直接反映了社会经济环境的变化。一国的审计目标最终取决于社会经济环境，有什么样的社会经济环境，就有什么样的审计目标，反之则不成立。

审计目标又是由不同层次、不同系列的目标所构成的一个网络体系，在审计模式诸内容中占有举足轻重的地位。注册会计师审计的一切内容，如审计管理体制、审计准则的制定与实施、信息披露、审计报告制度、监督体系等，都必须围绕审计目标协调地发挥作用，通过优化审计行为来实现审计目标，满足社会的需要。因此审计环境作用于审计的方式是通过审计目标制约审计的具体内容。

5. 审计环境促进了审计程序和方法的变更

自 1844 年至 20 世纪，由于英国的法律规定了所有股份公司和银行都必须进行审计，英国审计模式被广泛借鉴。此时，对审计师的期望只是要他们来检查企业的管理人员，特别是会计人员是否存在贪污、盗窃和其他舞弊行为，尚无完善的审计程序，审计方法是对会计账目进行逐笔审计。

20 世纪初至 20 世纪 30 年代，全球经济发展重心由欧洲转向美国，注册会计师审计发展的中心也由英国转向美国。此时，经济领域中一个突出特点是金融资本对产业资本的渗透更为广泛，企业同银行的利益关系更加紧密。由于金融资本往往数额巨大，因此对注册会计师审计的要求更为严格，要求注册会计师审计应具有完备的审计程序，审计方法也由详细审计初步转向抽样审计。

20 世纪 30 年代初，资本主义世界经历了历史上最严重、最深刻和破坏性最强的经济危机，大批企业倒闭，投资者和债权人蒙受了巨大的经济损失，这就从客观上促使企业利益相关者加强了对审计规范的关注，纷纷要求制定审计准则，规范审计程序。自此，审计范围扩大到测试相关的内部控制制度，并广泛地采用抽样审计方法。

6. 审计环境推动审计技术与手段的进步

科学技术环境对审计技术的影响最为显著。"科学技术是第一生产力"，它的变化最为迅猛，特别是近几年来计算机技术日新月异的发展，对审计系统造成了强烈的冲击，也为审计带来了计算机辅助审计技术。随着信息技术发展，信息时代已经到来，审计技术和手段都需要与时俱进地发展和不断迭代，无人机审计、大数据分析技术等已经全面应用于现代审计实务。

我国注册会计师行业也受到审计环境的高度影响。尤其是近年来信息技术方面投入巨大。例如，仅中国注册会计师协会在 2023 年度行业信息化建设方面就投入资金超过 18 亿元。目前，全国 92% 的大型会计师事务所建成了审计作业系统；76% 的大型会计师事务所在日常工作中采用了内部管理和项目管理信息系统；部分大型会计师事务所已经开始建设机器人流程自动化（RPA）工具、智能文档审阅平台、共享中心等，实现了对人工智能、大数据、云计算等前沿信息技术的融合应用。

7. 审计环境决定了审计风险水平

审计师在执业过程中，审计风险是不可避免的。在注册会计师审计实践中，审计师必须千方百计地将审计风险控制在一个较低的水平上。这就要求审计师必须考虑采取哪种审计方法最恰当，才能尽可能地把审计风险控制在较低的、可接受的水平上。审计师的这些努力不仅仅靠自己良好愿望，更有赖于其所处的审计环境，例如，国家有关法律法规对审计方法的限定。实践表明，通过定期培训等方式，提高审计师和企业会计人员的素质，也是控制审计风险的有效措施。

此外，审计环境还通过对会计信息真实性、可靠性的影响制约着审计风险。按照审计环境的要求和约束，审计师必须严格依据国家有关法律、法规的规定审查企业的经济活动和相关的会计记录，对被审计单位存在的各种违法违规行为以及财务会计信息的疏漏、虚假和错误予以揭示。对违规执业的审计师，应依法追究责任，从而间接促进企业严肃财经纪律，正确进行财务成本核算，确保财务会计信息的真实性、可靠性，进而达到控制审计风险的目的。

二、审计环境变革与审计目标的演变

审计目标是特定审计环境的产物。审计目标的确定主要受到三方面因素的影响：一是社会的需求；二是审计自身的能力；三是法律、法庭判决以及会计职业团体制定的审计准则。

一般认为，审计目标包含总目标和具体目标两个层次。总目标规范具体目标的内容，具体目标则是总目标的具体化。审计总目标既反映了社会（审计环境）对审计的要求，也反映了审计作用于社会（审计环境）的实质内容。审计总目标的演变大致可以划分为以下四个阶段：

（一）第一阶段：以揭弊查错为主要审计目标

这一阶段起始于注册会计师审计产生之时，直至20世纪30年代财务报表审计形成后方告结束。当时的经济环境的特点是经济不发达，经济业务简单。当时社会对审计产生需求的主要原因是公司股东需要通过审计来了解掌握公司管理人员履行其经营职能的情况。由于经济业务较为简单，审计师通过对账项的详细审查，基本上可以满足审计师查错纠弊的需要。受托责任的界定比较简单。审计师对审计风险也只有朦胧的意识，社会公众对审计师的职责也没有明确规定，审计师之所以愿意承担这类风险，仅是因为这类风险转化为现实的可能性很小。因此，审计的目标就是揭露管理人员在业务经营过程中有无舞弊行为。美国享有盛名的蒙哥马利的《审计理论与实务》一书，在其1912年、1916年和1932年的版本中都将查错纠弊作为审计的主要目标。与这一阶段的注册会计师审计目标相适应，审计师的职责就是揭露差错和舞弊。

随着经济的发展，人们逐渐认识到，审计师不可能也无法承担起揭露所有的欺诈、差错和舞弊的责任，公司管理部门也有责任采取措施预防欺诈、差错和舞弊的发生。就像当时的法官对审计作用的认识，他们认为审计师仅是门卫（watchdog）而不是侦探（bloodhound），但对重大的差错和舞弊，审计师有责任予以揭露，这是毫无疑义的，否则就没有履行其职责，没有达到注册会计师审计的目标，要承担相应的风险。说明这一审计风险的案例有：1887年英国发生的"里兹地产建筑投资公司诉夏巴德案"一案，1925年美国"Craig诉Anyon"一案。特别是后者，法庭判决审计师应对其没有查出公司雇员盗用100万美元的重大舞弊事件负责，并赔偿相应的损失。

总的来看，注册会计师审计目标发展的第一阶段经济业务较为简单，人们对审计的理解较浅，由于审计责任没有具体规定，审计师的风险意识较为淡薄，因而审计师有能力接受这种审计需求。后来随着社会环境的变化，注册会计师审计目标开始扩展，逐渐向验证财务报表的真实公允性转换。

(二) 第二阶段：以验证财务报表的真实公允为主要审计目标

这一阶段起始于20世纪30年代中期，直到60年代，审计师对审计风险的认识也由朦胧阶段向被动接受阶段转换。促使注册会计师审计目标向第二阶段转换的原因是多方面的。

首先是社会经济环境的变化。20世纪以来，以美国为代表的资本主义经济迅速发展，特别是股份公司的大量涌现，使经济生活出现了两个新的变化：一是企业管理人员的责任范围扩大。企业管理的责任不再仅仅表现在与股东和债权人的关系上，而且表现在与其他许多利益相关者的直接关系上。这种关系最终要通过企业会计信息表现出来，社会对企业会计信息的需求日益增加，会计信息也就显得日益重要。二是企业的筹资逐渐由银行转向证券市场，使得企业风险的承担者由银行转为广大的股东，而股东更注重的是关于企业盈利能力的信息。上述两个变化使社会公众逐渐意识到审计的作用，初步形成了强化审计责任的氛围。自20世纪20年代开始，投资者的盈利欲望以及对投资安全的考虑，使整个社会对企业财务报表的关心超过了查错纠弊的关心，特别是广大投资者，只要保证其盈利能力，即使存在一些舞弊行为，他们也若无其事。

其次是审计能力的有限性。对审计师来说，由于企业规模的扩大和经济业务的日益复杂，再要进行像以前那样查错纠弊所需要的全面而又详细的审计已极为困难，社会也支付不起详细审计所需的审计费用。受审计能力的限制，审计行业为了避免审计风险，也极力把查错纠弊的责任推向企业管理部门，强调审计仅仅是对财务报表发表的一个意见，不是也不可能去揭露贪污盗窃和其他舞弊。20世纪30年代内部控制理论的发展，使审计行业开始认识到欺诈舞弊可通过建立完善的内部控制制度予以控制。内部控制理论在实务中的应用，使审计师可以在抽查的基础上对财务报表的公允性发表意见，不仅可以提高审计效率，而且可以保证审计质量。

再次是法律环境的变化。1929—1933年，震撼整个资本主义世界的经济危机爆发，使无数的投资者倾家荡产，美国政府认识到了会计信息真实性的重要性，先后以保护投资者利益和维护正常的经济秩序为目的，颁布了1933年的《证券法》和1934年的《证券交易法》。从法律上明确规定审计责任，使审计师深刻意识到审计风险的存在。为了适应这种情况，美国注册会计师行业作出了积极的反应。1934年发表的《股份公司报表的审计》以及1936年颁布的上述文件修订版《独立注册会计师对会计报表的审查》，均明确规定应审查财务报表。

随着社会环境的变化，审计责任得到明确，这种明确的审计责任使审计师充分意识到了审计风险的存在。这两方面的共同作用，使注册会计师审计目标向审查财务报表的公允性转换。

（三）第三阶段：以鉴证财务报表的真实公允和揭弊查错并重为主要审计目标

这一阶段的开始以美国注册会计师协会（AICPA）在1988年颁布第53、54号《审计准则公告》为标志。促使查错纠弊成为与验证财务报表的真实公允并重的审计目标的原因是多方面的：

原因之一是20世纪60年代以后企业管理人员欺诈舞弊案增加，以及针对审计师的诉

讼爆炸。社会对独立的审计师应承担查错纠弊的责任的呼声越来越强烈。实际上，从社会公众的观点来看，查错纠弊一直是他们对审计师提出的要求。审计行业出于审计风险的考虑，尽量降低其查错纠弊的责任，二者之间的期望差距越来越大。尽管如此，社会环境的强烈要求和职业"适者生存"的法则，使得审计行业不得不对此予以重新考虑，与其被动接受，不如积极寻求降低审计风险的方法。明确查错纠弊是注册会计师审计目标，会使审计师意识到这种责任的存在，从而在审计过程中设法降低审计风险。

原因之二是法院判决几乎一直倾向于社会公众的需求。例如，美国在20世纪六七十年代较有影响的"Continental Vending（1969）"和"Hochfelder（1974）"两案都认为审计师有责任揭露重大的欺诈舞弊。英国普华事务所1991年涉嫌国际信贷和商业银行（BCCI）舞弊案，普华受到了BCCI的股东和存款户及职工的会计索赔。也就是说，不管会计职业界愿不愿意承担，社会都要求其必须承担起查错纠弊的责任。会计职业界为了维护其生存和发展，也顺应这个需求揭露重大的舞弊和差错，以把审计风险降到社会可接受的水平。

原因之三是政府管理机构的压力。美国证券交易委员会在20世纪70年代一直重申和强调审计师有揭露欺诈和有问题的付款的职责，并对此不断施加压力。

原因之四是会计职业界自己也认为，虽然无法揭露所有的差错和舞弊，但通过设计适当的程序，可以合理地保证财务报表不受重大欺诈的影响。会计职业界对这个问题的认识也经历了一个过程。起初出于明哲保身的目的，采取过硬的立场来推卸审计师纠错查弊的责任；后来，在社会公众的压力下，会计职业界明确承担了查错纠弊的部分责任。但这种责任仍只局限于以下情况：审计师在根据公认审计准则进行检查时怀疑存在重大舞弊行为和工作差错，而且已影响到对财务报表发表意见的程度。尽管有这种认识，但由于没有寻找到一种有效的解决舞弊和差错的途径，审计行业仍然存在一种极力减轻责任的强烈愿望。到20世纪80年代，审计师与社会公众对此项责任的认识分歧很大，一些社会公众开始将公司的经营失败等同于审计失败，他们认为：如果一个公司趋于经营失败，该公司的财务报表审计应及早对该公司会计状况的恶化作出警报。

原因之五是审计师在技术上有可能发现重大舞弊和错误。面对这种复杂的环境变化，1985年，美国成立了由前任证券交易委员会委员James C. Tradeway 任主席的委员会（简称"Tradeway委员会"）。Tradeway委员会1987年提交的最终研究报告对审计师提出了两项建议：一是关于揭露编制欺诈性财务报表的责任；二是有关提高审计师的揭露欺诈行为的能力。AICPA审计准则委员会于1988年发布了新的审计准则公告，阐述了审计师揭露和报告客户差错、舞弊的责任，以及揭露非法行为的责任。

总之，上述审计准则的发布表明，审计行业充分认识到了社会公众的需求以及由此引起的审计责任。审计师若不积极履行这种责任，将面临重大的信任危机，甚至会危及职业的存续。面对这种风险，审计行业必然改变过去的观点，寻求有效的措施去查错纠弊，以满足社会需求。所以，审计行业必须修改审计准则，审计师在实务中必须采取适当的程序来寻找差错和舞弊，以达到审计准则的要求。风险基础审计不失为一种有效的审计方法，它有助于寻找高风险的审计领域，从而把审计风险降到社会可接受的水平。注册会计师审计目标实现第二次转变，表明审计师对审计风险的认识已由被动接受转化为对审计风险进行积极控制。

（四）第四阶段：降低信息风险

这一审计目标以美国注册会计师协会发布《改进企业报告》为标志，以 1996 年公布第 78 号《审计准则公告》为转换完成。从此，降低信息风险成为审计的主要目标。促使注册会计师审计目标向降低信息风险转化的原因也是多方面的。

原因之一是社会公众的信息需求在不断扩大，传统的会计信息已远远无法满足。长期以来受制于公认审计准则的作用，审计行业致力于产出一种标准的以复核性导向的审计产品，而对财务报表以外的信息不发表意见，社会公众不得不从审计职业之外获取这些信息，但在他们眼里，在年度报告中所披露的大多数其他信息，如对于评价企业地位、发展及未来趋势都是至关重要的，可以满足社会公众的信息需求。这些信息在某种程度上比已审的会计信息还要重要。如果这样，社会公众将不会一如既往地支付审计费用，从而导致事务所之间审计费用上的竞争，最终给审计职业带来巨大的经济压力，甚至制约审计职业的全面发展。满足公众这种需求的潜在方法就是推行管理审计，也就是对企业管理活动所揭示的信息提供全面的评价。美国 AICPA 在其 1995 年发布的《改进企业报告》中提出了改革审计报告的建议，增加了对非会计信息的评价内容，目的在于增加信息的可信性，也就是降低信息的风险。

原因之二是经过长期的实践，审计师在技术上已初步具备了这方面的能力。早在 20 世纪 50 年代，审计行业已深刻认识到传统的审计范围已不能满足社会公众的需要，强调将审计范围从单位的会计记录扩展到整个企业。自 20 世纪 50 年代以来的四十多年里，审计师在做好财务报表审计的同时，积极从事管理咨询活动，取得了巨大的成功。审计行业也制定了管理鉴证准则，由于没有得到法律的有力保护，审计师为保护自己，并不发表肯定式评价。这说明审计职业已初步具备了审查企业管理活动信息的能力。若能在立法上得到保护，则提供这方面的服务也是可能的。正是基于这一背景，美国注册会计师协会发布了第 78 号《审计准则公告》，明确将内部控制结构改为内部控制要素，并将风险评估和信息监控明确列为内部控制要素，是审计师在执行审计过程中必须考虑的内容之一。

原因之三是伴随着经济的高速发展，审计师的法律责任日益扩大，但审计的建设性职能却日益缩小。现代审计发展到今天已具有一种社会职能，站在社会的角度，将审计范围局限于会计数据是极为不妥的，审计应迎合社会公众对企业管理的期望业绩水准，对企业管理的行为或业绩进行判定。由于面临大量诉讼的威胁，加上对总体管理业绩进行评判实际上是一种主观判断，背离了鉴证职能增加信息可靠性的本质，审计职业极不愿意深入非会计数据能反映的领域。缩小这种距离无非有两种选择，一种是审计职业的自我挑战，也就是扩大审计的鉴证职能；二是审计职业日益为其他职业替代。显然，为了维护审计职业的生存与发展，明智的选择应是第一种，也就是提供更多的保证服务，对企业管理揭示的信息提供全面的评价，降低信息的风险。

第三节　审计基本假设

一、审计基本假设的含义

审计基本假设亦称审计假定（auditing assumptions）、审计公设（auditing postulates）、审计假说、审计公理、审计前提，它是指对审计领域中存在的尚未确知或无法论证的事物按照客观事物的发展规律所作的合乎逻辑的推理或判断。它有两层含意：一是指无需证明的"当然"之理，可作为逻辑推理的出发点。二是指人们在已掌握的知识基础上，对观察到的一些新现象作出理论上的初步说明的思维形式，是有待于继续证明的命题。

二、审计假设的几种代表性观点

世界各国对审计假设的理论研究时间还不长，从 20 世纪 60 年代初才开始重视。在这方面做出杰出贡献的首推莫茨和夏洛夫，1961 年，他们在其合著的《审计理论结构》一书中首次提出了"审计假设"这一概念，并将审计假设归纳为以下八条具体内容[①]：①财务报表和财务资料是可以验证的；②审计人员和被审单位管理层之间没有必然的利害冲突；③提交验证的财务报表和其他信息资料不存在串通舞弊和其他非常行为；④完善的内部控制系统可以减少舞弊发生的可能性；⑤公认会计原则的一致运用可以使财务状况、经营成果和财务状况变动得以公允表达；⑥如果没有明确的反证，对被审单位来说，过去真实的情况将来也属真实；⑦审计人员完全有能力独立审查财务资料并提出报告；⑧注册会计师承担的职业责任与其职业地位相称。

莫茨和夏洛夫提出的八条审计假设开创了审计假设研究的先河，已成为人们研究审计假设的基础。英国的审计理论研究者汤姆·李在其所著《企业审计》一书中，从信息论的角度，将审计假设分为审计依据假设、审计行为假设和审计功能假设共三类十三条。[②] 1975 年，美国的审计学者 C. W. 尚德尔在《审计理论》一书中提出了五条审计假设[③]：目的基本假设、判断基本假设、证据基本假设、标准基本假设、传输基本假设。1988 年，英国著名审计学教授大卫·费林特在其出版的《审计理论导论》一书中，从受托经济责任关系的角度对审计假设作了新的探讨，并提出了七项审计假设。[④]

三、我国审计假设体系的构建

借鉴西方关于审计假设的论述，并考虑我国的国情，我们认为，我国的审计假设体系应包括如下具体内容[⑤]：

---

① ［美］罗伯特·K. 莫茨、侯赛因·A. 夏拉夫：《审计理论结构》，中国商业出版社 1990 年版，第 47~65 页。
② 汤姆·李：《企业审计》，天津大学出版社 1991 年版，第 110~129 页。
③ ［美］C. W. 尚德尔：《审计理论》，中国财政经济出版社 1992 年版，第 23~30 页。
④ ［美］戴维·费林特：《审计理论导论》。
⑤ 刘明辉："以审计环境为起点构建审计理论体系"，《审计与经济研究》，2003 年第 3 期。

(一) 信息不对称假设

这一假设认为，信息不对称是审计存在的直接原因。在信息不对称的情况下，需要一个机构来解决在事前不对称的情况下提供真实信息（让人说真话）、在事后信息不对称的情况下确实履行责任（让人不偷懒）的问题。例如，在资本市场上，审计的功能实际上就是为企业外部的投资者和债权人承担起查账的任务，由审计师替全体出资人检查企业的经济活动，从而降低资金提供者的监督成本。这一假设主要解决为什么需要审计以及审计是做什么的问题。

(二) 信息不确定假设

财产所有者与经营者分离进而造成的信息不对称是审计产生的直接原因，而被审计单位管理当局提供的财务报表和其他资料等所反映的信息的不确定性是审计产生的根本原因。错误和虚假信息会给信息使用者造成决策失误，从而导致巨大的经济损失。为了避免这一情况，信息使用者客观上就需要一个来自外部的，持独立、客观、公正立场的第三者对被审计单位管理当局提交的信息的公允性加以验证，这样就产生了审计。无论国家审计、内部审计还是注册会计师审计，都是由于信息的不确定性而产生的。如果信息是确定的，则审计将不再存在。审计的性质、目标、任务以及各类审计概念都是从信息不定假设中派生出来的，或者说从这个假设中推导出来的。

(三) 信息可验证假设

信息可验证假设，是指反映被审计单位的财务收支及有关的经营管理活动的财务信息是可以验证的。在现实生活中，虽然我们还不能证明所有的经济活动都能予以验证和评价，但由于存在公认会计原则及一系列经济技术指标和优良管理的范例，人们普遍接受信息可验证假设。

从信息可验证假设出发，可以推导出四个重要的审计概念，即审计证据、审计标准、审计风险和合理保证。要对审计客体进行验证，首先必须取得充分有效的审计证据；为了作出审计评价，还必须有大家公认的审计标准；审计师未能揭露财务报表所包含的重大差错和舞弊，就必须承担相应的审计风险；社会公众就可以相信经验证的财务报表能提供某种程度的合理保证，一旦遭受损失，就可向审计师提起诉讼，寻求赔偿。

(四) 信息重要性假设

信息重要性假设是指经济信息的内涵微妙、复杂、重要，以致如果没有业经审计的信息，无法作出合理的决策；而验证信息的真实、可靠是审计过程的主题。没有审计，不可能正确地理解、评价或判断信息。

两权分离造成了被审计单位不可避免地负有经济责任，审计正是需要审查这种经济责任。在经济社会中，经济责任是普遍存在的，必须有这样的审计假设，才能在审计中明确经济责任，考核经济责任的履行情况，真正发挥审计的作用。

(五) 审计主体独立性假设

这一假设认为，随着财产所有权和经营权的分离，客观上需要一个与上述二者没有任何利害冲突的独立"第三人"，对财务信息的真实可靠性做出鉴证和评价。第三人假设不

仅说明审计产生的理由,而且从性质上明确审计是一种证实、评价性活动。更重要的是,根据这一假设,推导出从方式上审计必须是一种委托审计,从而将审计与会计检查、经济监察等区分开来,使得审计具有自身的基本特征。

(六)审计主体胜任性假设

审计作为一种服务业,是为整个社会负责的,因此其责任是重大的。审计主体胜任性假设,是指审计师在履行审计职责过程中应具备专业胜任能力,包括技术、知识和经验等。审计师在进行风险识别、评价、估量时,需要根据具体的情况作出大量的判断和决策。假定审计师具备职业所需的胜任能力,就是说审计师有能力进行一系列的判断和决策,识别所有影响审计风险的因素,达到审计目标。

(七)审计主体理性假设

这一假设认为,人类行为,不论是出自生命自身的冲动,抑或是为个人荣誉而产生的善举,其动机都发端于利己心。毫不例外,审计师也是有理性的、追求自身利益或效用最大化的人。审计师在执行业务过程中所表现出的自利性体现为对审计公费和客户数量的追求。但出于理性考虑,审计师不能无视法律和规范的存在而出具虚假报告。理性的审计师会从长远的角度考虑其行为的最大效益,并主动接受法律和规范的约束。

根据这一假设,可以推导出审计必须通过制定规范予以约束,必须建立健全有关法律、规范,对审计师的执业行为和道德行为予以规范和约束,并采取一定监督措施对审计质量予以控制。

(八)内控相关性假设

内控相关性假设是指内部控制是否健全和一贯有效,与财务报表是否存在错报、漏报以及是否存在错误与舞弊息息相关。也就是说,健全、有效的内部控制系统能够减少甚至排除错误与舞弊事项的发生。依据这条假设,审计实质性程序就可以以风险评价为基础,从而形成风险基础审计,并使风险基础审计建立在有效的假设基础上。健全而有效的内部控制结构可以减少欺诈舞弊的机会,从而降低审计风险,这只是审计实践的经验总结,而无法对其因果联系从逻辑上加以证明,因此只能是一种假设。这种假设是现代审计所必须具备的一个基本条件,没有它,一切有关控制测试和评价的要求都失去了逻辑的理论依据。因此,在审计过程中必须对内部控制结构进行检查评估,唯有如此,才能把审计风险降低到社会可接受的水平。

根据这条假设,可以演绎出控制测试、实质性程序、抽样风险、统计抽样、判断抽样等重要的审计概念。

(九)风险可控性假设

风险可控性假设是指,虽然审计风险是不可消除的,但审计师可以通过设计恰当的审计程序,通过风险的识别、计量、评价、预防,把审计风险控制在社会可接受的水平。审计师可通过了解被审计单位的经营环境和内部控制,评估重大错报风险,进而应对风险。通过检查风险的控制,间接地控制审计风险。尽管审计风险的计量相当主观,但是如果没有假设审计风险是可控制的,那么审计界将会被越来越高的审计风险捆住手脚而失去活力，也不能积极地采取措施，使审计更好地满足社会公众的需求。实践证明，认为审计风险是可控制的，从而把这一思想贯彻到所实施的审计程序中去，把审计资源重点分配到高风险的审计领域，可以较好地揭露企业财务报表中所包含的重大差错和舞弊，从而缩小社会公众的需求和审计能力之间的差距，使审计风险控制在社会可接受的水平范围之内。

（十）认同一贯性假设

认同一贯性假设是指如果没有确凿的反证，过去被认为是正确的，将来也会被认为是正确的。设定这一假设的主要理由是解决企业经营业务的连续性与审计行为的阶段性之间的矛盾。任何企业的经营活动都是连续不断的，而会计是分期反映的，审计行为是阶段性的，财务信息是一个累积的结果，审计要鉴证的是期末余额。因而要假定前后会计期间反映的财务报表的逻辑关系都具有连续性。只有根据这一假设，审计师才能认为根据上期审计过的资产负债表的期末余额转记过来的本期期初余额是可信的，通过对本期发生的业务的真实性进行审查，即可鉴证本期期末余额。除非有确切的相反证据证明前期资料有误，才会对那些对本期有影响的前期资料作出调整。这一假设不仅为审计师执行所有验证工作提供了指南，而且是审计师在验证过程中，当被审计单位发生不可预见或意外的财务状况和经营变化时，为审计师提供的一种必要的保护，从而使审计责任有合理的界限。

（十一）证据力差别假设

证据力差别假设是指不同的审计证据，其可靠性是不同的，且受其来源、及时性和客观性的影响。具体如下：①书面证据比口头证据可靠；②外部证据比内部证据可靠；③已获独立的第三者确认的内部证据，比未获独立的第三者确认的内部证据可靠；④自行获得的证据，比由客户提供的证据可靠；⑤内部控制较好时所提供的内部证据，比内部控制较差时所提供的内部证据可靠；⑥不同来源或不同性质的审计证据相互印证时，审计证据较具可靠性；⑦越及时的证据越可靠，客观证据比主观证据可靠。审计工作的核心就是获取审计证据，审计证据是得出审计结论的依据。证据力差别假设为审计工作的顺利进行提供了必要的基础，没有审计证据假设，将无法展开审计工作，并得出最终的审计结论。

（十二）标准适当性假设

标准适当性假设认为，财务报表是否表述公允，应以是否遵守公认的会计原则为标准，如果"没有公认的会计原则，审计师的意见就失去了通用的共同语言。因此，对任何人无价值可言。"[1] 舍弃了这一假设，也将剥夺审计师所有判断公允性的标准。而适当的标准应当具备下列所有特征：①相关性：相关的标准有助于得出结论，便于预期使用者作出决策；②完整性：完整的标准不应忽略业务环境中可能影响得出结论的相关因素，当涉及列报时，还包括列报的基准；③可靠性：可靠的标准能够使能力相近的注册会计师在相似的业务环境中对鉴证对象作出合理、一致的评价或计量；④中立性：中立的标准有助于得出无偏向的结论；⑤可理解性：可理解的标准有助于得出清晰、易于理解、不会产生重大歧义的结论。

---

[1] R.K. 莫茨、H.A. 夏拉夫：《审计理论结构》，中国商业出版社 1990 年版。

思考题

1. 审计理论研究的起点有哪几种观点？你认为应以什么为起点构建审计理论体系？据此构建的审计理论包括哪些内容？
2. 环境与审计的关系如何？
3. 影响审计的环境因素有哪些？
4. 如何理解审计环境与审计目标的关系？
5. 审计目标的发展演进分哪几个阶段？
6. 如何构建审计假设体系？

习题及参考答案

第三章 注册会计师执业准则

本章要点

目前，我国注册会计师行业已经建立起一套适应市场经济发展要求、顺应国际趋同大势的专业标准体系，具体包括业务技术标准体系、职业道德守则体系和会计师事务所质量管理准则体系三部分。其中，业务技术标准体系51项，包括鉴证业务基本准则、审计准则、审阅准则、其他鉴证业务准则和相关服务准则等；职业道德守则体系6项，包括中国注册会计师职业道德守则（第1号至第5号）和非执业会员职业道德守则；会计师事务所质量管理准则体系2项。此外，针对上述业务技术准则和会计师事务所质量管理准则，制定了53项配套应用指南。

本章主要阐述中国注册会计师业务技术标准体系和会计师事务所质量管理准则体系。其中，审计准则是整个业务技术标准体系的核心。

第一节 注册会计师执业准则概述

注册会计师执业准则是指注册会计师在执行业务的过程中所应遵守的职业规范。

一、注册会计师执业准则的作用

注册会计师执业准则的制定和实施使注册会计师在执行业务时有了规范和指南，也便于考核注册会计师的执业质量，推动了注册会计师行业的发展。注册会计师执业准则的作用主要包括以下几方面：

1. 注册会计师执业准则可以规范注册会计师的执业行为

建立了注册会计师执业准则，就确立了注册会计师的执业规范，使注册会计师在执行业务的过程中有章可循。比如，执业准则规范了在审计业务中注册会计师如何签订审计业务约定书，如何编制审计计划，如何实施审计程序，如何记录审计工作底稿，如何与治理层进行沟通，如何利用其他实体的工作，如何出具审计报告，以及如何控制审计质量等，执业准则也对注册会计师从事财务报表审阅、其他鉴证业务和相关服务进行了规范。这就使注册会计师在执行业务的每一环节都有了相应的依据和标准，规范了注册会计师的行为。

2. 注册会计师执业准则可以提高注册会计师的执业质量

注册会计师执业准则对注册会计师执行业务应遵循的规范作了全面规定，既涵盖了鉴

证和相关服务等业务领域，又为质量管理提供了标准。其中的审计准则对财务报表审计的目标和一般原则、审计工作的基本程序和方法，以及审计报告的基本内容、格式和类型等都作了详细规定。只要注册会计师遵照执业准则的规定执行业务，执业质量就有保证。另一方面，执业准则是注册会计师实践经验的总结和升华，它的实施有助于注册会计师理论和实务水平的提高。

3. 注册会计师执业准则可以维护社会公众利益

注册会计师行业担负着对会计信息质量进行鉴证的重要职能，客观上担负着维护社会公众利益的职能。中国注册会计师执业准则体系以维护公众利益为宗旨，充分研究和分析了新形势下资本市场发展和注册会计师执业实践面临的挑战与困难，强化了注册会计师的执业责任，细化了对注册会计师揭示和防范市场风险的指导。其中，审计准则要求注册会计师强化审计的独立性，保持应有的职业谨慎态度，遵守职业道德规范，切实贯彻风险导向审计理念，提高识别和应对市场风险的能力，更加积极地承担发现财务报表舞弊的责任，始终把维护公众利益作为审计准则的衡量标尺。中国注册会计师执业准则体系的实施，必将提升注册会计师的执业质量，加强会计师事务所质量管理和风险防范，为提高财务信息质量、降低投资者的决策风险、维护社会公众利益、实现更有效的资源配置、推动经济发展和保持金融稳定发挥重要作用。

4. 注册会计师执业准则可以促进社会主义市场经济健康发展

注册会计师执业准则的施行对我国市场经济的发展能够发挥积极作用：一是促进上市公司信息披露质量的提高。政府对上市公司监管所依据的信息，主要来自上市公司的会计报表和注册会计师对此出具的审计报告。注册会计师通过对上市公司会计报表的审计，提高了上市公司会计信息的质量。二是维护证券市场秩序。证券市场是重要的资本市场，注册会计师通过为投资者提供相关、可靠的信息，在很大程度上防止证券市场的欺诈行为，增强投资者的信心和安全感，有利于维护证券市场的秩序。三是推动国有企业的改革。注册会计师通过提供审计等服务，对国有企业改制上市、优化资源配置和促进经济结构调整等起到了推动作用。我国注册会计师行业恢复重建以来，取得了长足的进步，为我国社会主义市场经济体制的建立和完善做出了贡献。当前，我国正处于市场经济深化和资本市场进一步发展的新阶段，大量新型复杂的市场交易行为和市场活动模式的出现，对注册会计师审计鉴证和专业咨询的依赖程度将进一步加深。中国注册会计师执业准则体系的制定与实施，对于加强和改进注册会计师应对市场变化的能力，指导注册会计师的执业工作，提高注册会计师审计对经济活动的监督效果，特别是为降低市场交易成本、促进经济增长方式转变和优化资源配置提供高质量的会计服务和专业支持，有着重要的作用。

二、我国审计准则的建设历程

审计准则是注册会计师执业的重要依据，高质量的审计准则对于提高审计质量、促进行业高质量发展发挥着基础作用。

目前，我国注册会计师行业已经建立起一套适应市场经济发展要求、顺应国际趋同大势的专业标准体系，具体包括业务技术标准体系、职业道德守则体系和会计师事务所质量管理准则体系三部分。其中，业务技术标准体系51项，包括鉴证业务基本准则、审计准则、审阅准则、其他鉴证业务准则和相关服务准则等；职业道德守则体系6项，包括中国注册会计师职业道德守则（第1号至第5号）和非执业会员职业道德守则；会计师事务所质量管理准则体系2项。此外，针对上述业务技术准则和会计师事务所质量管理准则，制定了53项配套应用指南。为推动专业标准体系高质量实施，中注协建立了专业标准体系闭环管理工作机制，实现了准则制定完善、实施指导、强化监管的有机统一。注册会计师专业标准体系与国际标准体系的持续动态趋同，使我国注册会计师行业与国外同行处于同一技术平台，为会计师事务所"走出去"奠定了坚实的基础。

独立审计准则作为规范注册会计师执行审计业务的权威性标准，对提高注册会计师执业质量、降低审计风险、维护社会公众利益具有重要的作用，其建设经历了以下四个阶段。

（一）制定执业规则阶段（1991—1993年）

中注协成立后，非常重视执业规则的建设。从1991年到1993年，先后发布了《注册会计师检查验证会计报表规则（试行）》等7个执业规则。这些执业规则对我国注册会计师行业走向正规化、法治化和专业化起到了积极作用。

（二）建立准则体系阶段（1994—2003年）

1993年10月31日，第八届全国人民代表大会常务委员会第四次会议通过《中华人民共和国注册会计师法》，规定中国注册会计师协会依法拟订执业准则、规则，报国务院财政部门批准后施行。经财政部批准同意，中注协自1994年5月开始起草独立的审计准则。到2003年中，中注协先后制定了6批独立审计准则，包括1个准则序言、1个独立审计基本准则、28个独立审计具体准则和10个独立审计实务公告、5个执业规范指南，此外，还包括3个相关基本准则（职业道德基本准则、质量管理基本准则和后续教育基本准则），共计48个项目。在这一阶段发布的48个项目中，既有基本原则，又有具体要求和操作指南，内容覆盖审计及相关业务的各个方面，不仅适应了注册会计师执业的需要，还在很大程度上与国际审计准则实现了协调，基本建立起我国独立审计准则体系（见图3-1），为进一步完善独立审计准则体系奠定了基础。

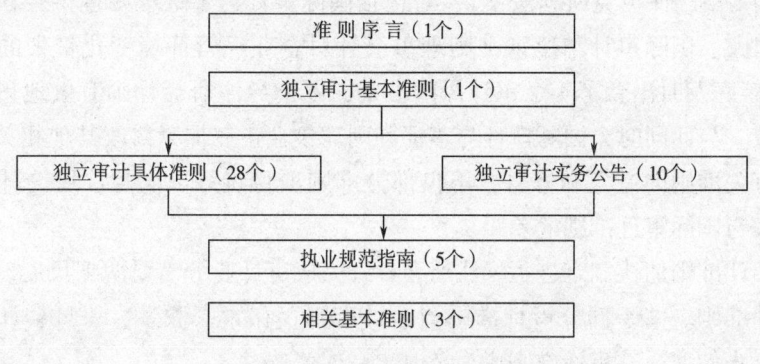

图3-1 原独立审计准则体系

独立审计准则建设以及准则体系的基本建立，有效地满足了注册会计师执业的需要。独立审计准则已经成为注册会计师执业的必备指南，成为衡量注册会计师执业质量的依

据，成为理论研究、教学教材建设的重要推动力量。独立审计准则还是有关部门执法、判断注册会计师执业罪错的依据。从最近几年出台的文件看，在涉及注册会计师审计商业银行、非银行金融机构、大型国有企业、上市公司等主体时，都强调要遵守独立审计准则，并在调查和处罚违规事件时将审计准则作为衡量的尺度。公安、检察、法院等部门在处理涉及会计师事务所和注册会计师审计业务的案件时，也将独立审计准则作为重要的法规依据。

（三）完善与提高阶段（2004—2010年）

随着独立审计准则体系的建立，我国审计准则制定工作转向完善审计准则体系与提高准则质量并重。尽管独立审计准则建设取得了明显成就，但随着形势的发展变化，迫切要求我国加快审计准则建设，满足注册会计师执业需要，进一步缩小与国际审计准则的差距。

第一，行业面临很大的风险。近年来，企业经营环境不断发生变化，导致审计风险日益增加，主要体现在：企业组织机构及其经营活动的方式日益复杂，全球化和科学技术的影响日益加深，会计准则要求的判断和估计日益复杂，一些企业管理层进行财务舞弊的动机和压力日益增大。如何使审计实务更加有效地应对企业经营环境变化给行业带来的风险，迫切需要通过出台有关审计风险准则予以解决。

第二，传统审计实务存在缺陷。现行审计准则是建立在传统审计风险模型基础上，存在很大缺陷。传统审计风险模型忽略了对固有风险的评估，注册会计师往往不注重从宏观层面把握财务报表存在的重大错报风险，而直接实施控制测试和实质性测试，容易导致审计失败。因为企业是整个经济网络中的细胞，所处的行业状况、监管环境、企业的性质以及目标、战略和相关经营风险可能最终对会计报表产生重大影响。如果企业管理当局串通舞弊或凌驾于内部控制之上，则内部控制是失效的。注册会计师不把审计视角扩展到内部控制以外，很容易受到蒙蔽和欺骗，不能发现由于内部控制失效所导致的会计报表重大错报风险。

第三，国际审计准则有了新的进展。美国安然公司会计造假丑闻发生后，美国国会通过了《2002年萨班斯-奥克斯利法案》，对包括国际审计与鉴证准则理事会在内的准则制定机构影响很大。国际审计与鉴证准则理事会针对企业经营环境变化带来的巨大审计风险，于2003年底及时出台了4个审计风险准则，以指导注册会计师有效地识别、评估和应对审计风险。与此同时，国际审计与鉴证准则理事会正在加紧修改其他相关准则。如果我国不加快有关准则的制定和修订，不仅部分准则项目将难以满足注册会计师的执业需要，还将拉大与国际审计准则的差距。

第四，会计准则加快制定进程。注册会计师完成审计业务需要两把尺度，一是会计准则，一是审计准则。由于部分审计准则与会计准则存在紧密联系，一旦会计准则出现制定、修订和废止的情况，审计准则应当及时出台或修改。

在这一阶段，我国成立了中国审计准则委员会，明确提出国际趋同的主张，制定了审计准则国际趋同计划，在审计准则国际趋同方面取得了重大成果。2006年2月15日，财政部发布了中国注册会计师执业准则体系，并决定自2007年1月1日起在所有会计师事务所施行。执业准则体系的发布和实施适应了我国社会主义市场经济的发展要求，顺应了会计审计准则国际趋同大势，对于提高会计信息质量和引导资源有效配置，维护资本市场秩序和保护社会公众利益，提高对外开放水平和完善社会主义市场经济体制，都具有十分重要的作用。为了帮助广大注册会计师正确理解、深入掌握注册会计师执业准则，中国注册会计师协会在注册会计师执业准则的框架下，针对每一项准则制定了实施指南，并于2006年11月1日公布。中国注册会计师执业准则指南自2007年1月1日起与中国注册会计师执业准则同步施行。

为适应我国社会主义市场经济发展对注册会计师职业道德提出的更高要求，中注协借鉴国际职业道德守则最新成果，制定了《中国注册会计师职业道德守则》和《中注协非执业会员职业道德守则》（会协〔2009〕57号），并于2009年10月14日发布，2010年7月1日起施行。职业道德守则对注册会计师涉及的职业道德理念进行了系统阐述，对业务承接、收费报价、专业服务开展等各环节可能遇到的职业道德问题的防范和解决提出了具体思路和方法。

(四) 成熟阶段（即国际趋同阶段，2010年至今）

为吸收借鉴国际审计准则明晰项目成果，推动准则的持续全面趋同，中注协适时启动了中国注册会计师执业准则的修订工作。2010年11月1日，财政部印发《中国注册会计师审计准则第1101号——注册会计师的总体目标和审计工作的基本要求》等38项准则（财会〔2010〕21号）及其应用指南（会协〔2010〕94号），自2012年1月1日起施行。本次修订进一步强化了风险导向审计的理念和要求。

2015年初，国际审计与鉴证准则理事会（IAASB）完成了对国际审计报告相关准则的改革。同时，随着我国资本市场的改革和IPO注册制的推行，政府部门、监管机构和投资者对注册会计师审计质量将提出更高的要求，期望审计报告更具有相关性和决策有用性，以降低资本市场的不确定性和信息不对称性。为此，2016年12月23日，财政部印发了《在审计报告中沟通关键审计事项》（财会〔2016〕24号）等12项中国注册会计师审计准则。

此后，为了满足资本市场改革与发展对高质量会计信息的需求，规范和指导注册会计师应对审计环境变化和审计实务的新发展，保持我国审计准则与国际准则的持续全面趋同，中国注册会计师协会修订了《中国注册会计师审计准则第1101号——注册会计师的总体目标和审计工作的基本要求》等18项审计准则及其发布的24项应用指南。

为了回应社会各界对审计质量的关切，提高质量管理能力，财政部于2020年11月19日批准印发了《会计师事务所质量管理准则第5101号——业务质量管理》（财会〔2020〕17号）等3项中国注册会计师执业准则（以下统称"质量管理相关准则"）。

为了顺应经济社会发展对注册会计师诚信和职业道德水平提出的更高要求，规范中国注册会计师协会会员的职业行为，进一步提高职业道德水平，维护职业形象，保持与国际职业会计师道德守则的持续动态趋同，中注协于2020年12月17日修订发布了《中国注册会计师职业道德守则》（2020）和《中注协非执业会员职业道德守则》（2020）的通知，于2021年7月1日起施行。与此同时，还发布了《中注协非执业会员职业道德守则》《中

注协非执业会员职业道德守则术语表》。

为深入贯彻党中央、国务院关于严肃财经纪律的决策部署，切实加强会计师事务所监管，遏制财务造假，有效发挥注册会计师审计鉴证作用，国务院办公厅于 2021 年 7 月 30 日发布《国务院办公厅关于进一步规范财务审计秩序 促进注册会计师行业健康发展的意见》（国办发〔2021〕30 号），明确要求要完善审计准则体系和职业道德规范体系。

为贯彻落实文件精神，财政部于 2021 年 12 月 9 日修订发布了《中国注册会计师审计准则第 1601 号——审计特殊目的财务报表的特殊考虑》《中国注册会计师审计准则第 1603 号——审计单一财务报表和财务报表特定要素的特殊考虑》《中国注册会计师审计准则第 1604 号——对简要财务报表出具报告的业务》等 3 项准则（财会〔2021〕31 号），于 2022 年 1 月 1 日起施行。2022 年 1 月 5 日，修订发布了《中国注册会计师鉴证业务基本准则》（财会〔2022〕1 号）等 11 项准则。与此相适应，中注协于 2022 年 1 月 17 日印发了《中国注册会计师鉴证业务基本准则》应用指南等 15 项应用指南（会协〔2022〕1 号）。

2022 年 12 月 22 日，财政部修订发布了《中国注册会计师审计准则第 1211 号——重大错报风险的识别和评估》《中国注册会计师审计准则第 1321 号——会计估计和相关披露的审计》两项审计准则，并对《中国注册会计师审计准则第 1101 号——注册会计师的总体目标和审计工作的基本要求》等 23 项准则（财会〔2022〕36 号）进行了修订，该批准则于 2023 年 7 月 1 日起施行。至此，我国已经建立起一套切合中国市场经济发展需要、与国际准则持续趋同的职业准则体系。

综上所述，自 2010 年以来，中国注册会计师职业准则建设与发展的核心工作是推进中国注册会计师职业准则与国际准则的全面、持续、双向趋同。需要说明的是，在此基础上，中注协还进一步推动了中国职业准则与相关国家（如俄罗斯、瑞士）和地区（如中国香港）准则的等效。

三、中国注册会计师执业准则体系

中国注册会计师执业准则体系具体包括业务技术标准体系、职业道德守则体系和会计师事务所质量管理准则体系三部分。其中，业务技术标准体系 51 项，包括鉴证业务基本准则、审计准则、审阅准则、其他鉴证业务准则和相关服务准则等；职业道德守则体系 6 项，包括中国注册会计师职业道德守则（第 1 号至第 5 号）和非执业会员职业道德守则；会计师事务所质量管理准则体系 2 项。此外，针对上述业务技术准则和会计师事务所质量管理准则，制定了 53 项配套应用指南。

鉴证业务准则由鉴证业务基本准则统领，按照鉴证业务提供的保证程度和鉴证对象的不同，分为中国注册会计师审计准则、中国注册会计师审阅准则和中国注册会计师其他鉴证业务准则（以下分别简称"审计准则"、"审阅准则"和"其他鉴证业务准则"）。其中，审计准则是整个执业准则体系的核心。

审计准则用以规范注册会计师执行历史财务信息的审计业务。在提供审计服务时，注册会计师对所审计信息是否不存在重大错报提供合理保证，并以积极方式提出结论。

审阅准则用以规范注册会计师执行历史财务信息的审阅业务。在提供审阅服务时，注册会计师对所审阅信息是否不存在重大错报提供有限保证，并以消极方式提出结论。

其他鉴证业务准则用以规范注册会计师执行历史财务信息审计或审阅以外的其他鉴证业务，根据鉴证业务的性质和业务约定的要求，提供有限保证或合理保证。

相关服务准则用以规范注册会计师代编财务信息、执行商定程序，提供管理咨询等其他服务。在提供相关服务时，注册会计师不提供任何程度的保证。

质量管理准则用以规范会计师事务所在执行各类业务时应当遵守的质量管理政策和程序，是对会计师事务所质量管理提出的制度要求。

第二节　中国注册会计师业务技术标准体系

中国注册会计师业务技术标准体系由鉴证业务准则和相关服务准则所构成。其中，鉴证业务准则由鉴证业务基本准则统领，按照鉴证业务提供的保证程度和鉴证对象的不同，分为审计准则、审阅准则和其他鉴证业务准则。目前，中国注册会计师业务准则51项，包括：

（1）中国注册会计师鉴证业务基本准则（1项）；
（2）中国注册会计师审计准则第1101号—第1633号（45项）；
（3）中国注册会计师审阅准则第2101号（1项）；
（4）中国注册会计师其他鉴证业务准则第3101号—第3111号（2项）；
（5）中国注册会计师相关服务准则第4101号—第4111号（2项）。

一、中国注册会计师鉴证业务基本准则

《中国注册会计师鉴证业务基本准则》的目的在于规范注册会计师执行鉴证业务，明确鉴证业务的目标和要素，确定中国注册会计师审计准则、中国注册会计师审阅准则、中国注册会计师其他鉴证业务准则适用的鉴证业务类型。该准则共九章六十条，主要对鉴证业务的定义与目标、业务承接，以及鉴证业务的三方关系、鉴证对象、标准、证据、鉴证报告等见证业务的要素等方面进行了阐述。注册会计师执行历史财务信息审计业务、历史财务信息审阅业务和其他鉴证业务时，应当遵守依据该准则制定的审计准则、审阅准则和其他鉴证业务准则。如果一项鉴证业务只是某项综合业务的构成部分，该准则仅适用于该业务中与鉴证业务相关的部分。如果某项业务不存在除责任方之外的其他预期使用者，但在其他所有方面符合审计准则、审阅准则或其他鉴证业务准则的要求，注册会计师和责任方可以协商运用该准则的原则。在这种情况下，注册会计师在报告中应注明该报告仅供责任方使用。

二、中国注册会计师审计准则

中国注册会计师审计准则共包括45项，用以规范注册会计师执行历史财务信息的审计业务。审计准则涉及审计业务的一般原则与责任、风险评估与应对、审计证据、利用其他主体的工作、审计结论与报告、特殊领域审计六个方面。

（一）一般原则与责任

规范审计业务的一般原则与责任的准则具体包括《中国注册会计师审计准则第1101

号——注册会计师的总体目标和审计工作的基本要求》《中国注册会计师审计准则第 1111 号——就审计业务约定条款达成一致意见》《中国注册会计师审计准则第 1121 号——对财务报表审计实施的质量管理》《中国注册会计师审计准则第 1131 号——审计工作底稿》《中国注册会计师审计准则第 1141 号——财务报表审计中与舞弊相关的责任》《中国注册会计师审计准则第 1142 号——财务报表审计中对法律法规的考虑》《中国注册会计师审计准则第 1151 号——与治理层的沟通》《中国注册会计师审计准则第 1152 号——向治理层和管理层通报内部控制缺陷》《中国注册会计师审计准则第 1153 号——前后任注册会计师的沟通》等 9 项。

审计准则首先明确了财务报表审计的目标和一般原则。《中国注册会计师审计准则第 1101 号——注册会计师的总体目标和审计工作的基本要求》共六章三十八条，指出按照中国注册会计师审计准则的规定对财务报表发表审计意见并与治理层和管理层沟通是注册会计师的责任，按照适用的财务报告编制基础编制财务报表以及构建相关内部控制是被审计单位治理层和管理层的责任，并从财务报表审计的总体目标、与财务报表审计相关的职业道德要求、职业怀疑、职业判断、审计证据和审计风险、按照准则要求执行业务等方面进行了阐述。

《中国注册会计师审计准则第 1111 号——就审计业务约定条款达成一致意见》共四章二十一条，主要对注册会计师确定审计的前提条件，以及与管理层就审计业务约定条款达成一致意见等方面进行了规范。

《中国注册会计师审计准则第 1121 号——对财务报表审计实施的质量管理》旨在规范注册会计师在项目层面对财务报表审计实施质量管理的具体责任，以及项目合伙人与之相关的责任。该准则共四章五十三条，主要从管理和实现审计质量的领导责任、相关职业道德要求、客户关系和审计业务的接受与保持、业务资源、业务执行、监控与整改、对管理和实现高质量承担总体责任和审计工作底稿进行了规范。

审计工作底稿是注册会计师对制订的审计计划、实施的审计程序、获取的相关审计证据，以及得出的审计结论所作的记录。《中国注册会计师审计准则第 1131 号——审计工作底稿》共四章二十条，主要规范了审计工作底稿的性质、审计工作底稿的目标，以及编制审计工作底稿的要求。

财务报表的错报可能由于舞弊或错误所致。舞弊和错误的区别在于，导致财务报表发生错报的行为是故意行为还是非故意行为。《中国注册会计师审计准则第 1141 号——财务报表审计中与舞弊相关的责任》共五章五十二条，对注册会计师的责任、职业怀疑、项目组内部的讨论、风险评估程序、识别和评估舞弊导致的重大错报风险、应对舞弊导致的重大错报风险、评价审计证据、无法继续执行审计业务时的考虑等方面进行了规范。该准则要求注册会计师在执业过程中保持职业怀疑，针对新形势下财务报表舞弊的特点，更加积极主动地识别和应对财务报表舞弊的风险，并为注册会计师履行好这一责任提供了更多的指引，体现了维护公众利益的宗旨。

《中国注册会计师审计准则第 1142 号——财务报表审计中对法律法规的考虑》旨在规范注册会计师在财务报表审计中对法律法规的考虑，明确执业责任。该准则共五章三十一条，主要从注册会计师对被审计单位遵守法律法规的考虑、发现违反法规行为时实施的审计程序、识别出或怀疑存在违反法律法规行为时实施的审计程序、对识别出的或怀疑存在的违反法律法规行为的沟通和报告，以及审计工作底稿等方面进行了阐述。

注册会计师应当就与财务报表审计相关，且根据职业判断认为与治理层责任相关的重大事项，以适当的方式及时与治理层沟通。《中国注册会计师审计准则第 1151 号——与治理层的沟通》共四章二十四条。该准则主要从沟通的对象、沟通的事项、沟通的过程和工作底稿几个方面对注册会计师与被审计单位治理层的沟通进行了规范。该项准则主要规范注册会计师与治理层的沟通，也积极鼓励建立有效的双向沟通。

内部控制存在缺陷时注册会计师的处理要求在《中国注册会计师审计准则第 1152 号——向治理层和管理层通报内部控制缺陷》中作出了明确规定。该准则共五章十三条，指出注册会计师应当以书面形式及时向治理层通报审计过程中识别出的值得关注的内部控制缺陷。

当出现更换注册会计师的情况时，后任注册会计师应当征得被审计单位的同意，主动与前任注册会计师沟通。《中国注册会计师审计准则第 1153 号——前后任注册会计师的沟通》旨在规范前后任注册会计师的沟通。该准则共五章十九条，分别对接受委托前的沟通、接受委托后的沟通和发现前任注册会计师审计的财务报表可能存在重大错报时的处理进行了规范。

（二）风险评估与应对

关于风险评估与应对的准则是审计准则的关键组成部分。对风险评估与应对进行规范的审计准则共有 6 项，包括《中国注册会计师审计准则第 1201 号——计划审计工作》《中国注册会计师审计准则第 1211 号——重大错报风险的识别和评估》《中国注册会计师审计准则第 1221 号——计划和执行审计工作时的重要性》《中国注册会计师审计准则第 1231 号——针对评估的重大错报风险采取的应对措施》《中国注册会计师审计准则第 1241 号——对被审计单位使用服务机构的考虑》《中国注册会计师审计准则第 1251 号——评价审计过程中识别出的错报》。

注册会计师应当计划审计工作，使审计业务以有效的方式得到执行。计划审计工作包括针对审计业务制订总体审计策略和具体审计计划，以将审计风险降至可接受的低水平。《中国注册会计师审计准则第 1201 号——计划审计工作》共四章十三条，分别从项目组关键成员的参与、初步业务活动、计划活动、审计工作底稿以及首次接受审计委托的补充考虑等方面提供了指引。

了解被审计单位及其环境是必要程序，它为注册会计师在许多关键环节作出职业判断提供了重要基础。《中国注册会计师审计准则第 1211 号——重大错报风险的识别和评估》共五章四十五条。该准则从风险评估程序和相关活动、了解被审计单位及其环境、适用的财务报告编制基础、了解被审计单位内部控制体系各要素、识别和评估重大错报风险、审计工作底稿等方面对注册会计师了解被审计单位及其环境，识别和评估财务报表重大错报风险进行了规范。

确定重要性水平是审计工作的一个关键环节。在计划和执行审计工作、评价识别出的错报对审计的影响，以及未更正错报对财务报表和审计意见的影响时，注册会计师需要运用重要性概念。《中国注册会计师审计准则第1221号——计划和执行审计工作时的重要性》旨在规范注册会计师运用重要性原则。该准则共五章十五条，分别对计划审计工作时确定重要性和实际执行的重要性、审计过程中修改的重要性以及记录等方面进行了规定。

《中国注册会计师审计准则第1231号——针对评估的重大错报风险采取的应对措施》共五章三十一条，分别从定义、目标、要求（总体应对措施、进一步审计程序、控制测试、实质性程序、财务报表列报的恰当性、评价审计证据的充分性和适当性、审计工作底稿）等方面进行了详细阐述。

有时被审计单位可能将记录交易和处理相关数据，或者执行交易并履行受托责任等工作委托给有关服务机构，在这种情况下，注册会计师应当了解被审计单位在经营中如何利用服务机构提供的服务。《中国注册会计师审计准则第1241号——对被审计单位使用服务机构的考虑》共分五章三十一条，规范了注册会计师对被审计单位使用服务机构的考虑，以及对服务机构注册会计师的报告的考虑，并对了解服务机构提供的服务、应对评估的重大错报风险以及审计报告等方面进行了阐述。

为了规范注册会计师针对已评估的重大错报风险确定总体应对措施，设计和实施进一步审计程序，《中国注册会计师审计准则第1251号——评价审计过程中识别出的错报》分五章十七条，从累积识别出的错报、随着审计的推进考虑识别出的错报、沟通和更正错报、评价未更正错报的影响、书面声明和审计工作底稿等方面进行了阐述。

（三）审计证据

审计证据是注册会计师发表审计意见的基础。与审计证据有关的审计准则共有11项，包括《中国注册会计师审计准则第1301号——审计证据》《中国注册会计师审计准则第1311号——对存货、诉讼和索赔、分部信息等特定项目获取审计证据的具体考虑》《中国注册会计师审计准则第1312号——函证》《中国注册会计师审计准则第1313号——分析程序》《中国注册会计师审计准则第1314号——审计抽样》《中国注册会计师审计准则第1321号——会计估计和相关披露的审计》《中国注册会计师审计准则第1323号——关联方》《中国注册会计师审计准则第1324号——持续经营》《中国注册会计师审计准则第1331号——首次审计业务涉及的期初余额》《中国注册会计师审计准则第1332号——期后事项》《中国注册会计师审计准则第1341号——书面声明》。

注册会计师应当获取充分、适当的审计证据，以得出合理的审计结论，作为形成审计意见的基础。审计证据的可靠性受其来源和性质的影响，并取决于获取审计证据的具体环境。《中国注册会计师审计准则第1301号——审计证据》旨在规范注册会计师获取证据需实施的审计程序。该准则共四章十五条，主要对充分、适当的审计证据、用作审计证据的信息、选取测试项目以获取审计证据、审计证据之间存在不一致或对审计证据可靠性存有疑虑进行了说明。

《中国注册会计师审计准则第1311号——对存货、诉讼和索赔、分部信息等特定项目获取审计证据的具体考虑》旨在规范注册会计师实施存货监盘程序。该准则共分六章三十三条，对存货监盘的含义、管理层和注册会计师的责任、存货监盘计划、存货监盘程序、特殊情况的处理，以及存货监盘结果对审计报告的影响等方面进行了说明。根据该准则的规定，存货监盘是一项复合程序，是观察程序和检查程序的结合运用，也可以理解为一种双重目的的测试。

《中国注册会计师审计准则第1312号——函证》的制定是为了规范注册会计师在财务报表审计中对存货、诉讼和索赔、分部信息等特定项目的某些方面获取充分、适当的审计证据的具体考虑。该准则共四章十四条，主要对函证决策、询证函的设计，以及函证的实施与评价等方面加以说明。准则明确了函证的内容、函证程序实施的范围和时间，以及函证的不同方式及其应用，为注册会计师在审计过程中实施函证提供了进一步的指引。

分析程序在审计过程中发挥着重要作用，在现代风险导向审计中，其地位更加重要。《中国注册会计师审计准则第1313号——分析程序》共四章十四条，阐述了注册会计师在获取存货的存在和状况、涉及被审计单位的诉讼和索赔事项的完整性、按照适用的财务报告编制基础对分部信息的列报这三个方面审计证据的具体考虑。

由于企业规模不断扩大，注册会计师无法再对被审计单位被审计期间的所有交易进行全面检查，只能采用审计抽样。《中国注册会计师审计准则第1314号——审计抽样》共五章二十五条，旨在规范注册会计师在设计审计程序时使用审计抽样和其他选取测试项目的方法。该准则作为对《中国注册会计师审计准则第1301号——审计证据》的补充，规范了注册会计师在设计和选择审计样本以实施控制测试和细节测试，以及评价样本结果时，对统计抽样和非统计抽样的使用。该准则在样本设计、样本规模和选取测试项目、实施审计程序、偏差和错报的性质与原因、推断错报、评价审计抽样结果等方面作出了原则性要求。

对会计估计进行审计是审计实务的重点和难点。为了明确注册会计师在财务报表审计中与会计估计和相关披露有关的责任，以及如何应用相关准则，专门制定了《中国注册会计师审计准则第1321号——会计估计和相关披露的审计》。该准则共五章三十六条，从风险评估程序和相关活动、识别和评估重大错报风险、应对评估的重大错报风险、与会计估计相关的披露、可能存在管理层偏向的迹象、实施审计程序之后的总体评价、书面声明，以及与治理层、管理层及其他相关机构和人员的沟通、审计工作底稿等方面提出了明确要求。

关联方和关联方交易已经成为市场中非常普遍的经济现象，并且对报表使用者正确判断企业的财务状况和经营成果产生了重要影响。《中国注册会计师审计准则第1323号——关联方》旨在规范注册会计师对关联方和关联方交易的审计。该准则共五章三十条，对风险评估程序和相关工作、识别和评估与关联方关系及其交易相关的重大错报风险、针对与关联方关系及其交易相关的重大错报风险的应对措施、评价识别出的关联方关系及其交易的会计处理和披露、书面声明以及与治理层的沟通等方面进行了详细阐述。

复杂多变的市场环境、日新月异的科学技术、不断创新的经营模式和市场工具，增加了企业面临的经营风险，加剧了企业经营失败的可能性，进而更容易引致注册会计师的审计风险。在这种情况下，为了规范注册会计师考虑持续经营假设的适当性，中国注册会计师协会制定了《中国注册会计师审计准则第1324号——持续经营》。该准则共三章二十五条，从风险评估程序和相关活动、评价管理层的评估、询问超出管理层评估期间的事项或情况、识别出事项或情况时实施追加的审计程序、审计结论、对审计报告的影响、与治理

层沟通、严重拖延对财务报表的批准等方面进行了规范。

《中国注册会计师审计准则第1331号——首次审计业务涉及的期初余额》是为了规范注册会计师在首次接受委托时对财务报表中期初余额的审计。该准则共五章十六条，详细阐述了注册会计师对期初余额所实施的审计程序，以及对审计结论和报告的影响。

《中国注册会计师审计准则第1332号——期后事项》共四章二十条，目的在于规范注册会计师对期后事项的审计，明确执业责任。该准则主要针对财务报表日至审计报告日之间发生的事项、注册会计师在审计报告日后至财务报表报出日前知悉的事实、注册会计师在财务报表报出后知悉的事实等方面进行了详细说明。

《中国注册会计师审计准则第1341号——书面声明》共四章十九条，该准则从定义、目标、要求（提供书面声明的管理层、针对管理层责任的书面声明、其他书面声明、书面声明的日期和涵盖的期间、书面声明的形式、对书面声明可靠性的疑虑以及管理层不提供要求的书面声明）等方面进行了规范。

（四）利用其他主体的工作

涉及利用其他主体的工作的审计准则共有3项，包括《中国注册会计师审计准则第1401号——对集团财务报表审计的特殊考虑》《中国注册会计师审计准则第1411号——利用内部审计人员的工作》《中国注册会计师审计准则第1421号——利用专家的工作》。

为了规范注册会计师执行集团审计时的特殊考虑，特别是涉及组成部分注册会计师的特殊考虑，制定了《中国注册会计师审计准则第1401号——对集团财务报表审计的特殊考虑》。该准则共五章六十四条，对集团审计业务的承接与保持、总体审计策略和具体审计计划、了解集团及其环境、集团组成部分及其环境、了解组成部分注册会计师、重要性、针对评估的风险采取的应对措施、合并过程、期后事项以及沟通、审计证据等方面进行了规范。

《中国注册会计师审计准则第1411号——利用内部审计人员的工作》的制定则是为了规范注册会计师考虑内部审计工作。该准则共五章三十八条，对确定是否利用、在哪些领域利用以及在多大程度上利用内部审计的工作，确定是否利用、在哪些领域利用以及在多大程度上利用内部审计人员提供直接协助等方面进行了说明。

《中国注册会计师审计准则第1421号——利用专家的工作》共四章十六条，从确定是否需要利用专家的工作，审计程序的性质、时间安排和范围，专家的胜任能力、专业素质和客观性，了解专家的专长领域，与专家达成一致意见，评价专家工作的恰当性，在审计报告中提及专家等方面对注册会计师利用专家的工作进行了规范。

（五）审计结论与报告

涉及审计结论与报告的审计准则共6项，包括：《中国注册会计师审计准则第1501号——对财务报表形成审计意见和出具审计报告》《中国注册会计师审计准则第1502号——在审计报告中发表非无保留意见》《中国注册会计师审计准则第1503号——在审计报告中增加强调事项段和其他事项段》《中国注册会计师审计准则第1504号——在审计报告中沟通关键审计事项》《中国注册会计师审计准则第1511号——比较信息：对应数据和比较财务报表》《中国注册会计师审计准则第1521号——注册会计师对其他信息的责任》。

审计报告是注册会计师在完成审计工作后向委托人提交的最终产品。《中国注册会计师审计准则第 1501 号——对财务报表形成审计意见和出具审计报告》共四章四十五条，对注册会计师形成审计意见和出具审计报告进行了规范。准则重点说明了形成审计意见时应当考虑的因素，并规定审计报告应当包括下列要素：标题、收件人、审计意见、形成审计意见的基础、管理层对财务报表的责任、注册会计师对财务报表审计的责任、按照相关法律法规的要求报告的事项（如适用）、注册会计师的签名和盖章、会计师事务所的名称、地址和盖章、报告日期。

《中国注册会计师审计准则第 1502 号——在审计报告中发表非无保留意见》则对注册会计师出具非标准审计报告进行了规范。该准则共四章三十一条，规定了三种类型的非无保留意见，即保留意见、否定意见和无法表示意见。准则具体规定了当注册会计师在审计报告中发表非无保留意见时，审计报告的格式和内容如何进行相应调整。

《注册会计师审计准则第 1503 号——在审计报告中增加强调事项段和其他事项段》共四章十三条。准则指出，如果认为必要，注册会计师可以在审计报告中提供补充信息，以提醒使用者关注下列事项：尽管已在财务报表中列报，但对使用者理解财务报表至关重要的事项；未在财务报表中列报，但与使用者理解审计工作、注册会计师的责任或审计报告相关的事项。

《中国注册会计师审计准则第 1504 号——在审计报告中沟通关键审计事项》共四章十八条，明确规定了注册会计师如何确定关键审计事项以及如何在审计报告中沟通关键审计事项，包括沟通的形式和内容。沟通关键审计事项，旨在通过提高已执行审计工作的透明度，增加审计报告的沟通价值。沟通关键审计事项能够为财务报表预期使用者提供额外的信息，以帮助其了解注册会计师根据职业判断认为对本期财务报表审计最为重要的事项。沟通关键审计事项还能够帮助财务报表预期使用者了解被审计单位，以及已审计财务报表中涉及重大管理层判断的领域。

比较信息包括对应数据和比较财务报表，相应地，注册会计师履行比较信息的报告责任有两种不同的方法。《中国注册会计师审计准则第 1511 号——比较信息：对应数据和比较财务报表》旨在明确注册会计师对比较信息的责任，共五章二十三条，对每种方法分别提出了不同的审计报告要求。

《中国注册会计师审计准则第 1521 号——注册会计师对其他信息的责任》共四章二十五条，用于规范注册会计师对含有已审计财务报表的文件中的其他信息进行考虑。该准则界定了其他信息的含义和注册会计师对于其他信息的责任，阐述了注册会计师发现似乎存在重大不一致或其他信息似乎存在重大错报时的应对措施，以及注册会计师认为其他信息存在重大错报时的应对措施等具体要求。

（六）特殊领域审计

与特殊领域审计有关的审计准则共有 10 项，包括《中国注册会计师审计准则第 1601 号——审计特殊目的财务报表的特殊考虑》《中国注册会计师审计准则第 1602 号——验资》《中国注册会计师审计准则第 1603 号——审计单一财务报表和财务报表特定要素的特殊考虑》《中国注册会计师审计准则第 1604 号——对简要财务报表出具报告的业务》《中

国注册会计师审计准则第 1611 号——商业银行财务报表审计》《中国注册会计师审计准则第 1612 号——银行间函证程序》《中国注册会计师审计准则第 1613 号——与银行监管机构的关系》《中国注册会计师审计准则第 1631 号——财务报表审计中对环境事项的考虑》《中国注册会计师审计准则第 1632 号——衍生金融工具的审计》《中国注册会计师审计准则第 1633 号——电子商务对财务报表审计的影响》。这些审计准则涵盖了对特殊行业、特殊性质的企业和企业特殊业务、特殊事项的审计。

特殊目的审计业务在审计目的、范围等方面与整套通用财务报表审计业务不同，在审计报告的格式、内容、措辞及使用范围等方面存在差异，因此，对特殊目的审计业务出具审计报告进行规范十分必要。《中国注册会计师审计准则第 1601 号——审计特殊目的财务报表的特殊考虑》共五章十六条，从以下几个主要方面对注册会计师对特殊目的审计业务出具审计报告进行了规范：业务承接时的考虑、计划和执行审计工作时的考虑、形成审计意见和出具审计报告时的考虑。

验资是注册会计师的法定业务，也是一项鉴证业务。《中国注册会计师审计准则第 1602 号——验资》旨在规范注册会计师执行验资业务，明确工作要求。该准则共五章三十六条，从签订业务约定书、制订验资计划、实施审验程序和记录验资工作底稿，以及验资报告等方面进行了说明。准则指出，注册会计师在执行验资业务时不应孤立地使用该准则，而应当将该准则与相关审计准则结合使用。

《中国注册会计师审计准则第 1603 号——审计单一财务报表和财务报表特定要素的特殊考虑》共五章二十条，规范了注册会计师在依据审计准则执行单一财务报表和财务报表特定要素审计时，在以下环节作出恰当的特殊考虑：业务的承接、业务的计划和执行、对单一财务报表和财务报表特定要素形成审计意见、出具审计报告。

《中国注册会计师审计准则第 1604 号——对简要财务报表出具报告的业务》共五章三十八条，明确了注册会计师承接对简要财务报表出具报告的业务是否适当。如果承接该业务，注册会计师应当对根据获取的证据所得出的结论作出评价，在此基础上对简要财务报表形成意见，并通过书面报告的形式清楚地表达意见，说明形成意见的基础。

《中国注册会计师审计准则第 1611 号——商业银行财务报表审计》用于规范注册会计师执行商业银行财务报表审计业务，共七章五十六条。该准则从接受业务委托、计划审计工作、了解和测试内部控制、实质性程序，以及审计报告等多个环节对商业银行财务报表审计进行了说明。注册会计师在执行商业银行财务报表审计业务时，也应当将该准则与相关审计准则结合使用。

注册会计师在对商业银行财务报表进行审计时，经常要对一些出现在财务报表和附注中的重要项目和其他信息等进行函证，这通常会涉及银行间函证。《中国注册会计师审计准则第 1612 号——银行间函证程序》共五章十四条，从询证函的编制与寄发、函证的内容、回函的评价等方面规范了注册会计师在商业银行财务报表审计中实施银行间函证的程序。

《中国注册会计师审计准则第 1613 号——与银行监管机构的关系》共六章三十七条，旨在明确在商业银行财务报表审计中商业银行治理层、管理层和注册会计师的责任，促进注册会计师与银行监管机构之间的理解与合作，提高审计的有效性。该准则重点说明了以下几个方面：商业银行治理层和管理层的责任，注册会计师的责任，注册会计师与银行监管机构的关系，协助完成特定监管任务时的补充要求。该准则既适用于注册会计师执行商业银行财务报表审计业务，也适用于接受银行监管机构委托执行专项业务。

《中国注册会计师审计准则第 1631 号——财务报表审计中对环境事项的考虑》共五章四十条，从实施风险评估程序时对环境事项的考虑、针对评估的重大错报风险实施审计程序时对环境事项的考虑，以及出具审计报告时对环境事项的考虑等方面，对注册会计师在财务报表审计中对被审计单位环境事项的考虑进行了规范。

为了规范注册会计师针对与衍生金融工具相关的财务报表认定计划和实施审计程序，制定了《中国注册会计师审计准则第 1632 号——衍生金融工具的审计》。该准则共十二章六十六条，对衍生金融工具及活动、管理层和治理层的责任、注册会计师的责任、了解可能影响衍生活动及其审计的因素、了解内部控制、控制测试、实质性程序、对套期活动的额外考虑、管理层声明，以及与管理层和治理层的沟通等若干方面作出了规定。

《中国注册会计师审计准则第 1633 号——电子商务对财务报表审计的影响》共七章三十四条，分别从知识和技能的要求、对被审计单位电子商务的了解、识别风险、对内部控制的考虑以及记录等方面加以阐述，以规范注册会计师在财务报表审计中对被审计单位电子商务的考虑。

三、中国注册会计师审阅准则

业务标准体系中只有一项审阅准则，即《中国注册会计师审阅准则第 2101 号——财务报表审阅》。该准则共七章三十一条，对审阅范围和保证程度、业务约定书、审阅计划、审阅程序和审阅证据、结论和报告等进行了重点说明，以规范注册会计师执行财务报表审阅业务。

财务报表审阅的目标，是注册会计师在实施审阅程序的基础上，说明是否注意到某些事项，使其相信财务报表没有按照适用的会计准则和相关科技制度的规定编制，未能在所有重大方面公允反映被审阅单位的财务状况、经营成果和现金流量。在执行财务报表审阅业务时，注册会计师应当遵守相关的职业道德规范，保持职业怀疑态度。

注册会计师应当根据该准则、有关法律法规以及与委托人签订的业务约定书确定执行财务报表审阅业务所要求的程序。审阅程序以询问和分析程序为主。由于审阅程序有限，实施审阅程序不能提供在财务报表审计中要求的所有证据，审阅业务对所审阅的财务报表不存在重大错报提供有限保证，注册会计师应当以消极方式提出结论。

准则明确了审阅报告应当包括的要素，规定审阅报告的结论包括无保留结论、保留结论、否定结论和无法提供任何保证几种，并说明了每种结论的适用情况。

四、中国注册会计师其他鉴证业务准则

其他鉴证业务准则包括两项：《中国注册会计师其他鉴证业务准则第 3101 号——历史财务信息审计或审阅以外的鉴证业务》和《中国注册会计师其他鉴证业务准则第 3111 号——预测性财务信息的审核》。

《中国注册会计师其他鉴证业务准则第 3101 号——历史财务信息审计或审阅以外的鉴证业务》共十章七十七条，旨在规范注册会计师执行历史财务信息审计或审阅以外的鉴证业务，即其他鉴证业务。其他鉴证业务的鉴证对象信息不是历史财务信息。其他鉴证业务

的保证程度分为合理保证和有限保证。准则从承接与保持业务、计划与执行业务、利用专家的工作、获取证据、考虑期后事项、形成工作记录、编制鉴证报告、其他报告责任等方面对注册会计师执行其他鉴证业务作出了规定。《中国注册会计师鉴证业务基本准则》与该准则之间存在上下级关系。

《中国注册会计师其他鉴证业务准则第 3111 号——预测性财务信息的审核》共九章三十条，用于规范注册会计师执行预测性财务信息审核业务。在预测性财务信息审核业务中，注册会计师接受委托对预测性财务信息实施审核并出具报告，以增强该信息的可信赖程度。该准则从保证程度、接受业务委托、了解被审核单位情况、涵盖期间、审核程序、列报和审核报告等方面进行了说明。

五、中国注册会计师相关服务准则

中国注册会计师执业准则体系中的相关服务准则有两项：《中国注册会计师相关服务准则第 4101 号——对财务信息执行商定程序》和《中国注册会计师相关服务准则第 4111 号——代编财务信息》，分别对注册会计师执行商定程序和代编信息这两项服务提供指引。两项准则分别从业务约定书，计划、程序与记录，报告等方面对注册会计师执行商定程序和代编财务信息业务进行了规范。注册会计师执行这两种相关服务都没有独立性要求，且出具的报告不发表任何鉴证意见。

第三节 会计师事务所业务质量管理准则

会计师事务所持续高质量地执行业务是服务公众利益的内在要求。中国注册会计师业务标准体系中包括两项质量管理准则，即《会计师事务所质量管理准则第 5101 号——业务质量管理》和《会计师事务所质量管理准则第 5102 号——项目质量复核》，它们规范的是在会计师事务所层面实施的质量管理。《会计师事务所质量管理准则第 5101 号——业务质量管理》系统地总结了近些年审计失败的经验教训，要求会计师事务所制定全面的质量管理体系。该准则共四章一百零六条，旨在规范会计师事务所的业务质量管理体系，明确会计师事务所及其人员的质量管理责任。

一、业务质量管理的目的和要素

（一）业务质量管理的目的

会计师事务所持续高质量地执行业务是服务公众利益的内在要求。设计、实施和运行质量管理体系可以使会计师事务所持续高质量地执行业务。实现业务的高质量，需要会计师事务所执业人员按照适用的法律法规和职业准则的规定计划和执行业务，并出具报告。遵守适用的法律法规的规定并实现职业准则的目标需要运用职业判断，针对某些类型的业务，还需要保持职业怀疑。

会计师事务所进行业务质量管理的目标是，针对所执行的财务报表审计业务、财务报表审阅业务、其他鉴证业务和相关服务业务，设计、实施和运行质量管理体系，为会计师事务所在下列方面提供合理保证：①会计师事务所及其人员按照适用的法律法规和职业准则的规定履行职责，并根据这些规定执行业务；②会计师事务所和项目合伙人出具适合具体情况的报告。

(二) 质量管理体系要素

会计师事务所质量管理体系包括下列八个组成要素：①会计师事务所的风险评估程序；②治理和领导层；③相关职业道德要求；④客户关系和具体业务的接受与保持；⑤业务执行；⑥资源；⑦信息与沟通；⑧监控和整改程序。

这意味着，会计师事务所的质量管理制度是由上述八项要素构成的一个完整的质量管理体系。实务中，会计师事务所应当从上述八个方面制定质量管理体系，并针对每个方面制定具体的质量管理政策和程序。

二、会计师事务所的风险评估程序

会计师事务所应当设计和实施风险评估程序，以设定质量目标，识别和评估质量风险，并设计和采取应对措施以应对质量风险。在识别和评估质量风险时，会计师事务所应当考虑下列事项：

第一，了解可能对实现质量目标产生不利影响的事项或情况，包括相关人员的作为或不作为。这些事项或情况包括下列方面：

一是会计师事务所的性质和具体情况，具体包括：①会计师事务所的复杂程度和经营特征；②会计师事务所在战略和运营方面的决策与行动、业务流程以及业务模式；③领导层的特征和管理风格；④会计师事务所的资源，包括由服务提供商提供的资源；⑤法律法规、职业准则的规定以及会计师事务所运营所处的环境；⑥网络要求和网络服务的性质和范围（如适用）。

二是会计师事务所业务的性质和具体情况，具体包括：①会计师事务所执行的业务的类型和出具报告的类型；②业务执行对象属于哪种类型的实体。

第二，了解上述提及的事项或情况等可能对实现质量目标产生哪些不利影响，以及不利影响的程度。

三、治理和领导层

治理和领导层应当为质量管理体系的设计、实施和运行营造良好的环境，以为该体系提供支持。针对治理和领导层，会计师事务所应当设定下列质量目标：

第一，会计师事务所在全所范围内形成一种质量至上的文化，树立质量意识。这种文化认同和强调下列方面：①会计师事务所有责任通过持续高质量地执行业务，服务于公众利益；②职业价值观、职业道德和职业态度的重要性；③会计师事务所所有人员都对其执行业务的质量承担责任，或对质量管理体系中执行活动的质量承担责任，并且这些人员的行为应当得当；④会计师事务所的战略决策和行动，包括会计师事务所在财务和运营方面对优先事项的安排，不能以牺牲质量为代价。

第二，会计师事务所领导层对质量负责。

第三，会计师事务所领导层通过实际行动展示其对质量的重视。

第四，会计师事务所领导层向会计师事务所人员传递质量至上的执业理念，培育以质量为导向的文化。

第五，会计师事务所的组织结构以及对相关人员角色、职责、权限的分配是恰当的，能够满足质量管理体系设计、实施和运行的需要。

第六，会计师事务所的资源（包括财务资源）需求有计划，并且资源的取得和分配能够保障会计师事务所履行其对质量的承诺。

四、相关职业道德要求

针对相关人员按照相关职业道德要求（包括独立性要求）履行职责，会计师事务所应当设定下列质量目标：①会计师事务所及其人员充分了解规范会计师事务所及其业务的职业道德要求，并严格按照这些职业道德要求履行职责；②受职业道德要求约束的其他组织或人员，包括网络、网络事务所、网络或网络事务所中的人员、服务提供商，充分了解与其相关的职业道德要求，并严格按照这些职业道德要求履行职责。

针对相关职业道德要求，会计师事务所应当制定下列政策和程序：①识别、评价和应对对遵守相关职业道德要求的不利影响；②识别、沟通、评价和报告任何违反相关职业道德要求的情况，并针对这些情况的原因和后果及时作出适当应对；③至少每年一次向所有需要按照相关职业道德要求保持独立性的人员获取其已遵守独立性要求的书面确认。

五、客户关系和具体业务的接受与保持

会计师事务所应当在客户关系和具体业务的接受与保持方面树立风险意识，确保项目风险评估真实、到位。对于在客户关系和具体业务的接受与保持方面具有较高风险的客户，会计师事务所应当设计和实施专门的质量管理程序，如加强与前任注册会计师的沟通、与相关监管机构沟通、访谈拟承接客户以了解有关情况、加强内部质量复核等。

六、业务执行

针对业务执行，会计师事务所应当设定下列质量目标：①项目组了解并履行其与所执行业务相关的责任，包括项目合伙人对项目管理和项目质量承担总体责任，并充分、适当地参与项目全过程；②基于项目的性质和具体情况、向项目组分配的资源以及项目组可获得的资源，对项目组进行的指导和监督，以及对项目组已执行的工作进行的复核是恰当的，并且由经验较为丰富的项目组成员对经验较为缺乏的项目组成员的工作进行指导、监督和复核；③项目组恰当运用职业判断并保持职业怀疑；④对困难或有争议的事项进行咨询，并已按照达成的一致意见执行；⑤项目组内部、项目组与项目质量复核人员之间，以及项目组与会计师事务所内负责执行质量管理体系相关活动的人员之间存在的意见分歧，能够得到会计师事务所的关注并予以解决；⑥业务工作底稿能够在业务报告日之后及时得到整理，并得到妥善的保存和维护，以遵守法律法规、相关职业道德要求和其他职业准则的规定，并满足会计师事务所自身的需要。

会计师事务所应当就项目质量复核制定政策和程序，并对下列业务实施项目质量复核：①上市实体财务报表审计业务；②法律法规要求实施项目质量复核的审计业务或其他业务；③会计师事务所认为，为应对一项或多项质量风险，有必要实施项目质量复核的审计业务或其他业务。

会计师事务所应当制定政策和程序，在全所范围内统一委派具有足够专业胜任能力、时间，并且无不良执业诚信记录的项目合伙人执行业务。会计师事务所应当制定与内部复核相关的政策和程序，对内部复核的层级、各层级的复核范围、执行复核的具体要求以及对复核的记录要求等作出规定。会计师事务所应当制定与解决意见分歧相关的政策和程序。会计师事务所应当制定与出具业务报告相关的政策和程序，要求在出具业务报告前，应当经项目合伙人、项目质量复核人员复核确认，确保其内容、格式符合职业准则的规定，并由项目合伙人及其他适当的人员签署。

七、资源

会计师事务所应当设定下列质量目标，及时且适当地获取、开发、利用、维护和分配资源，支持质量管理体系的设计、实施和运行：

（1）会计师事务所招聘、培养和留住在以下具备胜任能力的人员：①具备与会计师事务所执行业务相关的知识和经验，能够持续高质量地执行业务；②执行与质量管理体系运行相关的活动或承担与质量管理体系相关的责任。

（2）会计师事务所人员通过其行为展示出对质量的重视，不断培养和保持适当的胜任能力以履行其职责。会计师事务所通过及时的业绩评价、薪酬调整、晋升和其他奖惩措施，对这些人员进行问责或认可。

（3）当会计师事务所在质量管理体系的运行方面缺乏充分、适当的人员时，能够从外部（如网络、网络事务所或服务提供商）获取必要的人力资源支持。

（4）会计师事务所为每项业务分派具有适当胜任能力的项目合伙人和其他项目组成员，并保证其有充足的时间持续高质量地执行业务。

（5）会计师事务所分派具有适当胜任能力的人员执行质量管理体系内的各项活动，并保证其有充足的时间执行这些活动。

（6）会计师事务所获取、开发、维护、利用适当的技术资源，以支持质量管理体系的运行和业务的执行。

（7）会计师事务所获取、开发、维护、利用适当的知识资源，以为质量管理体系的运行和高质量业务的持续执行提供支持，并且这些知识资源符合相关法律法规（如适用）和职业准则的规定。

（8）结合上述第（4）项至第（7）项所述的质量目标，从服务提供商获取的人力资源、技术资源或知识资源能够适用于质量管理体系的运行和业务的执行。

会计师事务所应当投入足够资源打造一支专业性强、经验丰富、运作规范的质量管理体系团队，以维持质量管理体系的日常运行。会计师事务所应当建立与专业技术支持相关的政策和程序，配备具备相应专业胜任能力、时间和权威性的技术支持人员，确保相关业务能够获得必要的专业技术支持。会计师事务所应当建立和运行完善的工时管理系统，确

保相关人员投入足够的时间执行业务,并为业绩评价提供依据。会计师事务所应当建立和完善与业务操作规程、业务软件等有关的指引,把职业准则的要求从实质上执行到位,避免执业人员仅简单勾画程序表格、未实质性执行程序、程序与目标不一致、程序执行不到位、业务工作底稿记录不完整等问题,确保执业人员恰当记录判断过程、程序执行情况及得出的结论。

八、信息与沟通

会计师事务所应当制定与下列方面相关的政策和程序:

(1) 会计师事务所在执行上市实体财务报表审计业务时,应当与治理层沟通质量管理体系是如何为持续高质量地执行业务提供支撑的;

(2) 会计师事务所在何种情况下向外部各方沟通与质量管理体系相关的信息是适当的;

(3) 会计师事务所按照上述第(1)项和第(2)项的规定进行外部沟通时应当沟通哪些信息,以及沟通的性质、时间安排、范围和适当形式。

九、监控和整改程序

会计师事务所应当制定下列政策和程序:

(1) 要求执行监控活动的人员具备有效执行监控活动所必需的胜任能力、时间和权威性;

(2) 要求执行监控活动的人员具备客观性,这些政策和程序应当禁止项目组成员或项目质量复核人员参与对该项目的任何检查。

会计师事务所应当评价发现的情况,以确定是否存在缺陷,包括监控和整改程序中的缺陷。

会计师事务所应当制定政策和程序,针对监控中发现的缺陷的性质和影响,对相关人员进行问责,这种问责应当与相关责任人员的考核、晋升和薪酬挂钩。对执业中存在重大缺陷的项目合伙人,会计师事务所应当对其是否具备从事相关业务的职业道德水平和专业胜任能力作出评价。

十、网络要求或网络服务

如果会计师事务所属于某一网络,会计师事务所应当了解下列事项:

(1) 网络对会计师事务所质量管理体系的要求,包括要求会计师事务所实施或利用由该网络设计、提供或推行的资源或服务(即网络要求);

(2) 由网络提供的,供会计师事务所在设计、实施或运行其质量管理体系时选择实施或利用的服务或资源(即网络服务);

(3) 针对会计师事务所为执行网络要求或利用网络服务所采取的必要行动,会计师事务所应当承担的责任。

会计师事务所仍然应当对其质量管理体系负责,包括对设计、实施和运行该质量管理体系过程中作出的职业判断负责。会计师事务所不得因遵守网络要求或利用网络服务而违反本准则的规定。

十一、评价质量管理体系

对质量管理体系承担最终责任的人员（即主要负责人）应当代表会计师事务所对质量管理体系进行评价。该评价应当以某一时点为基准，并且应当至少每年一次。基于上述评价，对质量管理体系承担最终责任的人员（即主要负责人）应当代表会计师事务所得出下列结论中的一项：①质量管理体系能够向会计师事务所合理保证该体系的目标得以实现；②质量管理体系的设计、实施和运行存在严重但不具有广泛影响的缺陷，除与这些缺陷相关的事项外，质量管理体系能够向会计师事务所合理保证该体系的目标得以实现；③质量管理体系不能向会计师事务所合理保证该体系的目标得以实现。

十二、对质量管理体系的记录

会计师事务所应当对其质量管理体系进行记录，以满足下列要求：①为会计师事务所人员对质量管理体系的一致理解提供支持，包括理解其在质量管理体系和业务执行中的角色和责任；②为质量管理体系的持续实施和运行提供支持；③为应对措施的设计、实施和运行提供证据，以支持对质量管理体系承担最终责任的人员（即主要负责人）对质量管理体系进行评价。

会计师事务所应当就下列方面形成工作记录：①对质量管理体系承担最终责任的人员（即主要负责人）和对质量管理体系承担运行责任的人员各自的身份；②会计师事务所的质量目标和质量风险；③对应对措施的描述以及这些措施是如何应对质量风险的；④监控和整改程序；⑤根据 5101 号准则第一百条的规定得出结论的依据。

思考题

1. 我国审计准则建设应当坚持中国特色还是与国际接轨？审计准则国际趋同的意义何在？如何实现国际趋同？
2. 中国注册会计师执业准则体系包括哪些部分？
3. 会计师事务所应当从哪些方面建立质量管理体系？
4. 注册会计师审计准则有什么作用？

习题及参考答案

第四章 注册会计师职业道德规范

本章要点

本章主要介绍注册会计师职业道德规范。注册会计师职业道德是指注册会计师职业品德、职业纪律、专业胜任能力及职业责任等的总称。职业道德守则由五部分组成。其中,《中国注册会计师职业道德守则第 1 号——职业道德基本原则》提出了注册会计师应当遵守职业道德基本原则,对后面的 4 个守则起到统御作用。《中国注册会计师职业道德守则第 2 号——职业道德概念框架》为注册会计师提供思路,以识别、评价和应对对职业道德基本原则产生不利影响的情形。《中国注册会计师职业道德守则第 3 号——提供专业服务的具体要求》主要用于规范注册会计师在提供专业服务的过程中可能遇到的除独立性以外的某些具体情形,并针对在这些情形下如何运用职业道德概念框架解决职业道德问题作出具体规定。《中国注册会计师职业道德守则第 4 号——审计和审阅业务对独立性的要求》和《中国注册会计师职业道德守则第 5 号——其他鉴证业务对独立性的要求》列举可能对独立性产生不利影响的多种情形,并提供识别、评价和应对不利影响的因素和防范措施。由于难以涵盖所有的情形和防范措施,守则要求在应对不利影响时,注册会计师应当运用职业道德概念框架。

第一节 注册会计师职业道德概述

职业道德是某一职业组织以公约、守则等形式公布的,其会员自愿接受的职业行为标准。注册会计师职业道德是注册会计师职业品德、职业纪律、专业胜任能力及职业责任等的总称。

注册会计师的职业性质决定了其对社会公众应承担的责任。为了使注册会计师切实担负起这种神圣的职责,为社会公众提供高质量的、可信赖的专业服务,就必须加强对注册会计师的职业道德教育。注册会计师的道德水平是关系到整个行业能否生存和发展的大事。

维护公众利益是注册会计师行业的宗旨。公众不仅包括注册会计师服务的客户,也包括投资者、债权人、政府机构、社会公众等其他可能依赖注册会计师提供的信息以作出相关决策的组织或人员。这种依赖赋予注册会计师维护公众利益的责任。从这个意义上说,公众利益可以定义为那些可能依赖注册会计师工作的组织或人员的整体利益。注册会计师应当遵守中国注册会计师职业道德守则（以下简称"职业道德守则"），履行相应的社会责任，维护公众利益。为了维护公众利益，注册会计师应当持续提高职业素养。在履行社会责任的过程中，注册会计师可能面临不同组织或人员相互之间的利益冲突。在解决这些冲突时，注册会计师应当正直诚实行事，并始终牢记维护公众利益的宗旨。从世界各国来看，凡是建立注册会计师制度的国家，都制定了相应的职业道德规范，以昭示注册会计师应达到的道德水准。

中国注册会计师协会自1988年底组建以来，一直非常重视注册会计师的道德标准建设和道德教育。1992年，中国注册会计师协会发布了《中国注册会计师职业道德守则》（试行）。1996年2月26日，经财政部批准，中国注册会计师协会印发了《中国注册会计师职业道德基本准则》（以下简称《职业道德准则》），于1997年1月1日起施行。为了指导职业道德基本原则的有效执行，中国注册会计师协会于2002年6月25日发布了《中国注册会计师职业道德规范指导意见》。2009年10月，中国注册会计师协会发布了《中国注册会计师职业道德守则（2009）》。为了顺应经济社会发展对注册会计师诚信和职业道德水平提出的更高要求，进一步提高职业道德水平，维护职业形象，保持与国际职业会计师道德守则的持续动态趋同，2020年12月，中注协修订发布了《中国注册会计师职业道德守则（2020）》。近年来，随着注册会计师行业高质量发展的持续推进，对注册会计师的独立性提出了更高的要求。从对会计师事务所的执业质量检查来看，注册会计师独立性缺失或保持独立性不足，也是审计失败的主要原因之一。2023年2月，中共中央办公厅、国务院办公厅印发《关于进一步加强财会监督工作的意见》，提出发挥中介机构执业监督作用，确保独立、客观、公正、规范执业。根据上述文件的要求，需要进一步规范和强化注册会计师的独立性。同时，国际守则建设也取得了一系列新的成果。在此背景下，为了顺应经济社会发展对注册会计师职业道德水平特别是对独立性提出的新要求，保持与国际守则的持续动态趋同，中注协吸收借鉴国际守则的最新成果，并结合我国实际和实践，对《中国注册会计师职业道德守则（2020）》中的《中国注册会计师职业道德守则第4号——审计和审阅业务对独立性的要求》进行了全面修订。同时，为了突出独立性要求在职业道德规范体系中的重要地位，将该部分内容从职业道德守则中提取出来，形成专门的独立性准则，拟作为行政规范性文件印发，以提升其权威性和强制力。2024年6月至8月，在整理、研究、吸收职业道德准则委员会意见建议的基础上，中注协进一步修改完善独立性准则讨论稿，形成征求意见稿，目前正在征求意见中。

本章在阐述注册会计师职业道德规范的时候，将主要围绕《中国注册会计师职业道德守则第1号——职业道德基本原则》《中国注册会计师职业道德守则第2号——职业道德概念框架》《中国注册会计师职业道德守则第3号——提供专业服务的具体要求》来展开。

注册会计师职业道德规范的主要作用有以下几个方面：

（1）它规定哪些行为是可行的，哪些行为是不可行的，从而为注册会计师职业界提供了有用的行为指南；

（2）促使注册会计师按照独立审计准则等职业准则的要求提供专业服务，保证与提高服务质量；

（3）加强注册会计师对来自外界压力的抵抗力，避免注册会计师在外界强制要求下发

表不当意见,以牺牲一方利益为代价而使另一方受益;

(4) 向社会公众昭示注册会计师应达到的道德水准,提高社会公众对注册会计师职业的信赖程度;

(5) 明确注册会计师的职业责任,进而规范注册会计师与客户、同行以及社会公众的关系,有利于维护注册会计师的正当权益,使他们免受不正当的指责和控告。

注册会计师职业道德规范可以从两个层次解读:一是基本原则,二是概念框架。基本原则提出了注册会计师应当遵守职业道德基本原则,对后面的4个守则起到统御作用,具体包括独立、客观、公正,专业胜任能力和应有的关注,保密,职业行为等。概念框架则为注册会计师提供思路,以识别、评价和应对对职业道德基本原则产生不利影响的情形,用以指导日常业务。另外,职业道德规范中还有一个守则用于规范注册会计师在提供专业服务的过程中可能遇到的除独立性以外的某些具体情形,并针对在这些情形下如何运用职业道德概念框架解决职业道德问题作出具体规定,即具体要求。该守则包括利益冲突、专业服务委托、第二意见、收费、利益诱惑、保管客户资产、应对违反法律法规行为、与治理层的沟通等。

本章将分节阐述注册会计师职业道德规范的基本原则、概念框架和具体要求。

第二节 职业道德基本原则

职业道德基本原则是对注册会计师应当具备的品质作出的一般性规定。职业道德基本原则表明了注册会计师承担的责任,也反映了职业道德的基本信条。这些原则要求注册会计师即使牺牲个人利益,也要履行职业责任,坚持正确的行为。

注册会计师应当遵循下列职业道德基本原则:①诚信;②客观公正;③独立性;④专业胜任能力和勤勉尽责;⑤保密;⑥良好职业行为。

一、诚信

注册会计师应当遵循诚信原则,在所有的职业活动中保持正直、诚实守信。诚信是我国社会主义核心价值观的重要组成部分,是社会主义道德建设的重要内容,是构建社会主义和谐社会的重要纽带,同时也是社会主义市场经济运行的基础。对注册会计师行业来说,诚信是注册会计师行业存在和发展的基石,在职业道德基本原则中居于首要地位。

注册会计师如果认为业务报告、申报资料、沟通函件或其他方面的信息存在下列问题,不得与这些有问题的信息发生关联:①含有虚假记载、误导性陈述;②含有缺乏充分根据的陈述或信息;③存在遗漏或含糊其词的信息,而这种遗漏或含糊其词可能会产生误导。注册会计师如果注意到已与有问题的信息发生关联,应当采取措施消除关联。

二、客观公正

注册会计师应当遵循客观公正原则,公正处事,实事求是,不得因偏见、利益冲突或他人的不当影响而损害自己的职业判断。如果存在对职业判断产生过度不当影响的情形,注册会计师不得从事与之相关的职业活动。

三、独立性

在执行审计和审阅业务以及其他鉴证业务时，注册会计师应当遵循独立性原则，从实质上和形式上保持独立性，不得因任何利害关系影响其客观公正。

独立性是鉴证业务的灵魂，是专门针对注册会计师从事审计和审阅业务、其他鉴证业务而提出的职业道德基本原则。《中国注册会计师职业道德守则第 4 号——审计和审阅业务对独立性的要求》《中国注册会计师职业道德守则第 5 号——其他鉴证业务对独立性的要求》分别针对注册会计师执行审计和审阅业务、其他鉴证业务的独立性作出具体规定。会计师事务所在承接审计和审阅业务、其他鉴证业务时，应当从会计师事务所整体层面和具体业务层面采取措施，以保持会计师事务所和项目团队的独立性。

四、专业胜任能力和勤勉尽责

注册会计师应当遵循专业胜任能力和勤勉尽责原则。根据该原则的要求，注册会计师应当：获取并保持应有的专业知识和技能，确保为客户提供具有专业水准的服务，做到勤勉尽责。

注册会计师应当通过教育、培训和执业实践获取和保持专业胜任能力，并应当持续了解并掌握当前法律、技术和实务的发展变化，将专业知识和技能始终保持在应有的水平。在运用专业知识和技能时，注册会计师应当合理运用职业判断。注册会计师应当勤勉尽责，即遵守职业准则的要求并保持应有的职业怀疑，认真、全面、及时地完成工作任务。注册会计师应当采取适当措施，确保在其授权下从事专业服务的人员得到应有的培训和督导。在适当的时候，注册会计师应当使客户或专业服务的其他使用者了解专业服务的固有局限。

五、保密

注册会计师应当遵循保密原则，对职业活动中获知的涉密信息保密。根据该原则，注册会计师应当遵守下列要求：

（1）警觉无意中泄密的可能性，包括在社会交往中无意泄密的可能性，特别要警觉无意中向关系密切的商业伙伴或近亲属泄密的可能性；

（2）对所在会计师事务所内部的涉密信息保密；

（3）对职业活动中获知的涉及国家安全的信息保密；

（4）对拟承接的客户向其披露的涉密信息保密；

（5）在未经客户授权，不得向会计师事务所以外的第三方披露其所获知的涉密信息，除非法律法规或职业准则规定注册会计师在这种情况下有权利或义务进行披露；

（6）不得利用因职业关系而获知的涉密信息为自己或第三方谋取利益；

（7）不得在职业关系结束后利用或披露因该职业关系获知的涉密信息；

（8）采取适当措施，确保下级员工以及为注册会计师提供建议和帮助的人员履行保密义务。

在某些情况下，保密原则是可以豁免的。在下列情况下，注册会计师可能会被要求披露涉密信息，或者披露涉密信息是适当的，不被视为违反保密原则：

（1）法律法规要求披露，例如为法律诉讼准备文件或提供其他证据，或者向适当机构报告发现的违反法律法规的行为；

（2）法律法规允许披露，并取得了客户的授权；

（3）注册会计师有职业义务或权利进行披露，且法律法规未予禁止，主要包括下列情形：①接受注册会计师协会或监管机构的执业质量检查；②答复注册会计师协会或监管机构的询问或调查；③在法律诉讼、仲裁中维护自身的合法权益；④遵守职业准则的要求，包括职业道德要求；⑤法律法规和职业准则规定的其他情形。

六、良好职业行为

注册会计师应当遵循良好职业行为原则，爱岗敬业，遵守相关法律法规，避免发生任何可能损害职业声誉的行为。注册会计师不得在明知的情况下从事任何可能损害诚信原则、客观公正原则或良好职业声誉，从而可能违反职业道德基本原则的业务、职务或活动。

如果一个理性且掌握充分信息的第三方很可能认为某种行为将对良好的职业声誉产生负面影响，则这种行为属于可能损害职业声誉的行为。注册会计师在向公众传递信息以及推介自己和工作时，应当客观、真实、得体，不得损害职业形象。注册会计师应当诚实、实事求是，不得有下列行为：

（1）夸大宣传提供的服务、拥有的资质或获得的经验；

（2）贬低或无根据地比较他人的工作。

第三节 职业道德概念框架

职业道德概念框架，是指解决职业道德问题的思路和方法，用以指导注册会计师处理日常工作中可能存在的对职业道德基本原则产生不利影响的各种情形。职业道德概念框架包括三个部分：一是识别对职业道德基本原则的不利影响；二是评价不利影响的严重程度；三是必要时采取防范措施，消除不利影响或将其降低至可接受的水平。

一、识别对职业道德基本原则产生不利影响的因素

注册会计师遇到的许多情形（如职业活动、利益和关系）都可能对职业道德基本原则产生不利影响，职业道德概念框架旨在帮助注册会计师应对这些不利影响。职业道德概念框架适用于各种可能对职业道德基本原则产生不利影响的情形。由于实务中的情形多种多样且层出不穷，职业道德守则不可能对所有情形都作出明确规定，注册会计师如果遇到职业道德守则未明确规定的情形，应当运用职业道德概念框架识别、评价和应对各种可能产生的不利影响，而不能想当然地认为守则未明确禁止的情形就是允许的。

可能对职业道德基本原则产生不利影响的因素包括自身利益、自我评价、过度推介、

密切关系和外在压力。

因自身利益产生的不利影响,是指由于某项经济利益或其他利益可能不当影响注册会计师的判断或行为,而对职业道德基本原则产生的不利影响。这种不利影响的例子包括:①注册会计师在客户中拥有直接经济利益;②会计师事务所的收入过分依赖某一客户;③会计师事务所以较低的报价获得新业务,而该报价过低,可能导致注册会计师难以按照适用的职业准则要求执行业务;④注册会计师与客户之间存在密切的商业关系;⑤注册会计师能够接触到涉密信息,而该涉密信息可能被用于谋取个人私利;⑥注册会计师在评价所在会计师事务所以往提供的专业服务时,发现了重大错误。

因自我评价产生的不利影响,是指注册会计师在执行当前业务的过程中,其判断需要依赖其本人或所在会计师事务所以往执行业务时作出的判断或得出的结论,而该注册会计师可能不恰当地评价这些以往的判断或结论,从而对职业道德基本原则产生的不利影响。这种不利影响的例子包括:①注册会计师在对客户提供财务系统的设计或实施服务后,又对该系统运行的有效性出具鉴证报告;②注册会计师为客户编制用于生成有关记录的原始数据,而这些记录是鉴证业务的对象。

因过度推介产生的不利影响,是指注册会计师倾向客户的立场,导致该注册会计师的客观公正原则受到损害而产生的不利影响。这种不利影响的例子包括:①注册会计师推介客户的产品、股份或其他利益;②客户与第三方发生诉讼或纠纷时,注册会计师为该客户辩护;③注册会计师站在客户的立场上影响某项法律法规的制定。

因密切关系产生的不利影响,是指注册会计师由于与客户存在长期或密切的关系,导致过于偏向客户的利益或过于认可客户的工作,从而对职业道德基本原则产生的不利影响。这种不利影响的例子包括:①审计项目团队成员的主要近亲属或其他近亲属担任审计客户的董事或高级管理人员;②鉴证客户的董事、高级管理人员,或所处职位能够对鉴证对象施加重大影响的员工,最近曾担任注册会计师所在会计师事务所的项目合伙人;③审计项目团队成员与审计客户之间长期存在业务关系。

因外在压力产生的不利影响,是指注册会计师迫于实际存在的或可感知到的压力,导致无法客观行事而对职业道德基本原则产生的不利影响。这种不利影响的例子包括:①注册会计师因对专业事项持有不同意见而受到客户解除业务关系或被会计师事务所解雇的威胁;②由于客户对所沟通的事项更具有专长,注册会计师面临服从该客户判断的压力;③注册会计师被告知,除非其同意审计客户某项不恰当的会计处理,否则计划中的晋升将受到影响;④注册会计师接受了客户赠予的重要礼品,并被威胁将公开其收受礼品的事情。

二、评价不利影响的严重程度

如果识别出对职业道德基本原则的不利影响,注册会计师应当评价该不利影响的严重程度是否处于可接受的水平。可接受的水平,是指注册会计师针对识别出的不利影响实施理性且掌握充分信息的第三方测试之后,很可能得出其行为并未违反职业道德基本原则的结论时,该不利影响的严重程度所处的水平。

在评价不利影响的严重程度时,注册会计师应当对其性质和数量、专业服务性质和范围等因素进行评价,还可以结合特定条件、政策和程序进行评价。这些条件、政策和程序可以是:①公司治理方面的要求;②注册会计师职业所必需的教育、培训和经验要求;③有效的投诉举报系统,使注册会计师和社会公众能够注意到违反职业道德的行为;④关于注册会计师有义务报告违反职业道德行为的明确规定;⑤行业或监管机构的监控和惩戒程序。

上述这些条件、政策和程序可以分为下列两种类型:一是与客户及其经营环境相关的条件、政策和程序。注册会计师评价时需要考虑客户的不同类型。例如,客户是否属于审计客户,是否属于公众利益实体,是否属于非审计的鉴证客户,是否属于非鉴证客户。向公众利益实体的审计客户提供非鉴证服务,相对于向非公众利益实体审计客户提供相同的非鉴证服务,可能会对客观公正原则产生更高程度的不利影响。

良好的公司治理结构有助于对职业道德基本原则的遵循。因此,注册会计师对不利影响严重程度的评价还可能受到客户经营环境的影响。例如,客户要求由管理层以外的适当人员批准聘请会计师事务所执行某项业务;客户拥有具备足够经验和资历以及胜任能力的人员负责作出管理决策;客户执行相关政策和程序,以确保在招标非鉴证服务时作出客观选择;客户拥有完善的公司治理结构,能够对会计师事务所的服务进行适当的监督和沟通。

上述这些条件、政策和程序的第二种类型指的是与会计师事务所及其经营环境相关的条件、政策和程序。注册会计师在评价时,可以从这些方面考虑,例如,会计师事务所领导层重视职业道德基本原则,并积极引导鉴证业务项目团队成员维护公众利益;会计师事务所建立政策和程序,以对所有人员遵循职业道德基本原则的情况实施监督;会计师事务所建立与薪酬、业绩评价、纪律处分相关的政策和程序,以促进对职业道德基本原则的遵循;会计师事务所对其过分依赖从某单一客户处取得收入的情况进行管理;在会计师事务所内,项目合伙人有权作出涉及遵循职业道德基本原则的决策,包括与向客户提供服务有关的决策;会计师事务所对教育、培训和经验的要求;会计师事务所用于解决内外部关注事项或投诉事项的流程。

三、应对不利影响

如果注册会计师确定识别出的不利影响超出可接受的水平,应当通过消除该不利影响或将其降至可接受的水平来予以应对。注册会计师应当采取下列措施应对不利影响:消除产生不利影响的情形,包括利益或关系;采取可行并有能力采取的防范措施将不利影响降低至可接受的水平;拒绝或终止特定的职业活动。并不是所有情况下都可以消除不利影响的,如果产生不利影响的情形无法被消除,并且注册会计师也无法通过采取防范措施将不利影响降低至可接受的水平,此时,注册会计师必须拒绝或终止业务活动。

防范措施是指注册会计师为了将对职业道德基本原则的不利影响降至可接受的水平而采取的行动,该行动可能是单项行动,也可能是一系列行动。防范措施各有差异,例如,可以向已承接的项目分配更多时间和有胜任能力的人员,可能能够应对因自身利益产生的不利影响;再如,由项目组以外的适当复核人员复核已执行的工作或在必要时提供建议,可能能够应对因自我评价产生的不利影响;又如,向鉴证客户提供非鉴证服务时,指派鉴证业务项目团队以外的其他合伙人和项目组,并确保鉴证业务项目组和非鉴证服务项目组分别向各自的业务主管报告工作,可能能够应对因自我评价、过度推介或密切关系产生的不利影响;或者,由其他会计师事务所执行或重新执行业务的某些部分,可能能够应对因自身利益、自我评价、过度推介、密切关系或外在压力产生的不利影响;还可以由不同项目组分别应对具有保密性质的事项,可能能够应对因自身利益产生的不利影响。

第四节 提供专业服务的具体要求

在提供专业服务的过程中,可能存在许多对职业道德基本原则产生不利影响的情形,注册会计师应当对此保持警觉。注册会计师不得在明知的情况下从事任何损害或可能损害诚信原则、客观公正原则以及职业声誉的业务或活动。为了规范注册会计师职业活动,指导注册会计师运用职业道德概念框架,解决提供专业服务时遇到的具体职业道德问题,制定《中国注册会计师职业道德守则第3号——提供专业服务的具体要求》。该项守则针对实务中常见不利影响的情况进行了列示,并说明了相应的防范措施,包括利益冲突、专业服务委托、第二意见、收费、利益诱惑、保管客户资产、应对违反法律法规行为、与治理层的沟通等。

一、利益冲突

(一)利益冲突概述

利益冲突通常会对客观公正原则产生不利影响,也可能对其他职业道德基本原则产生不利影响。这种情形使得注册会计师置身于利益冲突的角色。例如,注册会计师为两个或多个在某一特定事项中存在利益冲突的客户提供与该特定事项相关的专业服务;又如,注册会计师在某一特定事项中的利益,与注册会计师针对该事项提供专业服务的客户的利益,二者之间存在冲突。

实务中常见可能产生利益冲突的情形有:①向某一客户提供交易咨询服务,该客户拟收购注册会计师的某一审计客户,而注册会计师已在审计过程中获知了可能与该交易相关的涉密信息;②同时为两家客户提供建议,而这两家客户是收购同一家公司的竞争对手,并且注册会计师的建议可能涉及双方相互竞争的立场;③在同一项交易中同时向买卖双方提供服务;④同时为两方提供某项资产的估值服务,而这两方针对该资产处于对立状态;⑤针对同一事项同时代表两个客户,而这两个客户正处于法律纠纷中;⑥针对某项许可证协议,就应收的特许权使用费为许可证授予方出具鉴证报告,同时向被许可方就应付金额提供建议;⑦建议客户投资一家企业,而注册会计师的主要近亲属在该企业拥有经济利益;⑧建议客户买入一项产品或服务,同时与该产品或服务的潜在卖方订立佣金协议。

(二)利益冲突的识别

在承接新的客户、业务或发生商业关系前,注册会计师应当采取措施识别利益冲突。例如,注册会计师可以识别各方之间利益和关系的性质,或者服务及其对相关各方的影响。

在决定是否承接一项业务之前,以及在业务开展的过程中,冲突识别流程可以识别产

生利益冲突的情形。在有效的冲突识别流程中，需要考虑的主要因素包括：①所提供专业服务的性质；②会计师事务所的规模；③客户群的规模和性质；④会计师事务所的组织架构，如分支机构的数量和位置分布。

（三）披露和同意

在应对因利益冲突产生的不利影响时，注册会计师应当判断是否有必要向客户具体披露利益冲突的情况，并获取客户明确同意其可以承接或继续提供专业服务。此时，注册会计师需要考虑下列因素：①产生利益冲突的情形；②可能受到影响的各方；③可能产生的问题的性质；④特定事项以不可预期的方式发展的可能性。

注册会计师进行披露并获取客户同意可以通过各种方式进行。例如，采用一般性披露，即向客户披露以下情况：按照商业惯例，注册会计师不会仅向一家客户提供专业服务（例如，在某一特定的专业服务和市场领域）。这种披露能够使客户作出原则性同意。例如，注册会计师可以在业务约定书的标准条款中作出上述一般性披露。注册会计师还可以进行具体披露，即向受利益冲突影响的客户披露特定冲突的详细情况，使该客户能够就相关事项作出知情的决策，并明确同意。这种披露可能包括对相关情况的详细陈述，以及对拟采取的防范措施和所涉及风险的全面说明。

当存在利益冲突时，注册会计师有必要做出如下披露并获取客户同意：①向受利益冲突影响的客户披露利益冲突的性质，以及产生的不利影响是如何应对的；②当采取防范措施应对不利影响时，由受影响的客户同意注册会计师继续提供该专业服务。

（四）保密

注册会计师应当对可能违反保密原则的情况保持警觉。注册会计师可能在进行披露或在会计师事务所、网络内部分享相关信息以及寻求第三方指导时无意泄密。当注册会计师寻求客户同意以提供下列服务时，也可能违反保密原则。例如，会计师事务所为某一客户恶意收购另一客户的交易提供相关服务；再如，会计师事务所针对某一涉嫌舞弊的客户进行与遵守法律法规相关的调查，同时会计师事务所因向该舞弊可能涉及的另一家客户提供服务而获取了涉密信息。

二、专业服务委托

（一）客户关系和业务的承接

如果注册会计师知悉客户存在某些问题（如涉嫌违反法律法规、缺乏诚信、存在可疑的财务报告问题、存在其他违反职业道德的行为，或者客户的所有者、管理层或其从事的活动存在一些可疑事项），可能对诚信、良好职业行为原则产生不利影响。对客户及其相关人员的了解、客户对处理可疑事项的保证、完善公司治理结构或内部控制等方面的信息有助于注册会计师评价这种不利影响。

如果项目组不具备或不能获得恰当执行业务所必需的胜任能力，将因自身利益对专业胜任能力和勤勉尽责原则产生不利影响。下列因素会影响注册会计师评估的不利影响的严重程度：①注册会计师对客户的业务性质、经营复杂程度、业务具体要求，以及拟执行工作的目的、性质和范围的了解；②注册会计师对相关行业或业务对象的了解；③注册会计师拥有的与相关监管或报告要求有关的经验；④会计师事务所制定了质量管理政策和程序，以合理保证仅承接能够胜任的业务。

注册会计师可以采取下列防范措施，以应对因自身利益产生的不利影响：①分派足够的、具有必要胜任能力的项目组成员；②就执行业务的合理时间安排与客户达成一致意见；③在必要时利用专家的工作。

(二) 专业服务委托的变更

拒绝承接业务可能有多种原因，如无法采取防范措施以应对因某些事实和情况产生的不利影响等。例如，如果注册会计师并未知悉所有相关事实就承接业务，可能因自身利益对专业胜任能力和勤勉尽责原则产生不利影响。当注册会计师遇到下列情况时，应当考虑拒绝承接该项业务：①潜在客户要求其取代另一注册会计师；②考虑以投标方式接替另一注册会计师执行的业务；③考虑执行某些工作作为对另一注册会计师工作的补充。

如果客户要求注册会计师执行某些工作以作为对现任或前任注册会计师工作的补充，可能因自身利益对专业胜任能力和勤勉尽责原则产生不利影响。实务中，由于缺乏完整的信息，可能会产生这种不利影响。如果投标书中已列示，注册会计师在承接业务前需要与现任或前任注册会计师取得联系，则注册会计师有机会了解到是否存在不得接受委托的理由。

下列防范措施可能能够应对上述因自身利益产生的不利影响：①要求现任或前任注册会计师提供其已知的信息，这些信息是指现任或前任注册会计师认为，拟接任注册会计师在作出是否承接业务的决定前需要了解的信息。例如，拟接任注册会计师通过询问现任或前任注册会计师，可能发现某些以前未发现的相关事实，也可能了解到客户与现任或前任注册会计师的意见不一致，从而可能影响是否承接业务委托的决策。②从其他渠道获取信息，例如，通过向第三方进行询问，或者对客户的高级管理层或治理层实施背景调查。

(三) 客户关系和业务的保持

在连续业务中，注册会计师应当定期评价是否继续保持该业务。

在承接某项业务之后，注册会计师可能发现对职业道德基本原则的潜在不利影响，这种不利影响如果在承接之前知悉，将会导致注册会计师拒绝承接该项业务。例如，注册会计师可能发现客户实施不当的盈余管理，或者资产负债表中的估值不当，这些事项可能因自身利益对诚信原则产生不利影响。

(四) 利用专家的工作

如果拟利用专家的工作，注册会计师应当确定对专家的利用是否可靠。在确定是否利用专家的工作时，注册会计师需要考虑下列因素：①专家的声望和专长；②专家可获得的资源；③适用的职业准则的规定。与上述因素有关的信息可以通过注册会计师以往与专家的交往或向他人咨询获得。

三、第二次意见

注册会计师可能被要求就某实体或以其名义运用相关准则处理特定交易或事项的情况提供第二次意见，而这一实体并非注册会计师的现有客户。向非现有客户提供第二次意见

可能因自身利益或其他原因对职业道德基本原则产生不利影响。例如，如果第二次意见不是以前任或现任注册会计师所获得的相同事实为基础，或依据的证据不充分，可能因自身利益对专业胜任能力和勤勉尽责原则产生不利影响。评价因自身利益产生不利影响的严重程度时，应当考虑被要求提供第二次意见的具体情形以及在运用职业判断时能够获得的所有事实和假设等相关因素。

举例来说，下列防范措施可能能够应对此类因自身利益产生的不利影响：①征得客户同意与现任或前任注册会计师沟通；②在与客户沟通中说明注册会计师发表专业意见的局限性；③向现任或前任注册会计师提供第二次意见的副本。如果要求提供第二次意见的实体不允许与现任或前任注册会计师沟通，注册会计师应当决定是否提供第二次意见。

四、收费

（一）收费水平

会计师事务所在确定收费水平时应当主要考虑下列因素：①专业服务所需的知识和技能；②所需专业人员的水平和经验；③各级别专业人员提供服务所需的时间；④提供专业服务所需承担的责任。在专业服务得到良好的计划、监督及管理的前提下，收费通常以每一专业人员适当的小时收费标准或日收费标准为基础计算。

收费报价水平可能影响注册会计师按照职业准则提供专业服务的能力。如果报价水平过低，以致注册会计师难以按照适用的职业准则执行业务，则可能因自身利益对专业胜任能力和勤勉尽责原则产生不利影响。评价不利影响的严重程度时可以参考如下方面：①客户是否了解业务约定条款，特别是确定收费的基础以及注册会计师在此报价范围内所能提供的服务；②收费水平是否已由独立第三方（如相关监管部门）作出规定。

如果收费报价明显低于前任注册会计师或其他会计师事务所的相应报价，会计师事务所应当确保下列方面不受影响：①在提供专业服务时，遵守执业准则和职业道德规范的要求，使工作质量不受损害；②客户了解专业服务的范围和收费基础。举例来说，下列防范措施可能能够应对这种因自身利益产生的不利影响：①调整收费水平或业务范围；②由适当复核人员复核已执行的工作。

（二）或有收费

除非法律法规允许，注册会计师不得以或有收费方式提供鉴证服务，收费与否或收费多少不得以鉴证工作结果或实现特定目的为条件。

尽管某些非鉴证服务可以采用或有收费的形式，或有收费仍然可能对职业道德基本原则产生不利影响，特别是在某些情况下，可能因自身利益对客观公正原则产生不利影响。

评价此类不利影响的严重程度时可以参考以下这些方面：①业务的性质；②可能的收费金额区间；③确定收费的基础；④向报告的预期使用者披露注册会计师所执行的工作以及收费的基础；⑤会计师事务所的质量管理政策和程序；⑥是否由独立第三方复核交易和提供服务的结果；⑦收费水平是否已由独立第三方（如监管部门）作出规定。

举例来说，下列防范措施可能能够应对上述因自身利益产生的不利影响：①由未参与提供非鉴证服务的适当复核人员复核注册会计师已执行的工作；②预先就收费的基础与客户达成书面协议。

（三）介绍费或佣金

注册会计师收取与客户相关的介绍费或佣金，将因自身利益对客观公正、专业胜任能力和勤勉尽责原则产生非常严重的不利影响，导致没有防范措施能够消除不利影响或将其降低至可接受的水平。注册会计师不得收取与客户相关的介绍费或佣金。

注册会计师为获得客户而支付业务介绍费，将因自身利益对客观公正、专业胜任能力和勤勉尽责原则产生非常严重的不利影响，导致没有防范措施能够消除不利影响，或将其降低至可接受的水平。注册会计师不得向客户或其他方支付业务介绍费。

五、利益诱惑（包括礼品和款待）

（一）一般规定

注册会计师提供或接受利益诱惑，可能因自身利益、密切关系或外在压力对职业道德基本原则产生不利影响，尤其可能对诚信、客观公正、良好职业行为原则产生不利影响。注册会计师应当运用职业道德概念框架识别、评价和应对此类不利影响。

利益诱惑是指影响其他人员行为的物质、事件或行为，但利益诱惑并不一定具有不当影响该人员行为的意图。利益诱惑范围广泛，小到注册会计师和客户之间正常礼节性的交往，大到可能违反法律法规的行为。利益诱惑可能采取多种形式，例如：礼品，款待，娱乐活动，捐助，意图建立友好关系，工作岗位或其他商业机会，特殊待遇、权利或优先权。

某些法律法规禁止在特定情况下提供或接受利益诱惑，如有关反腐败和反贿赂的法律法规。注册会计师应当了解并遵守相关法律法规的规定。然而，即使法律法规未予禁止，在某些情况下，注册会计师提供或接受利益诱惑仍可能对职业道德基本原则产生不利影响。

（二）意图不当影响行为的利益诱惑

注册会计师不得提供或授意他人提供利益诱惑，否则将违反诚信原则。评价是否存在不当影响行为的意图时，注册会计师需要运用职业判断，可以考虑下列因素：①利益诱惑的性质、频繁程度、价值和累积影响；②提供利益诱惑的时间；③利益诱惑是否符合惯例或习俗；④利益诱惑是否从属于专业服务，如午餐；⑤所提供的利益诱惑是仅限于个别接受方还是可以提供给更为广泛的群体；⑥提供者的角色和职位；⑦注册会计师是否知情该利益诱惑将违反客户的政策和程序；⑧提供利益诱惑的透明程度；⑨该利益诱惑是否由接受方要求或索取；⑩提供方以往的行为或声誉。

即使按照本守则要求拒绝接受利益诱惑，仍可能对职业道德基本原则产生不利影响。注册会计师可以采取下列防范措施：①就该利益诱惑的情况告知会计师事务所的高级管理层或客户治理层；②调整或终止与客户之间的业务关系。

（三）无不当影响行为意图的利益诱惑

即使注册会计师认为某项利益诱惑无不当影响行为的意图，提供或接受此类利益诱惑

仍可能对职业道德基本原则产生不利影响。这种情况包括：①注册会计师在向客户提供公司财务服务的同时，受到客户潜在收购方的款待，可能因自身利益产生不利影响；②注册会计师经常邀请现有客户或潜在客户参加娱乐活动或观看体育赛事等，可能因密切关系产生不利影响；③注册会计师受到客户的款待，而该款待一旦被公开，其性质可能被认为是不适当的，这种情况可能因外在压力产生不利影响。注册会计师可以采取下列防范措施：拒绝接受或不提供利益诱惑，或者将工作移交给适当人员。

此外，注册会计师还需要防范主要近亲属或其他近亲属提供或者接受的利益诱惑。

六、保管客户资产

除非法律法规允许或要求，并且满足相关条件，注册会计师不得提供保管客户资金或其他资产的服务。

七、应对违反法律法规行为

（一）一般规定

注册会计师在向客户提供专业服务的过程中，可能遇到、知悉或怀疑客户存在违反法律法规或涉嫌违反法律法规的行为，当注册会计师知悉或怀疑存在这种违反或涉嫌违反法律法规的行为时，可能因自身利益或外在压力对诚信和良好职业行为原则产生不利影响。注册会计师应当运用职业道德概念框架识别、评价和应对此类不利影响。

此处的法律法规通常指的是两种类型：一是通常对决定客户财务报表中的重大金额和披露事项有直接影响的法律法规；二是对决定客户财务报表中的金额和披露没有直接影响的其他法律法规，但遵守这些法律法规对客户的经营活动、持续经营能力或避免重大处罚至关重要。此处不包括以法律法规形式发布的企业会计准则等财务报告编制基础。

在应对违反法律法规或涉嫌违反法律法规行为时，注册会计师的目标是：遵循诚信和良好职业行为原则；通过提醒客户的管理层或治理层（如适用），使其能够纠正违反法律法规或涉嫌违反法律法规行为或减轻其可能造成的后果，或者阻止尚未发生的违反法律法规行为；采取有助于维护公众利益的进一步措施。

（二）管理层和治理层的责任

客户的管理层负责在治理层的监督下确保客户的经营活动遵守法律法规。

（三）注册会计师的责任

如果注册会计师知悉适用于本章规定的违反法律法规或涉嫌违反法律法规行为，应当及时采取行动。为确保及时采取行动，注册会计师应当同时考虑下列事项：行为的性质；行为可能对客户、投资者、债权人、员工或社会公众利益造成的损害。

（四）执行财务报表审计时应对违反法律法规行为

如果注册会计师在执行财务报表审计时知悉了有关违反法律法规或涉嫌违反法律法规行为的信息，注册会计师应当了解相关事项。这种了解应当包括违反法律法规或涉嫌违反法律法规行为的性质以及该行为发生或可能发生时所处的环境。注册会计师可能在执行业务的过程中或通过其他方提供的信息知悉了违反法律法规或涉嫌违反法律法规的行为。

根据事项的性质和重要程度，注册会计师可以在遵循保密原则的前提下，向会计师事务所、网络事务所或专业机构的其他人员或者法律顾问进行咨询。

如果注册会计师识别出或怀疑存在已经发生或可能发生的违反法律法规行为，应当与适当级别的管理层和治理层（如适用）沟通。

（五）提供其他服务时应对违反法律法规行为

如果注册会计师在提供财务报表审计以外的其他专业服务时知悉了有关违反法律法规或涉嫌违反法律法规行为的信息，注册会计师应当了解相关事项。这种了解应当包括违反法律法规或涉嫌违反法律法规行为的性质以及该行为发生或可能发生时所处的环境。

八、与治理层的沟通

当按照守则的规定与治理层沟通时，注册会计师应当确定与客户治理结构中的哪些适当人员进行沟通。如果注册会计师与治理层的下设组织（如审计委员会）或个人沟通，应当确定是否还需要与治理层整体进行沟通，以使治理层所有成员充分知情。如果注册会计师与同时承担管理层职责和治理层职责的人员沟通，应当确保这种沟通能够向所有负有治理责任的人员充分传递应予沟通的内容。

思考题

1. 职业道德基本原则与职业怀疑的有何关系？
2. 损害审计独立性的因素有哪些？对此，会计师事务所应采取何种防范措施？
3. 会计师事务所在市场竞争方面与其他经营单位存在何种差异？为什么会存在这种差异？
4. 职业道德基本原则有哪些？
5. 何为独立性？为什么说独立性是审计的灵魂？

习题及参考答案

第五章 注册会计师的法律责任

> **本章要点**
> 本章主要阐述注册会计师的法律责任。注册会计师因违约、过失或欺诈给被审计单位或其他利害关系人造成损失的,按照有关法律和规定,可能被判承担行政责任、民事责任或刑事责任。注册会计师的法律责任主要源自习惯法和成文法。不同司法模式下,注册会计师法律责任的区别主要在于对第三者的责任有所不同。我国颁布的不少重要的经济法律法规中都有专门规定会计师事务所、注册会计师法律责任的条款,其中比较重要的有:《中华人民共和国注册会计师法》《中华人民共和国公司法》《中华人民共和国证券法》《中华人民共和国刑法》等。为了避免法律诉讼,应从注册会计师行业和会计师事务所、注册会计师两个层面采取应对措施。

第一节 注册会计师法律责任概述

任何一种职业的社会地位都与其社会责任直接相关。对于注册会计师而言,为社会公众认可的必要条件之一是,具备承担社会责任的能力并对因其未能满足规定要求而引发的后果负责。注册会计师的社会地位和责任犹如一枚硬币的两面,相辅相成,缺一不可。注册会计师社会责任最主要的表现形式即为法律责任。当前,各国注册会计师的法律责任呈现日益强化的趋势。

一、注册会计师法律责任的成因

(一) 变化中的法律环境

随着社会经济的发展,注册会计师的法律责任得到不断强化。20世纪80年代后,西方发达国家的法律环境发生了较大变化,注册会计师职业团体对于行业法律责任秉持的态度也有所改变。21世纪初,受到"安然"等事件的影响和冲击,注册会计师职业所承担的法律责任发生了显著变化,主要表现为:

1. 针对注册会计师的法律诉讼大量增加

近10多年来,特别是"安然""世通"事件发生之后,因企业经营失败或者管理层舞弊导致的破产事件激增,致使投资者和贷款人蒙受巨大损失,由此引发针对注册会计师独立性和执业能力的大量诉讼,并要求其赔偿相关损失。受到公司破产和舞弊丑闻的影响，迫于社会公众的巨大压力，西方主要国家先后出台了有关强化注册会计师法律责任的法案，法院判决时也倾向于加大注册会计师经济赔偿责任。

2. 扩展注册会计师对第三方责任的范围

在判例法国家，早期的司法制度并没有规定注册会计师除了客户之外，还要对与自己没有合同关系的第三方承担责任，法官们也倾向于限定注册会计师的第三方责任范围。但自 20 世纪后半叶之后，不少法官已放弃限制注册会计师对第三方责任范围的判例原则，转而规定注册会计师对已知的第三方使用者或财务报表的特定用途必须承担法律责任。

3. 扩充注册会计师法律责任的内涵

注册会计师传统法律责任的含义仅限于财务报表符合公认会计原则的公允性。但各方使用者和利益集团近 10 多年来不断要求注册会计师对委托人的会计记录差错、管理舞弊、经营破产可能性及违反有关法律行为都应承担检查和报告责任，从而促使许多会计职业团体在 20 世纪 80 年代后期修订有关审计准则，要求注册会计师在进行财务报表审计时，必须设计和实施必要的审计程序，为发现错误与舞弊提供合理的保证，从而实质上扩充了注册会计师法律责任的内涵。

注册会计师法律责任究竟是如何产生的？在现代社会，注册会计师成为被告的原因来自多方面，如可能来自被审计单位的责任，可能来自注册会计师自身的责任，也可能来自双方的责任。其中，被审计单位的责任和注册会计师的责任是最重要的。

(二) 被审计单位的责任

1. 错误、舞弊和违反法规行为

财务报表的错报可能由于舞弊或错误所致，被审计单位违反法律法规的行为通常也会致使财务报表失真。注册会计师如果未能发现和揭露被审计单位的严重错误和舞弊、违反法规行为，可能会给使用者造成损失，注册会计师可能因此受到控告。由于审计的固有限制，即使按照审计准则的规定恰当地计划和实施审计工作，注册会计师也不能对财务报表整体不存在重大错报获取绝对保证。因此，不能要求注册会计师对所有未查出的财务报表中的错误与舞弊情况负责，但是这并不意味着注册会计师对未能查出的财务报表中的重大错误与舞弊没有任何责任，关键要看未能查出的原因是否源自注册会计师本身的过错。

在审计过程中，注册会计师应当充分关注被审计单位违反法律法规行为可能对财务报表产生的重大影响。在考虑被审计单位的一项行为是否违反法律法规时，注册会计师应当征询法律意见。当认为可能存在违反法律法规的行为时，注册会计师应当记录所发现的情况，并与管理层讨论。对于被审计单位严重违反法律法规的行为，注册会计师应当考虑是否应相关法律法规的要求向监管机构报告，必要时可征询法律意见。当被审计单位存在违反法律法规的行为，且没有采取注册会计师认为必要的补救措施时，注册会计师应当考虑解除业务约定。

注册会计师出具审计报告时，①如果认为违反法规行为对财务报表有重大影响，且未能在财务报表中得到恰当反映，注册会计师应当出具保留意见或否定意见的审计报告；

②如果因被审计单位阻挠无法获取充分、适当的审计证据,注册会计师应当根据审计范围受到限制的程度,出具保留意见或无法表示意见的审计报告;③审计范围受到被审计单位以外的其他条件限制而无法确定违反法规行为是否发生,注册会计师应当考虑其对审计报告的影响。

2. 经营失败

被审计单位经营失败的影响可能会波及注册会计师。财务报表使用者控告会计师事务所的主要原因之一,是不理解经营失败和审计失败之间的差别。企业经营失败是指因产业不景气、管理决策失误或出现非预期的竞争因素等导致企业无法达成投资人的期望或无力偿还债务的情况。企业经营失败的极端情况是破产,经营风险是导致经营失败的主要因素之一。众所周知,资本投入或借给企业后就面临某种程度的经营风险。所谓经营风险,是指企业由于经济或经营条件,比如经济萧条、决策失误或同行之间意想不到的竞争等,无力归还借款或无法达到投资人期望的收益。审计失败则是指注册会计师由于没有遵守公认审计准则而形成或提出了错误的审计意见。出现经营失败时,审计失败可能存在,也可能不存在。另外,还可能存在这样的情况,即注册会计师确实遵守了审计准则,但却提出了错误的审计意见,这种情况称为审计风险。审计风险是指财务报表存在重大错报而注册会计师发表不恰当审计意见的可能性。

社会公众往往将审计失败与经营失败相混淆,认为发生了经营失败,则审计必然是失败的。当某一公司破产或无力偿还债务而导致投资者和债权人遭受损失时,注册会计师往往被指责这些正是审计失败的后果。当企业破产的最近会计期间的审计意见说明财务报表公允时,社会公众更是认为注册会计师应当对企业破产、经营失败负责。造成社会公众在被审计单位发生经营失败时指责审计失败的原因之一是缺乏对注册会计师责任的了解;还有部分原因是遭受损失的人们希望得到补偿,而不管错在哪方。出于平衡公众利益的需要,法院在判案时也往往倾向于保护投资者和债权人的利益。受到上述因素的影响,注册会计师不得不面对一轮轮"诉讼爆炸"的来临。

(三) 注册会计师的责任

如果不是由于注册会计师的原因给被审计单位或第三人造成损失,注册会计师将不负法律责任。但是,也有些会计师事务所和注册会计师因违约、过失和欺诈等行为惹来官司。

1. 违约

所谓违约,是指合同的一方或几方未能达到合同条款的要求。违约责任是指注册会计师因违反业务合同约定造成了损失而承担的法律责任。比如,在商定的期间内,注册会计师未能完成审计或者其他业务约定,或违反了与被审计单位订立的保密协议等。

2. 过失

所谓过失,是指在一定条件下,缺少应具有的合理的谨慎。评价注册会计师的过失,是以其他合格注册会计师在相同条件下可做到的谨慎为标准的。当过失给他人造成损害时,注册会计师应负相应的责任。通常,按过失程度的不同,可以分为普通过失和重大过失。

(1) 普通过失。在某种情况下，对行为人应当注意和能够注意的程度有较高要求时，行为人却没有遵守这种较高的要求，但未违背一般人应当注意并能够注意的一般规则，属于普通过失。对注册会计师而言，普通过失（也有的称"一般过失"）通常是指没有保持应有的职业怀疑、没有完全遵循专业准则的要求。比如，未按特定审计项目取得必要和充分的审计证据的情况，可视为一般过失。

(2) 重大过失。如果行为人不但没有遵守较高的要求，甚至连普通人应当注意并能够注意的一般标准也未达到，这就是重大过失。对注册会计师而言，重大过失是指连起码的职业谨慎都不保持，对业务或事务不加考虑，满不在乎；根本没有遵循专业准则或没有按专业准则的基本要求执行业务。比如，审计时不以《中国注册会计师审计准则》为依据，可视为重大过失。

另外还有一种过失叫"共同过失"，即对他人过失，受害方自己未能保持合理的谨慎，因而蒙受损失。比如，被审计单位未能向注册会计师提供编制纳税申报表所必要的信息，后来又控告注册会计师未能妥当地编制纳税申报表，这种情况可能使法院判定被审计单位有共同过失。再比如，在审计中未能发现现金等资产短少时，被审计单位可以过失为由控告注册会计师，而注册会计师又可以说现金等问题是因缺乏适当的内部控制造成的，并以此为由来反击被审计单位的诉讼。

"重要性"和"内部控制"这两个概念有助于区分注册会计师的普通过失和重大过失。

首先，如果财务报表中存在重大错报事项，注册会计师运用常规审计程序通常应予以发现，但因工作疏忽而未能将重大错报事项查出来，就很可能在法律诉讼中被认定为重大过失。如果财务报表有多处错报事项，每一处都不算重大，但综合起来对财务报表的影响较大，也就是说，财务报表作为一个整体可能严重失实，在这种情况下，法院一般认为注册会计师具有普通过失，而非重大过失，因为常规审计程序发现每处较小错报事项的概率也较小。

其次，内部控制是被审计单位为了保证财务报告的可靠性、经营的效率和效果以及对法律法规的遵守，由治理层、管理层和其他人员设计和执行的政策和程序。内部控制的研究与评价关系到注册会计师设计和实施进一步审计程序的性质、时间和范围。注册会计师应当重点考虑被审计单位某项控制是否能够以及如何防止或发现，并纠正各类交易、账户余额、列报存在的重大错报。如果注册会计师在评估认定层次重大错报风险时，预期内部控制运行是有效的，能够防止、发现并纠正认定层次的重大错报，但却未实施控制测试，则注册会计师具有重大过失。相反，如果内部控制本身非常健全，但由于领导层凌驾于控制之上，职工串通舞弊，导致财务报告出现重大错报，这并不必然表明注册会计师没有遵守审计准则。因此，应当根据注册会计师是否根据具体情况实施了审计程序，是否获取了充分、适当的审计证据，以及是否根据证据评价结果出具了恰当的审计报告等判断注册会计师是否具有重大过失或普通过失。

3. 欺诈

欺诈，是以欺骗或坑害他人为目的的一种故意的错误行为。是否具有不良动机是欺诈的重要特征，也是欺诈与普通过失和重大过失的主要区别之一。对注册会计师而言，欺诈

就是为了达到欺骗他人的目的,明知委托人的财务报表有重大错报,却加以虚伪的陈述,出具无保留意见的审计报告。简言之,欺诈属于注册会计师的舞弊行为。

与欺诈相关的另一个概念是"推定欺诈",又称"涉嫌欺诈",是指虽无故意欺诈或坑害他人的动机,但却存在极端或异常的过失。推定欺诈和重大过失这两个概念的界限往往很难界定,美国许多法院曾经将注册会计师的重大过失解释为推定欺诈,特别是近年来,有些法院放宽了"欺诈"的范围,使得推定欺诈和欺诈在法律上成为等效的概念。这样,具有重大过失的注册会计师的法律责任就进一步加大了。

4. 没有过失、普通过失、重大过失和欺诈的界定

注册会计师过失程度的大小没有特别严格的界限,实务中也往往很难界定。前面提到了它们之间的主要区别,具体到每一个案例,则由法院根据具体情况给予解释。参考图5-1,或许有助于理解在什么条件下注册会计师可能会被判定为没有过失、普通过失、重大过失或欺诈。

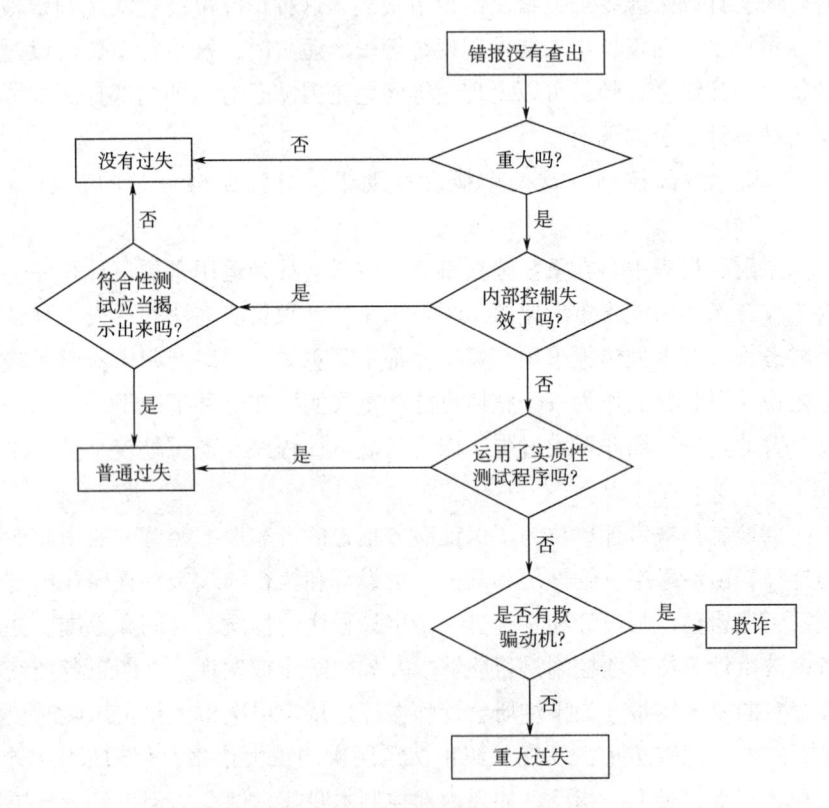

图5-1 注册会计师过失或欺诈责任界定参考图

二、注册会计师法律责任的种类

注册会计师因违约、过失或欺诈给被审计单位或其他利害关系人造成损失的,按照有关法律和规定,可能被判承担行政责任、民事责任或刑事责任。这三种责任可单处,也可并处。

（一）行政责任

行政责任是指注册会计师由于行政违法而应承担的法律后果。行政责任的具体表现是依据法律规定，承受一定的制裁。可行政制裁是国家行政机关、行业管理部门对行政违法行为追究行政责任所给予的制裁，分为行政处罚和纪律处分两种。对注册会计师个人来说，行政处罚包括警告、暂停执业、吊销注册会计师证书；对会计师事务所而言，包括警告、没收违法所得、罚款、暂停执业、撤销等。

（二）民事责任

民事责任是指注册会计师由于民事违法而应承担的法律后果。我国会计师事务所和注册会计师承担的民事责任的形式主要有赔偿损失、支付违约金等。

（三）刑事责任

刑事责任是指注册会计师由于违反国家的法律法规，情节严重，构成刑事犯罪行为而应承担的法律后果。刑事责任的表现，就是依据刑法及有关法规承受一定的刑事制裁。

一般来说，因违约和过失，可能使注册会计师负行政责任和民事责任，因欺诈，可能会使注册会计师负民事责任和刑事责任。

第二节 外国注册会计师的法律责任

注册会计师的法律责任主要包括行政责任、民事责任和刑事责任。这里主要以美、英、日为例，介绍外国注册会计师的法律责任。注册会计师的法律责任主要源自习惯法和成文法。所谓习惯法，是指不通过立法而是通过法院判例引申而成的各项法律。所谓成文法，则是由联邦或州立法机构以文字形式制定的法律。在运用习惯法的案件中，法院甚至可以不按以往的判例而另行创立新的法律先例；但在成文法案件中，法院只能按照相关法律的字面进行精确解释。

一、注册会计师对于委托人的责任

对委托人的责任是指注册会计师在合同规定之内对委托人所负责任，包括违约的责任、疏忽的责任、违反保密要求的责任、失察舞弊的责任等。

注册会计师只要接受委托执行业务，就负有恪尽专业职守、保持认真与谨慎的义务。这一点不论是否已在与委托人签订的合同（即业务约定书）中写明，都是一定存在的。在习惯法下，如果由于注册会计师的过失（即使是普通过失）给委托人造成了经济损失，注册会计师对于委托人就负有法律责任。注册会计师对于委托人的责任最常发生的案例，就是未能查出委托人职工盗用公款之类的舞弊事件。遭受损失的委托人往往指控注册会计师具有过失，从而向法院提出要求注册会计师赔偿的诉讼。

一旦委托人对注册会计师提起诉讼，在习惯法下，委托人（即原告）就负有举证责任，即必须向法院证明其已受到损失，以及这种损失是由于注册会计师的过失造成的。

作为被告的注册会计师在受到指控时，可用以下几种理由或几种理由之一进行抗辩：

①注册会计师本身并无过失，即他执业时严格遵循了专业标准的要求，保持了职业上应有的认真与谨慎；②注册会计师虽有过失，但这种过失并不是委托人受到损失的直接原因；③委托人涉及共同过失。共同过失的抗辩实际上也是表示注册会计师的过失并非委托人受损的直接原因的一种方式。

二、习惯法下注册会计师对于第三人的责任

（一）注册会计师对于受益第三人的责任

所谓受益第三人，主要是指合同（业务约定书）中所指明的人，但此人既非要约人，又非承诺人。例如，注册会计师知道被审计单位委托他对财务报表进行审计的目的是获得某家银行的贷款，那么这家银行就是受益第三人。

委托人之所以能够取得归因于注册会计师普通过失的损害赔偿的权利，源自习惯法下有关合同的判例。受益第三人同样具有委托人和会计师事务所所订合同中的权利，因而也享有同等的追索权。也就是说，如果注册会计师的过失（包括普通过失）给依赖审定财务报表（经注册会计师审计过的财务报表）的受益第三人造成了损失，受益第三人也可以指控注册会计师具有过失而向法院提起诉讼，追回遭受的损失。

（二）注册会计师对于其他第三人的责任

委托人和受益第三人对注册会计师的过失具有损害赔偿的追索权，因为它们具有和会计师事务所所订合同中的各项权利。那么，其他依赖审定财务报表却无合同中特定权利的许多第三人是否也有追索权呢？也就是说，注册会计师对于其他第三人是否也有责任呢？这在习惯法下和成文法下有些不同。首先看一下习惯法下注册会计师的责任。

1931年美国厄特马斯公司对杜罗斯会计师事务所一案，是关于注册会计师对于第三人责任的一个划时代的案例，它确立了"厄特马斯主义"的传统做法。在这个案件中，被告杜罗斯会计师事务所对一家经营橡胶进口和销售的公司进行审计并出具了无保留意见的审计报告，其后不久这家公司宣告破产。厄特马斯公司是这家公司的应收账款代理商（企业将应收账款直接卖给代理商以期迅速获得现金），根据注册会计师的审计意见曾给予它几次贷款。厄特马斯公司以未能查出应收账款中有70万美元系欺诈为由，指控会计师事务所具有过失。纽约上诉法庭（即纽约州最高法院）的判定意见是犯有普通过失的注册会计师不对未曾指明的第三人负责；但同时法庭也认为，如果注册会计师犯有重大过失或欺诈行为，则应当对未指明的第三人负责。

可见，注册会计师对于未指明的第三人是否负有责任，厄特马斯主义的关键在于过失程度的大小。普通过失不负责任，而重大过失和欺诈则应当负责。自20世纪80年代以来，许多法院扩大了厄特马斯主义的含义，判定具有普通过失的注册会计师对可以合理预期的第三人负有责任。所谓可以合理预期的第三人，是指注册会计师在正常情况下能够预见将依赖财务报表的人，例如，资产负债表日有大额未归还的银行贷款，那么银行就是可以合理预期的第三人。在美国，目前关于习惯法下注册会计师对于第三人的责任仍然处于不确定状态，一些司法权威仍然承认厄特马斯主义的优先地位，认为注册会计师仅因重大过失和欺诈对第三人有责任；同时也有些州的法院坚持认为，具有普通过失的注册会计师

对可以合理预期的第三人也有责任。

习惯法下注册会计师对于第三人的责任案中,举证责任也在原告,即当原告(第三人)提起诉讼时,他必须向法院证明:①他本身受到了损失;②他依赖了令人误解的已审财务报表;③这种依赖是他受到损失的直接原因;④注册会计师具有某种程度的过失。作为被告的注册会计师仍处于反驳原告所作指控的地位。

三、成文法下注册会计师对于第三人的责任

(一) 美国

在美国,涉及注册会计师责任的成文法主要有三个,即《1933年证券法》、《1934年证券交易法》以及《2002年公众公司会计改革和投资者保护法案》。当受害第三人指控注册会计师时,首先应当选择这种指控是根据习惯法还是根据成文法(如果有适用的法律的话)提出的。由于《联邦证券法》和《证券交易法》允许集团诉讼(即某一类人,如全体股东成为原告),并要求注册会计师应按照严格的标准行事,因此大多数指控注册会计师公司股东或债券持有人都根据联邦成文法提出指控。

1. 《1933年证券法》

《1933年证券法》规定:凡是公开发行证券(包括股票和债券)的公司,必须向证券交易委员会呈送登记表,其中包括由注册会计师审计过的财务报表。如果登记表中有重大的误述或遗漏事项,那么呈送登记表的公司和它的注册会计师对于证券的原始购买人负有责任,注册会计师仅对登记表中经他审核和报告的误述或遗漏负责。

《1933年证券法》对注册会计师的要求颇为严格,表现在:其一,只要注册会计师具有普通过失,就对第三人负有责任;其二,将不少举证责任由原告转往被告,原告(证券购买人)仅需证明他遭受了损失以及登记表是令人误解的,而无须证明他依赖了登记表或注册会计师具有过失,这方面的举证责任转往被告(注册会计师)。但《1933年证券法》将有追索权的第三人限定为一组有限的投资人——证券的原始购买人。

在《1933年证券法》里,注册会计师如欲避免承担原告损失的责任,他必须向法院证明:他本身并无过失或他的过失并非原告受损的直接原因。因此,《1933年证券法》建立了注册会计师责任的最高水准,他不但应当对他的普通过失行为造成的损害负责,而且必须证明他的无辜,而非单单反驳原告的非难或指控。

2. 《1934年证券交易法》

《1934年证券交易法》规定:每个在证券交易委员会管辖下的公开发行公司(具有100万美元以上的总资产和500位以上的股东),均须向证券交易委员会呈送经注册会计师审计过的年度财务报表。如果这些年度财务报表令人误解,呈送公司和它的注册会计师对于买卖公司证券的任何人负有责任,除非被告确能证明他本身行为出于善意,且并不知道财务报表是虚伪不实或令人误解的。

与《1933年证券法》相比,《1934年证券交易法》涉及的财务报表和投资者数目要多。《1933年证券法》将注册会计师的责任限定在登记表中的财务报表和那些原始购买公司证券的投资者,但在《1934年证券交易法》中,注册会计师要对上市公司每年的年度

财务报表和买卖公司证券的任何人负责。

不过,《1934年证券交易法》对注册会计师的责任有所减轻。《1934年证券交易法》规定"除非被告确能证明他本身行为出于善意,且并不知道财务报表是虚伪不实或令人误解的",将注册会计师的责任限定在重大过失或欺诈行为,而《1933年证券法》则涉及注册会计师的普通过失。《1934年证券交易法》将大部分的举证责任也转往被告。与《1933年证券法》不同的是,原告应当向法院证明他依赖了令人误解的财务报表,也就是说,要证明这是他受损的直接原因。另外,《1933年证券法》要求注册会计师证明他并无过失,而《1934年证券交易法》比较宽松,只要求注册会计师证明他的行为"出于善意"(即无重大过失和欺诈)就可以了。

3. 《2002年公众公司会计改革和投资者保护法案》

针对"安然"等财务欺诈事件,美国国会出台了《2002年公众公司会计改革和投资者保护法案》。该法案又被称作《2002年萨班斯-奥克斯利法案》(简称"萨班斯法案")。萨班斯法案对美国《1933年证券法》《1934年证券交易法》作了不少修订,在会计职业监管、公司治理、证券市场监管等方面作出了许多新的规定。

萨班斯法案规定,成立独立的公众公司会计监察委员会(PCAOB),监管执行公众公司审计职业。PCAOB有权调查、处裁和制裁违反该法案、相关证券法规以及专业准则的会计师事务所和个人。PCAOB的处罚程序要受SEC监督。PCAOB对会计师事务所和个人进行处罚和制裁的形式包括:临时或永久吊销注册;临时或永久禁止个人在会计师事务所执业;临时或永久限制事务所或个人的执业活动、职能等;对于故意、明知故犯、不计后果的行为或者屡犯的过失行为,可对自然人处以75万美元以下的罚款,对单位处以1 500万美元以下的罚款;对于过失行为,自然人罚款不超过10万美元,单位不超过200万美元;谴责;强制要求参加附加的专业培训和教育;其他处罚形式。

(二)英国

在英国,被审计单位和相关方对注册会计师提起刑事诉讼的法律依据主要是:①1989年的《公司法》。该法第41~44条对非法行为作出限定,并规定相关的惩罚形式。②1968年的《盗窃法》。该法第15~19条专门处理公司高级职员伪造报表,提供有重大错误、误解或欺诈的信息,通过欺骗手段获取不当财产和好处,以及由公司高级职员公布或同意公布意在诈骗股东或债权人的含有重大错误、误解和欺诈信息的书面说明或报表等刑事犯罪行为。在英国,公司委托进行法定审计的注册会计师也被看作公司的高级职员,所以上述法律条款同样适用于注册会计师。③1958年的《防止欺诈法》,则是对任何参与编制误解的、错误的和欺骗性的说明、许诺或预测,以引诱购买证券或提供资金的人员提起刑事犯罪诉讼。

(三)日本

在日本,称注册会计师为公认会计士,会计师事务所被称为审计法人,《公认会计士法》是规范公认会计士和审计法人、会计组织的主要法律。为了进一步规范公认会计士审计业务,加强公认会计士审计的独立性,2003年3月,日本内阁议会决定并由国会正式提出了《公认会计士法修改法律案及其纲要》,提出对《公认会计士法》进行修订。修订后的《公认会计士法》在一定程度上强化了注册会计师的责任，如规定：

（1）对没有公认会计士资格的人从事审计业务，处以200万日元以下罚款或2年以内的徒刑。

（2）对采取不正当、非法手段取得公认会计士资格的人，处以100万日元以下罚款或6个月的徒刑。

（3）对公认会计士盗用或泄露在审计过程中得知的秘密，处以2年以下徒刑，或处以100万日元以下的罚款。

（4）内阁总理大臣要求公认会计士协会提供有关报告或资料，或要求公认会计士、见习公认会计士、审计法人提供有关报告或资料时，有关当事人不让提供或提供伪造的报告或资料的，处以100万日元以下的罚款。

（5）对拒不接受内阁总理大臣检查或妨碍检查者，处以100万日元以下的罚款。

日本《证券交易法》规定，上市公司的重要文书必须真实，如有虚假行为，将对有关责任人员处以300万日元以下罚款或3年以下徒刑，还要对审计法人处以3亿日元以下的罚款。如果因审计失误，造成对投资者的误导，那么该公认会计士要负民事赔偿责任，同时还会被取消公认会计士的资格。尤其要指出的是，审计法人在审计时负有连带的无限责任，所冒风险甚大。为降低风险，审计法人一般都参加了职业保险。

由以上介绍不难看出，这些国家注册会计师审计之所以比较发达，是与对注册会计师的法律责任有具体而又明确的规定分不开的。注册会计师法律责任的具体化不仅有利于注册会计师职业的发展，也有利于注册会计师及其事务所的发展和相关方利益的保护。

第三节　中国注册会计师的法律责任

随着社会主义市场经济体制在我国的建立和发展，注册会计师在社会经济生活中的地位越来越重要，发挥的作用也越来越大。注册会计师如果工作失误或犯有欺诈行为，将会给委托人或依赖审定财务报表的第三人造成重大损失，严重的甚至会导致经济秩序的紊乱。因此，强化注册会计师的责任意识，严格注册会计师的法律责任，以保证其职业道德和执业质量，其意义就显得愈加重大。近年来，我国颁布的不少重要的经济法律法规中都有专门规定会计师事务所、注册会计师法律责任的条款，其中比较重要的有：《中华人民共和国注册会计师法》《中华人民共和国公司法》《中华人民共和国证券法》《中华人民共和国刑法》等。

一、《注册会计师法》的规定

涉及注册会计师法律责任的最重要的法律是《注册会计师法》，其中的第七章为"法律责任"，在第四十五条中规定了会计师事务所和注册会计师应承担的行政责任和刑事责任，第五十六条规定了会计师事务所应承担的民事责任。

1.《注册会计师法》第四十五条的规定

"会计师事务所违反本法第二十条、第二十一条规定的，由省级以上人民政府财政部门给予警告，没收违法所得，可以并处违法所得一倍以上十倍以下的罚款，没有违法所得或者违法所得不足五十万元的，可以并处五十万元以上五百万元以下的罚款，并可以由省级以上人民政府财政部门暂停其经营业务一个月至一年；情节严重的，并可以由省级以上人民政府财政部门暂停其经营业务一年至五年或者吊销执业许可。对直接负责的主管人员和其他直接责任人员给予警告，并处二十万元以上二百万元以下的罚款。

注册会计师违反本法第二十条、第二十一条规定的，由省级以上人民政府财政部门给予警告，没收违法所得，可以由省级以上人民政府财政部门责令暂停其执行业务三个月至一年；情节严重的，可以并处二十万元以上二百万元以下的罚款，并可以由省级以上人民政府财政部门吊销注册会计师证书；情节特别严重的，可以禁止其终身不得从事注册会计师业务。

会计师事务所、注册会计师违反本法第二十条、第二十一条的规定，故意出具虚假的审计报告、验资报告，构成犯罪的，依法追究刑事责任，终身不得从事注册会计师业务。"

2. 《注册会计师法》第五十六条的规定

"会计师事务所违反本法规定，给委托人造成损失的，应当依法承担赔偿责任。

会计师事务所违反本法规定，给其他利害关系人造成损失的，属于故意的，应当依法承担连带赔偿责任；属于过失的，应当根据过失大小依法承担相应的赔偿责任。"

二、《公司法》

2023年12月29日第十四届全国人民代表大会常务委员会第七次会议第二次修订，自2024年7月1日起施行。

《公司法》第二百五十七条规定："承担资产评估、验资或者验证的机构提供虚假材料或者提供有重大遗漏的报告的，由有关部门依照《中华人民共和国资产评估法》、《中华人民共和国注册会计师法》等法律、行政法规的规定处罚。

承担资产评估、验资或者验证的机构因其出具的评估结果、验资或者验证证明不实，给公司债权人造成损失的，除能够证明自己没有过错的外，在其评估或者证明不实的金额范围内承担赔偿责任。"

三、《证券法》

2019年12月28日第十三届全国人民代表大会常务委员会第十五次会议第二次修订，并以中华人民共和国主席令第三十七号予以公布，自2020年3月1日起施行。

《证券法》第一百六十三条规定："证券服务机构为证券的发行、上市、交易等证券业务活动制作、出具审计报告及其他鉴证报告、资产评估报告、财务顾问报告、资信评级报告或者法律意见书等文件，应当勤勉尽责，对所依据的文件资料内容的真实性、准确性、完整性进行核查和验证。其制作、出具的文件有虚假记载、误导性陈述或者重大遗漏，给他人造成损失的，应当与委托人承担连带赔偿责任，但是能够证明自己没有过错的除外。"

第一百八十八条规定："证券服务机构及其从业人员，违反本法第四十二条的规定买卖证券的，责令依法处理非法持有的证券，没收违法所得，并处以买卖证券等值以下的罚款。"

第一百九十三条规定："违反本法第五十六条第一款、第三款的规定，编造、传播虚假信息或者误导性信息，扰乱证券市场的，没收违法所得，并处以违法所得一倍以上十倍以下的罚款；没有违法所得或者违法所得不足二十万元的，处以二十万元以上二百万元以下的罚款。

违反本法第五十六条第二款的规定，在证券交易活动中作出虚假陈述或者信息误导的，责令改正，处以二十万元以上二百万元以下的罚款；属于国家工作人员的，还应当依法给予处分。"

第二百十三条规定："会计师事务所、律师事务所以及从事资产评估、资信评级、财务顾问、信息技术系统服务的机构违反本法第一百六十条第二款的规定，从事证券服务业务未报备案的，责令改正，可以处二十万元以下的罚款。

证券服务机构违反本法第一百六十三条的规定，未勤勉尽责，所制作、出具的文件有虚假记载、误导性陈述或者重大遗漏的，责令改正，没收业务收入，并处以业务收入一倍以上十倍以下的罚款，没有业务收入或者业务收入不足五十万元的，处以五十万元以上五百万元以下的罚款；情节严重的，并处暂停或者禁止从事证券服务业务。对直接负责的主管人员和其他直接责任人员给予警告，并处以二十万元以上二百万元以下的罚款。"

四、《刑法》

《刑法》第二百二十九条规定："提供虚假证明文件罪；出具证明文件重大失实罪为：承担资产评估、验资、验证、会计、审计、法律服务、保荐、安全评价、环境影响评价、环境监测等职责的中介组织的人员故意提供虚假证明文件，情节严重的，处五年以下有期徒刑或者拘役，并处罚金；有下列情形之一的，处五年以上十年以下有期徒刑，并处罚金：

第一，提供与证券发行相关的虚假的资产评估、会计、审计、法律服务、保荐等证明文件，情节特别严重的；

第二，提供与重大资产交易相关的虚假的资产评估、会计、审计等证明文件，情节特别严重的；

第三，在涉及公共安全的重大工程、项目中提供虚假的安全评价、环境影响评价等证明文件，致使公共财产、国家和人民利益遭受特别重大损失的。

有前款行为，同时索取他人财物或者非法收受他人财物构成犯罪的，依照处罚较重的规定定罪处罚。

第一款规定的人员，严重不负责任，出具的证明文件有重大失实，造成严重后果的，处三年以下有期徒刑或者拘役，并处或者单处罚金。"

五、最高人民法院的规定

针对注册会计师验资业务所涉及的赔偿责任确定问题，最高人民法院先后下达了三项司法解释和一项解释说明，即《关于会计师事务所为企业出具虚假验资证明应如何处理的复函》（法函〔1996〕56号）、《关于验资单位对多个案件债权人损失应如何承担责任的批复》（法释〔1997〕10号）、《关于会计师事务所为企业出具虚假验资证明应如何承担责任问题的批复》（法释〔1998〕13号），以及2002年《关于会计师事务所为企业出具虚

假验资证明应如何承担责任问题的批复的解释说明》。为了进一步明确各级法院证券市场因虚假陈述引发的民事侵权纠纷案件相关问题，2022年1月21日，最高人民法院修订出台了《最高人民法院关于审理证券市场虚假陈述侵权民事赔偿案件的若干规定》。

第四节 注册会计师如何避免法律诉讼

注册会计师的职业特点决定了它是一个容易遭受法律诉讼的行业，那些蒙受损失的受害人总想通过起诉注册会计师，尽可能使损失得以补偿。法律诉讼一直是困扰着西方国家会计师职业界的一大难题，会计师行业每年不得不为此付出大量的精力、支付巨额的赔偿金、购买高昂的保险费。

注册会计师制度在我国恢复与重建已有数十年的历史，随着注册会计师地位和作用的提高，注册会计师的社会影响力越来越大。政府部门和社会公众在了解注册会计师作用的同时，对注册会计师责任的了解也在增加，诉讼注册会计师的案件时有发生。近年来，我国注册会计师行业发生了一系列震惊整个行业乃至全社会的案件。有关会计师事务所均因出具虚假报告造成严重后果而被撤销、没收财产或取消特许业务资格，有关注册会计师也被吊销资格，有的被追究刑事责任。除一些大案件之外，涉及注册会计师的中小型诉讼案更有日益上升的趋势。如何避免法律诉讼，已成为我国注册会计师非常关注的问题。

一、注册会计师行业的应对措施

面对注册会计师法律责任的扩展和被控诉讼案件的急剧增加，整个注册会计师职业界都在积极研究如何避免法律诉讼。这对于提高注册会计师审计的鉴证水平、增强发现重大错误与舞弊的能力有较大的帮助。

（一）严格审计程序

注册会计师发表恰当审计意见的前提是必须遵循审计准则的要求，实施必要的审计程序，搜集充分适当的审计证据。审计实践已经证明，只有严格按照正确、合理的审计程序进行审计，才能防范审计风险，防范法律诉讼。高标准的审计程序是保护注册会计师的利器，要求注册会计师执行严格审计程序是保护行业利益的根本所在。

（二）加强行业监管

只有在维护好社会公众利益的基础上，注册会计师行业才能实现行业利益，表明自身的社会价值。注册会计师行业的监管对于维护、协调、平衡公众利益和行业利益都是至关重要的。行业监管不仅仅指政府部门、独立监管部门的行政监管和独立监管，还包括行业协会对于行业自身的自律性监管。在经历过多次诉讼风暴和信任危机之后，当前国际社会的行业监管呈现日益强化的趋势，监管模式也呈现逐渐混合的态势。

（三）反击恶意诉讼

注册会计师经常作为"深口袋"的角色出现在法庭之上。当遭受到投资损失时，投资者出于急于弥补损失的目的，往往将注册会计师作为被告，西方国家发达的律师行业更是起到了推波助澜的作用。很多针对注册会计师的恶意诉讼案件层出不穷。恶意诉讼中的"恶意"主要体现在两个方面，一是明知自己的诉讼请求缺乏事实和法律依据；二是具有侵害对方合法权益的不正当的诉讼目的。注册会计师行业应当加强与司法系统的沟通交流，在立法层面和司法程序上对恶意诉讼做出限定，建立防范恶意诉讼的有效司法机制。在面临恶意诉讼时，应当抓住原告的"恶意"本意，聘请律师，帮助注册会计师合法保护自身的利益。

（四）弥补社会公众期望差距

如果职业界不采取措施来缩小审计期望差距，审计职业将面临越来越多的诉讼和批评。中国也存在对审计职能认识的"期望差距"，例如，在审计目标、审计查错防弊的责任以及审计师由于疏忽或审计失败而对第三方的责任等方面，审计职业界和审计受益人之间有着不同的看法。从行业内来看，应当增加与公众的沟通，通过改善审计质量和提高审计独立性来提高财务报告质量，缩小因不恰当的行为导致的审计差距，尽可能满足公众需求，降低审计风险。另外，使用清楚表达审计责任的审计报告也可以增进公众对审计工作的了解和理解。

二、会计师事务所和注册会计师的应对措施

会计师事务所和注册会计师避免法律诉讼的具体措施可以概括为以下几点：

（一）严格遵循职业道德规范

严格遵循职业道德规范是注册会计师保护自身利益、避免法律诉讼最基本的要求。注册会计师如要为社会公众提供高质量的、可信赖的专业服务，就必须强化职业道德意识，提高职业道德水准。少数注册会计师忽视职业道德规范的要求，执业过程中往往处于被动地位，甚至帮助被审计单位掩饰舞弊。当发生审计诉讼时，此类注册会计师必然会受到应有的处罚。还有少数注册会计师在执业过程中，对有关被审计单位的问题未持应有的职业谨慎，或为节省时间而缩小审计范围和简化审计程序，都会导致财务报表中的重大错报不被发现，从而可能成为被告。因此，注册会计师应当树立强烈的风险意识、责任意识和道德意识，时刻强调职业道德，防范司法诉讼。

（二）建立会计师事务所质量控制制度

会计师事务所不同于一般的公司、企业，质量管理是会计师事务所各项管理工作的核心和关键。如果一个会计师事务所质量管理不严，很有可能因某一个人或一个部门的原因导致整个会计师事务所遭受灭顶之灾。许多审计中的差错是由于注册会计师失察或未能对助理人员或其他人员进行切实的监督发生的。对于业务复杂且重大的委托人来说，其审计是由多个注册会计师及许多助理人员共同配合来完成的。如果他们的分工存在重叠或间隙，又缺乏严密的执业监督，发生过失是不可避免的。因此，会计师事务所必须建立、健全一套严密、科学的内部质量控制制度，并把这套制度推行到每一个人、每一个部门和每一项业务，迫使注册会计师按照专业标准的要求执业，保证整个会计师事务所的执业质量。

（三）与委托人签订业务约定书

《注册会计师法》第十六条规定，注册会计师承办业务，会计师事务所应与委托人签

订委托合同（即业务约定书）。业务约定书具有法律效力，它是确定注册会计师和委托人的责任的一个重要文件。会计师事务所不论承办何种业务，都要按照业务约定书准则的要求与委托人签订约定书，这样才能在发生法律诉讼时将一切口舌争辩减少到最低限度。

（四）审慎选择被审计单位

中外注册会计师法律案例告诉我们，注册会计师如欲避免法律诉讼，必须慎重地选择被审计单位。一是要选择正直的被审计单位。如果被审计单位对其顾客、职工、政府部门或其他方面没有正直的品格，也必然会蒙骗注册会计师，使注册会计师落入它们设定的圈套。会计师事务所接受委托之前一定要采取必要的措施对被审计单位的历史情况有所了解，评价管理层的品格，弄清委托的真正目的。二是对陷入财务和法律困境的被审计单位要尤为注意。中外历史上绝大部分涉及注册会计师的诉讼案，都集中在宣告破产的被审计单位。周转不灵或面临破产的公司的股东或债权人总想为他们的损失寻找替罪羊，因此对那些已经陷入财务困境的被审计单位要特别注意。

（五）严格遵守审计准则

正如前文所充分论述的，不能苛求注册会计师对于财务报表中的所有错报事项都承担法律责任，注册会计师是否应承担法律责任，关键在于注册会计师是否有过失或欺诈行为。而判别注册会计师是否具有过失的关键在于注册会计师是否遵循专业标准的要求执业。保持良好的职业道德，严格遵循专业标准的要求执行业务、出具报告，对于避免法律诉讼或在提起的诉讼中保护注册会计师尤其重要。

（六）提取风险基金或购买责任保险

在西方国家，投保充分的责任保险是会计师事务所一项极为重要的保护措施，尽管保险不能免除可能受到的法律诉讼，但能防止或减少诉讼失败时会计师事务所发生的财务损失。我国《注册会计师法》也规定了会计师事务所应当按规定建立职业风险基金，办理职业保险。

（七）聘请律师

会计师事务所在可能的条件下，应当聘请熟悉相关法规及注册会计师法律责任的律师。在执业过程中如遇重大法律问题，注册会计师应同本所的律师或外聘律师详细讨论所有潜在的危险情况，并仔细考虑律师的建议。一旦发生法律诉讼，也应聘请有经验的律师参与诉讼。

思考题

1. 如何理解和区别普通过失和重大过失？
2. 可能导致审计人员法律责任的原因有哪些？
3. 如何看待虚假审计报告的认定？
4. 会计师事务所可能承担哪些种类的法律责任？注册会计师可采取何种对策避免或减少法律诉讼？

习题及参考答案

第二篇
审计程序与技术

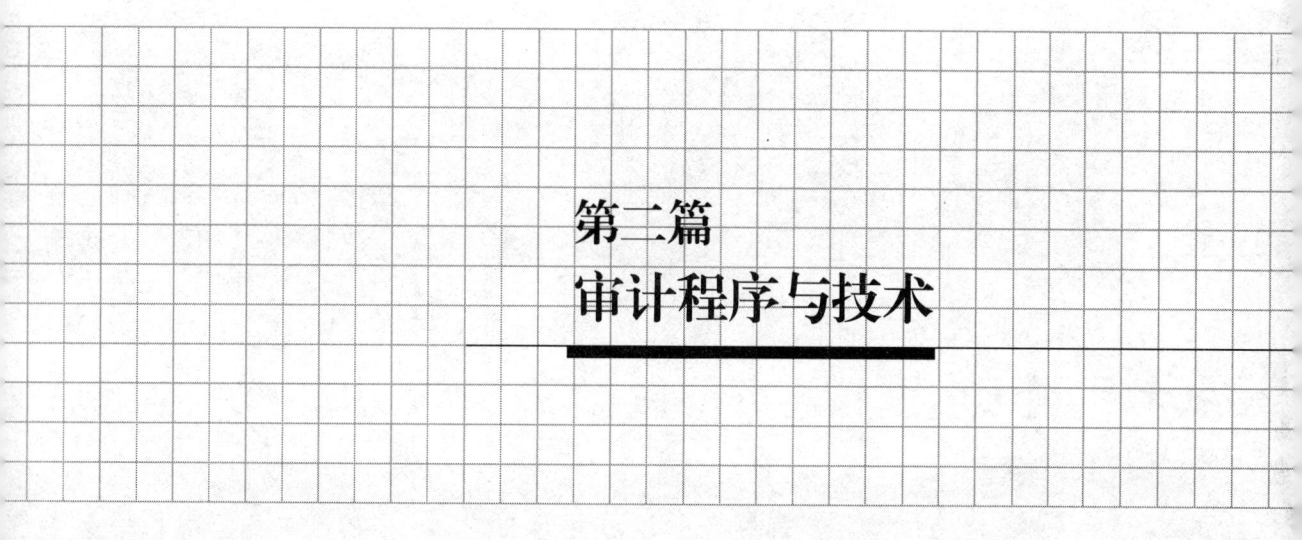

第六章 财务报表审计的目标与过程

本章要点

审计的目的是提高财务报表预期使用者对财务报表的信赖程度。这一目的可以通过注册会计师对财务报表是否在所有重大方面按照适用的财务报告编制基础编制发表审计意见实现。按照适用的财务报告编制基础编制财务报表是被审计单位管理层和治理层的责任。注册会计师的责任是按照中国注册会计师审计准则的规定对财务报表发表审计意见。审计工作可以按项目分块法、交易循环分块法和经营流程分块法来组织。财务报表是由被审计单位管理层关于各类交易、账户余额和列报的认定所构成。注册会计师将管理层的认定运用于各类交易、账户余额和列报,也就形成了各类交易、账户余额和列报的审计目标。审计目标的实现过程是指审计工作从开始到结束的整个过程,其内容主要包括计划审计工作、实施风险评估程序、实施控制测试和实质性程序及完成审计工作和编制审计报告。注册会计师应当进行初步的业务活动,并为审计工作制定总体审计策略,用以确定审计范围、时间和方向,并指导制订具体审计计划。

第一节 财务报表审计的目标

一、财务报表审计目标的意义及影响因素

财务报表审计的目标是注册会计师通过财务报表审计活动所期望达到的境地或最终结果。财务报表审计的目标是一个多层次的有机整体。按所处层次的不同,财务报表审计的目标可以分为总体审计目标、一般审计目标和具体审计目标。总体审计目标既反映了审计环境对财务报表审计的要求,又体现了财务报表审计作用于审计环境的实质内容。一般审计目标和具体审计目标受总体审计目标的制约,是总体审计目标的具体化。一般审计目标是进行所有交易、账户余额和列报审计均需达到的目标,包括与交易类别有关的审计目标、与账户余额有关的审计目标以及与列报有关的审计目标。具体审计目标是适用于某个特定交易、账户和列报的审计目标。

财务报表审计目标受审计环境的影响,并随审计环境的变化而演变。在审计环境的众多因素中,对财务报表审计目标的确定和变更产生重要影响的因素主要表现在以下三个方面:一是社会需求;二是审计的自身能力;三是法律、法院的判决以及审计职业团体制定的审计准则。社会需求对财务报表审计目标的确定起着根本性的导向作用,它决定着对财

务报表审计目标的需求；审计的自身能力对财务报表审计目标的确定起着决定性的平衡作用，它决定着财务报表审计目标的供给；法律、法院的判决以及审计职业团体制定的审计准则体现了相关方博弈的过程和结果，是财务报表审计目标明确化的具体表现形式。

确定财务报表审计的目标具有十分重要的意义。从理论上说，财务报表审计的目标体现了财务报表审计的基本职能，是构成审计理论结构的基石；从实务上说，财务报表审计的目标对注册会计师的审计工作发挥着导向作用，是审计工作的出发点和落脚点，它界定了注册会计师的责任范围，直接影响注册会计师计划和实施审计程序的性质、时间和范围，决定了注册会计师如何发表审计意见。

二、确定财务报表审计目标的逻辑过程

财务报表审计目标是审计工作的出发点。为了计划审计工作，便于收集充分适当的审计证据，注册会计师有必要将财务报表审计的总体目标具体化。注册会计师应从财务报表审计的总体目标出发，考虑其他相关因素，最终确定具体审计目标。财务报表审计总体目标的具体化是一个系统的过程，从逻辑上讲，它至少要经历以下步骤：

一是确定财务报表审计的总体目标；

二是明确被审计单位管理层及治理层和注册会计师对财务报表审计的责任；

三是将财务报表的所涉及的交易与账户划归于各交易循环或经营流程；

四是明确管理层关于交易类别、账户余额和列报表认定；

五是确定交易类别、账户余额及列报的一般审计目标；

六是确定交易类别、账户余额及列报表的具体审计目标。

三、财务报表审计的总体目标

《中国注册会计师审计准则第 1101 号——注册会计师的总体目标和审计工作的基本要求》指出，在执行财务报表审计工作时，注册会计师的总体目标是：

（1）对财务报表整体是否不存在由于舞弊或错误导致的重大错报获取合理保证，使得注册会计师能够对财务报表是否在所有重大方面按照适用的财务报告编制基础编制发表审计意见；

（2）按照审计准则的规定，根据审计结果对财务报表出具审计报告，并与管理层和治理层沟通。

从以上规定可以看出，财务报表审计的总目标是对财务报表是否在所有重大方面按照适用的财务报告编制基础编制发表审计意见。如此定位财务报表审计的总体目标，其原因是多方面的。

首先，这是财务报表审计服务的需求决定的。在市场经济条件下，财务报表存在大量的预期使用者。为了作出正确的经济决策，财务报表的预期使用者希望财务报表整体不存在由于舞弊或错误导致的重大错报。这就需要注册会计师对企业管理层提供的财务报表进行审查验证。通过注册会计师对财务报表是否在所有重大方面按照财务报告编制基础编制并实现公允反映发表审计意见，有利于降低信息风险，提高财务报表预期使用者对财务报表的信赖程度。

其次，这是财务报表审计服务的供给决定的。财务报表审计服务的提供者是注册会计师，在审计中，注册会计师是独立的第三方，具有财务报表审计的专门知识、经验和技能，有资格和能力按照审计准则和相关职业道德要求通过计划审计工作收集充分适当的审计证据，对财务报表是否在所有重大方面按照适用的财务报告编制基础编制发表审计意见。

值得注意的是，财务报表审计属于鉴证业务。注册会计师作为独立第三方，运用专业知识、技能和经验对财务报表进行审计并发表专业意见，旨在提高财务报表的可信赖程度。由于审计的固有局限性，注册会计师只能对财务报表整体是否不存在由于舞弊或错误导致的重大错报获取合理保证而不是绝对保证。

第二节 对财务报表的责任

财务报表供应链涉及许多主体，包括公司管理层、治理层和注册会计师等。明确各主体在财务报表供应链中的责任，对正确理解财务报表审计具有重要意义。

一、管理层和治理层的责任

明确公司管理层和治理层在财务报表审计中应当承担的责任是执行财务报表审计的基础。管理层和治理层认可并理解其在财务报表审计中应当承担的责任是注册会计师按照审计准则的规定执行审计工作的前提条件。公司管理层和治理层在财务报表审计中应当承担的责任主要包括三个方面的内容。

（一）按照适用的财务报告编制基础编制财务报表，并使其实现公允反映（如适用）

企业的所有权与经营权分离后，管理层负责企业的日常经营管理并承担受托责任。管理层通过编制财务报表反映受托责任的履行情况。为了借助公司内部之间的权力平衡和制约关系，保证财务信息的质量，现代公司治理结构往往要求治理层对管理层编制财务报表的过程实施有效的监督。在治理层的监督下，管理层作为会计工作的行为人，对编制财务报表负有直接责任。因此，在被审计单位治理层的监督下，按照适用的财务报告编制基础编制财务报表并实现公允反映是被审计单位管理层和治理层的责任。

具体来说，管理层和治理层对编制财务报表的责任包括：

1. 选择适用的财务报表编制基础

管理层应当根据会计主体的性质和财务报表的编制目的，选择适用的财务报表编制基础。就会计主体的性质而言，政府及非营利组织适合采用政府及非营利组织会计准则制度，而企业则适合采用企业会计准则。按照编制目的，财务报表可分为通用目的和特殊目的两种报表。前者是为了满足范围广泛的使用者的共同信息需要，如为公布目的而编制的财务报表；后者是为了满足特定信息使用者的信息需要。相应地，编制和列报财务报表适用的会计准则和相关会计制度也不同。

2. 选择和运用恰当的会计政策

会计政策是指企业在会计确认、计量和报告中所采用的原则、基础和会计处理方法。管理层应当根据企业的具体情况,选择和运用恰当的会计政策。

3. 根据企业的具体情况,作出合理的会计估计

会计估计是指管理层对其结果不确定的交易或事项以最近可利用的信息为基础所作的判断。财务报表中涉及大量的会计估计,如固定资产的预计使用年限和净残值、应收账款的可收回金额、存货的可变现净值以及预计负债的金额等。管理层有责任根据企业的实际情形作出合理的会计估计。

管理层和治理层作为内部人员,对企业的情况更为了解,更能作出适合企业特点的会计处理决策和判断,因此管理层和治理层理应对编制财务报表承担完全责任。尽管在审计过程中,注册会计师可能向管理层和治理层提出调整建议,甚至在不违反独立性的前提下为管理层编制财务报表提供一些协助,但管理层仍然对编制财务报表承担责任,并通过签署财务报表确认这一责任。

在我国,相关的法律法规对管理层对财务报表的责任作出了明确的定。法律法规要求管理层和治理层对编制财务报表承担责任,有利于从源头上保证财务信息质量。

(二)设计、执行和维护必要的内部控制,以使财务报表不存在由于舞弊或错误导致的重大错报

为了履行编制财务报表的职责,管理层应设计、执行和维护与财务报表编制相关的内部控制,以保证财务报表不存在由于舞弊或错误导致的重大错报。从这个意义上讲,被审计单位管理层的责任还包括保护资产的安全完整、建立和健全适当的内部控制。被审计单位的管理层一般通过签署被审计单位管理层声明书来确认管理层的责任。

(三)向注册会计师提供必要的工作条件

向注册会计师提供必要的工作条件包括允许注册会计师接触与编制财务报表相关的所有信息(如记录、文件和其他事项),向注册会计师提供审计所需的其他信息,允许注册会计师在获取审计证据时不受限制地接触其认为必要的内部人员和其他相关人员。

二、注册会计师的责任

在财务报表审计中,注册会计师的责任是按照中国注册会计师审计准则的规定对财务报表发表审计意见。为履行这一职责,注册会计师应当遵守职业道德规范,按照审计准则的要求计划和实施审计工作,获取充分、适当的审计证据,并根据收集的审计证据得出合理的审计结论,发表恰当的审计意见。

(一)涉及职业责任的几个重要概念

这里所说的职业责任是指注册会计师在执行审计业务时应履行的职责。在讨论注册会计师的职业责任时,必须明确以下几个重要的概念。

1. 会计责任与审计责任

财务报表编制和财务报表审计是财务信息生成链条上的不同环节,两者各司其职。被审计单位管理层和治理层对财务报表的责任称为会计责任,注册会计师对财务报表的责任

称为审计责任。这是两种性质完全不同的责任,其区别主要体现在以下几个方面:

第一,承担责任的主体不同。会计责任的承担者是被审计单位的管理层和治理层。在审计实务中,会计责任的确认通常是通过注册会计师要求被审计单位管理层出具书面声明来实现的。审计责任的承担者是接受审计委托的会计师事务所以及承办审计业务的注册会计师。注册会计师应通过签署审计报告来确认其责任。

第二,两种责任的内容不同。在被审计单位治理层的监督下,按照适用的财务报告编制基础编制财务报表是被审计单位管理层的责任。按照中国注册会计师审计准则的规定对财务报表发表审计意见是注册会计师的责任。

第三,责任的履行不同。会计责任的履行与被审计单位的生产经营活动和管理层的管理行为相联系,是被审计单位自身行为的结果。审计责任的履行则与会计师事务所的活动及注册会计师的执业行为相联系,是他们自身行为的结果。双方各自的行为及其结果决定了其应承担责任的内容。

第四,责任的评价标准不同。判断被审计单位管理层和治理层是否履行其会计责任的标准是会计准则和相关会计制度的规定。判断会计师事务所及注册会计师是否履行其审计责任的标准是审计准则。

因此,被审计单位的会计责任与注册会计师的审计责任不能相互替代、减轻或免除。如果财务报表存在重大错报,而注册会计师通过审计没有发现,也不能因为财务报表已经注册会计师审计这一事实而减轻或免除管理层和治理层对财务报表的责任。

2. 企业经营失败与审计失败

人们往往容易将企业经营失败与审计失败相混淆,认为如果发生了被审计单位的经营失败,就必然发生了审计失败。因此有必要弄清企业经营失败与审计失败的区别与联系。

企业经营失败是指因产业不景气、管理决策失误或出现非预期的竞争因素等导致企业无法达成投资人的期望或无力偿还债务的情况。企业经营失败的极端情形是企业破产。

关于审计失败,理论界对之有不同的理解。有学者认为,审计失败是指注册会计师违反审计准则的规定而发表了不恰当的审计意见;也有学者认为,审计失败是指注册会计师因出具虚假的审计报告而引起法律纠纷,受到法律制裁;还有学者认为,审计失败是指审计职业广受社会各界的非议,失去了社会的信任与尊重,从而失去其存在的必要性。我们认为,以上三种观点从不同的角度解释了审计失败。第一种观点将审计失败一词中的"审计"理解为审计工作,认为审计失败是指审计工作的失败,可称之为工作失败论。第二种观点将审计失败一词中的"审计"理解为审计活动,重点强调审计工作失败的可能影响,从审计工作失败后注册会计师可能承担法律后果的角度探讨了审计失败,可称之为法律后果论。第三种观点也是将审计失败一词中的"审计"理解为审计活动,但它是从审计工作失败后对整个审计职业界影响的角度探讨了审计失败,可称之为职业失败论。虽然将审计失败一词中的"审计"理解为审计活动有助于解释会计师事务所的经营失败和审计职业的失败,但审计工作是最基本的审计活动,无论是法律制裁还是对整个审计职业界的不利影响,都源自审计工作的失败。因此我们认为,审计失败是指审计工作的失败,具体来说,审计失败是指在财务报表存在重大错报的情况下,注册会计师发表了不恰当的审计意见。

审计失败应从审计过程和审计结果两个方面来衡量与判定,过分地偏向二者中的任何

一个都是不恰当的，必须二者兼顾，而审计准则正是两者的有机结合，因此，应以审计准则作为衡量审计失败的标准。

企业经营失败与审计失败的区别是很明显的，具体表现在以下几个方面：

第一，失败的责任主体不同。经营失败的责任主体是企业的管理层，而审计失败的主体是执行审计的注册会计师及其所在的会计师事务所。

第二，发生的原因不同。经营失败的原因主要是企业经营管理不善，而审计失败的原因在于注册会计师没有遵守审计准则的要求，执业中存在过失和欺诈行为。

第三，衡量的标准不同。经营失败的衡量标准是企业无法达成投资人的期望或无力偿还债务，而审计失败的衡量标准是注册会计师没有遵守审计准则的规定。

第四，产生的后果不同。在企业经营失败后，管理层因未能恰当地履行经管责任而可能面临着报酬降低、解雇、在职业经理市场上失去信誉甚至被追究法律责任的威胁等；审计失败发生后，注册会计师及其所在的会计师事务所因未能恰当地履行审计责任而可能面临着在审计市场中失去声誉、遭到诉讼和受到法律制裁的威胁等。

企业经营失败与审计失败也存在一定的联系。我们知道，企业经营失败不是在某一天突然发生的，而是有一个较长的发展过程。在这一过程的不同阶段必然表现出各种不同的特征或者发生各种异常情况，而所有这些都有可能体现在财务报表及其附注中。注册会计师只有特别关注影响企业持续经营能力的诸因素，对于报表及其附注中反映企业持续经营能力的各要素予以充分的关注，才能得出财务报表是否公允的判断，从而出具合格的审计意见。换言之，如果注册会计师没有充分关注影响企业持续经营能力的因素，就有可能招致审计失败，特别是在注册会计师为濒临破产的企业出具了无保留的审计意见的情况下更是如此。再者，审计失败的揭露往往发生在企业经营失败之后。从这个意义上讲，企业经营失败与审计失败存在一定的联系，但这种联系是一种或然的联系。在企业发生经营失败时，并不必然存在审计失败。企业经营失败是企业管理层的责任，注册会计师对企业财务报表的审计不是为企业持续经营能力提供担保，也不是单独揭示企业持续经营的问题，而只是对企业管理层财务报表中与持续经营相关的因素的揭示表达专家意见，企业未来的持续经营能力只能由财务报表使用者自己来判断，注册会计师所负责的只能是合理保证体现企业持续经营能力的相关因素的披露是否真实与公允。只要注册会计师严格遵守了审计准则的规定，充分关注与企业持续经营有关的因素，就不会发生审计失败。

3. 合理保证与审计风险

注册会计师应按照审计准则的规定执行审计工作，对财务报表整体不存在重大错报（无论该错报是由错误引起，还是由舞弊引起的）获取合理保证。合理保证意味着审计风险始终存在。因此，合理保证与审计风险是一对相关的概念。

保证程度是对注册会计师在完成审计工作后所取得的确定性水平的计量。就保证程度而言，合理保证介于绝对保证和低水平的保证之间。所谓绝对保证，是指注册会计师对财务报表整体不存在重大错报提供百分之百的保证。合理保证是一种高水平但非百分之百的保证，它要求注册会计师通过不断修正的、系统的执业过程，获取充分、适当的审计证据，对财务报表整体发表审计意见。虽然审计准则中没有就合理保证作出数量上的规定，但在实务中，人们一般认为，如果有95%的把握保证财务报表中不存在重大错报，注册会计师就做到了合理保证。

由于审计中存在的固有限制影响注册会计师发现重大错报的能力，注册会计师不能对财务报表整体不存在重大错报获取绝对保证。导致固有限制的因素主要包括下列内容：

（1）选择性测试方法的运用。随着被审计单位规模的不断扩大，在现代审计中，基于实现审计目标的需要和成本效益原则的考虑，注册会计师不可能对每笔交易和每个明细账户都进行彻底、详细的检查，而不得不采用选择性测试的方法。既然是选择性测试，就存在这样的风险，即：根据选出的测试项目得出的结论并不能代表根据所有测试项目得出的结论。

（2）内部控制的固有局限性。无论如何设计和执行审计程序，注册会计师只能对财务报告的可靠性提供合理的保证，因为内部控制存在固有局限性。内部控制的局限性表现在：决策时人为判断可能出现错误或由于人为失误而导致内部控制失效；可能由于两个或更多的人员进行串通，或管理层凌驾于内部控制之上而使内部控制被规避。

（3）大多数审计证据是说服性而非结论性的。由于受到成本效益原则和审计性质的限制，审计过程中收集到的审计证据对支持审计结论和审计意见虽有说服力，但很难做到法院审理刑事案件中所要求的铁证如山。例如，对应收账款期末余额存在性认定，注册会计师可能实施风险评估程序，测试相关的内部控制，对形成应收账款余额的销售交易和收款交易的细节进行测试，实施实质性分析程序，并根据这些程序的结果确定和实施函证程序。这些程序虽然都能为应收账款是否存在提供部分审计证据，并且将所提供的证据综合起来考虑能够使注册会计师相信所得出的审计结论是合理的，但很难使注册会计师能够百分之百地证明应收账款期末余额存在性没有重大错报。就函证程序而言，虽然函证提供的证据相对比较可靠，但还受到被询证者是否认真对待询证函、是否能够保持独立性和客观性、是否熟悉所函证事项等诸多因素的影响。尽管注册会计师在设计询证函时要考虑这些因素，但是很难能百分之百地保证函证结果的可靠性。

（4）为形成审计意见而实施的审计工作涉及大量判断。审计过程充满了大量的职业判断。在计划和实施审计工作时，在根据获取的审计证据得出结论的过程中，尤其需要职业判断。既然是判断，就有失误的可能性。

（5）某些特殊性质的交易和事项可能影响审计证据的说服力。某些交易和事项，比如关联方关系和关联方交易披露的完整性、会计估计的合理性、管理层持有资产的意图等，由于其固有的一些局限性会影响注册会计师收集到的审计证据的说服力。在此情形下，注册会计师通常认为，相关准则要求的审计程序提供了充分、适当的审计证据。除非出现以下两种情况：第一，出现了异常情形，使发生重大错报的风险超出了常规预期；第二，出现了重大错报已经发生的迹象。

由于注册会计师只能对财务报表提供合理保证，所以审计工作不能对财务报表整体不存在重大错报提供担保。

从广义上讲，审计风险是指审计主体遭受损失的可能性，既包括因审计过程的缺陷导致审计结果与实际不相符而给审计主体带来损失的可能性，又包括因被审计单位经营失败可能给审计主体带来损失的可能性。从狭义上讲，审计风险只包括因审计过程的缺陷导致审计结果与实际不相符而给审计主体带来损失的可能性。从理论上说，审计结果与实际情

况不相符有两种情况：第一，财务报表不含有重大错报，而注册会计师错误地发表了财务报表含有重大错报的审计意见，此种风险一般称为α风险；第二，财务报表存在重大错报而注册会计师发表不恰当审计意见，此种风险一般称为β风险。实务中，α风险很少发生，即便发生了α风险，也会受到被审计单位管理层的抵制，管理层会要求注册会计师重新审计。由于存在这样的纠错机制，审计实务中一般认为α风险不可能发生，在探讨审计风险时，重点考虑的是β风险。所以我国审计准则规定，审计风险是指财务报表存在重大错报而注册会计师发表不恰当审计意见的可能性。审计风险并不包含下面这种情况，即财务报表不含有重大错报，而注册会计师错误地发表了财务报表含有重大错报的审计意见的风险。

合理保证与审计风险之间存在密切的联系。合理保证与审计风险互为补数，即合理保证与审计风险之和等于100%。如果注册会计师将审计风险降至可接受的低水平，则对财务报表不存在重大错报获取了合理保证。

(二) 注册会计师对发现错误与舞弊的责任

1. 错误与舞弊的概念

舞弊与错误是两个相对应的概念。这两个概念针对的都是被审计单位相关方面（如管理层、员工）的行为，这些行为最终都可能导致财务报表出现错报。换言之，舞弊、错误等是原因，错报是结果。

错误是指导致财务报表错报的非故意的行为。错误的情形主要包括：为编制财务报表而收集和处理相关数据时发生失误；在作出会计估计或判断时，由于疏忽了某些事实，或没有充分理解有关事实，导致作出的会计估计或判断不恰当；在运用与确认、计量、分类或列报（包括披露，下同）相关的会计政策时发生失误。

舞弊是指被审计单位的管理层、治理层、员工或第三方使用欺骗手段获取不当或非法利益的故意行为。舞弊行为主体的范围很广，可能是被审计单位的管理层、治理层、员工或第三方。涉及管理层或治理层一个或多个成员的舞弊通常被称为"管理层舞弊"，只涉及被审计单位员工的舞弊通常被称为"员工舞弊"。无论是何种舞弊，都有可能涉及被审计单位内部或与外部第三方的串谋。舞弊行为的目的是为特定个人或利益集团获取不当或非法利益，是一个宽泛的法律概念，但注册会计师关注的是导致财务报表发生重大错报的舞弊。与财务报表审计相关的故意错报，包括编制虚假财务报告导致的错报和侵占资产导致的错报。

2. 注册会计师的责任

防止或发现错误和舞弊是被审计单位治理层和管理层的责任。注册会计师执行财务报表审计的目的是对财务报表发表审计意见。因此，界定注册会计师对发现错误与舞弊的责任应当在这一框架下进行。在财务报表审计中，注册会计师对错误和舞弊的责任在于，按照中国注册会计师审计准则的规定实施审计工作，获取财务报表在整体上不存在重大错报的合理保证，无论该错报是由于舞弊还是错误导致。这就要求注册会计师在实施审计时保持职业怀疑态度，按审计准则的要求，充分考虑审计风险，通过实施适当的审计程序获取充分、适当的证据，将使财务报表产生重大错报的错误和舞弊揭示出来。换言之，注册会计师如果未能将导致财务报表重大错报的错误和舞弊揭示出来，就有可能因过失而承担相应的法律责任。判断注册会计师是否存在过失的关键在于注册会计师是否遵守了审计准则的要求。由于一系列固有限制的存在，注册会计师即使按照审计准则的规定恰当地计划和实施审计工作，也不能对财务报表整体不存在重大错报获取绝对保证，只能取得合理保证。承担合理保证的责任也意味着审计工作并不能绝对保证发现所有的重大错报（包括不能保证发现所有的错误和舞弊导致的重大错报）。

如果在完成审计工作后发现舞弊导致的财务报表重大错报，特别是串通舞弊或伪造文件记录导致的重大错报，并不必然表明注册会计师没有遵循审计准则。要判断注册会计师是否按照审计准则的规定实施了审计工作，取决于其是否根据具体情况实施了审计程序，是否获取了充分、适当的审计证据，以及是否根据证据评价结果出具了恰当的审计报告。

（三）注册会计师对发现违反法律法规行为的责任

1. 违反法律法规行为的含义

违反法律法规行为，是指被审计单位有意或无意地违反会计准则和相关会计制度之外的法律法规的行为。在理解该定义时，应注意以下三点：

第一，在我国，被审计单位适用的会计准则和相关会计制度也属于法律法规的范畴。对财务报表审计而言，适用的会计准则和相关会计制度是注册会计师评价财务报表是否按适用的编制基础编制并实现公允反映时直接使用的判断依据。也就是说，被审计单位违反会计准则和相关会计制度，将直接影响财务报表。而被审计单位如违反除会计准则和相关会计制度以外的其他法律法规，则可能与财务报表相关，也可能与财务报表无关。定义中所说的违反法律法规定行为并不包括违反适用的会计准则和相关会计制度的行为。

第二，违反法规行为具体涉及下列三个方面：①被审计单位从事的违反法律法规行为；②以被审计单位名义从事的违反法律法规行为；③治理层、管理层或员工代表被审计单位从事的违反法律法规行为，但不包括管理层和员工个人从事的、与被审计单位经营活动无关的不当行为。

第三，违反法律法规的行为与舞弊存在一定的区别。舞弊是被审计单位的管理层、治理层、员工或第三方使用欺骗手段获取不当或非法利益的故意行为。换言之，舞弊是被审计单位的管理层、治理层、员工或第三方为了自身的利益而牺牲公司的利益；而违反法律法规的行为则是被审计单位的管理层、治理层、员工为了公司的利益而牺牲社会利益。

2. 注册会计师的责任

在治理层的监督下，保证被审计单位按照法律法规的规定开展经营活动（包括遵守那些决定财务报表中的金额和披露的法律法规的规定）是管理层的责任。注册会计师不应当也不能对防止被审计单位违反法规行为负责，但执行年度财务报表审计可能是遏制违反法律法规行为的一项措施。因为注册会计师在执行年度财务报表审计过程中可能会发现被审计单位的违反法律法规的行为。从这个意义上讲，财务报表定期审计制度会对被审计单位的违反法律法规的行为具有一定的威慑作用，但从根本上看，遏制违反法律法规行为则有赖于管理层制定和实施有效的控制政策和程序。

注册会计师执行财务报表审计的目的并不是发现违反法规行为，而是对财务报表发表

审计意见。因此,界定注册会计师对考虑被审计单位违反法律法规行为的责任应当在这一框架下进行:

《中国注册会计师审计准则第 1142 号——财务报表审计中对法律法规的考虑》规定:在设计和实施审计程序以及评价和报告审计结果时,注册会计师应当充分关注被审计单位违反法律法规行为可能对财务报表产生重大影响。

不同的法律法规对财务报表的影响差异很大。被审计单位需要遵守的所有法律法规构成注册会计师在财务报表审计中需要考虑的法律法规框架。

某些法律法规的规定对财务报表有直接影响,决定财务报表中的金额和披露;而有些法律法规需要管理层遵守,或规定了允许被审计单位开展经营活动的条件,但不会对财务报表产生直接影响。某些被审计单位属于高度管制的行业,如银行或化工企业等;而有些被审计单位仅受到通常与经营活动相关的法律法规的制约,如安全生产和公平就业等。违反法律法规可能导致被审计单位面临罚款、诉讼或其他对财务报表产生重大影响的后果。

按其对财务报表的影响,违反法律法规的行为可以分为两类:第一类是对财务报表产生直接影响的违反法律法规的行为(如违反税收和企业年金方面的法律法规);第二类是对财务报表有间接影响的违反法律法规的行为(如违反经营许可条件、监管机构对偿债能力的规定或环境保护要求)。违反这类法律可能影响被审计单位的经营活动、持续经营能力或招致大额罚款和其他处罚,从而对财务报表产生重大影响。

对两种不同类型的违反法律法规的行为,注册会计师所负的检查和报告责任是不同的。对于第一类违反法律法规的行为,注册会计师应科学地计划审计工作,充分考虑审计风险,获取充分、适当的审计证据,以合理保证发现此类违反法律法规的行为;对于第二类违反法律法规的行为,注册会计师的责任仅限于实施特定的审计程序,以有助于识别可能对财务报表产生重大影响的违反这些法律法规的行为,并采取恰当的应对措施。

第三节 审计的分块方法

一、审计分块方法的概念和种类

财务报表审计目标在于对财务报表整体发表审计意见,这一审计意见是建立在对财务报表各项目审计的基础上的。为了形成对财务报表的总体意见,注册会计师就需要将财务报表项目按审计人员进行分工。这种将审计对象按一定的标准分解成若干个部分进行分工和管理方法称为审计的分块方法。

在对审计对象进行划分时,按财务报表项目、按交易循环和按经营流程三种标准,分别形成了组织财务报表审计工作的三种方法,即报表项目分块法、交易循环分块法和经营流程分块法。

二、报表项目分块法

报表项目分块法是指按财务报表项目进行分工来组织实施审计的方法。

一般而言,采用报表项目分块法与多数被审计单位账户设置体系及会计报表格式相吻合，所以具有操作方便的优点，但由于控制测试通常按照交易循环进行，故该方法存在实质性程序与内部控制测试严重脱节的弊端，导致风险评估与控制测试和实质性测试不协调，同时也不便于审计人员的分工，从而影响审计效率和效果。

三、交易循环分块法

交易循环是指处理某类交易或业务的周而复始的工作环节及其先后顺序。交易循环分块法是指按交易循环组织和实施审计的方法。

采用交易循环分块法的逻辑步骤如下：

首先，注册会计师应根据被审计单位的特点，将其生产经营过程划分为若干个交易循环。由于各被审计单位的业务性质不同，其交易循环的划分也应有所不同。以制造业企业为例，注册会计师可以将其生产经营过程划分为销售与收款循环、采购与付款循环、生产存货循环、人力资源循环、筹资与投资循环等。货币资金由于与多个业务循环密切相关，往往作为一个独立循环。

其次，将财务报表所涉及的交易类别和账户余额按其与特定交易循环联系的紧密程度分别划归于不同的交易循环。

最后，按照交易循环实施的审计程序，包括风险评估、控制测试和实质性程序。

交易循环分块法克服了报表项目分块法中控制测试和实质性程序脱节的弊端，提高了审计的效率与效果。它不仅能够加深注册会计师对被审计单位经济业务的理解，而且便于审计人员的合理分工。但其操作相对复杂，对审计人员的专业知识和技能要求较高。

四、经营流程分块法

经营流程是企业中一系列创造价值的活动的组合，是企业管理层为了实现经营目标、应对经营风险而设计和实施的企业内部资源配置机制、经营方式和经营活动及其程序的集合。经营流程分块法是指按经营流程组织和实施审计的方法。

采用经营流程分块法的逻辑步骤如下：

首先，注册会计师应将被审计单位为实现经营目标而进行的生产经营活动划分为若干个经营流程。在确定经营流程时，注册会计师可以依据企业价值链来划分经营流程，也可以为了便于审计而将企业价值链进行适当的整合。

其次，按各流程活动的会计影响，将财务报表中所涉及的交易类别和账户余额分别划归于不同的经营流程。

最后，按照经营流程实施审计程序包括风险评估、控制测试和实质性程序。

需要注意的是，注册会计师对各经营流程的审计可以相对独立地进行，但这不等于说各经营流程的审计是孤立的。注册会计师在最终判断被审计单位财务报表是否公允反映时，必须综合考虑审计发现的各经营流程的错误对会计报表产生的影响。因此，即使在单独执行某一经营流程的审计时，注册会计师仍然应经常将该循环与其他循环的审计情况结合起来加以考虑。

经营流程分块法是在审计中引入战略系统观后对审计工作组织方法的一种改进，其优点在于：①以经营风险的评估为审计的切入点，适应了现代风险导向审计重心前移的要

求；②将风险评估、控制测试与实质性程序有机结合，克服了其他方法中三者脱节的弊端，有利于提高审计的效率和效果；③可以按经营流程合理分工，有利于审计工作的组织与管理；④能够加深注册会计师对企业经营活动的理解，便于进行经营风险的识别和评估，为注册会计师提供增值服务奠定了基础。但经营流程分块法对注册会计师专业知识、技能和经验的要求更高。

第四节　与各类交易、账户余额、列报相关的审计目标

财务报表由被审计单位管理层关于各类交易、账户余额和列报的认定所构成。为了便于收集充分适当的审计证据，注册会计师应以财务报表审计的总体目标为指导，以管理层的认定为基础，明确适合于各类交易、账户余额和列报的一般审计目标，然后再根据被审计单位的具体情况确定各类交易、账户余额和列报的具体审计目标。

一、管理层的认定

管理层的认定是指管理层对财务报表组成要素的确认、计量、列报作出的明确或隐含的表达。

管理层的认定与适用的会计准则密切相关，它其实就是管理层用来在财务报表中记录和披露财务信息的标准。管理层在财务报表上的认定有些是明示的，有些则是暗示的。例如，管理层在资产负债表中列报存货10万元，意味着作出了下列明确的认定：记录的存货是存在的；存货以恰当的金额包含在财务报表中，与之相关的计价或分摊调整已恰当记录。同时，管理层也作出下列隐含的认定：所有应当记录的存货均已记录；记录的存货都由被审计单位拥有；与存货有关的披露是恰当的。

管理层的认定是多方面的，概括而言，有以下五类：

（一）存在或发生

该认定是指企业资产负债表上所列示的资产、负债及所有者权益在某个特定的日期确实存在，所列示的收入和费用在某一特定的期间确实发生。该认定说明管理层没有将不存在的项目或未曾发生的收入和费用记入财务报表，并不涉及报表所列的金额是否正确。该认定与财务报表项目的高估有关。

（二）权利和义务

该认定是指企业资产负债表上所列示的资产属于企业特定日期的权利，所列示的负债确属企业特定日期的义务。该认定只与资产负债表的项目相关，而与利润表的项目无关。

（三）完整性

该认定是指应当在企业财务报表上列示的所有交易或事项均已列入，不存在遗漏或省略。完整性的认定与存在或发生的认定刚好相反，该认定一般与财务报表项目的低估有关。

（四）估价或分摊

该认定是指企业已按会计准则的要求，记录了其资产、负债、所有者权益、收入及费

用等会计要素，并以适当的金额列示于财务报表中。

（五）表达与披露

该认定是指有关财务报表的组成要素已按企业会计准则的规定予以适当分类、说明及披露。

管理层的认定与审计目标密切相关，注册会计师的基本职责就是确定被审计单位管理层对其财务报表的认定是否恰当。将管理层的认定运用于各类交易、账户余额及列报，就形成了各类交易、账户余额及列报表一般审计目标。根据一般审计目标，结合被审计单位的具体情况，注册会计师很容易确定被审计单位各类交易、账户余额及列报的具体审计目标，并以此作为评估重大错报风险以及设计和实施进一步审计程序的基础。

二、与各类交易、事项及相关披露相关的审计目标

注册会计师将管理层的认定运用于各类交易，就形成了各类交易的审计目标。与各类交易、事项及相关披露相关的审计目标如下：

（一）发生

记录的交易和事项已发生且与被审计单位有关。例如，如果没有发生销售交易，但在销售日记账中记录了一笔销售，则违反了该目标。发生认定所要解决的问题是管理层是否把那些不曾发生的项目列入财务报表，它主要与财务报表组成要素的高估有关。

（二）完整性

所有应当记录的交易和事项均已记录。例如，如果发生了销售交易，但没有在销售日记账和总账中记录，则违反了该目标。发生和完整性两者强调的是相反的关注点。发生目标针对潜在的高估，而完整性目标则针对漏记交易（低估）。

（三）准确性

与交易和事项有关的金额及其他数据已恰当记录。例如，如果销售交易中，发出商品的数量与账单上的数量不符，或是开账单时使用了错误的销售价格，或是账单中的乘积或加总有误，或是在销售日记账中记录了错误的金额，则违反了该目标。

需要注意的是，准确性与发生、完整性之间存在区别。例如，若已记录的销售交易是不应当记录的（如发出的商品是寄销商品），则即使发票金额是准确计算的，仍违反了发生目标。再如，若已入账的销售交易是对正确发出商品的记录，但金额计算错误，则违反了准确性目标，但没有违反发生目标。在完整性与准确性之间也存在同样的关系。

（四）截止

交易和事项已记录于正确的会计期间。例如，如果本期交易推到下期，或下期交易提到本期，均违反了截止目标。

（五）分类

交易和事项已记录于恰当的账户。例如，如果将现销记录为赊销，将出售经营性固定资产所得的收入记录为主营业务收入，则导致交易分类的错误，违反了分类的目标。

(六) 列报

确认被审计单位的交易和事项已被恰当地汇总或分解且表述清楚,相关披露在适用的财务报告编制基础下是相关的、可理解的。

在明确了各类交易的一般审计目标后,注册会计师根据交易的特点确定各交易的具体审计目标。以销售交易为例,管理层认定与交易的一般审计目标和具体审计目标的关系如表 6-1 所示。

表 6-1 管理层的认定与销售交易审计目标的关系

管理层的认定	与各类交易、事项及相关披露相关的一般审计目标	与销售交易有关的具体审计目标
存在或发生	发生	所记录的销售交易是真实的,企业没有记录向虚构的客户的销售
完整性	完整性	发生的销售交易均已记录
估价或分摊	准确性	与销售交易和事项有关的金额及其他数据已恰当记录
	截止	销售交易已记录于恰当的会计期间
	分类	销售交易的分类恰当
权利与义务	不适用	不适用
列报	相关交易或事项表述清楚,披露恰当	销售交易已被恰当地汇总且表述清楚,相关披露在适用的财务报告编制基础下是相关的、可理解的

三、与期末账户余额及相关披露相关的审计目标

账户余额主要与资产负债表有关。注册会计师将管理层的认定运用于账户余额,就可以形成与期末账户余额及相关披露相关的一般审计目标。与期末账户余额及相关披露相关的一般审计目标通常包括:

(一) 存在

记录的资产、负债和所有者权益是存在的。例如,如果不存在某顾客的应收账款,在应收账款试算平衡表中却列入了对该顾客的应收账款,则违反了存在性目标。

(二) 权利和义务

记录的资产由被审计单位拥有或控制,记录的负债是被审计单位应当履行的偿还义务。例如,将他人寄售商品记入被审计单位的存货中,违反了权利的目标;将不属于被审计单位的债务记入账内,则违反了义务目标。

(三) 完整性

所有应当记录的资产、负债和所有者权益均已记录。例如,如果存在某顾客的应收账款,在应收账款试算平衡表中却没有列入对该顾客的应收账款,则违反了完整性目标。

（四）准确性、计价和分摊

资产、负债和所有者权益以恰当的金额包括在财务报表中，与之相关的计价或分摊调整已恰当记录。

（五）分类

资产、负债和所有者权益已记录于恰当的账户。

（六）列报

确认资产、负债和所有者权益已被恰当地汇总或分解且表述清楚，相关披露在适用的财务报告编制基础下是相关的、可理解的。

在明确了各账户余额的一般审计目标后，注册会计师就可确定适合于具体账户的具体审计目标。以存货为例，管理层的认定与账户余额的一般审计目标及各账户具体审计目标的关系如表6-2所示。

表 6-2　管理层的认定与存货审计目标的关系

管理层的认定	与期末账户余额及相关披露相关的一般审计目标	与存货有关的具体审计目标
存在或发生	存在	资产负债表日，已记录的存货均存在
权利与义务	权利与义务	公司对所有存货均拥有所有权，且存货款未用作抵押
完整性	完整性	现有存货均经过盘点并记入存货总额
准确性、计价或分摊	准确性、计价和分摊	存货以恰当的金额包含在财务报表中，与之相关的计价或分摊调整已恰当记录
列报	列报	存货已被恰当地汇总和表达，与存货相关的披露在适用的财务报告编制基础下是相关的、可理解的

第五节　审计目标的实现过程

确定审计目标后，注册会计师就可以收集审计证据，以便对财务报表的合法性和公允性发表意见。而审计证据是在审计过程中收集的，因此，审计目标的实现与审计过程密切相关。所谓审计过程，是指审计工作从开始到结束的整个过程，其内容主要包括计划审计工作、实施风险评估程序、实施控制测试和实质性程序及完成审计工作和编制审计报告。

一、接受业务委托

会计师事务所应当按照执业准则的规定，谨慎决策是否接受或者保持某客户关系和具体审计业务。

在接受新客户的业务之前，或者在决定是否保持现有业务或者考虑接受现有客户的新业务时，会计师事务所应当执行一些客户接受和保持的程序，并获取如下信息：客户的诚信状况；会计师事务所是否具有执行业务必要的素质、专业胜任能力、时间和资源；是否

能够遵守职业道德规范。这些政策和程序的目的在于尽量减少注册会计师与不诚信的客户发生关系的可能性。如果注册会计师与不诚信的客户发生关系，客户的财务报表就可能存在重大错报并且不为注册会计师所察觉。这会导致财务报表使用者对注册会计师提起法律诉讼。

注册会计师需要作出的最重要的决策之一就是接受和保持客户。一项不当的决策不仅会增加项目组成员的额外压力，还可能会使事务所遭受声誉损失，甚至涉及潜在诉讼。一旦决定接受委托，注册会计师应该与客户就审计约定条款达成一致意见。

二、计划审计工作

计划审计工作是整个审计工作的起点。为了保证审计目标的实现，注册会计师必须在具体执行审计程序之前，制订审计计划、对审计工作进行科学、合理的计划与安排。科学、合理的审计计划可以帮助注册会计师有的放矢地去审查和取证，形成正确的审计结论；可以使审计成本保持在合理的水平上，提高审计工作的效率。计划审计工作包括针对审计业务制定总体审计策略和具体审计计划，以将审计风险降至可接受的低水平。在计划审计工作前，注册会计师应进行初步的业务活动。

（一）制定总体审计策略

总体审计策略用以确定审计范围、时间和方向，并指导制订具体审计计划。总体审计策略的制定应当包括：确定审计业务的特征，以界定审计范围；明确审计业务的报告目标，以计划审计的时间安排和所需沟通的性质；考虑影响审计业务的重要因素，以确定项目组的工作方向，包括确定适当的重要性水平；初步识别可能存在较高的重大错报风险的领域；初步识别重要的组成部分和账户余额；评价是否需要针对内部控制的有效性获取审计证据；识别被审计单位、所处行业、财务报告的要求及其他相关方面最近发生的重大变化等。

（二）制订具体的审计计划

总体审计策略一经制定，注册会计师应当针对总体审计策略中所识别的不同事项制订具体审计计划，并考虑通过有效利用审计资源以实现审计目标。具体审计计划比总体审计策略更加详细，包括为获取充分、适当的审计证据以将审计风险降至可接受的低水平，项目组成员拟实施的审计程序的性质、时间和范围。

三、实施风险评估程序

现代审计是一种风险导向的审计，注册会计师应在了解被审计单位及其环境的基础上实施风险评估程序，以识别和评估财务报表层次以及各类交易、账户余额、列报认定层次的重大错报风险。风险评估程序主要包括：

（1）在了解被审计单位及其环境的整个过程中识别风险，并考虑各类交易、账户余额、列报；

（2）将识别的风险与认定层次可能发生错报的领域相联系；

（3）考虑识别的风险是否重大；

（4）考虑识别的风险导致财务报表发生重大错报的可能性。

四、实施控制测试和实质性程序

注册会计师应当针对评估的财务报表层次重大错报风险确定总体应对措施，并针对评估的认定层次重大错报风险设计和实施进一步审计程序，以将审计风险降至可接受的低水平。进一步的审计程序包括控制测试和实质性程序。控制测试与实质性程序之间有着密切关系。如果注册会计师认为被审计单位内部控制的可靠程度高，则实质性程序的工作量可以大为减少，反之，实质性程序的工作量会增加。但无论何时，实质性程序都是必不可少的。

五、完成审计工作和编制审计报告

在收集到充分、适当的审计证据后，注册会计师就可以进一步完成审计的有关工作，主要包括：

（1）编制审计差异调整表和试算平衡表；
（2）复核审计工作底稿；
（3）复核财务报表；
（4）与管理层和治理层沟通；
（5）形成审计意见，编制审计报告；
（6）实施项目质量控制复核。

第六节 初步业务活动和总体审计策略

一、初步业务活动

注册会计师应当在本期审计业务开始时开展以下初步业务活动：按照《中国注册会计师审计准则第1121号——对财务报表审计实施的质量管理》的规定，针对客户关系和审计业务的接受与保持，实施相应的程序；按照《中国注册会计师审计准则第1121号——对财务报表审计实施的质量管理》的规定，评价遵守相关职业道德要求（包括独立性要求）的情况；按照《中国注册会计师审计准则第1111号——就审计业务约定条款达成一致意见》的规定，就审计业务约定条款与被审计单位达成一致意见。

在本期审计业务开始时开展初步业务活动，有助于注册会计师识别和评价可能对在项目层面管理和实现业务的高质量产生负面影响的事项或情况。

注册会计师开展初步业务活动有助于其计划审计工作，实现下列目的：①保持执行业务所需的独立性和能力；②确定不存在因管理层诚信问题而可能影响注册会计师保持该项业务的意愿的事项；③确定与被审计单位之间不存在对业务约定条款的误解。

（一）客户关系和审计业务的接受与保持

针对客户关系和审计业务的接受与保持，会计师事务所制定的相关政策和程序有：

(1) 在接受新客户的业务前，或者在决定是否保持现有业务和考虑接受现有客户的新业务时，会计师事务所需根据具体情况获取必要信息。

会计师事务所一方面要努力扩大业务范围，广泛吸收客户，另一方面要审慎地对潜在的客户进行调查研究，掌握其情况。注册会计师通过对被审计单位基本情况的了解，可以确定是否接受委托人的委托，也有助于未来进一步规划审计工作。

注册会计师应当从以下方面了解被审计单位及其环境：行业状况、法律环境与监管环境以及其他外部因素；业务性质、经营规模和组织结构；对会计政策的选择和运用；目标、战略、经营状况、经营风险和内部控制；财务会计机构及其工作组织；厂房、设备及办公场所；以前年度接受审计的情况；其他与签订审计业务约定书有关的事项等。

注册会计师可以通过巡视客户的经营场所、复核年度报告、与客户的管理层和员工进行讨论、利用网络获取相关公众信息和公共数据库信息，对新老客户的上述基本情况进行初步审查。如果是老客户，应该复核以前年度的工作底稿。如果是新客户，注册会计师在接受委托前，应当向前任注册会计师询问被审计单位变更会计师事务所的原因，并关注前任注册会计师与被审计单位管理层在重大会计、审计等问题上可能存在的意见分歧。后任注册会计师应当提请被审计单位书面授权前任注册会计师对其询问作出充分答复。如果被审计单位不同意前任注册会计师作出答复，或限制答复的范围，后任注册会计师应当向被审计单位询问原因，并考虑是否接受委托。

(2) 在接受新客户或现有客户的新业务时，如果识别出潜在的利益冲突，会计师事务所需评估确定接受该业务是否适当。

(3) 当识别出问题而又决定接受或保持客户关系或具体业务时，会计师事务所需记录问题是如何得到解决的。

如果在接受业务后获知某项信息，而该信息若在接受业务前获知可能导致会计师事务所拒绝接受业务，会计师事务所应当针对这种情况制定相应的政策和程序，包括：适用于这种情况的职业责任和法律责任，包括是否要求会计师事务所向委托人报告或在某些情况下向监管机构报告；解除业务约定或同时解除业务约定和客户关系的可能性。

（二）评价遵守相关职业道德要求情况

相关职业道德规范要求项目组成员恪守独立、客观、公正、诚信的原则，保持专业胜任能力和勤勉尽责，以及良好职业行为，并对审计过程中获知的信息保密。在整个审计过程中，项目组长应当对项目组成员违反职业道德规范的迹象保持警惕。如果发现项目组成员违反职业道德规范，项目组长应当与会计师事务所的相关人员商讨，以便采取适当的措施。项目组长应当记录识别出的违反职业道德规范的问题，以及这些问题是如何得到解决的。在适当情况下，项目组其他成员也应当记录上述内容。

会计师事务所应当制定政策和程序，以合理保证会计师事务所及其人员遵守相关职业道德要求，以及合理保证会计师事务所及其人员和其他受独立性要求约束的人员（包括网络事务所的人员）保持相关职业道德规范规定的独立性。这些政策和程序的目的在于确保：会计师事务所能够向会计师事务所人员以及其他受独立性要求约束的人员传达独立性要求；会计师事务所能够识别和评价对独立性产生不利影响的情形，并采取适当的行动消除这些不利影响，或通过采取防范措施将其降至可接受的水平，或如果认为适当，在法律法规允许的情况下解除业务约定。这些政策和程序应当要求：①项目组长向会计师事务所提供与客户委托业务相关的信息（包括服务范围），以使会计师事务所能够评价这些信息对保持独立性的总体影响；②会计师事务所人员应立即向会计师事务所报告对独立性产生不利影响的情形，以便会计师事务所采取适当行动；③会计师事务所收集相关信息，并向适当人员传达。

《会计师事务所质量管理准则第5101号——业务质量管理》要求会计师事务所制定政策和程序，识别、评价和应对对遵守相关职业道德要求的不利影响；识别、沟通、评价和报告任何违反相关职业道德要求的情况，并针对这些情况的原因和后果及时作出适当应对；会计师事务所应当每年至少一次向所有需要按照相关职业道德规范保持独立性的人员获取其遵守独立性要求的书面确认。

会计师事务所应当就合理保证能够获知违反独立性要求的情况采取如下措施：①会计师事务所人员将注意到的、违反独立性要求的情况立即报告会计师事务所；②会计师事务所将识别出的违反政策和程序的情况立即传达给需要与会计师事务所共同处理这些情况的项目组长、需要采取适当行动的会计师事务所和网络内部的其他相关人员以及受独立性要求约束的人员；③项目组长、会计师事务所和网络内部的其他相关人员以及受独立性要求约束的人员，在必要时立即向会计师事务所报告他们为解决有关问题而采取的行动，以使会计师事务所能够决定是否应当采取进一步的行动。

此外，注册会计师针对保持客户关系和具体审计业务而实施的相应的质量管理程序和评价遵守职业道德规范情况的考虑，贯穿于审计业务的全过程。例如，在现场审计过程中，如果注册会计师发现财务报表存在舞弊，因而对管理层、治理层的胜任能力或诚信产生了极大疑虑，则注册会计师需要针对这一新情况，考虑并在必要时重新实施相应的质量管理程序，以决定是否继续保持该项业务及客户关系。但是，虽然关于保持客户关系及具体审计业务和评价遵守职业道德规范的工作贯穿于审计业务的全过程，但是这两项活动初始需要安排在其他重要审计工作之前，以确保注册会计师已具备执行业务所需要的独立性和专业胜任能力，且不存在因管理层诚信问题而影响注册会计师保持该项业务意愿等情况。

（三）就审计业务约定条款达成一致意见

在承接或保持审计业务前，注册会计师应当实施下列工作：①确定审计的前提条件存在；②确认注册会计师与管理层和治理层（如适用）就审计业务约定条款达成一致意见。

审计的前提条件，是指管理层在编制财务报表时对适用的财务报告编制基础的采用，以及管理层对注册会计师执行审计工作前提的认同。为了确定审计的前提条件是否存在，注册会计师应当确定管理层在编制财务报表时采用的财务报告编制基础是不是可接受的，以及就管理层认可并理解其责任与管理层达成一致意见。如果审计的前提条件不存在，注册会计师应当就此与管理层沟通。在下列情况中，除非法律法规另有规定，注册会计师不应承接拟议的审计业务：①除特殊规定的情形外，注册会计师确定被审计单位在编制财务报表时采用的财务报告编制基础不适当；②注册会计师未能与管理层达成就管理层认可并

理解其责任的一致意见。

管理层应当向注册会计师提供必要的工作条件，包括允许注册会计师接触与编制财务报表相关的所有信息（如记录、文件和其他事项），向注册会计师提供审计所需要的其他信息，允许注册会计师在获取审计证据时不受限制地接触其认为必要的内部人员和其他相关人员。如果管理层在拟议的审计业务约定条款中对审计工作的范围施加限制，以致注册会计师认为这种限制将导致其对财务报表无法发表意见，除非法律法规另有规定，注册会计师不应将该项受到限制的业务作为审计业务予以承接。

注册会计师应当在审计业务开始前，就审计目标、审计范围、相关责任划分、财务报告编制基础、拟出具的审计报告预期形式和内容等审计业务约定条款与管理层达成一致意见，并将达成一致意见的审计业务约定条款记录于审计业务约定书或其他适当形式的书面协议中。但如果法律法规足够详细地规定了审计业务约定条款，注册会计师除了记录适用的法律法规以及管理层认可并理解其责任的事实外，不必将前述事项记录于书面协议。

对于连续审计，注册会计师应当根据具体情况评估是否需要对审计业务约定条款作出修改，以及是否需要提醒被审计单位注意现有的条款。

二、审计业务约定书

审计业务约定书，是指会计师事务所与被审计单位签订的，用以记录和确认审计业务的委托与受托关系、审计目标和范围、双方的责任以及报告的格式等事项的书面协议。注册会计师应当在审计业务开始前，与被审计单位就审计业务约定条款达成一致意见，并签订审计业务约定书，以避免双方对审计业务的理解产生分歧。

（一）审计业务约定书的作用

签订审计业务约定书的目的是明确约定双方的责任与义务，促使双方遵守约定事项并加强合作，以保护会计师事务所与被审计单位的利益。在注册会计师的审计实践中，审计业务约定书可以起到以下几个方面的作用：

第一，审计业务约定书可以增进会计师事务所与委托人之间的了解，避免在审计目的、范围和双方责任等方面产生误解，尤其是可以使被审计单位了解他们的会计责任和注册会计师的审计责任，明确被审计单位应该提供的合作，并以此作为划分责任的依据。

第二，审计业务约定书可以作为被审计单位鉴定审计业务完成情况及会计师事务所检查被审计单位约定义务履行情况的依据，如果被审计单位对注册会计师的服务提出疑问，注册会计师可以根据约定书的有关内容作出辩解。

第三，如果出现法律诉讼，审计业务约定书是据以确定会计师事务所和委托人双方应负法律责任的重要依据。倘若被审计单位对注册会计师提出疑问、责难或控告，注册会计师可以根据审计业务约定书的有关内容作出辩解。当然，对于已载明的审计责任，注册会计师不能推诿。审计业务约定是保护审计机构和注册会计师的有效措施之一。

审计业务约定书的资料在审计规划过程中之所以显得特别重要，主要是因为，它的某些内容直接影响到审计工作的时间预算和过程安排。例如，如果委托人要求在资产负债表日之后立即提交审计报告，则大部分审计工作就必须安排在会计年度结束之前完成；如果注册会计师同时受托编制纳税申报表或管理建议书，或者被审计单位不能协助注册会计师完成特定的工作，则应采取相应的措施予以替代，这样就必须增加总的工作时间。另外，被审计单位对审计工作的限制可能影响审计的手续和方法，有时甚至会影响审计意见的种类。

(二) 审计业务约定书的内容

审计业务约定书的具体内容可能因被审计单位的不同而存在差异，但应当包括下列主要方面：

(1) 财务报表审计的目标。财务报表审计的目标就是注册会计师通过执行审计工作，对财务报表是否按照适用的会计准则和相关会计制度的规定编制，财务报表是否在所有重大方面公允反映被审计单位的财务状况、经营成果和现金流量发表意见。

(2) 对财务报表的责任。一般来看，按照适用的财务报告编制基础是管理层的责任，这种责任包括：设计、实施和维护与财务报表编制相关的内部控制，以使财务报表不存在由于舞弊或错误而导致的重大错报；选择和运用恰当的会计政策；作出合理的会计估计。注册会计师的责任是按照中国注册会计师审计准则的规定实施审计程序，获取充分、适当的审计证据，从而对财务报表发表审计意见。

(3) 管理层采用的财务报告编制基础。

(4) 注册会计师拟出具的审计报告的预期形式和内容，以及在特定情况下对出具的审计报告可能不同于预期形式和内容的说明。

(5) 审计工作范围，包括提及适用的法律法规、审计准则，以及注册会计师协会发布的职业道德守则和其他公告。财务报表的审计范围是指为实现财务报表审计目标，注册会计师根据审计准则和职业判断实施的恰当的审计程序的总和。注册会计师执行财务报表审计业务时遵守与财务报表审计相关的各项审计准则。

(6) 对审计业务结果的其他沟通形式。

(7) 说明由于审计和内部控制的固有限制，即使审计工作按照审计准则的规定得到恰当的计划和执行，仍不可避免地存在某些重大错报未被发现的风险。

(8) 计划和执行审计工作的安排，包括审计项目组的构成。

(9) 管理层确认将提供书面声明。

(10) 管理层同意向注册会计师及时提供财务报表草稿和其他所有附带信息，以使注册会计师能够按照预定的时间表完成审计工作。

(11) 管理层同意告知注册会计师在审计报告日至财务报表报出日之间注意到的可能影响财务报表的事实。

(12) 收费的计算基础和收费安排。

(13) 管理层确认收到审计业务约定书并同意其中的条款。

如果情况需要，注册会计师还应当考虑在审计业务约定书中列明下列内容：

(1) 在某些方面对利用其他注册会计师和专家工作的安排；

(2) 与审计涉及的内部审计人员和被审计单位其他员工工作的协调；

(3) 预期向被审计单位提交的其他函件或报告；

(4) 与治理层整体直接沟通；

(5) 在首次接受审计委托时，对与前任注册会计师沟通的安排；

(6) 注册会计师与被审计单位之间需要达成进一步协议的事项。

如果负责集团财务报表审计的注册会计师同时负责组成部分财务报表的审计，注册会计师应当考虑组成部分注册会计师的委托人，是否对组成部分单独出具审计报告，法律法规的规定，母公司、总公司或总部占组成部分的所有权份额，组成部分管理层的独立程度等因素，以决定是否与各个组成部分单独签订审计业务约定书。

对于连续审计，注册会计师应当考虑是否需要根据具体情况修改业务约定的条款，以及是否需要提醒被审计单位注意现有的业务约定条款。注册会计师可以与被审计单位签订长期审计业务约定书，但如果出现下列情况，应当考虑重新签订审计业务约定书：①有迹象表明被审计单位误解审计目标和范围；②需要修改约定条款或增加特别条款；③高级管理人员、董事会或所有权结构近期发生变动；④被审计单位业务的性质或规模发生重大变化；⑤法律法规的规定；⑥管理层编制财务报表采用的会计准则和相关会计制度发生变化。

(三) 审计业务约定书范例

审计业务约定书主要有两种格式，即合同式和信函式。下面以合同式审计业务约定书为例加以说明。

审计业务约定书（合同式）

甲方：ZYX 股份有限公司

乙方：南海会计师事务所

兹由甲方委托乙方对 20×6 年度财务报表进行审计，经双方协商，达成以下约定：

一、业务范围与审计目标

1. 乙方接受甲方委托，对甲方按照企业会计准则和《××会计制度》编制的 20×6 年 12 月 31 日的资产负债表、20×6 年度的利润表、股东权益变动表和现金流量表以及财务报表附注（以下统称"财务报表"）进行审计。

2. 乙方通过执行审计工作，对财务报表的下列方面发表审计意见：①财务报表是否按照企业会计准则和《××会计制度》的规定编制；②财务报表是否在所有重大方面公允反映被审计单位的财务状况、经营成果和现金流量。

二、甲方的责任与义务

(一) 甲方的责任

1. 根据《中华人民共和国会计法》及《企业财务会计报告条例》，甲方及甲方负责人有责任保证会计资料的真实性和完整性。因此，甲方管理层有责任妥善保存和提供会计记录（包括但不限于会计凭证、会计账簿及其他会计资料），这些记录必须真实、完整地反映甲方的财务状况、经营成果和现金流量。

2. 按照企业会计准则和《××会计制度》的规定编制财务报表是甲方管理层的责任，这种责任包括：①设计、实施和维护与财务报表编制相关的内部控制，以使财务报表不存在由于舞弊或错误而导致的重大错报；②选择和运用恰当的会计政策；③作出合理的会计估计。

（二）甲方的义务

1. 及时为乙方的审计工作提供其所要求的全部会计资料和其他有关资料（在20×7年×月×日之前提供审计所需的全部资料），并保证所提供资料的真实性和完整性。

2. 确保乙方不受限制地接触任何与审计有关的记录、文件和所需的其他信息。

[下段适用于集团财务报表审计业务，使用时需按每位客户/约定项目的特定情况而修改，如果加入此段，应相应修改下面其他条款编号。]

【3. 为乙方对甲方合并财务报表发表审计意见的需要，甲方须确保：乙方和为组成部分执行审计的其他会计师事务所的注册会计师（以下简称"其他注册会计师"）之间的沟通不受任何限制。

组成部分是指甲方的子公司、分部、分公司、合营企业、联营企业等。

如果甲方管理层、负责编制组成部分财务信息的管理层（以下简称"组成部分管理层"）对其他注册会计师的审计范围施加了限制，或客观环境使其他注册会计师的审计范围受到限制，甲方管理层和组成部分管理层应当及时告知乙方。

乙方及时获悉其他注册会计师与组成部分治理层和管理层之间的重要沟通（包括就内部控制重大缺陷进行的沟通）；

乙方及时获悉组成部分治理层和管理层与监管机构就财务信息事项进行的重要沟通。

在乙方认为必要时，允许乙方接触组成部分的信息、组成部分管理层或其他注册会计师（包括其他注册会计师的审计工作底稿），并允许乙方对组成部分的财务信息实施审计程序。】

3. 甲方管理层对其作出的与审计有关的声明予以书面确认。

4. 为乙方派出的有关工作人员提供必要的工作条件和协助，主要事项将由乙方于外勤工作开始前提供清单。

5. 按本约定书的约定及时足额支付审计费用以及乙方人员在审计期间的交通、食宿和其他相关费用。

三、乙方的责任和义务

（一）乙方的责任

1. 乙方的责任是在实施审计工作的基础上对甲方财务报表发表审计意见。乙方按照中国注册会计师审计准则（以下简称"审计准则"）的规定进行审计。审计准则要求注册会计师遵守职业道德规范，计划和实施审计工作，以对财务报表是否不存在重大错报获取合理保证。

[下段适用于集团财务报表审计业务，使用时需按每位客户/约定项目的特定情况而修改，如果加入此段，应相应修改其他条款编号。]

【2. 乙方并不对非由乙方审计的组成部分的财务信息单独出具审计报告；有关的责任由对该组成部分执行审计的其他注册会计师及其所在的会计师事务所负责。】

2. 审计工作涉及实施审计程序，以获取有关财务报表金额和披露的审计证据。选择的审计程序取决于乙方的判断，包括对由于舞弊或错误导致的财务报表重大错报风险的评估。在进行风险评估时，乙方考虑与财务报表编制相关的内部控制，以设计恰当的审计程

序，但目的并非对内部控制的有效性发表意见。审计工作还包括评价管理层选用会计政策的恰当性和作出会计估计的合理性，以及评价财务报表的总体列报。

3. 乙方需要合理计划和实施审计工作，以使乙方能够获取充分、适当的审计证据，为甲方财务报表是否不存在重大错报获取合理保证。

4. 乙方有责任在审计报告中指明所发现的甲方在重大方面没有遵循企业会计准则和《××会计制度》编制财务报表且未按乙方的建议进行调整的事项。

5. 由于测试的性质和审计的其他固有限制，以及内部控制的固有局限性，不可避免地存在着某些重大错报在审计后可能仍然未被乙方发现的风险。

6. 在审计过程中，乙方若发现甲方内部控制存在乙方认为的重要缺陷，应向甲方提交管理建议书。但乙方在管理建议书中提出的各种事项，并不代表已全面说明所有可能存在的缺陷或已提出所有可行的改善建议。甲方在实施乙方提出的改善建议前应全面评估其影响。未经乙方书面许可，甲方不得向任何第三方提供乙方出具的管理建议书。

7. 乙方的审计不能减轻甲方及甲方管理层的责任。

（二）乙方的义务

1. 按照约定时间完成审计工作，出具审计报告。乙方应于20×7年×月×日前出具审计报告。

2. 除下列情况外，乙方应当对执行业务过程中知悉的甲方信息予以保密：①取得甲方的授权；②根据法律法规的规定，为法律诉讼准备文件或提供证据，以及向监管机构报告发现的违反法规行为；③接受行业协会和监管机构依法进行的质量检查；④监管机构对乙方进行行政处罚（包括监管机构处罚前的调查、听证）以及乙方对此提起行政复议。

四、审计收费

1. 本次审计服务的收费是以乙方各级别工作人员在本次工作中所耗费的时间为基础计算的。乙方预计本次审计服务的费用总额为人民币××万元。

2. 甲方应于本约定书签署之日起×日内支付×%的审计费用，剩余款项于［审计报告草稿完成日］结清。

3. 如果由于无法预见的原因，致使乙方从事本约定书所涉及的审计服务实际时间较本约定书签订时预计的时间有明显的增加或减少时，甲乙双方应通过协商，相应调整本约定书第四条第1项下所述的审计费用。

4. 如果由于无法预见的原因，致使乙方人员抵达甲方的工作现场后，本约定书所涉及的审计服务不再进行，甲方不得要求退还预付的审计费用；如上述情况发生于乙方人员完成现场审计工作，并离开甲方的工作现场之后，甲方应另行向乙方支付人民币××元的补偿费，该补偿费应于甲方收到乙方的收款通知之日起×日内支付。

5. 与本次审计有关的其他费用（包括交通费、食宿费等）由甲方承担。

五、审计报告和审计报告的使用

1. 乙方按照《中国注册会计师审计准则第1501号——审计报告》和《中国注册会计师审计准则第1502号——非标准审计报告》规定的格式和类型出具审计报告。

2. 乙方向甲方出具审计报告一式××份。

3. 甲方在提交或对外公布审计报告时，不得修改或删节乙方出具的审计报告及其后附的已审财务报表。当甲方认为有必要修改会计数据、报表附注和所作的说明时，应当事先通知乙方，乙方将考虑有关的修改对审计报告的影响，必要时将重新出具审计报告。

六、本约定书的有效期间

本约定书自签署之日起生效，并在双方履行完毕本约定书约定的所有义务后终止。但其中第三（二）2、四、五、八、九、十项并不因本约定书终止而失效。

七、约定事项的变更

如果出现不可预见的情况，影响审计工作如期完成，或需要提前出具审计报告时，甲乙双方均可要求变更约定事项，但应及时通知对方，并由双方协商解决。

八、终止条款

1. 如果根据乙方的职业道德及其他有关专业职责、适用的法律法规或其他任何法定的要求，乙方认为已不适宜继续为甲方提供本约定书约定的审计服务时，乙方可以采取向甲方提出合理通知的方式终止履行本约定书。

2. 在终止业务约定的情况下，乙方有权就其于本约定书终止之日前对约定的审计服务项目所做的工作收取合理的审计费用。

九、违约责任

甲乙双方按照《中华人民共和国民法典》（合同编）的规定承担违约责任。

十、适用法律和争议解决

本约定书的所有方面均应适用中华人民共和国法律进行解释并受其约束。本约定书履行地为乙方出具审计报告所在地，因本约定书所引起的或与本约定书有关的任何纠纷或争议（包括关于本约定书条款的存在、效力或终止，或无效之后果），双方选以下择第 <u>(1)</u> 种解决方式：

(1) 向有管辖权的人民法院提起诉讼；

(2) 提交××仲裁委员会仲裁。

十一、双方对其他有关事项的约定

本约定书一式两份，甲乙方各执一份，具有同等法律效力。

甲方：ZYX 股份有限公司（盖章）　　　乙方：南海会计师事务所（盖章）
　　授权代表：（签名并盖章）　　　　　　授权代表：（签名并盖章）
　　二〇×七年×月×日　　　　　　　　　二〇×七年×月×日

三、审计业务变更

在完成审计业务前，如果被审计单位要求注册会计师将审计业务变更为保证程度较低的鉴证业务或相关服务，注册会计师应当考虑变更业务的适当性。可能导致被审计单位要求变更业务的原因一般包括：情况变化对审计服务的需求产生影响；对原来要求的审计业务的性质存在误解；审计范围存在限制。第一项和第二项原因通常被认为是变更业务的合

理理由，但如果有迹象表明该变更要求与错误的、不完整的或者不能令人满意的信息有关，注册会计师不应认为该变更是合理的。

在同意将审计业务变更为其他服务前，注册会计师还应当考虑变更业务对法律责任或业务约定条款的影响。如果变更业务引起业务约定条款的变更，注册会计师应当与被审计单位就新条款达成一致意见。

如果认为变更业务具有合理的理由，并且按照审计准则的规定已实施的审计工作也适用于变更后的业务，注册会计师可以根据修改后的业务约定条款出具报告。为避免引起报告使用者的误解，报告不应提及原审计业务和在原审计业务中已执行的程序。只有将审计业务变更为执行商定程序业务，注册会计师才可在报告中提及已执行的程序。

如果没有合理的理由，注册会计师不应当同意变更业务。如果不同意变更业务，被审计单位又不允许继续执行原审计业务，注册会计师应当解除业务约定，并考虑是否有义务向被审计单位的董事会或股东会等方面说明解除业务约定的理由。

四、总体审计策略

（一）总体审计策略的概念

为了使审计业务以有效的方式得到执行，注册会计师应当计划审计工作。计划审计工作包括针对审计业务制定的总体审计策略和具体审计计划。总体审计策略是对审计工作所作出的总体安排，用以确定审计范围、时间和方向，并指导具体审计计划的制订。具体审计计划是对总体审计策略的细化，是对执行的审计程序的性质、时间和范围所作出的规划。具体审计计划将在后面的章节中作详细介绍。

（二）总体审计策略的制定

总体审计策略的制定应当包括：

第一，确定审计业务的特征，包括采用的会计准则和相关会计制度、特定行业的报告要求以及被审计单位组成部分的分布等，以界定审计范围。

在确定审计范围时，注册会计师一般需要考虑下列事项：

(1) 编制财务报表适用的财务报告编制基础；
(2) 特定行业的报告要求，如某些行业的监管部门要求提交的报告；
(3) 预期的审计工作涵盖范围，包括需审计的集团内组成部分的数量及所在地点；
(4) 母公司和集团内其他组成部分之间存在的控制关系的性质，以确定如何编制合并财务报表；
(5) 其他注册会计师参与组成部分审计的范围；
(6) 需审计的业务分部性质，包括是否需要具备专门知识；
(7) 外币业务的核算方法及外币财务报表折算和合并方法；
(8) 除对合并财务报表进行审计之外，是否需要对组成部分的财务报表单独进行法定审计；
(9) 内部审计工作的可利用性及对内部审计工作的拟依赖程度；
(10) 被审计单位使用服务机构的情况，及注册会计师如何取得有关服务机构内部控

制设计、执行和运行有效性的证据;

（11）预期利用在以前期间审计工作中获取的审计证据的程度，如获取的与风险评估程序和控制测试相关的审计证据;

（12）信息技术对审计程序的影响，包括数据的可获得性和预期使用计算机辅助审计技术的情况;

（13）根据中期财务信息审阅及在审阅中所获信息对审计的影响，相应调整审计涵盖范围和时间安排;

（14）与为被审计单位提供其他服务的会计师事务所人员讨论可能影响审计的事项;

（15）被审计单位的人员和相关数据可利用性。

第二，明确审计业务的报告目标，以计划审计的时间安排和所需沟通的性质，包括提交审计报告的时间要求，预期与管理层和治理层沟通的重要日期等。

在计划报告目标、时间安排和所需沟通时，注册会计师一般需要考虑下列事项：

（1）被审计单位的财务报告时间表;

（2）与管理层和治理层就审计工作的性质、范围和时间所举行的会议的组织工作;

（3）与管理层和治理层讨论预期签发报告和其他沟通文件的类型及提交时间，如审计报告、管理建议书及与治理层的沟通函;

（4）就组成部分的报告及其他沟通文件的类型及提交时间与负责组成部分审计的注册会计师沟通;

（5）项目组成员之间预期沟通的性质和时间安排，包括项目组会议的性质和时间安排及复核工作的时间安排;

（6）是否需要跟第三方沟通，包括与审计相关的法律法规规定和业务约定书约定的报告责任;

（7）与管理层讨论预期在整个审计过程中通报审计工作进展及审计结果的方式。

第三，考虑影响审计业务的重要因素，以确定项目组的工作方向，包括确定适当的重要性水平，初步识别可能存在较高的重大错报风险的领域，初步识别重要的组成部分和账户余额，评价是否需要针对内部控制的有效性获取审计证据，识别被审计单位、所处行业、财务报告要求及其他相关方面最近发生的重大变化等。

在确定审计方向时，注册会计师一般需要考虑下列事项：

（1）重要性方面，主要包括：在制订审计计划时确定的重要性水平；为组成部分确定重要性且与组成部分的注册会计师沟通；在审计过程中重新考虑重要性水平；识别重要的组成部分和账户余额;

（2）重大错报风险较高的审计领域;

（3）评估的财务报表层次的重大错报风险对指导、监督及复核的影响;

（4）项目组人员的选择（必要时包括项目质量控制复核人员）和工作分工，包括向重大错报风险较高的审计领域分派具备适当经验的人员;

（5）项目预算，包括考虑为重大错报风险可能较高的审计领域分配适当的工作时间;

（6）向项目组成员强调在收集和评价审计证据过程中保持职业怀疑必要性的方式;

（7）以往审计中对内部控制运行有效性评价的结果，包括所识别的控制缺陷的性质及

应对措施;

(8) 管理层重视设计和实施健全的内部控制的相关证据,包括这些内部控制得以适当记录的证据;

(9) 业务交易量规模,以基于审计效率的考虑确定是否依赖内部控制;

(10) 管理层对内部控制重要性的重视程度;

(11) 影响被审计单位经营的重大发展变化,包括信息技术和业务流程的变化,关键管理人员变化,以及收购、兼并和分立;

(12) 重大的行业发展情况,如行业法规变化和新的报告规定;

(13) 会计准则及会计制度的变化;

(14) 其他重大变化,如影响被审计单位的法律环境的变化。

此外,在制定总体审计策略时,注册会计师还应考虑初步业务活动的结果,以及为被审计单位提供其他服务时所获得的经验。

(三) 总体审计策略的内容

注册会计师应当在总体审计策略中清楚地说明下列内容:

(1) 向具体审计领域调配的资源,包括向高风险领域分派有适当经验的项目组成员、就复杂的问题利用专家工作等;

(2) 向具体审计领域分配资源的数量,包括安排到重要存货存放地观察存货盘点的项目组成员的数量、对其他注册会计师工作的复核范围、对高风险领域安排的审计时间预算等;

(3) 何时调配这些资源,包括是在期中审计阶段还是在关键的截止日期调配资源等;

(4) 如何管理、指导、监督这些资源的利用,包括预期何时召开项目组预备会和总结会,预期项目负责人和经理如何进行复核,是否需要实施项目质量控制复核等。

注册会计师应当根据实施风险评估程序的结果,对上述内容予以调整。而且,总体审计策略的详略程度应当随被审计单位的规模及该项审计业务的复杂程度的不同而变化。在小型被审计单位审计中,全部审计工作可能由一个很小的审计项目组执行,项目组成员间容易沟通和协调,总体审计策略可以相对简单。

总体审计策略一经制定,注册会计师应当针对总体审计策略中所识别的不同事项制订具体审计计划,并考虑通过有效利用审计资源实现审计目标。

(四) 总体审计策略示例

总体审计策略

(一) 审计工作范围

报告要求	
适用的财务报告编制基础	
适用的审计准则	
与财务报告相关的行业特别规定	[如监管机构发布的有关信息披露法规、特定行业主管部门发布的与财务报告相关的法规等]

续表

报告要求	
需审计的集团内组成部分的数量及所在地点	
需要阅读的含有已审计财务报表的文件中的其他信息	[上市公司年报]
制定审计策略需考虑的其他事项	[如单独出具报告的子公司范围等]

(二) 重要性

重要性	确定方法
[按照《中国注册会计师审计准则第1221号——重要性》确定]	

(三) 报告目标、时间安排及所需沟通

计划的报告报送及审计工作时间安排如下：

对外报告	时间

执行审计时间安排	时间
[期中审计，包括：	
— 制定总体审计策略及具体审计计划	
— ……]	
[期末审计，包括：	
— 监盘	
— ……]	

所需沟通	时间
[与管理层及治理层的会议]	
[项目组会议（包括预备会和总结会）]	
[与专家或有关人士的沟通]	
[与其他注册会计师沟通]	
[与前任注册会计师沟通]	
[……]	

(四) 人员安排

1. 项目组主要成员的责任

项目组主要成员的职位、姓名及其主要职责如下：

[在分配职责时，可以根据被审计单位的不同情况按会计科目划分，或按交易类别划分]

职位	姓名	主要职责

2. 与项目质量控制复核人员的沟通（如适用）

项目质量复核人员复核的范围、沟通内容及相关时间如下：

复核的范围：_____

沟通内容	负责沟通的项目组成员	计划沟通时间
[风险评估、对审计计划的讨论] [对财务报表的复核] [……]		

(五) 对专家或有关人士工作的利用（如适用）

[如项目组计划利用专家或有关人士的工作，则需记录其工作的范围及/或涉及的主要会计科目等。另外，项目组还应按照相关审计准则的要求对专家或有关人士的能力、客观性及其工作等进行考虑及评估。]

1. 对内部审计工作的利用

主要会计科目	拟利用的内部审计工作	工作底稿索引号
[存货]	[内部审计部门对各仓库的存货每半年至少盘点一次。在中期审计时，项目组已经对内部审计部门盘点步骤进行观察，其结果满意，因此项目组将审阅其年底的盘点结果，并缩小存货监盘的范围]	
[……]		

2. 对其他注册会计师工作的利用

其他注册会计师名称	利用其工作范围及程度	工作底稿索引号

3. 对专家工作的利用

主要会计科目	专家名称	主要职责及工作范围	利用专家工作的原因	工作底稿索引号

4. 对被审计单位使用服务机构的考虑

主要会计科目	服务机构名称	服务机构提供的相关服务及其注册会计师出具的审计报告意见及日期	工作底稿索引号

思考题

1. 财务报表审计的目标是什么？
2. 被审计单位管理层对财务报表的责任是什么？注册会计师的职业责任是什么？如何理解管理层对财务报表的责任与注册会计师对财务报表责任的区别？
3. 在财务报表审计中，为什么注册会计师只能合理保证财务报表整体不存在重大错报？
4. 企业经营失败与审计失败是何种关系？
5. 什么是错误和舞弊？两者有何区别？注册会计师对发现错误和舞弊承担何种责任？
6. 什么是被审计单位违反法规的行为？注册会计师对发现违反法规的行为承担何种责任？
7. 什么是项目分块法？什么是业务循环分块法？什么是经营流程分块法？三者有哪些区别？
8. 什么是管理层的认定？管理层的认定与一般审计目标和具体审计目标之间的关系如何？
9. 与交易类别和披露有关的审计目标有哪些？与账户余额和披露有关的审计目标有哪些？
10. 注册会计师如何实现财务报表审计的目标？
11. 什么是初步业务活动？注册会计师在审计业务的接受和保持时通常需要进行哪些初步业务活动？
12. 什么是审计业务约定书？它包括哪些主要内容？
13. 什么是总体审计策略？总体审计策略主要包括哪些内容？

习题及参考答案

第七章 审计证据与审计工作底稿

本章要点

本章主要介绍审计证据和审计工作底稿。审计证据是指注册会计师为了得出审计结论、形成审计意见而使用的所有信息,包括财务报表依据的会计记录中含有的信息和其他信息。审计证据的种类繁多,其外在形式、取得方式、取得途径、证明力的强弱等方面均有所不同。审计证据的充分性和适当性是审计证据说服力的两个方面,是审计证据的两个基本特征。注册会计师可以采用检查记录或文件、检查有形资产、观察、询问、函证、重新计算、重新执行和分析程序等具体审计程序来获取审计证据。审计工作底稿是审计证据的载体,是指注册会计师对制订的审计计划、实施的审计程序、获取的相关审计证据,以及得出的审计结论所作的记录。其内容包括注册会计师在制订和实施审计计划时直接编制的、用以反映其审计思路和审计过程的工作记录,注册会计师从被审计单位或其他有关部门取得的、用作审计证据的各种原始资料,以及注册会计师接受并审阅他人代为编制的审计记录。在审计工作中,注册会计师需要利用其他注册会计师、专家和内部审计工作,以获取充分适当的审计证据。

第一节 审计证据

要实现审计目标,必须收集和评价审计证据。注册会计师形成任何审计结论和意见都必须以充分、适当的证据为基础。审计证据是审计的核心概念之一。

一、审计证据的含义与种类

(一)审计证据的含义

审计证据是指注册会计师为了得出审计结论、形成审计意见而使用的所有信息,包括财务报表依据的会计记录中含有的信息和其他信息。注册会计师应当获取充分、适当的审计证据,以得出合理的审计结论,作为形成审计意见的基础。

(二)审计证据的内容

审计证据的内容包括财务报表依据的会计记录中含有的信息和其他信息。

会计记录一般包括对初始分录的记录和支持性记录,如支票、电子资金转账记录、发票、合同、总账、明细账、记账凭证和未在记账凭证中反映的对财务报表的其他调整,以及支持成本分配、计算、调节和披露的手工计算表和电子数据表。

依据会计记录编制财务报表是被审计单位管理层的责任，注册会计师应当测试会计记录以获取审计证据。但是会计记录中含有的信息本身并不足以提供充分的审计证据作为对财务报表发表审计意见的基础，注册会计师还应获取用作审计证据的其他信息。

其他信息的内容比较广泛，包括有关被审计单位所在行业的信息、被审计单位的内外部环境的其他信息等。可以用做审计证据的其他信息包括：

（1）注册会计师从被审计单位内部或外部获取的会计记录以外的信息，如被审计单位的会议记录、内部控制手册、询证函的回函、分析师的报告、与竞争者的比较数据等；

（2）注册会计师通过询问、观察和检查等审计程序获取的信息，如通过检查存货，获取存货存在性的证据等；

（3）注册会计师自身编制或获取的可以通过合理推断得出结论的信息，如注册会计师编制的各种计算表、分析表等。

财务报表依据的会计记录中包含的信息和其他信息共同构成了审计证据，两者缺一不可。如果没有前者，审计工作将无法进行；如果没有后者，可能无法识别重大错报风险。只有将两者结合在一起，才能将审计风险降至可接受的低水平，为注册会计师发表审计意见提供合理基础。

（三）审计证据的种类

实务中，审计证据种类繁多，其外在形式、取得方式、取得途径、证明力的强弱等方面均有所不同。对审计证据进行合理、科学的分类，有利于有效地收集、恰当地使用和评价审计证据。

1. 按证据外在形式分类

根据审计证据外在的具体形态，可以将其划分为实物证据、书面证据、口头证据和环境证据。

（1）实物证据。实物证据是指通过实际观察或有形资产检查所取得的、用以确定某些实物资产是否确实存在的证据。例如，库存现金的数额可以通过有形资产检查加以验证，各种存货和固定资产也可以通过有形资产检查的方式证明其是否确实存在。实物证据通常是证明实物资产是否存在非常有说服力的证据，但实物资产的存在并不能完全证实被审计单位对其拥有所有权。例如，年终盘点的存货可能包括其他企业寄售或委托加工的部分，或者已经销售而等待发运的商品。再者，通过对某些实物资产的清点，虽然可以确定其实物数量，但质量好坏（它将影响到资产的价值）有时难以通过实物清点来判断。对于取得实物证据的账面资产，还应就其所有权归属及其价值情况另行审计。

（2）书面证据。书面证据是注册会计师所获取的各种以书面文件为形式的一类证据。它包括与审计有关的各种原始凭证、会计记录（记账凭证、会计账簿和各种明细表）、各种会议记录和文件、各种合同、通知书、报告书及函件等。在审计过程中，注册会计师往往要大量地获取和利用书面证据，因此书面证据是审计证据的主要组成部分，也可称为基本证据。

最常见的书面证据主要包括下列几个方面：

①会计记录。会计记录包括各种自制的原始凭证、记账凭证、账簿记录等，它是注册会计师取自被审计单位内部的一类非常重要的审计证据。注册会计师在检查财务报表项目时，往往需追溯检查被审计单位的会计账簿和各种凭证。他们通常需由分类账追查至日记账与记账凭证，然后再追查至支票、发票及其他原始凭证。会计记录的可靠性主要取决于被审计单位在填制时内部控制的完善程度。例如，注册会计师要查明所审计年度内被审计单位出售的一台机器设备是否经适当记载时，首先要查阅固定资产明细账，检查机器设备在持有年度内的累计折旧额是否等于出售时所转销的"累计折旧"的账面金额，并检查明细账上所列的原始成本金额是否与出售时贷记"固定资产"账户的金额一致，同时还应检查出售所得的货币收入是否已恰当地记入现金或银行存款日记账。假如固定资产明细账、总账和日记账分别由三位职员独立负责，或由具有良好内部控制的电子计算机系统所产生，且各种证据彼此一致，则这些证据就能强有力地证明：机器设备的出售业务已经被恰当地记录。至于注册会计师是否需进一步检查某些有关文件，诸如核准出售的通知书等，则应视机器设备所涉及金额的相对重要性和其他审计环境而定。

除各种会计凭证、会计账簿外，可作为这一类审计证据的还有各种试算表和汇总表等。

②被审计单位管理层声明书。被审计单位管理层声明书是注册会计师从被审计单位管理层所获取的书面声明，其主要内容是以书面的形式确认被审计单位在审计过程中所作的各种重要的陈述或保证。被审计单位管理层声明书属于可靠性较低的内部证据，不可替代注册会计师实施其他必要的审计程序。

③其他书面文件。其他书面文件是指其他有助于注册会计师形成审计结论和意见的书面文件，如被审计单位董事会及股东大会会议记录，重要的计划、合同资料，被审计单位的或有损失，关联方交易等。

（3）口头证据。口头证据是被审计单位职员或其他有关人员对注册会计师的提问进行口头答复所形成的一类证据。在审计过程中，注册会计师通常会向被审计单位的有关人员询问会计记录、文件的存放地点，采用特别会计政策和方法的理由，收回逾期应收账款的可能性等。对于这些问题的口头答复，就构成了口头证据。一般而言，口头证据本身并不足以证明事情的真相，但注册会计师往往可以通过口头证据发掘出一些重要线索，从而有利于对某些需审核的情况作进一步的调查，以收集到更为可靠的证据。例如，注册会计师在对应收账款进行账龄分析后，可以询问应收账款负责人对收回逾期应收账款的可能性的意见。如果其意见与注册会计师自行估计的坏账损失基本一致，则这一口头证据就可成为证实注册会计师有关坏账损失判断的重要证据。

在审计过程中，注册会计师应把各种重要的口头证据尽快作成记录，并注明是何人、何时、在何种情况下所作的口头陈述，必要时还应获得被询问者的签名确认。相对而言，不同人员对同一问题所作的口头陈述相同时，口头证据具有较高的可靠性。但在一般情况下，口头证据往往需要得到其他相应证据的支持。

（4）环境证据。环境证据也称状况证据，是指对被审计单位产生影响的各种环境事实。具体而言，它又包括以下几种：

①有关行业和宏观经济运行情况。宏观经济的运行和有关政策的变动直接关系到企业

的生存和发展，行业周期的变动对企业的经营必然带来机遇和冲击。获取相关的证据将有助于注册会计师对被审计单位的财务报表重大错报风险的评估，有利于进一步的审计工作。

②有关内部控制情况。如果被审计单位有着良好的内部控制，就可增加其会计资料的可信赖程度。也就是说，当注册会计师确认被审计单位有良好的内部控制，且其日常管理又一贯地遵守其内部控制中的有关规定时，就可认为被审计单位现行的内部控制为财务报表项目的可靠性提供了强有力的证据。注册会计师就被审计单位的财务报表发表有无重大错报、漏报的意见时，一方面要依赖于被审计单位内部控制的完善程度；另一方面又要依赖于注册会计师所实施的有关财务报表信息的实质性审计。此外，被审计单位内部控制的完善程度还决定着注册会计师所需的从其他各种渠道收集的审计证据的数量。内部控制越健全、越严密，所需的其他各类审计证据就越少；否则，注册会计师就必须获取较大数量的其他审计证据。

③被审计单位管理人员的素质。被审计单位管理人员的素质越高，则其所提供的证据发生差错的可能性就越小。例如，当被审计单位会计人员的素质较高时，其会计记录就不容易发生错误。因此，会计人员的素质对会计资料的可靠性会产生影响。

④各种管理条件和管理水平。良好的管理条件和较高的管理水平也是影响其所提供证据的可靠程度的一个重要因素。

必须指出，环境证据一般不属于基本证据，但它可以帮助注册会计师了解被审计单位及其经济活动所处的环境，是注册会计师进行判断所必须掌握的资料。

尽管上述各种证据可用来实现各种不同的审计目标，但是对每一具体账户及其相关的认定来说，注册会计师应选择能以最低成本实现全部审计目标的证据，力求做到证据收集既有效又经济。

以上各类证据与具体审计目标的关系如表 7-1 所示。

表 7-1 证据与具体审计目标的关系

证据种类	具体审计目标								
	总体合理性	真实性	完整性	所有权	估价	截止	机械准确性	披露	分类
1. 实物证据		√	√		√	√			
2. 书面证据	√	√	√	√	√	√	√	√	√
3. 口头证据	√	√	√		√	√		√	√
4. 环境证据	√								

2. 按证据支持审计结论程度分类

根据获取的证据对审计结论的支持程度，可以将审计证据分为直接证据和间接证据。

（1）直接证据。直接证据是指与被证实项目及具体审计项目直接有关的证据，例如，通过函证的方式验证应收账款余额是否正确，所获取的证据可以直接说明报表项目中应收

账款余额是否正确,该证据就属于直接证据。

(2) 间接证据。间接证据是指与被证实项目及具体审计项目无直接关系的证据。例如,环境证据就是间接证据,它无法直接说明某一报表项目是否正确。各种原始凭证和记账凭证也属于间接证据,它们也无法直接说明某一报表项目是否正确。

尽管间接证据不能直接说明被证实项目或具体审计目标,但是它可以减少需要获取的直接证据的数量和规模,从而降低审计成本,提高审计效率。

3. 按证据的来源分类

按照证据的来源进行分类,就是要考虑:证据是谁产生的,产生后是由谁处理的,以及谁有权接触该证据。按此标准,可以分为来自审计客户内部的证据、来自审计客户外部的证据。

(1) 内部证据。内部证据是由被审计单位内部机构或职员编制和提供的证据。它包括被审计单位的会计记录、被审计单位管理层声明书,以及其他各种由被审计单位编制和提供的有关书面文件。

按照证据的处理过程,可以将内部证据进一步划分为:只在审计客户内部流转的证据,以及由审计客户产生,但在审计客户外部流转,并获其他单位或个人承认的内部证据。

一般而言,内部证据不如外部证据可靠。但如果内部证据在外部流转,并获得其他单位或个人的承认(如销货发票、付款支票等),则具有较强的可靠性。即使只在被审计单位内部流转的书面证据,其可靠程度也因被审计单位内部控制的好坏而异。若内部证据(如收料单与发料单)经过了被审计单位不同部门的审核、签章,且所有凭据预先都有连续编号并按序号依次处理,则这些内部证据也具有较强的可靠性;相反,若被审计单位的内部控制不健全,注册会计师就不能过分信赖其内部自制的书面证据。

(2) 外部证据。由审计客户以外的组织机构或人士所编制和处理的证据。例如,采购时的购置发票、函证回函等一般具有较强的证明力。

按照证据的处理过程,外部证据又包括由被审计单位以外的机构或人士编制,并由其直接递交注册会计师的外部证据,以及由被审计单位以外的机构或人士编制,但为被审计单位持有并提交注册会计师的书面证据两种。前者如应收账款函证回函,被审计单位律师与其他独立的专家关于被审计单位资产所有权和或有负债等的证明函件,保险公司、寄售企业、证券经纪人的证明等,此类证据不仅由完全独立于被审计单位的外界机构或人员提供,而且未经被审计单位有关职员之手,从而排除了伪造、更改凭证或业务记录的可能性,因而其证明力最强;后者如银行对账单、购货发票、应收票据、顾客订购单、有关的契约、合同等,由于此类证据已经过被审计单位职员之手,在评价其可靠性时,注册会计师应考虑被涂改或伪造的难易程度及其已被涂改的可能性。当获取的书面证据有被涂改或伪造的痕迹时,注册会计师应予以高度警觉。尽管如此,在一般情况下,外部证据仍是较被审计单位的内部证据更具证明力的一种书面证据。

(3) 亲历证据。亲历证据是指由注册会计师为证明某个事项而自己动手编制的各种计算表、分析表或自行进行观察。这类证据的可信程度取决于注册会计师观察误差的风险大小。通常情况下,我们认为注册会计师具有专业胜任能力,因此,其亲自获得的证据具有较强的可靠性。

内部证据、外部证据和亲历证据三者不仅在可靠性上可有所不同，在获取成本与及时性上也存在不同，其区别如表7-2所示。

表7-2 不同来源证据的比较

各种来源证据的举例		证据的来源		
		亲历证据	外部证据	内部证据
		观察、计算	来自第三方的证实或文件，如发票	审计客户的会计系统、管理层声明书
证据的特点	可靠性	高度可靠	中到高度可靠	不太可靠
	可获得性	容易获得	不太容易获得	容易获得
	及时性	可及时获得	不一定能及时获得	可及时获得
	成本	高	较高	低

4. 按照证据的逻辑分类

根据证据所提供的逻辑证明，可将其划分为正面证据和反面证据。

（1）正面证据。正面证据是直接证明审计客户某项陈述的证据，例如，采用询证方法，要求审计客户的债权人就审计客户报表在某一特定时点所列示的债权余额是否正确作出回函，这种回函证据就是正面证据。正面证据的可靠程度高，因此，注册会计师应主要收集正面证据。

（2）反面证据。反面证据是指经过合理查找后，未发现与审计客户的陈述相矛盾的证据，例如，当采用询证方法，要求审计客户的债权人就审计客户报表在某一特定时点所列示的债权余额正确时予以回函，如果未收到回函，即意味着审计客户报表的该项认定是正确的，这就从反面证明了此项认定。当然，反面证据的可靠程度低于正面证据，因为可能存在其他原因使注册会计师未发现与审计客户陈述相矛盾的证据。但是反面证据对实现具体审计目标中的完整性目标有重要意义，且获取这类证据的成本有时会低于证明同一命题的正面证据。

5. 按照证据的证明力分类

注册会计师决定是否需要对现有的证据进行完善，或者在综合和评价审计证据时，需要考虑证据的证明力大小。证据的证明力可以划分为充分证明力、部分证明力和无证明力三种类型。

（1）充分证明力。假如某一证据无须其他佐证证据就足以支持审计结论，那么可以说该证据具有充分证明力。有充分证明力的证据必须是客观、充足而有力的，例如，监盘获得的实物证据就对证明实物资产的数量具有充分证明力。

（2）部分证明力。假如某一证据需要附有其他佐证证据，才足以支持审计结论，那该证据具有部分证明力。大多数的审计证据都属于这种类型，例如，询问获得的证据，还需要经过验证或测试予以证实；对大量的内部证据，或外部证据但经过审计客户经营管理系

统的证据的产生、处理和保存一系列过程，注册会计师需要测试其中是否存在有效控制，进而决定是否采用该类证据。

（3）无证明力。某些证据尽管有助于引导注册会计师获取更可靠的消息，但其本身没有证明力。例如，管理层就其认定做出的声明，在没有得到证实前，因其内在的固有局限性而几乎不具有任何证明力。不过，尽管这类证据具有局限性，但是由于管理层对所要审计的经营活动和报表相当了解，这类证据也不失为良好的辅助证据。

二、审计证据的特征

审计证据的充分性和适当性是审计证据说服力的两个方面，也是审计证据的两个基本特征。

注册会计师应当获取充分、适当的审计证据，以得出合理的审计结论，作为形成审计意见的基础。注册会计师应当保持职业怀疑态度，运用职业判断，评价审计证据的充分性和适当性。

下面分别说明审计证据的充分性和适当性。

（一）审计证据的充分性

审计证据的充分性是对审计证据数量的衡量，是指审计证据的数量足以支持注册会计师的审计意见。它是注册会计师为形成审计意见所需审计证据的最低数量要求。

审计证据的充分性主要与注册会计师确定的样本量有关。例如，对某个审计项目实施某一选定的审计程序，从200个样本中获得的证据要比从100个样本中获得的证据更充分。

客观公正的审计意见必须建立在有足够数量的审计证据的基础之上，但是这并不是说审计证据的数量越多越好。为了使注册会计师进行有效率、有效益的审计，注册会计师通常把需要足够数量审计证据的范围降到最低限度。因此，每一审计项目对审计证据的需要量，以及取得这些证据的途径和方法，应当根据该项目的具体情况来定。在某些情况下，由于时间、空间或成本的限制，注册会计师不能获取最理想的审计证据时，可考虑通过其他途径或用其他的审计证据来替代。

注册会计师判断审计证据是否充分、适当，应当考虑下列主要因素：①审计风险；②具体审计项目的重要性；③注册会计师及其业务助理人员的审计经验；④审计过程中是否发现错误或舞弊；⑤审计证据的质量。

1. 审计风险

审计风险由重大错报风险和检查风险两部分组成。注册会计师需要获取的审计证据的数量受重大错报风险的影响。错报风险越大，需要的审计证据可能越多。具体来说，在可接受的审计风险水平一定的情况下，重大错报风险越大，注册会计师应实施越多的测试工作，将检查风险降至可接受水平，以将审计风险控制在可接受的低水平范围内。

2. 具体审计项目的重要性

越是重要的审计项目，注册会计师就越需获取充分的审计证据以支持其审计结论或意见；否则一旦出现判断错误，就会影响注册会计师对审计整体的判断，从而导致注册会师的整体判断失误。相较而言，对于不太重要的审计项目，即使注册会计师出现判断上的偏差，也不至于引发注册会计师的整体判断失误，故此时注册会计师可减少审计证据的数量。

3. 注册会计师及其业务助理人员的审计经验

丰富的审计经验可使注册会计师及其助理人员从较少的审计证据中判断出被审事项是否存在错误或舞弊行为。相对来说，此时可减少对审计证据数量的依赖程度；相反，当注册会计师及其助理人员缺乏审计经验时，少量的审计证据不一定能使其发现被审事项是否存在错误或舞弊行为，因而应增加审计证据的需要量。

4. 审计过程中是否发现错误或舞弊

一旦审计过程中发现了被审事项存在错误或舞弊的行为，则被审计单位整体财务报表存在问题的可能性就增加，注册会计师需增加审计证据的数量，以确保能得出合理的审计结论，形成恰当的审计意见。

5. 审计证据的质量

注册会计师需要获取的审计证据的数量也受审计证据质量的影响。审计证据质量越高，需要的审计证据可能越少。一般而言，如果大多数审计证据都是从独立于被审计单位的第三者所获取的，而且这些证据本身不易伪造，则审计证据的质量就较高，注册会计师所需获取的审计证据的数量就可减少；反之，审计证据的数量就应增加。审计证据质量越高，需要的审计证据就越少。

应当指出的是，尽管审计证据的充分性和适当性相关，但如果审计证据的质量存在缺陷，注册会计师仅靠获取更多的审计证据可能无法弥补其质量上的缺陷。此外，注册会计师判断证据的充分性还应考虑以下因素：

（1）成本因素。注册会计师获取审计证据时，可以考虑成本-效益原则。在获取充分、适当的审计证据的前提下实现成本最小化也是会计师事务所增强竞争能力和获利能力所必需的。获取充分、适当的审计证据与控制成本，需要注册会计师恰当运用成本-效益原则。需要指出的是，注册会计师可以考虑获取审计证据的成本与所获信息的有用性之间关系，但不应以获取审计证据的困难和成本为由减少不可替代的审计程序。

（2）总体规模与特征。在现代审计中，对很多财务报表项目都采用抽样的方法来收集证据。审计证据的充分性是对审计证据数量的衡量，主要与注册会计师确定的样本量有关。通常抽样总体规模越大，所需证据的数量就越多。这里的总体规模是指包括在总体中的项目数量，比如赊销交易数、应收账款明细账数量及账户余额的金额数量等。总体的特征是指总体中各组成项目的同质性或变异性。注册会计师对不同质的总体可能比对同质的总体需要较大的样本量和更多的佐证信息。注册会计师可以用统计基础和非统计基础来完成抽样。

（二）审计证据的适当性

审计证据的适当性是对审计证据质量的衡量，即审计证据关于支持各类交易、账户余额、列报（包括披露，下同）的相关认定，或发现其中存在错报方面具有相关性和可靠性。前者是指审计证据应与审计目标相关联；后者是指审计证据应能如实地反映客观事实。

审计证据的充分性和适当性密切相关,审计证据的适当性会影响其充分性。一般而言,审计证据的相关与可靠程度越高,则所需审计证据的数量就可减少;反之,审计证据的数量就要相应增加。

1. 审计证据的相关性

注册会计师只能利用与审计目的相关联的审计证据来证实被审计单位所认定的事项。例如,存货监盘结果只能证明存货是否存在,是否有毁损及短缺,而不能证明存货的计价和所有权的情况。

在确定审计证据的相关性时,注册会计师应当考虑:

(1) 特定的审计程序可能只为某些认定提供相关的审计证据,而与其他认定无关。例如,检查期后应收账款收回的记录和文件可以提供有关存在和计价的审计证据,但是不一定与期末截止是否适当相关。

(2) 针对同一项认定可以从不同来源获取审计证据或获取不同性质的审计证据。例如,注册会计师可以分析应收账款的账龄和应收账款的期后收款情况,以获取与坏账准备计价有关的审计证据。

(3) 只与特定认定相关的审计证据并不能替代与其他认定相关的审计证据。例如,有关存货实物存在的审计证据并不能够替代与存货计价相关的审计证据。

2. 审计证据的可靠性

审计证据的可靠性是指证据的可信程度。审计证据的可靠性受其来源和性质的影响,并取决于获取审计证据的具体环境。在判断审计证据可靠性时,通常会考虑下列原则:

(1) 从外部独立来源获取的审计证据比从其他来源获取的审计证据更可靠。从外部独立来源获取的审计证据由完全独立于被审计单位以外的机构或人士编制并提供,未经被审计单位有关职员之手,从而减少了伪造、更改凭证或业务记录的可能性,因而其证明力最强。此类证据如银行询证函回函、应收账款询证函回函、保险公司等机构出具的证明等。相反,从其他来源获取的审计证据,由于证据提供者与被审计单位存在经济或行政关系等原因,其可靠性应受到质疑。此类证据如被审计单位内部的会计记录、会议记录等。

(2) 内部控制有效时内部生成的审计证据比内部控制薄弱时内部生成的审计证据更可靠。如果被审计单位有着健全的内部控制且在日常管理中得到一贯地执行,会计记录的可信赖程度将会增加。如果被审计单位的内部控制薄弱,甚至不存在任何内部控制,被审计单位内部凭证记录的可靠性就大为降低。例如,如果与销售业务相关的内部控制有效,注册会计师就能从销售发票和发货单中取得比内部控制不健全时更加可靠的审计证据。

(3) 直接获取的审计证据比间接获取或推论得出的审计证据更可靠。例如,注册会计师观察某项控制的运行得到的证据比询问被审计单位某项内部控制的运行得到的证据更可靠。间接获取的证据有被涂改及伪造的可能性,降低了可信赖程度。推论得出的审计证据,其主观性较强,人为因素较多,可信赖程度也受到影响。

(4) 以文件、记录形式(无论是纸质、电子或其他介质)存在的审计证据比口头形式的审计证据更可靠。例如,会议的同步书面记录比对讨论事项事后的口头表述更可靠。口头证据本身并不足以证明事实的真相,仅仅提供一些重要线索,为进一步调查确认所用。如注册会计师在对应收账款进行账龄分析后，可以向应收账款负责人询问逾期应收账款收回的可能性。如果该负责人的意见与注册会计师自行估计的坏账损失基本一致，则这一口头证据就可成为证实注册会计师对有关坏账损失的判断的重要证据。一般情况下，口头证据往往需要得到其他相应证据的支持。

（5）从原件获取的审计证据比从传真或复印件获取的审计证据更可靠。注册会计师可审查原件是否有被涂改或伪造的迹象，排除伪证，提高证据的可信赖程度。而传真件或复印件容易是变造或伪造的结果，可靠性较低。

注册会计师在按照上述原则评价审计证据的可靠性时，还应当注意可能出现的重要例外情况。例如，审计证据虽是从独立的外部来源获得，但如果该证据是由不知情者或不具备资格者提供，审计证据也可能是不可靠的。同样，如果注册会计师不具备评价证据的专业能力，那么即使是直接获取的证据，也可能不可靠。例如，如果注册会计师无法区分人造玉石与天然玉石，那么他对天然玉石存货的检查就不可能提供有关天然玉石是否实际存在的可靠证据。

另外，如果针对某项认定从不同来源获取的审计证据或获取的不同性质的审计证据能够相互印证，与该项认定相关的审计证据则具有更强的说服力。如果从不同来源获取的审计证据或获取的不同性质的审计证据不一致，可能表明某项审计证据不可靠，注册会计师应当追加必要的审计程序。

审计工作通常不涉及鉴定文件记录的真伪，注册会计师也不是鉴定文件记录真伪的专家，但应当考虑用作审计证据的信息的可靠性，并考虑与这些信息生成与维护相关的控制的有效性。

如果在审计过程中识别出的情况使其认为文件记录可能是伪造的或文件记录中的某些条款已发生变动，注册会计师应当作进一步调查，包括直接向第三方询证，或考虑利用专家的工作以评价文件记录的真伪。

三、获取审计证据的审计程序

为获取审计证据而实施的审计程序包括检查、观察、询问、函证、重新计算、重新执行和分析程序。注册会计师通常将这些程序进行组合运用。

（一）检查

检查记录或文件是指注册会计师对被审计单位内部或外部生成的，以纸质、电子或其他介质形式存在的记录或文件进行审查，或对资产进行实物审查。

检查记录或文件的目的是对财务报表所包含或应包含的信息进行验证。例如，被审计单位通常对每一笔销售交易都保留一份顾客订单、一张发货单和一份销售发票副本。这些凭证对于注册会计师验证被审计单位记录的销售交易的正确性是有用的证据。

检查记录或文件可提供可靠程度不同的审计证据，审计证据的可靠性取决于记录或文件的来源和性质。外部记录或文件通常被认为比内部记录或文件可靠，因为外部凭证经被审计单位的客户出具，又经被审计单位认可，表明交易双方对凭证上记录的信息和条款达成一致意见。另外，某些外部凭证编制过程非常谨慎，通常由律师或其他有资格的专家进

行复核,因而具有较高的可靠性,如土地使用权证、保险单、契约和合同等文件。

注册会计师在复核会计记录及其他书面文件时,应注意检查各种书面文件是否一致,具体包括:原始凭证上记载的数量、单价、金额及其合计数是否正确;日记账上的记录是否与相应的原始凭证记录一致;日记账与会计凭证上的记录是否与总分类账及有关的明细分类账相符;总分类账的账户余额是否与所属明细分类账的账户余额合计数相符;总分类账各账户的借方余额合计与贷方余额合计是否相等;总分类账各账户的余额或发生额合计是否与财务报表上相应项目的金额相等;财务报表上各有关项目的数字计算是否正确,各报表之间的有关数字是否一致。如果涉及前期的数字,是否与前期财务报表上的有关数字相符;外来账单与本单位有关账目的记录是否相符。

检查有形资产的程序大多数情况下适用于对现金和存货的审计,也适用于有价证券、应收票据和有形固定资产的验证。区分有形资产检查与记录或文件的检查,对具体审计目标来说非常重要。如果被检查的对象,如销售发票,其本身没有价值,则这种证据就是文件检查证据。例如,支票在签发以前是文件,签发以后变成了资产,核销以后又变成了文件。严格来讲,只有在支票是一项资产时,才能对其进行有形资产检查。

(二)观察

观察是指注册会计师查看相关人员正在从事的活动或执行的程序。例如,对客户执行的存货盘点或控制活动进行观察。

一方面,观察提供的审计证据仅限于观察发生的时点,并且可能影响对相关人员从事活动或执行程序的真实情况的了解,观察时点的情况并不能证明一贯的情况,另一方面,被观察人员对观察的反应也会对观察所得证据的客观性产生影响,因此,注册会计师在使用观察程序获取证据的时候,要注意其本身固有的局限性。

(三)询问

询问是指注册会计师以书面或口头方式,向被审计单位内部或外部的知情人员获取财务信息和非财务信息,并对答复进行评价的过程。

知情人员对询问的答复可能为注册会计师提供尚未获悉的信息或佐证证据,也可能提供与已获悉信息存在重大差异的信息,注册会计师应当根据询问结果考虑修改审计程序或实施追加的审计程序。尽管通过询问可以从客户处获得大量的证据,但通常不能作为结论性证据,因为它不是来自独立的来源,并且可能偏向顾客的意愿。询问通常不足以发现认定层次存在的重大错报,也不足以测试内部控制运行的有效性,注册会计师还应当为实施其他审计程序获取充分、适当的审计证据。

(四)函证

函证是指注册会计师为了获取影响财务报表或相关披露认定的项目的信息,通过直接来自第三方的对有关信息和现存状况的声明,获取和评价审计证据的过程。例如,对应收账款余额或银行存款的函证。

由于函证来自独立于被审计单位的第三方,因而是受到高度重视和经常使用的证据获取程序。但是函证的成本相对较高,并且有可能给提供者带来不便。函证常用于对银行存款、应收账款、应收票据等项目的审计。

注册会计师应当对银行存款、借款（包括零余额账户和在本期内注销的账户）及与金融机构往来的其他重要信息实施函证。

注册会计师应当对应收账款实施函证，除非有充分证据表明应收账款对财务报表不重要，或函证很可能无效。

函证的内容通常还涉及下列账户余额或其他信息：①短期投资；②应收票据；③其他应收款；④预付账款；⑤由其他单位代为保管、加工或销售的存货；⑥长期投资；⑦委托贷款；⑧应付账款；⑨预收账款；⑩保证、抵押或质押；⑪或有事项；⑫重大或异常的交易。

注册会计师可采用积极的或消极的函证方式实施函证，也可将两种方式结合使用。如果采用积极的函证方式，注册会计师应当要求被询证者在所有情况下必须回函，确认询证函所列示信息是否正确，或填列询证函要求的信息。如果采用消极的函证方式，注册会计师只要求被询证者仅在不同意询证函列示信息的情况下才予以回函。

积极的函证方式通常比消极的函证方式提供的审计证据可靠。当同时存在下列情况时，注册会计师可考虑采用消极的函证方式：①重大错报风险评估为低水平；②涉及大量余额较小的账户；③预期不存在大量的错误；④没有理由相信被询证者不认真对待函证。

（五）重新计算

重新计算是指注册会计师以人工方式或使用计算机辅助审计技术，对记录或文件中的数据计算的准确性进行核对。重新计算通常包括计算销售发票和存货的总金额、加总日记账和明细账、检查折旧费用和预付费用、检查应纳税额的计算等。

注册会计师在进行审计时，往往需对被审计单位的凭证、账簿和报表中的数字进行计算，以验证其是否正确。注册会计师的计算并不一定按照被审计单位原先的计算形式和顺序进行。在计算过程中，注册会计师不仅要注意计算结果是否正确，还要对某些其他可能的差错（如计算结果的过账和转账有误等）予以关注。

一般而言，计算不仅包括对被审计单位的凭证、账簿和报表中有关数字的验算，还包括对会计资料中有关项目的加总或其他运算。在财务报表审计中，注册会计师往往需要大量地运用加总技术来获取必要的审计证据。

（六）重新执行

重新执行是指注册会计师以人工方式或使用计算机辅助审计技术，重新独立执行作为被审计单位内部控制组成部分的程序或控制。例如，注册会计师利用被审计单位的银行存款日记账和银行对账单，重新编制银行存款余额调节表，并与被审计单位编制的银行存款余额调节表进行比较。

（七）分析程序

分析程序是指注册会计师通过研究不同财务数据之间以及财务数据与非财务数据之间的内在关系，对财务信息作出评价。例如，注册会计师可以对被审计单位的财务报表和其他会计资料中的重要比率及其变动趋势进行分析性复核，以发现其异常变动项目。对于异常变动项目，注册会计师应重新考虑其所采用的审计方法是否合适；必要时，应追加适当的审计程序，以获取相应的审计证据。

分析程序还包括调查与其他相关信息不一致或与预期数据严重偏离的波动和关系。一般而言，在整个审计过程中，注册会计师都将运用分析程序。

注册会计师实施分析程序时可以使用不同的方法，包括从简单的比较到使用高级统计技术的复杂分析。实务中，可使用的方法主要有下列几种：

1. 趋势分析法

趋势分析法主要是通过对比两期或连续数期的财务或非财务数据，确定其增减变动的方向、数额或幅度，以掌握有关数据的变动趋势或发现异常的变动。典型的趋势分析是将本期数据与上期数据进行比较，更为复杂的趋势分析则涉及多个会计期间的比较。用于趋势分析的数据既可以是绝对值，也可以是以比率表示的相对值。

趋势分析的运用形式主要包括：①若干期资产负债表项目的变动趋势分析；②若干期利润表项目的变动趋势分析；③若干期资产负债表或利润表项目结构比例的变动趋势分析；④若干期财务比率的变动趋势分析；⑤特定项目若干期数据的变动趋势分析。

当被审计单位位于稳定经营环境下时，趋势分析法最适用；当被审计单位业务经营变化较大或会计政策变更较大，趋势分析法就不再适用。趋势分析法中涉及的会计期间的期数，有赖于被审计单位经营环境的稳定性。经营环境愈稳定，数据关系的可预测性愈强，进行多个会计期间的数据比较愈适用。

2. 比率分析法

比率分析法主要是结合其他有关信息，将同一报表内部或不同报表间的相关项目联系起来，通过计算比率，反映数据之间的关系，用以评价被审计单位的财务信息。例如，应收账款周转率反映了赊销销售收入与应收账款平均余额之间的比率，这一比率变小，可能说明应收账款回收速度放慢，需要计提更多的坏账准备，也可能说明本期赊销销售收入与期末应收账款余额存在错报。

当财务报表项目之间的关系稳定并可直接预测时，比率分析法最适用。

比率分析所涉及的内容通常可以分为5个方面：①流动性；②资产管理比率；③负债比率；④盈利能力比率；⑤生产能力比率。

3. 合理性测试法

合理性测试法通过彼此相关联的项目或造成某种变化的各种变量，测试某项目金额是否合理。简单的合理性测试包括三个基本步骤：①识别能够引起和影响被测试项目金额变化的各种变量；②确定变量与被测试项目间的恰当关系；③将变量结合在一起对被测试项目作出评价。

例如，注册会计师对制造企业的营业收入进行分析时，可以考虑产品销售量与被审计单位可供销售产品数量（仓储能力、生产能力）的关系，并考虑被审计单位生产能力的利用情况等因素，将营业收入与运费、电费、水费、办公经费、销售人员工资等联系起来作配比分析。

4. 回归分析法

回归分析法是在掌握大量观察数据的基础上，利用统计方法建立因变量与自变量之间回归关系的函数表达式（即回归方程），并利用回归方程式进行分析。例如，产品销售收入与广告费用之间通常存在正相关关系，注册会计师可以建立两者之间的回归模型，并根据模型估计某一年度产品销售收入的预期值。

回归分析法理论上能考虑所有因素的影响，如相关经营数据、经营情况、经济环境的变化等，其预测精度较高，适用于中、短期预测。回归分析法的一个突出优点在于以可计量的风险和准确性水平，量化注册会计师的预期值。但注册会计师在选择适当关系时将耗费大量时间，审计成本较高。

注册会计师可以针对合并财务报表、组成部分的财务报表以及财务信息的要素，实施分析程序。

一般而言，分析程序所能发现的潜在问题见表7-3。

表7-3 分析程序所能发现的潜在问题

分析程序	潜在问题
1. 比较当年与以前年度的存货水平	存货错报或陈旧过时
2. 比较当年与以前年度应收账款周转率	销售收入错报或坏账准备不足
3. 比较公司毛利率与同业平均水平	销售收入与应收账款错报或销售成本与存货错报
4. 比较生产数量与销售数量	销售收入与存货错报
5. 比较利息费用与债务金额	债务与利息费用错报
6. 比较费用与盈利水平	费用与利润错报

应当说明的是，审计程序的性质和时间可能受会计数据和其他相关信息的生成和储存方式的影响，注册会计师应当提请被审计单位保存某些信息以供查阅，或在可获得该信息期间执行审计程序。

某些会计数据和其他信息只能以电子形式存在，或只能在某一时点或某一期间得到，注册会计师应当考虑这些特点对审计程序的性质和时间的影响。当信息以电子形式存在时，注册会计师可以通过使用计算机辅助审计技术实施某些审计程序。

第二节 审计工作底稿

为了规范我国注册会计师财务报表审计业务工作底稿的格式、内容和范围，以及审计工作底稿的归档，中国注册会计师协会拟订了《中国注册会计师审计准则第1131号——审计工作底稿》，经财政部批准予以实施。注册会计师应严格按照具体准则的要求，做好有关审计工作底稿的各项工作。

一、编制审计工作底稿的目的

（一）审计工作底稿的定义

审计工作底稿是审计证据的载体，是指注册会计师对制订的审计计划、实施的审计程序、获取的相关审计证据，以及得出的审计结论作出的记录。其内容包括注册会计师在制订和实施审计计划时直接编制的、用以反映其审计思路和审计过程的工作记录，注册会

师从被审计单位或其他有关部门取得的、用作审计证据的各种原始资料,以及注册会计师接受并审阅他人代为编制的审计记录。

(二) 编制审计工作底稿的目的

编制或取得审计工作底稿是注册会计师审计中的一项重要工作。注册会计师应当及时编制审计工作底稿,以实现下述主要目的:

1. 提供充分、适当的记录,作为审计报告的基础

审计项目小组一般由多人组成,项目小组内要进行合理的分工,不同的审计程序、不同会计账项的审计往往由不同人员执行。而最终形成审计结论和发表审计意见时,则主要针对被审计单位的财务报表进行。因此,必须把不同人员的审计工作有机地联结起来,以便对整体财务报表发表意见,而这种联结必须借助于审计工作底稿。

审计结论和审计意见是根据注册会计师获取的各种审计证据,以及注册会计师一系列的专业判断形成的。注册会计师所收集到的审计证据和所作出的专业判断,都完整地记载于审计工作底稿中。因此,审计工作底稿理当成为审计结论与审计意见的直接依据。

审计业务具有一定的连续性,同一被审计单位前后年度的审计业务具有众多联系或共同点,当年度的审计工作底稿对以后年度审计业务具有很大的参考或备查作用。

2. 提供证据,证明执业的注册会计师按照审计准则的规定执行了审计工作

注册会计师依照审计准则实施了必要的审计程序,方可解脱或减轻其审计责任。注册会计师专业能力的强弱、工作业绩的好坏,主要体现在对审计程序的选择、执行和有关专业判断上,而注册会计师是否实施了必要的审计程序,审计程序的选择是否合理,专业判断是否准确,是否保持了应有的职业怀疑态度,都必须通过审计工作底稿来体现和衡量。

会计师事务所进行审计质量控制,主要是指导和监督注册会计师选择实施审计程序,编制审计工作底稿,并对审计工作底稿进行严格复核。注册会计师协会或其他有关单位依法进行审计质量检查,也主要是对审计工作底稿的检查。因此,没有审计工作底稿,审计质量的控制与检查就无法落到实处。

(三) 编制审计工作底稿使用的文字

在我国,编制审计工作底稿应当使用中文。少数民族自治地区可以同时使用少数民族文字。中国境内的中外合作会计师事务所、国际会计公司成员所和联系所可以同时使用某种外国文字。会计师事务所执行涉外业务时,可同时使用某种外国文字。

(四) 审计工作底稿的控制程序

会计师事务所应当按照《会计师事务所质量控制准则第 5101 号——业务质量控制》的规定,对审计工作底稿实施适当的控制程序,以满足下列要求:

(1) 安全保管审计工作底稿并对审计工作底稿保密;
(2) 保证审计工作底稿的完整性;
(3) 便于对审计工作底稿的使用和检索;
(4) 按照规定的期限保存审计工作底稿。

二、审计工作底稿的性质

审计工作底稿是注册会计师对审计工作过程的记录，有鉴于其形成的过程和上述用途，审计工作底稿具有其独特的性质。对审计工作底稿性质的理解有助于注册会计师更系统地把握审计工作。审计工作底稿具有存在形式多样、业务导向、内容重要等诸多性质。

（一）审计工作底稿的存在形式

审计工作底稿可以以纸质、电子或其他介质形式存在。随着信息技术的广泛运用，审计工作底稿的形式从传统的纸质形式扩展到电子或其他介质形式。无论审计工作底稿存在于哪种介质，会计师事务所都应当针对审计工作底稿设计和实施适当的控制，以实现下列目的：

（1）使审计工作底稿清晰地显示其生成、修改及复核的时间和人员；

（2）在审计业务的所有阶段，尤其是在项目组成员共享信息或通过互联网将信息传递给其他人员时，保护信息的完整性；

（3）防止未经授权改动审计工作底稿；

（4）允许项目组和其他经授权的人员为适当履行职责而接触审计工作底稿。

实务中，为便于复核，注册会计师可以将以电子或其他介质形式存在的审计工作底稿通过打印等方式转换成纸质形式的审计工作底稿，并与其他纸质形式的审计工作底稿一并归档，同时单独保存这些以电子或其他介质形式存在的审计工作底稿。

（二）审计工作底稿的内容

审计工作底稿通常包括总体审计策略、具体审计计划、分析表、问题备忘录、重大事项概要、询证函回函、管理层声明书、核对表、有关重大事项的往来信件（包括电子邮件），以及对被审计单位文件记录的摘要或复印件等。此外，审计工作底稿通常还包括业务约定书、管理建议书、项目组内部或与被审计单位举行的会议记录、与其他人士（如其他注册会计师、律师、专家等）的沟通文件及错报汇总等。

一般情况下，分析表主要是指对被审计单位财务信息执行分析程序的记录。例如，记录对被审计单位本年各月收入与上一年度的同期数据进行比较的情况，记录对差异的分析等。

问题备忘录一般是指对某一事项或问题的概要的汇总记录。在问题备忘录中，注册会计师通常记录该事项或问题的基本情况、执行的审计程序或具体审计步骤，以及得出的审计结论。例如，有关存货监盘审计程序或审计过程中发现问题的备忘录。

核对表一般是指会计师事务所内部使用的、为便于核对某些特定审计工作或程序的完成情况的表格。例如，特定项目（如财务报表列报）审计程序核对表、审计工作完成核对表等。它通常以列举的方式列出审计过程中注册会计师应当进行的审计工作或程序以及特别需要提醒注意的问题，并在适当情况下索引至其他审计工作底稿，便于注册会计师核对是否已按照审计准则的规定进行审计。

实务中，会计师事务所通常采取以下方法从整体上提高工作（包括复核工作）效率及工作质量，并帮助会计师事务所进行统一质量管理：

（1）会计师事务所基于审计准则及在实务中的经验等，统一制定某些格式、索引及涵盖内容等方面相对固定的审计工作底稿模板、范例等，如核对表、审计计划及业务约定书范例等，某些重要的或不可删减的工作会在这些模板或范例等中予以特别标识。

（2）在此基础上，注册会计师再根据各具体业务的特点加以必要的修改，制定适用于具体项目的审计工作底稿。

审计工作底稿通常不包括已被取代的审计工作底稿的草稿或财务报表的草稿、对不全面或初步思考的记录、存在印刷错误或其他错误而作废的文本，以及重复的文件记录等。由于这些草稿、错误的文本或重复的文件记录不直接构成审计结论和审计意见的支持性证据，因此，注册会计师通常无须保留这些记录。

三、审计工作底稿的格式、内容和范围

（一）总体要求

注册会计师应该编制全面详细的工作底稿，以便于其他人员对审计工作的了解和把握。注册会计师编制的审计工作底稿应当使得未曾接触该项审计工作的有经验的专业人士清楚了解：

（1）按照审计准则的规定实施的审计程序的性质、时间和范围；

（2）实施审计程序的结果和获取的审计证据；

（3）就重大事项得出的结论。

有经验的专业人士是指对下列方面有合理了解的人士：审计过程、相关法律法规和审计准则的规定、被审计单位所处的经营环境、与被审计单位所处行业相关的会计和审计问题。

（二）确定审计工作底稿的格式、内容和范围时应考虑的因素

在确定审计工作底稿的格式、内容和范围时，注册会计师应当考虑下列因素。

1. 被审计单位的规模和复杂程度

通常来说，对大型被审计单位进行审计形成的审计工作底稿比对小型被审计单位形成的工作底稿要多，对业务复杂的被审计单位进行审计形成的工作底稿也要多。

2. 实施审计程序的性质

通常，不同的审计程序会使得注册会计师获取不同性质的审计证据，由此，注册会计师可能会编制不同格式、内容和范围的审计工作底稿。例如，注册会计师编制的有关函证程序的审计工作底稿（包括询证函及回函、有关不符事项的分析等）和存货监盘程序的审计工作底稿（包括盘点表、注册会计师对存货的测试记录等）在内容、格式及范围方面是不同的。

3. 已识别的重大错报风险

识别和评估的重大风险水平的不同可能导致注册会计师执行的审计程序和获取的审计证据不尽相同。例如，如果注册会计师识别出应收账款余额存在的重大错报风险较高，而其他应收款的重大错报风险较低，则注册会计师可能对应收账款执行较多的审计程序并获取较多的审计证据，因而对测试应收账款的记录会比针对测试其他应收款的记录的内容多

且范围广。

4. 已获取审计证据的重要程度

注册会计师通过执行多项审计程序可能会获取不同的审计证据，有些审计证据的相关性和可靠性较高，有些则质量较差，注册会计师可能区分不同的审计证据并有选择性地进行记录，因此，审计证据的重要程度也会影响审计工作底稿的格式、内容和范围。

5. 已识别的例外事项的性质和范围

有时注册会计师在执行审计程序时会发现例外事项，可能导致审计工作底稿在格式、内容和范围方面的不同。例如，某个函证的回函表明存在不符事项，但是注册会计师如果在实施恰当的追查后发现该例外事项并未构成错报，则注册会计师可能只在审计工作底稿中解释发生该例外事项的原因及影响。反之，如果该例外事项构成错报，则注册会计师可能需要执行额外的审计程序并获取更多的审计证据，由此编制的审计工作底稿在内容及范围方面可能有很大不同。

6. 当从已执行审计工作或获取审计证据的记录中不易确定结论或结论的基础时，记录结论或结论的基础的必要性

在某些情况下，特别是在涉及复杂的事项时，注册会计师仅将已执行的审计工作或获取的审计证据记录下来，且不容易使其他有经验的注册会计师通过合理的分析得出审计结论或结论的基础。此时，注册会计师应当考虑是否需要进一步说明并记录得出结论的基础（即得出结论的过程）及该事项的结论。

7. 审计方法和工具

审计方法和工具可能影响审计工作底稿的格式、内容和范围。例如，如果使用计算机辅助审计技术对应收账款的账龄进行重新计算，通常可以针对总体进行测试，而采用人工方式重新计算时，则可能会针对样本进行测试，由此形成的审计工作底稿会在格式、内容和范围方面有所不同。

考虑以上因素有助于注册会计师确定审计工作底稿的格式、内容和范围是否恰当，注册会计师在考虑以上因素时，需注意根据不同情况确定审计工作底稿的格式、内容和范围均是为达到编制审计工作底稿的目的，特别是提供证据的目的。例如，细节测试和实质性分析程序的审计工作底稿所记录的审计程序有所不同，但两类审计工作底稿都应当充分、适当地反映注册会计师执行的审计程序。

（三）审计工作底稿的要素

通常，审计工作底稿包括下列全部或部分要素：

（1）被审计单位名称。若财务报表编制单位为某一集团的下属公司，应同时写明下属公司的名称。被审计单位名称可以简称。

（2）审计项目名称。即某一财务报表项目名称或某一审计程序及实施对象的名称，如具体审计项目是某一分类会计科目，则应同时写明该分类会计科目。

（3）审计项目时点或期间。即某一资产负债类项目的报告时点或某一损益类项目的报告期间。

（4）实施的审计程序的性质、时间和范围。通过这种记录，可以记载注册会计师所实

施的审计测试的性质、范围和样本选样等内容。

（5）实施审计程序的结果和获取的审计证据。

（6）就重大事项得出的结论。其目的在于记录注册会计师的专业判断，为支持审计意见提供依据。

（7）特定项目或事项的识别特征。此项目的存在有利于检查和审阅工作底稿。

（8）索引号及页次。索引号是指注册会计师为了便于审计工作底稿的分类、归类和引用，对某一审计事项的审计工作底稿以固定的标记和编码表示所产生的一种特定符号，其主要作用是方便审计工作底稿的分类检索和引用，并使分散的、活页式的审计工作底稿构成有机联系的审计档案。页次是在同一索引号下不同的审计工作底稿的顺序编号。

（9）审计工作的执行人员及完成该项审计工作的日期。

（10）审计工作的复核人员及复核的日期和范围。

（11）其他应说明事项。即注册会计师根据其他专业判断，认为应在审计工作底稿中予以记录的其他相关事项。

表7-4举例说明了工作底稿的基本格式。

表7-4 抽查盘点存货的工作底稿

产成品抽查盘点表					
客户：ABC公司				页次：73 W/P 索引：F-2	
				编制人：张三 日期：2005.12.31	
B/S日：2005.12.31				复核人：李四 日期：2006.1.5	
盘点标签号码	存货表号码	存货		盘点结果		差异
^	^	号码	内容	客户	注册会计师	^
90	3	1~25	a	200√	250	50件
180	20	1~90	b	1350√	1 350	
270	25	2~30	c	2 000√	2 000	
360	31	3~20	d	1 200√	1 500	300件
450	60	4~5	e	160√	160	
540	71	6~23	f	1 100√	1100	
630	80	6~26	g	230√	230	
720	88	7~15	h	70√	70	
以上差异已由客户纠正，纠正差异后使被审计单位存货账户增加500元，抽查盘点的存货总价值为150 000元，占全部存货价值的20%。经追查至存货汇总表没有发现其他例外。我们认为错误并不重要。					
——已追查至被审计单位存货汇总表（F—5），并已纠正所有差异。					

（四）审计过程记录

1. 记录测试的特定项目或事项的识别特征

注册会计师在审计过程中记录实施的审计程序的性质、时间和范围时，注册会计师应当记录测试的特定项目或事项的识别特征。

识别特征是指被测试的项目或事项表现出的征象或标志。识别特征因审计程序的性质和所测试项目或事项的不同而不同。

对某一个具体项目或事项而言，其识别特征通常具有唯一性，这种特性可以使其他人员根据识别特征在总体中识别该项目或事项，并重新执行该测试。以下列举部分审计程序中所测试的样本的识别特征：

（1）对被审计单位生成的订购单进行细节测试时，注册会计师可以将订购单的日期或编号作为识别特征。需要注意的是，注册会计师也需要同时考虑被审计单位对订购单编号的方式。例如，若被审计单位按年对订购单依次编号，则识别特征是××年的××号；若被审计单位仅以序列号进行编号，则可以直接将该号码作为识别特征。

（2）对于一项需要选取或复核既定总体内一定金额以上的所有项目的审计程序，注册会计师可能会以实施审计程序的范围作为识别特征，例如，总账中一定金额以上的所有会计分录。

（3）对于一项需要系统化抽样的审计程序，注册会计师可能会通过记录样本的来源、抽样的起点及抽样间隔来识别已选取的样本。例如，若被审计单位对发运单顺序编号，测试的发运单的识别特征可以是，对4月1日至9月30日的发运台账，从第12345号发运单开始每隔125号系统抽取发运单。

（4）对于一项需要询问被审计单位中特定人员的审计程序，注册会计师可能会以记录询问的时间、被询问人的姓名及职位作为识别特征。

（5）对于观察这一审计程序，注册会计师可能会以观察的对象或观察过程、观察的地点和时间作为识别特征。

2. 记录重大事项

重大事项的记录不同于一般事项，重大事项对整个审计工作、审计结论都会产生重要的影响，在编制审计工作底稿时要引起重视，要严格按照有关规范执行。注册会计师应当根据具体情况判断某一事项是否属于重大事项。重大事项通常包括：

（1）引起特别风险的事项，比如，被审计单位所在行业出现罕见的大萧条，被审计单位实行与市场业绩挂钩的激励机制，则可以认为行业的不景气是引起特别风险的事项；

（2）实施审计程序的结果，该结果表明财务信息可能存在重大错报，或需要修正以前对重大错报的评估和针对这些风险拟采取的应对措施；

（3）导致注册会计师难以实施必要审计程序的情形，例如，在审计过程中无法实施函证，相应的科目又是重要的，没有满意的替代程序；

（4）导致出具非标准审计报告的情形等。

注册会计师应当考虑编制重大事项概要，将其作为审计工作底稿的组成部分，以有效地复核和检查审计工作底稿，并评价重大事项的影响。重大事项概要包括审计过程中识别的重大事项及其如何得到解决，或对其他支持性审计工作底稿的交叉索引。注册会计师应当及时记录与管理层、治理层和其他人员对重大事项的讨论，包括讨论的内容、时间、地点和参加人员。

在审计过程中，如果识别出的信息与针对重大事项得出的最终结论相矛盾或不一致，

注册会计师应当记录形成最终结论时如何处理该矛盾或不一致的情况。

3. 审计结论

注册会计师恰当地记录审计结论非常重要，注册会计师需要根据所执行审计程序及获取的审计证据得出结论，并以此作为对财务报表形成审计意见的基础。在记录审计结论时，需注意在审计工作底稿中记录的审计程序和审计证据是否足以支持所得出并记录的审计结论。

4. 审计标识及其说明

审计工作底稿中可使用各种审计标识，但应说明其含义，并保持前后一致。以下是注册会计师在审计工作底稿中列明标识并说明其含义的例子，供参考。实务中，注册会计师也可以依据实际情况运用更多的审计标识。

∧：纵加核对

<：横加核对

B：与上年结转数核对一致

T：与原始凭证核对一致

G：与总分类账核对一致

S：与明细账核对一致

T/B：与试算平衡表核对一致

C：已发询证函

C\：已收回询证函

5. 索引号及编号

通常审计工作底稿需要注明索引号及顺序编号，相关审计工作底稿之间需要保持清晰的钩稽关系。实务中，注册会计师可以按照所记录的审计工作的内容层次进行编号。例如，固定资产汇总表的编号为C1，按类别列示的固定资产明细表的编号为C1-1，以及列示单个固定资产原值及累计折旧的明细表编号，包括房屋建筑物（编号为C1-1-1）、机器设备（编号为C1-1-2）、运输工具（编号为C1-1-3）及其他设备（编号为C1-1-4）。相互引用时，需要在审计工作底稿中交叉注明索引号。

以下是不同审计工作底稿之间相互索引的例子，供参考。

例如，固定资产的原值、累计折旧及净值的总额应分别与固定资产明细表的数字互相钩稽。以下是从固定资产汇总表工作底稿（见表7-5）及固定资产明细表工作底稿（见表7-6）中节选的部分，以作相互索引的示范。

表7-5　固定资产汇总表（工作底稿索引号：C1）（节选）

工作底稿索引号	固定资产	20×2 年 12 月 31 日	20×1 年 12 月 31 日
C1-1	原值	××× G	×××
C1-1	累计折旧	××× G	×××
	净值	××× T/B ∧	××× B ∧

表 7-6 固定资产明细表（工作底稿索引号：C1-1）（节选）

工作底稿索引号	固定资产	期初余额	本期增加	本期减少	期末余额
	原值				
C1-1-1	1. 房屋建筑物	×××		×××	××× S
C1-1-2	2. 机器设备	×××	×××		××× S
C1-1-3	3. 运输工具	×××			××× S
C1-1-4	4. 其他设备	×××			×××S
	小计	××× B ∧	××× ∧	××× ∧	×××<C1 ∧
C1-1-1	累计折旧				
C1-1-2	1. 房屋建筑物	×××			××× S
C1-1-3	2. 机器设备	×××	×××		××× S
C1-1-4	3. 运输工具	×××			××× S
	4. 其他设备	×××			×××S
	小计	××× B ∧	××× ∧	××× ∧	××× <C1 ∧
	净值	××× B ∧			××× C1 ∧

6. 编制者姓名及编制日期和复核者姓名及复核日期

在记录实施审计程序的性质、时间和范围时，注册会计师应当记录：

（1）审计工作的执行人员及完成该项审计工作的日期；

（2）审计工作的复核人员及复核的日期和范围。

在需要项目质量控制复核的情况下，还需要注明项目质量控制复核人员及日期。

通常需要在每一张审计工作底稿上注明执行审计工作的人员和复核人员、完成该项审计工作的日期以及完成复核的日期。

实务中，如果若干页的审计工作底稿记录同一性质的具体审计程序或事项，并且编制在同一个索引号中，此时可以仅在审计工作底稿的第一页上记录审计工作的执行人员和复核人员，并注明日期。例如，应收账款函证核对表的索引号为 L3-1-1/21，相对应的确认函共有 20 份，每一份应收账款确认函索引号以 L3-1-2/21、L3-1-3/21……L3-1-21/21 表示，对于这种情况，就可以仅在应收账款函证核对表上记录审计工作的执行人员和复核人员，并注明日期。

四、工作底稿的归档

（一）审计工作底稿的归档期限

注册会计师应当按照会计师事务所质量控制政策和程序的规定，及时将审计工作底稿

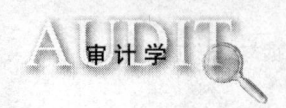

归整为最终审计档案。审计工作底稿的归档期限为审计报告日后六十天内。如果注册会计师未能完成审计业务，审计工作底稿的归档期限为审计业务中止后的六十天内。

如果针对客户的同一财务信息执行不同的委托业务，出具两个或多个不同的报告，会计师事务所应当将其视为不同的业务，根据制定的政策和程序，在规定的归档期限内分别将审计工作底稿归整为最终审计档案。

（二）审计工作底稿的归档是一项事务性的工作

在出具审计报告前，注册会计师应完成所有必要的审计程序，取得充分、适当的审计证据并得出适当的审计结论。在审计报告日后将审计工作底稿归整为最终审计档案是一项事务性的工作，不涉及实施新的审计程序或得出新的结论。

在归档期间对审计工作底稿进行的事务性的变动主要包括：

（1）删除或废弃被取代的审计工作底稿；

（2）对审计工作底稿进行分类、整理和交叉索引；

（3）对审计档案归整工作的完成核对表签字认可；

（4）记录在审计报告日前获取的、与审计项目组相关成员进行讨论并取得一致意见的审计证据。

（三）审计工作底稿归档后的变动

1. 修改或增加审计工作底稿时的记录要求

在完成最终审计档案的归整工作后，如果发现有必要修改现有审计工作底稿或增加新的审计工作底稿，无论修改或增加的性质如何，注册会计师均应当记录下列事项：

（1）修改或增加审计工作底稿的时间和人员，以及复核的时间和人员；

（2）修改或增加审计工作底稿的具体理由；

（3）修改或增加审计工作底稿对审计结论产生的影响。

这里所说的修改现有审计工作底稿主要是指在保持原审计工作底稿中所记录的信息，即对原记录信息不予删除（包括涂改、覆盖等方式）的前提下，采用增加新信息的方式予以修改。例如，原审计工作底稿中列明存货余额为1 000万元，现改为1 100万元，注册会计师可以采用在原工作底稿中增加新的注释的方式予以修改。

一般情况下，在审计报告归档之后不需要对审计工作底稿进行修改或增加。注册会计师发现有必要修改现有审计工作底稿或增加新的审计工作底稿的情形主要有以下两种：

（1）注册会计师已实施了必要的审计程序，取得了充分、适当的审计证据并得出了恰当的审计结论，但审计工作底稿的记录不够充分；

（2）审计报告日后，发现例外情况要求注册会计师实施新的或追加审计程序，或导致注册会计师得出新的结论。有关详细内容参见本书第五章。

2. 不得在规定的保存期届满前删除或废弃审计工作底稿

在完成最终审计档案的归整工作后，注册会计师不得在规定的保存期届满前删除或废弃审计工作底稿。

删除审计工作底稿主要是指删除整张原审计工作底稿，或以涂改、覆盖等方式删减原审计工作底稿中的全部或部分记录内容。

废弃审计工作底稿主要是指将原审计工作底稿从审计档案中抽取出来，使审计档案中不再包含原来的底稿。

(四) 审计工作底稿的保存期限

会计师事务所应当自审计报告日起，对审计工作底稿至少保存十年。如果注册会计师未能完成审计业务，会计师事务所应当自审计业务中止日起，对审计工作底稿至少保存十年。

值得注意的是，对于连续审计的情况，当期归整的永久性档案虽然包括以前年度获得的资料（有可能是十年以前），但由于其作为本期档案的一部分，并作为支持审计结论的基础，注册会计师对于这些对当期有效的档案，应视为当期取得并保存十年。如果这些资料在某一个审计期间被替换，被替换资料可以从被替换的年度起至少保存十年。

对审计工作底稿的保管、归档工作，注册会计师除遵守本准则的规定外，还应按照《会计师事务所质量控制准则第5101号——业务质量控制》的规定实施适当的控制程序。

五、审计报告日后对审计工作底稿的变动

在审计报告日后，如果发现例外情况要求注册会计师实施新的或追加的审计程序，或导致注册会计师得出新的结论，注册会计师应当记录：

(1) 遇到的例外情况；
(2) 实施的新的或追加的审计程序，获取的审计证据以及得出的结论；
(3) 对审计工作底稿作出变动及其复核的时间和人员。

例外情况主要是指审计报告日后发现与已审计财务信息相关，且在审计报告日已经存在的事实，该事实如果被注册会计师在审计报告日前获知，可能影响审计报告。例如，注册会计师在审计报告日后才获知法院在审计报告日前已对被审计单位的诉讼、索赔事项作出最终判决结果。

例外情况一般在财务报表报出日后被发现，注册会计师应当按照《中国注册会计师审计准则第1332号——期后事项》第四章"财务报表报出后发现的事实"的规定，对例外事项实施新的或追加的审计程序。

第三节 利用其他主体的工作

一、利用组成部分注册会计师的工作

(一) 集团审计与集团项目合伙人

为了实现其经营战略，许多企业组建了分部、分支机构、分公司、合资公司、子公司和联营公司等。企业这些组成部分的财务信息会包含在总部、总公司或母公司的财务报表中。由于地域的阻隔、时间的限制和成本的约束，被审计单位及其组成部分的财务报表有可能是由不同会计师事务所的注册会计师来审计的。

集团审计是指对集团财务报表进行的审计。集团是指由所有组成部分构成的整体，并

且所有组成部分的财务信息都包括在集团财务报表中。集团至少拥有一个组成部分。集团财务报表，是指包括一个以上组成部分财务信息的财务报表。集团财务报表也指没有母公司但处在同一控制下的各组成部分编制的财务信息汇总生成的财务报表。集团项目合伙人，是指会计师事务所中负责某项集团审计业务及其执行，并代表会计师事务所在对集团财务报表出具的审计报告上签字的合伙人。

（二）组成部分和组成部分注册会计师

组成部分是指某一实体或某项业务活动，其财务信息由集团或组成部分管理层编制并应包括在集团财务报表中。

重要组成部分是指集团项目组识别出的具有下列特征之一的组成部分：①单个组成部分对集团具有财务重大性；②由于单个组成部分的特定性质或情况，可能存在导致集团财务报表发生重大错报的特别风险。

组成部分注册会计师是指基于集团审计目的，按照集团项目组的要求，对组成部分财务信息执行相关工作的注册会计师。

（三）注册会计师的目标

注册会计师的目标是：①确定是否担任集团审计的注册会计师。②如果担任集团审计的注册会计师，应就组成部分注册会计师对组成部分财务信息执行工作的范围、时间安排和发现的问题，与组成部分注册会计师进行清晰的沟通；针对组成部分财务信息和合并过程获取充分、适当的审计证据，以对集团财务报表是否在所有重大方面均按照适用的财务报告编制基础编制发表审计意见。

（四）集团项目合伙人和组成部分注册会计师的责任

集团项目合伙人应当按照执业准则和适用的法律法规的规定，负责指导、监督和执行集团审计业务，并确定出具的审计报告是否适合具体情况。注册会计师对集团财务报表出具的审计报告不应提及组成部分注册会计师，除非法律法规另有规定。如果法律法规要求在审计报告中提及组成部分注册会计师，审计报告应当指明，这种提及不会减轻集团项目合伙人及其所在的会计师事务所对集团财务报表审计意见承担的责任。

（五）集团审计业务的承接与保持

在承接与保持集团审计业务时，集团项目组应当了解集团及其环境、集团组成部分及其环境，以足以识别可能的重要组成部分。如果组成部分注册会计师对重要组成部分的财务信息执行相关工作，集团项目合伙人应当评价集团项目组参与组成部分注册会计师工作的程度是否足以获取充分、适当的审计证据。

（六）了解组成部分注册会计师

如果计划要求组成部分注册会计师执行组成部分财务信息的相关工作，集团项目组应当了解下列事项：①组成部分注册会计师是否了解并将遵守与集团审计相关的职业道德要求，特别是独立性要求；②组成部分注册会计师是否具备专业胜任能力；③集团项目组参与组成部分注册会计师工作的程度是否足以获取充分、适当的审计证据；④组成部分注册会计师是否处于积极的监管环境中。

如果组成部分注册会计师不符合与集团审计相关的独立性要求，或集团项目组对组成部分注册会计师的独立性、专业胜任能力等事项存有重大疑虑，集团项目组应当就组成部分财务信息获取充分、适当的审计证据，而不应要求组成部分注册会计师对组成部分财务信息执行相关工作。

（七）重要性水平的确定

如果组成部分注册会计师对组成部分财务信息实施审计或审阅，基于集团审计目的，要为这些组成部分确定组成部分重要性。为将未更正和未发现错报的合计数超过集团财务报表整体的重要性的可能性降至适当的低水平，组成部分重要性应当低于集团财务报表整体的重要性。

如果基于集团审计目的，由组成部分注册会计师对组成部分财务信息执行审计工作，集团项目组应当评价在组成部分层面确定的实际执行的重要性和适当性。

（八）重大错报风险的应对

注册会计师应当针对评估的财务报表重大错报风险设计和实施恰当的应对措施。对于组成部分财务信息，集团项目组应当确定由其亲自执行或由组成部分注册会计师代为执行的相关工作的类型。集团项目组还应当确定参与组成部分注册会计师工作的性质、时间安排和范围。

在确定对合并过程或组成部分财务信息拟执行的工作的性质、时间安排和范围时，如果预期集团层面控制运行有效，或者仅实施实质性程序不能提供认定层次的充分、适当的审计证据，集团项目组应当测试或要求组成部分注册会计师测试这些控制运行的有效性。

就集团而言，对于具有财务重大性的单个组成部分，集团项目组或代表集团项目组的组成部分注册会计师应当运用该组成部分的重要性，对组成部分财务信息实施审计。

对由于其特定性质或情况，可能包括导致集团财务报表发生重大错报的特别风险的重要组成部分，集团项目组或代表集团项目组的组成部分注册会计师应当执行下列一项或多项工作：①使用组成部分重要性对组成部分财务信息实施审计；②针对与可能导致集团财务报表发生重大错报的特别风险相关的一个或多个账户余额、一类或多类交易或披露事项实施审计；③针对可能导致集团财务报表发生重大错报的特别风险实施特定的审计程序。

如果集团项目组认为执行下列工作不能获取形成集团审计意见所依据的充分、适当的审计证据，应当采取下列措施：①对重要组成部分财务信息执行的工作；②对集团层面控制和合并过程执行的工作；③在集团层面实施的分析程序。

集团项目组应当选择某些不重要的组成部分，并对已选择的组成部分财务信息亲自执行或由代表集团项目组的组成部分注册会计师执行下列一项或多项工作：①使用组成部分重要性对组成部分财务信息实施审计；②对一个或多个账户余额、一类或多类交易或披露实施审计；③使用组成部分重要性对组成部分财务信息实施审阅；④实施特定程序。集团项目组应当在一段时间之后更换所选择的组成部分。

如果组成部分注册会计师对重要组成部分财务信息执行审计，集团项目组应当参与组成部分注册会计师的风险评估程序，以识别导致集团财务报表发生重大错报的特别风险。集团项目组参与的性质、时间安排和范围受其对组成部分注册会计师所了解情况的影响，

但至少应当包括：①与组成部分注册会计师或组成部分管理层讨论对集团而言重要的组成部分业务活动；②与组成部分注册会计师讨论由于舞弊或错误导致组成部分财务信息发生重大错报的可能性；③复核组成部分注册会计师对识别出的导致集团财务报表发生重大错报的特别风险形成的工作底稿。工作底稿可以采用备忘录的形式，反映组成部分注册会计师针对识别出的特别风险得出的结论。

如果在由组成部分注册会计师执行相关工作的组成部分内识别出导致集团财务报表发生重大错报的特别风险，集团项目组应当评价针对识别出的特别风险拟采取的进一步审计程序的恰当性。根据对组成部分注册会计师的了解，集团项目组应当确定是否有必要参与进一步审计程序。

（九）合并过程

集团项目组应当了解集团层面的控制和合并过程，包括集团管理层向组成部分下达的指令。如果对合并过程执行工作的性质、时间安排和范围基于预期集团层面控制有效运行，或者仅实施实质性程序不能提供认定层次的充分、适当的审计证据，集团项目组应当亲自测试或要求组成部分注册会计师代为测试集团层面控制运行的有效性。

集团项目组应当针对合并过程设计和实施进一步的审计程序，以应对评估的、由合并过程导致的集团财务报表发生重大错报的风险。设计和实施的进一步审计程序应当包括评价所有组成部分是否均已包括在集团财务报表中。

如果组成部分财务信息没有按照集团财务报表采用的会计政策编制，集团项目组应当评价组成部分财务信息是否已得到适当调整，以满足编制和列报集团财务报表的要求。

（十）期后事项

如果集团项目组或组成部分注册会计师对组成部分的财务信息实施审计，集团项目组或组成部分注册会计师应当实施审计程序，以识别组成部分自组成部分财务信息日至对集团财务报表出具审计报告日之间发生的、可能需要在集团财务报表中调整或披露的事项。

如果组成部分注册会计师执行组成部分财务信息审计以外的工作，集团项目组应当要求组成部分注册会计师告知其注意到的、可能需要在集团财务报表中调整或披露的期后事项。

（十一）与组成部分注册会计师的沟通

集团项目组应当及时向组成部分注册会计师通报工作要求。通报的内容应当明确组成部分注册会计师应执行的工作和集团项目组对其工作的利用，以及组成部分注册会计师与集团项目组沟通的形式和内容。通报的内容还应当包括：①在组成部分注册会计师知悉集团项目组将利用其工作的前提下，要求组成部分注册会计师确认其将配合集团项目组的工作。②与集团审计相关的职业道德要求，特别是独立性要求。③在对组成部分财务信息实施审计或审阅的情况下，组成部分的重要性和针对特定类别的交易、账户余额或披露采用的一个或多个重要性水平（如适用）以及临界值，超过临界值的错报不能视为对集团财务报表明显微小的错报。④识别出的与组成部分注册会计师工作相关的、由于舞弊或错误导致集团财务报表发生重大错报的特别风险。集团项目组应当要求组成部分注册会计师及时沟通所有识别出的、在组成部分内的其他由于舞弊或错误可能导致集团财务报表发生重大错报的特别风险，以及组成部分注册会计师针对这些特别风险采取的应对措施。⑤集团管理层编制的关联方清单和集团项目组知悉的任何其他关联方。集团项目组应当要求组成部分注册会计师及时沟通集团管理层或集团项目组以前未识别出的关联方。集团项目组应当确定是否需要将新识别的关联方告知其他组成部分注册会计师。

集团项目组应当要求组成部分注册会计师沟通与得出关于集团审计的结论相关的事项。沟通的内容应当包括：①组成部分注册会计师是否已遵守与集团审计相关的职业道德要求，包括对独立性和专业胜任能力的要求；②组成部分注册会计师是否已遵守集团项目组的要求；③指出作为组成部分注册会计师出具报告对象的组成部分财务信息；④因违反法律法规而可能导致集团财务报表发生重大错报的信息；⑤组成部分财务信息中未更正错报的清单（清单不必包括低于集团项目组通报的临界值且明显微小的错报）；⑥表明可能存在管理层偏向的迹象；⑦描述识别出的组成部分层面值得关注的内部控制缺陷；⑧组成部分注册会计师向组成部分治理层已通报或拟通报的其他重大事项，包括涉及组成部分管理层、在组成部分层面内部控制中担任重要职责的员工和舞弊行为导致组成部分财务信息出现重大错报的其他人员的舞弊或舞弊嫌疑；⑨可能与集团审计相关或者组成部分注册会计师期望集团项目组加以关注的其他事项，包括在组成部分注册会计师要求组成部分管理层提供的书面声明中指出的例外事项；⑩组成部分注册会计师的总体发现、得出的结论和形成的意见。

（十二）评价审计证据的充分性和适当性

集团项目组应当评价与组成部分注册会计师的沟通。集团项目组应当：①与组成部分注册会计师、组成部分管理层或集团管理层（如适用）讨论在评价过程中发现的重大事项；②确定是否有必要复核组成部分注册会计师审计工作底稿的相关部分。

如果认为组成部分注册会计师的工作不充分，集团项目组应当确定需要实施哪些追加的程序，以及这些程序是由组成部分注册会计师还是由集团项目组实施。

注册会计师应当获取充分、适当的审计证据，将审计风险降至可接受的低水平，从而得出合理的结论以作为形成审计意见的基础。

集团项目组应当评价，通过对合并过程实施的审计程序以及由集团项目组和组成部分注册会计师对组成部分财务信息执行的工作是否已获取充分、适当的审计证据，并作为形成集团审计意见的基础。

集团项目合伙人应当评价未更正错报（无论该错报是由集团项目组识别出的还是由组成部分注册会计师告知的）和未能获取充分、适当的审计证据的情况对集团审计意见的影响。

（十三）与集团管理层和集团治理层的沟通

集团项目组应当按照《中国注册会计师审计准则第 1152 号——向治理层和管理层通报内部控制缺陷》的规定，确定哪些识别出的内部控制缺陷需要向集团治理层和集团管理层通报。在确定通报的内容时，集团项目组应当考虑：①集团项目组识别出的集团层面内部控制缺陷；②集团项目组识别出的组成部分层面内部控制缺陷；③组成部分注册会计师提请集团项目组关注的内部控制缺陷。

如果集团项目组识别出舞弊或组成部分注册会计师提请集团项目组关注舞弊，或者有关信息表明可能存在舞弊，集团项目组应当及时向适当层级的集团管理层通报，以便管理层告知主要负责防止和发现舞弊事项的人员。

因法律法规要求或其他原因，组成部分注册会计师可能需要对组成部分财务报表发表审计意见。在这种情况下，集团项目组应当要求集团管理层告知组成部分管理层其尚未知悉的、集团项目组注意到的可能对组成部分财务报表产生重要影响的事项。如果集团管理层拒绝向组成部分管理层通报该事项，集团项目组应当与集团治理层进行讨论。如果该事项仍未得到解决，集团项目组在遵守法律法规和执业准则有关保密要求的前提下，应当考虑是否建议组成部分注册会计师在该事项得到解决之前，不对组成部分财务报表出具审计报告。

除《中国注册会计师审计准则第 1151 号——与治理层的沟通》和其他审计准则要求沟通的事项外，集团项目组还应当与集团治理层沟通下列事项：①对组成部分财务信息拟执行工作的类型的概述；②在组成部分注册会计师对重要组成部分财务信息拟执行的工作中，集团项目组计划参与其工作的性质的概述；③对组成部分注册会计师的工作作出的评价，引起集团项目组对其工作质量产生疑虑的情形；④集团审计受到的限制，如集团项目组接触某些信息受到的限制；⑤涉及集团管理层、组成部分管理层、在集团层面控制中担任重要职责的员工和舞弊行为导致集团财务报表出现重大错报的其他人员的舞弊或舞弊嫌疑。

二、利用专家的工作

（一）专家的含义

在审计中，限于自身技能、知识和经验，注册会计师可能要利用专家的工作。专家是指除会计、审计之外某一特定领域中具有专门技能、知识和经验的个人或组织。专家通常可以是工程师、律师、资产评估师、精算师、环境专家、地质专家、IT 专家以及税务专家，也可以是这些个人所从属的组织，如律师事务所、资产评估公司以及各种咨询公司等。

注册会计师的专家是指在会计或审计以外的某一领域具有专长的个人或组织，并且其工作被注册会计师利用，以协助注册会计师获取充分、适当的审计证据。专家既可能是会计师事务所内部专家（如会计师事务所或其网络事务所的合伙人或员工，包括临时员工），也可能是会计师事务所外部专家。专长是指在某一特定领域拥有的专门技能、知识和经验。

管理层的专家是指在会计、审计以外的某一领域具有专长的个人或组织，其工作被管理层利用以协助编制财务报表。

（二）注册会计师的目标

注册会计师的目标是：①确定是否利用专家的工作；②如果利用专家的工作，确定专家的工作是否足以实现注册会计师的目的。注册会计师对发表的审计意见独立承担责任，这种责任不因利用专家的工作而减轻。如果注册会计师按照审计准则的规定利用了专家的工作，并得出结论认为专家的工作足以实现注册会计师的目的，注册会计师可以接受专家在其专业领域的工作结果或结论，并作为适当的审计证据。

（三）确定是否利用专家工作

如果在会计或审计以外的某一领域的专长对获取充分、适当的审计证据是必要的，注册会计师应当确定是否利用专家的工作。

（四）审计程序的性质、时间安排和范围

注册会计师利用专家工作所需实施的审计程序的性质、时间安排和范围将随着具体情况的变化而变化。注册会计师在确定审计程序的性质、时间安排和范围时，应当考虑下列事项：①与专家工作相关的事项的性质；②与专家工作相关的事项中存在的重大错报风险；③专家的工作在审计中的重要程度；④注册会计师对专家以前所做工作的了解，以及与之接触的经验；⑤专家是否需要遵守会计师事务所的质量管理政策和程序。

（五）评价专家的胜任能力、专业素质和客观性

注册会计师应当评价专家是否具有实现注册会计师的目的所必需的胜任能力、专业素质和客观性。在评价外部专家的客观性时，注册会计师应当询问可能对外部专家客观性造成不利影响的利益和关系。

（六）了解专家的专长领域

注册会计师应当充分了解专家的专长领域，使其能够：①为了实现注册会计师的目的，确定专家工作的性质、范围和目标；②评价专家的工作是否足以实现注册会计师的目的。

（七）与专家达成一致意见

注册会计师应当与专家就下列事项达成一致意见，并根据需要形成书面协议：①专家工作的性质、范围和目标；②注册会计师和专家各自的角色和责任；③注册会计师和专家之间沟通的性质、时间安排和范围，包括专家提供的报告的形式；④对专家遵守保密规定的要求。

（八）评价专家工作的恰当性

注册会计师应当评价专家的工作是否足以实现注册会计师的目的，包括：①专家的工作结果或结论的相关性和合理性，以及与其他审计证据的一致性；②如果专家的工作涉及使用重要的假设和方法，这些假设和方法在具体情况下的相关性和合理性；③如果专家的工作涉及使用重要的原始数据，这些原始数据的相关性、完整性和准确性。

如果注册会计师确定专家的工作不足以实现注册会计师的目的，注册会计师应当采取下列措施之一：①就专家拟执行的进一步工作的性质和范围，与专家达成一致意见；②根据具体情况，实施追加的审计程序。

（九）在审计报告中提及专家

注册会计师不应在无保留意见的审计报告中提及专家的工作，除非法律法规另有规定。如果法律法规要求提及专家的工作，注册会计师应当在审计报告中指明，这种提及不

会减轻注册会计师对审计意见承担的责任。

如果注册会计师在审计报告中提及专家的工作,并且这种提及与理解审计报告中的非无保留意见相关,注册会计师应当在审计报告中指明,这种提及并不减轻注册会计师对审计意见承担的责任。

三、利用内部审计人员的工作

(一) 内部审计的含义

内部审计,是指被审计单位负责执行鉴证和咨询活动,以评价和改进被审计单位的治理、风险管理和内部控制流程有效性的职能。许多被审计单位设立了内部审计作为内部控制和治理结构的组成部分。由于被审计单位的规模、组织结构以及管理层和治理层(如适用)的要求不同,内部审计的目标和范围、职责及其在被审计单位中的地位(包括权威性和问责机制)可能有较大差别。

注册会计师可能能够以建设性和互补的方式利用内部审计的工作。这取决于下列因素:①内部审计在被审计单位中的地位以及相关政策和程序是否足以支持内部审计人员的客观性;②内部审计人员的胜任能力;③内部审计是否采用系统、规范化的方法。

注册会计师对发表的审计意见独立承担责任,这种责任并不因注册会计师利用内部审计工作或利用内部审计人员对该项审计业务提供直接协助而减轻。

(二) 注册会计师的目标

当被审计单位存在内部审计,并且注册会计师预期将利用其工作以调整注册会计师直接实施的审计程序的性质、时间安排,或缩小其范围时,或者注册会计师预期将利用内部审计人员提供直接协助时,注册会计师的目标是:①确定是否能够利用内部审计的工作或利用内部审计人员提供直接协助,如果能够利用,在哪些领域利用以及在多大程度上利用;②如果利用内部审计的工作,确定该工作是否足以实现审计目的;③如果利用内部审计人员提供直接协助,适当地指导、监督和复核其工作。

(三) 确定是否利用、在哪些领域利用以及在多大程度上利用内部审计的工作

如果存在下列情形之一,注册会计师不得利用内部审计的工作:①内部审计在被审计单位的地位以及相关政策和程序不足以支持内部审计人员的客观性;②内部审计人员缺乏足够的胜任能力;③内部审计没有采用系统、规范化的方法(包括质量控制)。

注册会计师应当考虑内部审计已执行和拟执行工作的性质和范围,以及这些工作与注册会计师总体审计策略和具体审计计划的相关性,以作为确定能够利用内部审计工作的领域和程度的基础。注册会计师应当作出审计业务中的所有重大判断,并防止不当利用内部审计工作。当存在下列情况之一时,注册会计师应当计划较少地利用内部审计工作,而更多地直接执行审计工作:①当计划和实施相关的审计程序、评价收集的审计证据涉及较多判断时;②当评估的认定层次重大错报风险较高,需要对识别出的特别风险予以特殊考虑时;③当内部审计在被审计单位中的地位以及相关政策和程序对内部审计人员客观性的支持程度较弱时;④当内部审计人员的胜任能力较低时。

（四）利用内部审计工作

如果计划利用内部审计工作，注册会计师应当与内部审计人员讨论利用其工作的计划，以作为协调各自工作的基础。注册会计师应当阅读与拟利用的内部审计工作相关的内部审计报告，以了解其实施的审计程序的性质和范围以及相关发现。

注册会计师应当针对计划利用的全部内部审计工作实施充分的审计程序，以确定其对于实现审计目的是否适当，包括评价下列事项：①内部审计工作是否经过恰当的计划、实施、监督、复核和记录；②内部审计是否获取了充分、适当的证据，以使内部审计能够得出合理的结论；③内部审计得出的结论在具体环境下是否适当，编制的报告与执行工作的结果是否一致。在计划和实施上述审计程序时，注册会计师应当将计划利用的全部内部审计工作作为一个整体予以考虑。

注册会计师实施审计程序的性质和范围应当与其对以下事项的评价相适应，并应当包括重新执行内部审计的部分工作：①涉及判断的程度；②评估的重大错报风险；③内部审计在被审计单位中的地位以及相关政策和程序支持内部审计人员客观性的程度；④内部审计人员的胜任能力。

（五）确定是否利用、在哪些领域利用以及在多大程度上利用内部审计人员提供直接协助

如果注册会计师计划利用内部审计人员在审计中提供直接协助，注册会计师应当评价是否存在对内部审计人员客观性的不利影响及其严重程度，以及提供直接协助的内部审计人员的胜任能力。注册会计师在评价是否存在对内部审计人员客观性的不利影响及其严重程度时，应当包括询问内部审计人员可能对其客观性产生不利影响的利益和关系。当存在下列情形之一时，注册会计师不得利用内部审计人员提供直接协助：①存在对内部审计人员客观性的重大不利影响；②内部审计人员对拟执行的工作缺乏足够的胜任能力。

在确定可能分配给内部审计人员的工作的性质和范围，以及根据具体情况对内部审计人员进行指导、监督和复核的性质、时间安排和范围时，注册会计师应当考虑下列方面：①在计划和实施相关审计程序以及评价收集的审计证据时涉及判断的程度；②评估的重大错报风险；③针对拟提供直接协助的内部审计人员，注册会计师关于是否存在对其客观性的不利影响及其严重程度的评价结果，以及关于其胜任能力的评价结果。

注册会计师不得利用内部审计人员提供直接协助以实施具有下列特征的程序：①在审计中涉及作出重大判断；②涉及较高的重大错报风险，在实施相关审计程序或评价收集的审计证据时需要作出较多的判断；③涉及内部审计人员已经参与并且已经或将要由内部审计向管理层或治理层报告的工作；④涉及注册会计师按照本准则的规定就内部审计，以及利用内部审计工作或利用内部审计人员提供直接协助作出的决策。

在恰当评价是否利用以及在多大程度上利用内部审计人员在审计中提供直接协助后，注册会计师在与治理层沟通计划的审计范围和时间安排的总体情况时，应当沟通拟利用内部审计人员提供直接协助的性质和范围，以使双方就在业务的具体情形下并未过度利用内部审计人员提供直接协助达成共识。

由于注册会计师对发表的审计意见独立承担责任，注册会计师应当评价在计划的范围

内利用内部审计人员提供直接协助，连同对内部审计工作的利用，从总体上而言是否仍然能够使注册会计师充分地参与审计工作。

（六）利用内部审计人员提供直接协助

在利用内部审计人员为审计提供直接协助之前，注册会计师应当：①从拥有相关权限的被审计单位代表人员处获取书面协议，允许内部审计人员遵循注册会计师的指令，并且被审计单位不干涉内部审计人员为注册会计师执行的工作；②从内部审计人员处获取书面协议，表明其将按照注册会计师的指令对特定事项保密，并将对其客观性受到的任何不利影响告知注册会计师。

注册会计师应当按照《中国注册会计师审计准则第1121号——对财务报表审计实施的质量管理》的规定，对内部审计人员执行的工作进行指导、监督和复核。注册会计师对内部审计人员执行的工作的指导、监督和复核应当足以使注册会计师确保内部审计人员就其执行的工作已获取充分、适当的审计证据，以支持相关审计结论。

（七）审计工作底稿

如果利用内部审计工作，注册会计师应当在审计工作底稿中记录下列事项：①对下列事项的评价：内部审计在被审计单位中的地位、相关政策和程序是否足以支持内部审计人员的客观性；内部审计人员的胜任能力；内部审计是否采用系统、规范化的方法（包括质量控制）。②利用内部审计工作的性质和范围以及作出该决策的基础。③注册会计师为评价利用内部审计工作的适当性而实施的审计程序。

如果利用内部审计人员为审计提供直接协助，注册会计师应当在审计工作底稿中记录下列事项：①关于是否存在对内部审计人员客观性的不利影响及其严重程度的评价，以及关于提供直接协助的内部审计人员的胜任能力的评价；②就内部审计人员执行工作的性质和范围作出决策的基础；③复核人员及复核的日期和范围；④从被审计单位代表人员和内部审计人员处获取的书面协议；⑤在审计业务中提供直接协助的内部审计人员编制的审计工作底稿。

思考题

1. 审计证据如何分类？基本的分类是什么？
2. 如何评价审计证据的充分性？
3. 如何评价审计证据的可靠性？
4. 注册会计师的审计经验与审计证据获取关系如何？
5. 管理层的可信赖程度对审计工作有何影响？
6. 被审计单位的财务状况对审计工作的影响如何？
7. 实务中如何充分运用分析性复核方法？
8. 讨论审计证据与审计目标、审计程序之间的具体关系。
9. 如何取舍审计证据？
10. 如何认识和排除伪证？

11. 审计证据种类与具体审计目标的关系如何？
12. 审计证据的获取方法有哪些？如何进行？各有何优缺点？
13. 审计证据与审计目标、审计程序之间的关系如何？
14. 审计工作底稿的种类和范围如何？
15. 审计工作底稿的基本要素与基本结构如何？
16. 审计工作底稿复核的意义何在？如何进行审计工作底稿的复核？
17. 利用专家的工作需要注意什么？
18. 集团注册会计师利用组成部分注册会计师工作过程中如何把握重要性？
19. 利用内部审计的工作具体有哪几种形式？适用的条件是什么？

习题及参考答案

第八章 审计抽样和其他选取测试项目的方法

> **本章要点**
>
> 本章主要介绍审计抽样和其他选取测试项目的方法。审计工作中，注册会计师选取测试项目的方法包括选取全部项目、选取特定项目和审计抽样。为了获取充分、适当的审计证据，实现审计程序的目标，注册会计师可以根据具体情况，单独或综合使用选取测试项目的方法。审计抽样是指注册会计师对某类交易或账户余额中低于百分之百的项目实施审计程序，使所有抽样单元都有被选取的机会。审计抽样包括7个主要步骤：样本设计、样本规模确定、样本选取、实施审计程序、分析样本误差、推断总体误差和抽样结果评价。在审计过程中，只有对留下了运行轨迹的控制实施的控制测试和对各类交易、账户余额、列报的细节测试才可能涉及审计抽样。实施控制测试时，注册会计师可能使用的统计抽样方法主要有固定样本量抽样、停走抽样和发现抽样。实施细节测试时，注册会计师可能使用的统计抽样方法主要包括传统变量抽样法和概率比例规模抽样法。

第一节 审计抽样概述

20世纪以来，企业规模的迅速扩大使得注册会计师对被审计单位被审计期间的全部交易进行逐笔审查不再现实，因此产生了在选择性测试的基础上进行审计的需要。此外，企业内部控制的建立和完善，以及概率论和数理统计的发展，使抽样在审计中的应用成为可能。由此，审计逐步由详细审计发展到抽样审计。

一、审计抽样和其他选取测试项目的方法

在设计审计程序时，注册会计师应当确定选取测试项目的适当方法。注册会计师可以使用的方法包括选取全部项目、选取特定项目和审计抽样。选取测试项目旨在帮助注册会计师确定实施审计程序的范围。审计程序的范围是指实施审计程序的数量，包括抽取的样本量、对某项控制活动的观察次数等。注册会计师可以根据具体情况，单独或综合使用选取测试项目的方法，但所使用的方法应当能够提供充分、适当的审计证据，以实现审计程序的目标。在确定适当的选取测试项目的方法时，注册会计师应考虑与所测试认定有关的

重大错报风险和审计效率。

（一）选取全部项目

对全部项目进行检查通常更适用于细节测试，而不适用于控制测试。实施细节测试时，在某些情况下，基于重要性水平或风险的考虑，注册会计师可能认为需要测试总体中的全部项目。总体可以包括构成某类交易或账户余额的所有项目，也可以是其中的一层，同一层中的项目具有某一共同特征。例如，在截止性测试中，注册会计师通常对截止日前后一段时期的所有交易进行检查。

当存在下列情形之一时，注册会计师应当考虑选取全部项目进行测试：

（1）总体由少量的大额项目构成。某类交易或账户余额中的所有项目的单个金额都较大时，注册会计师可能需要测试所有项目。

（2）存在特别风险且其他方法未提供充分、适当的审计证据。某类交易或账户余额中所有项目虽然单个金额不大，但存在特别风险，则注册会计师也可能需要测试所有项目。可能存在特别风险的项目主要包括：①交易具有多种可接受的会计处理方法，因此涉及主观性；②会计估计具有高度估计不确定性或涉及使用复杂的模型；③支持账户余额的数据收集和处理较为复杂；④账户余额或定量披露涉及复杂的计算；⑤对会计政策存在不同的理解；⑥被审计单位业务的变化涉及会计处理发生变化，如合并和收购；⑦其他存在特别风险的项目。

（3）由于信息系统自动执行的计算或其他程序具有重复性，对全部项目进行检查符合成本效益原则。注册会计师可运用计算机辅助审计技术选取全部项目进行测试。

（二）选取特定项目

根据对被审计单位的了解、评估的重大错报风险以及所测试总体的特征等，注册会计师可以确定从总体中选取特定项目进行测试。

选取的特定项目可能包括：①大额或关键项目；②超过某一金额的全部项目；③被用于获取某些信息的项目；④被用于测试控制活动的项目。

选取特定项目时，注册会计师只对审计对象总体中的部分项目进行测试。注册会计师通常按照覆盖率或风险因素选取测试项目，或将这两种方法结合使用。

按照覆盖率选取测试项目是指选取数量较少、金额较大的项目进行测试，从而使测试项目的金额占审计对象总体金额很大的百分比。例如，如果8个金额较大的项目占审计对象总体金额的85%，则通过测试这8个项目就可对审计对象总体的存在性和准确性获得较高程度保证。注册会计师也可以决定抽取超过某一设定金额的所有项目，从而验证某类交易或账户余额的大部分金额。

按照风险因素选取测试项目是指选取那些具有某种较高风险特征的项目进行测试，例如，可疑的项目、异常的项目、具有特别风险倾向的项目，或者以前发生过错误的项目等。

另外，注册会计师还可能选择某些项目进行检查，以获取与被审计单位的性质、交易的性质以及内部控制等事项有关的信息，或确定某一控制活动是否得到执行。对这些项目进行测试实际上属于风险评估程序，主要是为了提供与被审计单位及其环境有关的

信息。

根据判断选取特定项目容易产生非抽样风险，注册会计师应当根据审计程序的目的仔细选择特定项目，并通过对过程的指导、监督与复核降低非抽样风险。

选取特定项目实施检查是获取审计证据的有效手段，但并不构成审计抽样。对按照这种方法所选取的项目实施审计程序的结果不能推断至整个总体。其原因在于，虽然选取特定项目也是对某类交易或账户余额中低于百分之百的项目实施审计程序，但它与审计抽样不同的是，并非所有抽样单元都有被选取的机会。不符合注册会计师选择标准的项目将没有机会被选取。因为选取的特定项目不能代表审计对象总体或某一子总体中全部项目的特征，所以与审计抽样不同，选取特定项目进行测试不能根据所测试项目中发现的误差推断审计对象总体的误差。

（三）审计抽样

选取了特定项目之后，注册会计师应当根据总体剩余部分的重大性，考虑是否需要针对剩余项目实施审计抽样。在某类交易或账户余额中选取特定项目时，注册会计师实际上将该类交易或账户余额分成了两组，即被选取的项目和剩余项目。对被选取的项目，注册会计师对其进行百分之百测试。对于剩余的项目，注册会计师则考虑是否需要针对其获取充分、适当的审计证据。如果认为剩余项目总体不重要，注册会计师可能认为没有必要进行测试，因而不对其实施任何审计程序；否则，注册会计师通常对剩余项目实施审计程序，包括实施分析程序和细节测试。如果注册会计师实施分析程序后，认为已经获取了与之相关的充分的审计证据，可以不进行细节测试；而如果注册会计师实施分析程序后，认为仍需通过审计抽样获取与剩余项目有关的额外证据，则应当进行审计抽样。在决定对剩余项目实施审计抽样时，抽样总体就是审计对象总体的全部项目扣除已选取的特定项目后的剩余项目。

实务中，情况可能远比上述状况复杂。例如，在测试应收账款的账面余额时，注册会计师可能首先将金额超过 10 000 元的明细账余额作为特定项目选出，然后对金额不足 1 000 元的明细账余额实施分析程序。对金额在 1 000 元至 10 000 元之间的其余明细账余额，注册会计师可能决定对其运用审计抽样，但决定分成两个较小的抽样总体。在这种情况下，每一抽样总体由所有应收账款明细账项目扣除选取的特定项目（超过 10 000 元的明细账余额）、仅实施分析程序的项目（不足 1 000 元的明细账余额），以及扣除另一抽样总体所包含的项目以后的剩余项目组成。

选取测试项目的三种方法之间的逻辑关系可以用图 8-1 来表示。

二、审计抽样的定义

审计抽样是指注册会计师对某类交易或账户余额中低于百分之百的项目实施审计程序，使所有抽样单元都有被选取的机会。这使注册会计师能够获取和评价与被选取项目的某些特征有关的审计证据，以形成或帮助形成对从中抽取样本的总体的结论。其中，抽样单元是指构成总体的个体项目。总体是指注册会计师从中选取样本并据此得出结论的整套数据。总体可分为多个层或子总体，每一层或子总体分别予以检查。

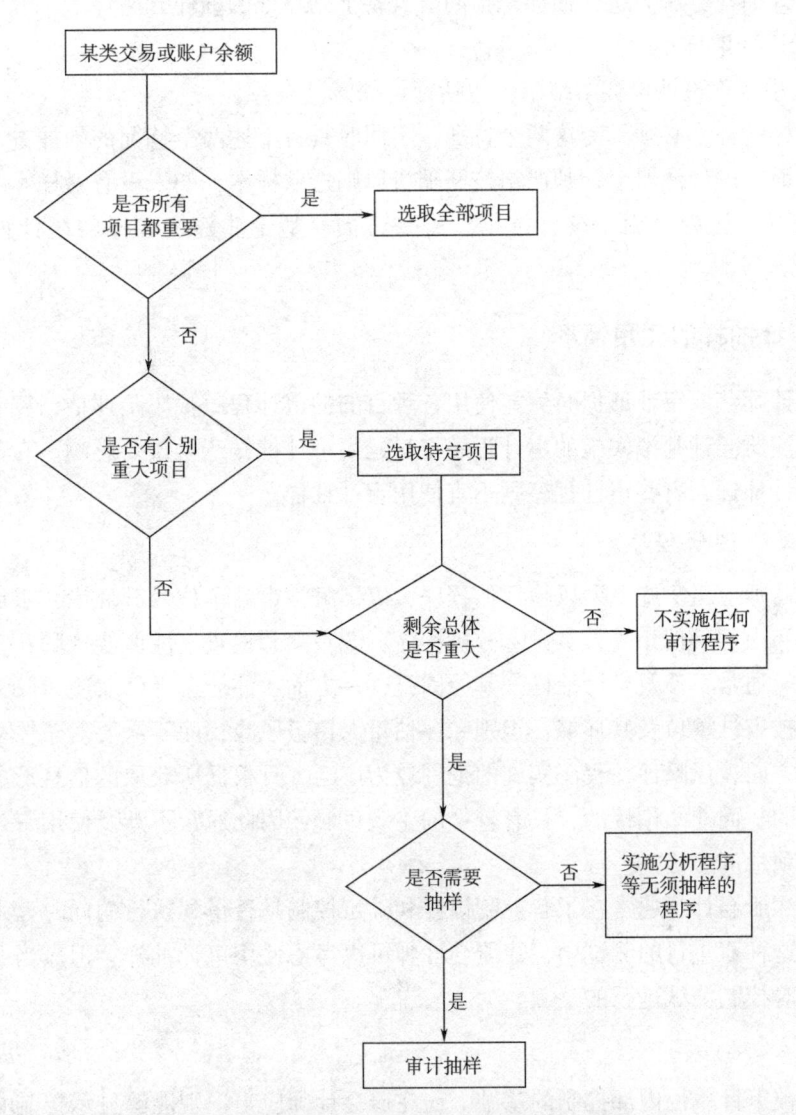

图 8-1 选取测试项目的方法之逻辑关系图

审计抽样应当具备三个基本特征:
(1) 对某类交易或账户余额中低于百分之百的项目实施审计程序;
(2) 所有抽样单元都有被选取的机会;
(3) 审计测试的目的是评价该账户余额或交易类型的某一特征。

注册会计师通常知道某些账户余额和交易类型更可能发生错报,并在计划审计程序时加以考虑。对于这些账户余额或交易类型,注册会计师可以使用选取全部项目或选取特定项目的方法。对于为实现审计目标需要进行测试的其他账户余额或交易类型,注册会计师通常缺乏特别的了解。在这种情形下,审计抽样特别有用。随着被审计单位的规模和经营复杂程度不断增加,为了控制审计成本、提高审计效率和保证审计效果,注册会计师在审计业务中使用审计抽样愈加普遍。

在对某类交易或账户余额使用审计抽样时,注册会计师可以使用统计抽样方法,也可

以使用非统计抽样方法。统计抽样是指同时具备下列特征的抽样方法：

（1）随机选取样本；

（2）运用概率论评价样本结果，包括计量抽样风险。

统计抽样的样本必须具有这两个特征，不同时具备上述两个特征的抽样方法为非统计抽样。一方面，即使注册会计师严格按照随机原则选取样本，如果没有对样本结果进行统计评估，就不能认为使用了统计抽样。另一方面，基于非随机选样的统计评估也是无效的。

三、审计抽样的适用情形

注册会计师获取审计证据时可能使用三种目的的审计程序：风险评估、控制测试和实质性程序。注册会计师拟实施的审计程序将对运用审计抽样产生重要影响。有些审计程序可以使用审计抽样，有些审计程序则不宜使用审计抽样。

（一）风险评估程序

注册会计师应当实施下列风险评估程序，以了解被审计单位及其环境：①询问被审计单位管理层和内部其他相关人员；②分析程序；③观察和检查。注册会计师在实施上述风险评估程序时通常不涉及审计抽样。其原因是，一方面，注册会计师实施风险评估程序的目的是了解被审计单位及其环境，识别和评估重大错报风险，而不需要对总体取得结论性证据。另一方面，风险评估程序实施的范围较为广泛，且根据所获取的信息形成的证据通常是说服性的，而非结论性的，具有较强的主观色彩，因此通常不涉及使用审计抽样和其他选取测试项目的方法。

但是，注册会计师通常在了解控制设计和确定控制是否得到执行的同时计划和实施控制测试。在这种双重目的的测试中，注册会计师可以考虑使用审计抽样，但应当明确此时审计抽样是针对控制测试进行的。

（二）控制测试

在了解被审计单位内部控制的基础上，注册会计师应当识别能够显示控制有效运行的特征，以及控制未有效运行时可能出现的异常情况，并采取适当的方法测试所识别的特征是否存在。如果显示控制有效运行的特征留下了书面证据，即控制的运行留下了轨迹，注册会计师通常可以在控制测试中运用审计抽样。在实施控制测试时，注册会计师应当根据特定控制的性质选择所需实施的审计程序的类型。例如，信用部门经理在销售合同上签名批准赊销，或者操作人员在向某计算机数据处理系统输入数据前必须得到有关主管人员的签字授权。对这些留下了运行轨迹的控制，注册会计师应当考虑检查这些文件记录以获取控制运行有效性的审计证据，此时可以使用审计抽样来选取测试项目。

某些控制可能不存在文件记录，或文件记录与证实控制运行有效性不相关。对这些未留下运行轨迹的控制实施测试时，注册会计师应当考虑实施询问、观察等审计程序，以获取有关控制运行有效性的审计证据，此时不涉及审计抽样。例如，在对被审计单位的存货盘点过程实施控制测试时，注册会计师主要通过对存货移动控制、盘点程序及被审计单位用以控制存货盘点的其他活动的观察来进行。注册会计师用来观察盘点的这些程序无须使用审计抽样。

（三）实质性程序

实质性程序包括对各类交易、账户余额、列报的细节测试，以及实质性分析程序。在实施细节测试时，注册会计师可以使用审计抽样获取审计证据，以验证有关财务报表金额的一项或多项认定（如应收账款的存在性），或对某些金额作出独立估计（如陈旧存货的价值）。在实施实质性分析程序时，注册会计师不宜使用审计抽样和其他选取测试项目的方法。

综上所述，在审计过程中，只有对留下了运行轨迹的控制实施的控制测试和对各类交易、账户余额、列报的细节测试才可能涉及审计抽样。

四、对抽样风险和非抽样风险的考虑

（一）对审计风险的影响

在获取审计证据时，注册会计师应当运用职业判断，评估重大错报风险，并设计进一步审计程序，以确保将审计风险降至可接受的低水平。审计风险取决于重大错报风险和检查风险。使用审计抽样时，抽样风险和非抽样风险可能影响重大错报风险的评估和检查风险的确定。例如，在控制测试中，当总体实际偏差率非常高时，如果注册会计师实施了不适当的审计程序且未能发现样本中的错误，重大错报风险评估水平就会受到非抽样风险的影响；如果注册会计师实施了适当的审计程序且在样本中未发现偏差或仅发现少量偏差，并作出控制运行有效的结论，重大错报风险评估水平则会受到抽样风险的影响。又如，在细节测试中，如果注册会计师实施了不适当的分析程序而得出错误的结论，检查风险水平就会受到非抽样风险的影响；如果总体实际错报高于可容忍错报，注册会计师在细节测试的样本中只发现了很小的错报，导致得出错误的结论，检查风险水平就会受到抽样风险的影响。

（二）抽样风险

抽样风险是指注册会计师根据样本得出的结论，与对总体全部项目实施与样本同样的审计程序得出的结论存在差异的可能性。

当对某类交易或账户余额中选取的样本实施控制测试或实质性程序时，注册会计师的结论可能与对全部项目实施同样的程序得出的结论不同，由此产生了抽样风险。也就是说，样本中包含的金额错报或对设定控制的偏差，可能不能代表某类交易或账户余额总体中存在的错报或控制偏差。例如，实施控制测试时，注册会计师在100个样本项目中发现2个偏差，并由此认为控制运行有效。但实际上，该总体的实际偏差率为8%，注册会计师本该作出控制未有效运行的结论。注册会计师错误地接受总体，是因为样本特征与总体实际特征不一致。只要注册会计师没有对总体中的全部项目实施审计程序，抽样风险就可能产生。

抽样风险分为下列两种类型：

（1）在实施控制测试时，注册会计师推断的控制有效性高于其实际有效性的风险；或在实施细节测试时，注册会计师推断某一重大错报不存在而实际上存在的风险。此类风险

影响审计的效果，并可能导致注册会计师发表不恰当的审计意见。

（2）在实施控制测试时，注册会计师推断的控制有效性低于其实际有效性的风险；或在实施细节测试时，注册会计师推断某一重大错报存在而实际上不存在的风险。此类风险影响审计的效率。

也就是说，无论在控制测试还是在细节测试中，抽样风险都可以分为两种类型：一类是影响审计效果的抽样风险，另一类是影响审计效率的抽样风险。但在控制测试和细节测试中，这两类抽样风险的表现形式有所不同。

在实施控制测试时，注册会计师要关注的两类抽样风险是信赖过度风险和信赖不足风险。信赖过度风险是指推断的控制有效性高于其实际有效性的风险。信赖过度风险与审计的效果有关。如果注册会计师评估的控制有效性高于其实际有效性，从而导致评估的重大错报风险水平偏低，注册会计师可能不适当地减少从实质性程序中获取的证据，因此审计的有效性下降。对于注册会计师而言，信赖过度风险更容易导致注册会计师发表不恰当的审计意见，因而更应予以关注。相反，信赖不足风险是指推断的控制有效性低于其实际有效性的风险。信赖不足风险与审计的效率有关。当注册会计师评估的控制有效性低于其实际有效性时，评估的重大错报风险水平偏高。为了弥补注册会计师根据评估的控制有效性而对重大错报风险评估的高水平，注册会计师可能会增加不必要的实质性程序。在这种情况下，审计效率可能降低。

在实施细节测试时，注册会计师也要关注两类抽样风险：误受风险和误拒风险。误受风险是指注册会计师推断某一重大错报不存在而实际上存在的风险。如果账面金额实际上存在重大错报而注册会计师认为其没有存在重大错报，注册会计师通常会停止对该账面金额继续进行测试，并根据样本结果得出账面金额无重大错报的结论。与信赖过度风险类似，误受风险影响审计效果，容易导致注册会计师发表不恰当的审计意见，因此注册会计师更应予以关注。误拒风险是指注册会计师推断某一重大错报存在而实际上不存在的风险。与信赖不足风险类似，误拒风险也影响审计效率。如果账面金额不存在重大错报而注册会计师认为其存在重大错报，注册会计师会扩大细节测试的范围并考虑获取其他审计证据，最终注册会计师会得出恰当的结论。在这种情况下，审计效率可能降低。

只要使用了审计抽样，抽样风险总会存在。在使用统计抽样时，注册会计师可以准确地计量和控制抽样风险。在使用非统计抽样时，注册会计师无法量化抽样风险，只能根据职业判断对其进行定性的评价和控制。对特定样本而言，抽样风险与样本规模反方向变动：样本规模越小，抽样风险越大；样本规模越大，抽样风险越小。既然抽样风险只与被检查项目的数量有关，那么控制抽样风险的唯一途径就是控制样本规模。无论是控制测试还是细节测试，注册会计师都可以通过扩大样本规模降低抽样风险。如果对总体中的所有项目都实施检查，就不存在抽样风险，此时审计风险完全由非抽样风险产生。

（三）非抽样风险

非抽样风险是指由于某些与样本规模无关的因素而导致注册会计师得出错误结论的可能性。注册会计师即使对某类交易或账户余额的所有项目实施某种审计程序，也可能仍未能发现重大错报或控制失效。

在审计过程中,可能导致非抽样风险的原因包括下列情况:

(1) 注册会计师选择的总体不适合于测试目标。

(2) 注册会计师未能适当地定义控制偏差或错报,导致注册会计师未能发现样本中存在的偏差或错报。

(3) 注册会计师选择了不适于实现特定目标的审计程序。例如,注册会计师依赖应收账款函证来揭露未入账的应收账款。

(4) 注册会计师未能适当地评价审计发现的情况。例如,注册会计师错误解读审计证据可能导致没有发现误差。注册会计师对所发现误差的重要性的判断有误,从而忽略了性质十分重要的误差,也可能导致得出不恰当的结论。

(5) 其他原因。

非抽样风险是由人为错误造成的,因而可以降低、消除或防范。虽然在任何一种抽样方法中注册会计师都不能量化非抽样风险,但通过采取适当的质量控制政策和程序,对审计工作进行适当的指导、监督和复核,以及对注册会计师实务的适当改进,可以将非抽样风险降至可以接受的水平。注册会计师也可以通过仔细设计其审计程序,尽量降低非抽样风险。

第二节　审计抽样过程

审计抽样包括 7 个主要步骤:样本设计、样本规模确定、样本选取、实施审计程序、分析样本误差、推断总体误差和抽样结果评价。以下对这 7 个步骤分别进行说明:

一、样本设计

(一) 基本要求

在设计审计样本时,注册会计师应当考虑审计程序的目标和抽样总体的属性。换句话说,注册会计师首先应考虑拟实现的具体目标,并根据目标和总体的特点确定能够最好地实现该目标的审计程序组合,以及如何在实施审计程序时运用审计抽样。

(二) 总体

在实施抽样之前,注册会计师必须仔细定义总体,确定抽样总体的范围。总体可以包括构成某类交易或账户余额的所有项目,也可以只包括某类交易或账户余额中的部分项目。例如,如果应收账款中没有个别重大项目,注册会计师直接对应收账款账面余额进行抽样,则总体包括构成应收账款期末余额的所有项目。如果注册会计师已使用选取特定项目的方法将应收账款中的个别重大项目挑选出来单独测试,只对剩余的应收账款余额进行抽样,则总体只包括构成应收账款期末余额的部分项目。

注册会计师应当确保总体的适当性和完整性。也就是说,注册会计师所定义的总体应具备下列两个特征:

1. 适当性

注册会计师应确定总体适合于特定的审计目标,包括适合于测试的方向。例如,在控制测试中,如果要测试用以保证所有发运商品都已开单的控制是否有效运行,注册会计师从已开单的项目中抽取样本不能发现误差,因为该总体不包含那些已发运但未开单的项目。为发现这种误差,将所有已发运的项目作为总体通常比较适当。又如,在细节测试中,如果注册会计师的目标是测试应付账款的高估,总体可以定义为应付账款清单。但在测试应付账款的低估时,总体就不是应付账款清单,而是后来支付的证明、未付款的发票、供货商的对账单、没有销售发票对应的收货报告,或能提供低估应付账款的审计证据的其他总体。

2. 完整性

注册会计师应当从总体项目内容和涉及时间等方面确定总体的完整性。例如,如果注册会计师从档案中选取付款证明,除非确信所有的付款证明都已归档,否则注册会计师不能对该期间的所有付款证明作出结论。又如,如果注册会计师对某一控制活动在财务报告期间是否有效运行作出结论,总体应包括来自整个报告期间的所有相关项目。注册会计师也可采用其他方法,如对总体进行分层,然后只对一年中前10个月的控制活动使用审计抽样作出结论,对剩余的两个月则使用替代审计程序或单独选取样本。

注册会计师通常从代表总体的实物中选取样本项目。例如,如果注册会计师将总体定义为特定日期的所有应收账款余额,代表总体的实物就是打印的该日客户应收账款余额明细表。又如,如果总体是某一测试期间的销售收入,代表总体的实物就可能是记录在销售日记账中的销售交易,也可能是销售发票。由于注册会计师实际上是从该实物中选取样本,所有根据样本得出的结论只与该实物有关。如果代表总体的实物和总体不一致,注册会计师可能对总体作出错误的结论。因此,注册会计师必须详细了解代表总体的实物,确定代表总体的实物是否包括整个总体。注册会计师通常通过加总或计算来完成这一工作。例如,注册会计师可将发票金额总数与已记入总账的销售收入金额总数进行核对。如果注册会计师将选择的实物和总体比较之后,认为代表总体的实物遗漏了应包含在最终评价中的总体项目,注册会计师应选择新的实物,或对被排除在实物之外的项目实施替代程序。

(三) 分层

如果总体项目存在重大的变异性,注册会计师应当考虑分层。分层是指将一个总体划分为多个子总体的过程,每个子总体由一组具有相同特征(通常为货币金额)的抽样单元组成。分层的目标是减少每一层中项目的变异性,从而在不增加抽样风险的情况下减少样本规模。注册会计师可以考虑将总体分为若干个离散的具有识别特征的子总体(层),以提高审计效率。注册会计师应当仔细界定子总体,以使每一抽样单元只能属于一个层。

当实施细节测试时,注册会计师通常按照货币金额对某类交易或账户余额进行分层,以将更多的审计资源投入大额项目中。例如,在对被审计单位的财务报表进行审计时,为了函证应收账款,注册会计师可以将应收账款账户按其金额大小分为三层,即账户金额在10 000元以上的,账户金额为5 000~10 000元的,账户金额在5 000元以下的。然后,根据各层的重要性分别采取不同的选样方法。对于金额在 10 000 元以上的应收账款账户，应进行全部函证；对于金额在 5 000~10 000 元以及 5 000 元以下的应收账款账户，则可采用适当的选样方法选取进行函证的样本。注册会计师也可以按照显示较高误差风险的某一特定特征对总体进行分层。例如，在测试应收账款估价时，余额可以根据账龄分层。

对某一层中的样本项目实施审计程序的结果，只能用于推断构成该层的项目。如果对整个总体作出结论，注册会计师应当考虑与构成整个总体的其他层有关的重大错报风险。例如，在对某一账户余额进行测试时，占总体数量 20% 的项目，其金额可能占该账户余额的 90%。注册会计师只能根据该样本的结果推断至上述 90% 的金额。对于剩余 10% 的金额，注册会计师可以抽取另一个样本或使用其他收集审计证据的方法单独作出结论，或者认为其不重要而不实施审计程序。

（四）金额加权选样

在实施细节测试时，特别是测试高估时，将构成某类交易或账户余额的每一货币单位（如人民币元）作为抽样单元通常效率很高。注册会计师通常从总体中选取特定货币单位，然后检查包含这些货币单位的特定项目。使用这种方法定义抽样单元时，大额项目因被选取的机会更大而获得更多的审计资源，且样本规模降低。这种方法可以与系统选择方法结合使用，且在使用计算机辅助审计技术选取项目时效率最高。这种选样方法被称为金额加权选样（或货币单位选样、PPS 选样等）。

二、样本规模确定

样本规模是指从总体中选取样本项目的数量。在确定样本规模时，注册会计师应当考虑能否将抽样风险降至可接受的低水平。

在审计抽样中，如果样本规模过小，就不能反映出总体的特征，注册会计师就无法获取充分的审计证据，其审计结论的可靠性就会大打折扣，甚至可能得出错误的审计结论；相反，如果样本规模过大，则会增加审计工作量，造成不必要的时间和人力的浪费，降低审计效率，失去审计抽样的意义。

（一）样本规模的影响因素

在确定样本规模时，注册会计师应当考虑能否将抽样风险降至可接受的低水平。注册会计师确定样本规模受到多种因素的影响，且在控制测试和细节测试中有所不同。

1. 可接受的抽样风险

样本规模受注册会计师可接受的抽样风险水平的影响，可接受的风险水平越低，需要的样本规模越大。

在控制测试中，注册会计师主要关注抽样风险中的信赖过度风险。可接受的信赖过度风险与样本规模成反比。注册会计师愿意接受的信赖过度风险越低，样本规模通常越大。注册会计师愿意接受的信赖过度风险越高，样本规模越小。控制测试中选取的样本旨在提供关于控制运行有效性的证据。由于控制测试是控制是否有效运行的主要证据来源，因此，可接受的信赖过度风险应确定在相对较低的水平上。通常，相对较低的水平在数量上是指 5%~10% 的信赖过度风险。实务中，一般的测试是将信赖过度风险确定为 10%。

在细节测试中，注册会计师主要关注抽样风险中的误受风险。误受风险就是测试中的检查风险。根据审计风险模型，注册会计师应恰当地评估重大错报风险，并确定检查风险，以将某类交易或账户余额的审计风险控制在适当的水平。因而，在确定可接受的误受风险水平时，注册会计师需要考虑下列因素：

（1）注册会计师愿意接受的审计风险水平；

（2）评估的重大错报风险水平；

（3）针对同一审计目标（财务报表认定）的其他实质性程序的检查风险，包括分析程序。

2. 可容忍误差

可容忍误差是指注册会计师能够容忍的最大误差。在其他因素既定的条件下，可容忍误差越大，所需的样本规模越小。

在控制测试中，可容忍误差是指可容忍偏差率。可容忍偏差率是指注册会计师在不改变其计划评估的控制有效性，从而不改变其计划评估的重大错报风险水平的前提下，愿意接受的对于设定控制的最大偏差率。在确定可容忍偏差率时，注册会计师应考虑计划评估的控制有效性。计划评估的控制有效性越低，注册会计师确定的可容忍偏差率通常越高，所需的样本规模就越小。一个很高的可容忍偏差率通常意味着，控制的运行不会大大降低相关实质性测试的程度。在这种情况下，由于注册会计师预期控制运行的有效性很低，特定的控制测试可能不需进行。反之，如果注册会计师在评估认定层次重大错报风险时预期控制的运行是有效的，注册会计师必须实施控制测试。换言之，注册会计师在风险评估时越依赖控制运行的有效性，确定的可容忍偏差率越低，进行控制测试的范围越大，因而样本规模增加。

在细节测试中，可容忍误差是指可容忍错报。可容忍错报是指在不导致财务报表存在重大错报的情况下，注册会计师对各类交易、账户余额、列报确定的可接受的最大错报金额。可容忍错报的确定是以注册会计师对财务报表层次重要性水平的初步评估为基础。某账户的可容忍错报实际上就是该账户的重要性水平，它是该账户的错报与其他账户的错报汇总起来不会引起财务报表整体重大错报的最大金额。对特定的账户而言，当抽样风险一定时，如果注册会计师确定的可容忍错报降低，所需的样本规模就增加。

3. 预计总体误差

预计总体误差即注册会计师预期在审计过程中发现的误差。在控制测试中，预计总体误差是指预计总体偏差率。在细节测试中，预计总体误差是指预计总体错报额。预计总体误差越大，可容忍误差也越大。在既定的可容忍误差下，当预计总体误差增加时，所需的样本规模更大。

4. 总体变异性

总体变异性是指总体的某一特征（如金额）在各项目之间的差异程度。在控制测试中，注册会计师在确定样本规模时一般不考虑总体变异性。在细节测试中，注册会计师确定适当的样本规模时要考虑特征的变异性。总体项目的变异性越低，通常样本规模越小。注册会计师可以通过分层，将总体分为相对同质的组，以尽可能降低每一组中变异性的影响，从而减小样本规模。未分层总体具有高度变异性，其样本规模通常很大。最有效率的方法是根据预期会降低变异性的总体项目特征进行分层。在细节测试中分层的依据通常包括项目的账面金额，与项目处理有关的控制的性质，或与特定项目（如更可能包含错报的那部分总体项目）有关的特殊考虑等。分组后的每一组总体被称为一层，每层分别独立选取样本。

5. 总体规模

除非总体非常小，一般而言，总体规模对样本规模的影响几乎为零。注册会计师通常将抽样单元超过 5 000 个的总体视为大规模总体。对大规模总体而言，总体的实际容量对样本规模几乎没有影响。对小规模总体而言，审计抽样比其他选择测试项目的方法的效率低。

表 8-1 列示了审计抽样中影响样本规模的因素，并分别说明了这些影响因素在控制测试和细节测试中的表现形式。

表 8-1 影响样本规模的因素

影响因素	控制测试	细节测试	与样本规模的关系
可接受的抽样风险	可接受的信赖过度风险	可接受的误受风险	反向变动
可容忍误差	可容忍偏差率	可容忍错报	反向变动
预计总体误差	预计总体偏差率	预计总体错报	同向变动
总体变异性		总体变异性	同向变动
总体规模	总体规模	总体规模	影响很小

（二）确定样本规模的方法

使用统计抽样方法时，注册会计师必须对影响样本规模的因素进行量化，并利用根据统计公式开发的专门的计算机程序或专门的样本量表来确定样本规模。在非统计抽样中，注册会计师可以只对影响样本规模的因素进行定性的估计，并运用职业判断确定样本规模。

三、样本选取

（一）基本要求

在选取样本项目时，注册会计师应当使总体中的所有抽样单元均有被选取的机会。使所有抽样单元都有被选取的机会是审计抽样的基本特征之一。因此，不管使用统计抽样方法还是非统计抽样方法，所有的审计抽样均要求注册会计师选取的样本对总体来讲具有代表性，否则就无法根据样本结果推断总体。

（二）样本选取的基本方法

选取样本的基本方法，包括使用随机数表或计算机辅助审计技术选样、系统选样和随意选样三种。

1. 使用随机数表或计算机辅助审计技术选样

使用随机数表或计算机辅助审计技术选样又称随机数选样。使用随机数选样需以总体

中的每一项目都有不同的编号为前提。注册会计师可以使用计算机生成的随机数，如电子表格程序、随机数码生成程序、通用审计软件程序等计算机程序产生的随机数，也可以使用随机数表获得所需的随机数。

随机数是一组从长期来看出现概率相同的数码，且不会产生可识别的模式。随机数表也称乱数表，它是由随机生成的从0到9十个数字所组成的数表，每个数字在表中出现的次数大致相同，它们出现在表上的顺序是随机的。表8-2就是五位随机数表的一部分。应用随机数表选样的步骤如下：

（1）对总体项目进行编号，建立总体中的项目与表中数字的一一对应关系。一般情况下，编号可利用总体项目中原有的某些编号，如凭证号、支票号、发票号等。在没有事先编号的情况下，注册会计师需按一定的方法进行编号。如由40页每页50行组成的应收账款明细表可采用四位数字编号，前两位由01到40的整数组成，表示该记录在明细表中的页数，后两位数字由01到50的整数组成，表示该记录的行次。这样，编号0534表示第5页第34行的记录。所需使用的随机数的位数一般由总体项目数或编号位数决定。如前例中可采用4位随机数表，也可以使用5位随机数表的前4位数字或后4位数字。

（2）确定连续选取随机数的方法，即从随机数表中选择一个随机起点和一个选号路线，随机起点和选号路线可以任意选择，但一经选定就不得改变。从随机数表中任选一行或任何一栏开始，按照一定的方向（上下左右均可）依次查找符合总体项目编号要求的数字，即为选中的号码，与此号码相对应的总体项目即为选取的样本项目，一直到选足所需的样本量为止。例如，从前述应收账款明细表的2 000个记录中选择10个样本，总体编号规则如前所述，即前两位数字不能超过40，后两位数字不能超过50。如从表8-2第一行第一列开始，使用前四位随机数，逐行向右查找，则选中的样本为编号3204、0741、0903、0941、3815、2216、0141、3723、0550、3748的10个记录。

表8-2　随机数表

行	列									
	1	2	3	4	5	6	7	8	9	10
1	32044	69037	29655	92114	81034	40582	01584	77184	85762	46505
2	23821	96070	82592	81642	08971	07411	09037	81530	56195	98425
3	82383	94987	66441	28677	95961	78346	37916	09416	42438	48432
4	68310	21792	71635	86089	38157	95620	96718	79554	50209	17705
5	94856	76940	22165	01414	01413	37231	05509	37489	56459	52983
6	95000	61958	83430	98250	70030	05436	74814	45978	09277	13827
7	20764	64638	11359	32556	89822	02713	81293	52970	25080	33555
8	71401	17964	50940	95753	34905	93566	36318	79530	51105	26952
9	38464	75707	16750	61371	01523	69205	32122	03436	14489	02086
10	59442	59247	74955	82835	98378	83513	47870	20795	01352	89906

随机数选样不仅使总体中每个抽样单元被选取的概率相等,而且使相同数量的抽样单元组成的每种组合被选取的概率相等。这种方法在统计抽样和非统计抽样中均适用。由于统计抽样要求注册会计师能够计量实际样本被选取的概率,这种方法尤其适合于统计抽样。

2. 系统选样

系统选样也称等距选样,是指按照相同的间隔从审计对象总体中等距离地选取样本的一种选样方法。采用系统选样法,首先要计算选样间距,确定选样起点,然后再根据间距顺序地选取样本。选样间距的计算公式如下:

$$选样间距 = 总体规模 \div 样本规模$$

例如,如果销售发票的总体范围是 652~3 151,设定的样本量是 125,那么选样间距为 20〔(3 152-652)÷125〕。注册会计师必须从 0 到 19 中选取一个随机数作为抽样起点。如果随机选择的数码是 9,那么第一个样本项目是发票号码为 661(652+9)的那一张,其余的 124 个项目是 681(661+20),701(681+20)……以此类推,直至第 3141 号。

系统选样方法的主要优点是使用方便,比其他选样方法节省时间,并可用于无限总体。此外,使用这种方法时,对总体中的项目不需要编号,注册会计师只要简单数出每一个间距即可。但是,使用系统选样方法要求总体必须是随机排列的,否则容易发生较大的偏差,造成非随机的、不具代表性的样本。如果测试项目的特征在总体内的分布具有某种规律性,则选择的样本的代表性可能较差。例如,应收账款明细表每页的记录均以账龄的长短按先后次序排列,则选中的 200 个样本可能多数是账龄相同的记录。

为克服系统选样法的这一缺点,可采用两种办法,一是增加随机起点的个数;二是在确定选样方法之前对总体特征的分布进行观察。如发现总体特征的分布呈随机分布,则采用系统选样法,否则可考虑使用其他选样方法。

系统选样可以在非统计抽样中使用,在总体随机分布时也可适用于统计抽样。

3. 随意选样

随意选样也叫任意选样,是指注册会计师不带任何偏见地选取样本,即注册会计师不考虑样本项目的性质、大小、外观、位置或其他特征而选取总体项目。随意选样的主要缺点在于很难完全无偏见地选取样本项目,即这种方法难以彻底排除注册会计师的个人偏好对选取样本的影响,因而很可能使样本失去代表性。由于文化背景和所受训练等的不同,每个注册会计师都可能无意识地带有某种偏好。例如,从发票柜中取发票时,某些注册会计师可能倾向于抽取柜子中间位置的发票,这样就会使柜子上面部分和下面部分的发票缺乏相等的选取机会。因此,在运用随意选样方法时,注册会计师要避免由于项目性质、大小、外观和位置等的不同所引起的偏见,尽量使所选取的样本具有代表性。

三种基本方法均可选出代表性样本,但随机数选样和系统选样属于随机基础选样方法,即对总体的所有项目按随机规则选取样本,因而可以在统计抽样中使用,当然也可以在非统计抽样中使用。而随意选样虽然也可以选出代表性样本,但它属于非随机基础选样方法,因而不能在统计抽样中使用,只能在非统计抽样中使用。

四、实施审计程序

注册会计师应当针对选取的每个项目,实施适合于具体审计目标的审计程序。对选取的样本项目实施审计程序旨在发现并记录样本中存在的误差。

如果选取的项目不适合实施审计程序,注册会计师通常使用替代项目。例如,注册会计师在测试付款是否得到授权时选取的付款单据中可能包括一个空白的付款单。如果注册会计师确信该空白付款单是合理的且不构成误差,可以适当选择一个替代项目进行检查。

注册会计师通常对每一样本项目实施适合于特定审计目标的审计程序。有时,注册会计师可能无法对选取的抽样单元实施计划的审计程序(如由于原始单据丢失等原因)。注册会计师对未检查项目的处理取决于未检查项目对评价样本结果的影响。如果注册会计师对样本结果的评价不会因为未检查项目可能存在错报而改变,就不需对这些项目进行检查。如果未检查项目可能存在的错报会导致该类交易或账户余额存在重大错报,注册会计师就要考虑实施替代程序,为形成结论提供充分的证据。例如,对应收账款的积极式函证没有收到回函时,注册会计师必须审查期后收款的情况,以证实应收账款的余额。注册会计师也要考虑无法对这些项目实施检查的原因是否会影响计划的重大错报风险评估水平或对舞弊风险的评估。如果注册会计师无法或者没有执行替代审计程序,则应将该项目视为一项误差。

五、分析误差的性质和原因

注册会计师应当考虑样本的结果、已识别的所有误差的性质和原因,及其对具体审计目标和审计的其他方面可能产生的影响。

无论是统计抽样还是非统计抽样,对样本结果的定性评估和定量评估一样重要。即使样本的统计评价结果在可以接受的范围内,注册会计师也应对样本中的所有误差(包括控制测试中的控制偏差和细节测试中的金额错报)进行定性分析。

六、推断总体误差

在实施控制测试时,由于样本的误差率就是整个总体的推断误差率,注册会计师无须推断总体误差率。

在控制测试中,注册会计师将样本中发现的偏差数量除以样本规模,就计算出样本偏差率。无论使用统计抽样或非统计抽样方法,样本偏差率都是注册会计师对总体偏差率的最佳估计,但注册会计师必须考虑抽样风险。

当实施细节测试时,注册会计师应当根据样本中发现的误差金额推断总体误差金额,并考虑推断误差对特定审计目标及审计的其他方面的影响。

七、评价样本结果

注册会计师应当评价样本结果,以确定对总体相关特征的评估是否得到证实或需要修正。

1. 控制测试中的样本结果评价

在控制测试中,注册会计师应当将总体偏差率与可容忍偏差率相比较,但必须考虑抽样风险。

(1) 统计抽样。在统计抽样中,注册会计师通常使用表格或计算机程序计算抽样风险。用以评价抽样结果的大多数计算机程序都能根据样本规模、样本结果,计算在注册会计师确定的信赖过度风险条件下可能发生的偏差率上限的估计值。该偏差率上限的估计值即总体偏差率与抽样风险允许限度之和。

如果估计的总体偏差率上限低于可容忍偏差率,则总体可以接受。这时注册会计师对总体作出结论,样本结果支持计划评估的控制有效性,从而支持计划的重大错报风险评估水平。

如果估计的总体偏差率上限大于或等于可容忍偏差率,则总体不能接受。这时注册会计师对总体作出结论,样本结果不支持计划评估的控制有效性,从而不支持计划的重大错报风险评估水平。此时注册会计师应当修正重大错报风险评估水平,并增加实质性程序的数量。注册会计师也可以对影响重大错报风险评估水平的其他控制进行测试,以支持计划的重大错报风险评估水平。

如果估计的总体偏差率上限低于但接近可容忍偏差率,注册会计师应当结合其他审计程序的结果,考虑是否接受总体,并考虑是否需要扩大测试范围,以进一步证实计划评估的控制有效性和重大错报风险水平。

(2) 非统计抽样。在非统计抽样中,抽样风险无法直接计量,注册会计师通常将样本偏差率(即估计的总体偏差率)与可容忍偏差率相比较,以判断总体是否可以接受。

如果样本偏差率大于可容忍偏差率,则总体不能接受。这时注册会计师对总体作出结论,样本结果不支持计划评估的控制有效性,从而不支持计划的重大错报风险评估水平。因此,注册会计师应当修正重大错报风险评估水平,并增加实质性程序的数量。注册会计师也可以对影响重大错报风险评估水平的其他控制进行测试,以支持计划的重大错报风险评估水平。

如果样本偏差率低于总体的可容忍偏差率,注册会计师要考虑即使总体实际偏差率高于可容忍偏差率时仍出现这种结果的风险。如果样本偏差率大大低于可容忍偏差率,注册会计师通常认为总体可以接受。如果样本偏差率虽然低于可容忍偏差率,但两者很接近,注册会计师通常认为总体实际偏差率高于可容忍偏差率的抽样风险很高,因而总体不可接受。如果样本偏差率与可容忍偏差率之间的差额不是很大也不是很小,以至于不能认定总体是否可以接受时,注册会计师则要考虑扩大样本规模,以进一步收集证据。

2. 细节测试中的样本结果评价

在细节测试中,注册会计师首先必须根据样本中发现的实际错报要求被审计单位调整账面记录金额。将被审计单位已更正的错报从推断的总体错报金额中减掉后,注册会计师应当将调整后的推断总体错报与该类交易或账户余额的可容忍错报相比较,但必须考虑抽样风险。

(1) 统计抽样。在统计抽样中,注册会计师利用计算机程序或数学公式计算出总体错报上限,并将计算的总体错报上限与可容忍错报比较。计算的总体错报上限等于推断的总

体错报（调整后）与抽样风险允许限度之和。

如果计算的总体错报上限低于可容忍错报，则总体可以接受。这时注册会计师对总体作出结论，所测试的交易或账户余额不存在重大错报。

如果计算的总体错报上限大于或等于可容忍错报，则总体不能接受。这时注册会计师对总体作出结论，所测试的交易或账户余额存在重大错报。在评价财务报表整体是否存在重大错报时，注册会计师应将该类交易或账户余额的错报与其他审计证据一起考虑。通常，注册会计师会建议被审计单位对错报进行调查，且在必要时调整账面记录。

（2）非统计抽样。在非统计抽样中，注册会计师运用其经验和职业判断评价抽样结果。如果调整后的总体错报大于可容忍错报，或虽小于可容忍错报但两者很接近，注册会计师通常作出总体实际错报大于可容忍错报的结论。也就是说，该类交易或账户余额存在重大错报，因而总体不能接受。如果对样本结果的评价显示，对总体相关特征的评估需要修正，注册会计师可以单独或综合采取下列措施：①提请管理层对已识别的误差和存在更多误差的可能性进行调查，并在必要时予以调整；②修改进一步审计程序的性质、时间和范围；③考虑对审计报告的影响。

如果调整后的总体错报远远小于可容忍错报，注册会计师可以作出总体实际错报小于可容忍错报的结论，即该类交易或账户余额不存在重大错报，因而总体可以接受。

如果调整后的总体错报虽然小于可容忍错报但两者之间的差距很接近（既不很小又不很大），注册会计师必须特别仔细地考虑总体实际错报超过可容忍错报的风险是否能够接受，并考虑是否需要扩大细节测试的范围，以获取进一步的证据。

第三节　审计抽样在控制测试中的运用

实施控制测试时，注册会计师可能使用统计抽样方法，也可能使用非统计抽样方法。本节主要介绍统计抽样方法在控制测试中的运用。注册会计师在统计抽样中通常使用的抽样方法有三种：固定样本量抽样、停走抽样和发现抽样。

一、固定样本量抽样

在固定样本量抽样中，注册会计师对一个确定规模的样本实施检查，且等到某一确定规模的样本全部选取、审查完以后，才作出审计结论。

（一）确定样本规模

1. 使用统计公式计算样本规模

在基于泊松分布的统计模型中，样本量的计算公式如下：

$$样本量(n) = \frac{可接受的信赖过度风险系数(R)}{可容忍偏差率(TR)}$$

其中，分子"可接受的信赖过度风险系数"取决于特定的信赖过度风险和预期将出现的偏差的个数，它可在泊松分布表中查得。表8-3列示了在控制测试中常用的风险系数。

表 8-3 控制测试中常用的风险系数表

预期发生偏差的数量	信赖过度风险 5%	信赖过度风险 10%
0	3.0	2.3
1	4.8	3.9
2	6.3	5.3
3	7.8	6.7
4	9.2	8.0
5	10.5	9.3
6	11.9	10.6
7	13.2	11.8
8	14.5	13.0
9	15.7	14.2
10	17.0	15.4

本例中，注册会计师确定的可容忍信赖过度风险为10%，可容忍偏差率7%，并预期至多发现一例偏差。应用公式可计算出所需的样本量为56，具体计算如下：

$$n = \frac{R}{TR} = \frac{可接受的信赖过度风险系数}{可容忍偏差率} = \frac{3.9}{0.07} = 56$$

其中，风险系数3.9是根据预期的偏差1、信赖过度风险10%从表8-3中查得的。

2. 使用样本量表确定样本规模

表8-4和表8-5分别提供了在控制测试中确定的可接受信赖过度风险为5%和10%时所使用的样本量表。如果注册会计师需要其他信赖过度风险水平的抽样规模，必须使用其他统计抽样参考资料中的表格或计算机程序。

表 8-4 控制测试中统计抽样样本规模——信赖过度风险5%
（括号内是可接受的偏差数）

预计总体偏差率(%)	2%	3%	4%	5%	6%	7%	8%	9%	10%	15%	20%
0.00	149 (0)	99 (0)	74 (0)	59 (0)	49 (0)	42 (0)	36 (0)	32 (0)	29 (0)	19 (0)	14 (0)
0.25	236 (1)	157 (1)	117 (1)	93 (1)	78 (1)	66 (1)	58 (1)	51 (1)	46 (1)	30 (1)	22 (1)
0.50	*	157 (1)	117 (1)	93 (1)	78 (1)	66 (1)	58 (1)	51 (1)	46 (1)	30 (1)	22 (1)
0.75	*	208 (2)	117 (1)	93 (1)	78 (1)	66 (1)	58 (1)	51 (1)	46 (1)	30 (1)	22 (1)
1.00	*	*	156 (2)	93 (1)	78 (1)	66 (1)	58 (1)	51 (1)	46 (1)	30 (1)	22 (1)

续表

预计总体偏差率(%)	可容忍偏差率										
	2%	3%	4%	5%	6%	7%	8%	9%	10%	15%	20%
1.25	*	*	156 (2)	124 (2)	78 (1)	66 (1)	58 (1)	51 (1)	46 (1)	30 (1)	22 (1)
1.50	*	*	192 (3)	124 (2)	103 (2)	66 (1)	58 (1)	51 (1)	46 (1)	30 (1)	22 (1)
1.75	*	*	227 (4)	153 (3)	103 (2)	88 (2)	77 (2)	51 (1)	46 (1)	30 (1)	22 (1)
2.00	*	*	*	181 (4)	127 (3)	88 (2)	77 (2)	68 (2)	46 (1)	30 (1)	22 (1)
2.25	*	*	*	208 (5)	127 (3)	88 (2)	77 (2)	68 (2)	61 (2)	30 (1)	22 (1)
2.50	*	*	*	*	150 (4)	109 (3)	77 (2)	68 (2)	61 (2)	30 (1)	22 (1)
2.75	*	*	*	*	173 (5)	109 (3)	95 (3)	68 (2)	61 (2)	30 (1)	22 (1)
3.00	*	*	*	*	195 (6)	129 (4)	95 (3)	84 (3)	61 (2)	30 (1)	22 (1)
3.25	*	*	*	*	*	148 (5)	112 (4)	84 (3)	61 (2)	30 (1)	22 (1)
3.50	*	*	*	*	*	167 (6)	112 (4)	84 (3)	76 (3)	40 (2)	22 (1)
3.75	*	*	*	*	*	185 (7)	129 (5)	100 (4)	76 (3)	40 (2)	22 (1)
4.00	*	*	*	*	*	*	146 (6)	100 (4)	89 (4)	40 (2)	22 (1)
5.00	*	*	*	*	*	*	*	158 (8)	116 (6)	40 (2)	30 (2)
6.00	*	*	*	*	*	*	*	*	179 (11)	50 (3)	30 (2)
7.00	*	*	*	*	*	*	*	*	*	68 (5)	37 (3)

*样本规模太大,因而在多数情况下不符合成本效益原则。
注:本表假设总体为大总体。
来源:AICPA AuditandAccountingGuide:AuditSampling(2005)

表 8-5 控制测试中统计抽样样本规模——信赖过度风险 10%
(括号内是可接受的偏差数)

预计总体偏差率(%)	可容忍偏差率										
	2%	3%	4%	5%	6%	7%	8%	9%	10%	15%	20%
0.00	114 (0)	76 (0)	57 (0)	45 (0)	38 (0)	32 (0)	28 (0)	25 (0)	22 (0)	15 (0)	11 (0)
0.25	194 (1)	129 (1)	96 (1)	77 (1)	64 (1)	55 (1)	48 (1)	42 (1)	38 (1)	25 (1)	18 (1)
0.50	194 (1)	129 (1)	96 (1)	77 (1)	64 (1)	55 (1)	48 (1)	42 (1)	38 (1)	25 (1)	18 (1)
0.75	265 (2)	129 (1)	96 (1)	77 (1)	64 (1)	55 (1)	48 (1)	42 (1)	38 (1)	25 (1)	18 (1)
1.00	*	176 (2)	96 (1)	77 (1)	64 (1)	55 (1)	48 (1)	42 (1)	38 (1)	25 (1)	18 (1)
1.25	*	221 (3)	132 (2)	77 (1)	64 (1)	55 (1)	48 (1)	42 (1)	38 (1)	25 (1)	18 (1)
1.50	*	*	132 (2)	105 (2)	64 (1)	55 (1)	48 (1)	42 (1)	38 (1)	25 (1)	18 (1)

续表

预计总体偏差率(%)	可容忍偏差率									
	2%	3%	4%	5%	6%	7%	8%	9%	10%	15%	20%
1.75	*	*	166（3）	105（2）	88（2）	55（1）	48（1）	42（1）	38（1）	25（1）	18（1）
2.00	*	*	198（4）	132（3）	88（2）	75（2）	48（1）	42（1）	38（1）	25（1）	18（1）
2.25	*	*	*	132（3）	88（2）	75（2）	65（2）	42（2）	38（2）	25（1）	18（1）
2.50	*	*	*	158（4）	110（3）	75（2）	65（2）	58（2）	38（2）	25（1）	18（1）
2.75	*	*	*	209（6）	132（4）	94（3）	65（2）	58（2）	52（2）	25（1）	18（1）
3.00	*	*	*	*	132（4）	94（3）	65（2）	58（2）	52（2）	25（1）	18（1）
3.25	*	*	*	*	153（5）	113（4）	82（3）	58（2）	52（2）	25（1）	18（1）
3.50	*	*	*	*	194（7）	113（4）	82（3）	73（3）	52（2）	25（1）	18（1）
3.75	*	*	*	*	*	131（5）	98（4）	73（3）	52（2）	25（1）	18（1）
4.00	*	*	*	*	*	149（6）	98（4）	73（3）	65（3）	25（1）	18（1）
5.00	*	*	*	*	*	*	160（8）	115（6）	78（4）	34（2）	18（1）
6.00	*	*	*	*	*	*	*	182（11）	116（7）	43（3）	25（2）
7.00	*	*	*	*	*	*	*	*	199（14）	52（4）	25（2）

＊样本规模太大，因而在大多数情况下不符合成本效益原则。
注：本表假设总体为大总体。
来源：AICPA Audit and Accounting Guide：Audit Sampling（2005）

注册会计师根据可接受的信赖过度风险选择相应的抽样规模表，然后读取预计总体偏差率栏找到适当的比率。接下来，注册会计师确定与可容忍偏差率对应的列。可容忍偏差率所在列与预计总体偏差率所在行的交点就是所需的样本规模。本例中，如前所述，注册会计确定的可接受信赖过度风险为10%，可容忍偏差率为7%，预计总体偏差率为1.75%。在信赖过度风险为10%时所使用的表8-5中，7%可容忍偏差率与1.75%预计总体偏差率的交叉处为55，即所需的样本规模为55，近似于前面利用公式所计算的56。

（二）推断总体误差

1. 计算总体偏差率

将样本中发现的偏差数量除以样本规模，就计算出样本偏差率。样本偏差率是注册会计师对总体偏差率的最佳估计，在控制测试中无须另外推断总体偏差率。但注册会计师还必须考虑抽样风险。

2. 考虑抽样风险

实务中，注册会计师使用统计抽样方法时通常使用公式、表格或计算机程序直接计算在确定的信赖过度风险水平下可能发生的偏差率上限，即估计的总体偏差率与抽样风险允

许限度之和。

（1）使用统计公式评价样本结果。假定本例中，注册会计师对 56 个项目实施了既定的审计程序，且未发现偏差，则在既定的可接受信赖过度风险下，根据样本结果计算总体最大偏差率如下：

$$总体偏差率上限(MDR) = \frac{R}{n} = \frac{风险系数}{样本量} = \frac{2.3}{56} = 4.1\%$$

其中，风险系数根据可接受的信赖过度风险为 10%，且偏差数量为 0，在表 8-3 中查得为 2.3。

这意味着，如果样本量为 56 且无一例偏差，总体实际偏差率超过 4.1% 的风险为 10%，即有 90% 的把握保证总体实际偏差率不超过 4.1%。由于注册会计师确定的可容忍偏差率为 7%，因此可得出结论，总体的实际偏差率超过可容忍偏差率的风险很小，总体可以接受。也就是说，样本结果证实注册会计师对控制运行有效性的估计和评估的重大错报风险水平是适当的。

如果在 56 个样本中有两个偏差，则在既定的可接受信赖过度风险下，按照公式计算的总体偏差率上限如下：

$$总体偏差率上限(MDR) = \frac{R}{n} = \frac{风险系数}{样本量} = \frac{5.3}{56} = 9.5\%$$

这意味着，如果样本量为 56 且有两个偏差，总体实际偏差率超过 9.5% 的风险为 10%。在可容忍偏差率为 7% 的情况下，注册会计师可以作出结论，总体的实际偏差率超过可容忍偏差率的风险很大，因而不能接受总体。也就是说，样本结果不支持注册会计师对控制运行有效性的估计和评估的重大错报风险水平。注册会计师应当扩大控制测试范围，以证实初步评估结果，或提高重大错报风险评估水平，并增加实质性程序的数量，或者对影响重大错报风险评估水平的其他控制进行测试，以支持计划的重大错报风险评估水平。

（2）使用样本结果评价表。注册会计师也可以使用样本结果评价表评价统计抽样的结果。表 8-6 和表 8-7 分别列示了可接受的信赖过度风险为 5% 和 10% 时的总体偏差率上限。

表 8-6　控制测试中统计抽样结果评价——信赖过度风险 5% 时的偏差率上限

样本规模	实际发现的偏差数										
	0	1	2	3	4	5	6	7	8	9	10
25	11.3	17.6	*	*	*	*	*	*	*	*	*
30	9.5	14.9	19.6	*	*	*	*	*	*	*	*
35	8.3	12.9	17.0	*	*	*	*	*	*	*	*
40	7.3	11.4	15.0	18.3	*	*	*	*	*	*	*
45	6.5	10.2	13.4	16.4	19.2	*	*	*	*	*	*

续表

样本规模	实际发现的偏差数											
	0	1	2	3	4	5	6	7	8	9	10
50	5.9	9.2	12.1	14.8	17.4	19.9	*	*	*	*	*
55	5.4	8.4	11.1	13.5	15.9	18.2	*	*	*	*	*
60	4.9	7.7	10.2	12.5	14.7	16.8	18.8	*	*	*	*
65	4.6	7.1	9.4	11.5	13.6	15.5	17.4	19.3	*	*	*
70	4.2	6.6	8.8	10.8	12.6	14.5	16.3	18.0	19.7	*	*
75	4.0	6.2	8.2	10.1	11.8	13.6	15.2	16.9	18.5	20.0	*
80	3.7	5.8	7.7	9.5	11.1	12.7	14.3	15.9	17.4	18.9	*
90	3.3	5.2	6.9	8.4	9.9	11.4	12.8	14.2	15.5	16.8	18.2
100	3.0	4.7	6.2	7.6	9.0	10.3	11.5	12.8	14.0	15.2	16.4
125	2.4	3.8	5.0	6.1	7.2	8.3	9.3	10.3	11.3	12.3	13.2
150	2.0	3.2	4.2	5.1	6.0	6.9	7.8	8.6	9.5	10.3	11.1
200	1.5	2.4	3.2	3.9	4.6	5.2	5.9	6.5	7.2	7.8	8.4

*超过20%。
注：本表以百分比表示偏差率上限。本表假设总体足够大。
来源：AICPA Audit and Accounting Guide：Audit Sampling（2005）

表8-7 控制测试中统计抽样结果评价——信赖过度风险10%时的偏差率上限

样本规模	实际发现的偏差数											
	0	1	2	3	4	5	6	7	8	9	10
20	10.9	18.1	*	*	*	*	*	*	*	*	*
25	8.8	14.7	19.9	*	*	*	*	*	*	*	*
30	7.4	12.4	16.8	*	*	*	*	*	*	*	*
35	6.4	10.7	14.5	18.1	*	*	*	*	*	*	*
40	5.6	9.4	12.8	16.0	19.0	*	*	*	*	*	*
45	5.0	8.4	11.4	14.3	17.0	19.7	*	*	*	*	*
50	4.6	7.6	10.3	12.9	15.4	17.8	*	*	*	*	*
55	4.1	6.9	9.4	11.8	14.1	16.3	18.4	*	*	*	*
60	3.8	6.4	8.7	10.8	12.9	15.0	16.9	18.9	*	*	*
70	3.3	5.5	7.5	9.3	11.1	12.9	14.6	16.3	17.9	19.6	*
80	2.9	4.8	6.6	8.2	9.8	11.3	12.8	14.3	15.8	17.2	18.6
90	2.6	4.3	5.9	7.3	8.7	10.1	11.5	12.8	14.1	15.4	16.6
100	2.3	3.9	5.3	6.6	7.9	9.1	10.3	11.5	12.7	13.9	15.0

续表

样本规模	实际发现的偏差数										
	0	1	2	3	4	5	6	7	8	9	10
120	2.0	3.3	4.4	5.5	6.6	7.6	8.7	9.7	10.7	11.6	12.6
160	1.5	2.5	3.3	4.2	5.0	5.8	6.5	7.3	8.0	8.8	9.5
200	1.2	2.0	2.7	3.4	4.0	4.6	5.3	5.9	6.5	7.1	7.6

* 超过 20%。
注：本表以百分比表示偏差率上限。本表假设总体足够大。
来源：AICPA AuditandAccountingGuide：AuditSampling（2005）

本例中，注册会计师应当选择可接受的信赖过度风险为 10%的表（即表 8-7）评价样本结果。样本规模为 56，注册会计师可以选择样本规模为 55 的那一行。当样本中未发现偏差时，应选择偏差数为 0 的那一列，两者交叉处的 4.1%即为总体的偏差率上限，与利用公式计算的结果 4.1%相等。此时，由于总体偏差率上限小于本例中的可容忍偏差率 7%，总体可以接受。也就是说，样本结果证实注册会计师对控制运行有效性的估计和评估的重大错报风险水平是适当的。

当样本中发现两个偏差时，应选择偏差数为 2 的那一列，两者交叉处的 9.4%即为总体的偏差率上限，与利用公式计算的结果 9.5%相近。此时，总体偏差率上限大于可容忍偏差率，因此不能接受总体。也就是说，样本结果不支持注册会计师对控制运行有效性的估计和评估的重大错报风险水平，注册会计师应当扩大控制测试范围，以证实初步评估结果，或提高重大错报风险评估水平，并增加实质性程序的数量，或者对影响重大错报风险评估水平的其他控制进行测试，以支持计划的重大错报风险评估水平。

3. 分析偏差的性质和原因

除了评价偏差发生的频率之外，注册会计师还要对偏差进行定性分析，即分析偏差的性质和原因。

二、停走抽样

停走抽样是固定样本量抽样的一种特殊形式。采用固定样本量抽样时，如果预计总体偏差率大大高于实际偏差率，其结果将是选取了过多的样本，降低了审计工作效率。停走抽样从预计总体偏差率为零开始，通过边抽样边评估来完成审计工作。注册会计师先抽取一定量的样本进行审查，如果结果可以接受，就停止抽样得出结论；如果结果不能接受，就扩大样本量继续审查，直至得出结论。

停走抽样通常由 2 到 4 组抽样单元组成。注册会计师根据既定的信赖过度风险、可容忍偏差率和预计总体偏差率，确定每组抽样单元的规模（通常使用计算机程序或表格）。注册会计师首先对第一组抽样单元实施检查，然后根据检查结果确定是在不扩大检查范围的情况下接受计划的重大错报风险评估水平，还是不扩大检查范围而提高计划的重大错报风险评估水平，或者因为没有获取充分的信息确定计划的重大错报风险水平是否有保证而决定扩大检查范围。

假定可容忍偏差率为 5%，信赖过度风险为 10%，预计总体偏差率为 0.5%。表 8-8 列示了一个四步的停走抽样计划。

表 8-8 四步停走抽样计划

组	抽样单元数量	累计抽样单元数量	如果累计偏差为下列数量，则		
			接受重大错报风险计划评估水平	继续抽样（转入下一步）	提高重大错报风险计划评估水平
1	50	50	0	1~3	4
2	51	101	1	2~3	4
3	51	152	2	3	4
4	51	203	3	不适用	4

本例中，如果注册会计师发现 4 个偏差，就停止检查抽样单元，并提高计划的重大错报风险评估水平。如果在第一组 50 个抽样单元中没有发现偏差，注册会计师就不需检查更多的样本单元，认为样本支持计划的控制信赖程度和重大错报风险评估水平。如果第一组抽样单元中存在 1 个、2 个或 3 个偏差，注册会计师就应当对下一组抽样单元进行检查。注册会计师继续对后面组中的抽样单元进行检查，直到样本结果支持或不支持计划的重大错报风险评估水平。例如，如果第一组存在 3 个偏差，后面的三组抽样单元必须在检查后没有发现额外的偏差，才能支持计划的重大错报风险评估水平。

停走抽样使注册会计师在预计总体偏差率较低时可以尽量减小样本规模。但注册会计师可能发现，如果在停走抽样中需要对所有抽样单元进行检查，其审计成本可能大于控制测试所减少的实质性程序的成本。因此，有时注册会计师在完成所有步骤之前决定停止停走抽样。例如，在表 8-8 的四步停走抽样中，如果第二组中发现了 2 个或 3 个偏差，注册会计师可能决定停止检查。在这种情况下，注册会计师可能认为所减少的实质性程序可能难以补偿对最多可达 102 个的抽样单元进行额外检查所增加的审计成本。

三、发现抽样

发现抽样是固定样本量抽样的另一种特殊形式，与固定样本量抽样的不同之处在于，发现抽样将预计总体偏差率直接定为 0%，并根据可接受信赖过度风险和可容忍偏差率一起确定样本量。在对选出的样本进行审查时，一旦发现一个偏差，就立即停止抽样。如果在样本中没有发现偏差，则可以得出总体可以接受的结论。发现抽样适合于查找重大舞弊或非法行为。

第四节 审计抽样在细节测试中的运用

实施细节测试时，注册会计师可能使用统计抽样方法，也可能使用非统计抽样方法。本节主要介绍统计抽样方法在细节测试中的运用。注册会计师在细节测试中使用的统计抽

样方法主要包括传统变量抽样和概率比例规模抽样法（简称"PPS抽样"）。

一、传统变量抽样

传统变量抽样主要包括三种具体的方法：均值估计抽样、差额估计抽样和比率估计抽样。

1. 均值估计抽样

均值估计抽样是指通过抽样审查确定样本的平均值，再根据样本平均值推断总体的平均值和总值的一种变量抽样方法。使用这种方法时，注册会计师先计算样本中所有项目审定金额的平均值，然后用这个样本平均值乘以总体规模，得出总体金额的估计值。总体估计金额和总体账面金额之间的差额就是推断的总体错报。例如，注册会计师从总体规模为1 000、账面金额为1 000 000元的存货项目中选择了200个项目作为样本。在确定了正确的采购价格并重新计算了价格与数量的乘积之后，注册会计师将200个样本项目的审定金额加总后除以200，确定样本项目的平均审定金额为980元。然后计算估计的存货余额为980 000元（980元×1 000）。推断的总体错报就是20 000元（1 000 000元－980 000元）。

2. 差额估计抽样

差额估计抽样是以样本实际金额与账面金额的平均差额来估计总体实际金额与账面金额的平均差额，然后再以这个平均差额乘以总体规模，从而求出总体的实际金额与账面金额的差额（即总体错报）的一种方法。差额估计抽样的计算公式如下：

$$平均错报 = \frac{样本实际金额 - 账面金额}{样本规模}$$

$$推断的总体错报 = 平均错报 \times 总体规模$$

使用这种方法时，注册会计师先计算样本项目的平均错报，然后根据这个样本平均错报推断总体。例如，注册会计师从总体规模为1 000的存货项目中选取了200个项目进行检查。总体的账面金额总额为1 040 000元。注册会计师逐一比较200个样本项目的审定金额和账面金额，并将账面金额（208 000元）和审定金额（196 000元）之间的差异加总，本例中为12 000元。12 000元的差额除以样本项目个数200，得到样本平均错报60元。然后注册会计师用这个平均错报乘以总体规模，计算出总体错报为60 000元（60元×1 000）。

3. 比率估计抽样

比率估计抽样是指以样本的实际金额与账面金额之间的比率关系来估计总体实际金额与账面金额之间的比率关系，然后再以这个比率去乘总体的账面金额，从而求出估计的总体实际金额的一种抽样方法。比率估计抽样法的计算公式如下：

$$比率 = \frac{样本审定金额}{样本账面金额}$$

$$估计的总体实际金额 = 总体账面金额 \times 比率$$

$$推断的总体错报 = 估计的总体实际金额 - 总体账面金额$$

如果上例中注册会计师使用比率估计抽样，样本审定金额合计与样本账面金额的比例则为0.94（196 000元÷208 000元）。注册会计师用总体的账面金额乘以该比例0.94，得到估计的存货余额977 600元（1 040 000元×0.94）。推断的总体错报则为62 400元（1 040 000元－977 600元）。

如果未对总体进行分层，注册会计师通常不使用均值估计抽样，因为此时所需的样本规模可能太大，以至于对一般的审计而言不符合成本效益原则。比率估计抽样和差额估计抽样都要求样本项目存在错报。如果样本项目的审定金额和账面金额之间没有差异，这两种方法使用的公式所隐含的机理就会导致错误的结论。如果注册会计师决定使用统计抽样，且预计只发现少量差异，就不应使用比率估计抽样和差额估计抽样，而应考虑使用其他的替代方法，如均值估计抽样或PPS抽样。

设计传统变量抽样所需的数学计算，包括样本规模的计算，对于手工应用来说显得复杂且困难。注册会计师在使用传统变量抽样时通常运用计算机程序确定样本规模，一般不需懂得这些方法所用的数学公式。注册会计师在确定样本规模时要考虑可容忍错报和误受风险，有时也需要考虑误拒风险。

二、PPS抽样

PPS抽样是以货币单位作为抽样单元进行选样的一种方法。在该方法下，总体中的每个货币单位被选中的机会相同，所以总体中某一项目被选中的概率等于该项目的金额与总体金额的比率。项目金额越大，被选中的概率就越大。实际上，注册会计师并不是对总体中的货币单位实施检查，而是对包含被选取货币单位的余额或交易实施检查。注册会计师检查的余额或交易被称为逻辑单元。

PPS抽样有助于注册会计师将审计重点放在较大的余额或交易。此抽样方法之所以得名，是因为总体中每一余额或交易被选取的概率与其账面金额（规模）成比例。

PPS抽样的优点包括以下几个方面：

（1）PPS抽样一般比传统变量抽样更易于使用。由于PPS抽样以属性抽样原理为基础，注册会计师可以很方便地计算样本规模，并手工或使用量表评价样本结果。样本的选取可以在计算机程序或计算器的协助下进行。

（2）PPS抽样的样本规模不需考虑被审计金额的预计变异性。传统变量抽样的样本规模是在总体项目共有特征的变异性或标准差的基础上计算的。PPS抽样在确定所需的样本规模时不需要直接考虑货币金额的标准差。

（3）PPS抽样中项目被选取的概率与其货币金额大小成比例，因而生成的样本自动分层。如果使用传统变量抽样，注册会计师通常需要对总体进行分层，以减小样本规模。

（4）PPS抽样中如果项目金额超过选样间距，PPS系统选样自动识别所有单个重大项目。

（5）如果注册会计师预计没有错报，PPS抽样的样本规模通常比传统变量抽样方法更小。

（6）PPS抽样的样本更容易设计，且可在能够获得完整的总体之前开始选取样本。

PPS抽样的缺点包括以下几个方面：

（1）使用 PPS 抽样时通常假设抽样单元的审定金额不应小于零或大于账面金额。如果注册会计师预计存在低估或审定金额小于零的情况，在设计 PPS 抽样方法时就需要特别考虑。

（2）如果注册会计师在 PPS 抽样的样本中发现低估，在评价样本时需要特别考虑。

（3）对零余额或负余额的选取需要在设计时特别考虑。例如，如果准备对应收账款进行抽样，注册会计师可能需要将贷方余额分离出去，作为一个单独的总体。如果检查零余额的项目对审计目标非常重要，注册会计师需要单独对其进行测试，因为零余额在 PPS 抽样中不会被选取。

（4）当发现错报时，如果风险水平一定，PPS 抽样在评价样本时可能高估抽样风险的影响，从而导致注册会计师更可能拒绝一个可接受的总体账面金额。

（5）在 PPS 抽样中，注册会计师通常需要逐个累计总体金额，但这不需要额外增加大量的审计成本，因为相关的会计数据一般会以电子形式储存。

（6）当预计总体错报金额增加时，PPS 抽样所需的样本规模也会增加。在这些情况下，PPS 抽样的样本规模可能大于传统变量抽样的相应规模。

PPS 抽样中可以使用随机数法、系统选样法等方法选取样本。系统选样首先要将总体分为几个由同样的货币单位构成的组，并从每一组中选择一个逻辑单元（即实际单位）。每组的货币单位数量就是选样间距。

在使用系统选样方法时，注册会计师在 1 和选样间距（包含该选样间距）之间选择一个随机数，这个数字就是随机起点。然后注册会计师计算总体中逻辑单元的累计账面金额。选取的第一个逻辑单元就是包含与随机起点相对应的货币单位的那个项目。然后注册会计师每隔 n（n 代表选样间距）个货币单位依次选取所需的抽样单元（即货币单位），并选择包含这些抽样单元（即货币单位）的所有逻辑单元（即实际单位）。例如，如果注册会计师使用的选样间距为 5 000 元，他在 1 元和 5 000 元之间（含 5 000 元）选择一个随机数作为随机起点，假设是第 2 000 个货币单位。然后依次是第 7 000 个（2 000 元+5 000元）货币单位，第 12 000 个（7 000 元+5 000 元）货币单位，以及其后整个抽样总体中每间隔 n 个（本例中为 5 000 个）的货币单位被选取。注册会计师然后对包含第 2 000 个，第 7 000 个，第 12 000 个……货币单位的逻辑单元实施检查。

由于每个货币单位被选取的机会相等，逻辑单元所含的货币单位越多（即账面金额越大），被选中的机会越大。相反，较小的逻辑单元被选中的机会也较小。在 PPS 系统选样法下，金额等于或高于选样间距的所有逻辑单元肯定会被选中。而规模只有选样间距的一半的逻辑单元被选中的概率为 50%。

思考题

1. 为什么注册会计师通常会采用选择性测试方法？
2. 审计抽样有哪些基本特征？
3. 审计抽样在哪些情形下适用？

4. 审计抽样与选取测试项目的其他方法之间是什么关系?
5. 请解释统计抽样与非统计抽样之间的主要差别。
6. 抽样风险与非抽样风险的关系如何,如何对其进行控制?
7. 均值估计抽样、差额估计抽样和比率估计抽样有何区别?
8. 审计抽样的样本规模受到哪些因素的影响?
9. 审计抽样主要包括哪些步骤?

习题及参考答案

第九章 风险评估

本章要点

在现代风险导向的审计中,要求注册会计师实施风险评估程序,了解被审计单位及其环境、适用的财务报告编制基础和内部控制体系各要素,并识别和评估财务报表层次及认定层次的重大错报风险,为设计和实施总体应对措施和进一步审计程序,应对评估的重大错报风险提供依据。风险识别和评估包括了解被审计单位及其环境、适用的财务报告编制基础和内部控制体系各要素等,是一个连续和动态地收集、更新与分析信息的过程,贯穿于整个审计过程的始终。风险评估程序有:①询问管理层和被审计单位内部其他合适人员,包括内部审计人员;②分析程序;③观察和检查。风险评估强调保持职业怀疑,保持持续项目组内部讨论,以保证所有事项得到恰当的考虑。在对重大错报风险进行识别和评估后,注册会计师如果判断某风险与财务报表整体存在广泛联系,并可能影响多项认定,注册会计师应当将其识别为财务报表层次重大错报风险。在对重大错报风险进行识别和评估后,注册会计师如果判断某固有风险因素可能导致某项认定发生重大错报,但与财务报表整体不存在广泛联系,注册会计师应当将其识别为认定层次的重大错报风险。

第一节 风险识别和评估概述

一、风险识别和评估的概念

风险的识别和评估是审计风险控制流程的起点。风险识别和评估,是指注册会计师通过设计、实施风险评估程序,识别和评估财务报表层次及认定层次的重大错报风险。其中,风险识别是指找出财务报表层次和认定层次的重大错报风险;风险评估是指对重大错报发生的可能性和后果严重程度进行评估。

二、风险识别和评估的作用

风险识别和评估包括了解被审计单位及其环境、适用的财务报告编制基础和内部控制体系各要素等,是一个连续和动态地收集、更新与分析信息的过程,贯穿于整个审计过程的始终。注册会计师应当运用职业判断确定需要了解的程度。注册会计师的预期可能随着获得的新信息而发生变化。

这一动态过程为注册会计师在下列关键环节作出职业判断提供了重要基础:

(1) 确定重要性水平,并随着审计工作的进程评估对重要性水平的判断是否仍然适当;

(2) 考虑会计政策的选择和运用是否恰当,以及财务报表的列报是否适当;

(3) 识别与财务报表中金额或披露相关的需要特别考虑的领域,包括关联方交易、管理层运用持续经营假设的合理性,或交易是否具有合理的商业目的等;

(4) 确定在实施分析程序时所使用的预期值;

(5) 设计和实施进一步审计程序,以将审计风险降至可接受的低水平;

(6) 评价所获取审计证据的充分性和适当性。

评价了解的程度是否恰当,关键是看注册会计师获得的了解是否足以为识别、评估财务报表层次及认定层次重大错报风险和设计进一步审计程序提供依据。如果足以为之提供依据,那么,了解的程度就是恰当的。当然,要求注册会计师对被审计单位及其环境等方面情况了解的程度,要低于管理层为经营管理企业而对被审计单位及其环境等方面情况需要了解的程度。

第二节 风险评估程序以及项目组内部的讨论

一、风险评估程序

注册会计师应当实施下列风险评估程序,以了解被审计单位及其环境等方面的情况:①询问管理层和被审计单位内部其他合适人员,包括内部审计人员;②分析程序;③观察和检查。

注册会计师在财务报表审计中应当实施上述风险评估程序,但是无须在了解每一方面时实施上述所有程序。

注册会计师在实施风险评估程序时,可以使用自动化工具和技术,如对大批量数据(如总账、明细账或其他经营数据)进行自动化分析,使用远程观察工具(如无人机)观察或检查资产等。

(一) 询问管理层和被审计单位内部其他合适人员

注册会计师可以考虑向管理层和负责财务报告的人员询问下列事项:

(1) 管理层所关注的主要问题,如新的竞争对手、主要客户和供应商的流失、新的税收法规的实施以及经营目标或战略的变化等;

(2) 被审计单位最近的财务状况、经营成果和现金流量;

(3) 可能影响财务报告的交易和事项,或者目前发生的重大会计处理问题,如重大的购并事宜等;

(4) 被审计单位发生的其他重要变化,如所有权结构、组织结构的变化,以及内部控制的变化等。

注册会计师通过询问获取的大部分信息来自管理层和负责财务报告的人员。注册会计师也可以通过询问被审计单位内部其他不同层级和职责的适当人员获取信息,这可能为识

别和评估重大错报风险提供不同的视角。例如：

（1）直接询问治理层，可能有助于注册会计师了解治理层对管理层编制财务报表的监督程度；

（2）直接询问负责生成、处理或记录复杂或异常交易的员工，可能有助于注册会计师评价被审计单位选择和运用某项会计政策的恰当性；

（3）直接询问内部法律顾问，可能有助于注册会计师了解如诉讼、遵守法律法规的情况、影响被审计单位的舞弊或舞弊嫌疑、产品保证、售后责任、与业务合作伙伴的安排（如合营企业）以及合同条款的含义等事项的有关信息；

（4）直接询问营销人员，可能有助于注册会计师了解被审计单位营销策略的变化、销售趋势或与客户的合同安排等；

（5）直接询问风险管理职能部门或人员，可能有助于注册会计师了解可能影响财务报告的经营和监管风险；

（6）直接询问信息技术人员，可能有助于注册会计师了解系统变更、系统或控制失效的情况，或与信息技术相关的其他风险；

（7）直接询问适当的内部审计人员（如有），可能有助于注册会计师在识别和评估风险时了解被审计单位及其环境以及内部控制体系。

（二）实施分析程序

分析程序是指注册会计师通过研究不同财务数据之间以及财务数据与非财务数据之间的内在关系，对财务信息作出评价。实施分析程序有助于注册会计师识别不一致的情形、异常的交易或事项，以及可能对审计产生影响的金额、比率和趋势。识别出的异常或未预期到的关系可以帮助注册会计师识别重大错报风险，特别是舞弊导致的重大错报风险。

注册会计师将分析程序用作风险评估程序，识别注册会计师未注意到的被审计单位某些方面的情况，或了解固有风险因素（如相关变化）如何影响"相关认定"易于发生错报的可能性，可能有助于识别和评估重大错报风险。

注册会计师在将分析程序用作风险评估程序时，可以：

（1）同时使用财务信息和非财务信息，如分析销售额（财务信息）与卖场的面积（非财务信息）或已出售商品数量（非财务信息）之间的关系；

（2）使用高度汇总的数据。

实施分析程序的结果可能大体上初步显示发生重大错报的可能性。例如，在对许多被审计单位（包括业务模式、流程和信息系统较不复杂的被审计单位）进行审计时，注册会计师可以对相关信息进行简单的比较，如中期账户余额或月度账户余额与以前期间的余额相比发生的变化，以发现潜在的较高风险领域。

（三）观察和检查

观察和检查程序可以支持对管理层和其他相关人员的询问结果，并提供有关被审计单位及其环境等方面情况的信息，注册会计师应当实施下列观察和检查程序：

（1）观察被审计单位的经营活动。例如，观察被审计单位人员正在从事的生产活动和内部控制活动，增加注册会计师对被审计单位人员如何进行生产经营活动及实施内部控制的了解。

（2）检查内部文件、记录和内部控制手册。例如，检查被审计单位的经营计划、策略、章程，与其他单位签订的合同、协议，各业务流程操作指引和内部控制手册等，了解被审计单位组织结构和内部控制制度的建立健全情况。

（3）阅读由管理层和治理层编制的报告。例如，阅读被审计单位年度和中期财务报告，股东大会、董事会会议、高级管理层会议的会议记录或纪要，管理层的讨论和分析资料，对重要经营环节和外部因素的评价，被审计单位内部管理报告以及其他特殊目的的报告（如新投资项目的可行性分析报告）等，了解自上一期审计结束至本期审计期间被审计单位发生的重大事项。

（4）实地察看被审计单位的生产经营场所和厂房设备。通过现场访问和实地察看被审计单位的生产经营场所和厂房设备，可以帮助注册会计师了解被审计单位的性质及其经营活动。在实地察看被审计单位的厂房和办公场所的过程中，注册会计师有机会与被审计单位管理层和担任不同职责的员工进行交流，可以增强注册会计师对被审计单位的经营活动及其重大影响因素的了解。

（5）追踪交易在财务报告信息系统中的处理过程（穿行测试）。这是注册会计师了解被审计单位业务流程及其相关控制时经常使用的审计程序。通过追踪某笔或某几笔交易在业务流程中如何生成、记录、处理和报告，以及相关控制如何执行，注册会计师可以确定被审计单位的交易流程和相关控制是否与之前通过其他程序所获得的了解一致，并确定相关控制是否得到执行。

（6）检查外部来源的信息。

二、其他审计程序和信息来源

（一）其他审计程序

除了采用上述程序从被审计单位内部获取信息以外，如果根据职业判断认为从被审计单位外部获取的信息有助于识别重大错报风险，注册会计师应当实施其他审计程序以获取这些信息。例如，直接或间接从特定外部机构（如监管机构）获取；获取被审计单位的公开信息，如被审计单位发布的新闻稿、分析师或投资者会议的材料、分析师报告或与交易活动有关的信息；询问被审计单位聘请的外部法律顾问、专业评估师、投资顾问和财务顾问等。不论内部和外部信息的来源如何，注册会计师都需要考虑用作审计证据的信息的相关性和可靠性。

（二）其他信息来源

注册会计师应当考虑在评价客户关系和审计业务的接受或保持过程中获取的信息是否与识别重大错报风险相关。通常，对新的审计业务，注册会计师应在业务承接阶段对被审计单位及其环境等方面情况有一个初步的了解，以确定是否承接该业务。而对连续审计业务，也应在每年的续约过程中对上年审计作总体评价，并更新对被审计单位的了解和风险评估结果，以确定是否续约。注册会计师还应当考虑向被审计单位提供其他服务（如执行中期财务

报表审阅业务）所获得的经验是否有助于识别重大错报风险。

对于连续审计业务，如果拟利用以往与被审计单位交往的经验和以前审计中实施审计程序获取的信息，注册会计师应当确定被审计单位及其环境等方面情况自以前审计后是否已发生变化，并评价这些经验和信息是否依然相关和可靠。

注册会计师在设计和实施风险评估程序时，应当保持职业怀疑。注册会计师保持职业怀疑可能包括：

（1）质疑相矛盾的信息以及文件的可靠性；

（2）考虑管理层和治理层对询问的答复以及从管理层和治理层获取的其他方面的信息；

（3）对可能表明存在舞弊或错误导致的错报的情况保持警觉；

（4）根据被审计单位的性质和具体情况，考虑获取的审计证据是否支持注册会计师对重大错报风险的识别和评估。

三、项目组内部的讨论

项目组内部的讨论在所有业务阶段都非常必要，可以保证所有事项均得到恰当的考虑。通过安排具有较丰富经验的成员（如项目合伙人）参与项目组内部的讨论，其他成员可以分享其见解和以往获取的被审计单位的经验。

项目合伙人和项目组其他关键成员应当讨论被审计单位财务报表易于发生重大错报的可能性，以及如何根据被审计单位的具体情况运用适用的财务报告编制基础。项目合伙人应当确定向未参与讨论的项目组成员通报哪些事项。作为项目组内部讨论的一部分，考虑适用的财务报告编制基础中的披露要求，有助于注册会计师在审计工作的早期识别可能存在的与披露相关的重大错报风险领域。

（一）讨论的目的

项目组内部进行的上述讨论可以达到以下目的：①使经验较丰富的项目组成员（包括项目合伙人）有机会分享其根据对被审计单位的了解形成的见解，共享信息有助于增进所有项目组成员对项目的了解；②使项目组成员能够讨论被审计单位面临的经营风险，固有风险因素如何影响各类交易、账户余额和披露易于发生错报的可能性，以及财务报表易于发生舞弊或错误导致的重大错报的方式和领域；③帮助项目组成员更好地了解在各自负责的领域中潜在的财务报表重大错报，并了解各自实施的审计程序的结果可能如何影响审计的其他方面，包括对确定进一步审计程序的性质、时间安排和范围的影响。特别是讨论可以帮助项目组成员基于各自对被审计单位性质和情况的了解，进一步考虑相矛盾的信息；④为项目组成员交流和分享在审计过程中获取的、可能影响重大错报风险评估结果或应对这些风险的审计程序的新信息提供基础。

（二）讨论的内容

讨论的内容和范围受项目组成员的职位、经验和所需要的信息的影响。表9-1列示了讨论的3个主要领域和可能涉及的信息。

表 9-1　项目组讨论内容例示

讨论的目的	讨论的内容
分享了解的信息	1. 被审计单位的性质、管理层对内部控制的态度、从以往审计业务中获得的经验、重大经营风险因素。 2. 已了解的影响被审计单位的外部和内部舞弊因素，可能为管理层或其他人员实施下列行为提供动机或压力： 　（1）实施舞弊； 　（2）为实施构成犯罪的舞弊提供机会； 　（3）利用企业文化或环境，寻找使舞弊行为合理化的理由； 　（4）侵占资产（考虑管理层对接触现金或其他易被侵占资产的员工实施监督的情况）。 3. 确定财务报表哪些项目易于发生重大错报，表明管理层倾向于高估或低估收入的迹象。 4. 可能存在的与披露相关的重大错报风险领域
分享审计思路和方法	1. 管理层可能如何编报和隐藏虚假财务报告，例如，管理层凌驾于内部控制之上。根据对识别的舞弊风险因素的评估，设想可能的舞弊场景对审计很有帮助。例如，销售经理可能通过高估收入实现达到奖励水平的目的。这可能通过修改收入确认政策或进行不恰当的收入截止来实现。 2. 出于个人目的侵占或挪用被审计单位的资产行为如何发生 3. 考虑： 　（1）管理层进行高估/低估账目的方法，包括对准备和估计进行操纵以及变更会计政策等； 　（2）用于应对评估风险可能的审计程序/方法
为项目组指明审计方向	1. 强调在审计过程中保持职业怀疑态度的重要性。不应将管理层当成完全诚实，也不应将其作为罪犯对待。 2. 列示表明可能存在舞弊可能性的迹象。例如： 　（1）识别警示信号（红旗），并予以追踪； 　（2）一个不重要的金额（如增长的费用）可能表明存在很大的问题，例如，管理层诚信。 3. 决定如何增加拟实施审计程序的性质、时间安排和范围的不可预见性。 4. 总体考虑：每个项目组成员拟执行的审计工作部分、需要的审计方法、特殊考虑、时间记录要求，如果出现问题应联系的人员，审计工作底稿复核，以及其他预期事项。 5. 强调对表明管理层不诚实的迹象保持警觉的重要性。

（三）参与讨论的人员

注册会计师应当运用职业判断确定项目组内部参与讨论的成员。项目组的关键成员应当参与讨论，如果项目组需要拥有信息技术或其他特殊技能的专家，这些专家也可根据需要参与讨论。参与讨论人员的范围受项目组成员的职责、经验和信息需要的影响，例如，在跨地区审计中，每个重要地区项目组的关键成员都应该参加讨论，但不要求所有成员每次都参与项目组的讨论。

（四）讨论的时间和方式

项目组应当根据审计的具体情况，在整个审计过程中持续交换有关财务报表发生重大错报可能性的信息。

项目组在讨论时应当强调在整个审计过程中保持职业怀疑，警惕可能发生重大错报的迹象，并对这些迹象进行严格追踪。通过讨论，项目组成员可以交流和分享在整个审计过程中获得的信息，包括可能对重大错报风险评估产生影响的信息或针对这些风险实施审计程序的信息。

第三节　了解被审计单位及其环境和适用的财务报告编制基础

一、总体要求

注册会计师应当实施风险评估程序,如表 9-2 所示,从三个方面多个维度进行了解:

表 9-2　注册会计师风险评估过程中需要了解的内容

了解的方面与具体内容		类型
被审计单位及其环境	组织结构、所有权和治理结构、业务模式（包括该业务模式利用信息技术的程度）	内部因素
	行业形势、法律环境、监管环境和其他外部因素	外部因素
	财务业绩的衡量标准,包括内部和外部使用的衡量标准	外部因素和内部因素
适用的财务报告编制基础、会计政策以及变更会计政策的原因		内部因素
被审计单位内部控制体系各要素		内部因素

值得注意的是,了解的各个方面可能会互相影响。例如,被审计单位的行业形势、法律环境、监管环境和其他外部因素可能影响到被审计单位的目标、战略以及相关经营风险,而被审计单位的性质、目标、战略以及相关经营风险可能影响到被审计单位对会计政策的选择和运用,以及内部控制的设计和执行。因此,注册会计师在对上述各个方面进行了解和评价时,应当考虑各因素之间的相互关系。图 9-1 提供了一种实务中可行的风险评估总体思路,在评估过程中要综合运用 SWOT、PEST、企业和产品生命周期、企业商业模式、竞争战略等诸多商业管理工具。

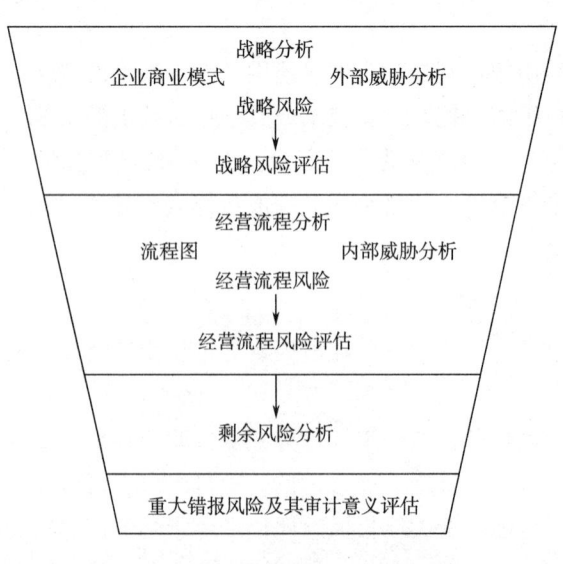

图 9-1　实施风险评估程序的总体思路

实施风险评估程序进行了解的性质和范围,取决于被审计单位的性质和具体情况,如被审计单位的规模和复杂程度(包括信息技术环境),被审计单位的政策和程序、业务流程和体系的标准化程度,注册会计师以往与被审计单位或类似行业、类似企业交往的经验,被审计单位文件记录的性质和形式等。

在首次执行某项审计业务时,风险评估程序的性质和范围可能比执行连续审计业务的情况更为广泛;在后续期间,注册会计师可以重点关注自上一期间后发生的变化。识别被审计单位在上述各个方面与以前期间相比发生的重大变化,对于充分了解被审计单位情况、识别和评估重大错报风险尤为重要。注册会计师应当运用职业判断来确定为遵守审计准则的要求而需要实施的风险评估程序的性质和范围。

二、组织结构、所有权和治理结构、业务模式

(一)组织结构、所有权和治理结构

从组织结构、所有权和治理结构三个维度,注册会计师要了解被审计单位可能存在的重大错报风险(见表9-3)。

表9-3 了解的维度及其对审计的意义

维度	对审计的意义
组织结构	注册会计师应当了解被审计单位的组织结构,考虑复杂组织结构可能导致的重大错报风险,包括财务报表合并、商誉以及长期股权投资核算等问题,以及财务报表是否已对这些问题作了充分披露
所有权结构	注册会计师应当了解所有权结构以及所有者与其他人员或实体之间的关系,包括是否存在支配性影响及其他关联方,考虑关联方关系是否已经得到识别,以及关联方交易是否得到恰当会计处理
治理结构	注册会计师应当了解被审计单位的治理结构。良好的治理结构可以对被审计单位的经营和财务运作以及财务报告实施有效的监督,从而降低财务报表发生重大错报的风险

(二)业务模式

了解业务模式主要是为了了解和评价被审计单位经营风险可能对财务报表重大错报风险产生的影响。业务模式可以由图9-2所示的企业商业模式模型表征。

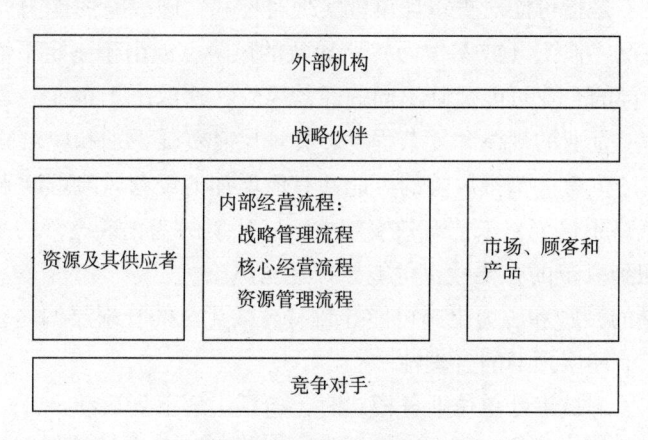

图9-2 企业商业模式

从图 9-2 中可以看出，典型的企业商业模式是由市场、顾客与产品；竞争对手；资源及其供应者；内部经营流程；外部机构和战略伙伴六个基本要素构成。

欧洲财务报告咨询组（EFRAG）将商业模式分为 4 类，分别是价值转换型商业模式（Transformation Business Models）、价差获利型商业模式（Price Change Business Models）、长期投资型商业模式（Long Term Business Models）和负债驱动型商业模式（Liability Driven Business Models）。价值转换型商业模式是指企业对产品或服务提供加工或转换活动（如将原材料加工为产成品，或将吸收的存款转换为贷款等），从而实现产品或服务的价值提升。价差获利型商业模式通过低买高卖的方式赚取价差，实现价值提升。长期投资性商业模式通过参股控股、开发采购渠道、销售渠道、技术优势、人力资源等方式获取战略价值。负债驱动型商业模式通过吸收保费等方式投资于金融资产等以实现价值提升。这 4 种商业模式决定了计量属性的选择和计量变动的处理，如表 9-4 所示。

表 9-4 基于商业模式的计量属性的选择与计量结果变动的处理

商业模式	计量属性的选择	计量变动的处理
价值转换型商业模式	历史成本	遵循收入实现和配比的原则
价差获利型商业模式	公允价值	计入当期损益
长期投资型商业模式	公允价值	计入其他综合收益
负债驱动型商业模式	公允价值选择权	匹配负债与资产的计量属性

注册会计师了解被审计单位的目标、战略和业务模式有助于从战略层面和整体层面了解被审计单位，并了解被审计单位承担和面临的经营风险。由于多数经营风险最终都会产生财务后果，从而影响财务报表，因此，了解影响财务报表的经营风险有助于注册会计师识别重大错报风险。

注册会计师并非需要了解被审计单位业务模式的所有方面。经营风险比财务报表重大错报风险范围更广，注册会计师没有责任了解或识别所有的经营风险，因为尽管多数经营风险最终都会导致财务后果，从而影响财务报表，但并非所有的经营风险都会导致重大错报风险。

所谓经营风险，是指可能对被审计单位实现目标和实施战略的能力产生不利影响的重要状况、事项、情况、作为（或不作为）所导致的风险，或由于制定不恰当的目标和战略而导致的风险。不同的企业可能面临不同的经营风险，这取决于企业经营的性质、所处行业、外部监管环境、企业的规模和复杂程度。管理层有责任识别和应对这些风险。

导致财务报表产生重大错报风险的可能性有所增加的经营风险可能来自下列事项：

（1）目标或战略不恰当，未能有效实施战略，环境的变化或经营的复杂性。

（2）未能认识到变革的必要性也可能导致经营风险。

（3）对管理层的激励和压力措施可能导致有意或无意的管理层偏向，并因此影响重大假设以及管理层或治理层预期的合理性。

注册会计师在了解被审计单位业务模式时，包括了解下列活动：

（1）经营活动。了解被审计单位的经营活动有助于注册会计师识别预期在财务报表中反映的主要交易类别、重要账户余额和披露。注册会计师可能需要考虑从以下方面了解经营活动：①收入来源（包括主营业务的性质）、产品或服务以及市场的性质（包括产品或服务的种类、付款条件、利润率、市场份额、竞争者、出口、定价政策、产品声誉、质量保证、营销策略和目标、电子商务如网上销售和营销活动）；②业务的开展情况（如生产阶段与生产方法，易受环境风险影响的活动）；③联盟、合营与外包情况；④地区分布与行业细分；⑤生产设施、仓库和办公室的地理位置，存货存放地点和数量；⑥关键客户及货物和服务的重要供应商，劳动用工安排（包括是否存在退休金和其他退休福利、股票期权或激励性奖金安排以及与劳动用工事项相关的政府法规）；⑦研究与开发活动及其支出；⑧关联方交易。

（2）投资活动。了解被审计单位的投资活动有助于注册会计师关注被审计单位在经营策略和方向上的重大变化。注册会计师可能需要考虑从以下方面了解投资活动：①计划实施或近期已实施的并购或资产处置；②证券与贷款的投资和处置；③资本性投资活动；④对未纳入合并范围的实体的投资，包括非控制合伙企业、合营企业和非控制特殊目的实体。

（3）筹资活动。了解被审计单位的筹资活动有助于注册会计师评估被审计单位在融资方面的压力，并进一步考虑被审计单位在可预见未来的持续经营能力。注册会计师可能需要考虑从以下方面了解筹资活动：①主要子公司和联营企业（无论是否纳入合并范围）的所有权结构；②债务结构和相关条款，包括资产负债表外融资和租赁安排；③实际受益方（例如，实际受益方来自国内还是国外，其商业声誉和经验可能对被审计单位产生的影响）及关联方；④衍生金融工具的使用。

了解被审计单位的活动特别是经营活动也有助于注册会计师了解影响财务报告的重要会计政策、交易或事项。

三、行业形势、法律环境、监管环境及其他外部因素

（一）行业形势

了解行业形势有助于注册会计师识别与被审计单位所处行业有关的重大错报风险。被审计单位经营所处的行业可能由于其经营性质或监管程度导致产生特定的重大错报风险。

注册会计师应当了解被审计单位的行业形势，主要包括：①所处行业的市场与竞争，包括市场需求、生产能力和价格竞争；②生产经营的季节性和周期性；③与被审计单位产品相关的生产技术发展；④能源供应与成本。

具体而言，注册会计师可能需要了解以下情况：

（1）被审计单位所处行业的总体发展趋势是什么？

（2）处于哪一发展阶段，如起步、快速成长、成熟或衰退阶段？

（3）所处市场的需求、市场容量和价格竞争如何？

（4）该行业是否受经济周期波动的影响，以及采取了什么行动使波动产生的影响最小化？

（5）该行业受技术发展影响的程度如何？

(6) 是否开发了新的技术？

(7) 能源消耗在成本中所占比重，能源价格的变化对成本的影响。

(8) 谁是被审计单位最重要的竞争者？它们各自所占的市场份额是多少？

(9) 被审计单位与其竞争者相比主要的竞争优势是什么？

(10) 被审计单位业务的增长率和财务业绩与行业的平均水平及主要竞争者相比如何？存在重大差异的原因是什么？

(11) 竞争者是否采取了某些行动，如购并活动、降低销售价格、开发新技术等，从而对被审计单位的经营活动产生影响？

(12) 供应商和客户关系如何？

(13) 行业关键指标和统计数据。

（二）法律环境与监管环境

被审计单位在日常经营管理活动中应当遵守相关法律法规和监管要求。注册会计师了解被审计单位法律环境与监管环境的主要原因有：①某些法律法规或监管要求可能对被审计单位经营活动有重大影响，如不遵守，将导致停业等严重后果；②某些法律法规或监管要求（如环保法规等）规定了被审计单位某些方面的责任和义务；③某些法律法规或监管要求决定了被审计单位需要遵循的行业惯例和核算要求。

注册会计师应当了解被审计单位所处的法律环境与监管环境，主要包括：①适用的财务报告编制基础；②受管制行业的法规框架，包括披露要求；③对被审计单位经营活动产生重大影响的法律法规，如劳动法和相关法规；④税收相关法律法规；⑤目前对被审计单位开展经营活动产生影响的政府政策，如货币政策（包括外汇管制）、财政政策、财政刺激措施（如政府援助项目）、关税或贸易限制政策等；⑥影响行业和被审计单位经营活动的环保要求。

（三）其他外部因素

注册会计师应当了解影响被审计单位的其他外部因素，主要包括总体经济情况、利率、融资的可获得性、通货膨胀水平或币值变动等。具体而言，注册会计师可能需要了解以下情况：

(1) 当前的宏观经济状况以及未来的发展趋势如何？

(2) 目前国内或本地区的经济状况（如增长率、通货膨胀率、失业率、利率等）怎样影响被审计单位的经营活动？

(3) 被审计单位的经营活动是否受到汇率波动或全球市场力量的影响？

（四）了解的重点和程度

注册会计师对上述外部因素了解的范围和程度，因被审计单位所处行业、规模以及其他因素（如市场地位）的不同而不同。例如，对从事计算机硬件制造的被审计单位，注册会计师可能更关心市场和竞争以及技术进步的情况；对金融企业，注册会计师可能更关心宏观经济走势以及货币、财政等方面的宏观经济政策；对化工等产生污染的行业，注册会计师可能更关心相关环保法规。注册会计师可以考虑将了解的重点放在对被审计单位的经营活动可能产生重要影响的关键外部因素，以及与前期相比发生的重大变化上。

注册会计师应当考虑被审计单位所在行业的性质或监管程度是否可能导致特定的重大错报风险，并考虑项目组是否配备了具有相关知识和经验的成员。例如，银行监管机构对商业银行的资本充足率有专门规定，不能满足这一监管要求的商业银行可能有操纵财务报表的动机和压力。

四、被审计单位财务业绩的衡量标准

被审计单位管理层经常会衡量和评价关键业绩指标（包括财务的和非财务的）完成情况、预算及差异分析报告、分部信息和分支机构、部门或其他层次的业绩报告以及与竞争对手的业绩比较信息等。通过询问管理层等程序，了解用于评价被审计单位财务业绩的衡量标准，有助于注册会计师考虑这些内部或外部的衡量标准，是否会导致被审计单位面临实现业绩目标的压力。这些压力可能促使管理层采取某些措施，从而增加易于发生由管理层偏向或舞弊导致的错报的可能性（如改善经营业绩或有意歪曲财务报表）。

此外，外部机构或人员（如分析师或信用机构、新闻和其他媒体、税务机关、监管机构、商会和资金提供方）也可能评价和分析被审计单位的财务业绩。注册会计师可以考虑获取这些可公开获得的信息，以帮助其进一步了解业务并识别相矛盾的信息。

（一）了解的主要方面

在了解被审计单位财务业绩衡量和评价情况时，注册会计师可关注下列用于评价财务业绩的标准：

（1）关键业绩指标（财务的或非财务的）、关键比率、趋势和经营统计数据；
（2）同期财务业绩比较分析；
（3）预算、预测、差异分析，分部信息与分部、部门或其他不同层次的业绩报告；
（4）员工业绩考核与激励性报酬政策；
（5）被审计单位与竞争对手的业绩比较。

（二）关注内部财务业绩衡量的结果

内部财务业绩衡量可能显示未预期到的结果或趋势。在这种情况下，管理层通常会进行调查并采取纠正措施。与内部财务业绩衡量相关的信息，可能显示财务报表存在错报风险，例如，内部财务业绩衡量可能显示，被审计单位与同行业其他单位相比，具有异常的增长率或盈利水平，此类信息如果与业绩奖金或激励性报酬等因素结合起来考虑，可能显示管理层在编制财务报表时存在某种倾向的错报风险。因此，注册会计师可以关注被审计单位内部财务业绩衡量所显示的未预期到的结果或趋势、管理层的调查结果和纠正措施，以及相关信息是否显示财务报表可能存在重大错报。

（三）考虑财务业绩衡量指标的可靠性

如果拟利用被审计单位内部信息系统生成的财务业绩衡量指标，注册会计师应当考虑相关信息是否可靠，以及利用这些信息是否足以实现审计目标。许多财务业绩衡量中使用的信息可能由被审计单位的信息系统生成。如果被审计单位管理层在没有合理基础的情况下，认为内部生成的衡量财务业绩的信息是准确的，而实际上信息有误，那么根据有误的信息得出的结论也可能是错误的。如果注册会计师计划在审计中（如在实施分析程序时）

利用财务业绩指标，应当考虑相关信息是否可靠，以及在实施审计程序时利用这些信息是否足以发现重大错报。

五、适用的财务报告编制基础、会计政策及变更会计政策的原因

注册会计师应当了解适用的财务报告编制基础、会计政策及变更会计政策的原因，并评价被审计单位的会计政策是否适当、是否与适用的财务报告编制基础一致。

在了解被审计单位适用的财务报告编制基础，以及如何根据被审计单位及其环境的性质和情况运用该编制基础时，注册会计师可能需要考虑的事项包括：

1. 被审计单位与适用的财务报告编制基础相关的财务报告实务

例如：

（1）会计政策和行业特定惯例，包括特定行业财务报表中的"相关交易类别、账户余额和披露"（如银行业的贷款和投资、医药行业的研究与开发活动）；

（2）收入确认；

（3）金融工具以及相关信用损失的会计处理；

（4）外币资产、负债与交易；

（5）异常或复杂交易（包括在有争议或新兴领域的交易）的会计处理（如对加密货币的会计处理）；

2. 就被审计单位对会计政策的选择和运用（包括发生的变化以及变化的原因）获得的了解

可能包括下列事项：

（1）被审计单位用于确认、计量和列报（包括披露）重大和异常交易的方法；

（2）在缺乏权威性标准或共识的争议或新兴领域采用重要会计政策产生的影响；

（3）环境变化，例如，适用的财务报告编制基础的变化或税制改革可能导致被审计单位的会计政策变更；

（4）新颁布的会计准则、法律法规，被审计单位采用的时间以及如何采用或遵守这些规定。

值得注意的是，这里的"相关交易类别、账户余额和披露"，是指存在"相关认定"的交易类别、账户余额和披露。

了解被审计单位及其环境，可能有助于注册会计师考虑被审计单位财务报告预期发生变化（如相比以前期间）的领域。例如，如果被审计单位在本期发生重大企业合并，则注册会计师可以预期与该企业合并相关的各类交易、账户余额和披露发生变化。相反，如果财务报告编制基础在本期未发生重大变化，则注册会计师的了解可能有助于其确认上期获取的了解仍然适用。

3. 了解固有风险因素如何影响重大错报风险

（1）固有风险因素的概念。固有风险因素，是指在不考虑内部控制的情况下，导致交易类别、账户余额和披露的某一认定易于发生错报（无论该错报是舞弊还是错误导致）的因素。固有风险因素可能是定性或定量的，包括复杂性、主观性、变化、不确定性以及管理层偏向和其他舞弊风险因素。在了解被审计单位及其环境和适用的财务报告编制基础

时，注册会计师还应当了解被审计单位在按照适用的财务报告编制基础编制财务报表时，固有风险因素如何影响各项认定易于发生错报的可能性。

（2）了解固有风险因素的重要作用。固有风险因素可能通过影响错报发生的可能性，以及错报发生时其可能的严重程度，来影响认定错报。

（3）固有风险因素诱因及示例。与适用的财务报告编制基础要求的信息（以下简称"所需信息"）编制相关的固有风险因素类别、诱因及示例如表9-5所示。

表9-5 固有风险因素类别、诱因及可能导致重大错报风险示例

固有风险因素	诱因	维度	示例
复杂性	由于信息的性质或编制所需信息的方式所导致	监管、业务模式、财务报告编制基础、交易	①在高度复杂的监管环境中开展业务；②存在复杂的联营或合营企业；③涉及复杂过程的会计计量；④使用表外融资、特殊目的实体以及其他复杂的融资安排
主观性	管理层可能需要对采取的适当方法和财务报表中的相关信息作出选择或主观判断	适用的财务报告编制基础	⑤某项会计估计具有多种可能的衡量标准，例如，管理层确认折旧费用或建造收入和费用；⑥管理层对非流动资产（如投资性房地产）的估值技术或模型的选择
变化	被审计单位的经营、经济环境、会计、监管、所处行业或经营环境中其他方面的事项或情况产生变化	经济情况、市场、客户流失、行业模式、业务模式、地理、被审计单位组织结构、人力资源的胜任能力、信息技术、适用的财务报告编制基础、资本、监管	⑦在经济不稳定（如货币发生重大贬值或经济发生严重通货膨胀）的国家或地区开展业务；⑧在不稳定的市场开展业务（如期货交易）；⑨持续经营和资产流动性出现问题，包括重要客户流失；⑩被审计单位经营所处的行业发生变化；⑪供应链发生变化；⑫开发新产品或提供新服务，或进入新的业务领域；⑬开辟新的经营场所；⑭被审计单位发生变化，如发生重大收购、重组或其他非常规事项；⑮拟出售分支机构或业务分部；⑯关键人员变动（包括核心执行人员的离职）；⑰信息技术环境发生变化；⑱安装新的与财务报告相关的重大信息技术系统；⑲采用新的会计准则；⑳获取资本或借款的能力受到新的限制；㉑经营活动或财务业绩受到监管机构或政府机构的调查；㉒与环境保护相关的新立法的影响
不确定性	不能仅通过直接观察可验证的充分精确和全面的数据编制所需信息	报告	㉓涉及重大计量不确定性（包括会计估计）的事项或交易及相关披露；㉔存在未决诉讼或有负债（如售后质量保证、财务担保和环境补救）
管理层偏向及其他舞弊风险因素	管理层在特定情况未能保持中立或管理层故意	报告、交易	㉕管理层和员工编制虚假财务报告的机会，包括遗漏披露应包含的重大信息或信息晦涩难懂；㉖从事重大的关联方交易；㉗发生大额非常规或非系统性交易（包括公司间的交易和在期末发生大量收入的交易）；㉘按照管理层特定意图记录的交易

如果复杂性是固有风险因素，那么信息编制可能固有地需要较复杂的过程，并且这些过程本身可能难以执行。执行这些过程可能需要专业技术或知识，并且可能需要利用管理层的专家。

如果管理层的判断主观性较高，则由管理层偏向（无论无意或故意）导致易于发生错报的可能性也可能有所提升。例如，在作出具有高度估计不确定性的会计估计时，可能涉及管理层的重大判断，与方法、数据和假设相关的结论可能反映出无意或故意的管理层偏向。

（4）固有风险因素对某类交易、账户余额和披露的影响。某类交易、账户余额和披露由于其复杂性或主观性而导致易于发生错报的可能性，通常与其变化或不确定性的程度密切相关。例如，如果被审计单位存在一项基于假设的会计估计，其选择涉及重大判断，则这项会计估计的计量可能受到主观性和不确定性的影响。

某类交易、账户余额和披露由于其复杂性或主观性而导致易于发生错报的可能性越大，注册会计师越有必要保持职业怀疑。此外，如果某类交易、账户余额和披露由于其复杂性、主观性、变化或不确定性而导致易于发生错报，这些固有风险因素可能为管理层偏向（无论无意或有意）创造了机会，并影响由管理层偏向导致的易于发生错报的可能性。注册会计师对重大错报风险的识别和认定层次固有风险的评估，也受到固有风险因素之间相互关系的影响。

第四节　了解被审计单位内部控制体系

一、内部控制的概念和要素

内部控制（以下简称"控制"）是指被审计单位为实现控制目标所制定的政策和程序。

政策是指被审计单位为了实施控制而作出的应当或不应当采取某种措施的规定。政策通过被审计单位人员采取相关行动或限制该人员采取与政策相冲突的行动而得以贯彻。

程序是指为执行政策而采取的行动。程序可能是通过正式文件或由管理层采取其他形式明确规定的，也可能是被审计单位组织文化中约定俗成的。程序还可能通过被审计单位的信息技术应用程序及信息技术环境的其他方面所允许的行动来实施。

内部控制体系，是指由治理层、管理层和其他人员设计、执行和维护的体系，以合理保证被审计单位能够实现财务报告的可靠性，提高经营效率和效果，以及遵守适用的法律法规等目标。该体系包含5个相互关联的要素：①内部环境（控制环境）；②风险评估；③信息与沟通（信息系统与沟通）；④控制活动；⑤内部监督。

被审计单位设计、执行和维护内部控制的方式，因其规模和复杂程度的不同而不同。小型被审计单位可能采用非正式和简单的流程与程序，实现控制目标，参与日常经营管理的业主（以下简称"业主"）可能承担多项职能，内部控制要素未得到清晰区分，注册会计师可以综合考虑小型被审计单位的内部控制要素能否实现其目标。

二、控制的分类

（一）直接控制和间接控制

从内部控制的概念可看出，被审计单位的内部控制目标相当广泛。针对财务报表审计的目的和需要，注册会计师只应当了解与审计相关的控制。与审计相关的控制，按照其对防止、发现或纠正认定层次错报发挥作用的方式，可分为直接控制和间接控制。

直接控制是指足以精准防止、发现或纠正认定层次错报的内部控制，间接控制则是指不足以精准防止、发现或纠正认定层次错报的内部控制。也就是说，直接控制和间接控制对防止、发现或纠正认定层次错报分别产生直接影响和间接影响。

信息系统与沟通以及控制活动要素中的控制主要为直接控制，注册会计师对这些要素的了解和评价更有可能影响其对认定层次重大错报风险的识别和评估。实务中，注册会计师需要投入充足的资源对这类要素中的控制进行了解和评价。

内部环境、风险评估和内部监督中的控制主要是间接控制，该类控制虽不足以精准地防止、发现或纠正认定层次的错报，但可以支持其他控制，因此，该类控制可能间接影响及时发现或防止错报发生的可能性。需要说明的是，这些要素中的某些控制也可能是直接控制。

内部环境为内部控制体系其他要素的运行奠定了总体基础。内部环境不能直接防止、发现并纠正错报，但可能影响内部控制体系其他要素中控制的有效性。同样，风险评估和内部监督也旨在支持整个内部控制体系。

由于内部环境、风险评估和内部监督是被审计单位内部控制体系的基础，其运行中的任何缺陷都可能对财务报表的编制产生广泛的影响。因此，注册会计师对这些要素的了解和评价，更有可能影响其对财务报表层次重大错报风险的识别和评估，也可能影响对认定层次重大错报风险的识别和评估。

（二）人工控制和自动化控制

大多数被审计单位出于编制财务报告和实现经营目标的需要使用信息技术。然而，即使信息技术得到广泛使用，人工因素仍然存在于这些系统之中。不同的被审计单位采用的控制系统中人工控制和自动化控制的比例是不同的。在一些小型的、生产经营不太复杂的被审计单位，可能以人工控制为主；而在另外一些单位，可能以自动化控制为主。内部控制可能既包括人工成分，又包括自动化成分，在风险评估以及设计和实施进一步审计程序时，注册会计师应当考虑内部控制的人工和自动化特征及其影响，如表9-6所示。

表9-6　人工和自动化控制的比较

类型	适用范围	优点	风险
自动化控制	①存在大量或重复发生的交易；②事先可预计或预测的错误能够通过自动化处理得以防止或发现并纠正；③用特定方法实施的控制可得到适当设计和自动化处理	①处理大量的交易或数据、进行复杂运算；②提高信息的及时性、可获得性及准确性；③有助于对信息的深入分析；④提高监督能力，降低控制被规避的风险；⑤通过实施安全控制，提高职责分离的有效性	①处理的数据不正确；②授权不恰当、越权访问、未经授权改变数据、系统或程序；③未能对系统或程序作出必要的修改；④不恰当的人为干预；⑤数据丢失或无法访问

续表

类型	适用范围	优点	风险
人工控制	①存在大额、异常或偶发的交易； ②存在难以界定、预计或预测的错误情况； ③为应对情况的变化，需要对现有的自动化控制进行人工干预； ④监督自动化控制的有效性	①可以发挥专业判断能力； ②具有一定的控制弹性	①人工控制可能更容易被规避、忽视或凌驾； ②人工控制可能不具有一贯性； ③人工控制可能更容易产生简单错误或失误

（三）预防性控制与检查控制

业务流程中的控制还可以划分为预防性控制和检查性控制：

1. 预防性控制

预防性控制通常用于正常业务流程的每一项交易，以防止错报的发生。在流程中防止错报是信息系统的重要目标。预防性控制可能是人工的，也可能是自动化的。表9-7是预防性控制及其防止错报的举例。

表9-7 预防性控制示例

对控制的描述	控制用来防止的错报
计算机程序自动生成收货报告，同时也更新采购档案	防止出现购货漏记账的情况
在更新采购档案之前要有收货报告	防止记录了未收到购货的情况
销货发票上的价格根据价格清单上的信息确定	防止销货计价错误
系统将各凭证上的账户号码与会计科目表对比，然后进行一系列的逻辑测试	防止出现分类错报

2. 检查性控制

检查性控制的目的是发现流程中可能发生的错报（尽管有预防性控制还是会发生错报）。被审计单位通过检查性控制，监督其流程和相应的预防性控制能否有效地发挥作用。检查性控制通常是管理层用来监督实现流程目标的控制。检查性控制可以由人工执行，也可以由信息系统自动执行。

表9-8是检查性控制及其可能查出的错报举例。

表9-8 检查性控制示例

对控制的描述	控制预期查出的错报
定期编制银行存款余额调节表，跟踪调查挂账的项目	在对其他项目进行审核的同时，查找存入银行但没有记入日记账的现金收入，未记录的银行现金支付或虚构入账的不真实的银行现金收入或支付，未及时入账或未正确汇总分类的银行现金收入或支付

续表

对控制的描述	控制预期查出的错报
将预算与实际费用间的差异列入计算机编制的报告中，并由部门经理复核。记录所有超过预算2%的差异情况和解决措施	在对其他项目进行审核的同时，查找本月发生的重大分类错报或没有记录及没有发生的大笔收入、支出以及相关联的资产和负债项目
系统每天比较运出货物的数量和开票数量。如果发现差异，产生报告，由开票主管复核和追查	查找没有开票和记录的出库货物，以及与真实发货无关的发票
每季度复核应收账款贷方余额并找出原因	查找未予入账的发票和销售与现金收入中的分类错误

如果确信存在以下情况，就可以将检查性控制作为一个主要手段来合理保证某特定认定发生重大错报的可能性较小：①控制所检查的数据是完整、可靠的；②控制对于发现重大错报足够敏感；③发现的所有重大错报都将被纠正。

前已提及，业务流程中对相关交易类别的有效控制通常同时包括预防性控制和检查性控制。缺乏有效的预防性控制增加了发生错报的风险，因此，需要建立更为敏感的检查性控制。通常，注册会计师在识别检查性控制的同时，也记录重要的预防性控制。

三、了解内部控制的性质和程度

（一）内部控制的性质

注册会计师了解内部控制的目的，就是为了评价控制设计的有效性以及控制是否得到执行。在评价控制设计的有效性以及控制是否得到执行时，注册会计师了解被审计单位内部控制体系各项要素，有助于其初步了解被审计单位如何识别和应对经营风险，这些了解也可能以不同方式影响注册会计师对重大错报风险的识别和评估。这有助于注册会计师设计和实施进一步审计程序，包括计划测试控制运行的有效性。例如：

（1）注册会计师了解被审计单位的内部环境、风险评估和内部监督要素，更有可能影响财务报表层次重大错报风险的识别和评估；

（2）注册会计师了解被审计单位的信息系统与沟通以及控制活动要素，更有可能影响认定层次重大错报风险的识别和评估。

（二）内部控制的程度

对内部控制了解的程度，是指注册会计师在实施风险评估程序时，了解被审计单位内部控制的范围及深度，包括评价控制设计的有效性，并确定其是否得到执行，但不包括对控制是否得到一贯执行的测试。

1. 评价控制设计的有效性以及控制是否得到执行

注册会计师在了解内部控制时，应当评价控制设计的有效性，并确定其是否得到执行。评价控制设计的有效性，涉及考虑该控制单独或连同其他控制是否能够有效防止或发现并纠正重大错报。控制得到执行是指某项控制存在且被审计单位正在使用。评估一项无效控制的运行没有什么意义，因此，需要首先考虑控制的设计。设计不当的控制可能表明

存在值得关注的内部控制缺陷。

2. 了解内部控制实施的程序

注册会计师通常实施下列风险评估程序，以获取有关控制设计有效性和控制是否得到执行的审计证据：

（1）询问被审计单位人员；
（2）观察特定控制的运用；
（3）检查文件和报告；
（4）追踪交易在财务报告信息系统中的处理过程（穿行测试）。

这些程序是风险评估程序在了解被审计单位内部控制方面的具体运用。

询问本身并不足以评价控制设计的有效性以及确定其是否得到执行，注册会计师应当将询问与其他风险评估程序结合使用。

3. 了解内部控制与测试控制运行有效性的关系

值得注意的是，评价设计有效的控制是否得到执行，与测试控制运行的有效性即控制是否得到一贯执行是有区别的。前者是了解内部控制的目的，后者是控制测试的目的。

除非存在某些可以使控制得到一贯运行的自动化控制，否则，注册会计师对控制的了解并不足以测试控制运行的有效性。例如，获取某一人工控制在某一时点得到执行的审计证据，并不能证明该控制在所审计期间的其他时点也有效运行。但是，信息技术可以使被审计单位持续一贯地对大量数据进行处理，提高被审计单位监督控制活动运行情况的能力，信息技术还可以通过对应用软件、数据库、操作系统设置安全控制来实现有效的职责划分。由于信息技术处理流程的内在一贯性，实施审计程序确定某项自动化控制是否得到执行，也可能实现对控制运行有效性测试的目标，这取决于注册会计师对控制（如针对程序变更的控制）的评估和测试。

四、内部控制的局限性

（一）内部控制的固有局限性

内部控制无论是否有效，都只能为被审计单位实现财务报告目标提供合理保证。内部控制实现目标的可能性受其固有限制的影响。这些限制包括：

（1）在决策时人为判断可能出现错误和因人为失误而导致内部控制失效。例如，控制的设计和修改可能存在失误。同样地，控制的运行可能无效，例如，由于负责复核信息的人员不了解复核的目的或没有采取适当的措施，内部控制生成的信息（如例外报告）没有得到有效使用。

（2）控制可能由于两个或更多的人员串通或管理层不当地凌驾于内部控制之上而被规避。例如，管理层可能与客户签订"背后协议"，修改标准的销售合同条款和条件，从而导致不适当的收入确认。再如，信息技术应用程序中的编辑控制旨在识别和报告超过赊销信用额度的交易，但这一控制可能被凌驾或不能得到执行。

此外，如果被审计单位内部行使控制职能的人员素质不适应岗位要求，也会影响内部控制功能的正常发挥。被审计单位实施内部控制的成本效益问题也会影响其效能，当实施某项控制成本大于控制效果而发生损失时，就没有必要设置该控制环节或控制措施。内部控制一般都是针对经常而重复发生的业务设置的，如果出现不经常发生或未预计到的业务，原有控制就可能不适用。

（二）对小型被审计单位的考虑

小型被审计单位拥有的员工通常较少，限制了其职责分离的程度。但是，在业主管理的小型被审计单位，业主兼经理可以实施比大型被审计单位更有效的监督。这种监督可以弥补职责分离有限的局限性。另外，由于内部控制系统较为简单，业主兼经理更有可能凌驾于控制之上。注册会计师在识别舞弊导致的重大错报风险时需要考虑这一问题。

五、与财务报表编制相关的内部环境

注册会计师为了解与财务报表编制相关的内部环境，应当实施以下风险评估程序：

（1）了解涉及以下方面的控制、流程和组织结构：

①管理层如何履行其管理职责，例如，被审计单位的组织文化，管理层是否重视诚信、道德和价值观；

②在治理层与管理层分离的体制下，治理层的独立性以及治理层监督内部控制体系的情况；

③被审计单位内部权限和职责的分配情况；

④被审计单位如何吸引、培养和留住具有胜任能力的人员；

⑤被审计单位如何使其人员致力于实现内部控制体系的目标。

（2）评价以下方面的情况：

①在治理层的监督下，管理层是否营造并保持了诚实守信和合乎道德的文化；

②根据被审计单位的性质和复杂程度，内部环境是否为内部控制体系的其他要素奠定了适当的基础；

③识别出的内部环境方面的控制缺陷，是否会削弱被审计单位内部控制体系的其他要素。

此外，在信息技术环境下，注册会计师应当重视对与被审计单位使用信息技术相关的内部环境的评价，包括：①对信息技术的治理是否与被审计单位及其由信息技术支撑的业务经营的性质和复杂程度相称，包括被审计单位的技术平台或架构的复杂程度或成熟程度，以及被审计单位依赖信息技术应用程序支持财务报告的程度；②与信息技术和资源分配相关的管理层组织结构，例如，被审计单位是否已投资了适当的信息技术环境和必要的升级，或者被审计单位使用商业软件时（未对软件进行修改或仅进行有限修改）是否雇用了充足的具有适当技术的人员。

（一）内部环境的概念

内部环境包括治理职能和管理职能，以及治理层和管理层对内部控制体系及其重要性的态度、认识和行动。内部环境设定了被审计单位的内部控制基调，影响员工的内部控制意识，并为被审计单位内部控制体系中其他要素的运行奠定了基础。良好的内部环境是实施有效内部控制的基础。防止或发现并纠正舞弊和错误是被审计单位治理层和管理层的责

任。在评价内部环境的设计和实施情况时,注册会计师应当了解管理层在治理层的监督下,是否营造并保持了诚实守信和合乎道德的文化,以及是否建立了防止或发现并纠正舞弊和错误的恰当控制。实际上,在审计业务承接阶段,注册会计师就需要对内部环境作出初步了解和评价。

(二) 对诚信和道德价值观念的沟通与落实

诚信和道德价值观念是内部环境的重要组成部分,影响到重要业务流程的内部控制设计和运行。内部控制的有效性直接依赖于负责创建、管理和监控内部控制的人员的诚信和道德价值观念。被审计单位是否存在道德行为规范,以及这些规范如何在被审计单位内部得到沟通和落实,决定了是否能产生诚信和道德的行为。对诚信和道德价值观念的沟通与落实,既包括管理层如何处理不诚实、非法或不道德行为,也包括在被审计单位内部,通过行为规范以及高层管理人员的身体力行,对诚信和道德价值观念的营造和保持。

注册会计师可以通过询问管理层和员工,观察和检查,并考虑外部来源的信息,了解和评价被审计单位诚信和道德价值观念的沟通与落实。了解和评价时,可关注下列因素:①被审计单位是否有书面的行为规范并向所有员工传达;②被审计单位的企业文化是否强调诚信和道德价值观念的重要性;③管理层是否身体力行,高级管理人员是否起表率作用;④对违反有关政策和行为规范的情况,管理层是否采取适当的惩罚措施。

(三) 对胜任能力的重视

胜任能力是指具备完成某一职位的工作所应有的知识和能力。管理层对胜任能力的重视包括对于特定工作所需的胜任能力水平的设定,以及对达到该水平所必需的知识和能力的要求。注册会计师应当考虑主要管理人员和其他相关人员是否能够胜任承担的工作和职责,例如,财务人员是否对编制财务报表所适用的会计准则和相关会计制度有足够的了解并能正确运用。

注册会计师在就被审计单位对胜任能力的重视情况进行了解和评估时,考虑的主要因素可能包括:

(1) 财务人员以及信息管理人员是否具备与被审计单位业务性质和复杂程度相称的足够的胜任能力和培训,在发生错误时,是否通过调整人员或系统来加以处理;

(2) 管理层是否配备足够的财务人员以适应业务发展和有关方面的需要;

(3) 财务人员是否具备理解和运用会计准则所需的技能。

(四) 治理层的参与程度

被审计单位的内部环境在很大程度上受治理层的影响。治理层的职责应在被审计单位的章程和政策中予以规定。治理层(董事会)通常通过其自身的活动,并在审计委员会或类似机构的支持下,监督被审计单位的财务报告政策和程序。因此,董事会、审计委员会或类似机构应关注被审计单位的财务报告,并监督被审计单位的会计政策以及内部、外部的审计工作和结果。治理层的职责还包括监督用于复核内部控制有效性的政策和程序设计是否合理,执行是否有效。

治理层对内部环境影响有:治理层相对于管理层的独立性、决策的客观性、成员的经验和品德、治理层参与被审计单位经营的程度和收到的信息及其对经营活动的详细检查、治理层采取措施的适当性，包括提出问题的难度和对问题的跟进程度，以及治理层与内部审计人员和注册会计师的互动等。

注册会计师在对被审计单位治理层的参与程度进行了解和评估时，考虑的因素可能包括：

（1）董事会是否建立了审计委员会或类似机构；

（2）董事会、审计委员会或类似机构是否与内部审计人员以及注册会计师有联系和沟通，联系和沟通的性质以及频率是否与被审计单位的规模和业务复杂程度相匹配；

（3）董事会、审计委员会或类似机构的成员是否具备适当的经验和资历；

（4）董事会、审计委员会或类似机构是否独立于管理层；

（5）审计委员会或类似机构举行会议的数量和时间是否与被审计单位的规模和业务复杂程度相匹配；

（6）董事会、审计委员会或类似机构是否充分地参与了监督编制财务报告的过程；

（7）董事会、审计委员会或类似机构是否对经营风险的监控有足够的关注，进而影响被审计单位和管理层的风险评估工作；

（8）董事会成员是否保持相对的稳定性。

（五）管理层的理念和经营风格

管理层负责企业的运作以及经营策略和程序的制定、执行与监督。内部环境的每个方面在很大程度上都受管理层采取的措施和作出决策的影响，或在某些情况下受管理层不采取某些措施或不作出某种决策的影响。在有效的内部环境中，管理层的理念和经营风格可以创造一个积极的氛围，促进业务流程和内部控制的有效运行，同时创造一个减少错报发生可能性的环境。在管理层以一个或少数几个人为主时，管理层的理念和经营风格对内部控制的影响尤为突出。

管理层的理念包括管理层对内部控制的理念，即管理层对内部控制以及对具体控制实施环境的重视程度。管理层对内部控制的重视，有助于控制的有效执行，并减少特定控制被忽视或规避的可能性。控制理念反映在管理层制定的政策、程序及所采取的措施中，而不是反映在形式上。因此，要使控制理念成为内部环境的一个重要特质，管理层必须告知员工内部控制的重要性。同时，只有建立适当的管理层控制机制，控制理念才能产生预期的效果。

衡量管理层对内部控制重视程度的重要标准，是管理层收到有关内部控制缺陷及违规事件的报告时是否作出适当反应。管理层及时下达纠弊措施，表明他们对内部控制的重视，也有利于加强企业内部的控制意识。

此外，了解管理层的经营风格也很有必要，管理层的经营风格可以表明管理层所能接受的业务风险的性质。例如，管理层是否经常投资于风险特别高的领域或者在接受风险方面极为保守，不敢越雷池一步。注册会计师应考虑的问题包括：管理层是否谨慎从事，只有在对方案的风险和潜在利益进行仔细研究分析后，才能进一步采取措施。了解管理层的经营风格有助于注册会计师判断哪些因素影响管理层对待内部控制的态度，哪些因素影响在编制财务报表时所作的判断，特别是在作出会计估计以及选用会计政策时。这种了解也

有助于注册会计师进一步认识管理层的能力和经营动机。注册会计师对管理层的能力和诚信越有信心，就越有理由信赖管理层提供的信息和作出的解释及声明。相反，如果对管理层经营风格的了解加重了注册会计师的怀疑，注册会计师就会加大职业怀疑的程度，从而对管理层的各种声明产生疑问。因此，了解管理层的经营风格对注册会计师评估重大错报风险有着重要的意义。

注册会计师在了解和评估被审计单位管理层的理念和经营风格时，考虑的主要因素可能包括：

（1）管理层是否对内部控制，包括信息技术的控制，给予了适当的关注；

（2）管理层是否由一个或几个人所控制，董事会、审计委员会或类似机构对其是否实施了有效监督；

（3）管理层在承担和监控经营风险方面是风险偏好者还是风险规避者；

（4）管理层在选择会计政策和作出会计估计时是倾向于激进还是保守；

（5）管理层对于信息管理人员以及财会人员是否给予了适当关注；

（6）对于重大的内部控制和会计事项，管理层是否征询注册会计师的意见，或者经常在这些方面与注册会计师存在不同意见。

（六）职权与责任的分配

被审计单位的组织结构为计划、运作、控制及监督经营活动提供了一个整体框架。通过集权或分权决策，可在不同部门间进行适当的职责划分，建立适当层次的报告体系。组织结构将影响权利、责任和工作任务在组织成员中的分配。被审计单位的组织结构在一定程度上取决于被审计单位的规模和经营活动的性质。

注册会计师应当考虑被审计单位组织结构中是否采用向个人或小组分配控制职责的方法，是否建立了执行特定职能（包括交易授权）的授权机制，是否确保每个人都清楚地了解报告关系和责任。注册会计师还需审查对分散经营活动的监督是否充分。有效的权责分配制度有助于形成整体的控制意识。

注册会计师应当关注组织结构及权责分配方法的实质而不是仅关注其形式。相应地，注册会计师应当考虑相关人员对政策与程序的整体认识水平和遵守程度，以及管理层对其实施监督的程度。

注册会计师对组织结构的了解，有助于其确定被审计单位的职责划分达到何种程度，也有助于其评价被审计单位在这方面的不足会对整体审计策略产生的影响。

信息系统处理环境是注册会计师对组织结构及权责分配方法进行了解的一个重要方面。注册会计师应当考虑信息系统职能部门的结构安排是否明确了职责分配，授权和批准系统变化的职责分配，以及是否明确程序开发、运行及使用者之间的职责划分。

注册会计师在对被审计单位组织结构以及职权与责任的分配进行了解和评估时，考虑的主要因素可能包括：

（1）在被审计单位内部是否有明确的职责划分，是否将业务授权、业务记录、资产保管和维护以及业务执行的责任尽可能地分离；

（2）数据处理和管理的职责划分是否合理；

(3) 是否已针对授权交易建立了适当的政策和程序。

(七) 人力资源政策与实务

政策与程序（包括内部控制）的有效性通常取决于执行人。被审计单位员工的能力与诚信是内部环境中不可缺少的因素。人力资源政策与实务涉及招聘、培训、考核、咨询、晋升和薪酬等方面。被审计单位是否有能力雇用并保留一定数量既有能力又有责任心的员工，很大程度上取决于其人事政策与实务。例如，如果招聘录用标准要求录用最合适的员工，包括强调员工的学历、经验、诚信和道德，这表明被审计单位希望录用有能力并值得信赖的人员。被审计单位有关培训方面的政策应显示员工应达到的工作表现和业绩水准，通过定期考核的晋升政策，表明被审计单位希望具备相应资格的人员承担更多的职责。

注册会计师在对被审计单位人力资源政策与实务进行了解和评估时，考虑的主要因素可能包括：

(1) 被审计单位在招聘、培训、考核、咨询、晋升、薪酬、补救措施等方面是否都有适当的政策和实务（特别是在会计、财务和信息系统方面）；

(2) 是否有书面的员工岗位职责手册，或者在没有书面文件的情况下，对于工作职责和期望是否作了适当的沟通和交流；

(3) 人力资源政策与实务是否清晰，并且定期发布和更新；

(4) 是否设定适当的程序，对分散在各地区和海外的经营人员建立和沟通人力资源政策与程序。

综上所述，注册会计师应当对内部环境的构成要素获取足够的了解，并考虑内部控制的实质及其综合效果，以了解管理层和治理层对内部控制及其重要性的态度、认识以及采取的行动。

内部环境对重大错报风险的评估具有广泛影响。注册会计师需要考虑内部环境的总体优势，是否为内部控制的其他要素提供了适当基础，并且未被内部环境中存在的缺陷所削弱。

注册会计师在评估重大错报风险时，存在令人满意的内部环境是一个积极的因素。虽然令人满意的内部环境并不能绝对防止舞弊，但却有助于降低发生舞弊的风险。

在较不复杂的被审计单位，可能无法获取以文件形式存在的有关内部环境要素的审计证据，特别是在管理层与其他人员的沟通不够正式却有效的情况下。例如，小型被审计单位可能没有书面的行为守则，但却通过口头沟通和管理层的示范作用形成了强调诚信和道德行为重要性的文化。因此，管理层或业主兼经理的态度、认识和行动对注册会计师了解小型被审计单位的内部环境非常重要。

六、与财务报表编制相关的风险评估工作

注册会计师为了解被审计单位与财务报表编制相关的风险评估工作，应当实施以下风险评估程序：

第一，了解被审计单位的下列工作：①识别与财务报告目标相关的经营风险；②评估上述风险的严重程度和发生的可能性；③应对上述风险。

第二，根据被审计单位的性质和复杂程度，评价其风险评估工作是否适合其具体情况。

审计准则还规定，如果注册会计师识别出重大错报风险，而管理层未能识别出这些风险，注册会计师应当：

（1）判断这些风险是否是被审计单位风险评估工作应当识别出的风险。如果注册会计师认为这些风险是被审计单位风险评估工作应当识别出的风险，则应当了解被审计单位风险评估工作未能识别出这些风险的原因。

（2）考虑对前述的注册会计师"评价其风险评估工作是否适合其具体情况"的影响。

（一）被审计单位风险评估的概念

任何经济组织在经营活动中都会面临各种各样的风险，风险对其生存和竞争能力会产生影响。很多风险并不为经济组织所控制，但管理层应当确定可以承受的风险水平，识别这些风险并采取一定的应对措施。可能产生风险的事项和情况包括：

（1）监管及经营环境的变化。监管和经营环境的变化会导致竞争压力的变化，并产生显著不同的风险。

（2）新员工的加入。新员工可能对内部控制有不同的认识和关注点。

（3）新信息系统的使用或对原系统进行升级。信息系统重大、快速的变化会改变与内部控制相关的风险。

（4）业务快速发展。快速的业务扩张可能会使内部控制难以应对，从而增加内部控制失效的风险。

（5）新技术。将新技术运用于生产过程和信息系统可能改变与内部控制相关的风险。

（6）新业务模式、产品和活动。进入新的业务领域和发生新的交易可能带来新的与内部控制相关的风险。

（7）企业重组。重组可能带来裁员和监督及职责分离方面的变化，将影响与内部控制相关的风险。

（8）发展海外经营。海外扩张或收购会带来新的且往往是独特的风险，进而可能影响内部控制，如外币交易的风险。

（9）新的会计政策。采用新的会计政策或变更会计政策可能增加财务报表编制过程中的风险。

（10）使用信息技术。具体包括与下列事项相关的风险：①维护处理的数据和信息的完整性、准确性和有效性；②如果被审计单位的信息技术战略不能有效地支持其经营战略，则会产生经营战略风险；③被审计单位的信息技术环境的变化或中断，信息技术人员的流动，或被审计单位未对信息技术环境进行必要的更新或更新不及时。

被审计单位风险评估工作的作用是识别、评估和管理影响其实现经营目标能力的各种风险。而针对财务报告目标的风险评估则包括识别与财务报告相关的经营风险，评估风险的重大性和发生的可能性，以及采取措施管理这些风险。

由于被审计单位风险评估包括识别与财务报告相关的经营风险，以及针对这些风险所采取的措施，注册会计师应当了解被审计单位的风险评估工作。

(二) 对风险评估的了解

在评价被审计单位风险评估的设计和执行时,注册会计师应当确定管理层如何识别与财务报告相关的经营风险,如何估计该风险的重要性(即严重程度),如何评估风险发生的可能性,以及如何采取措施管理这些风险。如果被审计单位的风险评估符合其具体情况,了解被审计单位的风险评估工作有助于注册会计师识别财务报表的重大错报风险。

注册会计师在对被审计单位整体层面的风险评估工作进行了解和评估时,考虑的主要因素可能包括:

(1) 被审计单位是否已建立并沟通其整体目标,并辅以具体策略和业务流程层面的计划;

(2) 被审计单位是否已建立风险评估,包括识别风险、估计风险的重大性、评估风险发生的可能性以及确定需要采取的应对措施;

(3) 被审计单位是否已建立某种机制,识别和应对可能对被审计单位产生重大且普遍影响的变化,如在金融机构中建立资产负债管理委员会,在制造型企业中建立期货交易风险管理组等;

(4) 会计部门是否建立了某种流程,以识别会计政策的重大变化;

(5) 当被审计单位业务操作发生变化并影响交易记录的流程时,是否存在沟通渠道以通知会计部门;

(6) 风险管理部门是否建立了某种流程,以识别经营环境包括监管环境发生的重大变化。

注册会计师可以通过了解被审计单位及其环境的其他方面信息,评价被审计单位风险评估工作的有效性。注册会计师应当询问管理层识别出的经营风险,并考虑这些风险是否可能导致重大错报。

在审计过程中,如果发现与财务报表有关的风险因素,注册会计师可通过向管理层询问和检查有关文件,确定被审计单位的风险评估工作是否也发现了该风险;如果识别出管理层未能识别的重大错报风险,注册会计师应当考虑被审计单位的风险评估工作为何没有识别出这些风险,以及评估过程是否适合于具体环境,或者确定与风险评估相关的内部控制是否存在值得关注的内部控制缺陷。

(三) 对较不复杂被审计单位的考虑

较不复杂被审计单位可能没有正式的风险评估。在这种情况下,管理层很可能通过亲自参与经营来识别风险。无论情况如何,注册会计师询问识别出的风险以及管理层如何应对这些风险仍是必要的。

七、与财务报表编制相关的信息系统与沟通

审计准则规定,注册会计师为了解被审计单位与财务报表编制相关的信息系统与沟通,应当实施以下风险评估程序:

一是了解被审计单位的信息处理活动(包括数据和信息),在这些活动中使用的资源,针对相关交易类别、账户余额和披露的信息处理活动的政策。具体包括:

（1）信息在被审计单位信息系统中的传递情况，包括交易如何生成，与交易相关的信息如何进行记录、处理、更正、结转至总账，在财务报表中报告，以及其他方面的相关信息如何获取、处理、在财务报表中披露；

（2）与信息传递相关的会计记录、财务报表特定项目以及其他支持性记录；

（3）被审计单位的财务报告过程；

（4）与上述第（1）点至第（3）点相关的被审计单位资源，包括信息技术环境。

二是了解被审计单位如何沟通与财务报表编制相关的重大事项，以及信息系统和内部控制体系其他要素中的相关报告责任。具体包括：

（1）被审计单位内部人员之间的沟通，包括就与财务报告相关的岗位职责和相关人员的角色进行的沟通；

（2）管理层与治理层之间的沟通；

（3）被审计单位与监管机构等外部各方的沟通。

三是评价被审计单位的信息系统与沟通是否能够为被审计单位按照适用的财务报告编制基础编制财务报表提供适当的支持。

（一）与财务报表编制相关的信息系统的概念

与财务报表编制相关的信息系统由一系列的活动和政策、会计记录和支持性记录组成。被审计单位设计和建立这些活动、政策和记录旨在：

（1）生成、记录和处理交易（以及获取、处理和披露与交易以外的事项和情况相关的信息），以及为相关资产、负债和所有者权益明确受托责任；

（2）解决不正确处理交易的问题，如自动生成暂记账户文件，以及及时按照程序清理暂记项目；

（3）处理并解释凌驾于控制之上或规避控制的情况；

（4）将从交易处理系统中获取的信息过入总账（例如，将明细账中的累计交易过入总账）；

（5）针对除交易以外的事项和情况，获取并处理与财务报表编制相关的信息，如资产的折旧和摊销、可回收性的改变等；

（6）确保适用的财务报告编制基础规定披露的信息得到收集、记录、处理和汇总，并适当包含在财务报表中。

上述交易可能通过人工或自动化程序生成。记录包括识别和收集与交易、事项有关的信息。处理包括编辑、核对、计量、估价、汇总和调节活动，可能由人工或自动化程序来执行。报告是指用电子或书面形式编制财务报表和其他信息，供被审计单位用于衡量和考核财务及其他方面的业绩。

与财务报表编制相关的信息系统应当与业务流程相适应。业务流程是指被审计单位开发、采购、生产、销售、发送产品和提供服务、保证遵守法律法规、记录信息（包括会计和财务报告信息）等一系列活动。

与财务报表编制相关的信息系统所生成信息的质量，对管理层能否作出恰当的经营管理决策以及编制可靠的财务报告的能力具有重大影响。

（二）对与财务报表编制相关的信息系统的了解

被审计单位的内部控制体系包括与其报告目标（包括财务报告目标）相关的方面，但也可能包括与财务报告有关的经营目标或合规目标相关的方面。注册会计师在了解被审计单位的信息系统时，应了解被审计单位如何生成交易和获取信息，其中可能包括与被审计单位为应对合规目标和经营目标而设置的系统（被审计单位的政策）相关的信息，因为这类信息可能与财务报表编制相关。此外，某些被审计单位的信息系统可能是高度集成的，控制的设计可以同时实现财务报告、合规和经营这三个控制目标。

了解被审计单位的信息系统，还包括了解信息处理活动中使用的资源。与了解信息系统完整性、准确性和有效性风险相关的人力资源信息包括：①从事相关工作人员的胜任能力；②资源是否充分；③职责分离是否适当。

注册会计师在了解信息与沟通要素中针对相关交易类别、账户余额和披露的信息处理活动的政策时，可以考虑以下事项：①与需要处理的交易、其他事项和情况相关的数据或信息；②为维护数据或信息的完整性、准确性和有效性而进行的信息处理；③信息处理过程中使用的信息流程、人员和其他资源。

了解被审计单位的业务流程（包括交易产生的方式），有助于注册会计师以适合被审计单位具体情况的方式了解信息系统。

注册会计师可实施多种程序了解信息系统，包括：

（1）向相关人员询问用于生成、记录、处理和报告交易的程序或被审计单位的财务报告过程；

（2）检查有关被审计单位信息系统的政策、流程手册或其他文件；

（3）观察被审计单位人员对政策或程序的执行情况；

（4）选取交易并追踪交易在信息系统中的处理过程（即实施穿行测试）。

（三）与财务报表编制相关的沟通的概念

与财务报表编制相关的沟通，包括使员工了解各自在与财务报告有关的内部控制方面的角色和职责，员工之间的工作联系，以及向适当级别的管理层报告例外事项的方式。

公开的沟通渠道有助于确保例外情况得到报告和处理。沟通可以采用政策手册、会计和财务报告手册及备忘录等形式进行，也可以采用电子方式或口头方式和通过管理层的行动来实现。

（四）对与财务报表编制相关的沟通的了解

注册会计师应当了解被审计单位内部，如何对财务报告的岗位职责以及与财务报表编制相关的重大事项进行沟通。注册会计师还应当了解管理层与治理层（特别是审计委员会）之间的沟通，以及被审计单位与外部（包括与监管部门）的沟通。具体包括：

（1）管理层就员工的职责和控制责任是否进行了有效沟通；

（2）针对可疑的不恰当事项和行为是否建立了沟通渠道；

（3）组织内部沟通的充分性是否能够使人员有效地履行职责；

（4）对于与客户、供应商、监管者和其他外部人士的沟通，管理层是否及时采取适当的进一步行动；

(5) 被审计单位是否受到某些监管机构发布的监管要求的约束；

(6) 外部人士（如客户和供应商）在多大程度上获知被审计单位的行为守则。

（五）对小型被审计单位的考虑

在小型被审计单位，与财务报表编制相关的信息系统和沟通可能不如大型被审计单位正式和复杂。管理层可能会更多地参与日常经营管理活动和财务报告活动，不需要很多书面的政策和程序指引，也没有复杂的信息系统和会计流程。由于小型被审计单位的规模较小、报告层次较少，因此，小型被审计单位可能比大型被审计单位更容易实现有效的沟通。注册会计师需要考虑这些特征对评估重大错报风险的影响。

八、与财务报表编制相关的控制活动

注册会计师为了解与财务报表编制相关的控制活动，应当实施以下风险评估程序：

一是识别用于应对认定层次重大错报风险的控制，包括：

(1) 应对特别风险的控制；

(2) 与会计分录相关的控制，这些会计分录包括用以记录非经常性的、异常的交易，以及用于调整的非标准会计分录；

(3) 注册会计师拟测试运行有效性的控制，包括用于应对仅实施实质性程序不能提供充分、适当审计证据的重大错报风险的控制；

(4) 注册会计师根据职业判断认为适当的、有助于其实现与认定层次重大错报风险有关目标的其他控制。

二是基于上述第一项中识别的控制，识别哪些信息技术应用程序及信息技术环境的其他方面可能面临运用信息技术导致的风险。

三是针对上述第二项中识别的信息技术应用程序及信息技术环境的其他方面，进一步识别：

(1) 运用信息技术导致的相关风险；

(2) 被审计单位用于应对这些风险的信息技术一般控制。

四是针对上述第一项以及第三项第（2）识别出的每项控制：

(1) 评价控制的设计是否有效，即这些控制能否应对认定层次重大错报风险或为其他控制的运行提供支持；

(2) 询问被审计单位内部人员，并运用其他风险评估程序，以确定控制是否得到执行。

（一）与财务报表编制相关的控制活动的概念

控制活动是指有助于确保管理层的指令得以执行的政策和程序。注册会计师应当按照审计准则的规定识别控制活动要素中的控制。这些控制包括信息处理控制和信息技术一般控制，两类控制均可能属于人工控制或自动化控制。管理层利用和依赖的与财务报告相关的自动化控制或涉及自动化方面的控制的程度越高，被审计单位执行信息技术一般控制（应对信息处理控制自动化方面的持续运行）可能就越重要。控制活动要素中的控制可能与下列事项相关：

1. 授权和批准

有了授权才能确认交易是有效的（即交易具有经济实质或符合被审计单位的政策）。授权的形式通常为较高级别的管理层批准或验证并确定交易是否有效。自动批准的一个举例是自动将发票单位成本与相关的采购订单单位成本（在预先确定的可容忍范围内）进行比较，单位成本在可容忍范围内的发票将自动批准付款，对单位成本超出可容忍范围的发票将进行标记，以执行进一步调查。

2. 调节

调节即将两项或多项数据要素进行比较。如果发现差异，则采取措施使数据相一致。调节通常应对所处理交易的完整性或准确性。

3. 验证

验证即将两个或多个项目互相进行比较，或将某个项目与政策进行比较，如果两个项目不匹配或者某个项目与政策不一致，则可能对其执行跟进措施。验证通常应对所处理交易的完整性、准确性或有效性。

4. 实物或逻辑控制

这包括应对资产安全的控制，以防止未经授权的访问、获取、使用或处置资产。实物或逻辑控制包括下列控制：

（1）保证资产的实物安全，包括恰当的安全保护措施，如针对接触资产和记录的安全设施；

（2）对接触计算机程序和数据文档设置授权（即逻辑访问权限）；

（3）定期盘点并将盘点记录与控制记录相核对（如将会计记录与现金、有价证券和存货的定期盘点结果相比较），旨在防止资产盗窃的实物控制，其与财务报表编制的可靠性相关，且相关程度取决于资产被侵占的风险。

5. 职责分离

职责分离即将交易授权、交易记录以及资产保管等不相容职责分配给不同员工。职责分离旨在降低同一员工在正常履行职责过程中实施并隐瞒舞弊或错误的可能性。如果某个员工能够执行上述所有活动，则该员工可以创建难以被发现的虚假销售。类似地，销售人员也不应具有修改产品价格文件或佣金比率的权限。

在某些情况下，职责分离可能不切实际、成本效益低下或不可行。例如，小型和较不复杂被审计单位可能缺乏充分的资源以实现理想的职责分离，并且雇用额外员工的成本可能很高。在这种情况下，管理层可以设置替代控制。如果销售人员可以修改产品价格文件，则可以设置发现性的控制活动，让与销售职能无关的员工定期复核销售人员是否对价格进行修改以及修改价格的情形。

实务中，某些控制可能取决于管理层或治理层是否制定了适当的监督控制。例如，可能按照既定的指导方针（如治理层制定的投资标准）进行授权控制；或者非常规交易（如重大收购或撤资）可能需要特定的高级别人员的批准，包括在某些情况下由股东批准。

（二）对控制活动的了解

在了解控制活动时，注册会计师应当重点考虑一项控制活动单独或连同其他控制活

动,是否能够以及如何防止或发现并纠正各类交易、账户余额和披露认定存在的重大错报。注册会计师的工作重点是,识别和了解针对重大错报风险更高的领域的控制活动。如果多项控制活动能够实现同一目标,注册会计师不必了解与该目标相关的每项控制活动。

在了解和评估控制活动时考虑的主要因素可能包括:

(1) 被审计单位的主要经营活动是否有必要的控制政策和程序;

(2) 管理层在预算、利润和其他财务及经营业绩方面是否有清晰的目标,在被审计单位内部是否对这些目标都加以清晰的记录和沟通,并且积极地对其进行监控;

(3) 是否存在计划和报告系统,以识别与目标业绩的差异,并向适当层次的管理层报告该差异;

(4) 是否由适当层次的管理层对差异进行调查,并及时采取适当的纠正措施;

(5) 不同人员的职责应在何种程度上相分离,以降低舞弊和不当行为发生的风险;

(6) 会计系统中的数据是否与实物资产定期核对;

(7) 是否建立了适当的保护措施,以防止未经授权接触文件、记录和资产;

(8) 是否存在信息安全职能部门负责监控信息安全政策和程序。

(三) 对小型被审计单位的考虑

小型被审计单位控制活动依据的理念与较大型被审计单位可能相似,但是它们运行的正式程度可能不同。进一步讲,在小型被审计单位中,由于某些控制活动由管理层执行,特定类型的控制活动可能变得并不相关。例如,只有管理层拥有批准赊销、重大采购的权力,才可以对重要账户余额和交易实施有力控制,降低或消除实施更具体的控制活动的必要性。

小型被审计单位通常难以实施适当的职责分离,注册会计师应当考虑小型被审计单位采取的控制活动(特别是职责分离)能否有效实现控制目标。

九、对与财务报表编制相关的内部控制体系的监督

注册会计师为了解被审计单位对与财务报表编制相关的内部控制体系的监督工作,应当实施以下风险评估程序:

一是了解被审计单位实施的持续性评价和单独评价,以及识别控制缺陷的情况和整改的情况;

二是了解被审计单位的内部审计,包括内部审计的性质、职责和活动;

三是了解被审计单位在监督内部控制体系的过程中所使用信息的来源,以及管理层认为这些信息足以信赖的依据;

四是根据被审计单位的性质和复杂程度,评价被审计单位对内部控制体系的监督是否适合其具体情况。

(一) 对与财务报表编制相关的内部控制体系的监督的概念

管理层的重要职责之一就是建立和维护内部控制体系,并保证其持续有效运行,对内部控制体系的监督可以实现这一目标。监督是由适当的人员,在适当、及时的基础上评估控制的设计和运行情况的过程。对内部控制体系的监督是指被审计单位评价内部控制在一段时间内运行有效性的过程。对内部控制体系的监督涉及及时评估控制的有效性并采取必要的补救措施。

通常，管理层通过持续的监督活动、单独的评价活动或两者相结合实现对内部控制体系的监督。持续的监督活动通常贯穿于被审计单位日常重复的活动中，包括常规管理和监督工作。

被审计单位可能使用内部审计人员或具有类似职能的人员对内部控制的设计和执行进行专门的评价，以找出内部控制的优点和不足，并提出改进建议。被审计单位也可能利用与外部有关各方沟通或交流获取的信息，监督相关的控制活动。在某些情况下，外部信息可能显示内部控制存在的问题和需要改进之处。例如，客户通过付款来表示其同意发票金额，或者认为发票金额有误而不付款。监管机构（如银行监管机构）可能会对影响内部控制运行的问题与被审计单位沟通。管理层可能也会考虑与注册会计师就内部控制进行沟通，通过与外部信息的沟通，可以发现内部控制存在的问题，以便采取纠正措施。

值得注意的是，上述用于监督活动的很多信息都由被审计单位的信息系统产生，这些信息可能存在错报，从而导致管理层从监督活动中得出错误的结论。因此，注册会计师应当了解与被审计单位监督活动相关的信息来源，包括管理层在与外部有关各方沟通时获取的信息（如顾客的投诉和监管机构提出的意见），以及管理层认为信息具有相关性和可靠性的依据。如果拟利用被审计单位监督活动使用的信息（包括内部审计报告），注册会计师应当考虑该信息是否相关和可靠，是否足以实现审计目标。

（二）了解对内部控制体系的监督

注册会计师在了解被审计单位如何监督内部控制体系时，需要考虑的相关事项包括：

（1）监督活动的设计，如监督是定期的还是持续的；

（2）监督活动的实施情况和频率；

（3）对监督活动结果的定期评价，以确定控制是否有效；

（4）如何通过适当的整改措施应对识别的缺陷，包括与负责采取整改措施的人员及时沟通缺陷。

注册会计师可以考虑被审计单位监督内部控制体系的过程如何实现对涉及使用信息技术的信息处理控制的监督。这些控制包括：

（1）监督复杂信息技术环境的控制。具体包括：①评价信息处理控制的持续设计有效性，根据情况的变化对其进行适当修改；②评价信息处理控制运行的有效性；

（2）监督权限的控制。这些权限应用于实施职责分离的自动化信息处理控制中。

（3）监督如何识别和应对与财务报告自动化相关的错误或控制缺陷的控制。询问适当的内部审计人员，有助于注册会计师了解内部审计职责的性质。如果认为内部审计的职责与被审计单位的财务报告相关，注册会计师可以复核内部审计期间的审计计划（如有），并与适当的内部审计人员讨论该计划，以进一步了解内部审计已执行或拟执行的活动。这一了解，连同注册会计师通过询问获取的了解，也可能为注册会计师识别和评估重大错报风险提供直接相关的信息。

（三）对小型被审计单位的考虑

小型被审计单位通常没有正式的持续监督活动，且持续的监督活动与日常管理工作难以明确区分，业主往往通过其对经营活动的密切参与来识别财务数据中的重大差异和错报，并对控制活动采取纠正措施，注册会计师应当考虑业主对经营活动的密切参与能否有效实现其对内部控制体系的监督目标。

注册会计师应当根据对被审计单位内部控制体系各要素的评价，确定是否识别出控制缺陷。

十、在整体层面和业务流程层面了解内部控制

内部控制的某些要素（如内部环境）更多地对被审计单位整体层面产生影响，而其他要素（如信息系统与沟通、控制活动）则可能更多地与特定业务流程相关。实务中，注册会计师应当从被审计单位整体层面和业务流程层面分别了解和评价被审计单位的内部控制。整体层面的控制（包括对管理层凌驾于内部控制之上的控制）和信息技术一般控制通常在所有业务活动中普遍存在。业务流程层面控制主要是对工薪、销售和采购等交易的控制。整体层面的控制对内部控制在所有业务流程中得到严格的设计和执行具有重要影响。整体层面的控制较差，甚至可能使最好的业务流程层面控制失效。

在初步计划审计工作时，注册会计师需要确定在被审计单位财务报表中存在重大错报风险的相关交易类别、账户余额和披露及相关认定。为实现此目的，通常采取下列步骤：①确定被审计单位的重要业务流程和相关交易类别；②了解相关交易类别的流程，并记录获得的了解；③确定可能发生错报的环节；④识别和了解相关控制；⑤执行穿行测试，证实对交易流程和相关控制的了解；⑥进行初步评价和风险评估。实务中，上述步骤可能同时进行，例如，在询问相关人员的过程中同时了解相关交易类别的流程和相关控制。

（一）确定重要业务流程和相关交易类别

实务中，将被审计单位的整个经营活动划分为几个重要的业务循环，有助于注册会计师更有效地了解和评估重要业务流程及相关控制。相关交易类别是指可能存在重大错报风险的各类交易。

（二）了解相关交易流程，并进行记录

在确定重要的业务流程和相关交易类别后，注册会计师便可着手了解每一类相关交易类别在信息技术或人工系统中生成、记录、处理及在财务报表中报告的程序，即相关交易流程。这是确定在哪个环节或哪些环节可能发生错报的基础。

交易流程通常包括一系列工作：输入数据的核准与修订，数据的分类与合并，进行计算、更新账簿资料和客户信息记录，生成新的交易，归集数据，列报数据。而与注册会计师了解相关交易有关的流程通常包括生成、记录、处理和报告交易等活动。

注册会计师要注意记录以下信息：①输入信息的来源；②所使用的重要数据档案，如客户清单及价格信息记录；③重要的处理程序，包括在线输入和更新处理；④重要的输出文件、报告和记录；⑤基本的职责划分，即列示各部门所负责的处理程序。

注册会计师通常只针对每年的变化修改记录流程的工作底稿，除非被审计单位的交易流程发生重大改变。然而，无论交易流程与以前年度相比是否有变化，注册会计师每年都需要考虑上述注意事项，以确保对被审计单位的了解是最新的，并已包括被审计单位交易流程中相关的重大变化。

（三）确定可能发生错报的环节

注册会计师需要确认和了解被审计单位应在哪些环节设置控制，以防止或发现并纠正各相关交易流程可能发生的错报。注册会计师所关注的控制，是那些能通过防止错报的发生，或者通过发现和纠正已有错报，从而确保各个相关交易流程中的具体活动（从交易的发生到记录于账目）能够顺利运转的人工或自动化控制程序。

尽管不同的被审计单位为确保会计信息的可靠性而对相关交易流程设计和实施不同的控制，但设计控制的目的是实现某些控制目标（见表9-9）。实际上，这些控制目标与财务报表相关账户及相关认定相联系。注册会计师此时通常不考虑列报认定，而在审计财务报告流程时再考虑该认定。

表9-9 控制目标释义

控制目标	解释
1. 完整性：所有的有效交易都已记录	必须有程序确保没有漏记实际发生的交易
2. 发生：每项已记录的交易均真实	必须有程序确保会计记录中没有虚构的或重复入账的项目
3. 适当计量交易	必须有程序确保交易以适当的金额入账
4. 恰当确定交易生成的会计期间（截止）	必须有程序确保交易在适当的会计期间内入账（例如，月、季度、年等）
5. 恰当分类	必须有程序确保将交易记入正确的总分类账，必要时，记入相应的明细账内
6. 正确汇总和过账	必须有程序确保所有作为账簿记录中的借贷方余额都正确地归集（加总），确保加总后的金额正确过入总账和明细分类账

（四）识别和了解相关控制

通过对被审计单位的了解，包括在被审计单位整体层面对内部控制体系各要素的了解，以及在上述程序中对重要业务流程的了解，注册会计师可以确定是否有必要进一步了解在业务流程层面的控制。在某些情况下，注册会计师之前的了解可能表明，被审计单位在业务流程层面针对某些相关交易流程所设计的控制是无效的，或者注册会计师并不打算信赖控制，这时注册会计师没有必要进一步了解在业务流程层面的控制。

如果注册会计师计划对业务流程层面的有关控制进行进一步的了解和评价，那么，针对业务流程中容易发生错报的环节，注册会计师应当确定：①被审计单位是否建立了有效的控制，以防止或发现并纠正这些错报；②被审计单位是否遗漏了必要的控制；③是否识别了可以最有效测试的控制。

需要指出的是，注册会计师并不需要了解与每一控制目标相关的所有控制活动。在了解控制活动时，注册会计师应当重点考虑一项控制活动单独或连同其他控制活动是否能够以及如何防止或发现并纠正相关交易、账户余额和披露可能存在的重大错报。如果多项控制活动能够实现同一目标，注册会计师不必了解与该目标相关的每项控制活动。

当然，如果在之后的穿行测试和评价中，注册会计师发现已识别的控制实际并未得到执行，则应当重新针对该项控制目标识别是否存在其他的控制。

（五）执行穿行测试，证实对交易流程和相关控制的了解

为了解各类相关交易在业务流程中发生、处理和记录的过程，注册会计师通常会执行穿行测试。执行穿行测试可获得下列方面的证据：①确认对业务流程的了解；②确认对相关交易的了解是完整的，即在交易流程中所有与财务报表认定相关的可能发生错报的环节都已识别；③确认所获取的有关流程中的预防性控制和检查性控制信息的准确性；④评估控制设计的有效性；⑤确认控制是否得到执行；⑥确认之前所作书面记录的准确性。

需要注意的是，如果拟不信赖控制，注册会计师仍需要执行适当的审计程序，以确认以前对业务流程及可能发生错报环节了解的准确性和完整性。

注册会计师将穿行测试的情况记录于工作底稿时，记录的内容包括穿行测试中查阅的文件、穿行测试的程序以及注册会计师的发现和结论。

（六）初步评价和风险评估

1. 对控制的初步评价

在识别和了解控制后，根据执行上述程序及获取的审计证据，注册会计师需要评价控制设计的合理性并确定其是否得到执行。

注册会计师对控制的评价结论可能是：①所设计的控制单独或连同其他控制能够防止或发现并纠正重大错报，并得到执行；②控制本身的设计是合理的，但没有得到执行；③控制本身的设计就是无效的或缺乏必要的控制。

由于对控制的了解和评价是在穿行测试完成后但又在测试控制运行有效性之前进行的，上述评价结论只是初步结论，仍可能随控制测试或实施实质性程序的结果而发生变化。

2. 风险评估需考虑的因素

注册会计师对控制的评价，以及对重大错报风险的评估，需考虑以下因素：

（1）账户特征及已识别的重大错报风险。如果已识别的重大错报风险水平为高（例如，复杂的发票计算或计价过程增加了开票错报的风险；经营的季节性特征增加了在旺季发生错报的风险），相关的控制应有较高的敏感度，即在错报率较低的情况下也能防止或发现并纠正错报。

（2）对被审计单位整体层面控制的评价。注册会计师应将对整体层面获得的了解和结论，同在业务流程层面获得的有关相关交易流程及其控制的证据结合起来考虑。

在评价业务流程层面的控制要素时，考虑的影响因素可能包括：①管理层及执行控制的员工表现出来的胜任能力及诚信度；②员工受监督的程度及员工流动的频繁程度；③管理层凌驾于控制之上的潜在可能性；④缺乏职责分离，包括信息技术系统中自动化的职责

分离的情况；⑤被审计期间内部审计人员或其他监督人员测试控制运行情况的程度；⑥业务流程变更产生的影响，如变更期间控制程序的有效性是否受到了削弱；⑦在被审计单位的风险评估工作中，所识别的与某项控制运行相关的风险，以及对该控制是否有进一步的监督。注册会计师同时也要考虑其识别出针对某控制的风险，被审计单位是否也识别出该风险，并采取了适当的措施降低该风险。

除非存在某些可以使控制得到一贯运行的自动化控制，注册会计师对控制的了解和评价并不能够代替对控制运行有效性的测试。例如，注册会计师获得了某一人工控制在某一时点得到执行的审计证据，但这并不能证明该控制在被审计期间的其他时点也得到有效执行。

（七）对财务报告流程的了解

以上讨论了注册会计师如何在重要业务流程层面了解相关交易生成、处理和记录的流程，并评估在可能发生错报的环节控制的设计及其是否得到执行。实务中，注册会计师还需要进一步了解有关信息从具体交易的业务流程过入总账、财务报表以及相关列报的流程，即财务报告流程及其控制。这一流程和控制与财务报表的列报认定直接相关。

财务报告流程包括：①将业务数据汇总记入总账的程序，即如何将重要业务流程的信息与总账和财务报告系统相连接；②在总账中生成、记录和处理会计分录的程序；③记录对财务报表常规和非常规调整的程序，如合并调整、重分类等；④草拟财务报表和相关披露的程序。

被审计单位的财务报告流程包括相关的控制程序，以确保按照适用的会计准则和相关会计制度的规定收集、记录、处理、汇总所需要的信息，并在财务报告中予以充分披露，如关联方交易、分部报告等。

在了解财务报告流程的过程中，注册会计师应当考虑对以下方面作出评估：①主要的输入信息、执行的程序、主要的输出信息；②每一财务报告流程要素中涉及信息技术的程度；③管理层的哪些人员参与其中；④记账分录的主要类型，如标准分录、非标准分录等；⑤适当人员（包括管理层和治理层）对流程实施监督的性质和范围。

第五节 识别和评估重大错报风险

一、识别和评估财务报表层次和认定层次的重大错报风险

了解被审计单位及其环境的目的就是评估重大错报风险。注册会计师应当识别和评估财务报表层次以及各类交易、账户余额、披露认定层次的重大错报风险。

（一）识别和评估重大错报风险的审计程序

在识别和评估重大错报风险时，注册会计师应当实施下列审计程序：

（1）在实施风险评估程序的整个过程中，结合对财务报表中各类交易、账户余额和披露的考虑识别风险。注册会计师通过实施风险评估程序收集的信息可以作为审计证据，为注册会计师识别和评估重大错报风险提供基础。例如，被审计单位因相关环境法规的实施

需要更新设备,将导致对原有设备提取减值准备;宏观经济的低迷可能预示着应收账款的回收存在问题;竞争者开发的新产品上市可能导致被审计单位的主要产品在短期内过时,预示将出现存货跌价和长期资产(如固定资产等)的减值。

(2)评估识别出的风险,注册会计师应当利用了解获得的信息,判断确定某风险是与财务报表整体存在广泛的联系,并可能影响多项认定,进而识别该风险属于财务报表层次的重大错报风险;还是与财务报表整体不存在广泛联系,进而识别该风险为认定层次的重大错报风险。

(3)结合对拟测试的相关控制的考虑,将识别出的风险与认定层次可能发生错报的领域相联系。由于重大错报风险是固有风险和控制风险共同作用的结果,因此,注册会计师在评估重大错报风险时,应当考虑相关控制的影响(即控制风险)。在评估重大错报发生的可能性时,除了考虑可能的风险外,还要考虑控制对风险的抵消和遏制作用。有效的控制会减少错报发生的可能性,而控制不当或缺乏控制,错报就会由潜在变成现实。控制可能与某一认定直接相关,也可能与某一认定间接相关,关系越间接,控制对防止或发现并纠正认定错报的效果越小。

(4)考虑发生错报的可能性(包括发生多项错报的可能性),以及潜在错报的重大程度是否足以导致重大错报。注册会计师还需要考虑上述识别的风险是否会导致财务报表发生重大错报。例如,考虑存货的账面余额是否巨大,是否已适当计提了存货跌价准备等。在某些情况下,尽管识别的风险重大,但仍不至于导致财务报表发生重大错报风险。如期末财务报表中存货的余额较低,尽管识别的风险重大,但不至于导致存货的计价认定发生重大错报风险。又如,被审计单位对存货跌价准备的计提实施了比较有效的内部控制,管理层已根据存货的可变现净值计提了相应的跌价准备。在这种情况下,财务报表发生重大错报的可能性将相应降低。

注册会计师应当利用实施风险评估程序获取的信息,包括在评价控制设计和确定其是否得到执行时获取的审计证据,作为支持风险评估结果的审计证据。

注册会计师应当根据风险评估结果,确定实施进一步审计程序的性质、时间安排和范围。

(二)重大错报风险的层次

1. 识别和评估财务报表层次的重大错报风险

在对重大错报风险进行识别和评估后,注册会计师如果判断某风险与财务报表整体存在广泛联系,并可能影响多项认定,注册会计师应当将其识别为财务报表层次重大错报风险。例如,在经济不稳定的国家和地区开展业务、资产的流动性出现问题、重要客户流失、融资能力受限等,可能导致注册会计师对被审计单位的持续经营能力产生重大疑虑。又如,管理层缺乏诚信,或承受异常的压力,或管理层凌驾于内部控制之上可能引发舞弊风险,这些风险与财务报表整体相关。

对于识别出的财务报表层次的重大错报风险,注册会计师应当从以下两方面对其进行评估:

(1)评价这些风险对财务报表整体产生的影响;

(2) 确定这些风险是否影响对认定层次风险的评估结果。

注册会计师对财务报表层次重大错报风险的识别和评估，受到其对被审计单位内部控制体系各要素的了解的影响，特别是对内部环境、风险评估和内部监督的了解。此外，财务报表层次的重大错报风险还可能源于内部环境存在的缺陷或某些外部事项或情况（如经济下滑）。

注册会计师识别和评估财务报表层次重大错报风险，以确定风险是否对财务报表具有广泛的影响，有助于其决定是否需要按照《中国注册会计师审计准则第1231号——针对评估的重大错报风险采取的应对措施》的规定采取总体应对措施。由于财务报表层次重大错报风险还可能影响个别认定，因此，识别和评估这些风险还可以帮助注册会计师评估认定层次的重大错报风险，并设计进一步审计程序，以应对该风险。

2. 识别和评估认定层次的重大错报风险

在对重大错报风险进行识别和评估后，注册会计师如果判断某固有风险因素可能导致某项认定发生重大错报，但与财务报表整体不存在广泛联系，注册会计师应当将其识别为认定层次的重大错报风险。例如，被审计单位存在复杂的联营或合资，这一事项表明长期股权投资账户的认定可能存在重大错报风险。又如，被审计单位存在重大的关联方交易，该事项表明关联方及关联方交易的披露认定可能存在重大错报风险。

对于识别出的认定层次重大错报风险，注册会计师应当分别评估固有风险和控制风险。这里强调针对认定层次先依据固有风险识别出相关认定及相关交易类别、账户余额和披露，有利于全面了解财务报表（由被审计单位管理层认定组成）可能存在的所有重大错报风险，从源头上解决注册会计师在审计中可能遗漏某些重大错报风险点，或对重大错报风险的识别和评估可能过于简单化和模糊化或模板化和经验化的问题。评估的要求及工作事项包括：

(1) 总体要求。对于识别出的认定层次的重大错报风险，注册会计师应当分别评估固有风险和控制风险，这样有利于注册会计师把认定层次重大错报风险的评估工作做细做实（可为设计和实施进一步审计程序提供适当依据），进而倒逼其按照审计准则要求把实施风险评估程序获取有关了解的基础工作做细做实，避免在认定层次将固有风险和控制风险简单混合起来作出粗略的、不适当的风险评估。

(2) 评估固有风险。对于识别出的认定层次的重大错报风险，注册会计师应当通过评估错报发生的可能性和严重程度来评估固有风险。评估时，注册会计师应当考虑：

①固有风险因素如何以及在何种程度上影响相关认定易于发生错报的可能性；

② 财务报表层次重大错报风险如何以及在何种程度上影响认定层次重大错报风险中固有风险的评估。

注册会计师在评估错报发生的可能性和严重程度时，应当根据错报发生的可能性和严重程度综合起来的影响程度确定所评估风险的固有风险等级，以帮助其设计进一步审计程序，应对重大错报风险。

(3) 评估控制风险。注册会计师在拟测试控制运行有效性的情况下，应当评估控制风险。如果拟不测试控制运行的有效性，则应当将固有风险的评估结果作为重大错报风险的评估结果。《中国注册会计师审计准则第1211号——重大错报风险的识别和评估》应用指南为如何初步评估控制风险提供了指引。

(4) 确定特别风险。注册会计师应当确定评估的重大错报风险是否为特别风险。确定特别风险可以使注册会计师通过实施特定应对措施，更专注于那些位于固有风险等级上限的风险。按照《中国注册会计师审计准则第1211号——重大错报风险的识别和评估》的定义，特别风险是指注册会计师识别出的符合下列特征之一的重大错报风险：

①根据固有风险因素对错报发生的可能性和错报的严重程度的影响，注册会计师将固有风险评估为达到或接近固有风险等级的最高级（上限）；

②根据其他审计准则的规定，注册会计师应当将其作为特别风险。

(5) 两种特殊情形的处理。包括：

①仅实施实质性程序无法应对的重大错报风险。

针对某些认定层次重大错报风险，仅实施实质性程序无法为其提供充分、适当的审计证据，注册会计师应当确定评估出的重大错报风险是否属于该类风险。对这类风险，注册会计师应当根据相关审计准则的规定，对相关控制的设计和执行进行了解和测试。

②对重大交易类别、账户余额和披露的考虑。

识别并评估各类交易、账户余额和披露中存在的重大错报风险时，需要考虑重要性和审计风险。注册会计师对重要性的确定属于职业判断，受到注册会计师关于财务报表使用者对财务信息需求的认识的影响。

(6) 两个层次间相互影响的处理。包括：

①在评估识别的认定层次重大错报风险时，注册会计师可能认为某些重大错报风险与财务报表整体存在广泛联系，可能影响多项认定，在这种情况下，注册会计师可能更新对财务报表层次重大错报风险的识别。

②如果重大错报风险由于广泛影响多项认定而被识别为财务报表层次重大错报风险，并可以识别出受影响的特定认定，注册会计师应当在评估认定层次重大错报风险的固有风险时考虑这些风险。

在评估重大错报风险时，注册会计师应当将所了解的控制与特定认定联系起来，因为控制有助于防止或发现并纠正认定层次的重大错报。

注册会计师可能识别出有助于防止或发现并纠正特定认定发生重大错报的控制。在确定这些控制是否能够实现上述目标时，注册会计师应当综合考虑控制活动和其他要素。如将销售和收款的控制置于其所在的流程和系统中考虑，以确定其能否实现控制目标。

注册会计师应当采取适当方式对识别的各类交易、账户余额和披露认定层次的重大错报风险予以汇总和评估，这样更便于确定进一步审计程序的性质、时间安排和范围。使用识别和评估认定层次的重大错报风险汇总表即可达到这个目的（见表9-10）。

表9-10 识别和评估认定层次的重大错报风险汇总表

重大账户	认定	识别的重大错报风险	风险评估结果
列示重大账户。例如，应收账款	列示相关的认定。例如，存在、完整性、计价和分摊等	结合对拟测试的相关控制的考虑，将识别出的风险与认定层次可能发生错报的领域相联系	考虑发生错报的可能性（包括发生多项错报的可能性），以及潜在错报的重大程度是否足以导致重大错报

注：注册会计师也可以在该表中记录针对评估的认定层次重大错报风险制订的相应审计方案。

二、评估固有风险等级

在评估与特定认定层次重大错报风险相关的固有风险等级时,注册会计师应当运用职业判断,确定错报发生的可能性和严重程度综合起来的影响程度。

固有风险等级是指注册会计师对固有风险水平在一定范围内作出的从低到高的判断。作出该判断应当考虑被审计单位的性质和具体情况,并考虑评估的错报发生的可能性和严重程度以及固有风险因素。

在考虑错报发生的可能性时,注册会计师应当基于对固有风险因素的考虑,评估错报发生的概率。

在考虑错报的严重程度时,注册会计师应当考虑错报的定性和定量两个方面(即注册会计师可能根据错报的金额大小、性质或情况,判断各类交易、账户余额和披露在认定层次的错报是重大的)。

注册会计师应使用错报发生的可能性和严重程度综合起来的影响程度,确定固有风险等级。综合起来的影响程度越高,评估的固有风险等级越高,反之亦然。

评估的固有风险等级较高,并不意味着评估的错报发生的可能性和严重程度都较高。错报发生的可能性和严重程度在固有风险等级上的交集确定了评估的固有风险在固有风险等级中是较高还是较低。评估的固有风险等级较高也可能是错报发生的可能性和严重程度的不同组合导致的,例如,较低的错报发生的可能性和极高的严重程度可能导致评估的固有风险等级较高。

为制定适当的应对策略,注册会计师可以基于其对固有风险的评估,将重大错报风险按固有风险等级的类别进行划分。注册会计师可以以不同的方式描述这些等级类别(如区分最高、较高、中、低等进行定性描述)。不管使用的分类方法如何,如果旨在应对识别的认定层次重大错报风险的进一步审计程序的设计和实施能够适当应对固有风险的评估结果和形成该评估结果的依据,则注册会计师对固有风险等级的评估就是适当的。

三、需要特别考虑的重大错报风险

作为风险评估的一部分,注册会计师应当运用职业判断,确定识别的风险哪些是需要特别考虑的重大错报风险(简称"特别风险")。

(一)特别风险的判定

在确定哪些风险是特别风险时,注册会计师通常需要运用职业判断。注册会计师在评估固有风险等级时,应当考虑固有风险因素的相对影响。固有风险因素的影响越低,评估的风险等级可能也越低。以下事项可能导致注册会计师评估认为重大错报风险具有较高的固有风险等级,进而将其确定为特别风险:

(1)交易具有多种可接受的会计处理,因此涉及主观性;
(2)会计估计具有高度不确定性或模型复杂;
(3)支持账户余额的数据收集和处理较为复杂;

（4）账户余额或定量披露涉及复杂的计算；

（5）对会计政策存在不同的理解；

（6）被审计单位业务的变化涉及会计处理发生变化，如合并和收购。

在判断哪些风险是特别风险时，注册会计师不应考虑识别出的控制对相关风险的抵销效果。

特别风险通常与重大的非常规交易和判断事项有关，而日常的、简单的、常规处理的交易不大可能产生特别风险。非常规交易是指由于金额或性质异常而不经常发生的交易。判断事项通常是指作出的会计估计。

与重大非常规交易相关的特别风险可能导致更高的重大错报风险，这是因为在非常规交易中，管理层会更多地介入会计处理，数据收集和处理将涉及更多的人工成分，业务处理将涉及复杂的计算或会计处理方法，而且非常规交易的性质可能使被审计单位难以对由此产生的特别风险实施有效控制。

同样，对重大判断事项来说，一方面，对涉及会计估计、收入确认等方面的会计原则存在不同的理解；另一方面，所要求的判断可能是主观和复杂的，或需要对未来事项作出假设，所以，与重大判断事项相关的特别风险也可能导致更高的重大错报风险。

（二）特别风险的处理

了解与特别风险相关的控制（包括控制活动）有助于注册会计师制订有效的审计方案予以应对。由于与重大非常规交易或判断事项相关的风险很少受到日常控制的约束，所以，被审计单位应当针对特别风险设计和实施控制。注册会计师应当了解和评价被审计单位针对特别风险设计的控制，并确定其是否已经得到执行。

如果管理层没有实施控制以恰当应对特别风险，注册会计师应当认为内部控制存在重大缺陷，并考虑其对风险评估的影响。在此情况下，注册会计师应当考虑就此类事项与治理层沟通。

四、仅通过实质性程序无法应对的重大错报风险

作为风险评估的一部分，如果认为仅通过实质性程序获取的审计证据无法将认定层次的重大错报风险降至可接受的低水平，注册会计师应当评价被审计单位针对这些风险设计的控制，并确定其执行情况。

在被审计单位对日常交易采用高度自动化处理的情况下，审计证据可能仅以电子形式存在，其充分性和适当性通常取决于自动化信息系统相关控制的有效性，注册会计师应当考虑仅通过实施实质性程序不能获取充分、适当审计证据的可能性。例如，某企业通过高度自动化的系统确定采购品种和数量，生成采购订单，并通过系统中设定的收货确认和付款条件进行付款。除了系统中的相关信息以外，该企业没有其他有关订单和收货的记录。在这种情况下，如果认为仅通过实质性程序不能获取充分、适当的审计证据，注册会计师应当考虑依赖的相关控制的有效性，并对其进行了解、评估和测试。

注册会计师可以编制表格来汇总识别的重大错报风险，判定它们的性质。识别的重大错报风险汇总表见表9-11。

表 9-11　识别的重大错报风险汇总表

识别的重大错报风险	对财务报表的影响	相关的交易类别、账户余额和披露认定	是否与财务报表整体广泛相关	是否属于特别风险	是否属于仅通过实质性程序无法应对的重大错报风险
记录识别的重大错报风险	描述对财务报表的影响和导致财务报表发生重大错报的可能性	列示相关的各类交易、账户余额、披露及其认定	考虑是否属于财务报表层次的重大错报风险	考虑是否属于特别风险	考虑是否属于仅通过实质性程序无法应对的重大错报风险

五、对风险评估的修正

注册会计师对认定层次重大错报风险的评估应以获取的审计证据为基础，并可能随着不断获取审计证据而作出相应的变化。例如，注册会计师对重大错报风险的评估可能基于预期控制运行有效这一判断，即相关控制可以防止或发现并纠正认定层次的重大错报，但在测试控制运行的有效性时，注册会计师获取的证据可能表明相关控制在被审计期间并未有效运行；同样，在实施实质性程序后，注册会计师可能发现错报的金额和频率比在风险评估时预计的金额和频率要高。

如果通过实施进一步审计程序获取的审计证据与初始评估重大错报风险时获取的审计证据相矛盾，注册会计师应当修正风险评估结果，并相应修改原计划实施的进一步审计程序。因此，评估重大错报风险与了解被审计单位及其环境一样，也是一个连续和动态地收集、更新与分析信息的过程，贯穿于整个审计过程的始终。

第六节　审计工作记录

一、记录的内容

注册会计师应当就下列内容形成审计工作记录：

（1）项目组对由于舞弊或错误导致财务报表发生重大错报的可能性进行的讨论，以及得出的重要结论；

（2）注册会计师对被审计单位及其环境各个方面的了解要点（包括对内部控制各项要素的了解要点）、信息来源以及实施的风险评估程序；

（3）注册会计师在财务报表层次和认定层次识别、评估出的重大错报风险；

（4）注册会计师识别出的特别风险和仅通过实质性程序无法应对的重大错报风险，以及对相关控制的评估。

二、记录的方式

注册会计师需要运用职业判断，确定对上述事项进行记录的方式。常见的记录方式包括文字叙述、问卷、核对表和流程图等。记录的形式和范围取决于被审计单位的性质、规模、复杂程度、内部控制、被审计单位信息的可获得性以及审计过程中使用的具体审计方法和技术。例如，被审计单位通过复杂的信息系统生成、记录、处理和报告大量交易，注册会计师在了解该信息系统之后，可能采用的记录方式包括流程图、问卷或决策表。对于很少或不使用信息技术的信息系统，或者只处理少量交易（如长期借款）的信息系统，注册会计师仅以备忘录的形式对其进行记录就已足够。一般说来，被审计单位经营活动越复杂，注册会计师实施审计程序的范围越广，审计工作记录也就越复杂。

思考题

1. 什么是风险评估？它有哪几个程序？
2. 注册会计师应从哪几方面了解被审计单位及其环境？
3. 注册会计师应如何对被审计单位的内部控制进行风险评估？
4. 如果被审计单位变更了重要的会计政策，注册会计师应当考虑哪些问题？
5. 识别和评估重大错报风险时，注册会计师应实施哪些审计程序？
6. 需要注册会计师特别考虑的重大错报风险有哪些？

习题及参考答案

第十章 风险应对

> **本章要点**
>
> 本章主要介绍注册会计师应当针对评估的重大错报风险实施程序,即针对评估的财务报表层次重大错报风险确定总体应对措施,并针对评估的认定层次重大错报风险设计和实施进一步审计程序,以将审计风险降至可接受的低水平。注册会计师应当针对评估的财务报表层次重大错报风险采取以下措施:向项目组强调保持职业怀疑的必要性;指派更有经验或具有特殊技能的审计人员,或利用专家的工作;对指导和监督项目组成员并复核其工作的性质、时间安排和范围作出调整;在选择拟实施的进一步审计程序时融入更多的不可预见的因素等总体应对措施。进一步审计程序相对于风险评估程序而言,是指注册会计师针对评估的各类交易、账户余额和披露认定层次重大错报风险实施的审计程序,包括控制测试和实质性程序。注册会计师应当针对评估的认定层次重大错报风险设计和实施进一步审计程序,包括审计程序的性质、时间安排和范围,采用综合性方案或是实质性方案。

第一节 针对财务报表层次重大错报风险的总体应对措施

一、财务报表层次重大错报风险及其总体应对措施

在财务报表重大错报风险的评估过程中,注册会计师应当确定识别的重大错报风险是与特定的某类交易、账户余额和披露的认定相关,还是与财务报表整体广泛相关,进而影响多项认定。如果是后者,则属于财务报表层次的重大错报风险。

注册会计师应当针对评估的财务报表层次重大错报风险确定下列总体应对措施:

(1) 向项目组强调保持职业怀疑的必要性。

(2) 指派更有经验或具有特殊技能的审计人员,或利用专家的工作。由于各行业在经营业务、经营风险、财务报告、法规要求等方面具有特殊性,审计人员的专业分工细化成为一种趋势。审计项目组成员中应有一定比例的人员曾经参与过被审计单位以前年度的审计,或具有被审计单位所处特定行业的相关审计经验。必要时,要考虑利用信息技术、税务、评估、精算等方面专家的工作。

(3) 对指导和监督项目组成员并复核其工作的性质、时间安排和范围作出调整。对于财务报表层次重大错报风险较高的审计项目,审计项目组的高级别成员,如项目合伙人、项目经理等经验较丰富的人员,要对其他成员提供更详细、更经常、更及时的指导和监

督，并加强项目质量复核。

（4）在选择拟实施的进一步审计程序时融入更多的不可预见的因素。被审计单位人员，尤其是管理层，如果熟悉注册会计师的审计套路，就可能采取种种规避手段，掩盖财务报告中的舞弊行为。因此，在设计拟实施审计程序的性质、时间安排和范围时，为了避免既定思维对审计方案的限制，避免对审计效果的人为干涉，从而使得针对重大错报风险的进一步审计程序更加有效，注册会计师要考虑使某些程序不被被审计单位管理层预见或事先了解。

实务中，注册会计师可以通过以下方式提高审计程序的不可预见性：①对某些未测试过的低于设定的重要性水平或风险较小的账户余额和认定实施实质性程序；②调整实施审计程序的时间，使被审计单位不可预期；③采取不同的审计抽样方法，使当期抽取的测试样本与以前有所不同；④选取不同的地点实施审计程序，或预先不告知被审计单位所选定的测试地点。

（5）按照《中国注册会计师审计准则第1201号——计划审计工作》的规定，对总体审计策略或对拟实施的审计程序作出调整。财务报表层次的重大错报风险很可能源于薄弱的控制环境。薄弱的控制环境带来的风险可能对财务报表产生广泛影响，难以限于某类交易、账户余额和披露，注册会计师应当采取总体应对措施。相应地，注册会计师对控制环境的了解也影响其对财务报表层次重大错报风险的评估。有效的控制环境可以使注册会计师增强对内部控制和被审计单位内部产生的证据的信赖程度。如果控制环境存在缺陷，注册会计师在对拟实施审计程序的性质、时间安排和范围作出总体修改时，应当考虑：

①在期末而非期中实施更多的审计程序。控制环境的缺陷通常会削弱期中获得的审计证据的可信赖程度。

②通过实施实质性程序获取更广泛的审计证据。良好的控制环境是其他控制要素发挥作用的基础。控制环境存在缺陷通常会削弱其他控制要素的作用，导致注册会计师可能无法信赖内部控制，而主要依赖实施实质性程序获取审计证据。

③增加拟纳入审计范围的经营地点的数量。

二、增加审计程序不可预见性的方法

（一）增加审计程序不可预见性的思路

注册会计师可以通过以下方法，提高审计程序的不可预见性。

（1）对某些以前未测试的低于设定的重要性水平或风险较小的账户余额和认定实施实质性程序。注册会计师可以关注以前未曾关注过的审计领域，尽管这些领域可能重要程度比较低。如果这些领域有可能被用于掩盖舞弊行为，注册会计师就要针对这些领域实施一些具有不可预见性的测试。

（2）调整实施审计程序的时间，使其超出被审计单位的预期。比如，如果注册会计师在以前年度的大多数审计工作都围绕着12月或在年底前后进行，那么被审计单位就会了解注册会计师这一审计习惯，由此可能会把一些不适当的会计调整放在年度的9月、10月或11月等，以避免引起注册会计师的注意。因此，注册会计师可以考虑调整实施审计程序时测试项目的时间,从测试 12 月的项目调整到测试 9 月、10 月或 11 月的项目。

(3) 采取不同的审计抽样方法,使当年抽取的测试样本与以前有所不同。

(4) 选取不同的地点实施审计程序,或预先不告知被审计单位所选定的测试地点。例如,在存货监盘程序中,注册会计师可以到未事先通知被审计单位的盘点现场进行监盘,使被审计单位没有机会事先安排,隐藏一些不想让注册会计师知道的情况。

(二) 增加审计程序不可预见性的实施要点

第一,注册会计师需要与被审计单位的管理层事先沟通,要求实施具有不可预见性的审计程序,但不能告知其具体内容。注册会计师可以在签订审计业务约定书时明确提出这一要求。

第二,虽然对于不可预见性程度没有量化的规定,但审计项目组可根据对舞弊风险的评估等确定具有不可预见性的审计程序。审计项目组可以汇总那些具有不可预见性的审计程序,并记录在审计工作底稿中。

第三,项目合伙人需要安排项目组成员有效地实施具有不可预见性的审计程序,同时也要避免使项目组成员处于困难境地。

(三) 增加审计程序不可预见性示例

表 10-1 举例说明了一些具有不可预见性的审计程序。

表 10-1　审计程序的不可预见性示例

审计领域	一些可能适用的具有不可预见性的审计程序
存货	向以前审计过程中接触不多的被审计单位员工询问,如采购、销售、生产人员等
	在不事先通知被审计单位的情况下,选择一些以前未曾到过的盘点地点进行存货监盘
销售和应收账款	向以前审计过程中接触不多或未曾接触过的被审计单位员工询问,如负责处理大客户账户的销售部人员
	改变实施实质性分析程序的对象,如对收入按细类进行分析
	针对销售和销售退回延长截止测试期间
	实施以前未曾考虑过的审计程序,例如:①函证确认销售条款或者选定销售额较不重要、以前未曾关注的销售交易,如对出口销售实施实质性程序;②实施更细致的分析程序,如使用计算机辅助审计技术复核销售及客户账户;③测试以前未曾函证过的账户余额,如金额为负或是零的账户,或者余额低于以前设定的重要性水平的账户;④改变函证日期,即把所函证账户的截止日期提前或者推迟;⑤对关联公司销售和相关账户余额,除了进行函证外,再实施其他审计程序进行验证
采购和应付账款	如果以前未曾对应付账款余额普遍进行函证,可考虑直接向供应商函证确认余额。如果经常采用函证方式,可考虑改变函证的范围或者时间
	对以前由于低于设定的重要性水平而未曾测试过的采购项目进行细节测试
	使用计算机辅助审计技术审阅采购和付款账户,以发现一些特殊项目,例如,是否有不同的供应商使用相同的银行账户

续表

审计领域	一些可能适用的具有不可预见性的审计程序
现金和银行存款	多选几个月的银行存款余额调节表进行测试
	对有大量银行账户的,考虑改变抽样方法
固定资产	对以前由于低于设定的重要性水平而未曾测试过的固定资产进行测试,例如,考虑实地盘查一些价值较低的固定资产,如汽车和其他设备等
集团项目审计	修改组成部分审计工作的范围或者区域,如增加某些不重要的组成部分的审计工作量,或实地去组成部分开展审计工作

三、总体应对措施对拟实施进一步审计程序的总体审计方案的影响

财务报表层次重大错报风险具有难以限于某类交易、账户余额和披露的特点,意味着此类风险可能对财务报表的多项认定产生广泛影响,并相应增加注册会计师对认定层次重大错报风险的评估难度。因此,注册会计师评估的财务报表层次重大错报风险以及采取的总体应对措施,对拟实施进一步审计程序的总体审计方案具有重大影响。

拟实施进一步审计程序的总体审计方案包括实质性方案和综合性方案。其中,实质性方案是指注册会计师实施的进一步审计程序以实质性程序为主;综合性方案是指注册会计师在实施进一步审计程序时,将控制测试与实质性程序结合使用。当评估的财务报表层次重大错报风险属于高风险水平(并相应采取更强调审计程序不可预见性以及重视调整审计程序的性质、时间安排和范围等总体应对措施)时,拟实施进一步审计程序的总体方案往往更倾向于实质性方案。

第二节 针对认定层次重大错报风险的进一步审计程序

一、进一步审计程序的概念和要求

(一)进一步审计程序的概念

相对于风险评估程序而言,进一步审计程序是指注册会计师针对评估的各类交易、账户余额和披露认定层次重大错报风险实施的审计程序,包括控制测试和实质性程序。

注册会计师应当针对评估的认定层次重大错报风险设计和实施进一步审计程序,包括审计程序的性质、时间安排和范围。注册会计师设计和实施的进一步审计程序的性质、时间安排和范围,应当与评估的认定层次重大错报风险具备明确的对应关系。注册会计师实施的审计程序应具有目的性和针对性,有的放矢地配置审计资源,有利于提高审计效率和效果。

需要说明的是,尽管在应对评估的认定层次重大错报风险时,拟实施的进一步审计程序的性质、时间安排和范围都应当确保其具有针对性,但其中进一步审计程序的性质是最重要的。例如,注册会计师评估的重大错报风险越高,实施进一步审计程序的范围通常越大。但是，只有首先确保进一步审计程序的性质与特定风险相关时，扩大审计程序的范围才是有效的。

（二）设计进一步审计程序时的考虑因素

在设计进一步审计程序时，注册会计师应当考虑下列因素：

（1）风险的重要性。风险的重要性是指风险造成的后果的严重程度。风险的后果越严重，就越需要注册会计师关注和重视，越需要精心设计有针对性的进一步审计程序。

（2）重大错报发生的可能性。重大错报发生的可能性越大，同样越需要注册会计师精心设计进一步审计程序。

（3）涉及的各类交易、账户余额和披露的特征。不同的交易、账户余额和披露，产生的认定层次的重大错报风险也会存在差异，适用的审计程序也有差别，需要注册会计师区别对待，并设计有针对性的进一步审计程序予以应对。

（4）被审计单位采用的特定控制的性质。不同性质的控制（尤其是人工控制或自动化控制）对注册会计师设计进一步审计程序具有重要影响。

（5）注册会计师是否拟获取审计证据，以确定内部控制在防止或发现并纠正重大错报方面的有效性。如果注册会计师在风险评估时预期内部控制运行有效，随后拟实施的进一步审计程序就必须包括控制测试，且实质性程序自然会受到之前控制测试结果的影响。

综上所述，注册会计师对认定层次重大错报风险的评估为确定进一步审计程序的总体审计方案奠定了基础。注册会计师应当根据对认定层次重大错报风险的评估结果，恰当选用实质性方案或综合性方案。通常情况下，注册会计师出于成本效益考虑，可以采用综合性方案设计进一步审计程序，即将测试控制运行的有效性与实质性程序结合使用。但在某些情况下（如仅通过实质性程序无法应对重大错报风险），注册会计师必须通过实施控制测试，才可能有效应对评估出的某一认定的重大错报风险；而在另一些情况下（如注册会计师的风险评估程序未能识别出与认定相关的任何控制，或注册会计师认为控制测试很可能不符合成本效益原则），注册会计师可能认为仅实施实质性程序就是适当的。

小型被审计单位可能不存在能够被注册会计师识别的控制活动，注册会计师实施的进一步审计程序可能主要是实质性程序。但是，注册会计师始终应当考虑在缺乏控制的情况下，仅通过实施实质性程序是否能够获取充分、适当的审计证据。

需要特别说明的是，注册会计师对重大错报风险的评估毕竟是一种主观判断，可能无法充分识别所有的重大错报风险，同时内部控制存在固有局限性（特别是存在管理层凌驾于内部控制之上的可能性），因此，无论选择何种方案，注册会计师都应当对所有重大交易类别、账户余额和披露设计并实施实质性程序。

二、进一步审计程序的性质

（一）进一步审计程序的性质的概念

进一步审计程序的性质是指进一步审计程序的目的和类型。其中，进一步审计程序的目的包括通过实施控制测试以确定内部控制运行的有效性，通过实施实质性程序以发现认定层次的重大错报。进一步审计程序的类型包括检查、观察、询问、函证、重新计算、重

新执行和分析程序。

如前所述,在应对评估的风险时,合理确定审计程序的性质是最重要的。因为不同的审计程序,应对特定认定错报风险的效力不同。例如,对于与收入完整性认定相关的重大错报风险,控制测试通常更能有效应对;对于与收入发生认定相关的重大错报风险,实质性程序通常更能有效应对。再如,实施应收账款的函证程序可以为应收账款在某一时点存在的认定提供审计证据,但通常不能为应收账款的计价认定提供审计证据。对应收账款的计价认定,注册会计师通常需要实施其他更为有效的审计程序,如检查应收账款账龄和期后收款情况,了解欠款客户的信用情况等。

（二）进一步审计程序的性质的选择

在确定进一步审计程序的性质时,注册会计师首先需要考虑的是认定层次重大错报风险的评估结果,根据评估结果选择审计程序。评估的认定层次重大错报风险越高,对通过实质性程序获取的审计证据的相关性和可靠性的要求也越高,从而可能影响进一步审计程序的类型及其综合运用。例如,当注册会计师判断某类交易协议的完整性存在更高的重大错报风险时,除了检查文件以外,注册会计师还可能决定向第三方询问或函证协议条款的完整性。

除了从总体上把握认定层次重大错报风险的评估结果对选择进一步审计程序的影响外,在确定拟实施的审计程序时,注册会计师接下来应当考虑评估的认定层次重大错报风险产生的原因,包括考虑各类交易、账户余额和披露的具体特征以及内部控制。例如,注册会计师可能判断某特定交易类别即使在不存在相关控制的情况下发生重大错报的风险仍较低,此时注册会计师可能认为仅实施实质性程序就可以获取充分、适当的审计证据。再如,对于经由被审计单位信息系统日常处理和控制的某类交易,如果注册会计师预期此类交易在内部控制运行有效的情况下发生重大错报的风险较低,且拟在控制运行有效的基础上设计实质性程序,注册会计师就会决定先实施控制测试。

需要说明的是,如果在实施进一步审计程序时拟利用被审计单位信息系统生成的信息,注册会计师应当就信息的准确性和完整性获取审计证据。例如,注册会计师在实施实质性分析程序时,使用了被审计单位生成的非财务信息或预算数据。再如,注册会计师在对被审计单位的存货期末余额实施实质性程序时,拟利用被审计单位信息系统生成的各个存货存放地点及其余额清单。注册会计师应当获取关于这些信息的准确性和完整性的审计证据。

三、进一步审计程序的时间

（一）进一步审计程序的时间的概念

进一步审计程序的时间是指注册会计师何时实施进一步审计程序,或审计证据适用的期间或时点。当提及进一步审计程序的时间时,在某些情况下指的是审计程序的实施时间,在另一些情况下则是指需要获取的审计证据适用的期间或时点。

（二）进一步审计程序的时间的选择

有关进一步审计程序的时间的选择问题,第一个层面是注册会计师选择在何时实施进一步审计程序；第二个层面是选择获取什么期间或时点的审计证据。第一个层面的选择问题主要集中在如何权衡期中与期末实施审计程序的关系；第二个层面的选择问题分别集中在如何权衡期中审计证据与期末审计证据的关系、如何权衡以前审计获取的审计证据与本期审计获取的审计证据的关系。这两个层面的最终落脚点都是如何确保获取审计证据的效率和效果。

注册会计师可以在期中或期末实施控制测试或实质性程序，这就引出了注册会计师应当如何选择实施审计程序的时间的问题。一项基本的考虑因素应当是注册会计师评估的重大错报风险，当重大错报风险较高时，注册会计师应当考虑在期末或接近期末实施实质性程序，或采用不通知的方式，或在管理层不能预见的时间实施审计程序。

虽然在期末实施审计程序在很多情况下非常必要，但仍然不排除注册会计师在期中实施审计程序可能发挥积极作用。在期中实施进一步审计程序，可能有助于注册会计师在审计工作初期识别重大事项，并在管理层的协助下及时解决这些事项；或针对这些事项制定有效的实质性方案或综合性方案。当然，在期中实施进一步审计程序也存在很大的局限。首先，注册会计师往往难以仅凭在期中实施的进一步审计程序获取有关期中以前的充分、适当的审计证据（例如，某些期中以前发生的交易或事项在期中审计结束时尚未完结）；其次，即使注册会计师在期中实施的进一步审计程序能够获取有关期中以前的充分、适当的审计证据，但从期中到期末这段剩余期间往往还会发生重大的交易或事项（包括期中以前发生的交易、事项的延续，以及期中以后发生的新的交易、事项），从而对所审计期间的各类交易、账户余额和披露的认定产生重大影响；最后，被审计单位管理层也完全有可能在注册会计师于期中实施了进一步审计程序之后对期中以前的相关会计记录作出调整甚至篡改，注册会计师在期中实施了进一步审计程序所获取的审计证据已经发生了变化。为此，如果在期中实施了进一步审计程序，注册会计师还应当针对剩余期间获取审计证据。

影响注册会计师考虑在何时实施审计程序的其他相关因素包括：

（1）控制环境。良好的控制环境可以抵销在期中实施进一步审计程序的一些局限性，使注册会计师在确定实施进一步审计程序的时间时有更大的灵活性。

（2）何时能得到相关信息。例如，某些控制活动可能仅在期中（或期中以前）发生，而之后可能难以再被观察到。再如，某些电子化的交易和账户文档如未能及时取得，可能被覆盖。在这些情况下，注册会计师如果希望获取相关信息，则需要考虑能够获取相关信息的时间。

（3）错报风险的性质。例如，被审计单位可能为了保证盈利目标的实现，在会计期末以后伪造销售合同以虚增收入，此时注册会计师需要考虑在期末（即资产负债表日）这个特定时点获取被审计单位截至期末所能提供的所有销售合同及相关资料，以防范被审计单位在资产负债表日后伪造销售合同虚增收入的做法。

（4）审计证据适用的期间或时点。注册会计师应当根据需要获取的特定审计证据确定何时实施进一步审计程序。例如，为了获取资产负债表日的存货余额证据，显然不宜在与资产负债表日间隔过长的期中时点或期末以后时点实施存货监盘等相关审计程序。

（5）编制财务报表的时间，尤其是编制某些披露的时间，这些披露为资产负债表、利润表、所有者权益变动表或现金流量表中记录的金额提供了进一步解释。

需要说明的是，虽然注册会计师在很多情况下可以根据具体情况选择实施进一步审计程序的时间，但也存在一些限制选择的情况。某些审计程序只能在期末或期末以后实施，包括将财务报表中的信息与其所依据会计记录相核对或调节，检查财务报表编制过程中所作的会计调整等。如果被审计单位在期末或接近期末发生了重大交易，或重大交易在期末尚未完成，注册会计师应当考虑交易的发生或截止等认定可能存在的重大错报风险，并在期末或期末以后检查此类交易。

四、进一步审计程序的范围

（一）进一步审计程序的范围的概念

进一步审计程序的范围是指实施进一步审计程序（含控制测试和实质性程序）所涉及数量的多少，包括抽取的样本量、对某项控制活动的观察次数等。

（二）确定进一步审计程序的范围时考虑的因素

在确定进一步审计程序的范围时，注册会计师应当考虑下列因素：

（1）确定的重要性水平。确定的重要性水平越低，注册会计师实施进一步审计程序的范围越广。

（2）评估的重大错报风险。评估的重大错报风险越高，对拟获取审计证据的相关性、可靠性的要求就越高，注册会计师实施的进一步审计程序的范围也越广。

（3）计划获取的保证程度。计划获取的保证程度，是指注册会计师计划通过所实施的审计程序对测试结果可靠性所获取的信心。计划获取的保证程度越高，对测试结果可靠性要求越高，注册会计师实施的进一步审计程序的范围越广。例如，注册会计师对财务报表是否不存在重大错报的信心可能来自控制测试和实质性程序。如果注册会计师计划从控制测试中获取更高的保证程度，则控制测试的范围就更广。

需要说明的是，随着重大错报风险的增加，注册会计师应当考虑扩大审计程序的范围。但是，只有当审计程序本身与特定风险相关时，扩大审计程序的范围才是有效的。

在考虑确定进一步审计程序的范围时，使用计算机辅助审计技术具有积极的作用。注册会计师可以使用计算机辅助审计技术对电子化的交易和账户文档进行更广泛的测试，包括从主要电子文档中选取交易样本，或按照某一特征对交易进行分类，或对总体而非样本进行测试。

鉴于进一步审计程序的范围可以通过一定的抽样方法确定，注册会计师需要慎重考虑抽样过程对审计程序范围的影响是否能够有效实现审计目的。注册会计师使用恰当的抽样方法通常可以得出有效结论。但如果存在下列情形，注册会计师依据样本得出的结论可能与对总体实施同样的审计程序得出的结论不同，出现不可接受的风险：①从总体中选择的样本量过小；②选择的抽样方法对实现特定目标不适当；③未对发现的例外事项进行恰当的追查。

此外，注册会计师在综合运用不同审计程序时，除了面临各类审计程序的性质选择问题外，还面临如何权衡各类程序的范围问题。因此，注册会计师在综合运用不同审计程序时，不仅应当考虑各类审计程序的性质，还应当考虑测试的范围是否适当。

第三节 控制测试

控制测试是为了评价内部控制在防止或发现并纠正认定层次重大错报方面的运行有效性而实施的审计程序。注册会计师应当选择为相关交易类别、账户余额和披露的认定提供证据的内部控制进行测试。

一、控制测试的概念和要求

(一) 控制测试的概念

控制测试是指用于评价内部控制在防止或发现并纠正认定层次重大错报方面运行有效性的审计程序，这一概念需要与"了解内部控制"进行区分。"了解内部控制"包含两层含义：一是评价控制的设计；二是确定控制是否得到执行。测试控制运行的有效性与确定控制是否得到执行所需获取的审计证据是不同的。

在实施风险评估程序以获取控制是否得到执行的审计证据时，注册会计师应当确定某项控制是否存在，被审计单位是否正在使用。

在测试控制运行的有效性时，注册会计师应当从下列方面获取关于控制是否有效运行的审计证据：

(1) 控制在所审计期间的相关时点是如何运行的；
(2) 控制是否得到一贯执行；
(3) 控制由谁或以何种方式执行。

从这三个方面来看，控制运行有效性强调的是控制能够在各个不同时点按照既定设计得以一贯执行。在了解控制是否得到执行时，注册会计师只需抽取少量的交易进行检查或观察某几个时点；但在测试控制运行的有效性时，注册会计师需要抽取足够数量的交易进行检查，或对多个不同时点进行观察。

下面举例说明两者之间的区别。某被审计单位针对销售收入和销售费用的业绩评价控制如下：财务经理每月审核实际销售收入（按产品细分）和销售费用（按费用项目细分），并与预算数和上年同期数比较，对于差异金额超过5%的项目进行分析并编制分析报告；销售经理审阅该报告并采取适当的跟进措施。注册会计师抽查了最近3个月的分析报告，并看到上述管理人员在报告上签字确认，证明该控制已经得到执行。然而，注册会计师在与销售经理的讨论中发现，他对分析报告中明显异常的数据并不了解其原因，也无法作出合理解释，从而显示该控制并未得到有效的运行。

测试控制运行的有效性与确定控制是否得到执行所需获取的审计证据虽然存在差异，但两者也有联系。为评价控制设计和确定控制是否得到执行而实施的某些风险评估程序并非专为控制测试而设计，但可能提供有关控制运行有效性的审计证据，注册会计师可以考虑在评价控制设计和获取其得到执行的审计证据的同时测试控制运行有效性，以提高审计效率；同时注册会计师也应当考虑这些审计证据是否足以实现控制测试的目的。

例如，被审计单位可能采用预算管理制度，以防止或发现并纠正与费用有关的重大错

报风险。通过询问管理层是否编制预算，观察管理层对月度预算费用与实际发生费用的比较，并检查预算金额与实际金额之间的差异报告，注册会计师可能获取有关被审计单位费用预算管理制度的设计及其是否得到执行的审计证据，同时也可能获取相关制度运行有效性的审计证据。当然，注册会计师需要考虑所实施的风险评估程序获取的审计证据是否能够充分、适当地反映被审计单位费用预算管理制度在各个不同时点按照既定设计得以一贯执行。

（二）控制测试的要求

作为进一步审计程序的类型之一，控制测试并非在任何情况下都需要实施。当存在下列情形之一时，注册会计师应当实施控制测试：①在评估认定层次重大错报风险时，预期控制的运行是有效的；②仅实施实质性程序并不能够提供认定层次充分、适当的审计证据。

如果在评估认定层次重大错报风险时预期控制的运行是有效的，注册会计师应当实施控制测试，就控制在相关期间或时点的运行有效性获取充分、适当的审计证据。

注册会计师通过实施风险评估程序，可能发现某项控制的设计是存在的，也是合理的，同时得到了执行。在这种情况下，出于成本效益的考虑，注册会计师可能预期，如果相关控制在不同时点都得到了一贯执行，与该项控制有关的认定发生重大错报的可能性就不会很大，也就不需要实施更多的实质性程序。为此，注册会计师可能会认为值得对相关控制在不同时点是否得到了一贯执行进行测试，即实施控制测试。这种测试主要是出于成本效益的考虑，其前提是注册会计师通过了解内部控制以后认为某项控制存在被信赖和利用的可能。因此，只有认为控制设计合理、能够防止或发现和纠正认定层次的重大错报，注册会计师才有必要对控制运行的有效性实施测试。

如果认为仅通过实施实质性程序无法获取认定层次的充分、适当的审计证据，注册会计师应当实施相关的控制测试，以获取控制运行有效性的审计证据。

有时，对有些重大错报风险，注册会计师仅通过实质性程序无法予以应对。例如，在被审计单位对日常交易或与财务报表相关的其他数据（包括信息的生成、记录、处理、报告）采用高度自动化处理的情况下，审计证据可能仅以电子形式存在，此时审计证据是否充分和适当通常取决于自动化信息系统相关控制的有效性。如果信息的生成、记录、处理和报告均通过电子格式进行而没有适当有效的控制，则生成不正确信息或信息被不恰当修改的可能性就会大大增加。在认为仅通过实施实质性程序不能获取充分、适当的审计证据的情况下，注册会计师必须实施控制测试，且这种测试已经不再是单纯出于成本效益的考虑，而是必须获取的一类审计证据。

此外，需要说明的是，被审计单位在所审计期间内可能由于技术更新或组织管理变更而更换了信息系统，从而导致在不同时期使用了不同的控制。如果被审计单位在所审计期间内的不同时期使用了不同的控制，注册会计师应当考虑不同时期控制运行的有效性。

二、控制测试的性质

（一）控制测试的性质的概念

控制测试的性质是指控制测试所使用的审计程序的类型及其组合。

计划从控制测试中获取的保证水平是决定控制测试性质的主要因素之一。注册会计师应当选择适当类型的审计程序，以获取有关控制运行有效性的保证。在计划和实施控制测试时，对控制有效性的信赖程度越高，注册会计师应当获取越有说服力的审计证据。当拟实施的进一步审计程序主要以控制测试为主，尤其是仅实施实质性程序无法或不能获取充分、适当的审计证据时，注册会计师应当获取有关控制运行有效性的更高的保证水平。

控制测试采用审计程序有询问、观察、检查和重新执行。

1. 询问

注册会计师可以向被审计单位适当员工询问，获取与内部控制运行情况相关的信息。例如，询问信息系统管理人员有无未经授权接触计算机硬件和软件，向负责复核银行存款余额调节表的人员询问如何进行复核，包括复核的要点是什么、发现不符事项如何处理等。然而，仅通过询问不能为控制运行的有效性提供充分的证据，注册会计师通常需要印证被询问者的答复，如向其他人员询问和检查执行控制时所使用的报告、手册或其他文件等。因此，虽然询问是一种有用的手段，但它必须和其他测试手段结合使用才能发挥作用。在询问过程中，注册会计师应当保持职业怀疑。

2. 观察

观察是测试不留下书面记录的控制（如职责分离）的运行情况的有效方法。例如，观察存货盘点控制的运行情况。观察也可运用于实物控制，如查看仓库门是否锁好，或空白支票是否妥善保管。通常情况下，注册会计师通过观察直接获取的证据比间接获取的证据更可靠。但是，注册会计师还要考虑其所观察到的控制在注册会计师不在场时可能未被执行的情况。

3. 检查

对运行情况留有书面证据的控制，检查非常适用。书面说明、复核时留下的记号，或其他记录在偏差报告中的标志，都可以被当作控制运行情况的证据。例如，检查销售发票是否有复核人员签字，检查销售发票是否附有客户订购单和出库单等。

4. 重新执行

例如，为了合理保证计价认定的准确性，被审计单位的一项控制是由复核人员核对销售发票上的价格与统一价格单上的价格是否一致。但是，要检查复核人员有没有认真执行核对，仅仅检查复核人员是否在相关文件上签字是不够的，注册会计师还需要自己选取一部分销售发票进行核对，这就是重新执行程序。如果需要进行大量的重新执行，注册会计师就要考虑通过实施控制测试以缩小实质性程序的范围是否有效率。

询问本身并不足以测试控制运行的有效性。因此，注册会计师需要将询问与其他审计程序结合使用。而观察提供的证据仅限于观察发生的时点，因此，将询问与检查或重新执行结合使用，可能比仅实施询问和观察能够获取更高水平的保证。例如，被审计单位针对处理收到的邮政汇款单设计和执行了相关的内部控制，注册会计师通过询问和观察程序往往不足以测试此类控制运行的有效性，还需要检查能够证明此类控制在所审计期间的其他时段有效运行的文件和凭证，以获取充分、适当的审计证据。

(二) 确定控制测试的性质时的要求

1. 考虑特定控制的性质

注册会计师应当根据特定控制的性质选择所需实施审计程序的类型。例如，某些控制可能存在反映控制运行有效性的文件记录，在这种情况下，注册会计师可以检查这些文件记录以获取控制运行有效的审计证据；某些控制可能不存在文件记录（如一项自动化的控制活动），或文件记录与能否证实控制运行有效性不相关，注册会计师应当考虑实施检查以外的其他审计程序（如询问和观察）或借助计算机辅助审计技术，以获取有关控制运行有效性的审计证据。

2. 考虑测试与认定直接相关和间接相关的控制

在设计控制测试时，注册会计师不仅应当考虑与认定直接相关的控制，还应当考虑这些控制所依赖的与认定间接相关的控制，以获取支持控制运行有效性的审计证据。例如，被审计单位可能针对超出信用额度的例外赊销交易设置报告和审核制度（与认定直接相关的控制）；在测试该项制度的运行有效性时，注册会计师不仅应当考虑审核的有效性，还应当考虑与例外赊销报告中信息准确性有关的控制（与认定间接相关的控制）是否有效运行。

3. 如何对一项自动化的信息处理控制实施控制测试

对于一项自动化的信息处理控制，由于信息技术处理过程的内在一贯性，注册会计师可以利用该项控制得以执行的审计证据和信息技术一般控制（特别是对系统变动的控制）运行有效性的审计证据，作为支持该项控制在相关期间运行有效性的重要审计证据。

(三) 实施控制测试时对双重目的的实现

控制测试的目的是评价控制是否有效运行，细节测试的目的是发现认定层次的重大错报。尽管两者目的不同，但注册会计师可以考虑针对同一交易同时实施控制测试和细节测试，以实现双重目的。例如，注册会计师通过检查某笔交易的发票，可以确定其是否经过适当的授权，也可以获取关于该交易的金额、发生时间等细节证据。当然，如果拟实施双重目的测试，注册会计师应当仔细设计和评价测试程序。

(四) 实施实质性程序的结果对控制测试结果的影响

如果通过实施实质性程序未发现某项认定存在错报，这本身并不能说明与该认定有关的控制是有效运行的；但如果通过实施实质性程序发现某项认定存在错报，注册会计师应当在评价相关控制的运行有效性时予以考虑。因此，注册会计师应当考虑实施实质性程序发现的错报对评价相关控制运行有效性的影响（如降低对相关控制的信赖程度、调整实质性程序的性质、扩大实质性程序的范围等）。如果实施实质性程序发现被审计单位没有识别出的重大错报，通常表明内部控制存在值得关注的缺陷，注册会计师应当就这些缺陷与管理层和治理层进行沟通。

三、控制测试的时间

(一) 控制测试的时间的概念

控制测试的时间包含两层含义：一是何时实施控制测试；二是测试所针对的控制适用

的时点或期间。一个基本的原理是，如果测试特定时点的控制，注册会计师仅得到该时点控制运行有效性的审计证据；如果测试某一期间的控制，注册会计师可获取控制在该期间有效运行的审计证据。因此，注册会计师应当根据控制测试的目的确定控制测试的时间，并确定拟信赖的相关控制的时点或期间。

关于根据控制测试的目的确定控制测试的时间，如果仅需要测试控制在特定时点的运行有效性（如对被审计单位期末存货盘点进行控制测试），注册会计师只需要获取该时点的审计证据。如果需要获取控制在某一期间有效运行的审计证据，仅获取与时点相关的审计证据是不充分的，注册会计师应当辅以其他控制测试，包括测试被审计单位对控制的监督。而所谓的"其他控制测试"应当具备的功能是，能提供相关控制在所有相关时点都运行有效的审计证据；被审计单位对控制的监督起到的是一种检验相关控制在所有相关时点是否都有效运行的作用，因此，注册会计师测试这类活动能够强化控制在某期间运行有效性的审计证据的效力。

(二) 如何考虑期中审计证据

前已述及，注册会计师可能在期中实施进一步审计程序。对于控制测试，注册会计师在期中实施此类程序具有更积极的作用。需要说明的是，即使注册会计师已获取有关控制在期中运行有效性的审计证据，仍然需要考虑如何能够将控制在期中运行有效性的审计证据合理延伸至期末，一个基本的考虑是针对期中至期末这段剩余期间获取充分、适当的审计证据。因此，如果已获取有关控制在期中运行有效性的审计证据，并拟利用该证据，注册会计师应当实施下列审计程序：①获取这些控制在剩余期间发生重大变化的审计证据；②确定针对剩余期间还需获取的补充审计证据。

上述两项审计程序中，第一项是针对期中已获取审计证据的控制，考察这些控制在剩余期间的变化情况（包括是否发生了变化以及如何变化）；如果这些控制在剩余期间没有发生变化，注册会计师可能决定信赖期中获取的审计证据；如果这些控制在剩余期间发生了变化（如信息系统、业务流程或人事管理等方面发生变动），注册会计师需要了解并测试控制的变化对期中审计证据的影响。

上述两项审计程序中，第二项是针对期中证据以外的、剩余期间的补充证据。在执行该项规定时，注册会计师应当考虑下列因素：

(1) 评估的认定层次重大错报风险的严重程度。评估的重大错报风险对财务报表的影响越大，注册会计师需要获取的剩余期间的补充证据越多。

(2) 在期中测试的特定控制，以及自期中测试后发生的重大变动。例如，对自动化运行的控制，注册会计师更可能测试信息技术一般控制的运行有效性，以获取控制在剩余期间运行有效性的审计证据。

(3) 在期中对有关控制运行有效性获取的审计证据的程度。如果注册会计师在期中对有关控制运行有效性获取的审计证据比较充分，可以考虑适当减少需要获取的剩余期间的补充证据。

(4) 剩余期间的长度。剩余期间越长，注册会计师需要获取的剩余期间的补充证据越多。

（5）在信赖控制的基础上拟缩小实质性程序的范围。注册会计师对相关控制的信赖程度越高，通常在信赖控制的基础上拟减少实质性程序的范围就越大。在这种情况下，注册会计师需要获取的剩余期间的补充证据越多。

（6）控制环境。控制环境越薄弱（或把握程度越低），注册会计师需要获取的剩余期间的补充证据越多。

除了上述测试剩余期间控制的运行有效性，测试被审计单位对控制的监督也能够作为一项有益的补充证据，以便更有把握地将控制在期中运行有效性的审计证据延伸至期末。如前所述，被审计单位对控制的监督起到的是一种检验相关控制在所有相关时点是否都有效运行的作用，因此，通过测试剩余期间控制的运行有效性或测试被审计单位对控制的监督，注册会计师可以获取补充审计证据。

（三）如何考虑以前审计获取的审计证据

注册会计师考虑以前审计获取的有关控制运行有效性的审计证据，其意义在于：一方面，内部控制中的诸多要素对于被审计单位往往是相对稳定的（相对于具体的交易、账户余额和披露），因此，注册会计师在本期审计时还是可以适当考虑利用以前审计获取的有关控制运行有效性的审计证据；另一方面，内部控制在不同期间可能发生重大变化，注册会计师在利用以前审计获取的有关控制运行有效性的审计证据时要格外慎重，充分考虑各种因素。

关于如何考虑以前审计获取的有关控制运行有效性的审计证据，基本思路是考虑拟信赖的以前审计中测试的控制在本期是否发生变化，因为考虑与控制变化有关的审计证据有助于注册会计师决定合理调整拟在本期获取的有关控制运行有效性的审计证据。

1. 基本思路

即考虑拟信赖的以前审计中测试的控制在本期是否发生变化。如果拟信赖以前审计获取的有关控制运行有效性的审计证据，注册会计师应当通过实施询问并结合观察或检查程序，获取这些控制是否已经发生变化的审计证据。例如，在以前审计中，注册会计师可能确定被审计单位某项自动化控制能够发挥预期作用。那么在本期审计中，注册会计师需要获取审计证据以确定是否发生了影响该自动化控制持续有效发挥作用的变化。例如，注册会计师可以通过询问管理层或检查日志，确定哪些控制已经发生变化。

注册会计师可能面临两种结果：控制在本期发生变化；控制在本期没有发生变化。

2. 当控制在本期发生变化时注册会计师的做法

如果控制在本期发生变化，注册会计师应当考虑以前审计获取的有关控制运行有效性的审计证据是否与本期审计相关。例如，如果系统的变化仅仅使被审计单位从中获取新的报告，这种变化通常不影响以前审计所获取证据的相关性；如果系统的变化引起数据累积或计算发生改变，这种变化可能影响以前审计所获取证据的相关性。如果拟信赖的控制自上次测试后已发生实质性变化，以致影响以前审计所获取证据的相关性，注册会计师应当在本期审计中测试这些控制的运行有效性。

3. 当控制在本期未发生变化时注册会计师的做法

如果拟信赖的控制自上次测试后未发生变化，且不属于旨在减轻特别风险的控制，注册会计师应当运用职业判断确定是否在本期审计中测试其运行有效性,以及本次测试与上次测试的时间间隔,但每三年至少对控制测试一次。

如果拟信赖以前审计获取的某些控制运行有效性的审计证据,注册会计师应当在每次审计时从中选取足够数量的控制,测试其运行有效性;注册会计师不应将所有拟信赖控制的测试集中于某一次审计,而在之后的两次审计中不进行任何测试。这主要是为了尽量降低审计风险,毕竟注册会计师可能难以充分识别以前审计中测试过的控制在本期是否发生变化。此外,在每一次审计中选取足够数量的部分控制进行测试,除了能够提供这些以前审计中测试过的控制在当期运行有效性的审计证据外,还可提供控制环境持续有效性的旁证,从而有助于注册会计师判断其信赖以前审计获取的审计证据是否恰当。

在确定利用以前审计获取的有关控制运行有效性的审计证据是否适当以及再次测试控制的时间间隔时,注册会计师应当考虑的因素或情况包括:

(1) 内部控制其他要素的有效性,包括控制环境、对控制的监督以及被审计单位的风险评估过程。例如,当被审计单位控制环境薄弱或对控制的监督薄弱时,注册会计师应当缩短再次测试控制的时间间隔或完全不信赖以前审计获取的审计证据。

(2) 控制特征(是人工控制还是自动化控制)产生的风险。当相关控制中人工控制的成分较大时,考虑到人工控制一般稳定性较差,注册会计师可能决定在本期审计中继续测试该控制的运行有效性。

(3) 信息技术一般控制的有效性。当信息技术一般控制薄弱时,注册会计师可能更少地依赖以前审计获取的审计证据。

(4) 影响内部控制的重大人事变动。例如,当所审计期间发生了对控制运行产生重大影响的人事变动时,注册会计师可能决定在本期审计中不依赖以前审计获取的审计证据。

(5) 由于环境发生变化而特定控制缺乏相应变化导致的风险。当环境的变化表明需要对控制作出相应的变动,但控制却没有作出相应变动时,注册会计师应当意识到控制不再有效,从而导致本期财务报表发生重大错报的可能,此时不应再依赖以前审计获取的有关控制运行有效性的审计证据。

(6) 重大错报的风险和对控制的信赖程度。如果重大错报风险较大或对控制的信赖程度较高,注册会计师应当缩短再次测试控制的时间间隔或完全不信赖以前审计获取的审计证据。

4. 不得依赖以前审计所获取证据的情形

鉴于特别风险的特殊性,对于旨在减轻特别风险的控制,不论该控制在本期是否发生变化,注册会计师都不应依赖以前审计获取的证据。因此,如果确定评估的认定层次重大错报风险是特别风险,并拟信赖旨在减轻特别风险的控制,注册会计师不应依赖以前审计获取的审计证据,而应在本期审计中测试这些控制运行的有效性。也就是说,如果注册会计师拟信赖针对特别风险的控制,那么,所有关于该控制运行有效性的审计证据必须来自当年的控制测试。相应地,注册会计师应当在每次审计中都测试这类控制。

图 10-1 概括了注册会计师是否需要在本期测试某项控制的决策过程。

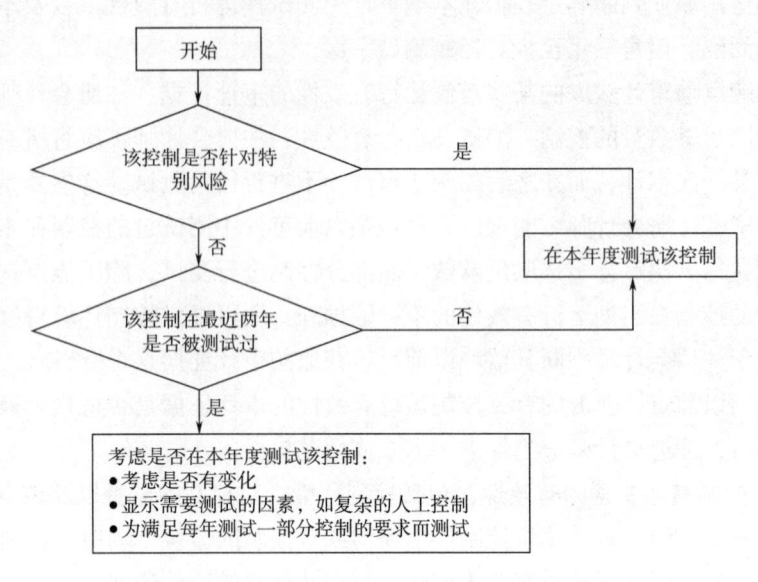

```
                    ┌─────────┐
                    │  开始    │
                    └────┬────┘
                         │
                    ┌────┴────┐
                    │该控制是否针对特│   是
                    │  别风险        ├──────┐
                    └────┬────┘              │
                         │ 否                 ▼
                    ┌────┴────┐      ┌──────────────┐
                    │该控制在最近两年│ 否 │在本年度测试该控制│
                    │是否被测试过    ├───▶└──────────────┘
                    └────┬────┘
                         │ 是
                    ┌────┴─────────────────────┐
                    │考虑是否在本年度测试该控制：    │
                    │• 考虑是否有变化              │
                    │• 显示需要测试的因素，如复杂的人工控制│
                    │• 为满足每年测试一部分控制的要求而测试│
                    └─────────────────────────┘
```

图 10-1　本审计期间测试某项控制的决策

四、控制测试的范围

对于控制测试的范围，其含义主要是指某项控制活动的测试次数。注册会计师应当设计控制测试，以获取控制在整个拟信赖期间有效运行的充分、适当的审计证据。

（一）确定控制测试范围的考虑因素

当针对控制运行的有效性需要获取更具说服力的审计证据时，可能需要扩大控制测试的范围。在确定控制测试的范围时，除考虑对控制的信赖程度外，注册会计师还可能考虑以下因素：

（1）在拟信赖期间，被审计单位执行控制的频率。执行控制的频率越高，控制测试的范围越大。

（2）在所审计期间，注册会计师拟信赖控制运行有效性的时间长度。拟信赖控制运行有效性的时间长度不同，在该时间长度内发生的控制活动次数也不同。注册会计师需要根据拟信赖控制的时间长度确定控制测试的范围。拟信赖期间越长，控制测试的范围越大。

（3）控制的预计偏差。预计偏差可以用控制未得到执行的预计次数占控制应当得到执行次数的比率加以衡量（也可称为"预计偏差率"）。考虑该因素，是因为在考虑测试结果是否可以得出控制运行有效性的结论时，不可能只要出现任何控制运行偏差就认定控制运行无效，需要确定一个合理水平的预计偏差率。控制的预计偏差率越高，需要实施控制测试的范围越大。如果控制的预计偏差率过高，注册会计师应当考虑控制可能不足以将认定层次的重大错报风险降至可接受的低水平，从而针对某一认定实施的控制测试可能是无效的。

（4）通过测试与认定相关的其他控制获取的审计证据的范围。针对同一认定，可能存在不同的控制。当针对其他控制获取审计证据的充分性和适当性较高时，测试该控制的范围可适当缩小。

（5）拟获取的有关认定层次控制运行有效性的审计证据的相关性和可靠性。如拟获取的有关证据的相关性和可靠性较高，测试该控制的范围可适当缩小。

（二）对自动化控制的测试范围的特别考虑

除非系统（包括系统使用的表格、文档或其他永久性数据）发生变动，注册会计师通常不需要增加自动化控制的测试范围。

信息技术处理具有内在一贯性，除非系统发生变动，一项自动化信息处理控制应当一贯运行。对于一项自动化信息处理控制，一旦确定被审计单位正在执行该控制，注册会计师通常无须扩大控制测试的范围，但需要考虑执行下列测试，以确定该控制持续有效运行：

（1）测试与该信息处理控制有关的信息技术一般控制的运行有效性；
（2）确定系统是否发生变动，如果发生变动，是否存在适当的系统变动控制；
（3）确定对交易的处理是否使用授权批准的软件版本。

例如，注册会计师可以检查信息系统安全控制记录，以确定是否存在未经授权的接触系统硬件和软件，以及系统是否发生变动。

（三）测试两个层面控制时应注意的问题

控制测试可用于被审计单位不同层面的内部控制。整体层面控制测试通常更加主观（如管理层对胜任能力的重视）。对整体层面控制进行测试，通常比业务流程层面控制（如检查付款是否得到授权）更难以记录。因此，整体层面控制和信息技术一般控制的评价通常记录的是文件备忘录和支持性证据。注册会计师最好在审计的早期测试整体层面控制，原因在于对这些控制测试的结果会影响其他计划审计程序的性质和范围。

第四节 实质性程序

一、实质性程序的概念和要求

（一）实质性程序的概念

实质性程序是指用于发现认定层次重大错报的审计程序，包括对各类交易、账户余额和披露的细节测试以及实质性分析程序。

注册会计师实施的实质性程序应当包括下列与财务报表编制完成阶段相关的审计程序：

（1）将财务报表中的信息与其所依据的会计记录进行核对或调节，包括核对或调节披露中的信息，无论该信息是从总账和明细账中获取，还是从总账和明细账之外的其他途径获取。

（2）检查财务报表编制过程中作出的重大会计分录和其他调整。注册会计师对会计分录和其他会计调整检查的性质和范围，取决于被审计单位财务报告过程的性质和复杂程度，以及由此产生的重大错报风险。

由于注册会计师对重大错报风险的评估是一种判断，可能无法充分识别所有的重大错报风险，并且由于内部控制存在固有局限性，无论评估的重大错报风险结果如何，注册会计师都应当针对所有重大交易类别、账户余额和披露实施实质性程序。

（二）针对特别风险实施的实质性程序

如果认为评估的认定层次重大错报风险是特别风险，注册会计师应当专门针对该风险实施实质性程序。例如，如果认为管理层面临实现盈利指标的压力而可能提前确认收入，注册会计师在设计询证函时不仅应当考虑函证应收账款的账户余额，还应当考虑询证销售协议的细节条款（如交货、结算及退货条款）；注册会计师还可考虑在实施函证的基础上针对销售协议及其变动情况询问被审计单位的非财务人员。如果针对特别风险实施的程序仅为实质性程序，这些程序应当包括细节测试，或将细节测试和实质性分析程序结合使用，以获取充分、适当的审计证据。为应对特别风险需要获取具有高度相关性和可靠性的审计证据，仅实施实质性分析程序不足以获取有关特别风险的充分、适当的审计证据。

二、实质性程序的性质

（一）实质性程序的性质的概念

实质性程序的性质是指实质性程序的类型及其组合。实质性程序包括细节测试和实质性分析程序两类。

细节测试是对各类交易、账户余额和披露的具体细节进行测试，目的在于直接识别各类交易、账户余额和披露的认定是否存在错报。细节测试被用于获取与某些认定相关的审计证据，如"存在""准确性、计价和分摊"等认定。

实质性分析程序从技术特征上讲仍然是分析程序，主要是通过研究数据间关系评价信息，只是将该技术方法用做实质性程序，即用以识别各类交易、账户余额和披露的认定是否存在错报。实质性分析程序通常更适用于在一段时间内存在可预期关系的大量交易。

（二）细节测试和实质性分析程序的适用性

由于细节测试和实质性分析程序的目的和技术手段存在一定差异，因此，各自有不同的适用领域。注册会计师应当根据各类交易、账户余额和披露的性质选择实质性程序的类型。细节测试适用于对各类交易、账户余额和披露认定的测试，尤其是对存在或发生、计价认定的测试；对在一段时期内存在可预期关系的大量交易，注册会计师可以考虑实施实质性分析程序。

（三）细节测试的方向

对于细节测试，注册会计师应当针对评估的风险设计细节测试，获取充分、适当的审计证据，以达到认定层次所计划的保证水平。该规定的含义是，注册会计师需要根据不同的认定层次的重大错报风险设计有针对性的细节测试。例如，在针对存在或发生认定设计细节测试时，注册会计师应当选择包含在财务报表金额中的项目，并获取相关审计证据；又如，在针对完整性认定设计细节测试时，注册会计师应当选择有证据表明应包含在财务报表金额中的项目，并调查这些项目是否确实包括在内。如为应对被审计单位漏记本期应付账款的风险，注册会计师可以检查期后付款记录。

（四）设计实质性分析程序时考虑的因素

注册会计师在设计实质性分析程序时应当考虑的因素包括：①对特定认定使用实质性分析程序的适当性；②对已记录的金额或比率作出预期时所依据的内部或外部数据的可靠性；③作出预期的准确程度是否足以在计划的保证水平上识别重大错报；④已记录金额与预期值之间可接受的差异额。考虑到数据及分析的可靠性，在实施实质性分析程序时，如果使用被审计单位编制的信息，注册会计师应当考虑测试与信息编制相关的控制，以及这些信息是否在本期或前期经过审计。

三、实质性程序的时间

实质性程序的时间选择与控制测试的时间选择有共同点，也有很大差异。共同点在于：两类程序都面临着对期中审计证据和对以前审计获取的审计证据的考虑。两者的差异在于：①在控制测试中，期中实施控制测试并获取期中关于控制运行有效性审计证据的做法更具有一种"常态"；而实质性程序的目的在于更直接地发现重大错报，在期中实施实质性程序时更需要考虑其成本效益的权衡。②在本期控制测试中拟信赖以前审计获取的有关控制运行有效性的审计证据，已经受到了很大的限制；而对于以前审计中通过实质性程序获取的审计证据，则采取更加慎重的态度，实施更严格的限制。

（一）如何考虑是否在期中实施实质性程序

如前所述，在期中实施实质性程序，一方面消耗了审计资源，另一方面，期中实施实质性程序获取的审计证据又不能直接作为期末财务报表认定的审计证据，注册会计师仍然需要消耗进一步的审计资源，使期中审计证据能够合理延伸至期末。于是这两部分审计资源的总和是否能够显著小于完全在期末实施实质性程序所需消耗的审计资源，是注册会计师需要权衡的。下列因素可能对是否在期中实施实质性程序产生影响：

（1）控制环境和其他相关的控制。控制环境和其他相关的控制越薄弱，注册会计师越不宜在期中实施实质性程序。

（2）实施审计程序所需信息在期中之后的可获得性。如果实施实质性程序所需信息在期中之后可能难以获取（如系统变动导致某类交易记录难以获取），注册会计师应考虑在期中实施实质性程序；但如果实施实质性程序所需信息在期中之后的获取并不存在明显困难，该因素不应成为注册会计师在期中实施实质性程序的重要影响因素。

（3）实质性程序的目的。如果针对某项认定实施实质性程序的目的包括获取该认定的期中审计证据（从而与期末比较），注册会计师应在期中实施实质性程序。

（4）评估的重大错报风险。注册会计师评估的某项认定的重大错报风险越高，针对该认定所需获取的审计证据的相关性和可靠性要求也就越高，注册会计师越应当考虑将实质性程序集中于期末（或接近期末）实施。

（5）特定交易类别、账户余额和披露认定的性质。例如，某些交易、账户余额和披露认定的特殊性质（如收入"截止"认定、未决诉讼）决定了注册会计师必须在期末（或接近期末）实施实质性程序。

(6) 针对剩余期间,能否通过实施实质性程序或将实质性程序与控制测试相结合,降低期末存在错报而未被发现的风险。如果针对剩余期间注册会计师可以通过实施实质性程序或将实质性程序与控制测试相结合,较有把握地降低期末存在错报而未被发现的风险(如注册会计师在 10 月实施预审时考虑是否使用一定的审计资源实施实质性程序,从而形成的剩余期间不是很长),注册会计师可以考虑在期中实施实质性程序;但如果针对剩余期间注册会计师认为还需要消耗大量审计资源才有可能降低期末存在错报而未被发现的风险,甚至没有把握通过适当的进一步审计程序降低期末存在错报而未被发现的风险(如被审计单位于 8 月发生管理层变更,注册会计师接受后任管理层邀请实施预审时,考虑是否使用一定的审计资源实施实质性程序),注册会计师就不宜在期中实施实质性程序。

(二) 如何考虑期中审计证据

如果在期中实施了实质性程序,注册会计师应当针对剩余期间实施进一步的实质性程序,或将实质性程序和控制测试结合使用,以将期中测试得出的结论合理延伸至期末。在将期中实施的实质性程序得出的结论合理延伸至期末时,注册会计师有两种选择:一是针对剩余期间实施进一步的实质性程序;二是将实质性程序和控制测试结合使用。

如果拟将期中测试得出的结论延伸至期末,注册会计师应当考虑针对剩余期间仅实施实质性程序是否足够。如果认为实施实质性程序本身不充分,注册会计师还应测试剩余期间相关控制运行的有效性或针对期末实施实质性程序。

对于舞弊导致的重大错报风险(作为一类重要的特别风险),被审计单位存在故意错报或操纵的可能性,那么注册会计师更应慎重考虑能否将期中测试得出的结论延伸至期末。因此,如果已识别出舞弊导致的重大错报风险,为将期中得出的结论延伸至期末而实施的审计程序通常是无效的,注册会计师应当考虑在期末或者接近期末实施实质性程序。

(三) 如何考虑以前审计获取的审计证据

在以前审计中实施实质性程序获取的审计证据,通常对本期只有很弱的证据效力或没有证据效力,不足以应对本期的重大错报风险。只有当以前获取的审计证据及其相关事项未发生重大变动时(例如,以前审计通过实质性程序测试过的某项诉讼在本期没有任何实质性进展),以前获取的审计证据才可能用做本期的有效审计证据。即便如此,如果拟利用以前审计中实施实质性程序获取的审计证据,注册会计师应当在本期实施审计程序,以确定这些审计证据是否具有持续相关性。

四、实质性程序的范围

评估的认定层次重大错报风险和实施控制测试的结果是注册会计师在确定实质性程序的范围时的重要考虑因素。在确定实质性程序的范围时,注册会计师应当考虑评估的认定层次重大错报风险和实施控制测试的结果。注册会计师评估的认定层次的重大错报风险越高,需要实施实质性程序的范围越广。如果对控制测试结果不满意,注册会计师可能需要考虑扩大实质性程序的范围。

在设计细节测试时,注册会计师除了从样本量的角度考虑测试范围外,还要考虑选样方法的有效性等因素。例如,从总体中选取大额或异常项目,而不是进行代表性抽样或分层抽样。

实质性分析程序的范围有两层含义：第一层含义是对什么层次的数据进行分析，注册会计师可以选择在高度汇总的财务数据层次进行分析，也可以根据重大错报风险的性质和水平调整分析层次。例如，按照不同产品线、不同季节或月份、不同经营地点或存货存放地点等实施实质性分析程序。第二层含义是需要对什么幅度或性质的差异展开进一步调查。实施分析程序可能发现差异，但并非所有的差异都值得展开进一步调查。可容忍或可接受的差异额（即预期差异额）越大，作为实质性分析程序一部分的进一步调查的范围就越小。确定适当的预期差异额同样属于实质性分析程序的范畴。在设计实质性分析程序时，注册会计师应当确定已记录金额与预期值之间可接受的差异额。在确定该差异额时，注册会计师应当主要考虑各类交易、账户余额和披露认定的重要性和计划的保证水平。

思考题

1. 增加审计程序的不可预见性有哪些方法？
2. 针对认定层次的重大错报风险常见的进一步程序审计方案有哪几种？
3. 为什么对于控制测试，注册会计师在期中实施此类程序具有更积极的作用？
4. 什么是控制测试？如何确定控制测试的性质、时间和范围？
5. 控制测试与实质性测试之间有何关系？

习题及参考答案

第十一章 计划对财务报表认定的测试

本章要点

本章主要讨论计划对财务报表认定的测试。在完成风险评估程序之后，注册会计师要执行进一步的审计程序，包括进行控制测试与实质性程序。在进行实质性程序之前，注册会计师必须制订财务报表认定的测试计划。在计划对财务报表认定的测试时，注册会计师应当考虑审计风险和重要性。审计风险是指财务报表存在重大错报而注册会计师发表不恰当审计意见的可能性。审计风险的构成要素包括重大错报风险和检查风险。在既定的审计风险水平下，可接受的检查风险水平与认定层次重大错报风险的评估结果成反比例关系。评估的重大错报风险越高，可接受的检查风险越低；评估的重大错报风险越低，可接受的检查风险越高。注册会计师应当获取认定层次充分、适当的审计证据，以便在完成审计工作时能够以可接受的低审计风险对财务报表发表意见。注册会计师在编制审计计划时，应当对重要性水平作出初步判断，以确定所需审计证据的数量。重要性是指被审计单位会计报表中错报或漏报的严重程度，这一程度在特定环境下可能影响财务报表使用者的判断或决策。重要性与审计风险之间呈反向变动关系。注册会计师对重要性水平的判断直接影响审计风险水平的确定。如果确定的重要性水平较低，则审计风险就会增加，注册会计师必须通过执行有关审计程序来降低审计风险。注册会计师应当为审计工作制订具体审计计划，以将审计风险降至可接受的低水平。具体审计计划是依据总体审计策略制定的，对实施总体审计策略所需的审计程序的性质、时间和范围所作的详细规划与说明。

第一节 审计风险模型

一、审计风险概述

在计划对财务报表认定的测试时，注册会计师应当考虑审计风险和重要性。

所谓审计风险，是指财务报表存在重大错报而注册会计师发表不恰当审计意见的可能性。在这个定义中，有两点必须强调：第一，注册会计师发表不恰当的审计意见有两种情况，一是财务报表中存在重大的错报而注册会计师发表了不恰当的审计意见，二是财务报表中不存在重大的错报而注册会计师发表不恰当的审计意见。很明显，定义中所说的审计风险并不包括财务报表不存在重大错报而注册会计师发表不恰当审计意见的可能性，由于纠错机制的存在，这种可能性在现实中并不存在。第二，注册会计师关心的仅是会影响财务报表使用者决策的错报，也就是说，审计风险与重要性有关，重要性是这一定义的组成部分，注册会计师应当合理确定重要性水平。

合理保证与审计风险互为补数，即合理保证与审计风险之和等于100%。一般来说，注册会计师会给审计风险赋予一定的值，这涉及会计师事务所的政策。例如，注册会计师将全部业务可以接受的审计风险定为5%，也就是说，注册会计师希望保证在每100件审计业务中，发表正确审计意见业务为95件。审计风险可能的取值范围如图11-1所示：

```
0 ————————————— 50% ————————————— 100%
绝对保证财务报表              完全不肯定                对财务报表不存在重大错报
不存在重大错报                                        不提供任何程度的保证
```

图11-1 审计风险的取值范围

从图11-1中我们可以看出，审计风险的实际范围高于0但低于50%。由于审计存在固有的局限性，将审计风险水平定为0是不可取的。审计风险水平为50%，意味着注册会计师对财务报表是否不存在重大错报保证程度处于十分不确定的状态，最后只有靠掷硬币来决定。一般来说，不正确的审计意见可能会导致注册会计师失去审计业务、媒体上的负面宣传，甚至卷入法律诉讼。由于发表错误审计意见的潜在成本很高，注册会计师倾向于较低的审计风险。为了缩小与社会公众的期望差，大部分审计业务应将风险定为相当接近于0。

可接受的审计风险水平会受许多因素的影响。在确定所要求的审计风险水平时，注册会计师需要考虑的第一个因素是依赖财务报表的外部使用者的数量。如果注册会计师发表了错误的审计意见，那么，财务报表的外部使用者越多，受到不利影响的人数也就越多。财务报表潜在使用者的数量与客户的规模、所有者权益的分布、股票是否在公开市场上交易以及负债筹资的性质和范围等因素有关。与审计一家所有者单一的小型零售商相比，在审计一个股票在公开市场上交易的公司时，注册会计师所要求的审计风险会低得多，因为注册会计师暴露在风险中的可能性要大得多。

在确定所要求的审计风险时，注册会计师应考虑的第二个因素是被审计单位在不久的将来发生财务困难的可能性。如果在注册会计师发表审计意见后不久被审计单位破产了，那么注册会计师就很有可能卷入诉讼。在评估这种可能性时，注册会计师应该检查被审计单位的财务状况、筹资方式、管理当局的胜任能力以及被审计单位所在行业的性质。

其他影响审计风险的因素包括注册会计师对业务中将要取得的保证水平的职业态度、注册会计师对风险的态度、注册会计师的经验以及胜任能力。注册会计师之间的竞争程度也偶尔会对审计风险产生影响。有时，审计公司为了招揽业务而竞相降低审计收费，为了保证审计业务能有合理的利润，审计公司只好减少所执行的审计工作，减少审计证据的数量。在这种情况下，注册会计师就会接受更高的审计风险，以便在审计业务中降低审计成本。这种做法是不符合审计准则要求的，从长远来看，注册会计师会付出更大的代价（如失去客户、卷入诉讼等）。

审计风险不同于企业的经营风险，但两者具有密切联系。经营风险是指可能对被审计

单位实现目标和实施战略的能力造成不利影响的重要情况、事项、作为或不作为导致的风险，或由于制定不恰当的目标和战略导致的风险。不同的企业可能面临不同的经营风险，这取决于企业经营的性质、所处行业、外部监管环境、企业的规模和复杂程度。管理层有责任识别和应对这些风险。

审计风险与经营风险之所以具有密切的联系，是因为经营风险与财务报表发生重大错报的风险密切相关。许多经营风险最终都会有财务后果，因而影响到财务报表，进而对财务报表审计产生影响。例如，宏观经济形势不景气可能对商业银行贷款损失准备产生重大影响；化工企业面临的环境风险可能意味着需要确认预计负债；技术升级风险可能导致企业原有的生产设备和存货发生减值，甚至影响持续经营假设的适用性。更严重的是，在经营风险引起经营失败时，可能促使被审计单位管理层通过财务报表舞弊对此加以掩盖。尽管被审计单位在实施战略以实现其目标的过程中可能面临各种经营风险，但并非所有的经营风险都与财务报表相关，注册会计师应当重点关注可能影响财务报表的经营风险。

二、审计风险的构成要素

在现代风险导向的审计中，审计风险的构成要素包括重大错报风险和检查风险。

所谓重大错报风险（risk of material misstatement），是指会计报表在审计前存在重大错报的可能性。重大错报风险包括两个层次：认定层次的（assertion level）风险和财务报表层次（overall financial statement level）的风险。

认定层次的风险是指交易类别、账户余额、披露和其他具体相关认定层次的风险。认定层次的错报主要指经济交易的事项本身的性质和复杂程度发生的错报，企业管理层由于本身的认识和技术水平造成的错报，以及企业管理层局部和个别人员舞弊造假造成的错报。

认定层次的重大错报风险可以进一步分解为固有风险和控制风险，两者之间的关系可用模型表述如下：

$$重大错风险 = 固有风险 \times 控制风险$$

固有风险是指在不考虑内部控制的情况下，某类交易、账户余额和披露的某项认定易于发生错报的可能性，导致固有风险的因素包括交易或事项的复杂性、主观性、不确定性以及管理层的偏向和其他舞弊风险因素。

控制风险是指某类交易、账户余额和披露的某一认定发生错报，该错报单独或连同其他错报是重大的，但没有被内部控制防止或发现并纠正的可能性。控制风险取决于内部控制的有效性。

财务报表层次的重大错报风险是财务报表整体不能反映企业经营实际情况的风险，它主要来源于被审计单位未能控制的战略风险和经营流程风险，即剩余风险，或企业高层串通舞弊、虚构交易。财务报表层次重大错报风险通常与控制环境有关，并与财务报表整体存在广泛联系，可能影响多项认定，但难以限于某类交易、账户余额、列报（含披露）的具体认定。

检查风险是指某一认定存在错报，该错报单独或连同其他错报是重大的，但注册会计师实施审计程序后没有发现的可能性。

三、审计风险要素之间的关系

被审计单位在实施其经营战略过程中可能面临多种经营风险，注册会计师应当重点关注可能影响财务报表的经营风险。现代风险导向审计的主要特点之一是建立了战略风险与审计风险的联系，为注册会计师建立了一个更为全面的审计风险分析框架。

(一) 审计风险模型

审计风险模型是将审计风险分解为各构成要素，并以数学表达式来明确审计风险与其构成要素之间的关系，以便有效进行实质性测试的一种分析框架。审计风险与其构成要素的关系可用数学表达式表示如下：

$$审计风险(AR) = 重大错报风险(MR) \times 检查风险(DR)$$

在审计风险模型中，审计风险通常是一个既定的数值，重大错报的风险是注册会计师不能控制的，只能对其进行评估；只有检查风险是注册会计师可以控制的，为了将审计风险降到可以接受的低水平，注册会计师只能调整检查风险。因此，审计风险模型可变形为：

$$DR = AR/MR$$

我们知道，财务报表审计只能为财务报表提供合理保证，这意味着审计风险始终存在。注册会计师应当通过计划和实施审计工作，获取充分、适当的审计证据，将审计风险降至可接受的低水平。

审计风险可按其发生的可能性大小分为基本确定、很可能、可能和极小可能。可能性一般用概率来表述，如极小可能的概率为大于 0、但小于或等于 5%。社会公众对注册会计师的期望值很高，独立审计存在的价值就在于消除会计报表的错误和不确定性，缩小或消除社会公众合理的期望差距。一般来说，审计风险只能控制在极小可能以下，用概率表示应不超过 5%。

审计风险取决于重大错报风险和检查风险。审计准则要求，注册会计师应当实施风险评估程序，评估重大错报风险，并根据评估结果设计和实施进一步审计程序，以控制检查风险。注册会计师应当关注财务报表的重大错报，但没有责任发现对财务报表整体不产生重大影响的错报。注册会计师应当考虑已识别但未更正的单个或累计的错报是否对财务报表整体产生重大影响。

由于重大错报的风险包括财务报表和认定两个层次的风险，所以注册会计师在设计审计程序以确定财务报表整体是否存在重大错报时，应当评估财务报表层次的重大错报风险，并根据评估结果确定总体应对措施，包括向项目组分派更有经验或具有特殊技能的注册会计师，或利用专家的工作，以及提供更多的督导等。

除了评估财务报表层次的重大错报的风险外，注册会计师应当评估各类交易、账户余额、列报（含披露）认定层次考虑重大错报风险，并根据既定的审计风险水平和评估的认定层次重大错报风险确定可接受的检查风险水平。

在既定的审计风险水平下，可接受的检查风险水平与认定层次重大错报风险的评估结

果成反比例关系。评估的重大错报风险越高,可接受的检查风险越低;评估的重大错报风险越低,可接受的检查风险越高。注册会计师应当获取认定层次充分、适当的审计证据,以便在完成审计工作时,能够以可接受的低审计风险对财务报表发表意见。

检查风险取决于审计程序设计的合理性和执行的有效性,是注册会计师有能力控制的风险。注册会计师可以通过增加审计证据的数量、提高审计证据的质量来降低检查风险。如果注册会计师可以接受的检查风险较高,那么他就可以减少审计证据的数量。在审计的计划阶段,注册会计师根据需要确定的检查风险的大小一般被称为"计划的检查风险"。注册会计师应当合理设计审计程序的性质、时间和范围,并有效执行,以控制检查风险。

为了说明审计风险模型的应用,假定注册会计师确定的可接受的审计风险为5%,经过风险评估和内部控制测试程序,将存货完整性认定重大错报的风险评估为50%,那么,存货完整性计划的检查风险水平 = 0.05÷0.5×100% = 10%

(二)审计风险矩阵

在编制具体的审计计划时,审计风险模型的运用具有一定的局限性,具体表现在两个方面:其一,重大错报风险的估计带有一定的主观成分,这种估计本身也可能存在脱离实际情况的风险。其二,重大错报风险有时是很难量化的,因此难以利用审计风险模型进行精确的计算。许多注册会计师更愿意使用非量化的表示方法,以"很低、低、中、高、很高"等词汇来表达风险水平。在这种情况下,为了确定检查风险的水平,注册会计师可以使用审计风险矩阵。

所谓审计风险矩阵,是以矩阵的形式表示审计风险与其构成要素之间的关系,以利于注册会计师确定恰当的检查风险水平。审计风险矩阵如表11-1所示。

表 11-1 审计风险矩阵(审计风险水平较低的情况)

MR 的估计水平	AR 可接受的水平	
	低	很低
	DR 可接受的水平	
最高	很低	很低
高	低	低
中	中	中
低	高	高

四、审计风险与审计证据的关系

确定审计风险是为了帮助注册会计师更有效地收集审计证据,因此,必须明确审计风险及其要素对审计证据的关系。

注册会计师可以接受的审计风险与所需的审计证据之间是反向变动的关系。也就是说,对特定的被审计单位而言,注册会计师可接受的审计风险越低,所需的审计证据就越多。

计划的检查风险与所需的审计证据的数量也呈反向变动关系。对某一特定的被审项目而言，计划的检查风险越低，所需的审计证据的数量就越多。

重大错报的风险与审计证据数量之间呈正向变动关系，重大错报的风险越低，所需审计证据的数量越少。因为如果重大错报的风险越低，表明某一项目本身出错的可能性较小，或者被审计单位的内部控制能有效地防止、发现和纠正重大错报，产生差错的可能性较小。此时注册会计师收集较少的证据，即使检查风险较高，但由于重大错报的风险较低，审计风险还是可以降到一个可以接受的低水平。

检查风险对实质性测试的性质、时间和范围有重大影响。不论重大错报风险的评估结果如何，注册会计师都要进行实质性测试。实质性测试的性质、时间和范围取决于可接受的检查风险水平。两者之间的关系如表11-2所示。

表11-2 检查风险与实质性程序的性质、时间和范围的关系

可接受的检查风险	实质性测试		
	性质	时间	范围
高	实质性分析程序与交易类别测试为主	期中审计为主	较小的样本 较少的证据
中	实质性分析程序、交易类别测试及余额细节测试结合运用	期中审计、期末审计和期后审计结合运用	适中的样本 适量的证据
低	余额细节测试为主	期末审计和期后审计为主	较大的样本 较多的证据

第二节 审计重要性

一、审计重要性的概念

注册会计师在编制审计计划时，应当对重要性水平作出初步判断，以确定所需审计证据的数量。对重要性进行评估，是注册会计师在计划阶段进行的一项重要的专业判断。

所谓重要性，是指被审计单位会计报表中错报（包括漏报）的严重程度，这一程度在特定环境下足以改变或影响任何一位理性决策者依赖这些信息所作出的判断或决策。

在审计中提出重要性的概念是基于成本效益原则。由于现代企业经济活动日益复杂，会计信息量也日益增多，注册会计师既没有必要也没有可能事无巨细地审计全部会计资料，只能抓住重点，查出影响财务报表使用者决策的重大的错报或漏报，这样才能在不增加成本的前提下有效地控制审计风险，更好地实现审计目标。

在理解和应用重要性概念时，要注意以下几个问题：

1. 重要性的判断应从财务报表使用者的角度出发

编制财务报表的目的是为决策者提供必要的信息，注册会计师对财务报表进行审计是为了提高财务报表的可信度，降低财务报表使用者的信息风险。因此，判断财务报表中的

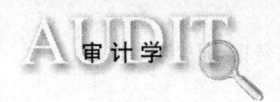

错报是否重要，主要考虑其对财务报表使用者的决策的影响程度。如果一项错报单独或连同其他错报可能影响财务报表使用者依据财务报表作出的经济决策，则该项错报是重大的，否则就是不重要的。

2. 重要性的判断与特定的环境有关

重要性取决于在具体环境下对错报金额和性质的判断。不同的审计对象面临的环境不同，判断重要性的标准也不相同。规模大的被审计单位，其重要性水平的绝对值一般比规模小的单位要大，但其相对值应比规模小的单位要小。不同类型的审计其重要性标准也不一样，即使对同一审计对象，其重要性的判断也会因时间的不同而不同。

3. 重要性的判断既要重视数量因素也要重视质量因素

确定重要性时，注册会计师不仅应当考虑错报的数量或金额，而且应当考虑错报的性质。数量的大小无疑是判断重要性时应考虑的重要因素。同样类型的错报，数额大的显然比数额小的更为重要。当然，在考虑数额的大小时，注册会计师还应考虑多项小额错报或漏报的累计影响。单独看来，一项错报并不重要，但如果多次出现，积少成多，就变得重要了。

在确定重要性时，注册会计师还应考虑错报的性质。从性质上看，下列错报是重要的。第一，有意的错报比无意的错报更重要。在错报数量相同的条件下，如果错报是有意的，那么就属于舞弊，这反映出管理人员缺乏诚实性，会计资料的可靠性在很大程度上值得怀疑。第二，引起履行合同义务的错报是重要的。例如，债务契约可能会对公司营运资本的最低水平或负债/权益的最高水平提出要求。这类合同履行会受到财务报表数据的影响。某项错报使企业的营运资金虚增几百元，从数量上看并不重要，但该错报使企业的营运资金从低于贷款合同规定的数额变为高于贷款合同所规定的数额，从而影响到贷款合并规定的义务。不论其数额大小，任何会导致合同义务履行的错报都是重要的。第三，与分部报告或中期报告有关的错报。与年度财务报表相比，某些差错可能是不重要的。然而，投资者也十分关注分部报告和中期报告，如果某种差错对分部报告和中期报告有重大的影响，尽管它对整个年度财务报表的影响较小，该差错也应被认为是重要的。第四，影响变动趋势的错报。对不同时期财务成果变动的趋势有影响的错报是重要的。销售收入或净收益上少量的减少是重要的。改变公司财务成果变动趋势的方向的错报是重要的。例如，财务分析者会定期发布公认的上市公司净收益预测报告。股票价格对公司是否具有实现或超过这种预测的净收益的能力十分敏感。公司如不能实现该预测的收益，哪怕只差一分钱，都会对股价产生巨大影响。因此，管理当局对这种预测的收益水平十分关心。任何错报，如果会使本不符合预测的收益变得符合预测，即使错报的金额很小，也被认为是重要的。

4. 重要性的判断要考虑错报对财务报表的影响范围

在判断重要性时，既要考虑错报金额的大小，又要考虑错报对财务报表的影响范围。具体来说，错报的金额在财务报表中涉及面越广，那么该错报就越重要，反之就不重要。例如，会计人员误将应收账款记成了应收票据，其结果只是影响应收账款和应收票据分类的正确性，流动资产总额不会受到影响。如果被审计单位漏记了一项销售业务，将会影响利润表中的销售收入、销售成本、净利润以及资产负债表中的货币资金或应收账款、应交税金等，进而影响到流动资产总额、资产总额、流动负债总额和负债总额。很明显，这类错报比前一类错报或漏报要严重。

5. 运用重要性需要注册会计师的职业判断

重要性原则的运用是一个比较复杂的过程，注册会计师应具体问题具体分析。影响重要性的因素有许多，不同的审计对象其重要性水平不同，同一审计对象在不同时期的重要性也不一样。在判断重要性时，注册会计师只有根据被审计单位的不同情况，考虑影响重要性的其他因素，才能对重要性作出恰当的判断。

6. 重要性的运用贯穿于整个审计过程

在编制审计计划时，注册会计师应对重要性作出初步判断，以确定所需审计证据的数量，并确定审计程序的性质、时间和范围。此时的重要性水平被看作审计所允许的可能或潜在的未发现错报的限度。在审计的实施阶段，要结合其他审计程序运用重要性原则，特别是抽样审计时，更是离不开重要性。其实，对账户实质性测试可容忍的误差就是重要性水平。在评价审计结果时，注册会计师应考虑重要性水平。注册会计师评价审计结果时所运用的重要性水平可能与编制审计计划时所确定的重要性水平初步判断数不同，如前者大大低于后者，注册会计师应当重新评估所执行审计程序是否充分。此时的重要性水平被看作某一错报或汇总的错报是否影响财务报表使用者决策的标志。

二、确定重要性应考虑的因素和实际执行的重要性

（一）确定计划的重要性水平应考虑的因素

注册会计师应当运用职业判断确定重要性。在计划审计工作时，注册会计师应当确定一个可接受的重要性水平，以发现在金额上重大的错报。此外，注册会计师应当考虑较小金额错报的累计结果可能对财务报表产生的重大影响。

总体上，注册会计师在确定计划的重要性水平时，需要考虑以下主要因素：

（1）被审计单位及其环境的基本情况。被审计单位的行业状况、法律环境与监管环境等其他外部因素，以及被审计单位经营规模的大小和业务性质、对会计政策的选择和应用、被审计单位的目标和战略及相关的经营风险、被审计单位内部控制的可信赖程度等因素，都将影响注册会计师对重要性水平的判断。

（2）审计的目标，包括特定报告要求。信息使用者的要求等因素影响注册会计师对重要性水平的确定。例如，对特定报表项目进行审计的业务，其重要性水平可能需要以该项目金额，而不是以财务报表的一些汇总性财务数据为基础加以确定。

（3）财务报表各项目的性质及相互关系。财务报表项目的重要程度是存在差别的，因为财务报表使用者对不同的报表项目的关心程度不同。一般而言，财务报表使用者十分关心流动性较高的项目，注册会计师应当对其从严制定重要性水平。由于财务报表各项目之间是相互联系的，注册会计师在确定重要性水平时，需要考虑这种相互联系。

（4）财务报表项目的金额及其波动幅度。财务报表项目的金额及其波动幅度可能促使财务报表使用者作出不同的反应。因此，注册会计师在确定重要性水平时，应当深入研究这些项目的金额及波动幅度。因为重要性是从报表使用者决策的角度来考虑的，所以，只

要影响预期财务报表使用者决策的因素，都可能对重要性水平产生影响。注册会计师应当在计划阶段充分考虑这些因素，并采用合理的方法，确定重要性水平。

（二）重要性的定量考虑和定性考虑

注册会计师应当从数量和性质两个方面考虑重要性。重要性水平是一个经验值，注册会计师只能通过职业判断确定重要性水平。

1. 重要性的定量考虑

重要性的数量即重要性水平，是针对错报的金额大小而言。确定多大错报会影响到财务报表使用者所作的决策，是注册会计师运用职业判断的结果。很多注册会计师根据所在会计师事务所的惯例及自己的经验考虑重要性水平。注册会计师通常会先选择一个恰当的基准，再选用适当的百分比乘以该基准，从而得出财务报表层次的重要性水平。在实务中，有许多汇总性财务数据可以用作确定财务报表层次重要性水平的基准，如总资产、净资产、流动资产、流动负债、销售收入、费用总额、毛利、净利润等。在选择适当的基准时，注册会计师应当考虑以下因素：

（1）财务报表的要素（如资产、负债、所有者权益、收入和费用等）、适用的会计准则所定义的财务报表指标（如财务状况、经营成果和现金流量），以及适用的会计准则提出的其他具体要求；

（2）对被审计单位而言，是否存在财务报表使用者特别关注的报表项目（如特别关注与评价经营成果相关的信息）；

（3）被审计单位的性质及所在行业；

（4）被审计单位的规模、所有权性质以及融资方式。

注册会计师通常会根据上述因素选择一个相对稳定、可预测且能够反映被审计单位正常规模的基准。由于销售收入和总资产具有相对稳定性，注册会计师经常将其用作确定计划重要性水平的基准。在确定恰当的基准后，注册会计师通常运用职业判断合理选择百分比，据以确定重要性水平。

实务中通常使用的一些经验参考数值包括：对于以营利为目的的企业，为来自经常性业务的税前利润的5%，或总收入的1%；对于非营利组织，为费用总额或总收入的2%；对于共同基金公司，为净资产的2%。

这些百分比只是一般的经验数值，为了更加有效地实现审计目标，注册会计师执行具体审计业务时，可以根据被审计单位的具体情况作出职业判断，调高或调低上述百分比。另外，根据不同的基准，可能会计算出不同的重要性水平，此时，注册会计师应当本着有效实现审计目标的原则，根据实际情况确定要采用的基准和计算方法，从而确定重要性水平。

此外，注册会计师在确定重要性时，通常要考虑以前期间的经营成果和财务状况、本期的经营成果和财务状况、本期的预算和预测结果、被审计单位情况的重大变化（如重大的企业购并）以及宏观经济环境和所在行业环境发生的相关变化。例如，注册会计师在将净利润作为确定某单位重要性水平的基准时，因情况变化使该单位本年度净利润出现意外的增加或减少，注册会计师可能认为选择近几年的平均净利润作为重要性水平的基准更加合适。

注册会计师在确定重要性水平时，不需考虑与具体项目计量相关的固有不确定性。例如，财务报表含有高度不确定性的大额估计，注册会计师并不会因此而确定一个比不含有该估计的财务报表的重要性更高或更低的重要性水平。

2. 重要性的定性考虑

在计划审计工作时确定的重要性（即确定的某一金额）并不必然表明单独或汇总起来低于该金额的未更正错报一定被评价为不重大。即使某些错报金额低于重要性水平，但与这些错报相关的环境可能使注册会计师将其评价为重大。

尽管设计审计程序以发现仅因其性质而可能被评价为重大的错报并不可行，但是注册会计师在评价未更正错报对财务报表的影响时，不仅要考虑错报金额的大小，还要考虑错报的性质以及错报发生的特定环境。注册会计师在判断错报的性质是否重要时，一般应当考虑以下情况：

（1）错报对遵守法律法规要求的影响程度。

（2）错报对遵守债务契约或其他合同要求的影响程度。

（3）错报掩盖收益或其他趋势变化的程度（尤其在联系宏观经济背景和行业状况进行考虑时）。

（4）错报对用于评价被审计单位财务状况、经营成果或现金流量的有关比率的影响程度。

（5）错报对财务报表中列报的分部信息的影响程度。例如，错报事项对分部或被审计单位其他经营部分的重要程度，而这些分部或经营部分对被审计单位的经营或盈利有重大影响。

（6）错报对增加管理层报酬的影响程度。例如，管理层通过错报来达到有关奖金或其他激励政策规定的要求，从而增加其报酬。

（7）错报对某些账户余额之间错误分类的影响程度，这些错误分类影响到财务报表中应单独披露的项目。例如，经营收益和非经营收益之间的错误分类，非营利单位受到限制资源和非限制资源的错误分类。

（8）相对于注册会计师所了解的以前向报表使用者传达的信息（如盈利预测）而言，错报的重大程度。

（9）错报是否与涉及特定方的项目相关。例如，与被审计单位发生交易的外部单位是否与被审计单位管理层的成员有关联。

（10）错报对信息漏报的影响程度。在有些情况下，适用的会计准则并未对该信息作出具体要求，但是注册会计师运用职业判断，认为该信息对财务报表使用者了解被审计单位的财务状况、经营成果或现金流量很重要。

（11）错报对与已审计财务报表一同披露的其他信息的影响程度，该影响程度能被合理预期将对财务报表使用者作出经济决策产生影响。

（三）财务报表整体的重要性水平

在制定总体审计策略时，注册会计师应当考虑财务报表整体的重要性。

由于财务报表审计的目标是注册会计师通过执行审计工作对财务报表发表审计意见，

因此，注册会计师应当考虑财务报表层次的重要性水平。只有这样，才能得出财务报表是否公允反映的结论。在制定总体审计策略时，注册会计师应当确定财务报表整体的重要性水平。财务报表层次的重要性水平主要是采用定量的方法来确定，即选择一个基准和相应的百分比来计算财务报表层次的重要性水平。

此外，在制定总体审计策略时，注册会计师应当对那些金额本身就低于所确定的财务报表层次重要性水平的特定项目作特别的考虑。注册会计师应当根据被审计单位的具体情况，运用职业判断，考虑是否能够合理地预计这些项目的错报将影响使用者依据财务报表作出的经济决策（如有这种情况）。注册会计师在作出这一判断时，应当考虑的因素包括：

（1）会计准则、法律法规是否影响财务报表使用者对特定项目计量和披露的预期（如关联方交易、管理层及治理层的报酬）；

（2）与被审计单位所处行业及其环境相关的关键性披露（如制药业的研究与开发成本）；

（3）财务报表使用者是否特别关注财务报表中单独披露的特定业务分部（如新近购买的业务）的财务业绩。

了解治理层和管理层对上述问题的看法和预期，可能有助于注册会计师根据被审计单位的具体情况作出这一判断。

（四）实际执行的重要性

实际执行的重要性是指注册会计师确定的低于财务报表整体的重要性水平的一个或多个金额。确定实际执行的重要性，旨在将财务报表中以及特定类别的交易、账户余额或披露中未更正与未发现错报的汇总数超过财务报表整体的重要性的可能性降至适当的低水平。

确定实际执行的重要性并非简单机械地计算，需要注册会计师运用职业判断，并考虑下列因素的影响：

（1）对被审计单位的了解；

（2）前期审计工作中识别出的错报的性质和范围；

（3）根据前期识别出的错报对本期错报作出的预期。

三、评价审计结果时对重要性的考虑

注册会计师应当评价识别出的错报对审计的影响以及未更正错报对财务报表的影响。

（一）评价识别出的错报对审计的影响

注册会计师应当累积审计过程中识别出的错报，除非错报明显微小。

注册会计师还应随着审计的推进考虑识别出的错报对审计的影响。如果出现下列情况之一，注册会计师应当确定是否需要修改总体审计策略和具体审计计划：

（1）识别出的错报的性质以及错报发生的环境表明可能存在其他错报，并且可能存在的其他错报与审计过程中累积的错报合计起来可能是重大的；

（2）审计过程中累积的错报合计数接近按照审计准则的规定确定的重要性水平。

除非法律法规禁止，注册会计师应当及时将审计过程中累积的所有错报与适当层级的

管理层进行沟通。注册会计师还应当要求管理层更正这些错报。

如果管理层应注册会计师的要求检查了某类交易、账户余额或披露，并更正了已发现的错报，注册会计师应当实施追加的审计程序，以确定错报是否仍然存在。

如果管理层拒绝更正沟通的部分或全部错报，注册会计师应当了解管理层不更正错报的理由，并在评价财务报表整体是否不存在重大错报时考虑该理由。

（二）评价未更正错报对财务报表的影响

未更正错报，是指注册会计师在审计过程中累积的且被审计单位未予更正的错报。在评价未更正错报的影响之前，注册会计师应当重新评估之前按照审计准则的规定确定的重要性，以根据被审计单位的实际财务结果确认其是否仍然适当。

注册会计师应当确定未更正错报单独或汇总起来是否重大。在确定时，注册会计师应当考虑的因素包括：相对于特定类别的交易、账户余额或披露以及财务报表整体而言，错报的金额和性质以及错报发生的特定环境；与以前期间相关的未更正错报对相关类别的交易、账户余额或披露以及财务报表整体的影响。

除非法律法规禁止，注册会计师应当与治理层沟通未更正错报，以及这些错报单独或汇总起来可能对审计意见产生的影响。注册会计师在沟通时应当逐项指明未更正的重大错报，并要求被审计单位更正这些未更正错报。注册会计师还应当与治理层沟通与以前期间相关的未更正错报对相关类别的交易、账户余额或披露以及财务报表整体的影响。

如果被审计单位拒绝更正发现的未更正错报，但是注册会计师确定未更正错报单独或汇总起来是重大的而认为财务报表整体存在重大错报，注册会计师应当考虑出具非无保留意见的审计报告。

另外，注册会计师应当要求管理层和治理层（如适用）提供书面声明，说明其是否认为未更正错报单独或汇总起来对财务报表整体的影响不重大。这些错报项目的概要应当包含在书面声明中或附在其后。

四、重要性水平与审计风险和审计证据的关系

（一）重要性水平与审计风险的关系

重要性与审计风险之间呈反向变动关系。重要性水平越高，审计风险就越低；重要性水平越低，审计风险就越高。重要性是决定审计风险水平高低的关键因素，注册会计师对重要性水平的判断直接影响审计风险水平的确定。如果注册会计师确定的重要性水平较低，则审计风险就会增加，注册会计师必须通过执行有关审计程序来降低审计风险。例如，一般来说，4万元的重要性水平比2万元的重要性水平高。如果重要性水平是4万元，则意味着低于4万元的错报与漏报不会影响到会计报表使用者的判断与决策，注册会计师仅仅需要通过执行有关审计程序查出高于4万元的错报或漏报。如果重要性水平是2万元，则意味着金额在2万到4万元之间的错报或漏报仍然会影响到会计报表使用者的决策与判断，注册会计师不仅需要执行有关审计程序查出金额在4万元以上的错报或漏报，而且还要通过执行有关审计程序查出金额在2万元至4万元之间的错报或漏报。可见，重要性水平是4万元的审计风险比重要性水平是2万元的审计风险低。

由于重要性与审计风险之间存在相互作用的反向关系，所以重要性水平的高低直接影响注册会计师对其将要执行的审计程序的确定，进而影响审计工作效率和所面临的审计风险。如前例，如果原本是4万元的错报或漏报才会影响到会计报表使用者的决策，而注册会计师将重要性水平评估为2万元，显然，重要性水平偏低，这样会使注册会计师误认为审计风险较高，为了降低较高的审计风险，就会扩大审计程序的范围或追加审计程序，而实际上没有必要，只能是浪费时间和人力，降低了审计效率。相反，如果原本2万元的错报或漏报就会影响到会计报表使用者的判断或决策，而注册会计师却将重要性水平确定为4万元，重要性水平偏高，这样会使注册会计师误认为审计风险较低，所执行的审计程序要比原本应当执行的审计程序少，审计范围小，收集的审计证据不充分，必然导致错误的审计结论，其结果是注册会计师承受的审计风险增加。由此可见，重要性水平与审计风险之间成反比例关系，这种关系对注册会计师将要执行的审计程序的时间、性质、范围有着直接影响，注册会计师应当保持应有的职业谨慎，综合考虑各种因素，合理确定重要性水平。

在确定审计程序后，如果注册会计师决定接受更低的重要性水平，审计风险将增加。注册会计师应当选用下列方法将审计风险降至可接受的低水平：其一，如有可能，通过扩大控制测试范围或实施追加的控制测试，降低评估的重大错报风险，并支持降低后的重大错报风险水平；其二，通过修改计划实施的实质性程序的性质、时间和范围，降低检查风险。

（二）重要性水平与审计证据的关系

在编制审计计划时，注册会计师应对重要性的水平作出初步判断，以确定拟执行审计程序的性质、时间和范围，借以提高审计效率。注册会计师之所以要对重要性水平作出初步判断，其目的就是要确定审计证据的数量，因为重要性是影响审计证据充分性的一个十分重要的因素。重要性是一种可容忍错报或漏报的最高界限，重要性水平定得越低，说明可容忍的错报或漏报程度越小，就要求执行越充分的审计程序，从而获取越多的审计证据；反之，重要性水平定得越高，说明可容忍的错报或漏报程度越大，则可执行有限的审计程序，从而所需要的审计证据就可以少些。例如，为合理保证应收账款账户的错报或漏报不超过1万元所需收集的审计证据，比为了合理保证该账户错报或漏报不超过2万元所需收集的审计证据要多。由此可见，重要性与审计证据之间成反比关系。

第三节 编制测试财务报表认定的审计计划

一、具体审计计划

在进行初步的业务活动后，注册会计师应当计划审计工作，使审计业务以有效的方式得到执行。计划审计工作包括针对审计业务制定总体审计策略和具体审计计划。总体审计策略用以确定审计业务的范围、审计工作的时间安排和方向，并指导制订更为详细的审计计划。总体审计策略一经制定，注册会计师就能够针对总体审计策略中所识别的不同事项，制订更详细的审计计划，并考虑通过有效利用审计资源，实现审计目标。

注册会计师应当为审计工作制订具体审计计划，以将审计风险降至可接受的低水平。具体审计计划是依据总体审计策略制定的，对实施总体审计策略所需的审计程序的性质、时间和范围所作的详细规划与说明。

具体审计计划应当包括下列内容：

（1）为了足以识别和评估财务报表重大错报风险，注册会计师计划实施的风险评估程序的性质、时间和范围；

（2）注册会计师针对所有重大的各类交易、账户余额、列报与披露认定层次的重大错报风险，计划实施的控制测试程序的性质、时间和范围；

（3）注册会计师针对所有重大的各类交易、账户余额、列报与披露认定层次的重大错报风险，计划实施的实质性程序的性质、时间和范围；

（4）根据审计准则的要求，针对审计业务需要实施的其他审计程序。

由于审计计划的其他内容已在相关章节中进行了阐述，本节主要讨论在进行实质性测试之前，注册会计师对实质性测试的性质、时间和范围所作的安排。

二、重大错报风险与财务报表认定测试之间的关系

在制订实质性程序计划时，注册会计师必须以战略分析和经营流程分析中得出的重大错报风险结论为依据，为财务报表中所有重要的认定提供充分适当的审计证据。当然，随着新信息进入注册会计师的视野，注册会计师应对审计计划进行不断地修改。

为了阐述重大错报风险与财务报表认定的测试之间的联系，我们以一家专门制造高性能音响设备的公司为例来说明。

假定该公司实行产品质量差别化战略，为了取得成功，公司开发和生产产品的质量要比其竞争对手的产品的质量更高，可靠性更好，并以此作为产品以高价格出售的基础。在实行这种战略的条件下，如果供应商提供的零部件和原材料不能满足制造高性能产品的特定要求，那么该公司就会受到来自供应商的重大威胁。该公司可以通过建立替代的供应源、直接与关键供应商整合和与关键供应商形成联盟来减少战略层面的风险。

不能充分供应高质量的原材料会对公司的产品和生产过程产生重大影响。供应链产生的问题给制造过程造成的影响是多种多样的，如供货中断（特别是如果企业以 JIT 存货系统为基础运转）；延迟生产时间或重新配置设备以便利用高质量的材料；因处理不合质量要求的零件和原材料而造成的损失；产品瑕疵和因质量的恶化而导致产品重做。

该公司可以通过各种控制和程序来减少这些风险。例如，对收到的原材料和零件进行检验；对违反合同的供应商实施惩罚条款，调整产品的生产过程，以弥补原材料质量低下造成的缺陷；寻找新供应商。而且这些风险的大小还可以通过一些业绩指标来度量，其中包括交货统计资料、生产统计资料、生产过程的浪费率及产品瑕疵率、顾客投诉和产品质量索赔等。

为了举例的方便，假设该公司实施了上述所有的控制措施，并采用了上述所有的业绩指标进行监控，除了一个供应复杂部件的供应商的交货控制以外，其他控制都在有效运转。该供应商最近一直延期交货，并且所交付的货物有严重的质量问题。结果，该公司遭

受供应商延期交货之害，并且不得不对一些生产线进行重新配置。总体来说，业绩指标显示，其他供应商的供货是及时的，没有延迟交货的情况，供应链没有中断。另外一些指标显示，产品瑕疵率、顾客抱怨及产品质量索赔均有增加。通过对上述情况的综合分析，注册会计师认为该公司在供应商延期交货和零件质量较差两个方面存在重大的剩余风险。

注册会计师应将有关剩余风险的结论与错报风险升高的认定结合起来。在本例中，至少有两个账户的认定会受到上述剩余风险的影响。

其一，质量担保负债。顾客投诉、质量索赔及产品缺陷的增加表明，供应链方面的问题正在对产品质量产生负面影响。这意味着质量担保负债的完整性和估价错报的风险很高。

其二，存货。由于生产的延迟和对生产线的重新配置，在产品存货和产成品存货可能不准确。因为生产延误成本和变换生产过程的成本是间接的制造成本，所以该公司制造费用的分配、标准成本、生产过程的成本差异都有可能不准确。这会导致存货的估价具有较高的错报风险。

既然这些认定风险高，为了将这些认定的检查风险降到合适的低水平，注册会计师就应执行恰当的实质性测试程序。为了测试质量担保负债的完整性和存货的估价，注册会计师可以执行下列实质性测试程序：

（1）取得质量担保索赔的历史资料，根据现在情况的变化，形成对未来索赔的预测。将预测值与所记录的质量担保负债的金额进行比较，以确定所记录的质量担保负债的金额是否充分。

（2）在会计年度末检查质量担保索赔的文件，并验证索赔的种类与所记录的余额是否一致。例如，产品的性质可能表明大部分索赔发生在产品发货后的60天以内，所以，在次年头两个月内实际发生的索赔代表了对审计年份年末所售产品的大部分索赔。

（3）将公司的产品质量索赔与同行业的趋势及索赔的类型进行比较。

（4）选取实际索赔的样本，并对其确认和估价进行测试，以确定它们的核算是否恰当。

为了测试存货的估价，注册会计师可以运用下列实质性测试的程序：

（5）复核生产成本差异，确定异常的情况和趋势是否明显。

（6）复核受供应商问题影响的产品的制造费用的分配和标准成本的计算。

（7）取得书面证据（如供应商的发票、收货报告）以支持标准成本计算所用数据。

（8）追踪生产延迟成本与设备重新配置成本的会计处理，确定是否记入制造费用、标准成本的计算是否正确。

为了取得充分的证据，并非所有这些实质性程序都是必需的。对测试程序的选择取决于某一认定所要求的检查风险水平。一般来说，注册会计师应该取得充分的证据以保证所确认的剩余风险没有导致有关财务报表认定和披露的错报。

三、编制测试财务报表认定的审计计划

(一) 实质性程序的性质、时间和范围

一旦完成了所有必要的风险评估,注册会计师就应当编制测试财务报表认定的审计计划,用以指导财务报表认定的测试。为了实现每一个重要的审计目标,在编制测试财务报表认定的审计计划时,注册会计师必须对实现审计目标的审计程序做出如下决策:

(1) 应该执行何种审计程序?
(2) 应该何时执行这种程序?
(3) 如果使用以抽样基础的测试,应该抽查多少业务?
(4) 如果使用以抽样基础的测试,应该检查账户中的哪些业务?

这些问题通常被称为实质性程序的性质、时间和范围。对所有重要审计目标的这四个问题的答案构成了进行实质性测试的审计计划。

为了取得充分适当的审计证据,注册会计师应选择最有效的审计程序。在审计中,注册会计师使用的实质性测试程序有三种,即实质性分析程序、交易类别测试和账户余额的直接测试。审计计划只不过是注册会计师决定执行的实质性程序的一览表,这些审计程序一般是按账户和认定的类别来分类的。

(二) 检查风险的分解

为了便于对编制审计计划的讨论,有必要对审计风险模型进行修改。检查风险可以分解为两种:第一,实质性分析程序风险(SAP)。这是指在进行实质性分析程序时,注册会计师未能查出存在于某项认定中的重大错报的风险。第二,细节测试风险(TOD)。这是指在进行账户余额测试时,注册会计师未能查出存在于某项认定中的重大错报的风险。

将检查风险分解后,就可以形成新的审计风险模型:

审计风险(AR)= 重大错报风险(MR)×实质性分析程序风险(SAP)×细节测试风险(TOD)

从新的审计风险模型中可以看出,由于检查风险受实质性分析程序风险与账户余额测试风险的影响,实质性分析程序可以先于细节测试进行。如果使用成本较少的实质的分析性程序能将检查风险降到一个可以接受的低水平,那么对成本较高的细节测试的使用就可以最小化。

(三) 不同审计程序之间的权衡

在审计中,注册会计师遵循基本策略是:采用成本最低且效率最高的审计程序来取得充分适当的审计证据。这就需要注册会计师根据不同的情况在各种审计程序之间进行权衡。

在确定实质性测试的性质、时间和范围时,注册会计师已经进行了战略分析和经营流程分析,并对重要审计目标的控制风险进行了初步评估,形成了关于控制风险的结论。在确定了重要认定的控制风险之后,注册会计师会利用恰当的业绩指标来执行实质性分析程序。最后,为了完成审计业务和取得对财务报表发表意见所需的剩余证据,注册会计师要进行充分的细节测试。

图 11-2 描述了注册会计师编制审计计划时对审计程序的权衡过程。假定经过控制测试后，注册会计师关于内部控制风险的结论有三种：第一，将所有认定的控制风险设为最高水平，在从内部控制中不能取得任何保证的假设下来执行审计业务；第二，基于在战略分析和经营流程分析中所执行的审计程序，将某些认定的控制风险设置为略低于最高水平；第三，基于在战略分析和经营流程分析的结果和对内部控制的测试，大幅度降低某些认定的控制风险。从图 11-2 中可以看出，控制风险水平不同，注册会计师采用的实质性测试程序也不一样。账户余额测试所采用的审计程序取决于控制风险水平及实质性分析程序的结果。账户余额的直接测试的范围可大可小，这取决于所有现存的审计证据。

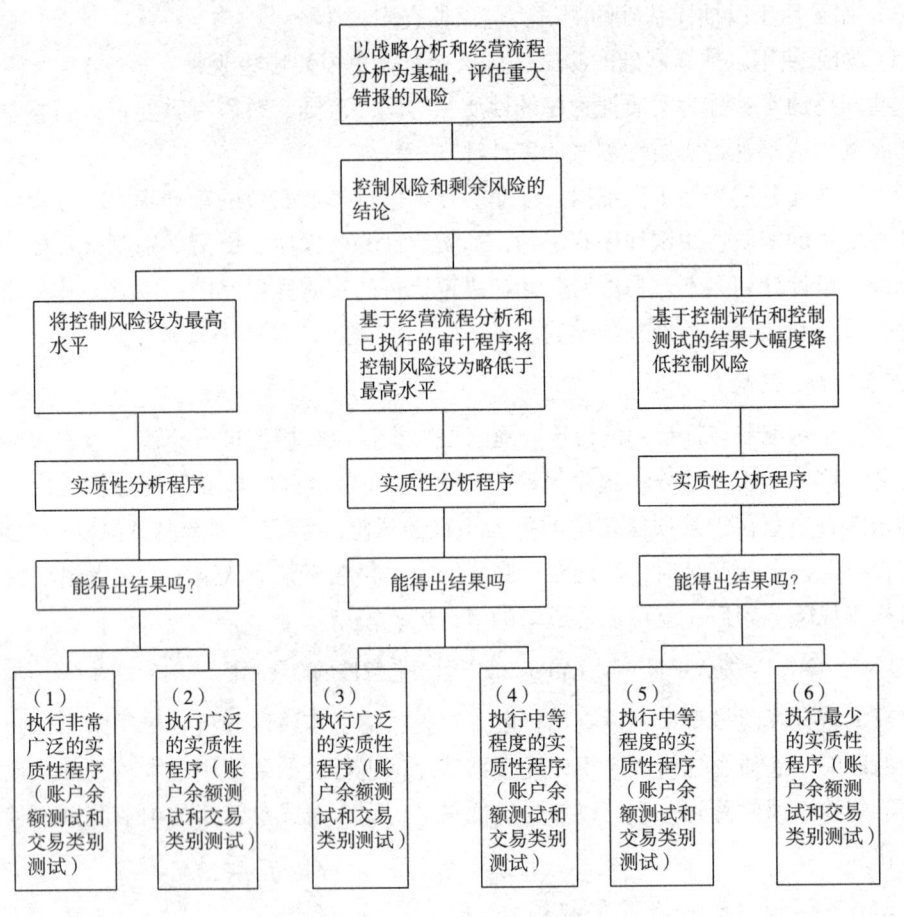

图 11-2 实质性程序的权衡

表 11-3 概括了注册会计师计划审计过程六种可能的结果。从中我们可以看出，表中所列的每一种情况都是控制风险、分析性证据和账户余额测试的不同组合。

（四）实质性测试计划的编制

经营流程不同，受其影响的账户和认定也不同。为了便于审计工作的执行，注册会计师必须将审计工作分解为易于管理的组成部分。审计工作可以在按会计报表项目进行分解的基础上进行分工，也可以在按交易循环分解的基础上进行分工。本书采用按经营流程分解审计工作的方法，主要讨论以下经营流程：

表 11-3 计划审计工作结果的总结（假设审计风险及检查风险一定）

六种可能的结果	控制风险	分析性程序风险	可接受的账户余额详细测试的风险	账户余额测试的范围
结果（1）	最高	高	非常低	非常广泛的实质性测试
结果（2）	最高	中	低	广泛的实质性测试
结果（3）	高	高	低	广泛的实质性测试
结果（4）	高	中	中	中等程度的实质性测试
结果（5）	低/中	高	中	中等程度的实质性测试
结果（6）	低/中	中	高	最少的实质性测试

1. 销售、营销和分销流程

该流程是处理与顾客有关的事务的经营流程。该经营流程所包括的活动主要有营销、记录订单、交付产品、产品定价、向顾客开出账单和收取货款等。受该流程影响的账户主要有现金、银行存款、应收账款、坏账准备、应收票据、主营业务收入、营业税金及附加、其他业务收入、其他业务支出、销售费用等。

2. 供应链管理与产品生产流程

该流程是取得生产所需资源并将其转换为产品和劳务的经营流程。该流程的主要活动包括采购原材料、接收原材料、制造产品、支付货款等。受该流程影响的账户主要有相关存货账户、应付账款、应付票据、生产成本、制造费用、商品销售成本、存货跌价准备等。

3. 人力资源管理流程

该流程是取得、管理和确定人力资源报酬的经营流程。受该流程影响的账户主要包括应付职工薪酬等。

4. 固定资产管理流程

该流程是取得、使用及维护固定资产的流程。受该流程影响的账户包括固定资产、累计折旧等。

5. 财务管理流程

该流程是筹集资本、进行投资和管理现金流量的经营流程。受该流程影响的账户包括各种长短期负债账户、股本、资本公积、盈余公积、长期股权投资、持有至到期投资、交易性金融资产、可供出售金融资产、财务费用和投资收益等。

值得注意的是，每一个经营流程都有各自的目标、风险、控制和业绩指标，注册会计师应将对各经营流程的评估作为战略分析和经营流程分析的组成部分。每一经营流程都存在受其影响的账户。注册会计师必须明确各经营流程会影响哪些账户，将各经营流程的剩余风险与财务报表认定联系起来，并以风险评估、重要性判断和可用的证据为基础来计划实质性测试。分解审计计划是完成财务报表认定测试计划的基础。

编制测试财务报表认定的审计计划要求注册会计师运用其所获得的关于被审计单位知识和注册会计师自身的经验。

为了阐述审计计划，我们以货币资金实质性测试计划为例进行说明，如表11-4所示。

表 11-4　实质性测试计划举例：货币资金

步骤	工作底稿索引	审计程序	相关的审计目标	执行者	执行的时间
1	A	1. 对库存现金和收据进行突击清点； 2. 将收据与适当的预付款项核对	真实性 完整性	WRK	12/30/20×1
2	A-1-1 A-2-1	安排取得截至20×1年12月31银行函证；取得20×2年1月10日为止银行对公司开立的主要支付账户的截止说明	所有权 披露	WRK	12/23/20×1
3	A-1 A-2	取得客户编制的每个银行户头20×1年12月31日的银行存款余额调节表，运用下列程序测试银行存款余额调节表： 1. 追踪每个银行的存款余额至银行函证； 2. 追踪每个银行账的余额至总账； 3. 测试银行存款余额调节表的机械准确性； 4. 追踪开出的支票样本至银行截止说明以及现金支出日记账，以查明款项是否得到恰当的清偿。验证所有项目都是否记录在恰当的会计期间； 5. 追踪在途存单至银行截止说明以及现金收入日记账，验证所有项目都记录在恰当的会计期间； 6. 追踪其他调节表项目至恰当的支持性文件，验证是否包括在总账中； 7. 取得20×1年所用的最早和最后支票的号码，执行现金支付的截止测试； 8. 为公司账簿中需要更正的项目编制调整分录	真实性 完整性 估价 及时性 准确性	WRK	1/15/20×2
4	A-2-2	编制公司各开户银行的银行存款验证表	真实性 完整性 估价 及时性 准确性	WRK	1/15/20×2
5		选取现金、银行存款支出的样本，追踪至支持性文件，以证实处理的恰当性	及时性 估价 真实性		
6		选取现金、银行存款收入的样本，追踪至支持性文件，以验证处理的恰当性	及时性 估价 完整性		
7	A-1-1 A-2-1	复核董事会及其他管理委员会会议记录，以便查明货币资金使用的限制。如果有，则应在报表中披露。 复核其他贷款协议和其他合同	分类 披露	WRK	1/15/20×2
8	AJE	复核银行存款余额调节表，以查明需要披露、调整和重新分类的项目	分类 披露 总体合理性	WRK	1/15/20×2
9		其他必要的程序			

各审计业务的审计计划经常有大量的相似之处。因此,许多会计师事务所根据被审计单位的情况,使用自动化和标准化的审计计划。当然,注册会计师必须对不适用的情况保持高度警惕,并相应地修改审计计划。一个良好的审计计划应具有以下特征:

第一,审计计划应该包括所有要执行的实质性程序、审计程序的执行时间以及选择业务进行检查的指导原则。

第二,审计计划应使各种审计程序与审计目标相配合,以保证所有审计目标都能依据剩余风险的评估结果得到充分的处理。许多审计程序可以为多种审计目标提供证据,这是注册会计师必须处理的另外一种复杂情况。

第三,审计计划应具有灵活性。如果发现存在作为审计计划基础的风险评估或其他假设不准确的新信息或新证据,注册会计师应对审计计划进行修改,以反映新的事实或情况。

第四,审计计划应提供一种机制来记录所执行的审计程序。因为审计计划是各种审计程序的综合一览表,审计计划应包括所有的审计程序是否执行、何时执行以及由谁执行等内容。

思考题

1. 什么是审计风险?审计风险由哪些要素构成?
2. 什么是审计风险模型?
3. 审计风险与审计证据之间是什么关系?
4. 什么是审计重要性?如何理解审计重要性?
5. 在确定审计重要性时,注册会计师应考虑哪些因素?
6. 如何确定报表层的重要性水平?如何确定交易和账户余额层的重要性水平?
7. 在评价审计结果时如何考虑重要性?
8. 简述审计重要性与审计风险和审计证据之间的关系
9. 举例说明战略风险和经营流程风险与财务报表认定测试之间的关系。
10. 如何确定实质性测试的性质、时间和范围?

习题及参考答案

第三篇
交易循环审计

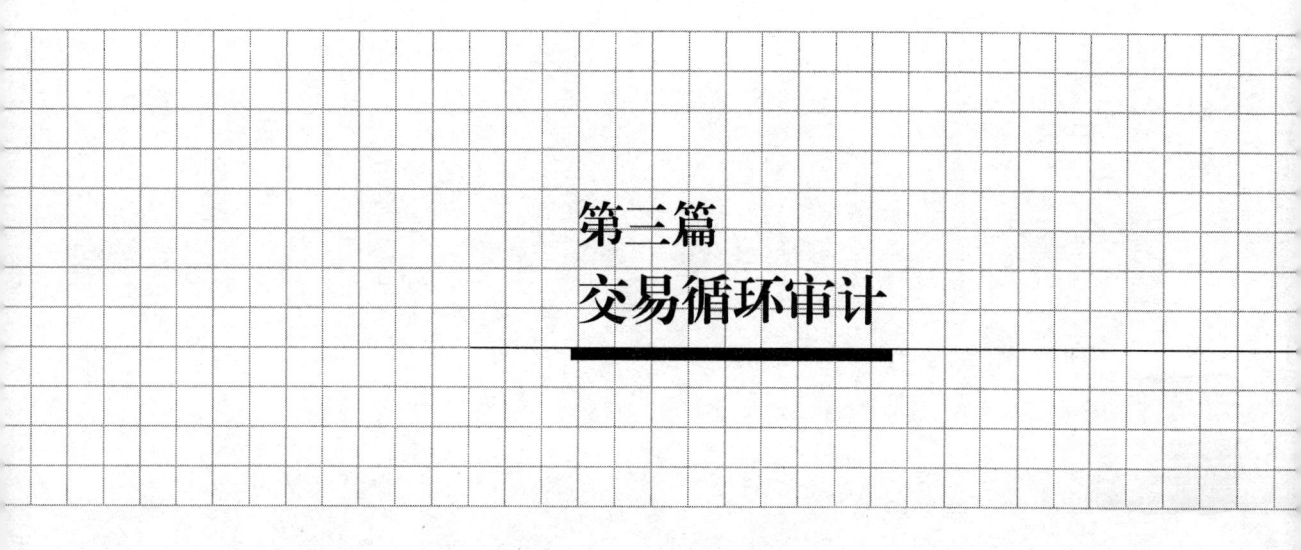

第十二章 营销、销售和分销流程的审计

本章要点

从本章开始，我们将运用前面所学的知识讨论企业经营流程的审计。企业所有重要的业务至少受一个主要经营流程的影响，通过对被审计单位各经营流程逐一考虑，注册会计师就能收集充分的证据支持其发表的审计意见。本章讨论对企业营销、销售和分销流程的审计。其内容包括：营销、销售和分销流程图特征的分析，流程的内部威胁分析，流程剩余风险的评估，以及与该流程有关的财务报表认定的测试。本章涉及主营业务收入、应收账款、应收票据、预收账款、应交税费、预计负债、其他业务收入、其他业务支出、营业税金及附加、销售费用等账户的审计。主营业务收入发生、截止测试、应收账款函证等是本章涉及的重点特色审计程序。

第一节 营销、销售和分销流程的特征

一、营销、销售和分销流程

营销、销售和分销流程是由一系列的经营活动组成的。通过这一系列的活动，企业将商品或劳务销售或提供给顾客，取得货款或索取货款的权利。除了交付商品收取货款等活动外，该流程还包括面向顾客的服务以及售后服务。营销、销售和分销流程如图 12-1 所示。

二、流程目标

为了实现经营战略和销售目标，企业必须设计营销、销售和分销流程。该流程的目标有许多，但它们都是围绕使公司收益最大化这一总目标展开的，其中包括：向顾客提供价格与质量相匹配的产品和劳务、建立高质量或低价格的声誉、满足或超出顾客的期望、及时交付或提供适当的产品或劳务。如果企业的营销、销售和分销活动不能实现这些目标，其经营风险就会增加，并有可能最终导致企业经营失败。营销、销售和分销流程的目标如图 12-1 所示。

三、流程活动

营销、销售和分销流程的一般活动如图 12-1 所示，根据该流程的目标，基本活动如下：

流程目标

1. 在目标市场中创造产品知名度，提升品牌形象。
2. 增加顾客基础，提高回头客的比例。
3. 做到价格与质量的匹配，以达到目标市场上所要求的份额。
4. 使收入的机会最大化。
5. 使销货退回最小化。
6. 使顾客的信用问题最小化，并及时收回货款。
7. 不断改善顾客的满意度。
8. 及时交付商品和提供服务。
9. 使由于盗窃和滥用而造成的资产损失最小化。
10. 及时捕捉并有效利用顾客方面的信息。
11. 及时捕捉、处理和报告该流程改进所必需的信息。

流程活动

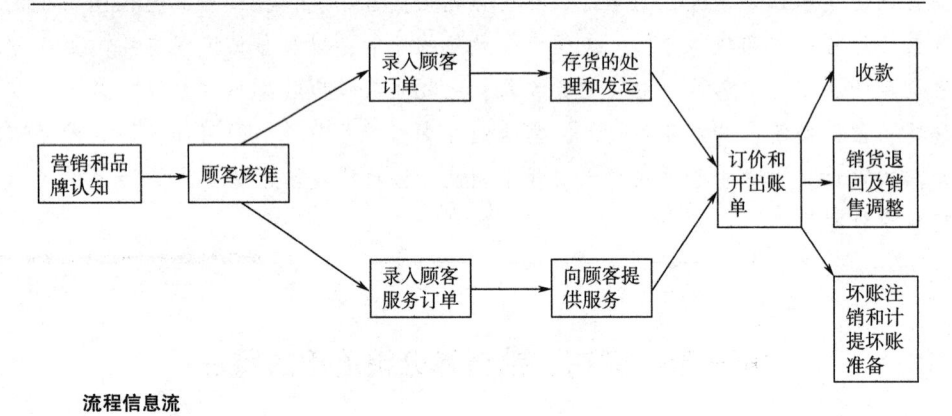

营销和品牌认知 → 顾客核准 → 录入顾客订单 → 存货的处理和发运 → 订价和开出账单 → 收款；销货退回及销售调整；坏账注销和计提坏账准备

顾客核准 → 录入顾客服务订单 → 向顾客提供服务 → 订价和开出账单

流程信息流

信息流入	信息流出
1. 战略计划和预算	1. 营销及广告计划
2. 竞争对手的数据	2. 销售预测
3. 营销和促销计划	3. 顾客交易
4. 顾客的数据	4. 顾客文件的修改
5. 产品属性及具体说明	5. 存货水平的变化
6. 存货水平	6. 顾客的满意度和保持
7. 交货方式选择和交货次数	7. 顾客投诉及解决
8. 支付方式选择	8. 收款、销货退回及坏账注销
9. 定价和折扣政策	9. 市场份额及相关的统计数据
10. 顾客服务政策	

流程活动的会计影响

常规业务	非常规业务	会计估计
1. 赊销收入	1. 坏账注销	1. 坏账估计
2. 现销收入	2. 价格调整	2. 质量保证索赔
3. 销货退回	3. 退回存货的估价	
4. 商品销售成本		
5. 广告和营销成本		

图 12-1 营销、销售和分销流程图

(一) 营销和品牌认知

企业必须向潜在的顾客发出信号，以吸引他们购买本企业的产品或劳务。为了向潜在的顾客发出信号，广告宣传、电话推销、特别的促销活动等是企业经常采取的手段。企业品牌的知名度越高，顾客就越容易购买其产品。

(二) 顾客核准

如果企业的营销活动是有效的，顾客就会愿意购买该公司的产品。为了保证顾客身份的合法性和有能力支付产品和劳务的款项，企业必须建立顾客核准制度。只有符合管理层的授权标准，才能核准与该顾客的交易。对老顾客的赊销业务，应由信用部门根据管理层制定的赊销政策和授予每个顾客的信用额度来核准。对新顾客的赊销业务，企业应进行信用调查，然后根据企业的赊销政策确定是否核准对其赊销。努力使信用风险最小化、降低坏账风险是顾客核准活动的重要目标。

(三) 录入顾客订单

顾客的订货要求可以通过顾客的个人访问（如零售商店）、信函、电话、订货单和互联网等方式传达给企业。企业应将顾客的要求与企业产品或劳务进行比较，以确定能否提供顾客所需的产品或劳务。一旦核准与顾客进行交易，企业就要确定具体的交易细节。

(四) 存货的处理和发运

企业选择顾客所需的存货并将其包装，做好发运的准备。在向顾客交付商品时，可以选择不同的交货方式，如提货制、送货制和发货制。企业应根据合同规定的交货方式将存货交付给顾客。企业及时、准确地发运货物是该活动的重要目标。

(五) 录入顾客服务订单

如果向顾客提供劳务，那么，企业必须对劳务的履行作出计划和安排。如果这种服务包括了修理，就必须取得修理所需的零件。对质量保证服务来说，为顾客提供免费的服务必须通过授权才能进行。

(六) 向顾客提供服务

为顾客及时提供高质量的服务有利于提高顾客的满意度。由于在向顾客提供服务时，涉及企业与顾客之间的相互作用，因此，员工的敬业精神、训练和一般行为举止都会对实现企业目标产生重大影响。

(七) 定价和开出账单

商品和劳务的定价必须合理，企业必须将定价信息传达给顾客。有些企业的定价程序可能很简单，如零售商店的定价（虽然折扣和价格促销会增加复杂性）；有些企业的定价程序可能很复杂，如医疗服务或其他专业服务。开具账单包括向顾客寄送事先连续编号的销售发票。

(八) 记录销售和收款

在销售成立时，企业会计部门应根据有关凭证将销售业务及时登记入账，并组织好向顾客收取货款。顾客可以采用多种方式向企业支付货款，包括现金、支票、信用卡等。会

计部门应恰当记录顾客货款的支付情况，收到的货款应及时存入银行。

（九）销售调整

在商品销售过程中，可能会发生销货退回、销售折扣与折让。在发生销货退回时，企业应对所收到的商品进行恰当的检查和处理，对所记录的销售收入进行调整，并将适当的价款退还给顾客。发生销售折让时，企业应对所记录的销售收入进行调整，退还给顾客的价款必须适当。

（十）坏账估计与注销

不论赊销部门的工作如何主动认真，顾客因破产、死亡等原因不能支付货款的情况仍时有发生。企业应按企业会计准则的规定估计可能发生的坏账，计提坏账准备。当不可能收回货款时，企业应将坏账予以注销。

四、流程信息流

图 12-1 还列举了营销、销售和分销流程所需要的信息流支撑，不仅需要竞争对手、顾客和产品等方面的数据，还需要定价、支付和交货方式等信息。该流程生成的信息包括营销活动、业务数据、顾客及产品记录的变化。销售部门应将这些来自营销和销售环节信息反馈给计划部门及生产部门，以便企业对市场和竞争状况变化作出反应，这一点特别重要。例如，对某些产品的需求下降，会使企业改变供应商零配件重新进货的程序。有关需求变动的消息在供应链中传递得越快，企业存货积压或供应商存货积压的可能性就越小。同样，企业应捕捉竞争对手的定价信息并将该信息及时反馈给营销部门，这种能力越强，企业对竞争压力的反应就会越好。

五、营销、销售及分销流程相关会计业务

许多业务和账户都会受到营销、销售和分销流程的影响。核心业务主要包括销售、收款、销货退回和注销坏账。由于可以将取得广告及营销资源（如电视广告的时间、报纸的版面）作为企业供应链的组成部分，因而在供应链审计中对其进行讨论。处理销售、收款及相关业务的关键步骤如表 12-1 所示。

表 12-1 营销、销售和分销流程中业务处理概述

流程/活动		凭证	日记账、总账和其他记录	典型的会计分录
销售业务	1. 销售订单的录入：销售流程的开始	顾客订单 销售单		
	2. 信用核准：对顾客进行调查以确定赊销是否恰当	销售单	已核准的顾客清单	
	3. 发运：准备发运出售的货物	提货单		
	4. 定价/开票：选定恰当的价格并计算开票总额	销售发票	价格清单 主营业务收入明细账	

续表

	流程/活动	凭证	日记账、总账和其他记录	典型的会计分录
销售业务	5. 应收账款过账：将赊销记入恰当的应收账款账户		应收账款明细账	
	6. 总分类核算：销售收入、应收账款及存货的减少均记入了恰当的账户	记账凭证	总账	借：应收账款等 　　贷：主营业务收入
收款业务	1. 获取现金收入：顾客支付凭证应与其他凭证分开	顾客支票 汇款通知		
	2. 现金收入的处理：对顾客及其支付信息进行验证，将现金收入存入银行	存款单	现金收入日记账	
	3. 应收账款过账：将收到的赊欠货款记入付款人账户		应收账款明细账	
	4. 总分类核算：将顾客的付款记入在恰当的账户中	记账凭证	总账	借：银行存款等 　　贷：应收账款
销货退回业务	1. 销货退回的处理：对退回货物进行恰当的处理，并将款项退还给顾客	信用备忘录 存货入库凭证	销货退回日记账	
	2. 应收账款过账：因销货退回而导致的赊销减少应记入应收账款账户		应收账款明细账	
	3. 总分类核算：退回的商品和退还的款项均在恰当的账户中记录	记账凭证	总账	借：主营业务收入等 　　贷：应收账款
坏账注销	1. 不能收回的应收账款的处理：对过期的应收账款进行检查并注销不能收回的应收账款	注销授权书		
	2. 应收账款过账：注销数额应从顾客应收账款余额中清除		应收账款明细账	
	3. 总分类核算：注销的余额应记入恰当的账户	记账凭证	总账	借：坏账准备 　　贷：应收账款
坏账估计	1. 估计：根据顾客支付的历史资料及其财务状况估计未来的坏账数额	坏账估计 工作底稿	应收账款账龄分析表	
	2. 总分类核算：估计的坏账费用应记入恰当账户	记账凭证	总账	借：资产减值损失 　　贷：坏账准备

（一）销售

赊销业务是在营销、销售及分销中发生的最常见的会计业务。对一般的制造商来说，在收到顾客订单后，销售部门要编制销售单，然后将销售单交给信用部门核准。经核准的销售单作为发运商品的授权。发运部门发运顾客所要求的货物，并编制发运凭证（通常称

为提货单）作为货物发运的证明。发运凭证是向顾客开出账单的基础，在确定了销售价格和付款条件后，会计部门要开出销售发票。销售发票应分别过入应收账总账和销货日记账（在有些企业，主营业务收入明细账通常是记录销售收入的基础）。企业应按企业会计准则中规定的收入确认条件确认销售收入。

（二）收款

货款的结算方式有多种，企业应根据不同结算方式下的有关凭证，将收到的款项记入现金和银行存款日记账，并过入有关顾客的应收账款明细账户。这两项工作往往是由计算机来处理的，但是如果采用现金结算，收取现金则往往是由手工来完成的。

（三）销货退回

销货退回的关键活动是将款项退还给顾客和将退回货物重新储存（如果货物可再售的话）。一般来说，销货退回应在信用备查登记簿中反映。企业可用单独的存货入库凭证来表明退回的存货已经收到。

（四）坏账注销

企业应定期对拖欠的应收账款进行检查。如果认为应收账款无法收回，则应将其予以注销。注销坏账必须以注销授权书为依据。注销坏账并不意味着企业会停止收账努力，它只是对应收账款余额的调整，目的在于使之反映可实现的价值。

（五）坏账估计

企业应定期对现有应收账款可实现的价值进行评估。评估时，企业应以过去的经验和当前的经济情况为基础，对应收账款中不能收回的比例进行预测，以便估计坏账损失。

第二节　营销、销售和分销流程的内部威胁分析

一、营销、销售和分销流程的内部威胁分析概述

在了解了营销、销售和分销流程的特征后，接下来进行该流程的内部威胁分析。营销、销售和分销的内部威胁分析概述如表12-2所示。表中第一栏列举了该流程的潜在风险，第二栏列举了应对风险所采用的内部控制，第三栏列举了用于监控风险的业绩指标。值得注意的是，图中所列举的风险并不是包罗万象的，由于对营销、销售和分销活动设计的不同，各企业该流程的风险也不尽相同。表12-2中所列举的流程控制和业绩指标只是例示性的，很少有企业会全面实施所有列举的流程控制和业绩指标。

表12-2　内部威胁分析：营销、销售和分销

流程风险	控制与风险的联系	业绩指标
1. 品牌和产品组合不佳	（1）对产品研究开发进行充分的投资 （2）制订有关品牌的投资计划 （3）制订系统的营销计划 （4）对顾客进行调查研究	（1）产品的市场份额 （2）顾客对品牌的认知度 （3）产品已上市的时间

续表

流程风险	控制与风险的联系	业绩指标
2. 不能提供独特的产品价值	(1) 对顾客进行调查研究 (2) 对竞争对手进行调查研究 (3) 制定清晰的战略和目标 (4) 制定有效的资本预算程序 (5) 制定产品引进和评估的具体指导方针	(1) 产品的市场份额 (2) 新顾客获得率 (3) 相对于竞争对手的价格得分
3. 营销、广告或推销活动无效或不恰当	(1) 监控产品宣传次数和营销活动的市场渗透力 (2) 进行充分的市场调查	(1) 顾客品牌认知度 (2) 新顾客获得率 (3) 由于推销活动产生的销售占总销售的百分比 (4) 营销或广告费用占销售收入的百分比 (5) 销售人员的人均销售收入
4. 激励计划不恰当	(1) 监控具体推销的成功率 (2) 监控竞争对手的计划和出价	(1) 业绩平均下降率 (2) 业务完成率 (3) 相对于推销成本的平均业务量
5. 未能对顾客需要作出反映	(1) 向顾客寄送月度报表 (2) 建立系统以取得顾客的满意率和顾客的反馈信息	(1) 顾客满意率 (2) 顾客保持率 (3) 业务循环时间 (4) 业务处理时间
6. 过度的信用风险	(1) 将信用核准与销售业务的处理分离 (2) 监控当前的信用条件 (3) 对新顾客进行信用检查 (4) 检查现有顾客账户的潜在收账风险 (5) 保持坏账的历史资料	(1) 违约比率 (2) 坏账注销百分率 (3) 应收账款周转率和收账时间 (4) 顾客应收账款的平均账龄 (5) 顾客应收账款的平均余额
7. 提供产品和服务不及时	(1) 保持已经开始生产的订单文件，检查其完成情况 (2) 使用替代的发运渠道 (3) 保持应付偶发事件的计划	(1) 业务循环时间 (2) 发运和及时交货的统计资料 (3) 产品短缺或部分发运的频率
8. 未能达到销售目标	(1) 建立战略计划和目标，定期检查进展情况 (2) 将产品开发、营销、定价和服务过程与战略目标结合起来	(1) 产品的市场份额 (2) 实际销售额占目标销售额的比例
9. 边际利润不足	(1) 制定产品降价政策 (2) 对利润空间的缩减进行控制 (3) 保持顾客服务中有关成本的规定	(1) 产品的边际利润 (2) 销售费用占销售收入的百分比 (3) 销售佣金的比率 (4) 营销成本占销售收入的百分比 (5) 销售收入对资产的比例
10. 顾客不满意和失去顾客	(1) 对顾客的问题和投诉作出及时的反应 (2) 监控顾客的满意度 (3) 制订培训计划，进行员工培训 (4) 监控竞争对手的出价	(1) 顾客满意率 (2) 顾客保持率 (3) 订单完成率 (4) 顾客投诉率

续表

流程风险	控制与风险的联系	业绩指标
11. 存货持有和处理成本过高	(1) 对所需的存货进行预测 (2) 对监控存货水平及其变动的技术进行投资 (3) 建立存货自动添置系统 (4) 检查实际存货水平与期望存货水平	(1) 存货周转率 (2) 存货持有成本 (3) 存货陈旧过时成本
12. 货物发运未经授权、不正确或不恰当	(1) 由信用和销售部门授权货物发运 (2) 对照有关支持性凭证验证货物的发运	(1) 发运错误次数 (2) 商品退回次数 (3) 与货物交付有关的顾客投诉
13. 定价不正确或未经授权	(1) 保持现行的价格清单 (2) 建立标准的支付条款 (3) 自动定价和开出账单	(1) 价格调整业务的百分比 (2) 价格调整的平均幅度 (3) 定价错误的数量
14. 销货退回和价格调整过多	(1) 为接受退货建立清晰的政策和程序 (2) 监控竞争对手的出价 (3) 监控退货的次数	(1) 销货退回占销售的百分比 (2) 每次退货的平均成本
15. 存货损耗、存货欺诈或盗窃过多	(1) 对接近存货进行控制 (2) 建立清晰的交易处理权责体系 (3) 分离不兼容的活动 (4) 对非常规的交易和顾客账户的注销进行独立的授权	(1) 存货损耗的统计资料 (2) 永续盘存记录与实际数的差异 (3) 应收账款收回时间的资料 (4) 违约比率
16. 信息处理不准确	(1) 恰当地编制和验证支持性凭证 (2) 恰当地分离各种活动 (3) 对账户、产品等使用标准化的编号 (4) 及时更新文件和会计记录	(1) 受信息处理错误影响的业务占全部业务的百分比 (2) 业务调整的规模 (3) 业务调整的数量
17. 未能捕捉到所需的信息	(1) 对业务使用预先编号的凭证,并对其进行验证 (2) 及时记录所有事项和业务	(1) 从序列中遗失的凭证数量 (2) 顾客记录遗失的数量
18. 顾客服务不充分或令人不满意	(1) 对顾客服务人员进行适当的培训 (2) 开通方便、有效的顾客服务电话	(1) 顾客满意率 (2) 重复服务的数量 (3) 顾客等待时间 (4) 顾客服务时间
19. 顾客服务成本过高	(1) 对顾客服务人员进行适当的培训 (2) 建立恰当的顾客服务政策并对执行情况进行监控	(1) 服务成本占销售收入的百分比 (2) 顾客的人均服务成本 (3) 商品退回率 (4) 质量保证索赔
20. 未能整合销售活动与供应链和生产流程	(1) 整合销售活动与供应链和生产流程,分享有关信息 (2) 进行销售预测,并将市场销售预测与生产计划相结合 (3) 建立供应商资质标准	(1) 产品短缺百分比 (2) 产品积压时间 (3) 处理积压产品而耽误的时间

续表

流程风险	控制与风险的联系	业绩指标
21. 产品缺乏创新	(1) 监控竞争对手和顾客的需要 (2) 进行充分的产品开发和研究	(1) 新产品引进率 (2) 新产品上市的时间 (3) 产品系列已上市的时间
22. 员工培训不充分	(1) 监控员工培训 (2) 建立适当的报酬和提升政策 (3) 采取灵活的人员配备和工作规则	(1) 员工满意度 (2) 员工人均训练时间 (3) 员工训练预算

二、识别流程风险

表 12-2 第一栏列举了营销、销售和分销流程存在的许多风险。我们可以将这些风险分成以下几个类型：

（一）领导风险

不称职的管理者或缺乏权威的管理者会作出不良的决策。不良的品牌组合（风险 1）、未能提供独特的产品价值（风险 2）、无效的市场营销（风险 3）、产品缺乏创新（风险 21）都可能因为该流程领导方面存在的问题而产生。

（二）正直风险

员工不正直可能导致滥用资产和信息处理不准确的问题。在负责分销的员工存在不正直的行为，且这类行为没有得到充分的控制时，可能导致过度的存货损耗（风险 15）、货物发运不恰当（风险 12）。

（三）制度风险

未能遵守相关的法律和制度可能会招致严厉的处罚。如果法律和制度要求存货应受到严格的控制（如药品），当存货控制系统不充分或者失效而不能满足制度的要求时，就可能面临被处罚的风险。同样地，以欺骗性销售行为为基础的营销活动受到消费者权益保护法的追究（风险 3 和风险 4）。

（四）技术风险

技术会影响整个流程的执行、流程中信息的可靠性以及管理者对流程的监控。技术及信息系统方面存在潜在弱点，可能导致大范围的风险。这些风险包括未能识别顾客的需要和未能对顾客的需要做出恰当的反应（风险 5）、存货处理无效率（风险 11）、信息处理不准确（风险 16）、未能捕捉到所需的信息（风险 17）和未能实现销售活动与供应链及生产活动整合（风险 20）。

（五）财务计划风险

无效的计划和预算或未能给流程活动提供充分的资源也会导致风险的产生。这些问题会导致市场营销不充分（风险 3）、未能达到销售目标和边际利润（风险 8 和风险 9）、未能对顾客的需要作出反映（风险 5 和风险 18）。

（六）人力资源风险

从某种程度上说，所有经营流程都包含人的活动。未能对员工进行充分的训练、管理和监督，会使经营流程产生许多风险。例如，人力资源风险会对营销、销售和分销流程产生影响，这种影响往往是通过对顾客服务欠佳（风险5和风险8）、对信用风险估计不足（风险6）和员工未经充分的培训（风险22）表现出来。

（七）作业风险

作业风险包括执行经营流程活动时产生的问题。延迟交货（风险7）、顾客满意度低（风险10）、存货成本过高（风险11）、定价不准确（风险13）、销货退回过多（风险14）和服务成本过高（风险19）都可以归因于无效的作业活动。

（八）信息风险

对注册会计师来说，与经营流程及其活动有关的信息缺乏可靠性是一个关键的问题。因此，注册会计师在评估信息的完整性和可靠性上所花的精力要比评估其他流程风险所花的精力要大得多。如果一个经营流程的信息处理缺乏准确性（风险16）或者存在信息遗漏（风险17），那么注册会计师会将该经营流程的风险评估为高风险。

值得注意的是，一个领域的控制优势会在一定程度上抵消另外一个领域的控制弱点。例如，有效的流程设计和对信息技术的使用会部分地弥补员工不正直可能带来的风险。如果管理者不能胜任工作、员工没有得到充分的训练、经营流程中没有充分运用信息技术以及作业结构不合理，那么审计风险水平就会大幅度上升。对注册会计师来说，最重要的是技术与信息之间的相互作用，特别是当这种相互作用影响到流程信息流进而影响财务报告时，更是如此。

三、流程控制分析

表12-2的第二栏描述了能够有效降低营销、销售和分销流程风险的各种控制。这些控制大体可以分为四种类型：

（一）业绩检查

对建立经营流程中的控制来说，主动监控风险并对风险作出及时的反应是十分重要的。在营销、销售和分销流程中，注册会计师希望看到公司对以下情况进行有效的监控：竞争状况（如新产品和营销努力）、顾客的特征（如口味）、技术进步、作业的有效性（如影响交货业绩的风险、员工士气的风险、销货退回的风险和处理出错的风险）、综合业绩（销售和获利能力是否达到目标的要求）。

（二）职责分离

在经营流程中，某些职责是不相容的。如果未能将不相容的职责恰当分离，就可能出现错误或舞弊。在营销、销售和分销流程中，有许多职责应当予以分离，如信用核准与销售记录、收款与应收账款过账、数据处理与交易授权等。

（三）业务处理控制

业务处理控制反映了一系列的程序，其中包括所要求的授权、使用充分的凭证和记录以及对有关信息进行独立的验证。对营销、销售和分销流程来说,授权程序可以具体化为:核准信用、制定价格、发运货物、接受销货退回。适当的凭证包括订货单、发运凭证、发票和汇款通知等。所有这些凭证都应预先连续编号,并按顺序使用。独立的验证包括对各种凭证进行检查和比较,以便查出不一致的情况;检查控制性总额;监控尚未执行交易和调查顾客的投诉等。

（四）实物控制

限制接近各种有形资产、现金、支票和会计记录,有助于降低未经授权的决策或行为的风险。现金是实物控制中特别关键的领域。值得说明的是,尽管上述控制并非适合于所有的企业,也不是在任何情况下都是必需的,但是表 12-2 中所列举的控制为注册会计师的分析提供了一个良好的起点。

注册会计师特别关注影响财务报表的经营流程控制。由于大部分审计敏感流程的业务都会包括在财务报表中,所以注册会计师十分关心业务处理控制是否有效。表 12-3 列举了适用于营销、销售和分销流程且与财务报表有关的各种控制。

表 12-3　与销售相关业务的财务报告控制

业务	典型的财务报告控制
销售	1. 将信用核准与销售活动分离 2. 顺序使用预先编号的销售、发运、开出账单的凭证 3. 在凭证中提供信用核准的提示 4. 对照发运凭证和销售订单验证装运货物的数量 5. 在凭证中提供装运货物的提示 6. 验证发运货物所索取的价格 7. 验证发票总额 8. 及时过账 9. 在顾客账户及产品编码中使用校验码 10. 对比和验证所有有关凭证 11. 对会计科目表进行适时更新 12. 核对总账与明细账和日记账 13. 在记账之前检查所有会计分录 14. 对异常的会计分录进行调查
收款	1. 取得即将收款的已售货物的数量 2. 将收据的处理与其他会计职能及销售活动分离 3. 及时编制现金收入一览表 4. 对现金业务使用预先编号的收据 5. 限制性背书,规定所有支票及时送存银行 6. 使用锁箱系统 7. 将所收到的款项与应收款项进行比较 8. 验证顾客的支付是否与所引用的条款一致（如折扣、时间、利率） 9. 将业务及时过账 10. 运用控制性总额来验证过账的准确性 11. 独立核对银行账中收入的处理和过账 12. 将总账与明细账、日记账和有关记录（如银行存单和现金一览表）核对 13. 向顾客寄送月度报告

续表

业务	典型的财务报告控制
销货退回的处理	1. 使用预先连续编号的信用备忘录 2. 及时记录信用备忘录 3. 将编制信用备忘录的工作与现金收入的处理工作分离 4. 及时编制退回货物的入库报告（预先编号） 5. 将信用备忘录中的数量与原销售凭证和作废的销售凭证进行核对，以防止重复记录销货退回
坏账注销程序	1. 定期编制应收账款账龄分析表 2. 保持与顾客有关的通信文件 3. 由独立于销售和现金收入职能的人员核准注销坏账 4. 使用预先编号的凭证来证明坏账已注销
坏账估计	1. 保持坏账的历史资料 2. 为估价的准确性而检查坏账估计程序中存在的假设 3. 检查坏账估计的计算程序

四、关键业绩指标

为了识别需引起进一步关注的剩余风险，注册会计师应对监控经营流程风险的业绩指标进行系统的评估。表12-2列举了营销、销售和分销流程的业绩指标。这些指标涵盖了许多领域，主要包括以下三个方面：

（一）财务业绩指标

这类指标是衡量营销、销售和分销流程成功程度的指标，主要包括销售收入水平和获利能力指标。注册会计师应检查销售增长率、获利能力变动趋势和各种收益比率及边际利润比率。

（二）营销业绩指标

这类指标是衡量市场对企业营销、销售和分销工作所作反应的指标，主要包括市场份额、顾客满意度、顾客取得率与保持率。

（三）流程业绩指标

一般来说，财务业绩与营销业绩是受流程业绩驱动的。因此，交货时间、业务完成率、业务成本以及差错率等指标对评估营销、销售和分销流程风险特别有用。

在确定检查和评估何种指标时，注册会计师既要考虑取得信息的成本，又要考虑信息的可靠性。虽然注册会计师不可能评估被审计单位所有的业绩指标，但是至少应对关键的业绩指标进行评估，以判断各种风险是否会对被审计单位产生负面影响。如果一些重要的业绩指标揭示了不利的趋势，注册会计师就会认为该流程的剩余风险可能很大，这会对后面的审计工作产生影响。

第三节 营销、销售和分销流程剩余风险的评估

在完成内部威胁分析之后,注册会计师应进行剩余风险的评估。

一、评估已识别的流程风险的固有水平

已识别风险的固有水平可以从两个方面评估,即某个风险导致不利结果的可能性以及不利结果的大小。注册会计师应将风险评估的结果记录在风险图中。图 12-2 列举了与营销、销售和分销有关的一些风险。图中标出了已识别风险固有水平,位于图中右上的正方形中的风险是具有潜在重要性的风险。我们知道,风险会由于企业设计和实施内部控制而下降。在考虑内部控制和业绩指标之后,注册会计师会将某些风险的水平下调,这种下调是通过风险向左下的正方形移动来表示。风险评估的最后结果用圆形表示。

需要说明的是,图中已确认的风险只是为了举例,并没有包括该流程已识别的所有风险,也并不意味着没有在图中列出的风险不重要。

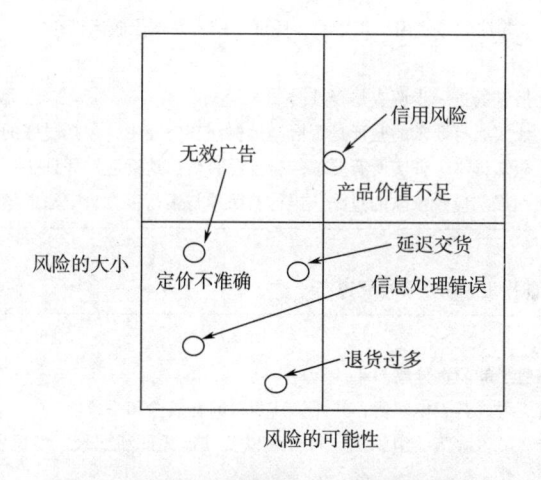

图 12-2 营销、销售和分销流程的风险图

二、测试内部控制

在识别出风险的固有水平之后,注册会计师应当考虑通过企业内部控制能否降低风险,并通过控制测试和分析业绩指标来取得相关证据。

控制测试的目的在于取得企业重要内部控制是否有效的证据。注册会计师只需对那些能将风险从重要的水平降低到可以接受的水平的内部控制进行测试,而没有必要对所有内部控制进行测试。例如,注册会计师不必进行定价的内部控制测试,因为不管相关控制是否存在,定价不准确的风险是很低的;也不必测试产品价值不足的内部控制,因为相关控制要么不存在,要么不可能有效;也不必测试信用风险的相关控制,因为相关控制还不足以使风险降低到可以接受的水平,在任何情况下,剩余信用风险都会很高。

表 12-4 描述了有关营销、销售和分销流程的控制测试。

表 12-4　与营销、销售和分销流程有关的控制测试

业绩检查和流程管理
1. 复核为营销、生产、顾客服务和销售活动制定战略、目标和预算的政策。 2. 评价与营销、销售和分销有关的政策及决策是否与企业的总体战略目标一致。 3. 复核和评估与竞争对手、顾客、营销和市场情况有关的内部分析资料。 4. 复核与营销、销售和分销流程关键决策有关的支持性文件。 5. 复核销售、营销计划和预算，并验证企业是否进行了各种差异调查。 6. 复核应收账款报告并验证企业销售调整和坏账的处理是否及时。 7. 评价该流程关键人员的胜任能力以及对他们的培训情况。 8. 与恰当的管理人员讨论流程业绩指标和流程业绩评价，并对流程监督是否有效进行评估。 9. 识别和检查与关键风险有关的业绩指标的恰当性
业务处理控制
1. 授权程序 　（1）验证是否存在和运用与价格（商品价目表）、信用核准（核准的顾客列表和信用条件）、发运货物、支付货款和账户分类（科目表）有关的一般授权。 　（2）检查对一般授权的修改过程。 　（3）选取销售凭证样本，验证所要求的授权是否恰当的标注在凭证中。 2. 使用充分的凭证和记录 　验证所有凭证是否预先编号并按顺序使用，包括发运凭证、销售发票、收入清单。 3. 独立验证员工的职责 　（1）验证企业对所有例外报告的进一步调查是否及时。 　（2）取得销售凭证样本，证实所有要求的验证是否恰当地标注在凭证中，包括过账的证据。 　（3）取得收入清单和汇款通知样本，证实所有要求的验证是否恰当地标注在凭证中。 　（4）验证主营业务收入明细账与应收账款的过账、银行对账单与银行存款日记账的核对是否及时
实物控制
观察有形资产、凭证和记录的接近控制是否得到遵守
职责分离与流程设计
1. 验证销售活动中是否存在适当的职责分离。 2. 与指派进行业务处理的员工讨论其工作职责，并评价其职权的有效性和一致性。 3. 检查系统所用的流程手册、员工政策、组织图、科目表以及其他凭证和记录，以识别和评价该流程发生的重大变化

三、确认重要的剩余风险及应对

在测试内部控制和评价经营业绩指标后，注册会计师可能认为某些风险因为内部控制的存在且下降到可以接受的水平，而某些风险没有下降到可以接受的水平。这些没有下降到可接受的水平的风险就是重要的剩余风险。本例中，假定通过控制测试和考虑流程业绩指标，信息处理错误的风险因内部控制的存在而大幅度下降，营销活动无效和销货退回过多的风险也降到可以接受的水平。这样，注册会计师确定了两种风险为剩余风险，即信用风险和产品价值不足的风险。注册会计师必须分析剩余风险对审计和财务报表认定测试的意义。

信用风险水平高表明与应收账款和坏账估价认定有关的风险水平高。产品价值不足表明公司产品的销路可能不畅，存货的估价可能存在较高的风险。由于两种剩余风险的存

在，注册会计师一方面会调整其对应收账款可收回性及存货估价的期望，另一方面还应设计对财务报表认定的实质性程序，以便通过实质性程序收集充分的证据证明受这两种风险影响的认定不存在重大的错报。

第四节 有关财务报表认定的测试：主营业务收入和应收账款

财务报表认定实质性程序的性质、时间和范围取决于剩余风险的评估结果及其对具体审计目标的影响。被审计单位不同，财务报表认定存在重大错报的风险不同，注册会计师运用的实质性程序也不一样。下面我们在被审计单位重大错报风险水平较高的前提下讨论与营销、销售和分销流程财务报表有关认定的实质性程序。与营销、销售和分销有关的财务报表认定的测试主要涉及细节测试和实质性分析程序。在讨论相关账户的实质性程序时，主要讨论主营业务收入和应收账款的实质性程序，其他相关账户可以根据审计目标和账户本身的特点类推。

一、销售交易类别测试一览表

(一) 销售和收款交易类别测试

表 12-5 概括了销售和收款业务典型的交易类别测试。这些测试主要依赖于交易处理过程中的凭证和记录。通过交易类别测试，注册会计师可以收集到相关交易是否存在错报的直接书面证据。在一个高度电算化的环境中，注册会计师要用专门的软件执行这些测试。

表 12-5 与营销、销售和分销有关的交易类别测试

销售业务	
审计目标	审计程序
真实性、估价、及时性和分类	从主营业务收入明细账中选取销售业务样本；取得相关的发票及所有支持性的书面证据；执行如下测试并注意发现的例外。 1. 追踪顾客至核准的顾客清单，并比较核准的信用条件。 2. 将每一订单的数量与发运凭证和发票进行比较。 3. 追踪价格至适当的价格清单。 4. 追踪发票是否包括在主营业务收入明细账中。 5. 将每张发运凭证的日期与过入主营业务收入账户的日期进行比较。 6. 追踪发票是否恰当地过入应收账款明细账中。 7. 测试应收账款明细账中顾客记录的准确性。 8. 检查发票随后的收款，包括检查折扣的真实性和所收取利息的真实性（如果有的话）
准确性	测试销售业务的准确性。这种测试可以抽样为基础来进行。通过选取几天的交易并测试每天的总额，然后将每天的总额加总，以测试这段时间的总额是否与主营业务收入明细账相符
完整性	从预先编号的发运凭证序列中选取发运凭证的样本，查明它们是否在主营业务明细账中得到了记录，并注意销售发票和过账日期是否存在

续表

收款的处理	
审计目标	审计程序
真实性、估价、及时性和分类	从现金和银行存款日记账中选取收款业务的样本,并取得相关的汇款通知或其他支持性的文件,执行如下测试并注意发现的例外: 1. 查明汇款通知或其他支持性的文件是否恰当地包括在适当收款清单中。 2. 检查汇款通知或其他支持性的文件是否恰当地包括在适当的存款单的副本中。 3. 检查汇款通知或其他支持性的文件是否恰当、及时地过入应收账款明细账
完整性、准确性	测试现金、银行存款日记账(收入部分)的准确性。这可以抽样为基础来进行。将每天的收款总额与该天每张收款清单上的总额、现金收据及银行存款单进行比较

在审计中,注册会计师可以使用两种方法来进行销售和收款业务的交易类别测试。第一,首先从主营业务收入明细账和现金、银行存款收入日记账中选取交易样本,然后检查有关凭证和记录。这种方法适用于交易的真实性、估价和准确性测试。第二,从交易的原始凭证(如发运凭证和收款清单)中选取样本,并追查这些项目是否包括在恰当的明细账中。这种方法适用于交易的完整性测试。

二、主营业务收入余额、列报和披露细节测试一览表

表12-6概括了主营业务收入余额、列报和披露细节测试的一般程序。

表12-6 主营业务收入余额、列报和披露细节测试

审计目标	审计程序
1. 确定本期已入账的主营业务收入是否确实发生。 2. 确定已实现的主营业务收入是否全部入账。 3. 确定主营业务收入的截止是否适当。 4. 确定主营业务收入的金额是否正确。 5. 确定主营业务的列报是否恰当	1. 取得或编制主营业务收入项目明细表,复核加计正确,并与报表数、总账数和明细账的合计数核对相符。 2. 审查主营业务收入的确认和计量,注意其是否符合企业会计准则规定的收入实现条件,确认和计量的方法前后期是否一致。 3. 运用分析程序进行比较分析。 4. 根据普通发票和增值税专用发票申报表估算全年收入,与实际入账的收入金额进行核对,并检查是否存在虚开发票或销售未开发票的情况。 5. 获取产品价格目录,抽查价格是否符合定价政策,并注意销售给关联方或关系密切的重要客户的产品价格是否合理,有无低价或高价结算以转移收入的现象。 6. 抽取一定数量的销售发票,检查开票、记账、发货日期是否相符,品名、数量、单价、金额等是否与发运凭证、销售合同一致,编制测试表。 7. 实施销售的截止测试。 8. 结合决算日应收账款的函证,观察有无未经认可的巨额销售。 9. 检查销售折扣、销货退回与折让业务是否真实,内容是否完整,相关手续是否符合规定,相关会计处理是否正确。 10. 检查有无特殊的销售行为如附有销货退回条款的销售、销后回购、以旧换新售后租回等,查明其处理是否正确。 11. 检查外币收入折算汇率是否正确。 12. 检查有无特殊的销售活动(如售后回购、委托代销、关联方交易等)。 13. 检查主营业务收入的披露是否恰当

三、应收账款余额、列报和披露测试一览表

表12-7概括了应收账款余额、列报和披露测试的方法。值得注意的是，表12-7中所列举的测试程序是比较广泛的，除非应收账款许多认定错报的风险都很高，否则注册会计师很少执行表中所列的全部测试；同时，测试的范围（如样本规模）也会因风险评估水平的不同而不同。

表12-7 应收账款测试的实质性程序

审计目标	典型的实质性程序
准确性：包括在日记账中的交易余额与应收账款总账的余额相符	1. 在会计年度末结束营业的最后一天取得应收账款账龄分析表。 2. 测试账龄分析表的准确性。 3. 核对账龄分析表总额与应收账款总账。 4. 选取账龄分析表中的账户作为样本，通过检查恰当的支持性的书面证据测试应收账款的账龄。 5. 核对主营业务收入明细账、现金收入日记账、应收账款明细账与应收账款总账
存在：所有记录的与应收账款有关的业务确实发生，所记录的应收账款确实存在	1. 函证应收账款，并进一步调查例外情况和没有收到回函的情况。 2. 检查该期间销售和收款业务的样本
完整性：所有应收账款业务和金额都得到了记录	1. 函证应收账款并对例外情况和没有收到回函的情况进行进一步调查。 2. 检查该期间销售和收款业务的样本
所有权：应收账款余额的所有权归公司	1. 检查董事会会议记录、银行函证、律师的信件和其他信件，以证明应收账款的所有权确实归属被审计单位。 2. 取得管理层关于应收账款所有权的声明
准确性、估价和分摊：应收账款的总额记录正确，不能收回的数额得到了恰当的估计	1. 函证应收账款并对例外的和没有回函的应收账款进行进一步调查。 2. 检查违约账户的支持性文件，并对收回的可能性进行评估。 3. 形成对未来不能收回的应收账款的数额的估计。 4. 检查该期间销售和收款业务的样本。 5. 检查次年的现金收入以查明违约账户的收回情况
分类：应收账款得到了恰当的分类	检查应收账款账龄分析表，查明应予重新分类的异常账户（如关联方交易、应收票据等）
截止：交易被记录在恰当的会计期间	检查年末前后的交易（销售、收款、销货退回），并确定它们是否记录在恰当的会计期间
列报：所有要求的与应收账款有关的披露都包括在财务报告中，且得到恰当列报	1. 完成应收账款和销售收入的披露检查表。 2. 检查董事会会议记录、银行函证、律师信函和其他信件，查明是否有用作抵押的应收账款。 3. 取得管理层关于应收账款披露的声明书

四、主要的实质性程序

主营业务收入和应收账款实质性程序主要包括：销售和收款业务的交易类别测试、实质性分析程序、应收账款账龄分析表测试、应收账款函证、截止测试和应收账款估价测

试。销售和收款交易类别测试如前所述,下面主要讨论余下的主要实质性程序:

(一) 实质性分析程序

与销售和收款有关的业绩指标也可以用来作为实质性测试的证据。因为存在预期稳定的关系,许多与销售、收款业务有关的账户都可用被审计单位的财务数据和经营数据进行合理的估计。例如,如果能取得被审计单位销售产品数量的可靠数据,注册会计师就可以将销售数量与平均价格相乘形成对主营业务收入的估计(期望值);将该期望值与其所记录的销售额比较,注册会计师就可以判断被审计单位主营业务收入的合理性。在审计中,注册会计师应当将本期与上期的主营业务收入进行比较,分析产品销售结构和价格的变动是否正常,并分析异常变动的原因;应当比较本期各月各种主营业务收入的波动情况,分析其变动趋势是否正常,并查明异常现象和重大波动的原因;应计算本期重要产品毛利率,分析比较本期与上期同类产品毛利率的变化,注意收入与成本是否配比,并查明重大波动和异常情况的原因;计算对重要客户的销售额及其产品毛利率,分析比较本期与上期有无异常变化,并查明重大异常波动的原因。

(二) 应收账款账龄分析表测试

应收账款账龄分析表测试的目的在于查明应收账款的机械准确性。注册会计师应测试账龄分析表的准确性,并核对账龄分析表总额与应收账款总账;选取账龄分析表中的账户作为样本,通过检查恰当的支持性书面证据测试应收账款的账龄;将主营业务收入明细账、现金收入日记账、应收账款明细账与应收账款总账核对。为了提供估计坏账准备的资料,注册会计师还可以分析测试各应收账款明细分类账的账龄,以确定被审计单位是否准确地记录了过期的应收账款。

(三) 应收账款函证

函证(即外部函证)是指注册会计师直接从第三方(被询证者)获取书面答复作为审计证据的过程,书面答复可以采用纸质、电子或其他介质等形式。应收账款的函证是直接发函给债务人,要求核实被审计单位应收账款记录是否正确的一种审计方法。通常情况下,注册会计师以函证方式直接从被询证者获取的审计证据,比被审计单位内部生成的审计证据更可靠。

注册会计师应当对应收账款进行函证,除非有充分证据表明应收账款对财务报表不重要,或函证很可能是无效的。如果不对应收账款进行函证,注册会计师应当在工作底稿中说明理由。如果认为函证很可能是无效的,注册会计师应当实施替代审计程序,获取充分、适当的审计证据。

1. 函证的范围和对象

函证的对象应由注册会计师确定,而不应由被审计单位的管理层选择。样本的规模和样本的选择取决于剩余风险、应收账款的重要性(总额和单个余额)、应收账款明细账的数量、所要求的检查风险水平、其他审计测试的结果以及以前年度的审计结果。

一般来说,注册会计师应选择以下项目作为函证对象:大额或账龄较长的项目;与债务人发生纠纷的项目;关联方项目;主要客户(包括关系密切的客户)项目;交易频繁但期末余额较小甚至余额为零的项目;非正常项目。

2. 函证方式

函证方式有积极式函证和消极式函证两种。

积极式函证是无论函证的金额是否正确，都要求函证对象作出回答的函证。如果第一次发函没有得到回答，则可以再次发函。如果多次发函没有得到回答，注册会计师就应该考虑采用其他替代的审计程序。对于收到的回函，注册会计师应以回答的性质（如同意还是不同意）为基础评估所收到的信息的证据价值。积极式函证的参考格式如图12-3所示。

企业询证函
编号：

_____（公司）：

本公司聘请的××会计师（审计）事务所正在对本公司财务报表进行审计，按照中国注册会计师独立审计准则的要求，应当征询本公司与贵公司的往来账项等事项。下列数据出自本公司的会计账簿记录如与贵公司记录相符，请在本函下端"数据证明无误"处签章证明；如有不符，请在"数据不符"处列明不符金额。回函直接寄至××会计师（审计）事务所。

通讯地址：

邮编：　　　　　　　电话：　　　　　　　传真：

1. 本公司与贵公司往来账项如下：

截止日期	贵公司欠	欠贵公司	备注

2. 其他事项

本函仅为复核账目之用，关非催款结算。若款项在上述日期之后已经付清，仍请及时复函为盼。

（公司签章）　　（日期）

结论：1. 数据证明无误

（签章）　　（日期）

　　　2. 数据不符，请列明不符金额

（签章）　　（日期）

图12-3　应收账款积极式函证参考格式

消极式函证是指只有在所函证的金额有错误的情况下才要求对方复函的函证。一般认为，积极式函证比消极式函证更为可靠。当所要证实的余额较大、固有风险和控制风险较高、或者对收信者的回答意愿和能力有怀疑时，注册会计师更偏向于采用积极式函证。当同时存在以下情况时，注册会计师可考虑采用消极的函证方式：固有风险和控制风险评估为低水平；涉及大量较小的账户余额；预期不存在大量的错误；没有理由相信被询证者不认真对待函证。

同时，注册会计师还可以将两者结合起来使用。如对大额的应收账款采用积极式函证，对小额的应收账款采用消极式函证。

3. 函证时间的选择

为了充分发挥函证的作用，应恰当选择函证的发送时间。注册会计师通常以资产负债表日作为截止日，充分考虑对方的复函时间，在期后的适当时间内实施函证，尽可能在审计工作结束前取得函证的全部资料。如果重大错报的风险评估为低水平，注册会计师也可选择资产负债表日前的适当日期为截止日实施函证，并对所函证项目自该截止日至资产负债表日止所发生的变动实施实质性测试。

4. 函证的控制

企业询证函的数据来源于客户的有关记录，但询证函的寄送应由注册会计师进行，回函应该直接寄给注册会计师。询证函的发出和收回可以采用邮寄、跟函、电子形式函证（包括传真、电子邮件、直接访问网站等）等方式，注册会计师必须保持对函证的控制。

注册会计师应该保有所发出的征询函的控制清单，包括寄发的日期、复函的日期。对积极式函证来说，如果在第一次发函后没有得到答复，注册会计师就要第二次和第三次寄发征询函。函证的控制清单要记录复函的性质（即与所报告的余额相符还是不相符）。如果不能取得积极式函证的回函，注册会计师就要执行其他的替代程序以确定应收账款的余额是否得到正确的表达。一般来说，替代的程序包括检查销售的支持性的文件（与交易类别测试相似）、顾客的信件（存在纠纷的证据）、次年的收款（这表明顾客同意其所欠余额并愿意支付）。如果询证函被邮局作为无法投递的信件退回，这种情况要么是表明客户的开单系统过时，要么是顾客根本就不存在。因为这两种情况都与应收账款的真实性和估价有关，所以注册会计师必须关注这种情况的审计意义。

5. 对回函可靠性的考虑

收到回函后，根据不同情况，注册会计师可以分别根据回函方式实施程序，以验证回函的可靠性。

通过邮寄方式发出询证函并收到回函后，注册会计师可以验证以下信息：

（1）被询证者确认的询证函是否是原件，是否与注册会计师发出的询证函是同一份；

（2）回函是否由被询证者直接寄给注册会计师；

（3）寄给注册会计师的回邮信封或快递信封中记录的发件方名称、地址是否与询证函中记载的被询证者名称、地址一致；

（4）回邮信封上寄出方的邮戳显示发出城市或地区是否与被询证者的地址一致；

（5）被询证者加盖在询证函上的印章以及签名中显示的被询证者名称是否与询证函中记载的被询证者名称一致。

对于通过跟函方式获取的回函，注册会计师可以实施以下审计程序：

（1）了解被询证者处理函证的通常流程和处理人员；

（2）确认处理询证函人员的身份和处理询证函的权限，如索要名片、观察员工卡或姓名牌等；

（3）观察处理询证函的人员是否按照处理函证的正常流程认真处理询证函等。

对以电子形式收到的回函，由于回函者的身份及其授权情况很难确定，对回函的更改也难以发觉，因此可靠性存在风险。注册会计师和回函者采用一定的程序为电子形式的回函创造安全环境，可以降低该风险。如果注册会计师确信这种程序安全并得到适当控制，则会提高相关回函的可靠性。

电子函证程序涉及多种确认发件人身份的技术，如加密技术、电子数码签名技术、网页真实性认证程序。当注册会计师存有疑虑时，可以与被询证者联系以核实回函的来源及内容。

只对询证函进行口头回复不是对注册会计师的直接书面回复，不符合函证的要求，因此不能作为可靠的审计证据。在收到对询证函口头回复的情况下，注册会计师可以要求被询证者提供直接书面回复。如果仍未收到书面回函，注册会计师需要通过实施替代程序，寻找其他审计证据以支持口头回复中的信息。

无论是采用纸质还是电子介质，被询证者的回函中都可能包括免责或其他限制条款。回函中存在免责或其他限制条款是影响外部函证可靠性的因素之一，但这种限制不一定使回函失去可靠性，注册会计师能否依赖回函信息以及依赖的程度，取决于免责或限制条款的性质和实质。

回函中格式化的免责条款可能并不会影响所确认信息的可靠性，实务中常见的免责条款的例子包括：

（1）"提供的本信息仅出于礼貌，我方没有义务必须提供，我方不因此承担任何明示或暗示的责任、义务和担保。"

（2）"本回复仅用于审计目的，被询证方、其员工或代理人无任何责任，也不能免除注册会计师做其他询问或执行其他工作的责任。"

其他限制条款如果与所测试的认定无关，也不会导致回函失去可靠性。

一些限制条款可能使注册会计师对回函中所包含信息的完整性、准确性或注册会计师能够信赖其所含信息的程度产生怀疑，实务中常见的此类限制条款的例子包括：

（1）"本信息是从电子数据库中取得，可能不包括被询证方所拥有的全部信息"；

（2）"本信息既不保证准确也不保证是最新的，其他方可能会持有不同意见"；

（3）"接收人不能依赖函证中的信息"。

如果限制条款使注册会计师将回函作为可靠审计证据的程度受到了限制，则注册会计师可能需要执行额外的或替代审计程序。

6. 对函证结果的总结与评价

如果函证结果表明没有审计差异，注册会计师就可以合理推论全部应收账款总体是正确的。如果被审计单位的记录与顾客记录之间不一致，注册会计师必须对此进行调查。这些差异的产生可能是由于存在时间性差异（如顾客的支票在邮寄途中、货物在运输途中），也可能是被审计单位记录有误，如将赊销错误地记入到其他顾客账户，收到顾客付款而没有将其过入顾客的账户等。在这种情况下，注册会计师就要对会计记录进行调整，并且考虑这些错误对风险评估的影响。

7. 管理层不允许寄发询证函

如果管理层不允许寄发询证函，注册会计师应当：

（1）询问管理层不允许寄发询证函的原因，并就其原因的正当性及合理性收集审计证据；

（2）评价管理层不允许寄发询证函对评估的相关重大错报风险（包括舞弊风险），以及其他审计程序的性质、时间安排和范围的影响；

(3) 实施替代程序，以获取相关、可靠的审计证据。

如果认为管理层不允许寄发询证函的原因不合理，或实施替代程序无法获取相关、可靠的审计证据，注册会计师应当按照《中国注册会计师审计准则第1151号——与治理层的沟通》的规定，与治理层进行沟通。注册会计师还应当按照《中国注册会计师审计准则第1502号——在审计报告中发表非无保留意见》的规定，确定其对审计工作和审计意见的影响。

（四）截止测试

主营业务收入截止测试的目的在于确定被审计单位是否将主营业务收入记入了恰当的会计期间。根据收入的确认原则，注册会计师应当注意把握与主营业务收入确认有关的日期，即发票开具日或收款日、记账日和发货日。在审计中，围绕上述三个重要的日期，注册会计师可以考虑三条审计路线实施截止测试。具体内容如表12-8所示。

表12-8 主营业务收入的截止测试

起点	路线	目的	优点	缺点
账簿记录	从报表日前后若干天的账簿记录查至记账凭证，检查发票存根与发货凭证	证实已入账的收入是否已在同一期间开具发票，有无多计收入的情况	比较直观，容易追查至相关的凭证记录	缺乏全面性和连贯性，只能查多记而不能查漏记的情况
销售发票	从报表日前后若干天的发票存根查至发货凭证和账簿记录	确认已开具发票的货物是否已发货，并于同一会计期间确认收入，防止低估收入	较为全面和连贯，容易发现漏记的情况	较为费时费力，难以查找相应的发货及账簿记录，不易发现多计收入的情况
发运凭证	从报表日前后若干天的发货凭证查至发票开具性况与账簿记录	确认收入是否已计入适当的会计期间，防止低估收入	较为全面和连贯，容易发现漏记的情况	较为费时费力，难以查找相应的发货及账簿记录，不易发现多计收入的情况

（五）坏账准备的实质性测试

注册会计师应该确定被审计单位计提的坏账准备是否充分，这关系到应收账款净额和相关费用是否正确。表12-9列示了坏账准备审计时常用的实质性程序。

表12-9 坏账准备测试的实质性程序

审计目标	实质性程序
1. 确定计提坏账准备的方法和比例是否恰当，坏账准备的计提是否充分。 2. 确定坏账准备增减变动的记录是否完整。 3. 确定坏账准备的期末余额是否正确。 4. 确定坏账准备的披露是否恰当	1. 检查坏账准备的计提方法和比例是否符合制度的规定，计提的数额是否恰当，会计处理是否正确。 2. 检查坏账损失发生的原因，坏账损失的处理是否符合有关规定，是否经过授权，会计处理是否正确。 3. 检查长期挂账的应收账款，评价其收回的可能性，并要求被审计单位调整无法收回的应收账款。 4. 检查应收账款函证的结果，查找无法收回的应收账款。 5. 运用实质性分析程序。 6. 确定坏账准备的披露是否恰当

未来的情况具有不确定性，因此，在确定无法收回的应收账款的数额时，注册会计师需要仔细地分析和判断。在评估坏账准备金额时，注册会计师可以运用两种类型的实质性测试。

第一，检查与大额应收账款有关的文件记录，特别是那些已违约的应收账款，以确定顾客是否能最终支付款项。在应收账款存在争议或顾客陷入财务危机（如破产）时，应收账款收回的可能性较小。注册会计师还可以检查在年末取得的现金收入，以确定顾客是否支付了有关款项，因为顾客对货款的支付是应收账款可以收回的最好的证据。以对这些文件的检查为基础，注册会计师就可以判断无法收回的应收账款的金额。将所有无法收回的应收账款的金额加总，并与坏账准备的余额进行比较，注册会计师就可以确定计提的坏账准备是否充分。

第二，使用应收账款账龄分析表直接估计坏账水平。应收账款超期的时间越长，收回的可能性越小，计提坏账准备的比率就越高。确定坏账准备的比率必须以历史经验为基础，并结合当前的经济环境及客户信用政策的变化进行修改。为了便于分析，注册会计师通常会保存客户每年收账的历史记录。

第五节　有关财务报表认定的测试：其他相关项目（账户）的测试

受营销、销售和分销流程影响的账户，除了前面所述的账户之外，还包括应收票据、预收账款、应交税费、预计负债、其他业务收入、其他业务支出、营业税金及附加、销售费用等。表12-10列示了其他相关账户测试的实质性程序。

表12-10　其他相关账户测试的实质性程序

账户名称	审计目标	主要的实质性程序
应收票据	1. 确定应收票据是否存在。 2. 确定应收票据是否归被审计单位所有。 3. 确定应收票据增减变动的记录是否完整。 4. 确定应收票据是否有效、是否能够收回。 5. 确定应收票据的期末余额是否正确。 6. 确定应收票据在财务报表上的列报披露是否恰当	1. 获取或编制应收票据明细表，复核加计正确，并核对其期末合计数与财务报表数额、总账数额和明细账的合计数是否相符。 2. 监盘库存票据。 3. 函证应收票据，以查明其存在性和可收回性。 4. 检查应收票据利息收入入账是否正确，注意逾期的应收票据是否已按规定停止计提利息。 5. 对于已贴现的应收票据，注册会计师应审查其贴现额、贴现利息的计算是否正确，会计核算是否正确。复核并统计已贴现和已转让但未到期的应收票据的金额； 6. 检查以外币结算的应收票据的折算汇率的运用和汇兑损益的处理是否正确。 7. 确定应收票据在财务报表上的披露是否恰当

续表

账户名称	审计目标	主要的实质性程序
预收账款	1. 确定预收账款的发生及偿还记录是否完整。 2. 确定应收票据是否存在。 3. 确定预收账款期末余额是否正确。 4. 确定预收账款在财务报表上的列报披露是否恰当	1. 获取或编制预收账款明细表，复核加计正确，并核对其期末合计数与财务报表数额、总账数额和明细账的合计数是否相符。 2. 抽查相关的销售合同、仓库发运凭证、收款凭证，检查已实现销售的商品是否及时转销预收账款，以确保预收账款余额的准确性。 3. 选取重大的预收账款进行函证。 4. 检查预收账款长期挂账的原因，必要时提请被审计单位调整。 5. 检查预收账款在财务报表上的列报披露是否恰当
应交税费	1. 确定应交税费的记录是否完整。 2. 确定应交税费期末余额是否正确。 3. 确定应交税费在财务报表上的披露是否恰当	1. 获取或编制应交税费明细表，复核加计正确，并核对其期末合计数与财务报表数额、总账数额和明细账的合计数是否相符。 2. 查阅相关文件，确定被审计单位在被审计期间的应纳税内容。 3. 核对期初未交税费是否与税务机关的认定数相符，如有差异应查明原因，必要时提请被审计单位调整。 4. 检查本期有关税费的计算是否正确，是否按规定进行了会计核算。 5. 确定应交税费在财务报表中的披露是否恰当
预计负债	1. 确定有关预计负债的会计政策是否符合企业会计准则的要求。 2. 确定预计负债的是否的记录是否完整。 3. 预计负债的计算及偿付的会计处理是否正确。 4. 确定预计负债期末余额是否正确。 5. 确定预计负债在财务报表上的列报披露是否恰当	1. 获取或编制预计负债明细表，复核加计正确，并核对其期末合计数与财务报表数额、总账数额和明细账的合计数是否相符。 2. 询问有关人员，检查有关文件，查明被审计单位关于或有事项确认负债的会计政策，并判断该项政策是否符合或有事项准则的规定。 3. 检查有关记账凭证和其他支持性文件，查明产品质量担保等预计负债的确认与计量和偿付是否合理合法。会计处理是否正确。 4. 结合或有事项的审查，查明是否存在低估预计负债的情况。 5. 检查预计负债的期末余额是否正确。 6. 检查预计负债在财务报表上的列报披露是否恰当
营业税金及附加	1. 确定营业税金及附加的记录是否完整。 2. 确定营业税金及附加的计算和会计处理是否正确。 3. 确定营业税金及附加在财务报表上的披露是否恰当	1. 获取或编制营业税金及附加明细表，复核加计正确，并核对其期末合计数与财务报表数额、总账数额和明细账的合计数是否相符。 2. 确定被审计单位的交纳税费的范围与税费种类是否符合国家有关规定。 3. 检查营业税金及附加的计算及其对应关系是否正确。 4. 确定被审计单位减免的项目是否真实，理由是否充分，手续是否完备。 5. 确定营业税金及附加在财务报表上的披露是否恰当

续表

账户名称	审计目标	主要的实质性程序
销售费用	1. 确定销售费用的记录是否完整。 2. 确定销售费用的分类、归属和会计处理是否正确。 3. 确定销售费用在财务报表上的披露是否恰当	1. 获取或编制销售费用明细表,复核加计正确,并核对其期末合计数与财务报表数额、总账数额和明细账的合计数是否相符,并检查其明细项目的设置是否符合规定的核算内容与范围,是否划清了销售费用与其他费用的界线。 2. 检查销售费用的各项目的开支标准和内容是否符合有关规定,计算是否正确。 3. 执行实质性分析程序,将本期的销售费用与上期比较,将本期各月的销售费用进行比较,确定是否存在重大波动和异常情况,如有,则应查明原因并作适当处理。 4. 检查其原始凭证是否合法、会计核算是否正确,必要时可进行截止测试。 5. 核对相关的钩稽关系,检查销售费用的结转是否正确合规。 6. 检查销售费用在财务报表中的披露是否恰当
其他业务利润	1. 确定其他业务利润的记录是否完整。 2. 确定其他业务利润的计算和会计处理是否正确。 3. 确定其他业务利润在财务报表上的披露是否恰当	1. 获取或编制销售费用明细表,复核加计正确,核对其期末合计数与财务报表数额、总账数额和明细账的合计数是否相符,并检查其他业务收入是否存在相应的其他业务支出相配比。 2. 执行实质性分析程序,将本期的其他业务利润与上期比较,确定是否存在重大波动和异常情况,如有,则应查明原因并作适当处理。 3. 抽查大额的其他业务收支项目,检查相应的凭证是否齐全,所属期间是否恰当,业务内容是否合法,会计记录是否正确。 4. 检查其他业务利润在财务报表中的披露是否恰当

思考题

1. 简述营销、销售和分销流程包含哪些内容。
2. 营销、销售和分销流程的主要风险、相关控制和业绩指标各有哪些?
3. 如何进行营销、销售和分销流程的内部威胁分析?
4. 如何评估营销、销售和分销流程的剩余风险?
5. 如何进行销售交易类别测试?
6. 如何进行营业收入的实质性测试?
7. 如何进行应收账款的实质性测试?
8. 营业收入和应收账款主要的实质性测试程序有哪些?
9. 如何进行应收账款的函证?
10. 常见的主营业务收入截止测试有哪几条路径?这几条路经审计的重点有什么差异?
11. 针对主营业务收入实施的分析性程序主要有哪些?

习题及参考答案

第十三章 供应链和生产管理流程的审计

本章要点

本章主要讨论对供应链和生产管理流程的审计。内容包括：供应链和生产管理流程的特征，内部威胁分析，剩余风险的评估，以及与该流程有关的财务报表认定的测试。该流程包括：原材料及零部件的取得或采购、处理和储存以及产品制造、装配、完工和包装等活动，供应链与生产管理流程向营销、销售和分销流程提供产品或劳务。本章涉及采购与应付账款、存货、存货跌价准备、待摊费用、预提费用、预付账款、应付票据等具体账户的审计。应付账款完整性审计、存货监盘程序等是本章涉及的重点审计特色程序。存货的监盘是注册会计师所进行的观察、询问和存货抽查工作的集合程序，其目的在于为被审计单位存货计量方法能产生正确的计量结果提供合理保证。由于不存在令人满意的替代程序来计量和观察期末存货，所以，审计准则要求注册会计师必须对存货进行检查，存货的监盘成为对拥有存货的被审计单位进行审计必不可少的程序。

第一节 供应链和生产管理流程的特征

一、供应链和生产管理流程

供应链和生产管理流程是一系列活动构成的整体。通过这些活动，企业取得生产所需的资源并将其转化为可以向顾客出售的产品或劳务。该流程包括原材料及零部件的取得或采购、处理和储存以及产品制造、装配、完工和包装等活动，但不包括固定资产和人力资源的取得与管理（这两者是资源管理的内容，将在第十四章中讨论）。供应链与生产管理流程向营销、销售和分销流程提供产品或劳务。如果该流程管理不善，就可能导致存货短缺（影响及时交货）或者产品质量问题（影响顾客服务），因此，供应链与生产管理流程的管理对营销、销售和分销流程有直接影响。

供应链和生产管理流程如图 13-1 所示。

二、流程目标

供应链和生产管理流程的总目标是为企业尽可能有效地生产产品提供保证。这一总目标可以分解为许多具体目标，它们与原材料取得和处理以及产品制造、装配和包装有关。为了实现该流程的总目标，企业应确保原材料的可用性，提高原材料处理和生产流程的效

流程目标

1. 确定合理的资源需要。
2. 建立能满足质量、成本和交货时间要求的可靠的供应链。
3. 在质量和其他条件一定的情况下，以最低价格取得所需的资源。
4. 保证在需要时提供所需的资源。
5. 使资源的取得成本、运输成本最小化。
6. 使资源的储存成本、处理成本最小化。
7. 防止资源和存货遭受损失或未经授权的使用。
8. 只支付合理的债务。
9. 生产和提供符合质量和成本目标要求的商品和劳务。
10. 使生产能力的利用最大化。
11. 控制损坏和有缺陷的产品数量，使之最小化，并恰当地处理副产品。
12. 控制浪费并使之最小化。
13. 及时捕捉并有效利用供应商和生产方面的信息。
14. 捕捉、处理和报告该流程改进所需的信息。

流程活动

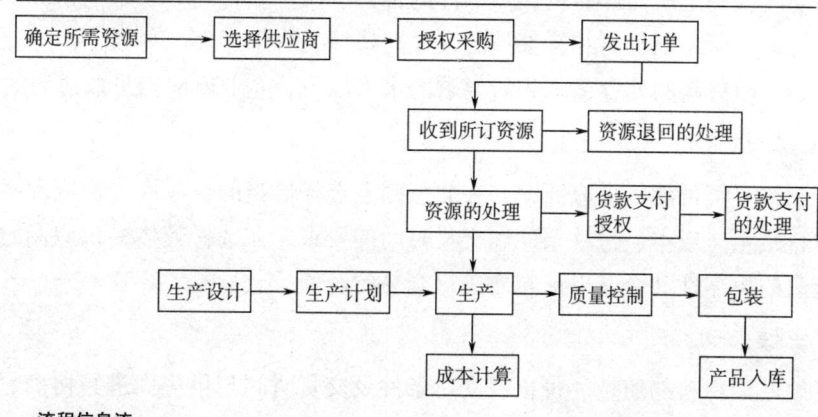

确定所需资源 → 选择供应商 → 授权采购 → 发出订单 → 收到所订资源 → 资源退回的处理

资源的处理 → 货款支付授权 → 货款支付的处理

生产设计 → 生产计划 → 生产 → 质量控制 → 包装

生产 → 成本计算

包装 → 产品入库

流程信息流

信息流入	信息流出
1. 战略计划和预算	1. 核准的供应商
2. 原材料和零件的需求资料	2. 原材料和零件的请购资料
3. 成本目标和原材料及零件的采购政策	3. 取得原材料和零件的资料
4. 质量标准	4. 合同条款和协商的价格
5. 制造规格	5. 供应商的履约情况
6. 供应商的历史和现状资料	6. 采购款支付的情况
7. 销售预测和顾客订单	7. 标准成本一览表
8. 生产能力参数	8. 生产计划一览表
9. 存货库存水平	9. 生产统计资料
	10. 产品交货计划表
	11. 存货库存水平及成本变化

流程活动的会计影响

常规业务	非常规业务	会计估计
1. 采购所需资源	1. 供应商的长期合同	1. 货的估价
2. 收入原材料	2. 标准成本的修订	2. 环境治理成本
3. 支付货款	3. 商品套期保值	3. 购货折扣
4. 制定转移价格	4. 购货退回	
5. 存货损耗的处理		
6. 次品的处理		
7. 副产品的处理		
8. 存货的浪费和处置		

图 13-1 供应链和生产管理流程

率，改进产品及服务质量，使各种成本最小化。实现这些目标不仅有利于供应链和生产流程总目标的实现，而且有利于营销、销售和分销流程目标以及公司经营目标的达成。企业应该利用有关信息提高该流程的效率和改善决策的效果，这对实现供应链和生产流程的目标是十分重要的。

三、流程活动

图13-1列举了构成供应链和生产管理流程的典型活动。尽管企业不同，执行这些活动的具体方式也不尽相同，但这些活动却是实现该流程目标所必需的。

（一）确定所需资源

生产所需的原材料和零部件是由生产管理部门以当前和未来的生产计划为基础确定的。这一活动涉及确定所需原材料和零部件的种类、质量和时间。在某些情况下，供应商可能主动参与企业所需原材料和零部件的设计与选择。对于库存原材料，企业要对其进行适时监控。如果原材料的库存量降到所要求的水平以下，企业就应当采取适当的行动。

（二）选择供应商

企业应调查了解可能的供应商，并在此基础上选择恰当的供应商。供应商必须能满足企业对原材料质量、成本、付款条件和交货时间的要求。在选择具体的供应商时，企业应该考虑供应商的可靠性和企业以前与之进行交易的经验。

（三）授权采购

企业必须就原材料的质量、价格、支付条件及交货时间与供应商进行协商。为了建立稳定的原材料和零部件供货渠道，企业采购部门可能授权与供应商签订长期供货合同。对于一次性或非经常性的采购，企业每次的处理方式可能不一样，但都必须经过适当的授权。

（四）发出订单

为了采购所需的原材料，企业必须准备详细的交易资料并传达给供应商。企业可以填制订货单，定期将订货单寄给供应商，也可以由供应商运用信息技术对企业的存货水平进行监控。当存货库存量降低到某一特定的水平时，供应商就按长期供货合同的要求向企业发出新的存货。

（五）收到货物

供应商交付货物方式可以是提货制、送货制和发货制。对即将收到的货物，企业要对照内部凭证对其进行检查验证并决定是接受还是拒绝该货物。

（六）资源处理

企业要为收到的货物做好移送或储存准备。企业往往将收到的原材料存放于总仓库或者移交给分公司。如果采用适时存货系统，企业收到的原材料和零部件会直接进入生产流程。

（七）支付授权

有关部门应根据企业的有关政策（如取得折扣、避免利息或其他后续费用），经过适当的授权支付货款。在整合的供应链中，一旦货物交付，企业就应支付货款。

（八）支付处理

支付货款前，企业应作必要的准备。经过核准后，财务部门才能将货款支付给供应商。货款的结算方式有多种，企业应根据情况选用。

（九）购货退回的处理

如果收到货物的数量超过了订购的数量或货物不能满足规定的质量要求，企业就要将这些货物退回。供应商应对其开出的账单进行调整。

（十）生产设计

企业生产的组织方式与所需原材料之间存在密切的联系，生产工艺和组织方式可能影响所需的原材料。原材料的尺寸、形状和包装也可能影响生产的组织方式，从而影响生产过程的效率。因此，企业应合理进行生产过程的设计。

（十一）生产计划

企业可能在不同时期生产不同的产品，即使生产相似的产品，这些产品在大小、形状或颜色方面也会有所不同。为了保证生产的顺利进行，企业应制订各种产品的生产计划，并根据实际情况对生产线进行调整。将生产线从生产一种产品调整为生产另一种产品，所花的时间可能较长、所费的成本可能较高。如果生产是按单件小批的形式来组织的（如家具的生产），由于各批生产的产品不同，企业需要经常调整生产过程。

（十二）生产

生产是将投入的资源转化为产品或服务的过程。加工、装配和完成产品或服务通常是供应链和生产过程的核心活动。该过程具有一定的复杂性。对注册会计师来说，该过程的关键问题是确定在产品的完工程度。

（十三）质量控制

对产品质量进行测试和监督是生产流过程中必不可少的环节。只有这样，才能保证产品达到规定的质量要求。不符合质量标准要求的产品应返工或者作为废品处理。如果企业不能保证产品质量，就会给顾客服务环节造成不利影响，进而影响企业的产品的销售。

（十四）包装

包装活动包括对企业完工产品所进行的装箱、捆扎等。包装过程要处理的主要问题是避免产品在移动和运输过程中意外损坏。

（十五）仓储

在将完工产品交付给顾客或零售渠道之前，企业要妥善保管和储存完工产品。库存存货应该避免未经授权而动用，也要避免储存过程中的意外损失。当存货在企业内部仓库之间移动时，企业信息系统应能及时跟踪存货的存放地点。

（十六）成本计算

确定产品的生产成本是成本会计的主要目的。成本计算相当复杂，它涉及成本计算对象的确定、成本计算方法的选择、生产费用的归集和分配以及生产费用在完工产品和在产

品之间的分配。成本计算的主要问题是合理确定各种费用的分配标准以及生产费用在完工产品和在产品之间的分配。在成本计算中，成本计算方法是多种多样的。企业应根据生产的特点和管理的要求来确定成本计算方法。如果采用标准成本制度，企业就要合理确定各项标准成本，进行差异分析，并做出恰当的会计处理。

四、流程信息流

图 13-1 列举了与供应链和生产流程有关的信息的流入和流出。该流程所需的信息不仅集中在与供应链有关的各种数据上，还集中在与生产管理有关的各种数据上。具体包括对供应链和生产管理均有影响的战略计划和预算资料、销售预测和顾客订单等；与供应链管理有关的原材料成本目标、原材料和零部件需求资料、原材料及零件采购政策、原材料质量标准、供应商的历史和现状资料、存货库存水平等；与生产过程管理有关的产品生产规格、生产能力参数、产品成本目标、产品质量标准等。该流程输入信息的可靠性和准确性直接影响到其输出信息的质量。为了避免存货不足或存货过剩，企业必须以销售预测为基础编制生产计划。

该流程输出的信息也可以分为与供应链有关的信息和与生产过程有关的信息。前者包括核准的供应商名单、原材料和零部件的请购资料、原材料和零部件的取得资料、采购合同条款和协商的价格、供应商履约情况、采购货款的支付情况、存货库存水平及成本变化等，后者包括标准成本一览表、生产计划一览表、生产统计资料、产品交货计划表、存货库存水平及成本的变化等。这些输出信息是十分有用的，如产品生产计划会影响营销和销售活动，有关供应商的资料可以用来与供应商重新进行合同谈判和改善供应链关系，包括中止与某些履约情况较差的供应商的合同关系。

五、供应链和生产管理流程经营活动的会计影响

供应链和生产管理流程发生的业务是多种多样的，许多账户受供应链和生产管理流程的影响。表 13-1 列举了典型业务的执行过程。

表 13-1　供应链和生产管理流程发生的业务概述

	流程/活动	凭证	所用的日记账、分类账和其他记录	典型的会计分录
采购	1. 请购：提出原材料和零件的购买请求	请购单		
	2. 采购：以已签订的合同和选择的供应商为基础，将订货单传送给恰当的供应商	订货单	核准的供应商一览表	
	3. 验收货物：企业对收到货物进行验收并将之储存或移交给请购部门	验收单 入库单 提货单	有关存货明细账	

续表

流程/活动	凭证	所用的日记账、分类账和其他记录	典型的会计分录
采购 4. 确认应付账款：以入库单和供应商发票为基础确认负债	供应商发票 入库单	单据登记簿 记账凭证	
采购 5. 应付账款过账：将应付账款过入恰当的供应商明细账		应付账款明细账	
采购 6. 总分类核算：将采购、应付账款记入恰当的账户	记账凭证	总分类账	借：材料采购 　贷：应付账款
付款 编制付款凭单：确定支付应付账款，并做好支付的准备	支票	银行存款日记账 支票登记簿	
付款 支付授权：检查和授权付款并将款项支付给供应商			
付款 应付账款过账：支付的款项应借记应付账款明细账		应付账款明细账	
付款 总分类核算：支付的款项应记入恰当的账户	记账凭证	总分类账	借：应付账款 　贷：银行存款等
生产 开始生产：原材料投入生产过程	请购单	永续盘存记录	借：生产成本 借：制造费用 　贷：原材料
生产 生产：加工和组装产品	工资计算单 派工单		
生产 成本分配：确定完工产品的总成本和单位成本	工资费用分配表 制造费用分配表	标准成本计算 有关间接费用记录	借：生产成本 　贷：应付职工薪酬 借：生产成本 　贷：制造费用
生产 产品完工：将完工产品储存	产成品入库单		借：库存商品 　贷：生产成本

第二节 供应链和生产管理流程的内部威胁分析

一、供应链和生产管理流程的内部威胁分析概述

供应链和生产管理流程的内部威胁分析如表 13-2 所示。表中列举了该流程典型的风险、相关控制以及业绩指标。需要说明的是，表中所列的潜在风险并不是包罗万象的，所列的各项控制和业绩指标也不是包揽无遗的。由于构成该流程的各种活动不同，不同企业所面临的风险也不尽一样，相应的内部控制和业绩指标不可能完全相同。

表 13-2　内部威胁分析：供应链和生产管理

流程风险	相关控制	业绩指标
（1）未能充分供应适当的存货	1. 以销售为基础预测所需资源，并将预测结果与资源取得活动结合起来 2. 对供应商进行调查和了解 3. 签订关键原材料和零件的长期供应合同 4. 通过信息技术与供应商进行联系 5. 确定备选的供应商 6. 定期检查订货单 7. 建立适时存货供应系统	1. 供应商数量 2. 供应商供货的及时性 3. 原材料供应中断的频率 4. 受原材料短缺影响的时间 5. 生产实际需要与预测结果的对比
（2）取得不需要或过多的存货	1. 监控存货库存水平 2. 建立自动的存货补充系统 3. 将购买授权与其他活动分离 4. 建立适时存货供应系统	1. 原材料周转率 2. 原材料损耗率或过时率 3. 生产实际需要与预测结果的对比
（3）采购的存货不符合质量、价格、支付条件和交货时间的具体要求	1. 对常规业务采取一般授权 2. 对非常规业务或高价值的存货采用特别授权 3. 签订关键原材料和零件的长期供应合同 4. 对采购活动进行独立的检查验证	1. 拒绝接受供应商货物或残次原材料的频率 2. 供应商及时供货的统计资料 3. 原材料成本 4. 订货单差错率 5. 原材料价格和用途的变化
（4）交易处理成本过高	1. 采用电子计算机处理采购业务 2. 建立常规采购业务的标准流程 3. 监控采购过程的执行。	1. 单项业务的处理成本 2. 采用计算机处理采购业务的百分比 3. 采用计算机处理支付业务的百分比
（5）原材料收到后发生损坏	1. 对员工进行充分的训练 2. 按时交货以便有充分的时间对原材料进行恰当的处理 3. 按原材料类别建立恰当的处理程序 4. 对接收场地进行精心布置	1. 原材料用途的变化 2. 购货退回的价值 3. 原材料损坏成本
（6）未经授权使用存货或存货损失	1. 建立实物安全措施 2. 只有通过恰当的授权才能动用存货 3. 核对存货的账存数与实存数 4. 调查员工的背景	1. 存货的损耗率 2. 存货账存数与实存数差异
（7）接受未经授权或不恰当的货物	1. 在收货时进行质量检查 2. 不接受未经授权的货物	1. 购货退回的频率 2. 交货拒收的频率
（8）未经授权或不恰当的支付	1. 在提供了恰当的凭证后才能支付货款 2. 付款后，将支持性文件作废，以避免重复支付 3. 建立安全措施以确保支票、支票的填写设备和印章的安全 4. 独立处理支付业务并对支付业务进行独立的验证	1. 无完整文件而进行支付的数量和频率 2. 供应商投诉的数量和频率 3. 现金损失 4. 采用电子划转方式进行支付的百分比

续表

流程风险	相关控制	业绩指标
（9）信息处理不准确	1. 恰当编制有关凭证并对之进行验证 2. 恰当分离各项活动的职责 3. 对零部件、供应商和各种产品等进行编号 4. 及时更新文件和会计记录	1. 业务错误处理的百分比 2. 错账调整的数额 3. 错账调整的次数
（10）未能捕捉到所需的信息	1. 使用预先编号的交易凭证并对之进行验证 2. 及时记录所有交易和事项	1. 从序列中遗失的凭证的号码 2. 在采购、供应商和存货记录中遗失的文件的号码
（11）负债的估价不准确	1. 对照支持性文件验证所记录的负债和供应商的发票 2. 运用偿付债务的单据系统 3. 按顺序使用预先编号的单据	1. 账单调整的次数及数额 2. 有争议账单发生的频率 3. 被遗失单据的号码
（12）未能及时支付债务	1. 运用自动确定支付时间的系统 2. 在出示有关单据后就支付货款 3. 进一步调查供应商的信件或投诉	1. 丧失的折扣金额 2. 供应收取的利息 3. 应付账款周转率
（13）生产过程设计无效率导致长期成本增加	1. 研究最佳的生产方案 2. 进行充分的研究和开发 3. 建立有效的资本预算程序	1. 生产过程成本差异 2. 生产过程调整次数 3. 原材料实际用途与计划的差异 4. 设备损坏和维修所损失的时间
（14）生产计划无效率导致成本的增加	1. 使用原材料资源计划技术 2. 使用生产计划技术 3. 对生产计划改变的频率和效率进行监控	1. 生产能力利用百分比 2. 生产计划调整的频率 3. 生产计划调整的幅度
（15）由于生产问题而导致产品质量低下	1. 对次品率和返工率进行监控 2. 对查出的质量问题及时采取措施	1. 产品退回率 2. 产品返工率 3. 返工成本
（16）残次品过多	1. 对残次品率进行监控 2. 发现问题及时采取措施	1. 残次品成本 2. 残次品数量
（17）对残次品的处理不恰当	1. 建立残次品处理程序和指南 2. 与有良好信誉的废品公司签订长期合同	1. 废品处理成本 2. 废品处理不当而导致的罚款
（18）成本分配和标准成本计算不准确	1. 比较成本分配与支持性的文件 2. 检查和制定标准成本 3. 对标准成本差异进行监控以查明系统性的差异	1. 实际生产成本与预算差异 2. 实际生产成本
（19）储存成本或运输成本过高	1. 对存货周转率进行监控 2. 将销售预测与原材料订单相联系 3. 建立适时存货供应系统 4. 使用原材料资源计划技术	1. 产成品周转率 2. 存货可供应的天数 3. 库存和运输成本

二、识别流程风险

表 13-2 中所列的供应链和生产管理流程的风险可以分为下几类：

（一）领导风险

在经营流程中，管理方面存在的问题对该流程风险的类型和范围有重要影响。许多风险都可能因供应链和生产管理流程的管理无效而产生，如存货供应不充分（风险 1）、取得不需要或过多的存货（风险 2）、未能取得符合生产要求的存货（风险 3）、无效的生产设计和生产计划（风险 13 和风险 14）等。

（二）正直风险

如果员工不正直和不道德，则会产生盗窃和滥用资产的现象。存货损耗（风险 6）、不恰当支付（风险 8）可能因为员工不愿受控制的约束或疏忽而产生。

（三）制度风险

为了保证经济活动健康有序的进行，国家制定了许多制度来对企业的有害的经营活动进行限制。企业必须遵守处理原材料（特别是有害的原材料）、控制生产过程和处置废品的各种制度。如不遵守这些制度，就会招致严重的处罚。处理有毒废品不恰当（风险 17）是生产过程中的重大风险。

（四）技术风险

技术可能影响该经营流程的许多方面，如生产过程的设计、供应链沟通的性质、原材料计划、生产计划以及信息的可靠性。技术水平对该流程的许多风险都有重大影响，如收货的延迟（风险 1）、信息处理不准确（风险 9）、忽略关键的信息（风险 10）、无效率的生产设计（风险 13）、无效率的生产计划（风险 14）、产品质量低下（风险 15）、成本分配不准确（风险 18）等。

（五）财务计划风险

财务计划没有效果，或者完成经营流程各项活动的资源不充分也会产生风险。财务计划不周和资源分配不合理所导致的风险主要包括：原材料供应不充分（风险 1）、处理原材料而造成损坏（风险 5）、支付货款延迟（风险 12）和生产计划无效率（风险 14）。

（六）人力资源风险

在工作中，员工会出现这样或那样的错误，这些错误可能导致该流程的风险。对人力资源特别敏感的风险包括处理原材料造成的损坏（风险 5）、接受未经批准的货物（风险 7）、信息处理不准确（风险 9）、负债估价不准确（风险 11）、无效率的生产设计或计划（风险 13 和风险 14）。

（七）作业风险

许多作业都会影响供应链和生产管理流程的效率和效果。重要的作业风险包括业务处理成本过高（风险 4）、处理原材料造成损坏（风险 5）、接受未经批准的货物（风险 7）、产品质量低下（风险 15）、残次品过多（风险 16）、储存成本和运输成本过高（风险 19）。

（八）信息风险

为了对供应链和生产流程进行有效的管理，管理者需要及时、可靠的相关信息。注册会计师也需要有关信息来识别和评估可能会对审计产生影响的风险。该经营流程相关的信息风险包括信息处理不准确的风险（风险9）、忽略关键的信息（风险10）、负债的估价不准确（风险11）。

从上面的讨论中我们可以看出，某个具体的风险往往与多种原因有关。影响风险的综合因素越多，风险变成问题的可能性越大。例如，公司未能取得充分及时的原材料供应可能是因为领导者无效的管理、计划不周、信息系统提供的信息不充分以及人为的错误等。对注册会计师来说，技术风险、人力资源风险和信息风险特别重要，因为它们之间的相互作用会对该流程所产生的信息的质量产生直接影响。

三、流程控制分析

表13-2第二栏概述了该流程的相关控制。这些控制可以分为四类：

（一）业绩评价

通过对各种情况的监控并在发现问题后及时采取措施，许多风险都可以得到有效的控制。对供应链和生产管理流程来说，管理者应监控存货水平、供应商履行合同的情况（如质量、服务、处理发生的错误、及时性等）、残次品的水平、产品质量、影响供应链和生产管理的技术发展、生产效率和作业效果。

（二）职责分离

在供应链和生产管理流程中，应该分离的不相容的职责包括：生产设计和计划、购买授权、处理存货、存货的核算、支付授权和对支付的处理。

（三）业务处理控制

根据具体活动和步骤的不同，企业可以在供应链和生产管理流程中实施不同的流程控制。在业务处理控制中，重要的步骤包括订购存货、接受货物、控制生产、处理残次品和支付货款。该流程中所涉及的凭证有订货单、入库单、支票、存货移动凭证和派工单。该流程所用的大部分凭证都要预先编号并按顺序使用。关键的日记账和分类账及有关记录主要包括应付账款分类账、现金日记账、银行存款日记账、标准成本计划、永续存货记录。该流程要进行大量的独立验证工作，包括检查凭证的一致性、将小计与总计进行比较、对异常的事项进行调查等。

（四）实物控制

实物控制包括对接近存货、现金、凭证、记录和电算化系统的限制。限制接近凭证、记录和电算化系统与限制接近存货和现金同等重要，因为凭证、记录和电算化系统可以被用来对存货进行不恰当的移动和不恰当的接近现金（如空白支票）。

注册会计师并不是对审计敏感流程的所有控制感兴趣。注册会计师关注的是那些能降低重要剩余风险的控制或能减少与财务报表认定有关的控制风险的控制。注册会计师的职责是取得对流程控制的充分了解，以便形成对财务报表认定的控制风险评估的结论。对注

册会计师来说，信息可靠性控制是特别重要的。表13-3列举了许多与采购、支付和存货有关的会计控制。

表13-3 供应链和生产流程相关的控制

活动	典型的内部控制
采购活动	1. 将采购活动的会计核算与采购活动分离 2. 使用预先编号的请购单、订货单和入库单 3. 对订货单进行独立的检查 4. 对照订货单，对收到的货物进行验证，以查明不一致的情况 5. 将供应商的发票直接送给付款部门 6. 对照其他交易凭证和公司的政策，对每个供应商发票中的价格、质量、付款条件、总额进行验证 7. 对每项支出是记入资产还是费用进行复核 8. 按月将供应商的报告与单项交易（采购和支付）进行核对 9. 保存按应付日期排列的未付负债的文件记录 10. 对交易及时入账 11. 使用控制性总额来验证过账的准确性 12. 保存最新的科目表 13. 制定将小额的资产确认为费用的政策 14. 将总分类账的总额与明细账、支持性的日记账进行核对 15. 在过账前检查所有会计分录 16. 对账户中异常的记录进行调查
支付活动	1. 将支付的核算与准备支票（出纳）、采购、应付账款的确认和过账活动分离开来 2. 对付款采用预先编号的支票或通过电子系统划转款项 3. 将与支付有关的支持性凭证作废，以防止重复支付 4. 使用支票填写机或使用有适当的安全保护措施的计算机产生的支票 5. 将弄坏的支票立即作废 6. 对照支持性凭证检查支票的数额和其他细节 7. 将业务及时入账 8. 使用控制性总额来验证过账的准确性 9. 对银行存款的支出进行独立的核对 10. 对所用支票的顺序进行说明，并对已签发的过期的支票进行调查 11. 将总分类账的总额与明细账、支持性的日记账进行核对，并特别关注尚未支付的余额
存货	1. 将存货的核算与采购授权和存货的处理分离 2. 按产品追踪存货成本的轨迹（包括直接材料、直接人工和制造费用） 3. 以产品设计、资源需要和生产过程的分析为基础建立标准成本 4. 对照实际成本来评价标准成本 5. 监控成本差异，并对之进行及时的调查 6. 监控销路不畅的存货，评价其可实现的净值 7. 监控并恰当说明对废品、边角余料和副产品的处理 8. 保持充分的永续存货记录 9. 为生产相关的活动保持综合的科目表 10. 使用预先编号的转移或加工凭证来说明将原材料转换为产成品和存货在生产过程内部的移动 11. 定期将永续存货记录与总账和实物盘点的结果进行核对

四、关键业绩指标

表13-2的第三栏列举了监控供应链和生产管理流程风险的业绩指标。其中大部分指

标是平衡记分卡中流程业绩的组成部分。表中所列的业绩指标可以分为四类,包括供应商的业绩(所供资源的质量、及时性、成本及资源短缺等)、存货的处理和使用(存货水平、存货损坏、废品、次品等)、存货成本(标准成本、成本差异、生产效率等)、业务处理(差错率、业务处理成本等)。

由于存货成本的计量相当重要,许多制造商都具有相对完备的存货和生产成本数据。注册会计师可以利用这些数据评估该流程风险。供应商业绩和业务处理通常不是会计系统的组成部分,除非企业使用类似 ERP 的整合的信息系统,否则要取得这些数据是比较困难的。而且,在将会计系统外部信息作为流程风险的证据之前,注册会计师必须考虑这些信息的可靠性。

在评价业绩指标时,注册会计师应综合考虑多种业绩指标,这样才能识别该流程业绩的类型或趋势。例如,供应商所供应的原材料质量下降,可以用较高的交货拒收率、所订购的原材料与所交付的原材料不一致以及原材料用途改变等来作为证据。同时,原材料质量的恶化还可以通过较高的废次品率、原材料报废增加、调整机器处理原材料而使生产过程中断的频率增加等表现出来。如果注册会计师发现了这类问题的证据,就应该将原材料质量下降的剩余风险评估为高水平,并充分考虑其审计意义。

第三节 供应链和生产管理流程剩余风险的评估

一、评估已识别风险的固有水平

注册会计师可以从两个方面对已识别风险的固有水平进行评估,即某个风险导致不利结果的可能性以及不利结果的大小,并将风险评估的结果记录在风险图中。供应链和生产管理流程的风险固有水平如图 13-2 所示。为了举例的方便,图中只列举了七种风险。处在图中右上的正方形中的风险是重要的风险。

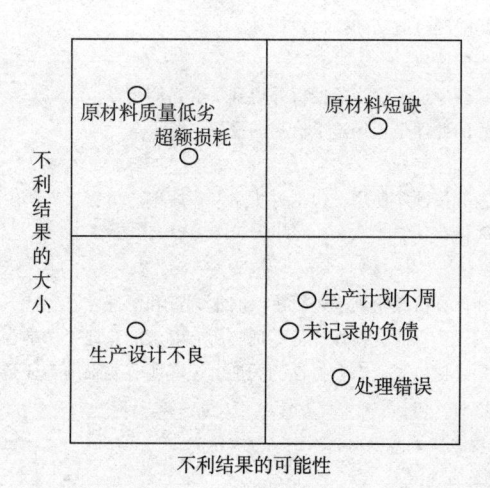

图 13-2 供应链和生产管理的风险图(风险的固有水平)

二、内部控制测试

在识别出风险的固有水平，考虑内部控制和业绩指标之后，注册会计师下调了某些风险的水平，为了证明这种下调是合理的，注册会计师应执行控制测试。

控制测试的目的在于取得企业的重要内部控制是否有效的证据。注册会计师只需对那些能将风险从重要的水平降低到可以接受的水平的内部控制进行测试，而没有必要对所有内部控制进行测试。表13-4描述了适用于供应链和生产管理流程的典型的控制测试。

表 13-4　供应链和生产管理流程的控制测试

业绩评价与整个流程的管理
1. 复核为供应链和生产管理所建立战略、目标和预算的政策。
2. 评价与供应链和生产管理有关的政策和决策是否与组织的总体战略和目标一致。
3. 复核和评估与竞争对手、生产趋势、技术进步有关的内部分析资料。
4. 复核与供应链管理和生产管理的关键决策有关的支持性文件。
5. 复核资源的取得、费用和现金预算，并验证是否进行了各种差异的调查。
6. 复核应付账款报告并验证是否对因购货退回而产生的应付账款的调整进行了及时和恰当的处理。
7. 检查客户是否以对产品设计、资源的需要和生产过程的深入分析为基础来制定标准成本。
8. 验证客户是否对成本核算中的各种差异进行了监控，各种差异是否得到及时的处理。
9. 验证客户是否对废品、边角余料和副产品的处理进行了监控。
10. 评价该流程中关键员工的胜任能力和培训情况。
11. 与恰当的管理人员讨论流程业绩指标和并对流程监督是否有效进行评价。
12. 确定和复核与关键风险有关的业绩指标恰当性
评价业务处理控制
恰当的授权程序：
1. 验证是否存在采购商品和劳务的一般授权（如采购手册、采购限制、标准化的质量要求、标准化的支付条件）。
2. 复核对采购一般授权的修改过程。
3. 选取采购单据的样本，验证所要求的授权都在凭证中加以恰当的标注。
4. 选取签发的支票的样本，验证所要求的授权都在凭证中加以恰当的标注。
5. 验证存货的移动和加工改制是否经过适当的授权。
6. 验证标准成本是否经过了恰当的授权。
7. 验证过时陈旧的存货的处理是否经过了恰当的授权并得到了恰当的记录。
8. 验证废品、边角余料和副产品的处理是否经过了恰当的授权。
使用充分的凭证和记录：
1. 验证所有的凭证是否预先编号并按顺序使用，包括订货单、入库单、单据、支票、工票和存货移动凭证。
2. 观察主要的存货文件是否永久保存。
独立验证员工的职责：
1. 验证是否对所有的例外报告和计算机编辑列表进行了及时地调查和清理。
2. 取得单据样本，验证是否提供了所有的支持性凭证，证实所要求的验证工作是否恰当地标注在凭证中。
3. 取得签发支票的样本，验证是否提供了所有支持性的凭证，证实所要求的验证是否恰当地标注在凭证中。
4. 验证是否及时进行了恰当的核对，包括：
（1）银行存款余额调节表与现金登记簿核对；
（2）日记账与应付账款的过账核对；
（3）永续存货记录与实物盘点及总账核对；
（4）标准成本的计算及间接费用的分配与实际结果核对。
对不一致的情况是否进行了彻底的调查

实物控制
观察资产、凭证和记录的接近控制是否得到遵守
职责分离
1. 验证采购、生产和会计活动中是否存在适当的职责分离。 2. 与指派进行业务处理的员工讨论工作责任，并评价其职权的有效性和一致性。 3. 复核系统中所用的程序手册、员工政策、组织图、账户表和其他凭证和记录。 4. 识别和评价在该流程中当年发生的重大变化。 5. 观察员工是否履行了与核准交易和验证交易有关的职责，包括： 　（1）复核和调查发出的订单； 　（2）编制收货报告和验证收到的货物； 　（3）将收到的货物储存或移交给其他部门； 　（4）支票的填写和核准； 　（5）在支付货款后将支持性凭证作废； 　（6）支票的寄送

三、风险评估

供应链和生产管理流程风险评估的最终结果如图 13-3 所示。在考虑内部控制和业绩指标之后，注册会计师会将某些风险的水平下调，这种下调是通过风险向左下的正方形移动来表示，下调的最终结果用五角星来表示。

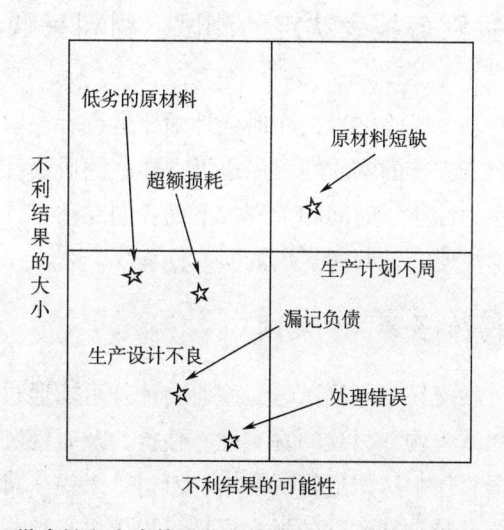

图 13-3 供应链和生产管理流程的风险图（风险评估的最终结果）

从图 13-3 中可以看出，由于内部控制的存在，许多风险有实质性的减少。这些风险包括收到质量低劣的原材料的风险、原材料损坏过多的风险、漏记负债的风险和业务处理错误的风险。尽管存在内部控制，但原材料短缺的风险并没有降低到可以接受的水平。由于生产计划不周的风险缺乏有效的内部控制，注册会计师没有进行控制测试，其风险还是保持在固有的水平上。

四、确认重要的剩余风险及其应对

从图 13-3 中可以看出,原材料供应不足和生产计划不周是两大重要的剩余风险。注册会计师必须进一步详细地考虑其审计意义。

原材料供应不足的风险可能会调整注册会计师对许多业绩指标的期望。例如,原材料供应不足,会减少产量,由于将固定成本分配给较小的产量,产品中固定成本增高,产品的单位成本也会提高;由于存货水平较低,存货周转率会较高;顾客订单积压的时间会增长。如果客户报告的结果与这些期望相符,就为财务报表是否公允表达提供了证据。如果公司决定使用期货合同或采取其他手段来控制原材料供应的风险,那么,注册会计师就要对受其影响的财务报表认定及披露进行测试。不仅如此,与原材料供应不足有关的问题还会导致控制环境的恶化。为了获得充足的原材料,采购经理可能会选择与不可靠供应商交易,或者接受质量低劣的原材料。更有甚者,管理者可能操纵存货和生产信息来掩盖问题。

生产计划不周的风险会影响注册会计师对成本、边际利润、设备利用的期望,但对财务报表中重要的认定并无重大影响。虽然生产计划不周风险发生的可能性较高,但是其影响的重要程度相对来说并不高。因此,注册会计师只需适度关注该风险。一般来说,注册会计师对该风险的相关测试仅限于实质性分析程序,而不会涉及交易类别测试和其他的实质性测试。

第四节 有关财务报表认定的测试:材料采购和应付账款

在确定该流程重要的剩余风险之后,注册会计师要进行有关财务报表认定的测试。剩余风险的评估结果不同,所进行的实质性程序也不一样。注册会计师应根据剩余风险的评估结果来选择实质性程序的性质、时间和范围。下面我们在被审计单位相关认定重大错报风险较高的前提下,讨论注册会计师所运用的实质性程序。

一、材料采购和付款的交易类别测试

在进行材料采购和付款交易类别测试时,注册会计师可能通过从与采购和付款有关的凭证总体中选取样本来测试采购和付款的真实性、估价、及时性和分类目标。对采购活动来说,可从已记录的单据总体中选取适当的样本;对付款来说,可从已记录的支票总体选取适当的样本。用来进行交易类别测试的样本同样可用于进行控制测试(双重目的测试)。对选出进行测试的交易,注册会计师应对它们的支持性凭证进行检查,以确信所有业务都已经以恰当的数额、在恰当的时间记入了恰当的账户。

准确性可以通过测试有关日记账和分类账来验证。日记账包括材料采购日记账、现金日记账、银行存款日记账等;分类账包括应付账款明细账及总账、在途材料明细账及总账等。对于关键性总额,注册会计师还应追查至总账的适当的账户。为了测试应付账款的完整性,注册会计师可以从该期间的入库单,特别是会计年度末的入库单中选取样本,验证

支持性文件并追查业务是否恰当地包括在应付账款总账和明细账中。表 13-5 列举了典型的采购和付款环节的交易类别测试。

表 13-5　与供应链和生产管理流程有关的交易类别测试

采购的处理
真实性、估价、及时性和分类： 　　复核单据登记簿或材料采购日记账，以查明应予以详细复核的大宗交易或异常交易，并从单据登记簿或材料采购日记账中选取采购业务样本，取得相关发票及其他所有支持性书面证据，执行如下测试并注意发现的例外： 　　1. 追踪供应商至核准的供应商清单。 　　2. 将请购单、订货单、入库单和供应商的发票数量进行比较。 　　3. 复核供应商发票中的价格以查明其准确性。 　　4. 重新计算供应商发票中增加的部分和备注。 　　5. 将供应商发票与有关单据进行比较。 　　6. 追查单据是否包括在单据登记簿中。 　　7. 将每张入库单的日期与过入单据登记簿中的日期进行比较。 　　8. 追查单据是否恰当地过入应付账款明细账中。 　　9. 复核资产和费用的分类以查明是否合理。 　　10. 追查存货项目及其数量是否包括在永续存货记录中。 　　11. 测试明细账中供应商账户记录的准确性。 　　12. 复核对供应商的期后支付并注意所获得折扣和所支付利息的真实性。 准确性： 　　测试采购日记账或单据登记簿的准确性。这种测试可以抽样为基础来进行。通过选取几天的交易并测试每天的总额，然后将每天的金额予以加总，以测试该期间的总额是否正确，并追查总额是否包括在总分类账中。 完整性： 　　从预先编号的收货凭证序列中选取收货凭证的样本，追查它们是否记录在单据登记簿中。注意是否存在对应的单据和其他支持性凭证，并注意过账日期（与收货报告进行比较）

支出的处理
真实性、估价、及时性和分类： 　　复核现金日记账和银行存款日记账，以查明应予以详细复核的大宗交易或异常交易，从现金日记账和银行存款日记账中选取支付业务的样本，并取得支付活动的支持性的文件（单据包），执行如下测试并注意发现的例外： 　　1. 复核和对比支持性凭证中的信息。 　　2. 验证支付的数额是否与供应商账单中的数额和付款条件（折扣、利息等）一致。 　　3. 复核作废支票以查明受款人、适当的签字、供应商背书和银行的戳记。将支票上的日期与作废的日期进行比较，以查明是否存在尚未兑现的支票。 　　4. 追查支票是否恰当地过入应付账款明细账。 完整性、准确性： 　　测试现金日记账或银行存款日记账（如有需要，也可测试支票登记簿）的准确性。这可以抽样为基础来进行。追查总额是否恰当地包括在总分类账中

二、应付账款测试的实质性程序

采购业务通常会形成应付账款。应付账款实质性测试的主要目的在于验证应付账款的完整性、估价和列报。表 13-6 概括了应付账款实质性测试的方法。一般来说，除非被审计单位许多相关认定剩余风险的水平很高，否则注册会计师不会使用表中所列的全部测试。

表 13-6　应付账款测试的实质性程序

审计目标	典型的实质性审计程序
准确性：各应付账款明细分类账户的余额之和与应付账款总账的余额相符	1. 在会计年度末取得应付账款余额试算表； 2. 测试试算表的准确性； 3. 将余额试算表总额与应付账款总账和明细账的余额进行核对； 4. 选取余额试算表中的账户为样本，追查至应付账款明细账； 5. 核对材料采购日记账、现金或银行存款支出日记账、应付账款明细账与应付账款总账
存在：所有记录的与应付账款有关的业务确实发生，所记录的应付账款确实存在	1. 向供应商函证应付账款余额并对例外情况和没有收到回函的情况进行进一步调查； 2. 复核该期间采购和付款业务的样本
完整性：所有应付账款业务和金额都得到了记录	1. 向供应商函证应付账款（包括一些余额为零的账户），并对例外情况和没有收到回函的情况进行进一步调查； 2. 选取年末前后编制的收货报告的样本，追查它们是否包括在单据登记簿和应付账款明细账中； 3. 复核在年末前后支付的货款，以确定负债及其支付是否记录在恰当的会计期间； 4. 复核该期间采购和支出的样本
准确性、估价与分摊：所记录的应付账款的数额正确、恰当	1. 向供应商函证应付账款并对例外和没有回函的应收账款进行进一步调查； 2. 从余额试算表中选取所记录负债的样本，追查至适当的支持性文件，包括供应商的报告； 3. 复核该期间销售和收款业务的样本
分类：应付账款分类恰当	复核应付账款试算表，查明应予重新分类的项目（如借方余额、应付票据等）
截止：影响应付账款的交易被记录在恰当的会计期间	1. 复核年末前后的支付，确定它们是否记录在恰当的会计期间； 2. 在年末执行存货的截止测试和实物观察
列报：所有要求的与应付账款余额以恰当方式列报有关的披露都包括在财务报告中	1. 编制应付账款的披露复核表； 2. 取得管理层关于应付账款披露的声明书

三、材料采购和付款测试的典型实质性程序详解

材料采购和付款的实质性程序主要包括：采购和付款的交易类别测试、实质性分析程序、应付账款余额试算表测试、未记录负债的测试、应付账款函证。

（一）实质性分析程序

实质性分析程序对测试供应链和生产管理流程的有关费用账户是十分有效的。对其中的某些账户来说，实质性分析程序可能是唯一需要进行的测试。注册会计师可以根据账户余额的性质和所要求的精确水平选择不同的方法对有关账户进行测试。在测试中使用的信息越详细，所取得的审计证据就越好。如果存在可以利用的信息，注册会计师还可以按时间、地点和产品来分析重大的费用项目。注册会计师常用的实质性分析程序包括：

1. 分析费用的变动趋势

在不同时期，固定费用总额很少变动，变动费用总额则会因产量的增加而增加。注册会计师可按费用的绝对额和相对额分析其变动趋势，判断变动是否合理。

2. 直接估计费用

注册会计师可以利用被审计单位有关产量、时间或交易量的经营数据直接估计某些费用。例如，如果注册会计师得知公司收到了 1 000 个单位的货物，平均每单位的货物运输成本为 25 元（这两个数据都是与该流程相关的业绩指标），就可以估算出运输总成本为 25 000 元。如果这一结果接近账簿中所记录的金额，说明该账户的记录是正确的。

3. 比率分析

许多比率是以财务数据和经营数据为基础计算出来的。注册会计师可以对这些比率进行检查，以识别可能表明账户余额存在错报的经营情况的变化。例如，将单位产品的实际生产成本与标准成本进行比较，可以用来评价所报告的存货余额的准确性。

4. 回归分析

回归模型能有效地将财务数据、内部经营数据和外部经济数据结合起来，以提供账户余额相对精确的估计。注册会计师可利用回归分析法对费用进行分析。例如，以工作天数、生产数量、一般的天气情况（影响取暖和制冷）、每千瓦的价格等来估计公用事业费。

不论采用何种方法，注册会计师最终必须判断被审计单位所记录的金额与注册会计师的期望值之间的差异是否重要。注册会计师的期望值必须以在战略分析和经营流程分析中所获得的有关战略风险和经营流程风险的证据为基础。如果期望值与实际结果之间存在明显的不一致，注册会计师应考虑作出何种反应。注册会计师的反应取决于差异的大小、方向和差异可能的解释。实际结果与期望值不一致可能表明经营发生了变化（如增加了生产能力）、会计方法发生了变化（如由后进先出法改为先进先出法），或账户余额存在错报。如果差异是重要的，注册会计师就必须进一步调查该账户，直到为这种差异提供了充分的解释和验证。

（二）测试应付账款余额试算表

为了测试应付账款的准确性，注册会计师应取得应付账款余额试算表。应付账款余额试算表按供应商或单据列明了企业所记录的所有应付账款。该表应与应付账款总账的余额核对相符。利用该表还可以查明需要重新分类的异常项目，或需要进行进一步调查和解释的项目。

（三）测试未记录的负债

应付账款实质性测试包括搜索企业未记录的负债。这种测试实际上是一种截止测试。一般来说，注册会计师可以从下年初的付款业务中选取样本，检查其支持性文件，确定所支付的应付账款在上年末是否存在，确定企业所支付的负债是否已记录在上年末的应付账款中。对查出的漏记的应付账款，注册会计师应建议被审计单位进行调整。测试下年初付款业务的范围取决于注册会计师对应付账款认定错报风险的评估结论。

（四）应付账款函证

为了证实应付账款的余额，注册会计师也可以函证应付账款。应付账款函证通常采用的是积极式函证，一般不采用消极式函证。询证函也会询问有关正式的财务安排（票据及其承兑）和寄售的存货。这种信息对审计其他认定是有用的，但是它和应付账款并没有直接的关系。

一般来说，企业高估负债的可能性较小，注册会计师对应付账款进行函证的目的在于查找未记录的负债或低估的负债，而从已记录的账户中选取函证对象不大可能查出未记录的负债。为了查出未记录的应付账款，注册会计师还应选取应付账款余额为零或很小，但与公司有经常业务往来的供应商进行函证。如果没有收到回函或回函的结果与被审计单位的记录不一致，注册会计师就应对此进行调查。

应付账款测试的范围取决于注册会计师对其重大错报风险评估的结果。如果应付账款大部分认定的风险处于低水平，注册会计师就没有必要执行表 13-6 中所列的大部分测试，而将测试局限在少数大宗采购和年末后的付款上。如果应付账款大部分认定的错报风险较高，注册会计师就要执行更多的实质性测试，使用更大的样本来测试采购业务和未记录的负债。

第五节 有关财务报表认定的测试：存货

一、存货测试的重要性

由于生产活动和存货业务控制的复杂性，存货通常被认为是高风险项目。在处于财务困境时，企业还可能利用存货操纵会计信息，粉饰财务报表。存货本身的复杂性和管理层凌驾于控制系统之上的可能性增加了存货业务错报和舞弊的风险。因此，注册会计师必须十分关注存货项目。

二、存货测试的实质性程序一览表

对于存货，注册会计师关注的重要问题是存货是否存在，估价是否恰当，是否记录在恰当的会计期间，是否记录在恰当的账户中。除非存货储存地点较远、存货储存在独立的仓库、存在寄售的存货，存货的完整性一般不是大问题。只有当存在大量的在产品时，存货的分类才是一个值得关注的问题。在这种情况下，在产品的完工程度会对存货的成本和产品销售成本有重要影响。表 13-7 描述了典型的存货实质性程序。

表 13-7 存货测试的实质性程序

审计目标	典型的实质性程序
准确性：包括在各存货明细账户中的余额之和与存货总账的余额相符	1. 测试存货汇总表的准确性，并追查存货项目是否恰当地包括在永续存货记录中； 2. 测试永续存货记录的准确性； 3. 将存货汇总表的余额与存货总账的余额进行核对； 4. 追查存货盘点的结果是否包括在存货汇总表中

续表

审计目标	典型的实质性程序
存在：所有记录的与存货有关的业务确实发生，所记录的存货确实存在，并恰当地反映了在途存货、寄售存货和储存在独立仓库中的存货	1. 观察一定时期的存货； 2. 验证在第三方手中的存货（如寄售的存货、存在于独立仓库的存货）是否存在 3. 执行实质性分析程序； 4. 执行销售测试和采购测试； 5. 存货监盘
完整性：所有存货业务和余额都得到了记录，并恰当地反映了在途存货、寄售存货和储存在独立仓库中的存货	1. 观察一定时期的存货； 2. 证实在第三方手中的存货（如寄售的存货、存在于独立仓库的存货）是否存在； 3. 检查寄售和采购协议以及其他存货安排； 4. 执行实质性分析程序； 5. 执行销售测试和采购测试
所有权：存货的所有权归公司	1. 验证在第三方手中的存货（如寄售的存货、存在于独立仓库的存货）是否存在； 2. 取得管理层的关于存货所有权的声明； 3. 检查董事会会议记录、律师信件、合同等，以收集存货所有权抵押或对存货其他要求权的证据
准确性、估价与分摊：存货的金额记录正确，制造费用的分配方法合理，并考虑了库存存货价值减少的可能性	1. 观察一定时期的存货； 2. 执行实质性分析程序； 3. 执行存货项目的价格测试（如采购价格、标准成本）； 4. 对间接费用和标准成本的计算和应用进行测试； 5. 对所记录的存货价值的可实现性进行测试； 6. 执行销售测试和采购测试
分类：存货余额和相关的成本都得到了恰当的分类	1. 检查寄售和采购协议或其他存货安排； 2. 检查生产中的差异以查明差异是否得到恰当的处理； 3. 执行实质性分析程序； 4. 验证在产品的完工程度
截止：影响存货的交易被记录在恰当的会计期间	1. 观察一定时期的存货； 2. 对收入和发运的货物进行截止测试
列报：所有要求的存货余额恰当列报，有关披露都包括在财务报告中	1. 检查寄售和采购协议或其他存货安排； 2. 完成存货的披露检查表； 3. 取得管理层关于存货披露的声明书； 4. 检查披露的准确性

三、存货测试的主要实质性程序

（一）存货的交易类别测试

由于生产过程并不涉及企业与外部的交易，注册会计师很少进行在产品存货交易类别测试。由于采购和销售过程涉及存货的增加和减少，所以注册会计师往往结合采购和销售测试来进行存货交易类别测试。注册会计师还可以测试存货的内部移动和加工转换。例如，通过测试转入生产过程的原材料，注册会计师就能查明原材料费用是否恰当地包括在

在产品成本中；通过对派工单进行测试，注册会计师可以确定人工成本的恰当性。

（二）实质性分析程序

实质性分析程序对测试存货的估价非常有用，特别是当存货存在价值贬损的可能性时尤其如此。如果存在可以利用的信息，注册会计师可按地点或分支机构对销售进行分析，以确认存在的问题。例如，通过分析每种产品的销售收入、销售成本、销售毛利和存货周转率，注册会计师就可以评估存货的可实现性，那些毛利低或周转率低的存货有可能发生减值。如果某一时期的存货的可实现净值低于成本，注册会计师就应建议被审计单位注销超过可变现净值的成本。

在评价制造费用分配和标准成本制定的合理性时，实质性分析程序也非常有用。注册会计师可以使用每种产品的总成本和总产量对分配到单位产品中的制造费用和直接人工进行估计，以确定标准成本中制造费用和直接人工的合理性。另外，注册会计师还可以检查制造费用的有利和不利差异，以查明存货成本的处理和调整是否恰当。

实质性分析程序还可用于比较当期各类库存存货的数量与前期各类库存存货的数量，以便发现异常变动。通过比较，如果发现无法解释的存货增加，可能表明存在与存货真实性有关的问题，或者存在与存货收入和发出有关的截止问题。如果存货水平异常下降，可能表明存在与存货完整性有关的问题。

（三）存货的监盘

由于不存在令人满意的替代程序来计量和观察期末存货，所以，审计准则要求注册会计师必须对存货进行检查，存货的监盘成为对拥有存货的被审计单位审计必不可少的程序。如果存货对财务报表是重要的，注册会计师应当实施下列审计程序，对存货的存在和状况获取充分、适当的审计证据：

（1）在存货盘点现场实施监盘（除非不可行）；

（2）对期末存货记录实施审计程序，以确定其是否准确反映实际的存货盘点结果。

其实，存货的监盘是注册会计师所进行的观察、询问和存货抽查工作的集合程序，其目的在于为被审计单位存货计量方法能产生正确的计量结果提供合理保证。

在存货盘点现场实施监盘时，注册会计师应当实施下列审计程序：

（1）评价管理层用以记录和控制存货盘点结果的指令和程序；

（2）观察管理层制定的盘点程序的执行情况；

（3）检查存货；

（4）执行抽盘。

注册会计师应当根据被审计单位存货的特点、盘存制度和存货内部控制的有效性等情况，在评价被审计单位存货盘点计划的基础上编制存货监盘计划，对存货监盘作出合理安排。存货监盘计划应当包括以下主要内容：存货监盘的目标、范围及时间安排；存货监盘的要点及关注事项；参加存货监盘人员的分工；抽查的范围。

注册会计师应当根据被审计单位的存货盘存制度及相关内部控制的有效性，评价其盘点时间是否合理。如果认为被审计单位的存货盘点计划存在缺陷，注册会计师应当提请被审计单位调整。

在被审计单位盘点存货前，注册会计师应当观察盘点现场，确定应纳入盘点范围的存货是否已经适当整理和排列，并附有盘点标识，防止遗漏或重复盘点。对未纳入盘点范围的存货，注册会计师应当查明未纳入的原因。对所有权不属于被审计单位的存货，注册会计师应当取得其规格、数量等有关资料，确定是否已分别存放、标明，且未被纳入盘点范围。注册会计师应当观察被审计单位盘点人员是否遵守盘点计划并准确地记录存货的数量和状况，进行适当抽查，将抽查结果与被审计单位盘点记录相核对，并形成相应记录。抽查时，注册会计师应当从存货盘点记录中选取项目追查至存货实物，以测试盘点记录的准确性；注册会计师还应当从存货实物中选取项目追查至存货盘点记录，以测试存货盘点记录的完整性。如果抽查时发现差异，注册会计师应当查明原因，及时提请被审计单位更正。如果差异较大，注册会计师应当扩大抽查范围，或提请被审计单位重新盘点。

注册会计师应当特别关注存货的移动情况，防止遗漏或重复盘点，还应当特别关注存货的状况，观察被审计单位是否已经恰当地区分所有毁损、陈旧、过时及残次的存货。

表13-8 描述了存货的监盘过程。虽然在大部分审计业务中都要进行存货的实地观察，但是注册会计师所进行观察的性质和观察的程度却不尽相同。在存货的观察中存在两种极端的情况：第一种极端的情况是客户的内部控制能力弱，注册会计师对存货的存在和估价非常担心。在这种情况下，注册会计师将执行大量的盘点测试，对参与盘点的客户的员工进行极其紧密的监控，并亲临盘点现场。第二种极端的情况是客户的内部控制能力强，注册会计师也对存货进行过观察。在这种情况下，注册会计师将执行最少的盘点测试，主要关注参与盘点的员工是否遵守了盘点原则的要求。这种存货观察的方法实际上是一种控制测试，而不是一种实质性测试。

表13-8　存货监盘程序

监盘准备
在存货盘点日之前，检查客户的存货盘点程序；参观储存存货的设施；确定盘点是否包括了所有存货的存放地点。确保在存货的盘点过程中使用下列控制：
1. 每个盘点小组应由两人组成，以确保盘点的准确性。
2. 每个盘点小组应有清晰的责任区域。
3. 应该使用预先编号的标签来记载盘点的数量，并应将其粘贴在已经盘点过的存货上。
4. 必须执行单独的检查（由监督员进行），以确保所有的存货都进行了清点并贴上了标签。
5. 在盘点过程中，要限制存货的移动和其他员工进入盘点现场。
6. 必须对在盘点过程中发出存货和接收存货的具体处理作出安排
观察存货盘点，并进行适当的抽查
1. 对被审计单位员工执行存货盘点的过程进行观察。
2. 随机选取已完成盘点的标签样本，验证其描述及数量的准确性。
3. 检查库存存货并注意是否存在过时的存货、被损坏的存货或在寄售中的存货。
4. 评价在产品完工百分比和在产品完工程度确定的合理性。
5. 观察已经完成存货盘点的地点，以确保所有存货都进行了盘点并贴上标签。此时只有被审计单位的员工才能撕下标签。
6. 在撕下标签的工作结束后，应对该地点进行观察，以确保所有标签都被撕下。
7. 注意在每个地点盘点过程中所用标签的顺序号。
8. 注意可用于截止测试的最后收货凭证和发货凭证的号码

续表

测试存货汇总表
1. 取得按标签号码排列的完整的存货盘点表，并测试其准确性。 2. 追查在盘点测试中所观察的存货标签，查明其是否包括在存货盘点表中。 3. 对照在实际观察中所用的标签号码，验证在存货汇总表中所列标签的完整性和真实性。 4. 将存货盘点表中的数量与永续存货记录的数量进行比较，并注意二者之间差异的处理。 5. 执行存货的价格测试。 6. 测试存货汇总表的准确性，并将其与总分类账进行核对

在存货的监盘过程中，注册会计师必须保证所有项目的盘点都是准确的，并包括在存货汇总表中。为了便于实现该目标，注册会计师应该取得证明以下几方面的证据：①在盘点过程中，存货没有被到处移动；②所有储存存货的地点都进行了盘点；③新收到的货物恰当地包括在盘点中；④发出货物不包括在盘点中；⑤盘点工作进行得认真仔细。使用预先编号的存货标签以及注册会计师对盘点小组进行监督，对存货盘点的准确性和完整性具有十分重要的意义。盘点的结果必须追查到存货汇总表。对存货汇总表的准确性要进行测试，并将其与总分类账进行核对。图13-4是测试存货汇总表的数量和盘点工作底稿的例子。

某公司存货盘点表
20×2 年 12 月 31 日

存货项目号码	项目描述	标签号	存货盘点数量	永续盘存记录数量	差异

图 13-4 存货盘点表

（四）存货估价和减值测试

如果注册会计师对会计记录中库存存货的数量感到满意，就要确定分配给存货的成本是否恰当。存货成本是否恰当取决于以下四个关键因素：

1. 外购存货的计价方法

测试外购存货的成本，注册会计师应追查供应商的发票与所用的存货计价方法是否一致。例如，如果企业对发出存货采用先进先出法计价，那么库存存货应使用供应商最近的发票的价格来计价。

2. 制造存货的成本计算方法

测试制造存货成本，注册会计师必须对产品的直接材料、直接工资和制造费用进行检查。在对直接材料进行检查时，注册会计师一般应从审阅材料和生产成本明细账入手，抽查有关费用凭证，验证企业产品直接耗用材料的数量，计价和材料费用的分配是否真实、合理；在检查直接人工成本时，注册会计师应检查直接人工成本的计算是否正确，人工费用的分配是否合理、恰当；在检查制造费用时，注册会计师应审阅制造费用核算内容及范围是否正确，制造费用的分配是否合理恰当。对采用标准成本法或定额法的企业，注册会计师应追查每一产品的标准成本（定额成本）的恰当性。注册会计师还应对在产品的完工率进行验证，以确保完工产品成本和在产品成本计算的准确性；应该对标准成本的计算和合理性进行测试，并对制造费用的实际数额与分配给产品的数额进行检查，以确保制造费用分配的准确性。

3. 主营业务成本的计算

主营业务成本是企业对外销售商品、产品，对外提供应劳等发生的实际成本。对主营业务成本的审计，应通过审阅主营业务明细账、产成品明细账等记录并核对有关原始凭证和记账凭证进行。在测试主营业务成本时，注册会计师应结合主营业务收入和生产成本的测试，检查存货销售成本结转的正确性，检查主营业务成本与主营业务收入是否配比，检查主营业务成本中的重大调整事项（如销货退回）是否存在充分的理由，检查主营业务成本在利润表中是否已恰当披露。

4. 存货陈旧过时的可能性

注册会计师应进行存货的减值测试。如果存货价格下降，注册会计师应检查存货的成本和可能的销售价格。如果存货的销售价格减去销售费用和合理的毛利后结果低于存货的账面成本，注册会计师应建议被审计单位将存货的账面价值调整为可实现的净值。

（五）存货汇总表测试

为了测试存货汇总表余额的准确性，注册会计师可以将存货汇总表与存货盘存表进行核对。注册会计师应追查每张存货盘存表的总额至永续存货记录，并与总账中的有关存货账户进行核对。注册会计师还应对存货的分类和披露是否恰当进行验证。

（六）截止测试

注册会计师应对存货的截止进行测试。所谓存货的截止测试，就是检查截止资产负债表日止，购入并包括在资产负债表日存货盘点范围内的存货。在会计上，就是检查存货及其相关账户的余额是否一并记入了当年的财务报表中。

存货截止测试通常与存货的监盘和销售及采购的截止测试结合在一起执行。截止测试的关键问题是确定企业资产负债表中是否恰当地包括了应计入的存货。在进行存货截止测试时，注册会计师可以采用两种方法。第一，抽查存货盘点日前后的购货发票和入库单，以查明两者是否在同一会计期间入账。第二，审阅验收部门的业务记录，凡接近年底（包括下年初）的购入的货物，必须查明其相应的购货发票是否在同期入账，对于未收到购货发票的入库存货，是否将入库单单独存放并暂估入账。截止测试完成后，对于发现的错误，注册会计师应提请被审计单位调整。

第六节 有关财务报表认定的测试：其他相关项目（账户）

从会计核算的观点来看，被审计单位的许多账户（或报表项目）都受供应链和生产管理流程的影响。除了前述材料采购、有关存货及应付账款账户（或项目）外，还包括存货跌价准备、待摊费用、预提费用、预付账款、应付票据等。表 13-9 列示了相关账户测试的实质性程序。

表 13-9　其他相关账户测试的实质性程序

账户名称	审计目标	实质性程序
存货跌价准备	1. 确定存货跌价准备的发生是否真实，计提是否恰当，转销是否合理。 2. 确定存货跌价准备发生和转销记录是否完整。 3. 确定存货跌价准备的期末余额是否正确。 4. 确定存货跌价准备在财务报表上的披露是否恰当	1. 获取或编制存货跌价准备明细表，复核加计是否正确，并核对其期末合计数与财务报表数额、总账数额和明细账的合计数是否相符。 2. 获取被审计单位本期计提跌价准备的存货的相关技术资料、市场价格与账面数额的比较资料以及被审计单位有关计提跌价准备的经权力机构会议确认的相关文件，检查是否符合企业会计准则的规定，核实存货跌价准备计提的合法性。 3. 检查存货跌价准备的期末余额与本期计提计算资料的一致性。 4. 检查存货跌价准备的有关披露是否充分恰当
待摊费用	1. 确定有关待摊费用的会计政策是否恰当。 2. 确定待摊费用入账和转销的记录是否完整。 3. 确定待摊费用的期末余额是否正确。 4. 确定待摊费用在财务报表上的列报是否恰当	1. 获取或编制待摊费用明细表，复核加计正确，并核对其期末合计数与财务报表数额、总账数额和明细账的合计数是否相符。 2. 抽查大额待摊费用发生的原始凭证及相关文件，以查明其发生额是否正确。 3. 抽查大额待摊费用受益期限的有关文件，确认待摊费用的受益期限，确定其摊销方法是否合理，复核其计算是否正确以及会计核算是否正确。 4. 检查是否存在不属于待摊费用性质的会计事项，是否存在超过一年尚未结清的待摊费用，如有，应查明原因并作好记录，必要时要求被审计单位调整。查明是否存在企业无法受益的待摊费用，如果存在，则应将其一次本部转销。 5. 检查待摊费用的披露是否恰当
预提费用	1. 确定有关预提费用的会计政策是否恰当。 2. 确定预提费用入账和转销的记录是否完整。 3. 确定预提费用的期末余额是否正确。 4. 确定预提费用在财务报表上的列报是否恰当	1. 获取或编制预提费用明细表，复核加计是否正确，并核对其期末合计数与财务报表数额、总账数额和明细账的合计数是否相符。 2. 抽查大额预提费用发生的记账凭证及相关文件，以查明其计提的依据和预提的数额是否正确，是否存在利用预提费用调节成本和利润的情况。 3. 结合审核短期借款利息支出，检查利息支出的预提是否正确。 4. 抽查大额预提费用转销的依据是否合理，复核计算是否正确，会计核算是否恰当。 5. 检查是否存在不属于预提费用性质的会计事项，是否存在超过一年尚未结清的预提费用，如有，则应查明原因并作好记录，必要时要求被审计单位调整。 6. 检查预提费用的披露是否恰当

续表

账户名称	审计目标	实质性程序
应付票据	1. 确定应付票据发生和偿还的记录是否完整。 2. 确定应付票据的期末余额是否正确。 3. 确定应付票据在财务报表上的列报是否恰当	1. 获取或编制应付票据明细表,复核加计是否正确,并核对其期末合计数与财务报表数额、总账数额和明细账的合计数是否相符。 2. 函证应付票据。 3. 执行实质性分析程序,以证实应付票据的完整性、合理性及其他应予以特别关注的事项。 4. 检查应付票据登记簿,抽查若干重要的原始凭证,确定其是否真实,会计核算是否正确。 5. 复核带息应付票据利息是否提足,其会计核算是否正确。 6. 说明逾期未兑付的应付票据产生的原因,检查其是否转入应付账款账户,其中带息应付票据是否已停止计息;确定是否存在抵押票据的情形,必要时提请被审计单位予以披露。 7. 查明是否存在关联方的应付票据。 8. 审计外币应付票据的折算。 9. 确定应付票据在财务报表上的披露是否恰当
预付账款	1. 确定预付账款是否存在。 2. 确定预付账款是否归被审计单位所有。 3. 确定预付账款增减变动的记录是否正确。 4. 确定预付账款的期末余额是否正确。 5. 确定预付账款在财务报表上的列报是否恰当	1. 获取或编制预付账款明细表,复核加计是否正确,并核对其期末合计数与财务报表数额、总账数额和明细账的合计数是否相符。 2. 执行预付账款的实质性分析程序,以查明其合理性。 3. 分析预付账款的余额及其构成,正确确定函证对象,证明其余额是否正确。 4. 查明预付账款长期挂账的原因并加以记录,必要时提请被审计单位调整。 5. 关注是否存在关联方之间的预付账款。 6. 分析预付账款余额的方向,如出现贷方余额的项目,应查明原因并作好记录,必要时提请被审计单位调整。 7. 检查预付账款在财务报表上的披露是否恰当

思考题

1. 供应链和生产流程的主要特征有哪些?
2. 供应链和生产管理流程的主要风险、相关控制和业绩指标各有哪些?
3. 如何进行供应链和生产管理流程的内部威胁分析?
4. 如何评估供应链与生产管理流程的剩余风险?
5. 如何进行采购和付款的交易类别测试?

6. 如何进行应付账款的实质性测试？
7. 如何进行存货的实质性测试？
8. 存货实质性测试的主要程序有哪些？
9. 什么是存货的监盘？如何进行存货的监盘？
10. 审计人员如何查找未入账的应付账款？
11. 直接向供货方函证应付账款的审计程序是否和函证应收账款一样重要？试说明理由。

习题及参考答案

第十四章 资源管理流程的审计

本章要点

企业的资源是企业进行经营活动、应对经营风险和实现经营目标的物质基础，也是企业竞争优势的来源之一。资源管理流程涉及大量的财务信息，因而也是注册会计师关注的重要的经营流程之一。本章主要讨论人力资源管理流程、固定资产管理流程和财务管理流程的审计，包括各资源管理流程，各该流程的内部威胁分析，各流程剩余风险的评估，以及各该流程有关的财务报表认定的测试。本章涉及应付职工薪酬、固定资产、累计折旧、所有者权益、长期负债、货币资金等重要项目和账户的审计。

第一节 人力资源管理流程的审计

一、人力资源管理流程的特征

（一）人力资源管理流程

人力资源管理流程由管理劳动力的一系列活动构成。该流程包括招募和雇用、劳动力计划和训练、薪酬处理和员工评价以及与员工终止雇佣关系等活动，但不包括分派给员工的职责，这些职责是其他经营流程的组成部分。人力资源管理流程如图14-1所示。

（二）流程目标

一般来说，人力资源管理的目标是确保企业有充足的员工，这些员工必须具有执行企业计划和实现企业目标所需的技能。企业应当识别和取得合适的人力资源。人力资源一旦取得，就需要对之进行培训和有效的管理。实现这一目标的关键是制定有关人事、工资和福利方面的政策。这些政策必须与企业的战略方向一致。由于所有流程都需要合适的员工，人力资源管理不善会给整个企业带来不利影响。因此，用于提高该流程效率和改善该流程决策效果的信息也是十分重要的。

（三）流程活动

图14-1列举了人力资源管理流程的各种活动。

（1）确认人力资源的需要。企业应不断评估其对员工的需要，包括工人、行政管理人员和专业经理的数量、类型和资格条件，对空缺的职位进行描述，制定每一职位所需的最低资质要求，以便为人力资源管理部门搜寻合适的员工提供指南。

流程目标

1. 识别和取得充分的劳动力资源。
2. 吸引和雇用技术熟练、忠诚和富有工作热情的员工。
3. 对员工进行充分的培训。
4. 建立员工管理、评价、薪酬方面的政策和程序。
5. 对劳动力的变动进行有效的管理。
6. 遵守工人安全方面的制度。
7. 捕捉、处理和报告该流程改善所需的信息。

流程活动

确认人力资源需要 → 授权雇用 → 招募

雇用 → 培训 → 薪酬的处理 → 员工评价 → 员工调整 / 员工雇用关系的终止

流程信息流

信息流入	信息流出
1. 战略计划和预算	1. 员工个人档案
2. 劳动力需求和雇用申请	2. 个人所得税申报表
3. 职位描述	3. 劳动合同
4. 劳动力管理制度	4. 人力资源管理程序
5. 个人所得税法	5. 业绩评价
6. 劳动力市场和人员统计资料	6. 劳动合同的修改
	7. 培训计划
	8. 薪酬数据和薪酬成本

流程活动的会计影响

常规业务	非常规业务	会计估计
1. 招募和雇用费用	1. 退休基金成本	1. 退休基金增值
2. 职工工薪	2. 奖金	2. 职工医疗保险
3. 职工福利	3. 解雇职工	
4. 个人所得税	4. 职工死亡	
5. 职工培训成本	5. 职工伤残索赔或补助	
6. 职工退休	6. 职工诉讼	

图 14-1 人力资源管理流程

（2）授权雇用员工。员工的雇用取决于对员工的具体需要。一旦确定了对员工的需要，高级管理者就应授权人力资源管理部门开始搜寻和雇用员工的程序。管理层也应对某个职位的工资和福利提供一般的指导意见。

（3）招募。企业可以采取多种方式搜寻所需员工，这取决于所需的员工技能。对生产工人的雇用不同于对专业人员或高级管理者的雇用。根据被招募的人员的水平、经验和职责的不同，招募的方式也不尽相同。对所招募员工的报酬和福利进行谈判也是招募过程的组成部分。

（4）雇用。核准雇用员工涉及许多细节。企业应与员工签订劳动合同，在合同中应列明一些重要的条款，包括报酬和福利。同时也要明确其他一些细节（如代扣税款、代扣保险金和存入退休基金的款项）。保持准确的员工个人档案并对之进行及时的更新是这一活动的十分重要的方面。

(5) 培训。新雇用的员工可能缺乏新职位所需的经验和知识，这就要求对员工进行经常的培训，无论是对新来的员工还是对已有的员工，都是如此。

(6) 薪酬的处理。定期向员工支付工资是企业的例行活动，同时也是一项复杂的活动。在计算薪酬时需要输入大量的数据，包括工作时间、支付标准、工薪的扣除、代扣税款等。工资计算出来以后，企业要作好支付准备。支付工资可以用现金，也可以用支票，还可以通过电子划转。同时，企业应进行恰当的会计核算。

(7) 员工评价。企业应定期对员工的业绩进行评价，评价的结果可以用作改善员工业绩、证明职务提升的合理性和终止与业绩不佳的员工的雇佣关系的依据。在后两种情况下，评价过程所形成的记录和员工个人的业绩文件是避免来自其他员工不满和被解雇员工的诉讼的关键证据。

(8) 员工调整。随着经验增多，能力增强，员工可能要承担更多的责任。此时，企业就要调整其工作安排。职务的提升和工资的增加应由适当的管理层进行评估和授权。在这一过程中，企业执行的一些必要步骤包括确认受奖的人员、评估所作的调整、授权调整和更新员工薪酬记录档案。

(9) 终止与员工的雇佣关系。雇员离开企业的原因是多种多样的，如员工有了新工作、生活发生了变化、死亡、伤残和解雇。不同的情况应做不同的处理。在许多情况下，企业可能要向员工支付有关款项（如退休金、伤残补助等）。在解雇员工的情况下，企业也应在被解雇员工的再就业方面提供帮助。

（四）流程信息流与业务

图 14-1 描述了人力资源管理流程的信息流。在人力资源管理流程中，员工薪酬的处理通常是中心问题。为了计算员工工资，企业需要获取计算应付工资和实付工资所需的全部信息（如工作时间、工资标准和扣除金额）。实付工资的计算一般是由计算机来完成的。实付工资计算出来后，由计算机打印工资单，然后发放现金，或者通过电子划转。

图 14-1 还列举了人力资源管理流程的关键业务。员工的薪酬是定期支付的，薪酬处理的重点是定期编制工资单和对薪酬支出进行分类。

表 14-1 列举了薪酬处理的步骤。实付工资是以员工的工作时间、工资支付标准和应扣款为基础来计算的。实付工资是应付工资扣除了各种强制性和自愿性的扣款后实际发放给员工的工资。企业应根据员工的考勤记录、工资支付标准和应扣款等原始凭证来计算职工的实付工资。在计算员工实付工资后，企业应编制工资费用分配表，它是进行工资费用分配的依据。值得注意的是，如果会计年度结束的时间与工资支付的时间不一致，企业有可能存在会计记录的及时性问题。

表 14-1 薪酬活动概述

流程/活动	凭证	所用的日记账、分类账和其他记录	典型的会计分录
薪酬业务 1. 雇用：以企业需要和人力资源管理政策为基础，雇用新员工	雇用员工申请表	工作职位描述	

续表

流程/活动	凭证	所用的日记账、分类账和其他记录	典型的会计分录
2. 员工：保持准确的员工个人记录，包括支付标准、扣款授权、个人所得税信息等	工资标准授权 个人所得税申报表 扣款授权	员工工资主文件	
3. 员工考勤：记录员工花费在与工作有关活动上的时间	各种形式的考勤记录		
4. 薪酬准备：计算薪酬成本、准备支付工薪	支票 电子转账授权	薪酬结算单 薪酬费用分配表	

5. 薪酬发放：将薪酬支付给员工	个人所得税申报表
	各种扣款记录
	记账凭证
			借：应付职工薪酬
			  贷：现金
			      银行存款

6. 总分类核算：将薪酬费用和负债记入恰当的账户	记账凭证	总分类账	借：生产成本
			    制造费用
			    管理费用等
			  贷：应付职工薪酬

二、人力资源管理流程的内部威胁分析

（一）内部威胁分析概述

表14-2列举了典型的人力资源管理流程的内部威胁分析。第一栏列举了各种潜在的风险，第二栏和第三栏分别列举了相关控制和监控风险的指标。

表 14-2 内部威胁分析：人力资源管理流程

流程风险	相关控制	业绩指标
1. 缺乏具备恰当技能的员工	1. 对新职位进行正式的描述 2. 运用系统的方法进行招募 3. 监控人才市场和求职人员的情况 4. 与潜在的劳动力供应者（如学校、猎头公司）建立战略关系	1. 职位空缺数 2. 填补空缺职位的时间
2. 报酬缺乏竞争力	1. 对市场状况和竞争对手的情况进行监控 2. 制订职工薪酬的一揽子计划 3. 监控影响员工薪酬的税收法律的变化 4. 对现有和潜在的员工进行调查 5. 雇用员工薪酬方面的顾问	1. 员工报酬与其他企业员工报酬的比例 2. 员工人均福利 3. 员工贡献与福利成本的比率
3. 员工的技能与工作要求不匹配	1. 对员工雇用和工作指派进行独立的检查 2. 制定正式的员工培训政策 3. 建立员工变换职位的政策 4. 建立并监控业绩评价政策和程序	1. 临时雇员的百分比 2. 完成所需培训的员工百分比 3. 业绩不佳员工百分比

续表

流程风险	相关控制	业绩指标
4. 员工过多	1. 制订计划和预算程序 2. 对劳动力需要进行正式的评估 3. 新职位必须由恰当的管理层核准 4. 建立将多余员工分派到其他岗位的程序	1. 员工实际工作时间 2. 员工停工期 3. 未指派工作任务的员工数
5. 招募与雇用成本过高	1. 建立招募预算 2. 对招募成本进行监控 3. 对招募流程进行适当的核准 4. 对招募过程中支付的补贴和差旅费进行适当的核准	1. 每次招募成本 2. 每次招募的补贴 3. 每次招募的差旅费 4. 求职人数与录用人数的比率
6. 授权方面（支付标准、税款和工作时间等）的差错	1. 取得所有员工薪酬调整的书面授权 2. 薪酬授权的变化需经过恰当的核准 3. 加班加点需经过事先核准	1. 处理错误的数量 2. 与薪酬有关文件不一致的金额 3. 薪酬文件之间不一致的频率
7. 薪酬处理的差错	1. 保持并及时更新薪酬主文件 2. 及时处理薪酬 3. 运用恰当的考勤记录 4. 按工作时间分配薪酬成本 5. 对所有考勤记录进行检查 6. 按顺序使用预先编号的薪酬凭证 7. 及时编制和验证个人所得税申报表	1. 处理错误的数量 2. 系统中发现例外的数量
8. 员工的欺诈行为	1. 对员工进入和离开企业情况进行监控 2. 将薪酬处理与人力资源管理的其他活动分开 3. 记录工作时间 4. 对加班加点的授权进行验证	1. 伤残劳动力的百分比 2. 病假的比率 3. 迟到和旷工的统计资料
9. 过度使用员工	1. 制定员工定期休假制度 2. 制定加班加点政策 3. 加班加点需经事先核准 4. 对员工满意度和效率进行监控	1. 加班加点的次数与时间 2. 员工因病假而损失的工作天数
10. 员工士气低落	1. 对员工的满意度进行监控 2. 制订提高员工士气的计划	1. 员工缺勤 2. 员工满意度
11. 员工的支持性成本过多（如差旅费）	1. 对员工的有关费用进行监控 2. 制定可以接受的差旅费或其他员工支持性成本的正式政策 3. 对异常费用进行适当的核准	1. 员工人均销售成本 2. 员工人均资产 3. 员工的人均差旅费 4. 差旅费占销售的比例
12. 违反就业法律	1. 建立有关雇用活动和工作场所活动的正式的政策和程序 2. 监控员工的行为 3. 建立员工投诉的沟通渠道 4. 对投诉作出及时有效的反应	1. 员工嘉奖令的数量 2. 完成就业法律培训的员工百分比 3. 员工投诉的频率

续表

流程风险	相关控制	业绩指标
13. 工作环境不佳	1. 为工作场所的职工行为建立政策和程序，并对其进行监督 2. 为员工的投诉建立沟通渠道	1. 员工投诉的次数 2. 员工对上司的评价
14. 未能为改善人力资源管理提供充分的反馈和培训	1. 为员工的评价建立正式的政策和程序 2. 要求员工在评价表上签字 3. 要求管理者将评价作为其核心职责 4. 为员工培训建立正式的政策	1. 人均培训小时数 2. 员工评价的频率 3. 对培训计划的评价 4. 评价不佳员工的百分比 5. 评价的及时性
15. 关键员工流失或调整率过高	1. 监控员工的满意度 2. 保持有竞争力的报酬及福利一揽子计划，并对之进行监控 3. 为提高员工的士气建立正式的程序并对之进行监控 4. 与辞职的员工进行交谈	1. 员工调整率 2. 与辞职员工进行交谈的结果 3. 关键员工的调整率
16. 员工的怠工或报复	1. 对员工的满意度进行监控 2. 对被解雇员工离开企业前的行为进行监控 3. 建立实物安全措施	1. 员工满意度 2. 解雇员工的百分比 3. 与工作有关的暴力或暗中破坏事件发生的频率
17. 错误地解雇员工	1. 对解雇员工建立正式的政策和程序 2. 为解雇员工取得充分的文件记录 3. 为解雇员工提供咨询、福利和再就业方面的帮助 4. 对非正常的伤残和退休请求进行适当的检查与核准	1. 与就业有关的诉讼发生的频率 2. 与解雇员工进行交谈的结果 3. 员工满意度

（二）识别流程风险

与人力资源管理有关的风险可以分为以下几个类别：

1. 领导风险

在人力资源管理流程中，领导不力可能导致缺乏合格的员工（风险1）、报酬缺乏竞争力（风险2）、员工的技能与工作要求不匹配（风险3）、冗员（风险4）、人力资源的过度使用（风险9）、员工士气低落（风险10）、未能进行恰当的业绩评价（风险14）、非计划的员工调整或流失（风险15）。

2. 正直风险

对流程活动的有效执行来说，不正直的员工总是一种威胁，特别是在企业存在容易被盗的有形资产时尤其如此。员工诚信度低会导致的关键风险有欺诈（风险8）、违反就业的法律（风险12）、工作环境差（风险13）和员工阴谋破坏（风险16）。

3. 制度风险

劳动就业方面的法律比较复杂，人力资源管理中应予以考虑许多法律和制度。未能遵守劳动就业方面的法律法规的风险包括：违反就业方面的法律（如安全生产法、最低工资法）（风险12）和错误地解雇员工（风险17）。

4. 技术风险

人力资源及薪酬管理对自动化信息系统有极强的依赖性，技术通常会对所需员工的性质、工作职责等产生直接影响。但是这些风险被认为是其他经营流程管理的组成部分。影响人力资源管理流程的技术风险可能导致不恰当的授权（风险6）、薪酬处理不准确（风险7）和员工培训无效果（风险14）。

5. 财务计划风险

资源不足或计划不周可能导致无法招聘到合适的员工（风险1）、报酬缺乏竞争力（风险2）、对员工的过度使用（风险9）、员工士气低落（风险10）、工作环境差（风险13）和未对员工进行适当的评价和充分的训练（风险14）。

6. 人力资源风险

就人力资源管理来说，人力资源风险涉及进行招募、雇用和薪酬处理人员。该流程有关人员的失误会导致授权错误（风险6）、薪酬处理差错（风险7）、工作环境差（风险13）、各部门员工的流失率过高（风险15）。

7. 作业风险

在人力资源管理流程中，作业风险包括合格员工不足（风险1）、冗员（风险4）、招募成本过高（风险5）、支持性成本过高（风险11）和员工训练不充分（风险14）。

8. 信息风险

人力资源及薪酬管理是产生大量信息的领域。在评估该流程信息质量时，注册会计师主要关注薪酬授权错误的风险（风险6）和薪酬处理错误的风险（风险7）。

需要说明的是，这些风险之间存在相互影响。在审计时，注册会计师特别关注技术风险和信息风险的相互作用，因为它们会影响该流程所产生信息的质量。

（三）流程控制分析

表14-2第二栏列举了人力资源管理流程的典型控制。从表14-2中可以看出，与人力资源管理流程相关的控制包括：

1. 业绩评价

管理者应对人力资源管理的各方面进行主动的监控，并作出迅速的反应。这些方面主要包括：劳动力市场、劳动力统计资料和竞争对手；招募和培训业绩；就业政策和程序；劳动力的构成和报酬水平；制度的遵循情况；员工预算与人工成本；员工士气与工作负担；对与员工终止劳动关系的处理。

2. 职责分离

在人力资源管理流程中，不相容的职责包括新职位的授权、雇用、员工的监督和评价、薪酬的授权和处理。

3. 业务处理控制

设立新职位、为新职位选择员工、雇用员工、建立工资标准、制订工作计划（包括加班加点计划）、确定工资中强制性和自愿性扣款、支付工资等都需要经过适当的授权。考

勤记录是计算工资的重要依据，使用考勤记录是一种十分重要的控制程序，它能确保只给员工的实际工作时间支付工资。企业应对员工考勤记录中所报告的时间里是否在实际从事工作进行独立的验证。为了确保工薪成本计量的准确性，企业应使用恰当的工资标准和扣款标准。编制工资费用分配表有助于将工薪成本记入恰当的资产和费用账户。一旦计算工薪的要素都得到了验证，企业通常会使用计算机来处理有关计算，以确保应付工资和实付工资计算的准确性。关键的记录包括工资汇总表和工资费用分配表。最后，企业应将个人所得税的支付情况及时记入档案，这有助于保证与薪酬相关的负债记录的完整性。

4. 实物控制

实物控制主要与限制员工接近某些设施有关。例如，限制接近计算机、对员工的签到进行控制。限制接近个人记录、工薪授权、工资处理和支付的控制也是重要的。

由于薪酬的计算取决于许多因素，存在向员工误付薪酬的风险，所以薪酬的处理通常受到严格的内部控制。另外，薪酬也是可能存在员工欺诈的领域。尽管存在信息处理错误的风险，但由于薪酬是一种常规业务，并受到良好的内部控制，所以注册会计师一般认为该领域的剩余风险不大。然而，与就业有关的长期负债（如退休基金）的估价可能存在较高的风险。

员工培训对其他经营流程的人力资源风险有重要影响，这种影响对注册会计师来说更具重要性。未经充分训练的员工、不正直的员工、员工数量不足等对企业的许多方面的效率和效果都会带来不利影响。人力资源管理方面的问题会通过其他经营流程的问题反映出来。因此，其他流程人力资源风险的控制有赖于人力资源管理流程的综合质量。

（四）评估流程业绩指标

因为有关员工人数和人工成本的信息很容易从会计系统和薪酬系统中得到，所以，企业人力资源管理流程通常有一套可靠的业绩指标。表14-2列举了人力资源管理流程的许多重要的业绩指标。关键指标主要与下列因素有关：

（1）雇用：求职申请、招募成本、空缺职位。
（2）员工成本：工资、福利、支持性成本、差旅费、终止雇佣关系的成本。
（3）员工的使用：正常工作时间、停工时间、加班加点时间、培训时间、病假以及旷工。
（4）员工的态度：士气、人员流失、员工投诉。
（5）员工业绩：监督者的评价、员工人均销售收入。
（6）业务处理：差错率、业务处理成本、授权错误。

在这些业绩指标中，有许多指标都可以用作评估人力资源管理流程中剩余风险水平的证据来源。

（五）确定重要的剩余风险

与其他经营流程一样，为了评估与人力资源管理流程相关并对审计工作产生影响的剩余风险，注册会计师要综合考虑对该流程的了解情况、内部控制评价和测试结果以及业绩指标的监督情况。注册会计师要对表14-2中所列风险发生的可能性和风险发生后损失的大小进行评估，并用风险图对评估结果加以概括。如果存在重要的剩余风险，注册会计师就要对风险高的相关认定执行实质性测试。

例如，经过审计，注册会计师可能得出结论：企业未能对加班加点授权实施充分的控制，导致向员工支付的加班加点工资过多。这种情况可以通过加班小时数这一业绩指标反映出来。未能对加班加点授权实施充分的控制可能导致员工士气低落、员工流失率增高；某些员工可能利用控制不充分，通过不必要的加班时间来增加其工资；企业可能从经常加班中得出需要增加劳动力的结论，最终会导致人工成本增加和劳动力资源没有得到充分的利用。

注册会计师通过分析该剩余风险的审计含义，可以形成许多重要的结论。首先，该风险会调整注册会计师对劳动力成本、毛利、管理费用、福利成本和个人所得税的期望。其次，如果该问题很严重，加上冗员，企业可能因为其成本缺乏竞争力而导致其长期财务健康受到威胁。成本和毛利的压力也会导致控制环境方面存在问题。管理层采取措施来应对这些问题时，可能会导致员工工作环境的恶化，这种压力还可能导致管理层与员工发生冲突。注册会计师可以通过向被审计单位提供增值服务以帮助其对这种恶性循环进行诊断和改进。最后，这种高水平的剩余风险也会影响财务报表的具体认定，如应计福利、标准成本的估计和解雇员工所支付成本。如果财务报表认定错报的风险很高，为了使受影响的财务报表认定的检查风险降到可以接受的水平，注册会计师就要运用实质性测试。

三、财务报表认定的测试：应付职工薪酬

表14-3概括了应付职工薪酬测试的实质性程序。

表14-3　应付职工薪酬测试的实质性程序

审计目标	典型的审计程序
准确性：薪酬汇总表样本和相关的负债记录与总分类账的余额相符	1. 验证薪酬汇总表样本的准确性，并追查薪酬总额是否恰当地包括总分类账中 2. 验证总分类账余额的准确性 3. 将有关明细分类账与总分类账进行核对
存在：薪酬支付及相关负债确实发生	1. 执行薪酬支出的交易类别测试 2. 检查对税务机关或其他实体的相关支出（如保险费）
完整性：所有对员工的支付和负债都得到了记录	1. 执行考勤记录的测试 2. 对未记录的薪酬负债进行检查（如年终奖金、未记录的佣金）
权利与义务：不适用	不适用
估价：对员工薪酬支出和相关负债（包括自愿性和强制性的扣款）数额的记录正确	1. 执行薪酬支付测试 2. 验证和检查上交的个人所得税数额 3. 对工薪费用和负债进行实质的分析性程序 4. 取得退休基金计划和退休后的福利的精算报告 5. 计算退休基金、福利和休假或病假费用和负债
分类：人工成本和相关的负债记入了恰当的账户	1. 在进行交易类别测试时，对应计负债和人工成本的分类进行验证 2. 检查年末应计负债的余额，以查明是否进行了恰当的分类

续表

审计目标	典型的审计程序
截止：薪酬支出和相关负债被记录在恰当的会计期间	1. 对年末薪酬进行检查，确定是否记录了应计项目 2. 对应付职工薪酬的年末余额执行实质的分析性程序
列报：所有与薪酬支出和相关负债有关的披露都包括在财务报告中	1. 完成薪酬和相关负债披露检查表 2. 取得管理层关于薪酬披露的声明书 3. 复核董事会会议记录、银行函证、律师信件和其他信件，以查明员工报酬计划是否改变以及其他与薪酬相关的信息 4. 检查披露的准确性

应付职工薪酬测试的实质性程序主要包括：

（一）交易类别测试

薪酬业务是企业的常规业务，但其业务量较大。除了某些退休基金计划、退休后的福利和应计休假期间的工资外，与薪酬相关的负债一般数额小、期限短。因此，对应付职工薪酬的测试主要集中在交易类别测试而不是余额测试。表14-4描述了薪酬交易类别测试的一般程序。这些程序强调薪酬支出的授权和估价。

表14-4 薪酬的交易类别测试

真实性、估价、及时性和分类： 1. 复核薪酬汇总表以查明应详细检查的大宗业务或异常业务。 2. 从薪酬汇总表中选取薪酬支出业务样本，取得相关薪酬支出的支持性书面证据，执行如下测试并注意发现例外： 　（1）将考勤记录与工资汇总表中支付报酬的时间进行比较。 　（2）在员工档案中追查工资支付标准和扣款。 　（3）测试每个员工的应付薪酬、扣款数额和实付薪酬的准确性。 　（4）核对考勤记录中的工作时间与派工单中的工作时间。 　（5）追查人工成本分配至薪酬费用分配表
准确性、完整性： 1. 测试薪酬汇总表的准确性，并追查总额是否包括在总分类账中。这种测试可以抽样为基础来进行。 2. 测试薪酬分配表的准确性，并追查总额是否包括在总分类账中。这种测试可以抽样为基础来进行。 3. 将薪酬汇总表与薪酬分配表进行核对

（二）实质性分析程序

运用实质性分析程序，注册会计师可以很容易地估计与工资有关的费用。在员工人数、工作量、支付标准、授权扣款已知的情况下，注册会计师可以直接计算许多相关费用。例如，将该期间的工资总额乘以法定的社会保障和失业费用率，就可计算企业的社会保险费用。在计算将在未来期间支付的累积病假或休假工资时，也可以使用实质的分析性程序。

（三）截止测试

会计年度结束期与工资支付期可能一致，也可能不一致。为了测试与薪酬相关的应计负债记录是否恰当，注册会计师应进行截止测试。图14-2列举了对应付职工薪酬的分析。

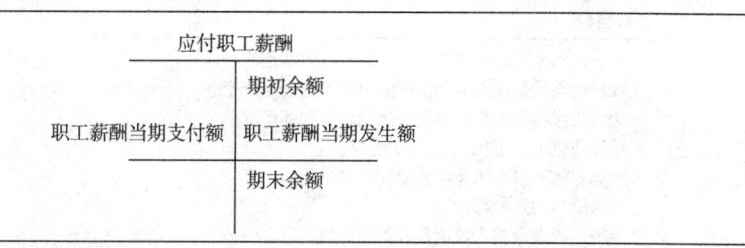

```
                    应付职工薪酬
                    ┌─────────────────
                    │ 期初余额
  职工薪酬当期支付额 │ 职工薪酬当期发生额
                    │ 期末余额
```

账户余额测试

1. 追查以前年度的财务报表或审计结果。如果前期财务报表未经审计或是由其他会计师事务所审计，注册会计师就要对期初余额执行额外的测试（如检查）。
2. 运用分析性程序重新计算或估计当期职工薪酬发生额。要通过检查包括在相关费用、资产等账户中的业务对当期职工薪酬发生额进行测试。
3. 运用交易类别测试测试该期间职工薪酬当期支付额。
4. 测试期末余额的准确性。检查和复核包括在期末余额中的每一项重要的业务。对会计年度最后一个月的职工薪酬信息进行检查，以查明其是否恰当地包括在负债账户中。由于职工薪酬支付期与会计年度可能不一致，薪酬汇总表的数额应经过调整才能获得适当的截止资料。

图 14-2 应付职工薪酬的截止测试

在已知期初余额的情况下，注册会计师可用交易类别测试来验证薪酬的支付，用实质性分析性程序来估计薪酬相关的费用。期末余款的计算相对来说是很简单的。另外，对于跨会计年度工资的支付，注册会计师还应进行应付工资的余额截止测试。举例来说，假设会计年度末是 12 月 31 日，企业在次年元月 8 日支付截至元月 8 日的两个星期的工资。这意味着，8 天的工资与新的会计年度相关而 6 天的工资与上年有关。所以企业 12 月 31 日的资产负债表的负债应包括次年元月 8 日计算和支付的工资的 6/14。如果工资为 100 000 元，则在 12 月 31 日的应付工资为 42 857 元。

（四）相关负债的函证

通过向企业外部有关方面函证，注册会计师能有效地测试与薪酬有关的负债。如果企业为员工保有退休基金，注册会计师应向基金管理机构函证其余额。对于住房公积金，注册会计师可以向住房公积金管理部门函证；对于社会保险费，注册会计师可以向保险公司函证。

第二节 固定资产管理流程的审计

一、固定资产管理流程的特征

（一）固定资产管理流程

固定资产管理流程是由取得和维护固定资产的一系列活动构成。由于企业固定资产是多种多样的，其取得和维护取决于固定资产的类型，因而该流程是十分复杂的。值得注意的是，经营中对固定资产使用作出安排及使用固定资产不属于该流程的组成部分，而是属于使用该资产的其他经营流程。固定资产管理流程如图 14-3 所示。

流程目标

1. 对当前和未来的固定资产需要进行有效的预测和计划。
2. 取得能满足企业技术和生产能力要求的固定资产。
3. 为维护保养固定资产建立有效的政策和程序。
4. 使操作成本最小化。
5. 使固定资产损失风险或安全问题最小化。
6. 投保适当的财产保险。
7. 捕捉、处理和报告该流程改善所需的信息。
8. 有效地预测和计划当前及未来的资源需求。

流程活动

确定固定资产的需要量 → 评估备选方案 → 选定实施方案

计划购置 → 授权购置 → 固定资产交付或建造 → 保养和维护

流程信息流

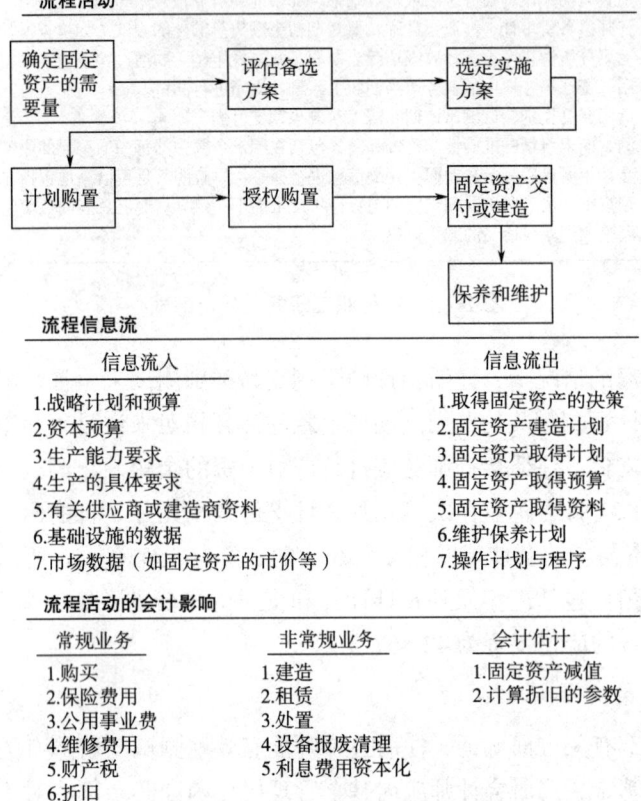

信息流入	信息流出
1. 战略计划和预算	1. 取得固定资产的决策
2. 资本预算	2. 固定资产建造计划
3. 生产能力要求	3. 固定资产取得计划
4. 生产的具体要求	4. 固定资产取得预算
5. 有关供应商或建造商资料	5. 固定资产取得资料
6. 基础设施的数据	6. 维护保养计划
7. 市场数据（如固定资产的市价等）	7. 操作计划与程序

流程活动的会计影响

常规业务	非常规业务	会计估计
1. 购买	1. 建造	1. 固定资产减值
2. 保险费用	2. 租赁	2. 计算折旧的参数
3. 公用事业费	3. 处置	
4. 维修费用	4. 设备报废清理	
5. 财产税	5. 利息费用资本化	
6. 折旧		

图 14-3　固定资产管理流程

（二）流程目标

固定资产管理流程的主要目标是确保企业实现其目标和计划所需的生产能力。具体来说，固定资产管理流程的目标包括预测固定资产的需要量、以合理的价格取得适当的固定资产和保持固定处于良好的工作状态。设备维护是一项日常活动，事关企业的生产效率甚至职工的人身安全，是一项十分重要的工作。相关可靠的信息有助于改善该流程的管理，预测固定资产的未来需要量，因而也是十分重要的。

（三）流程活动

固定资产是企业经营活动的基础。即使虚拟企业，也需要有一些实物设施和设备。为了有效地管理这些资源，企业必须进行一系列的活动，包括：

1. 确定固定资产的需要量

企业必须对新工厂、新商店、新运输工具和新计算机等固定资产的需要进行评估。固定资产的需要量通常以预测、计划和综合战略为基础确定。制订有效的战略计划是该步骤的关键。

2. 评估备选方案

在固定资产需要量确定以后，通常会存在许多备选方案。新工厂可以坐落在不同的地区，这取决于许多因素，如后勤基础设施、雇员基础和政府的支持等。新商店选址取决于顾客的交通条件、距离顾客的远近和土地成本等。其他类型的固定资产（如卡车和计算机等）也同样存在多种选择。有效的固定资产管理要求对取得固定资产的各种备选方案的优缺点进行全面的分析。

3. 选定实施方案

一旦将各种方案具体化并进行了评估，高层管理者就要对实施何种方案作出决策。企业要以其所收集的信息和与潜在的供应商或建造商试探性的谈判为基础作出实施何种方案的决策。

4. 计划购置

企业应与供应商就固定资产的价格、交货计划、服务或质量保证安排等进行正式的谈判。经过正式谈判后，企业才能对供应商作出最后选择。

5. 授权购置

在考虑固定资产取得的细节之后，企业应对固定资产最后的取得计划进行单独的复查与核准，并与选定的供应商或建筑商签订固定资产的购置或建造合同。

6. 交付或建造

该步骤涉及对固定资产的接收（如运输工具、计算机）、安装或建造。有些固定资产如建筑物需要花费很长的时间，接收或建造过程也十分复杂。

7. 保养与维护

在固定资产交付使用后，企业应对固定资产进行不断地维护与保养，有时可能还要进行修理。在大部分企业中，这都是一种日常活动。

所执行的这些活动，有些是比较简单的（如运输工具、计算机和家具等），有些则比较复杂（如建造新工厂）。一般来说，固定资产越是独特，安排取得这项固定资产所花的时间越长，该流程就越复杂，也越容易出错。取得新计算机通常涉及的活动不外乎与供应商接洽、说明企业的要求和对合同的有关条款进行谈判（如价格、交付与安装、售后服务等），而建造一幢新建筑物则涉及复杂的规划过程。在这一过程中，企业要与方方面面的机构（如设计师、律师、供应商、当地政府和银行等）取得联系。对注册会计师来说，要追查这些项目的成本是比较困难的，特别是在建筑过程中使用了企业的内部资源（如人员、设备等）和资金时，更是如此。

（四）流程信息流和业务

图 14-3 描述了与固定资产管理流程有关的信息流。在该流程中，虽然经济业务发生的频率要低于其他流程，但往往涉及大额的资本性支出。因此，用于计划和控制的信息对

该流程的有效管理是十分重要的。

在固定资产管理流程中，发生的经济业务有多种类型，主要包括：购买设备、建造固定资产（包括利息费用的资本化）、处置固定资产、维护、修理和租赁等。

在固定资产购置流程中，固定资产的取得方式的不同，所提供的文件也不相同。直接购买设备和机器与原材料采购过程所用的文件相似。其他业务（如购置不动产和租赁）可能涉及复杂的法律文件和各种合同。累计折旧账户的调整只需有记账凭证的支持，修理与维护则涉及修理费用等后续支出是否应予资本化的问题，企业应根据修理费用等后续支出的性质决定是否将其资本化。

二、内部威胁分析

（一）内部威胁分析概述

表14-5列举了固定资产管理流程的内部威胁分析。第一栏中列举了各种潜在的风险，第二栏和第三栏分别列举了相关的控制和监控风险的指标。

表14-5　内部威胁分析：固定资产管理流程

流程风险	相关控制	业绩计量
1. 生产能力不足	1. 制订长期计划与预算 2. 对固定资产当前用途进行监控 3. 为新设备购置预留充分的时间 4. 建立恰当的维护计划 5. 为生产高峰期准备备用固定资产	1. 生产能力指标 2. 空间利用统计资料 3. 空间不足的数量 4. 每平方米取得的收入 5. 维护修理成本
2. 生产能力过剩	1. 制订长期计划与预算 2. 建立授权处置资产的程序	1. 空间利用统计资料 2. 固定资产使用时间 3. 每平方米取得的收入 4. 资产处置收回的价值
3. 固定资产减值	1. 定期对固定资产进行检查 2. 对固定资产的价值进行独立的评估	1. 固定资产的市场价值 2. 每平方米的市价 3. 固定资产处置所需时间 4. 降价处置固定资产的百分比
4. 由于维护保养不善导致的过度损耗	1. 制订适当的维护计划 2. 对技术和竞争进行监控以改进维护保养工作 3. 对员工进行适当的训练 4. 将维护保养活动外包	1. 维护保养预算 2. 设备清洗率 3. 设备故障率 4. 修理成本 5. 设备故障而造成的停工天数 6. 因设备问题而造成产品缺陷的比率
5. 空间利用低效	1. 制订空间利用的系统计划 2. 制订取得资产的长期计划 3. 对资产现有的用途进行监控 4. 对空间用途作出灵活的设计	1. 空间利用统计资料 2. 重新布置的频率及成本 3. 每平方米成本 4. 每平方米取得的收入 5. 每个员工占用的面积

续表

流程风险	相关控制	业绩计量
6. 事故损失	1. 定期进行安全检查 2. 充分地保险 3. 制订危机管理措施与应急计划	1. 事故造成的损失 2. 保险索赔额 3. 未保险的损失 4. 事故造成的停工天数
7. 缺乏取得资产所需的资金	1. 编制有效的资本预算 2. 取得财务资源 3. 对现金流量进行有效的管理 4. 创造性的融资（如租赁）	1. 借入资金的成本 2. 从外部渠道获得资金的百分比 3. 内部报酬率
8. 选址欠佳	1. 对场地特征进行调查 2. 作好与当地政府的谈判计划 3. 评估当地运输条件和基础设施情况 4. 评估当地人力资源质量	1. 场地取得成本 2. 当地人口统计资料 3. 供应商和顾客到达企业所需的时间 4. 差旅费与运输成本 5. 来自当地政府的鼓励的价值
9. 超支或耽误	1. 取得所购资产的价格资料 2. 制订资产的取得计划，并确定完成资产购置各重要阶段发生的时间 3. 对取得成本进行及时的监控	1. 实际成本与预算的比较 2. 取得固定资产的时间 3. 项目进度
10. 信息处理不准确	1. 恰当编制或取得并验证支持性凭证 2. 进行恰当的职责分离 3. 对零部件、供应商和产品等使用标准化的控制数字 4. 及时更新文件和会计记录	1. 业务处理错误的百分比 2. 业务调整的数额 3. 业务调整的次数
11. 成本计量不准确	1. 建立确定资产成本的政策和程序 2. 为资产购置提供充分的书面证据 3. 对取得资产所发生的内部成本进行恰当的分配	1. 实际成本与预算的比较 2. 分配给长期资产的内部成本 3. 资产成本与评估价值的比较
12. 资产使用不恰当或未经授权使用资产	1. 建立实物安全措施 2. 建立恰当的授权程序 3. 编制固定资产清单，包括所处地点的信息 4. 定期对固定资产进行观察	1. 因不当使用造成损失 2. 不恰当调整固定资产用途次数
13. 未能遵守有关法规	1. 监控有关固定资产和环境方面法律 2. 进行定期检查 3. 制订长期计划确保与法律的变化一致 4. 制定充分的资本预算	1. 违反法律的次数 2. 违反法律受到的处罚 3. 由于违法而导致的停工天数 4. 环境清理成本
14. 不准确或不合理的摊销	1. 按资产类型建立折旧或摊销政策和程序 2. 对影响资产的经济和技术趋势进行监控 3. 与其他组织和竞争对手进行比较分析 4. 向注册会计师咨询	1. 不同类型资产的使用寿命 2. 资产使用寿命与税法规定的使用年限的差异 3. 资产使用寿命与竞争对手资产使用寿命的比较 4. 已提足折旧的在用固定资产的百分比 5. 资产处置的平均利得或损失

续表

流程风险	相关控制	业绩计量
15. 安全隐患	1. 监控安全和健康方面的法律 2. 进行定期的安全检查	1. 工人受伤的次数 2. 工人受伤损失的时间 3. 受伤工人的补偿成本

(二) 识别流程风险

固定资产管理流程的风险可以分为以下几个类别:

1. 领导风险

与取得固定资产有关的许多决策对一个企业的成功十分关键,因为它们通常会涉及资金的大量投入,并且资金回收的时间往往很长。决策不善和领导不力会导致生产能力不足(风险1)、生产能力过剩(风险2)、资产维护不善(风险4)、缺乏购买资产所需的资金(风险7)、选址欠佳(风险8)、成本超支(风险9)等风险。

2. 正直风险

员工的正直品质不仅与是否诚实有关,而且与其工作道德有关。对固定资产管理来说,员工工作漫不经心会导致对设备的维护不力(风险4)、事故损失(风险6)、不遵守法规(风险13)和安全隐患(风险15)等风险。员工欺诈(如从业务中收受回扣)与成本超支(风险9)和不恰当使用资产(风险12)有关。

3. 制度风险

固定资产购置受许多法律法规(如《中华人民共和国环境保护法》等)的约束。如果企业没有遵守这些法律,可能会受到处罚(风险13),还可能造成安全隐患(风险15)。

4. 技术风险

固定资产设计依赖于现行建筑和制造技术。与建造固定资产有关的技术风险会影响设备的损耗率(风险4)和成本超支的可能性(风险9)。信息处理是否准确依赖于信息系统中所用技术的可靠性(风险10)。

5. 财务计划风险

有关筹资和预算方面的决策对固定资产管理流程具有重要意义。资金不足或计划不周会导致生产能力不足(风险1)、设备维护不力(风险4)、无力提供固定资产购置所需的资金(风险7)等风险。

6. 人力资源风险

在固定资产管理流程中,人力资源风险是指员工没有忠实地履行自己职责的可能性。员工没有充分履行职责会导致设备维护不力(风险4)、成本超支(风险9)、不恰当地使用固定资产(风险12)等风险。

7. 作业风险

固定资产管理流程无效率和无效果会导致生产能力过剩(风险2)、固定资产价值的减损(风险3)、资产维护不力(风险4)、空间利用不充分(风险5)、成本超支(风险9）和安全隐患（风险15）等。

8. 信息风险

信息系统的问题会直接导致信息处理不准确（风险10）、成本计量不准确（风险11）、折旧或摊销不准确（风险14）等。

在固定资产管理流程中，各种风险来源之间的相互作用会影响具体风险的综合水平。例如，固定资产维护不力会造成设备过度损耗和资产价值减损，而造成固定资产维护不力的原因可能是计划不周、员工偷懒和缺乏维护所需的资源等。在评估该流程的剩余风险时，注册会计师应当考虑各风险之间的相互作用。

（三）流程控制分析

表14-5第二栏列举了可用于降低固定资产管理流程风险的各种控制。这些控制包括：

1. 业绩评价

为了有效地管理固定资产，企业必须对固定资产需求进行评估，并制订长期计划。管理者应主动监控战略计划、资源需求预测、固定资产取得计划以及确定备选方案、合同谈判、维护计划及活动、资产价值和摊销、法律法规的遵守情况及安全记录，并对存在的问题作出迅速的反应。

2. 职责分离

购置固定资产的职责分离与购买原材料的职责分离是相似的。也就是说，应将需求的评估、采购与合同的谈判、取得授权、资产交付、支付授权和对资产的会计核算予以分离。

3. 业务处理控制

计划购置固定资产、开始采购和谈判、确定备选方案、执行业务、接受交货和进行支付等都必须有适当的授权。为了保证会计核算的准确性，固定资产管理流程必须为固定资产购置提供充分的记录和凭证。这些凭证和记录与购买原材料所用的记录和凭证是相似的，包括采购凭证、收货凭证、供应商发票、付款支票和对原材料、人工和制造费用进行分配所用的内部凭证等。对采购、支付和总分类账进行独立的验证与核对，有利于查明业务处理是否准确。

4. 实物控制

固定资产的实物控制包括对固定资产实物控制和对记录与凭证的实物控制。重要的实物控制与拥有和使用已取得的资产有关。固定资产的实物控制必须保证接近固定资产有合理的理由，使用固定资产有合理的目的。设计出来的实物控制还应能使事故损失风险或安全隐患最小化。对于与固定资产有关的凭证和记录，应进行恰当的处理和妥善的管理。

由于大部分固定资产取得成本较高，购置业务不会经常发生，所以企业为每项固定资产购置业务采用控制也不相同。尽管如此，流程控制对降低该流程的风险仍然是重要的。购置固定资产的决策不善会损害企业的竞争地位，所以，与计划和授权有关的控制对成功和有效的固定资产管理是十分关键的。

（四）评价流程业绩指标

表14-5第三栏列举了与固定资产管理流程相关的业绩指标，这些指标可以作为固定

资产管理流程风险证据的来源。然而,由于这些指标的大部分并没有在会计系统中反映,数据的可用性和可靠性会影响注册会计师对该流程业绩指标的评价。

三、财务报表认定的测试:固定资产与累计折旧

(一) 固定资产测试的实质性程序

表 14-6 概括了与固定资产测试有关的典型的实质性程序。表中所列示的实质性程序是以固定资产账户的期初余额已经过审计为前提的,因此,固定资产认定的测试只是集中在当年固定资产增加和减少上。注册会计师还应对企业的租赁安排进行检查,以查明企业对租赁的处理是否恰当。如果固定资产账户的期初余额未经审计,那么,注册会计师还要对期初余额进行审计。

表 14-6　固定资产测试的实质性程序

审计目标	典型的实质性审计程序
准确性:财务报表中固定资产余额与明细账和总账的余额核对相符	1. 取得会计年度内固定资产增减变动表并测试其准确性(包括处置固定资产利得和损失的计算)。 2. 将固定资产增减变动总额与总分类账进行核对。 3. 将期初余额与前期审计结果相联系。 4. 用固定资产的期初余额和本期增减变动来重新计算固定资产的期末余额和累计折旧的期末余额
存在:所记录的固定资产确实存在	1. 从固定资产增减变动表中抽取增加固定资产的样本并对之进行检查。 2. 观察抽出样本中的固定资产是否存在。 3. 从固定资产增减变动表中抽取固定资产处置的样本,并对其支持性书面证据进行验证
完整性:企业现存的所有固定资产都得到记录	1. 选取修理和维护费用的样本,并检查其支持性文件,以确定有关支付的记录是否恰当。 2. 观察抽出样本中固定资产是否存在。 3. 检查租赁安排以查明是否存在融资租赁
所有权:固定资产均为企业所有	1. 检查与固定资产增加有关的发票。 2. 取得管理层关于固定资产所有权的声明书。 3. 检查董事会和管理层的会议记录以确定重大的资产处置业务
准确性、估价与分摊:固定资产净值是正确的	1. 检查固定资产增加的准确性。 2. 检查固定资产处置的准确性,包括注销累计折旧。 3. 运用分析性程序测试折旧费用和累计折旧。 4. 询问未使用固定资产或因价值永久性减损拟注销的固定资产。 5. 对租赁合同条款进行函证
分类:固定资产余额分类恰当	1. 检查增加固定资产的分类是否准确。 2. 选取修理和维护费用的样本,检查其支持性文件以确定支付的分类是否正确
截止:有关固定资产业务被记录在恰当的会计期间	对取得固定资产和支付价款执行截止测试,并对接近年末的业务进行检查

续表

审计目标	典型的实质性审计程序
列报：所有要求的与固定资产余额有关的披露都包括在财务报告中	1. 编制固定资产披露检查表。 2. 检查董事会会议记录、律师信函和其他信件，以寻找固定资产抵押或租赁的线索。 3. 取得管理层关于固定资产披露的声明书

固定资产测试的实质性程序主要包括：

1. 交易类别测试

除了维护保养外，固定资产管理流程中发生的常规业务较少。维护费中大部分是员工工资，而员工工资属于人力资源管理过程，因此，对固定资产维护等业务的测试通常也是最少的。在企业生产经营中，也可能经常购置一些价值较低的固定资产（如小型设备和办公家具），对这些业务只需抽取少量的样本进行测试。然而，许多固定资产价值较大，取得这些固定资产的业务也不经常发生。由于大额固定资产取得业务对财务报表的影响较大，所以，注册会计师通常要对大额固定资产取得业务进行检查。注册会计师应检查增加固定资产的支持性文件，以验证固定资产估价的准确性。注册会计师应函证租赁合同，并对某些固定资产进行观察。对企业自行建造的固定资产，注册会计师需要对用于建造固定资产的原材料（存货）、人工（工薪）和间接费用的有关证据进行检查，同时也要对利息费用资本化过程进行检查。

对固定资产处置业务来说，注册会计师要检查有关支持性文件和收据等，并对累计折旧的注销及利得和损失的计算及账务处理进行验证。对于以旧换新的固定资产，注册会计师应检查这种非货币性交易核算的正确性。

2. 实质性分析程序

注册会计师可以根据被审计单位的性质，选择使用下列方法对固定资产执行实质性分析程序。

（1）计算固定资产原值与本期产品产量的比率，并与前期比较，以发现闲置固定资产和已减少固定资产未在账户中注销的问题。

（2）计算本期计提折旧额与固定资产总成本的比率，并与前期比较，以发现本期折旧额计算的错误。

（3）计算累计折旧额与固定资产总成本的比率，并与前期比较，以发现累计折旧核算的错误。

（4）比较本期及以前各期固定资产的增减变动，深入分析其差异，根据被审计单位的情况判断差异产生的原因是否合理。

（5）分析固定资产的构成及其增减变动情况，与在建工程、现金流量表、生产能力等相关信息交叉复核，检查固定资产相关金额的合理性和准确性。

实质性分析程序也可用于测试财产保险费、财产税、公用事业费。维修保养费用与固定资产总额的比例也是一种十分有用的计量指标，它能提供与固定资产有关支出的分类是否恰当的线索。

分析性证据的强弱取决于估计的准确性、输入信息的可靠性以及估计数与实质记录值的差异的大小。同样，如果不能解释的差异很大，注册会计师就要对此进行进一步的调查。

3. 准确性测试

注册会计师应取得或编制固定资产及累计折旧分类汇总表，检查固定资产的分类是否正确，复核加计正确，并与报表数、总账和明细账的合计数核对是否相符。

固定资产及累计折旧分类汇总表是测试固定资产及累计折旧的重要工作底稿，包括固定资产和累计折旧两部分，应按固定资产的类别分别填列。对于汇总表中的期初余额，注册会计师应根据具体情况采取不同和对策。如果属于连续审计，注册会计师应注意将期初余额与上期审计工作底稿中的期末余额的审定数核对相符；如果属于变更会计师事务所，后任注册会计师应借调、参阅前任注册会计师的有关工作底稿；如果被审计单位属于初次接受审计，注册会计师应对期初余额进行较为全面的审计。

（二）累计折旧测试的实质性程序

固定资产的折旧额取决于计算折旧的参数和折旧的计算方法。确定折旧参数需要运用会计估计，因而折旧的计算主要取决于企业的折旧政策，具有一定的主观性。对累计折旧进行测试其目标在于：确定被审计单位折旧政策和方法是否符合《企业会计准则》的规定，是否得到一贯遵守；确定累计折旧增减变动的记录是否完整；确定折旧费用的计算、分摊是否正确、合理和一贯；确定累计折旧的期末余额是否正确；确定累计折旧在财务报表上的披露是否恰当。

累计折旧测试的实质性程序主要包括：

（1）确定被审计单位折旧政策的恰当性。

（2）进行准确性测试。取得或编制固定资产及累计折旧分类汇总表，检查固定资产的分类是否正确，复核加计正确，并与报表数、总账和明细账的合计数核对是否相符。

（3）运用实质性分析程序。注册会计师可以根据情况，选择以下方法对累计折旧运用实质性分析程序：

①运用实质性分析程序对折旧计提的总体合理性进行复核。由于大部分企业使用单一的折旧方法和将固定资产按使用年限分为单独的类别，所以注册会计师通常能对折旧费用进行相对准确的估计。举例来说，假设客户有建筑物和设备两种类型的应计折旧的固定资产。建筑物的使用年限为30年，设备的使用年限为10年。注册会计师就能以固定资产的平均成本、使用年限和折旧方法（假设采用直线法）估计折旧费用如下：

	建筑物	设备
应计折旧的固定资产的平均余额	150 000元	80 000元
使用年限	÷30	÷15
估计的折旧费用	5 000元	8 000元

从上文得知，注册会计师估计折旧费用为13 000元。如果被审计单位所记录的折旧费与估计数不存在重大差异，且被审计单位的内部控制健全，注册会计师就可以适当减少其

他实质性程序；如果客户所记录的折旧费与估计数存在重大差异，注册会计师就要对其进行调查。注册会计师可以对折旧费用作更为准确的计算。如果差距并未有效缩小，注册会计师应采用另外的实质性测试程序（如对重要的固定资产分别计算折旧费用等）。

②计算本期计提的折旧额占固定资产原值的比率，并与上期比较，以分析本期折旧计提额的合理性和准确性。

③计算累计折旧额占固定资产原值的比率，评估固定资产的老化率，并估计因闲置、报废等原因可能发生的固定资产损失，结合固定资产减值准备，分析其是否合理。

（4）检查本期折旧费用的计提与分配是否正确。

（5）检查累计折旧的披露是否恰当。

四、财务报表认定的测试：其他相关项目或账户

与固定资产管理流程相关的账户除了固定资产和累计折旧外，还有固定资产减值准备、工程物资、在建工程和固定资产清理等。这些账户的主要审计目标和实质性程序如表 14-7 所示。

表 14-7 固定资产管理流程其他相关账户测试的实质性程序

账户名称	审计目标	测试的实质性程序
固定资产减值准备	1. 确定计提固定资产减值准备的方法是否恰当，减值准备计提是否充分。 2. 确定固定资产减值准备增减变动的记录是否完整。 3. 确定固定资产减值准备的期末余额是否正确。 4. 确定固定资产减值准备的列报是否恰当	1. 获取或编制固定资产减值准备明细表，复核加计是否正确，并与报表数、总账数和明细账的合计数是否相符。 2. 检查固定资产减值准备的计提方法是否符合企业会计准则的要求，前后各期是否一致，计提的依据是否充分，计提数额是否恰当，相关会计核算是否正确。 3. 运用实质性分析程序计算本期期末固定资产减值准备数额与期末固定资产原值的比率，并与期初数进行比较，如有异常波动，应查明原因，判断波动的合理性。 4. 检查实际发生固定资产减值时，相应的固定资产转销是否符合规定，检查是否遵守固定资产减值准备不得转回的规定。 5. 确定固定资产减值准备的列报是否恰当
工程物资	1. 确定工程物资是否存在。 2. 确定工程物资是否为被审计单位所有。 3. 确定工程物资增减变动的记录是否完整。 4. 确定工程物资的期末余额是否正确。 5. 确定工程物资在财务报表上的列报是否恰当	1. 获取或编制工程物资明细表，复核加计是否正确，并与报表数、总账数和明细账的合计数是否相符。 2. 盘点工程物资，确定其是否存在。 3. 抽查相关原始凭证，检查其是否经过恰当的授权，会计处理是否正确。 4. 检查是否存在与关联方的工程物资交易，如果存在，则应查明是否经过恰当的授权，是否按正常的交易价格结算。 5. 检查工程物资在财务报表上的列报是否恰当

续表

账户名称	审计目标	测试的实质性程序
在建工程	1. 确定在建工程是否存在。 2. 确定在建工程是否为被审计单位所有。 3. 确定在建工程增减变动的记录是否完整。 4. 确定在建工程减值准备的计提方法和比例是否恰当，计提数额是否充分。 5. 确定在建工程期末余额是否正确 6. 确定在建工程在财务报表上的列报是否恰当	1. 获取或编制在建工程明细表，复核加计是否正确，并与报表数、总账数和明细账的合计数是否相符。 2. 检查本期在建工程的增减变动，查明其会计核算是否正确。 3. 检查在建工程期末余额的构成内容，并实地观察工程现场，确定在建工程是否存在，查明是否存在实际已使用但尚未办理竣工决算手续因而未及时进行会计核算的项目。 4. 检查在建工程减值准备的计提情况。 5. 检查在建工程合同，以确定是否存在有关财务承诺。 6. 确定在建工程在财务报表上的列报是否充分恰当
固定资产清理	1. 确定固定资产清理的记录是否完整。 2. 确定固定资产清理所反映的内容是否正确。 3. 确定固定资产清理的期末余额是否正确。 4. 确定固定资产清理在财务报表上的列报是否恰当	1. 获取或编制固定资产清理明细表，复核加计是否正确，并与报表数、总账数和明细账的合计数是否相符。 2. 检查固定资产清理是否有正当的理由，是否经过有关技术部门的鉴定，其发生和转销是否经过授权批准，相关的会计核算是否正确。 3. 检查固定资产清理是否长期挂账，如有，则应做好记录，必要时建议被审计单位作适当的调整。 4. 检查固定资产列报是否已在财务报表上恰当披露

第三节 财务管理流程的审计

一、财务管理流程的特征

（一）财务管理流程的流程地图

财务管理流程的目的在于对企业现金流量的时间和性质进行预测和控制，以便为企业持续不断的经营活动提供充分的财力支持。财务管理的关键是要使来自经营活动、投资活动和筹资活动的现金流入与经营活动和对外投资所需的现金流出保持平衡。财务管理流程如图14-4所示。

（二）流程目标

财务管理流程的主要目的是对财务资源进行管理，以便实现企业意欲达到的经营目标。具体来说，财务管理的目标是为企业所需的现金流量作出有效的计划和安排，以确保企业有充足可用的财务资源。就筹资活动来说，该流程涉及确定潜在的资本来源，使企业资本成本最小化，确保及时地偿还债务。就投资活动来说，该流程的目标是在将风险降低到所要求水平的基础上，使投资收益最大化。及时编制财务报告也是财务管理流程的目标之一。

流程目标

1. 及时编制准确的预算和财务报告。
2. 使资本结构最优化。
3. 使资本成本最小化。
4. 在将风险控制在所要求的水平上的同时使投资报酬最大化。
5. 为满足偿债需要及时地平衡现金流量。
6. 遵守融资合同规定的条款。
7. 捕捉、处理和报告该流程改善所需的信息。
8. 有效预测和计划当前或将来的资源需求。

流程活动

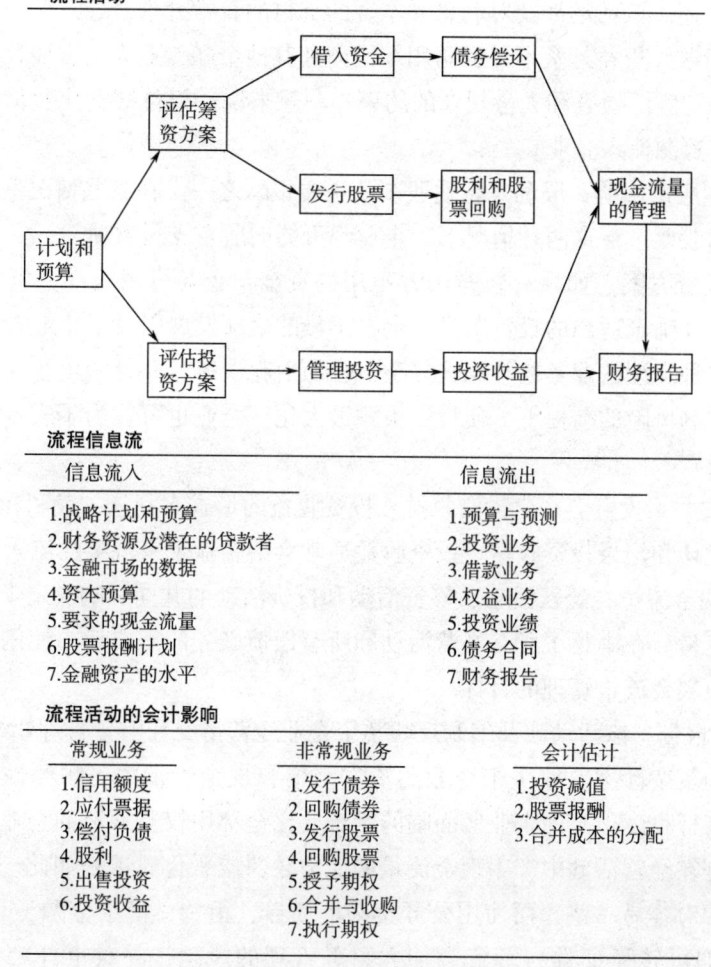

```
                    ┌─→ 借入资金 ─→ 债务偿还 ─┐
                    │                          │
         评估筹资方案                        现金流量
       ↗            │                          的管理
计划和              └─→ 发行股票 ─→ 股利和股票回购 ─┤
预算                                               │
       ↘                                          ↓
         评估投资方案 ─→ 管理投资 ─→ 投资收益 ─→ 财务报告
```

流程信息流

信息流入	信息流出
1. 战略计划和预算	1. 预算与预测
2. 财务资源及潜在的贷款者	2. 投资业务
3. 金融市场的数据	3. 借款业务
4. 资本预算	4. 权益业务
5. 要求的现金流量	5. 投资业绩
6. 股票报酬计划	6. 债务合同
7. 金融资产的水平	7. 财务报告

流程活动的会计影响

常规业务	非常规业务	会计估计
1. 信用额度	1. 发行债券	1. 投资减值
2. 应付票据	2. 回购债券	2. 股票报酬
3. 偿付负债	3. 发行股票	3. 合并成本的分配
4. 股利	4. 回购股票	
5. 出售投资	5. 授予期权	
6. 投资收益	6. 合并与收购	
	7. 执行期权	

图 14-4　财务管理流程地图

(三) 流程活动

图 14-4 描述了构成财务管理流程的关键活动，这些活动的重要性取决于企业的有关资本结构决策。重要的财务管理活动如下：

(1) 计划和预算。对来自经营活动的现金流量进行规划是财务计划的起点。企业的战略目标和长期计划决定了企业在某一时间点上所需的自由现金流量。如果现金流量不充分，企业要么调整计划，要么安排其他的资金来源。准确的预测是企业资本结构决策和额外现金需要决策的基础。

（2）评估筹资方案。企业向外部筹资通常可以采取两种方式，即负债筹资或权益筹资。借入资金包括从银行取得贷款、向公众发行债券、租赁、商业信用等。权益筹资通常涉及发行普通股和优先股。这一活动的关键是对资本成本进行监控和对最合理的资金来源进行评估。

（3）借入资金。确定借款的来源和可以接受的借款条件是这一活动的关键步骤。这一活动会导致财务资源流入企业。

（4）债务偿还。该活动涉及对利息和本金的支付的日常处理。

（5）发行股票。权益筹资不仅要聘用承销商和其他金融专业人士，而且向公众发行股票受到政府机构的广泛检查和大量规章的约束。一般来说，权益筹资比负债筹资复杂，这一活动导致财务资源流入企业。

（6）股利和股票回购。股利是企业股东的主要报酬之一。在某些情况下，企业也可能回购一定数额的股票。在这两种情况下，企业都可能向股东支付款项。

（7）评估投资方案。如果有暂时闲置不用的资金，企业可用这部分资金进行短期投资。这一活动涉及确定适当的投资工具。金融工具的最新发展引发了企业投资于金融衍生工具的热潮。这种类型的业务通常比较复杂，容易引起误解，并且会给企业带来重大的风险。企业应在控制风险的前提下，使投资报酬最大化。企业也可能为了实现其战略目标而进行长期股权投资。

（8）投资收益。投资会产生投资收益。投资收益的形式有利息、股利和资本利得。这一活动集中在确认和记录投资收益。投资收益通常会给企业带来现金的流入。

（9）管理现金流量。经营活动、筹资活动和投资活动的共同影响决定了企业在某一时点上的现金净流量。在满足了所有经营活动和所有偿债义务的需要后，使闲置的财务资源最小化，是企业现金流量管理的目标。

（10）财务报告。该活动涉及编制反映整个企业经营情况和财务管理业绩的财务报表。

财务管理的复杂性主要取决于企业的资本结构和现金流量的可预测性。在财务管理中，一个财务杠杆程度很高的企业所面临的困难要比全部用权益筹资的企业所面临的困难大得多，特别是在经营活动中产生现金流量的能力较弱或恶化时更是如此。管理银行借款和普通股筹资相对容易一些，而使用公开交易的债券、租赁、衍生金融工具、股票期权、混合性证券（如可转换证券）筹资会加大财务管理的风险，并对审计工作产生重要的影响。

（四）流程中的业务

投资可以分为短期投资和长期投资。短期投资通常是利用闲置资金来进行的。由于持续时间短，这种类型的投资应力图避免市场风险，并使投资收益（如利息）最大化。长期投资通常是为战略目的而进行的。这类投资对市场风险关注较少，对所取得证券的潜在利益关注较多。不管投资的形式如何，其基本业务是相同的，即购买投资、收取持有期的收益和出售投资。

企业采用负债筹资的方式是多种多样的，常见的形式主要有取得贷款和发行债券，其他形式还包括租赁和利用其他金融工具等。尽管形式各有不同，但其业务活动的基本要素是一致的：借入资金、支付利息、偿还借款。

企业可以发行普通股和优先股筹资。虽然大部分权益筹资业务涉及的金额很大，并且要遵守复杂的法律和规章，但是从会计核算的观点来看，这些业务相对来说是比较简单的。然而，股票期权、认股权和可转换证券可能产生比较复杂的会计问题。所有者权益筹资业务的共性是发行权益性证券、支付股利、回购股票等。

财务管理涉及广泛的业务，可能对许多账户产生影响。这些账户包括：现金、银行存款、交易性金融资产、可供出售的金融资产、持有至到期的投资、长期股权投资、长期借款、长期债券、长期应付款、未确认的融资费用、股东权益相关账户等。

二、财务管理流程的内部威胁分析

（一）财务管理流程的内部威胁分析概述

表 14-8 概括了财务管理流程的内部威胁分析。

表 14-8　内部威胁分析：财务管理流程

流程风险	相关控制	业绩指标
1. 计划和预算无效	1. 建立有效的财务信息系统 2. 建立独立的预测和预算机构 3. 高层管理者主动参与计划和预算工作 4. 由同级经理对预算和计划进行复查	1. 预算差异的范围与性质 2. 预算修正的次数 3. 预算编制的时间 4. 财务和预算部门的人数 5. 预算和计划部门的成本
2. 现金流量不足	1. 编制有效的现金预算 2. 建立充足的信用额度 3. 优化现金支付时间 4. 优化现金浮游量的使用	1. 现金余额 2. 应收账款周转率与应付账款周转率的比率 3. 自由现金流量的数额 4. 利息或固定费用涵盖比率 5. 短期借款的水平 6. 债券的市场价值 7. 信用额度内的平均提款数 8. 债券信用等级
3. 违背债务契约或其他协议	1. 及时监控债务契约的遵守情况 2. 设置独立有效的内部审计机构 3. 事先主动与信用部门联系	1. 违反契约的次数 2. 违反契约的频率 3. 营运资本的水平 4. 利息涵盖比率 5. 股利支付率 6. 债券信用等级
4. 不恰当的负债或权益交易	1. 规定负债或权益业务可接受的条件 2. 所有负债和权益业务都应经董事会核准 3. 聘用外部专家帮助发行新证券 4. 及时对负债和权益状况进行监控	1. 资本成本 2. 负债成本 3. 自由现金流量的数额 4. 杠杆比率 5. 权益报酬率 6. 负债和权益的市场价值 7. 市场 β 系数

续表

流程风险	相关控制	业绩指标
5. 投资与负债之间失衡或现金流量的失衡	1. 为过多的现金建立正式的投资政策 2. 使投资时间与需要现金的时间相匹配 3. 建立信用额度，以提高财务弹性	1. 投资到期的时间 2. 投资收益 3. 来自投资活动的现金流量
6. 次优的资本结构	1. 有效编制财务计划和预算 2. 在编制计划时聘请外部专家协助 3. 建立信用额度，以提高财务弹性	1. 资本成本 2. 负债成本 3. 负债和权益的市场价值 4. 普通股市场报酬
7. 过度或未知的风险敞口（如衍生金融工具、担保等）	1. 对衍生金融工具投资制定正式的政策 2. 及时对存在风险敞口的衍生金融工具及其价值进行监控 3. 由高层核准衍生金融工具业务 4. 设置独立有效的内部审计机构	1. 因金融衍生工具而带来的损失 2. 存在风险敞口的衍生金融工具的价值 3. 套期保值活动的数量 4. 衍生金融工具的投资收益 5. 投资报酬率
8. 未经授权或不恰当的投资业务	1. 聘用外部专家帮协助制订投资计划 2. 建立制定投资战略的正式程序 3. 及时监控投资 4. 由高层管理者核准非常规的投资活动 5. 设置独立有效的内部审计机构	1. 违背投资原则的投资次数 2. 存在风险敞口的投资的价值 3. 投资报酬率
9. 因未曾预料到的市场变化而造成的投资损失	1. 建立监控市场变化并对变化及时作出反应的程序 2. 聘用外部专家协助制订投资计划 3. 为套期保值活动建立正式的政策和程序	1. 未实现的损失 2. 已实现的损失 3. 投资报酬率
10. 信息处理不准确	1. 设置独立有效的内部审计机构 2. 恰当地编制完成支持性凭证并对其进行验证 3. 对各种活动进行恰当的职责分离 4. 对零件、供应商、产品等使用标准控制数码 5. 及时更新文件和会计记录	1. 处理出现差错的业务占全部业务的百分比 2. 业务调整的数额 3. 业务调整的次数
11. 操纵财务报告	1. 建立有效的审计委员会监督机制 2. 为财务报告和会计选择建立正式的政策和程序 3. 设置独立有效的内部审计机构	1. 查出的审计调整数 2. 审计差异及其大小 3. 内幕交易活动 4. 股票期权
12. 财务报告差错	1. 建立有效的审计委员会监督机制 2. 为财务报告和会计选择建立正式的政策和程序 3. 对财务数据进行充分的核对与验证 4. 设置独立有效的内部审计机构	1. 查出的审计差异 2. 审计差异的大小
13. 违反证券管理方面的法律规章	1. 建立有效的董事会和高层管理者监督机制 2. 为财务报告和会计选择建立正式的政策和程序 3. 聘用外部专家协助制订投资计划 4. 设置独立有效的内部审计机构	1. 被规则制定和执行机构通报批评的次数 2. 提供所要求文件的及时性

(二) 识别流程风险

表14-8第一栏列举了财务管理流程的许多潜在的风险。这些风险按其来源可以分为以下八类：

(1) 领导风险。在财务管理流程中，企业管理层关键职责之一就是确定资本结构政策和投资政策。对有关情况分析不足和决策失误会导致无效的计划（风险1）、不恰当的负债和权益业务（风险4）、不良的资本结构（风险6）、非计划的风险敞口（风险7）、投资决策失误（风险9）。

(2) 正直风险。由于编制财务报告是财务管理流程的组成部分，所以企业的控制环境对财务管理有直接影响。不道德的员工或不正直的员工可能操纵财务报告（风险11）或从事不恰当的投资活动（风险8）。

(3) 制度风险。在财务管理中，许多业务都受到严格的监管，特别是企业发行债券和股票时更是如此。财务报告也受到广泛的制度约束，未能遵守有关法律规章会导致不恰当的投资（风险8）、财务报告不准确（风险11、风险12）和违反证券管理方面的法律规章（风险13）。

(4) 技术风险。最近几年，现金管理和筹资结构经历了重大创新。这种趋势很复杂并且实施起来难度大。财务管理方面的技术问题会导致投资与负债的失衡（风险5）、过度的风险敞口（风险7）、信息处理不准确（风险10）和财务报告差错（风险12）。

(5) 财务计划风险。财务计划的效果取决于是否存在能胜任员工和可用的资源来执行该流程的各种活动。资源不充分可能导致无效的计划（风险1）、对风险敞口控制差（风险7、风险9）和信息不可靠（风险10、风险11、风险12）。

(6) 人力资源风险。由于财务管理日趋复杂，财务管理的效率和效果取决于从事财务管理工作人员的素质。员工素质差会导致无效的计划（风险1）、由于决策不周而导致的过度风险敞口（风险7、风险9）、不恰当的交易（风险8）、财务报告错误（风险10、风险12）和违反证券管理方面的法律规章（风险13）。

(7) 作业风险。财务管理流程的作业主要与计划、处理和核算投资业务和筹资业务有关。这些作业执行差很可能影响计划的效果（风险1）、信息处理的准确性（风险10）、财务报告的质量（风险1、风险12）。另外，计划不周还会导致不充分的现金流量（风险2）和财务资源与负债之间的失衡（风险5）。

(8) 信息风险。信息对财务管理的效率与效果有重要作用。如果信息不准确或不完整，会对财务管理带来十分不利的影响。信息不可靠会导致计划不周（风险1）、违反债务契约（风险3）、信息处理不准确（风险10）和财务报告错误（风险11、风险12）。

从上述内容中可以看出，一种风险的来源是多方面的，不同风险的来源之间存在大量相互重叠的现象。财务计划的效果取决于领导者、员工的素质和用于形成计划和预算的技术及程序的质量。由于财务报告与审计目标之间具有相关性，对注册会计师来说，与信息处理和报告有关的领导者、员工的素质及所用技术的质量对审计具有重要的意义。

(三) 流程控制分析及控制测试

表14-8第二栏列举了相关的内部控制。其中关键的控制包括：

(1) 业绩评价。为了进行有效的财务管理，企业应对市场情况、筹资结构与筹资业务、现金流量预算与预测、遵守债务契约和法规的情况、资本成本、投资政策和可接受的投资的性质、投资业绩、财务报告的编制和会计政策的选择进行监控，并对发现的问题作出及时的反应。

(2) 职责分离。与财务管理有关的不兼容的职责包括资本结构和投资政策的授权、投资业务的授权、处理收入和支出业务、金融资产的接近和财务活动的信息处理。

(3) 业务处理控制。对财务管理来说，适当的授权十分关键，因为财务管理的业务涉及财务资源，而且业务所涉及的金额往往很大。单个投资和筹资业务均需经过恰当的高层管理者的授权才能进行。企业必须为投资、投资收益、负债及利息、权益和股利建立恰当的业务处理程序。业务不同，所需的程序也不一样。业务处理控制主要集中在现金收支、投资的估价和筹资业务上。企业应该保有所有投资的清单，不管这些投资是由第三方保管还是由企业自己保管。企业应对所有投资的清单进行检查，以确定哪些投资仍然是恰当的以及相关的投资收益是否得到恰当的确认。对负债来说，注册会计师应对已付清本息的债务和债券折价或溢价的摊销予以特别关注。

(4) 实物控制。在财务管理中，限制无关人员接近投资、现金和会计记录是十分重要的。

注册会计师应对拟信赖的内部控制进行测试，以查明内部控制的有效性，并据以决定实质性程序的性质、时间和范围。

(四) 评价流程业绩指标

表14-8第三栏列举了财务管理的相关业绩指标。由于大部分重要的指标都涉及财务信息，而一般企业都建立了比较完善的财务信息系统，所以这些指标通常是可靠的。这些业绩指标为注册会计师提供了关于财务管理流程和财务报表相关认定错报可能性的丰富的证据。

三、财务报表认定的测试：投资、借入资金和所有者权益

(一) 投资审计的实质性程序

表14-9概括了适用于投资审计的主要实质性程序。

表14-9 投资的实质性程序

审计目标	典型的实质性程序
准确性：包括在有关投资明细账中的投资余额与投资总分类账的余额相符	1. 获取或编制各类投资明细表，并将其与总账进行核对。 2. 将经纪人报告与投资明细表和总账进行核对。 3. 对投资明细表的准确性进行测试
发生：所有记录的与投资相关的业务均已发生，所记录的投资确实存在	1. 向有关部门函证由其保管的证券。 2. 盘存库存证券。 3. 执行实质性分析程序以测试投资收益

续表

审计目标	典型的实质性程序
完整性：所有投资业务都得到了记录	1. 复核银行函证、经纪人函证、董事会会议记录律师信函等，以寻找未记录投资的线索。 2. 执行实质性分析程序测试投资余额和相关的投资收益。 3. 取得管理层关于投资明细表完整性的声明书
所有权：投资为企业所有	1. 函证由第三方保管投资是否存在。 2. 取得管理层关于投资所有权的声明书。 3. 检查董事会会议记录、律师信函、合同等，以寻找担保或其他对投资所有权存在潜在的要求权的证据
估价：记录的投资数额恰当，反映了其可实现的价值	1. 检查投资取得的样本。 2. 检查投资出售的样本。 3. 重新计算投资出售的利得或损失。 4. 检查投资的会计核算方法是否合法。 5. 评价年末持有投资的可实现性。 6. 执行实质性分析程序以测试投资收益是否正确
分类：投资分类恰当	1. 检查有关投资明细表，以查明应予以重新分类的异常项目。 2. 检查和测试将投资分为交易性金融资产、可供出售的金融资产和持有至到期的投资的政策。 3. 取得管理层关于投资分类政策的声明书
截止：影响投资的业务被记录在恰当的会计期间	1. 进行投资处置和投资收益发生的货币资金收入的截止测试。 2. 进行取得投资发生的货币资金支出的截止测试。 3. 执行实质性分析程序测试投资收益
列报：投资在财务报表中的披露恰当	1. 完成投资披露检查表。 2. 取得管理层关于投资披露的声明书。 3. 检查披露的准确性

在投资测试中所用的实质性程序主要包括：函证和观察，以确定投资的真实性；测试投资的市场价值，以查明潜在未实现的损失；对当期投资的取得和处置进行测试；执行实质性分析程序，以测试投资收益的总体合理性。

实质性测试的实际范围取决于投资重大错报的风险水平以及投资余额在财务报表中的重要程度。

与投资有关的关键认定是投资的真实性和估价。真实性可以通过对实际证券的实物检查或通过向第三方（如经纪人）函证来确定。投资的估价十分重要，因为它涉及未实现损失的会计处理。如果投资的市场价值不易确定，那么，验证估价的正确与否是注册会计师的难题。由于不同的证券投资有着不同的会计处理方法（如交易性金融资产按公允价值计量而持有至到期的投资按历史成本计量），所以投资的分类就十分关键。截止通常只是一个与应计的投资收益相关的问题。最后，企业会计准则对金融工具披露的要求是广泛的，

注册会计师应当关注被审计单位的有关披露是否充分。

(二) 借入资金审计的实质性程序

企业的借入资金主要包括短期借款、长期借款、应付债券和长期应付款等。一般来说，被审计单位不会高估负债，因为这样做于自身不利，且难以与债权人的记录相互印证。注册会计师对负债项目的审计，主要是防止被审计单位低估负债。企业低估负债不仅会影响财务状况的反映，而且会影响企业经营成果的反映。表14-10描述了与借入资金审计有关的典型的实质性程序。

表 14-10　借入资金审计的实质性程序

审计目标	典型的实质性审计程序
准确性：包括在日记账或明细账中借款业务的余额与相关借入资金总分类账的余额相符	1. 取得或编制所有负债明细表，并将其与相关总账核对。 2. 将负债明细表与相关明细账核对
发生：所有记录的与借入资金相关的业务均已发生，所记录的负债确实存在	1. 抽取所记录的负债的样本，检查其支持性文件。 2. 向债权人函证负债的数额。 3. 检查董事会会议记录以查明借入资金是否经过恰当的授权
完整性：所有借入资金都得到了记录	1. 检查期后支付的款项，以寻找年末未入账负债的线索。 2. 取得银行函证以寻找未入账负债的线索。 3. 向账户余额为零的已知的债权人函证。 4. 取得管理层关于借入资金完整性的声明书
估价：借入资金记录的金额恰当。	1. 检查已记录负债的支持性文件并确定利息费用、应付利息、流动负债和长期负债的余额的记录是否正确。 2. 执行实质性分析程序以测试利息费用的准确性。 3. 重新计算折价发行的债券、无市场利率的负债和无票面价值的负债（融资租赁）的余额。 4. 使用利率重新计算实际利息费用，并重新计算抽取的负债样本中借入资金的余额。 5. 向债权人函证负债的金额
分类：借入资金分类恰当。	1. 检查负债明细表，以查明应予以重新分类的异常项目。 2. 检查所记录负债的支持性文件，确定短期借款和长期借款的分类是否正确
截止：与借入资金有关的业务（包括利息费用及其支付）被记录在恰当的会计期间	1. 检查期后支付的款项，以寻找年末未入账负债的线索。 2. 执行实质性分析程序以测试利息费用的准确性。 3. 在抽取的负债样本中，利用相关利率和借入资金的余额重新计算实际利息费用。 4. 检查记账凭证中与利息费用相关的分录，以查明费用及时入账的证据
列报：与借入资金相关的所有要求的披露都包括在财务报表中	1. 完成有关借入资金披露检查表。 2. 取得管理层关于借入资金披露的声明书。 3. 检查披露的准确性

借入资金的实质性程序主要有：向银行和其他已知的债权人函证，以确定负债的真实

性和完整性；检查有关法律文书，以测试负债的估价和披露是否恰当；为查找未记录的负债（特别是应计利息）进行截止测试；运用实质的分析性程序，以测试利息费用是否正确；评价与负债有关的披露的合理性。

值得注意的是，注册会计师应对债务契约的遵守情况进行测试，因为违反契约可能导致或有负债的产生，或者会影响负债确认的时间和分类。注册会计师还应对表外负债项目进行检查，以确保这些表外负债在财务报告中得到恰当的披露。

(三) 所有者权益审计的实质性程序

所有者权益是企业投资者对企业净资产的所有权，包括投入资本、资本公积、盈余公积和未分配利润。所有者权益在数量上等于企业的资产减去负债后的差额。如果注册会计师能够对企业的资产和负债进行充分的审计，证明两者的期初余额、本期发生额和期末余额是正确的，这就为所有者权益的期末余额和本期发生额的正确性提供了有力的证据。同时，由于所有者权益增减变动业务较少，金额较大，注册会计师在审计了被审计单位的资产和负债之后，往往只花相对较少的时间对所有者权益进行审计。尽管如此，对所有者权益进行单独审计仍然是十分必要的。表 14-11 概括了所有者权益审计的典型的实质性程序。

表 14-11 所有者权益审计的实质性程序

项目	典型的实质性程序
股本	1. 审阅公司章程、实施细则和股东大会、董事会会议记录，以查明被审计单位其股本交易是否符合有关法规的规定及股东大会或董事会的决议。 2. 检查股东是否按公司章程、合同、协议规定的出资方式出资，各出资方式的比例是否符合规定。 3. 检查股票的发行、收回等交易活动。 4. 函证发行在外的股票。 5. 检查股票发行费用的会计处理。 6. 检查股本是否在资产负债表中恰当披露
资本公积	1. 检查资本公积增减变动的内容及依据。 2. 检查资本溢价或股本溢价。 3. 检查资本公积的特殊项目。 4. 检查资本公积转增资本是否经授权批准。 5. 检查资本公积是否已在资产负债表上恰当披露
盈余公积	1. 取得或编制盈余公积明细表，与有关明细账和总账核对是否相符。 2. 检查盈余公积的提取是否正确。 3. 检查盈余公积的使用是否合法。 4. 检查盈余公积是否已在资产负债表中恰当披露
未分配利润	1. 检查利润分配比例是否符合合同、协议、章程及董事会纪要的规定，利润分配数额及年末未分配利润的数额是否正确。 2. 根据审计结果调整本年损益数，直接调增或调减未分配利润，确定调整后的未分配利润数。 3. 检查未分配利润是否在财务报表中进行了恰当的披露

所有权权益业务的实质性测试主要包括：向独立的股票登记者、股权转移代理机构函

证权益的真实性、完整性和估价；检查董事会会议记录，以查明当期权益业务的授权和详细情况；运用实质性分析程序测试应计股利及股利总额；评估披露的合理性及范围。

一般来说，所有权权益审计通常是整个审计业务中较小的部分。注册会计师关注的与权益有关的主要问题是权益交易，如发行新股、股票分割、股利的完整性和截止。由于许多权益交易的入账时间与执行或清偿时间存在差异，注册会计师必须仔细确定权益交易被记录在恰当的会计期间。值得注意的是，在投资者之间买卖股票并不影响企业的账户记录，企业对这些业务感兴趣的只是谁在某一特定的时日拥有股票，届时谁应该收取股利。权益交易的估价也应引起注册会计师的关注，特别是在企业存在不只是股票与现金的交换的复杂的权益交易时更是如此。如股票激励计划，就会涉及递延报酬的计量问题。最后，对权益的披露要求比较广泛，注册会计师必须对此进行评估。

第四节 有关财务报表认定的测试：货币资金

一、货币资金测试的重要性

货币资金包括现金、银行存款和其他货币资金。货币资金是企业流动性最强的资产，是企业生产经营不可缺少的必要条件，同时，也是不法分子盗窃、贪污和挪用的重要对象。由于大部分交易都涉及货币资金的收付，并且货币资金也容易产生弊端，所以，在审计中，尽管货币资金在资产负债表中所占比重较小，但对货币资金的测试却具有极端的重要性。

二、货币资金测试的实质性程序

表 14-12 中列示了货币资金测试的典型实质性程序。

表 14-12 货币资金测试的实质性程序

审计目标	典型的实质性测试程序
准确性：财务报表中货币资金的余额与库存现金和银行存款及其他货币资金的数额相符	1. 取得所有开户银行的银行存款余额调节表。 2. 通过银行对账单和银行函证，查明银行存款账户的余额。 3. 检查总账的余额。 4. 清点库存现金，并将清点的总数与总分类账进行比较
存在：库存现金、银行存款和其他货币资金确实存在	1. 清点库存现金。 2. 检查和测试银行存款余额调节表。 3. 编制和验证内部现金转移计划。 4. 对货币资金收入和支出业务进行测试
完整性：所有货币资金都包括在相应的总账中	1. 检查董事会会议记录，查明是否有新开立或已结清的银行账户。 2. 检查现金支出，以确认所使用的账户。 3. 取得管理层关于银行账户存在和现金存放地点的声明书。 4. 编制和验证内部现金转移计划。 5. 对现金收入和支出业务进行测试

续表

审计目标	典型的实质性测试程序
所有权：货币资金的余额为公司所有	1. 取得和检查银行函证，以查明保证性余额或补偿性余额。 2. 编制和验证内部现金转移计划。 3. 取得管理层关于银行存款潜在的承诺、索赔和留置权的声明
估价：货币资金余额的估价正确	1. 取得和验证银行存款余额调节表。 2. 取得和验证现金验证表。 3. 验证现金收入和支出业务。 4. 检查在银行存款余额调节表中所选取的核对项目
分类：货币资金余额分类正确。	检查银行存款余额调节表和函证查明需要重新分类的项目（如信贷余额或补偿性余额）
截止：货币资金收支记录在恰当的会计期间	1. 取得银行截止的说明。 2. 取得和验证银行存款余额调节表。 3. 取得和验证现金验证表。 4. 进行现金收支的截止测试。 5. 检查在银行存款余额调节表中所选取的核对项目
列报：所有要求的与货币资金余额有关的披露都包括在财务报表中	1. 编制货币资金披露检查表。 2. 检查银行函证以查明要求披露的项目（如或有承诺）。 3. 取得管理层关于披露的声明。 4. 检查董事会会议记录，以查明要求披露的项目

三、货币资金测试的主要实质性程序

测试与货币资金有关的财务报表认定的主要实质性程序包括：

（一）货币资金收支测试

影响货币资金余额的主要因素之一是货币资金收支。货币资金收入主要产生于营销、销售和分销流程，因此，货币资金收入的测试可结合营销、销售和分销流程的相关测试程序进行。货币资金收入的测试主要集中在对货币资金收入确认、处理是否正确以及收到的现金是否及时存入银行等方面。现金支出主要与供应链和生产流程有关，现金支出的测试可以结合供应链和生产流程的相关测试进行。

（二）监盘库存现金

对被审计单位现金盘点实施的监盘程序是用作控制测试还是实质性程序，取决于注册会计师对风险评估结果、审计方案和实施的特定程序的判断。如果注册会计师可能基于风险评估的结果判断无须对现金盘点实施控制测试，则仅实施实质性程序。

企业盘点库存现金通常包括对已收到但未存入银行的现金、零用金、找换金等的盘点。盘点库存现金的时间和人员应视被审计单位的具体情况而定，但现金出纳员和被审计单位会计主管人员必须参加，并由注册会计师进行监盘。监盘库存现金的步骤与方法主要有：

(1) 查看被审计单位制订的盘点计划，以确定监盘时间。对库存现金的监盘最好实施突击性的检查，时间最好选择在上午上班前或下午下班时，监盘范围一般包括被审计单位各部门经管的所有现金。

(2) 查阅库存现金日记账，并与现金收付凭证相核对。一方面，检查库存现金日记账的记录与凭证的内容和金额是否相符；另一方面，了解凭证日期与库存现金日记账日期是否相符或接近。

(3) 检查被审计单位现金实存数，并将该监盘金额与库存现金日记账余额进行核对，如有差异，应要求被审计单位查明原因，必要时应提请被审计单位作出调整；如无法查明原因，应要求被审计单位按管理权限批准后作出调整。若有冲抵库存现金的借条、未提现支票、未作报销的原始凭证，应在"库存现金监盘表"中注明，必要时应提请被审计单位作出调整。

(4) 在非资产负债表日进行监盘时，应将监盘金额调整至资产负债表日的金额，并对变动情况实施监盘程序。

(三) 函证银行存款余额

银行函证程序是证实资产负债表所列银行存款是否存在的重要程序。通过向往来银行函证，注册会计师不仅可了解企业资产的存在，还可了解企业账面反映所欠银行债务的情况，并有助于发现企业未入账的银行借款和未披露的或有负债。银行询证函的格式是标准化的，它能够提供企业在银行存款方面的信息，也能提供关于银行借款、客户的信用额度、用作抵押的资产和由客户担保的贷款（或有负债）的信息。

注册会计师应当对银行存款（包括零余额账户和在本期内注销的账户）、借款及与金融机构往来的其他重要信息实施函证程序，除非有充分证据表明某一银行存款、借款及与金融机构往来的其他重要信息对财务报表不重要且与之相关的重大错报风险很低。如果不对这些项目实施函证程序，注册会计师应当在审计工作底稿中说明理由。

实施函证程序时，注册会计师应当对询证函保持控制，当函证信息与银行回函结果不符时，注册会计师应当调查不符事项，以确定是否表明存在错报。

在实施银行函证时，注册会计师需要以被审计单位的名义向银行发函询证，以验证被审计单位的银行存款是否真实、合法、完整。根据《关于进一步规范银行函证及回函工作的通知》（财会〔2020〕12号）（以下简称《通知》），银行业金融机构应当自收到符合规定的询证函之日起10个工作日内，按照要求将回函直接回复会计师事务所或交付跟函注册会计师。

银行询证函的式样如图14-5所示。与所有的询证函一样，银行询证函的数据来源于客户，应由注册会计师以客户的名义寄发，但银行的回函必须寄给注册会计师。发出的银行询证函的数额栏通常是空白。

银行询证函

编号：

_____银行：

  本公司聘请_____会计师事务所正在对本公司的财务报表进行审计，按照中国注册会计师独立审计准则的要求，应当询证本公司与贵行的存款、借款等往来事项。下列数据出自本公司的会计记录，如与贵行记录相符，请在本函下端"数据证明无误"处签章证明；如有不符，请在"数据不符"处列明不符金额。有关询证费用可直接从本公司_____账户中支付。回函直接寄至_____会计师事务所。

通讯地址：

邮编：　　　　　　电话：　　　　　　传真：

截至　年　月　日止，本公司银行存款、银行借款账户的余额如下：

1. 银行存款

账户名称	银行账号	币种	利率	余额	备注

2. 银行借款

银行账号	币种	金额	借款日期	还款日期	利率	借款条件	备注

3. 其他事项

（公司签章）　　（日期）

结论：1. 数据证明无误

（银行签章）　　（日期）

   2. 数据不符，请列明不符金额

（银行签章）　　（日期）

图 14-5　银行询证函的参考格式

（四）审查银行存款余额调节表

  编制银行存款余额调节表是为了识别在某一时点企业账簿中所记录的存款余额与同一时点银行所记录的存款余额之间存在的任何不一致的情况。银行存款余额调节表的格式如图 14-6 所示。银行存款余额调节表可由注册会计师编制，也可由客户的员工编制，然后由注册会计师复核。

  调整项目代表了公司或银行没有入账的业务。

  注册会计师可以通过一些相对简单的测试来验证银行存款余额调节表的准确性。首先，对调节表本身的准确性进行测试；然后，将企业银行存款日记账的调节项目与内部支持性的凭证和记录进行比较；最后，将银行对账单的调整项目与银行提供的支持性文件进

行比较。注册会计师通常会直接向银行取得银行截止说明。银行截止说明包括银行在会计年度结束后的次年第一个月前期所结清的支票和其他业务。因为该说明是直接寄给注册会计师的，所以，包括在说明中的各种书面证据被认为具有高度的可靠性。

琼斯公司银行存款余额调节表

2002 年 12 月 31 日

编制人：　　　　　日期：　　　　　索引号：

复核人：　　　　　日期：　　　　　页次：

银行对账单余额（2002 年 12 月 31 日）	2 000	
加：企业已收，银行尚未入账的金额		
其中：1. ＿＿＿＿＿＿ 元		
2. ＿＿＿＿＿＿ 元		
减：企业已付，银行尚未入账的金额		
其中：1. 企业已签发的支票 126 号 12/26	800	
2. 企业已签发的支票 129 号 12/30	200	
3. 企业已签发的支票 130 号 12/30	1 200	
4. 企业已签发的支票 131 号 12/30	1 250	3 450
调整后银行对账单金额		(1 450)
企业银行存款日记账余额（2002 年 12 月 31 日）		(1 500)
加：银行已收，企业尚未入账的金额		
其中：1. 银行存款利息	50	
2. ＿＿＿＿＿＿ 元		
减：银行已付，企业尚未入账的金额		
其中：1. ＿＿＿＿＿＿ 元		
2. ＿＿＿＿＿＿ 元		
调整后企业银行存款日记账的金额		(1 450)

经办人：（签字）＿＿＿＿＿　会计主管（签字）＿＿＿＿＿

图 14-6　银行存款余额调节表的格式

（五）实施实质性分析程序

计算银行存款累计余额应收利息收入，分析比较被审计单位银行存款应收利息收入与实际利息收入的差异是否恰当，评估利息收入的合理性，检查是否存在高息资金拆借，确认银行存款余额是否存在，利息收入是否已经完整记录。

（六）银行存款验证表

在企业银行存款控制风险较高的情况下，注册会计师也可为一个或多个银行账户编制银行存款验证表。银行存款验证表是由注册会计师编制的将银行记录的被审计单位在某一期间的银行存款期初余额、存入的银行存款、结清的支票和期末余额与被审计单位自身的银行存款记录进行核对的一种四栏式工作表。银行存款验证表可以按任何时期编制，如一个月或一年。银行存款验证表从核对期初和期末两个时点上企业与银行所记录的银行存款余额开始，然后核对该期间两者所记录的银行存款收入和银行存款支出。图14-7是某公司的银行存款验证表。为了方便举例，我们将该公司在期初银行存款余额调节表的数据也反映在银行存款验证表中。表的中间两栏包括影响该账户的有关银行存款收入和支出的信息。

20×4年12月31日

	20×4年12月31日	现金收入	现金支出	20×5年12月31日
银行余额5 000	939 000	942 000	2 000	
在途存款		10 000	(10 000)	
签发在外的支票2001年		(13 200)	(13 200)	
签发在外的支票2002年			3 450	(3 450)
其他调整项目		(50)		(50)
企业账簿中的余额	1 800	928 950	932 250	(1 500)

图14-7 某公司银行存款验证表

为了弄清银行存款验证表工作原理，我们假设在20×4年的银行存款余额调节表中有10 000元的在途存款。为了与20×4年12月31日的企业账簿中的余额相一致，这一在途存款应加到银行余额中。在检查第二栏时，我们发现这10 000元由银行列作20×5年的现金收入，然而公司却将它记录在20×4年的账簿中，所以这10 000元必须从银行的现金收入扣减，以便与企业账簿中的余额一致。我们接下来考虑20×5年签发在外的支票3 450元（第四栏）。在这里，我们可以发现为了与企业账簿中的余额进行核对而应从银行余额中扣减的项目。既然公司将该支出记录在20×2年的账中，而银行却是在20×5年以后记录的，所以这3 450元必须加到银行的支出中，以便与企业账簿中的记录一致。

银行所记录的收支可以追查至所考虑的期间的银行对账单，而企业所记录的收支可追查至恰当的业务日记账。第一栏和最后一栏的每个调节项目都有收支栏的补充项目。如果现金余额是正确的，在收支栏中，银行所记录的收支经过调节后应与企业所记录的收支平衡，这就为公司是否恰当地记录了银行存款业务提供了证据。

（七）资金内部转移测试

内部资金转移是指在接近年度末，被审计单位在其一个银行账户中提款，然后将所提款项存入另外的银行账户的行为。由于内部资金转移至少涉及两家银行，一方减少企业的银行存款，另一方增加企业的银行存款。如果该类业务没有得到恰当的记录，相同数额的款项可能会同时记录在两个不同的银行账户中，出现存款的重复计算的问题；也可能同时在两个账户中没有记录，出现漏记银行存款的问题，所以，内部资金转移是注册会计师应关注的一个重要问题。内部资金转移测试是通过内部资金转移表来进行的。内部资金转移表如表14-13所示。

表 14-13　内部资金转移的例子

描述	数量	(A) 企业记账时间： 现金支出	(B) 企业记账时间： 现金收入	(C) 银行记账时间： 现金支出	(D) 银行记账时间： 现金收入
银行1到银行2	100 000元	12/31/20×4	12/31/20×4	1/2/20×5	1/3/20×5
银行2到银行3	50.000元	12/31/20×4	1/3/20×5	12/31/20×4	1/3/20×5
银行3到银行4	20 000元	1/3/20×5	12/31/20×4	1/3/20×5	12/31/20×4
银行4到银行5	120 000元	1/3/20×5	1/3/20×5	12/31/20×4	1/3/20×4
银行5到银行6	70 000元	1/3/20×5	1/3/20×5	1/3/20×5	12/31/20×4
分析规则： A与C之间的差异：付出行的调整项目 如果A早于C：已签支票 如果C早于A：未记录的支出（差错）			B与D之间的差异：存入行的调整项目 如果B早于D：在途存款 如果D早于B：未记录的存款（差错）		A与B之间的差异：企业账簿记录错误 如果A早于B：未记录的资金转移（差错） 如果C早于A：双重计算（差错）

表 14-13 列举了五种在年末或接近年末进行的内部资金转移。表中列举了企业记录收入的时间（B栏）、银行记录收入的时间（D栏）、企业记录支出的时间（A栏）和银行记录支出的时间（C栏）。如果这四个日期在同一会计年度内，那么资金内部转移的记录就是正确的。

内部资金转移记录的差错发生在不同栏的日期不在同一个会计年度时，我们总结了四种可能的问题。要使内部资金转移的记录正确，A栏和B栏的日期必须在同一会计期间，并同时记录或者早于C栏和D栏的时间。一些可能的问题只要通过银行对账单就可以发现，然而，内部资金转移表揭示了银行存款余额调节表所不能查出的两个问题，即存款的重复记录和存款的漏记。双重记录发生在B栏的日期早于A栏的日期时。这种情况发生在20×4年将20 000元从银行2转移到银行4。因为银行4记录存款是在20×4年，而银行3直到20×5年才记录提款，这20 000元包含在20×4年12月31日两个银行的账户中。如果这种双重记录是客户有意为之，那么这是一种非法行为，注册会计师应该考虑它对整个审计工作的影响。如果A栏的日期早于B栏的日期，存款就没有在任何银行的账户中记录，就会出现双重漏记的情况，这也是一种差错。

思考题

1. 人力资源管理流程的主要特征有哪些？
2. 人力资源管理流程的流程风险、相关控制和业绩指标主要各有哪些？
3. 如何进行人力资源管理流程的内部威胁分析？
4. 如何进行工薪及相关负债的实质性测试？
5. 固定资产管理流程的主要特征有哪些？

6. 固定资产管理流程的流程风险、相关控制和业绩指标主要各有哪些?
7. 如何进行固定资产管理流程的内部威胁分析?
8. 如何进行固定资产和累计折旧的实质性测试?
9. 财务管理流程的主要特征有哪些?
10. 财务流程的流程风险、相关控制和业绩指标主要各有哪些?
11. 如何进行财务管理流程的内部威胁分析?
12. 如何进行投资、借入资金和股东权益的实质性测试?
13. 现金的盘点程序和存货监盘程序有何区别?
14. 银行存款的函证与应收账款的函证有何区别?
15. 审查银行存款余额调节表的目的何在?审查的重点是什么?

习题及参考答案

第十五章 特殊项目审计

本章要点

在财务报表审计中,注册会计师可能会碰到一些特殊项目,其审计结果对审计意见的形成有重要的影响,注册会计师必须对这些项目予以适当的关注。这些项目包括期初余额、比较数据、会计估计、关联方及其交易、持续经营问题等,本章主要讨论这些特殊项目的审计。注册会计师首次接受被审计单位委托对其财务报表进行审计,必然要对财务报表的期初余额进行审计,因为期初余额是本期财务报表的基础,往往会对本期财务报表产生重要的影响。比较数据是针对上期对应数和相关披露的审计,包括资产负债表、利润表等,既有期初余额,也有上年数。会计估计、关联方及其交易是重大错报风险比较高的特殊项目,持续经营假设关系财务报告编制基础是否适当,由于这些项目的特殊性,本章对此进行了重点关注。

第一节 期初余额

在注册会计师执行的财务报表审计业务中,有许多属于注册会计师首次接受被审计单位委托的情况。注册会计师首次接受被审计单位委托的情况主要有两类:一是被审计单位首次接受审计;二是上期财务报表由前任注册会计师审计的情况下接受的审计委托,即被审计单位更换注册会计师。

注册会计师首次接受被审计单位委托对其财务报表进行审计,必然要对财务报表的期初余额进行审计,因为期初余额是本期财务报表的基础,往往会对本期财务报表产生重要的影响。对期初余额进行审计,关键是要把握适当的度。如果不对期初余额进行适当的审计,则会影响注册会计师对本期财务报表的审计意见。但是如果审计过于详细,势必会增加审计成本,延长审计时间,并给被审计单位带来过重的审计费用等负担。

一、期初余额的含义

期初余额是指期初存在的账户余额。期初余额以上期期末余额为基础,反映了以前期间的交易和事项以及上期采用的会计政策的结果。期初余额也包括期初存在的需要披露的事项,如或有事项和承诺事项。

下面从以下几个方面理解期初余额的含义:

（1）期初余额与注册会计师首次接受委托相联系，即只有在被审计单位首次接受审计或上期财务报表由前任注册会计师审计的情况下，才涉及对期初余额进行审计。

（2）期初余额是所审会计期间期初已存在的余额。期初已存在的余额是由上期结转至本期的金额，或是上期期末余额调整后的金额。期初余额是上期账户结转至本期账户的余额，一般与上期金额相等，但有时受上期期后事项、会计政策诸因素的影响，上期期末余额结转至本期时，需经过调整或重编。

（3）期初余额反映了以前期间的交易和上期采用的会计政策的结果，即以前期间发生的交易按照上期采用的会计政策进行处理的结果。

二、期初余额的审计目标

注册会计师对首次接受委托的财务报表审计业务，应当获取充分、适当的审计证据，以证实：

（1）期初余额不存在对本期财务报表产生重大影响的错报，即期初余额中是否存在足以影响或改变财务报表使用者决策的错报。

（2）上期期末余额已正确结转至本期，或在适当的情况下已作出重新表述。上期期末余额已正确结转至本期，主要指：①上期账户余额计算正确；②分类账内的一切记录均过自日记账；③一切分录均已适当地过账。恰当地重新表述是指被审计单位在结转上期期末余额时，由于结转金额、会计政策和或有事项的缘故，而对某些重要项目及其金额作了调整。

（3）被审计单位一贯运用恰当的会计政策，或对会计政策的变更作出正确的会计处理和恰当的列报（包括披露，下同）。

注册会计师在确定有关期初余额的审计证据的充分性和适当性时，应当考虑下列事项：一是被审计单位运用的会计政策。注册会计师收集的审计证据应该能够证明会计政策的选用是否恰当以及是否一贯运用，会计政策的变更是否合理。二是上期财务报表是否经过审计。如果经过审计，审计报告是否为非标准审计报告。三是账户的性质和本期财务报表中的重大错报风险。四是期初余额对于本期财务报表的重要程度。对性质特殊以及在本期财务报表中出现重大错报风险较高的账户，以及期初余额对本期财务报表有重大影响的项目，应当提高对审计证据充分性和适当性的要求。

三、期初余额的审计程序

为了完成期初余额的审计目标，注册会计师应当阅读最近期间的财务报表和前任注册会计师出具的审计报告（如有），获取与期初余额相关的信息，包括披露。

注册会计师对期初余额的审计程序通常包括：

（1）分析被审计单位上期运用的会计政策是否恰当，以及这些会计政策是否在本期财务报表中得到一贯运用。如果本期发生会计政策变更，该变更是否合理，是否已对变更作正确的会计处理和恰当的列报。这里的会计政策是指企业在会计核算过程中所采用的原则、基础和会计处理方法。如果被审计单位上期运用的会计政策不恰当或与本期不一致，注册会计师在执行期初余额审计时应提请被审计单位进行调整或予以披露。

(2) 分析期初余额是否反映了上期运用恰当会计政策的结果，以及上期期末余额是否正确转至本期，或在适当的情况下已作出重新表述，上期审计调整分录是否已正确入账。

(3) 了解上期财务报表是否经过审计。如上期财务报表由前任注册会计师审计，注册会计师应当考虑通过查询前任注册会计师的工作底稿，获取有关期初余额的审计证据，但要考虑前任注册会计师的独立性和专业胜任能力，以判断获取证据的充分性和适当性。

注册会计师与前任注册会计师联系，应征得被审计单位同意。前任注册会计师与后任注册会计师联系是一项十分重要的工作。后任注册会计师可通过查阅前任注册会计师的工作底稿来了解被审计单位期初余额的情况，借阅的工作底稿通常限于对本期审计有重大影响的事项，如上年度前任注册会计师发表审计意见的类型、审计计划及总结、管理建议书的要点以及其他有关事项。前任注册会计师知悉后任注册会计师与其联系，应当提供必要的帮助。

(4) 如果上期财务报表经过审计，了解前任注册会计师是否出具了非标准审计报告。若出具过，应查清影响前任注册会计师审计意见的原因，还应特别关注与本期财务报表有关的部分。

(5) 如果上期财务报表未经过审计，或与前任注册会计师沟通后仍不能得出满意的结论，注册会计师应对期初余额实施以下审计程序：

①审阅上期会计记录及相关资料。审阅时，注册会计师应特别关注其合法性和公允性。

②对期初余额中的流动资产和流动负债项目，可以通过本期实施的审计程序获取部分审计证据，通过对本期财务报表实施的审计程序进行证实。例如，应收账款或应付账款的期初余额通常在本期内即可收回或支付，这一事实即可视为其期初余额存在的适当证据。

③对存货项目的期初余额，如果注册会计师未能对上期期末存货实施检查，且该存货对本期财务报表存在重大影响，应当实施下列一项或多项审计程序，以获取充分、适当的审计证据：第一，监盘当前的存货数量并调节至期初存货数量；第二，对期初存货项目的计价实施审计程序；第三，对毛利和存货截止实施审计程序。

④对非流动资产和非流动负债项目，注册会计师通常会检查形成期初余额的会计记录和其他信息。在某些情况下，注册会计师可向第三方函证期初余额，或实施追加的审计程序。

四、对期初余额审计结论的处理

注册会计师应当根据已获取的审计证据，形成对期初余额的审计结论，在此基础上确定其对本期财务报表审计意见的影响。

(1) 如果实施相关审计程序后无法获取有关期初余额的充分、适当的审计证据，注册会计师应当出具保留意见或无法表示意见的审计报告。

(2) 如果期初余额存在对本期财务报表产生重大影响的错报，注册会计师应当告知管理层，提请被审计单位进行调整或列报；如果上期财务报表由前任注册会计师审计，注册会计师还应当考虑提请管理层告知前任注册会计师。

如果被审计单位不接受注册会计师的建议，错报的影响未能得到正确的会计处理和恰当的列报，注册会计师应当出具保留意见或否定意见的审计报告。

（3）如果与期初余额相关的会计政策未能在本期得到一贯运用，并且会计政策的变更未能得到正确的会计处理和恰当的列报，且被审计单位不接受注册会计师的调整或披露建议，注册会计师应当出具保留意见或否定意见的审计报告。

（4）如果前任注册会计师对上期财务报表出具了非标准审计报告，注册会计师应当考虑该审计报告对本期财务报表的影响。

如果导致出具非标准审计报告的事项对本期财务报表仍然相关和重大，注册会计师应当对本期财务报表出具非标准审计报告，即保留意见、否定意见或无法表示意见的审计报告。

第二节 比较信息

财务报表使用者为了确定在一段时期内被审计单位财务状况和经营成果的变化趋势，需要了解涉及一个或多个以前会计期间的比较信息，因此财务报表除提供本期财务信息之外，还需要提供涉及一个或多个以前期间的比较信息，也就是说，比较数据是本期财务报表的重要组成部分，注册会计师也要对比较数据进行审计。

期初余额审计是针对本期财务报表的期初余额进行的审计，比较数据是针对上期对应数和相关披露的审计，包括资产负债表、利润表等，既有期初余额，也有上年数，所以包括了期初余额。

审计准则规定，财务报表中列报的比较信息的性质取决于适用的财务报告编制基础的要求。比较信息包括对应数据和比较财务报表，相应地，注册会计师履行比较信息的报告责任有两种不同的方法。

两种方法导致审计报告存在的主要差异表现在：对于对应数据，审计意见仅提及本期；对于比较财务报表，审计意见提及列报的财务报表所属各期。

一、比较信息的含义

比较数据是指作为本期财务报表组成部分的上期对应数和相关披露。比较数据本身不构成完整的财务报表，应当与本期相关的金额和披露联系起来阅读。

对应数据属于比较信息，是指作为本期财务报表组成部分的上期金额和相关披露，这些金额和披露只能和与本期相关的金额和披露（称为"本期数据"）联系起来阅读。对应数据列报的详细程度主要取决于其与本期数据的相关程度。

比较财务报表属于比较信息，是指为了与本期财务报表相比较而包含的上期金额和相关披露。比较财务报表包含信息的详细程度与本期财务报表包含信息的详细程度相似。如果上期金额和相关披露已经审计，则将在审计意见中提及。

二、比较信息的审计目标

一是获取充分、适当的审计证据，确定在财务报表中包含的比较信息是否在所有重大方面均按照适用的财务报告编制基础有关比较信息的要求进行列报；

二是按照注册会计师的报告责任出具审计报告。

三、比较信息的审计程序

(一) 一般程序

注册会计师应当确定财务报表中是否包括适用的财务报告编制基础要求的比较信息，以及比较信息是否得到恰当分类。基于上述目的，注册会计师应当评价：

第一，比较信息是否与上期财务报表列报的金额和相关披露一致，如有必要，比较信息是否已经重述。

本期财务报表中的比较信息来源于上期报表列报的金额和相关披露，但是某些情况下可能导致两者并不一致。例如，根据会计准则的要求，母公司在报告期内因同一控制下企业合并增加的子公司及业务，在编制合并资产负债表时，应当调整合并资产负债表的期初数，同时应对比较报表的相关项目进行调整，视同合并后报告主体自最终控制方开始控制时点起一直存在。又如，当财务报表存在重要的前期差错时，如前期差错累计影响数能够确定，应当采用追溯调整法进行更正，在重要的前期差错发现后的财务报表中，调整前期比较信息。因此，有必要将比较信息与上期财务报表列报的金额和相关披露进行核对，以确定两者之间是否一致。

如果不一致，注册会计师检查的内容通常包括：

（1）出现不一致是否是由于适用的财务报告编制基础引起的，或是法律法规的要求；

（2）金额是否作出适当调整，包括报表项目的重新分类和归集，以及附注中前期对应数的调整等；

（3）是否已在附注中充分披露对比较信息作出调整的原因和性质，以及比较信息中受影响的项目名称和更正金额。

如果发现对比较信息的调整缺乏合理依据，注册会计师需要提请管理层对比较信息作出更正，并视更正情况出具恰当意见类型的审计报告。

第二，在比较信息中反映的会计政策是否与本期采用的会计政策一致，如果会计政策已发生变更，这些变更是否得到恰当处理，并得到充分列报与披露。

适用的财务报告编制基础通常要求企业采用的会计政策在每一会计期间和前后各期应当保持一致，不得随意变更。因此，注册会计师应当检查比较信息反映的会计政策是否与本期采用的会计政策一致。但是，适用的财务报告编制基础并非绝对不允许企业变更会计政策。当法律法规或者适用的财务报告编制基础等要求变更会计政策，或者会计政策变更能够提供更可靠、更相关的会计信息时，企业可以变更会计政策。如果可以计算累积影响数的，还应当采用追溯调整法进行处理，对本期财务报表中列报的比较信息进行调整。

当被审计单位变更会计政策时，注册会计师检查的内容通常包括：

（1）会计政策变更是否符合适用的财务报告编制基础的规定；

（2）会计政策变更是否经过被审计单位有权限机构的批准；

（3）会计政策变更的会计处理是否恰当，是否对比较信息进行了适当的调整；

（4）是否充分披露了会计政策变更，包括变更的性质、内容和原因，比较信息中受影响的项目名称和调整金额,无法进行追溯调整的事实和原因等。

(二) 注意到比较信息可能存在重大错报时的审计要求

第一,在实施本期审计时,如果注意到比较信息可能存在重大错报,注册会计师应当根据实际情况追加必要的审计程序,获取充分、适当的审计证据,以确定是否存在重大错报。

实施本期审计是指对本期财务报表实施审计,既包括对本期财务报表中所含的本期数据的审计,也包括对本期财务报表中所含的比较信息的审计。

本期财务报表中的比较信息出现重大错报的情形通常包括:

(1) 上期财务报表存在重大错报,该财务报表虽经审计,但注册会计师因未发现而未在针对上期财务报表出具的审计报告中对该事项发表非无保留意见,本期财务报表中的比较信息未作更正;

(2) 上期财务报表存在重大错报,该财务报表未经注册会计师审计,比较信息未作更正;

(3) 上期财务报表不存在重大错报,但比较信息与上期财务报表存在重大不一致,由此导致重大错报;

(4) 上期财务报表不存在重大错报,但在某些特殊情形下,比较信息未按照适用的财务报告编制基础的要求恰当重述。

当注册会计师注意到比较信息可能存在重大错报时,应当根据重大错报的性质、影响程度和范围等实际情况,有针对性地实施追加的审计程序,以确定是否确实存在重大错报。

第二,如果上期财务报表已经审计,注册会计师还应当遵守《中国注册会计师审计准则第1332号——期后事项》的相关规定。如果上期财务报表已经得到更正,注册会计师应当确定比较信息与更正后的财务报表是否一致。

注册会计师在对本期财务报表进行审计时,可能注意到影响上期财务报表的重大错报,而以前未就该重大错报出具非无保留意见的审计报告。在这种情况下,由于针对上期财务报表的审计报告已经出具,注册会计师应当根据《中国注册会计师审计准则第1332号——期后事项》的规定,考虑是否需要修改上期财务报表,并与管理层讨论,同时根据具体情况采取适当措施:一是如前所述,如果上期财务报表未经更正,也未重新出具审计报告,且比较数据未经恰当重述和充分披露,注册会计师应当对本期财务报表出具非无保留意见的审计报告,说明比较数据对本期财务报表的影响;二是如果上期财务报表已经更正,并已重新出具审计报告,注册会计师应当获取充分、适当的审计证据,以确定比较信息与更正的财务报表是否一致。

(三) 获取书面声明

注册会计师应当按照《中国注册会计师审计准则第1341号——书面声明》的规定,获取与审计意见中提及的所有期间相关的书面声明。对于管理层作出的、更正上期财务报表中影响比较信息的重大错报的任何重述,注册会计师还应当获取特定书面声明。

《中国注册会计师审计准则第1341号——书面声明》规定,针对财务报表的编制,注

册会计师应当要求管理层提供书面声明，确认其根据审计业务约定条款履行了按照适用的财务报告编制基础编制财务报表，并使其实现公允反映（如适用）的责任；书面声明应当涵盖审计报告针对的所有财务报表和期间。在比较财务报表的情形下，由于管理层需要再次确认其以前作出的与上期相关的书面声明仍然适当，注册会计师可以要求管理层提供与审计意见所提及的所有期间相关的书面声明。在对应数据的情形下，由于审计意见针对包括对应数据的本期财务报表，注册会计师可以要求管理层仅就本期财务报表提供书面声明。然而，对上期财务报表中影响比较信息的重大错报进行更正而作出的任何重述，注册会计师应当要求管理层提供特定书面声明。

四、审计报告：对应数据

（一）总体要求

注册会计师发表的审计意见是针对包括对应数据的本期财务报表整体。当财务报表中列报对应数据时，如果以前针对上期财务报表发表了保留意见、无法表示意见或否定意见，注册会计师首先需要判断导致对上期财务报表发表非无保留意见的事项是否已经解决。例如，对于上期财务报表存在重大错报的情形，如果上期财务报表中的错报已经得到更正，通常视为已经解决；对于上期财务报表审计范围受限的情形，如果原来的审计范围受限情形已消除，注册会计师能够就上期财务报表获取充分、适当的审计证据，通常视为已经解决。在作出判断时，注册会计师不仅要考虑相关事项对本期财务报表的资产负债表余额的影响，也要考虑相关事项对本期利润表、现金流量表以及股东（所有者）权益变动表的影响，以及对本期数据和对应数据的可比性的影响。如果事项已解决，并且被审计单位已经按照适用的财务报告编制基础进行恰当的会计处理，或在财务报表中作出适当的披露，则注册会计师可以针对本期财务报表发表无保留意见，且无须提及之前发表的非无保留意见。

当财务报表中列报对应数据时，除下列情形外，审计意见不应提及对应数据：

1. 导致对上期财务报表发表非无保留意见的事项在本期仍未解决

如果事项仍未解决，在就未解决事项对本期财务报表的影响或可能产生的影响进行评价后，注册会计师应当对本期财务报表发表恰当的非无保留意见。具体而言：

（1）对上期财务报表发表了否定意见或无法表示意见且事项仍未解决，这些事项对本期财务报表的影响或可能产生的影响仍然重大且具有广泛性，注册会计师应当对本期财务报表发表否定意见或无法表示意见；如果这些未解决事项对本期财务报表的影响或可能产生的影响仍然重大，但影响程度降低或影响范围缩小，不再具有广泛性，则注册会计师应当对本期财务报表发表保留意见。

（2）对上期财务报表发表了保留意见且事项仍未解决，注册会计师应当对本期财务报表发表非无保留意见。

（3）对上期财务报表发表了非无保留意见且事项未解决，该未解决事项可能与本期数据无关。但是，由于未解决事项对本期数据和对应数据的可比性存在影响或可能存在影响，仍需要对本期财务报表发表非无保留意见。

以下举例说明注册会计师如何考虑导致对上期财务报表发表非无保留意见的事项是否已解决，以及在未解决的情况下如何评价其对本期财务报表及审计意见的影响。

【例1】注册会计师由于无法对被审计单位的某一重要子公司执行审计工作而对被审计单位上一年度合并财务报表发表了无法表示意见。本年度审计中注册会计师仍然无法对该子公司执行审计工作。

场景（1）：被审计单位在本年12月出售了其持有的该子公司全部股权。在这种情况下，尽管该子公司在被审计单位本年末合并资产负债表中已出表，但本年合并利润表、合并现金流量表以及合并股东（所有者）权益变动表中仍然包括该子公司被处置前的经营业绩和现金流量，对被审计单位的合并财务报表本期数仍有重大且广泛的影响。此外，该事项对合并财务报表的对应数据可能产生的影响仍然没有消除，且该子公司于股权处置日的净资产直接影响被审计单位本期就股权处置交易确认的损益，注册会计师对该项处置损益也无法获取充分、适当的审计证据。综合考虑这些情况，导致对上期合并财务报表发表无法表示意见的事项并未解决，对本期合并财务报表的影响重大且具有广泛性，注册会计师无法获取充分、适当的审计证据，应当对本期合并财务报表发表无法表示意见。

场景（2）：被审计单位在本年1月1日出售了其持有的该子公司全部股权。在这种情况下，无法对该子公司执行审计工作导致注册会计师无法就本期确认的股权处置损益获取充分、适当的审计证据，且对对应数据可能产生的影响仍然没有消除。假定上述股权处置损益金额重大但不构成本期合并财务报表的主要组成部分，注册会计师综合考虑上述因素之后，可能认为导致对上期合并财务报表发表无法表示意见的事项对本期合并财务报表的影响重大但不具有广泛性，因而发表保留意见。

【例2】由于上期财务报表中的应收账款、存货、营业收入、营业成本等多个项目存在重大错报，注册会计师对被审计单位上期财务报表发表了否定意见。被审计单位管理层就上期财务报表中存在的重大错报调整了本期财务报表的对应数据，并在财务报表附注中作出了充分披露，注册会计师对本期数据和更正后的对应数据均获取了充分、适当的审计证据，认为不存在重大错报，应当对本期财务报表发表无保留意见。

【例3】由于被审计单位在上期未对金额重大的商誉和固定资产实施减值测试，注册会计师无法就商誉和固定资产是否存在减值以及可能需要计提的减值准备获取充分、适当的审计证据，因此对上期财务报表发表了保留意见。被审计单位管理层在本期期末实施了商誉和固定资产减值测试并计提了大额减值准备，确认了资产减值损失。注册会计师执行审计工作后认可了本期期末的减值准备金额，但认为一部分资产减值损失应当在上期财务报表中确认，相关金额对本期财务报表的本期数据和对应数据均有重大影响。在这种情况下，导致对上期财务报表发表保留意见的事项并未解决，相关错报对本期财务报表的影响重大但不具有广泛性，注册会计师应当对本期财务报表发表保留意见。

在审计报告的形成非无保留意见的基础部分，注册会计师应当分下列两种情况予以处理：

（1）如果未解决事项对本期数据的影响或可能的影响是重大的，注册会计师应当在形成非无保留意见的基础部分同时提及本期数据和对应数据；

（2）如果未解决事项对本期数据的影响或可能的影响不重大，注册会计师应当说明。

由于未解决事项对本期数据和对应数据之间可比性的影响或可能的影响，因此发表了非无保留意见。

2. 上期财务报表存在重大错报，而以前对该财务报表发表了无保留意见，且对应数据未经适当重述或恰当披露

如果注册会计师已经获取上期财务报表存在重大错报的审计证据，而以前对该财务报表发表了无保留意见，且对应数据未经适当重述或恰当披露，注册会计师应当就包括在财务报表中的对应数据，在审计报告中对本期财务报表发表保留意见或否定意见。

如果存在错报的上期财务报表尚未更正，并且没有重新出具审计报告，但对应数据已在本期财务报表中得到适当重述或恰当披露。此时，注册会计师可以在审计报告中增加强调事项段，以描述这一情况，并提及详细描述该事项的相关披露在财务报表中的位置。

（二）上期财务报表未经审计时的报告要求

如果上期财务报表未经审计，注册会计师应当在审计报告的其他事项段中说明对应数据未经审计。但这种说明并不减轻注册会计师获取充分、适当的审计证据，以确定期初余额不含有对本期财务报表产生重大影响的错报的责任。

当上期财务报表未经审计时，注册会计师应当按照《中国注册会计师审计准则第1331号——首次审计业务涉及的期初余额》的规定，对本期期初余额实施恰当的审计程序，获取充分、适当的审计证据，以确定期初余额不存在重大错报。尽管如此，针对期初余额实施的审计程序的范围往往要小于针对当期余额和发生额实施的审计程序的范围，并且，客观地说，针对期初余额实施某些审计程序的难度往往要大一些，而效果却要差一些。为使财务报表使用者以谨慎的态度利用对应数据作出决策，避免加重注册会计师的责任，降低注册会计师的执业风险，如果上期财务报表未经审计，注册会计师应当在审计报告的其他事项段中予以说明。

（三）上期财务报表已由前任注册会计师审计时的报告要求

如果上期财务报表已由前任注册会计师审计，注册会计师在审计报告中可以提及前任注册会计师对对应数据出具的审计报告。当注册会计师决定提及时，应当在审计报告的其他事项段中说明：

（1）上期财务报表已由前任注册会计师审计；

（2）前任注册会计师发表的意见的类型（如果是非无保留意见，还应当说明发表非无保留意见的理由）；

（3）前任注册会计师出具审计报告的日期。

五、审计报告：比较财务报表

（一）总体要求

当列报比较财务报表时，审计意见应当提及列报财务报表所属的各期，以及发表的审计意见涵盖的各期。

由于对比较财务报表出具的审计报告涵盖所列报的每期财务报表，注册会计师可以对一期或多期财务报表发表保留意见、否定意见或无法表示意见，或者在审计报告中增加强

调事项段,而对其他期间的财务报表发表不同的审计意见。

(二) 对上期财务报表发表的意见与以前发表的意见不同

当因本期审计而对上期财务报表发表审计意见时,如果对上期财务报表发表的意见与以前发表的意见不同,注册会计师应当按照《中国注册会计师审计准则第 1503 号——在审计报告中增加强调事项段和其他事项段》的规定,在其他事项段中披露导致不同意见的实质性原因。

当结合本期审计对上期财务报表出具审计报告时,如果注册会计师在本期审计过程中注意到严重影响上期财务报表的情形或事项,对上期财务报表发表的意见可能与以前发表的意见不同。在某些国家或地区,注册会计师可能负有额外的报告责任,因此,要求注册会计师在审计报告的其他事项段中披露导致不同意见的实质性原因,以防止信赖注册会计师以前对上期财务报表出具的报告。

(三) 上期财务报表已由前任注册会计师审计

如果上期财务报表已由前任注册会计师审计,除非前任注册会计师对上期财务报表出具的审计报告与财务报表一同对外提供,注册会计师除对本期财务报表发表意见外,还应当在其他事项段中说明:

(1) 上期财务报表已由前任注册会计师审计;

(2) 前任注册会计师发表的意见的类型(如果是非无保留意见,还应当说明发表非无保留意见的理由);

(3) 前任注册会计师出具审计报告的日期。

(四) 存在影响上期财务报表的重大错报

如果认为存在影响上期财务报表的重大错报,而前任注册会计师以前出具了无保留意见的审计报告,注册会计师应当就此与适当层级的管理层沟通,并要求其告知前任注册会计师。注册会计师还应当与治理层进行沟通,除非治理层全部成员参与管理被审计单位。如果上期财务报表已经更正,且前任注册会计师同意对更正后的上期财务报表出具新的审计报告,注册会计师应当仅对本期财务报表出具审计报告。

前任注册会计师可能无法或不愿对上期财务报表重新出具审计报告,注册会计师可以在审计报告中增加其他事项段,指出前任注册会计师对更正前的上期财务报表出具了报告。此外,如果注册会计师针对作出更正的调整事项接受委托实施审计,并获取充分、适当的审计证据,可以在审计报告中增加以下段落:

"作为 20×2 年度财务报表审计的一部分,我们同时审计了其附注×中所描述的用于对 20×1 年度财务报表作出更正的调整事项。我们认为这些调整是恰当的,并得到了适当运用。除了与调整相关的事项外,我们没有接受委托对公司 20×1 年度财务报表实施审计、审阅或其他程序,因此,我们不对 20×1 年度财务报表整体发表意见或提供任何形式的保证。"

(五) 上期财务报表未经审计

如果上期财务报表未经审计,注册会计师应当在其他事项段中说明比较财务报表未经审计。但这种说明并不减轻注册会计师获取充分、适当的审计证据,以确定期初余额不含

有对本期财务报表产生重大影响的错报的责任。

第三节 会计估计和相关披露

一、会计估计的含义及审计目标

（一）会计估计的含义

会计估计是指根据使用的财务报告编制基础的规定，计量涉及估计不确定性的某项金额。由于经营活动具有内在不确定性，某些财务报表项目只能进行估计。进一步讲，某项资产、负债或权益组成部分的具体特征或财务报告编制基础规定的计量基础或方法可能导致有必要对某一财务报表项目作出估计。

注册会计师的点估计或区间估计，是指注册会计师得出的、用于评价管理层的点估计的某项金额或金额区间。

估计不确定性是指会计估计在计量时易于产生内在不精确性。

管理层偏向是指管理层在编制和列报信息时缺乏中立性。

管理层的点估计，是指管理层在财务报表中确认和披露会计估计时选择的金额。

会计估计的结果，是指会计估计涉及的交易、事项或情况在了结或者确定时的实际金额。

会计估计一般包括：①存货跌价准备；②固定资产折旧；③投资性房地产的估值；④金融工具的估值；⑤未决诉讼的结果；⑥金融资产减值准备；⑦保险合同负债的估值；⑧产品质量保证义务；⑨职工退休福利负债；⑩股份支付；⑪企业合并中取得的资产或负债的公允价值，包括商誉和无形资产的确定；⑫长期资产的减值；⑬独立各方之间进行的非货币性资产（或负债）交换；⑭针对长期合同确认的收入。

（二）审计目标

注册会计师的目标是，获取充分、适当的审计证据，以确定依据适用的财务报告编制基础，财务报表中的会计估计和相关披露是否合理。

二、风险评估程序和相关活动

在按照《中国注册会计师审计准则第1211号——重大错报风险的识别和评估》的规定了解被审计单位及其环境、适用的财务报告编制基础、被审计单位的内部控制体系时，注册会计师应当了解与被审计单位会计估计相关的下列方面：

（1）可能需要作出会计估计并在财务报表中确认或披露，或者可能导致会计估计发生变化的交易、事项或情况。

（2）适用的财务报告编制基础，包括：①适用的财务报告编制基础中与会计估计相关的规定，包括确认标准、计量基础以及有关列报（包括披露）的规定；②结合被审计单位的具体情况，如何运用上述规定，以及固有风险因素如何影响认定易于发生错报的可能性。

(3) 与被审计单位会计估计相关的监管因素,包括相关的监管框架。
(4) 根据对上述第(1)项至第(3)项的了解,注册会计师初步认为应当反映在被审计单位财务报表中的会计估计和相关披露的性质。
(5) 被审计单位针对与会计估计相关的财务报告过程的监督和治理措施。
(6) 对是否需要运用与会计估计相关的专门技能或知识,管理层是怎样决策的,以及管理层怎样运用与会计估计相关的专门技能或知识,包括利用管理层的专家的工作。
(7) 被审计单位如何识别和应对与会计估计相关的风险。
(8) 被审计单位与会计估计相关的信息系统,包括:①对于相关交易类别、账户余额和披露涉及的会计估计和相关披露,有关信息是如何在被审计单位的信息系统中传递的;②对于相关交易类别、账户余额和披露涉及的会计估计和相关披露,管理层作出会计估计的过程,包括:管理层如何根据适用的财务报告编制基础确定适当的方法、假设和数据来源及其是否需要作出变化;如何选择或设计并运用方法(包括模型);如何选择假设(包括考虑替代性的假设)并确定重大假设;如何选择数据。

管理层如何了解估计不确定性的程度,是否考虑了可能发生的计量结果的区间。

管理层如何应对估计不确定性,包括如何选择财务报表中的点估计并作出相关披露。

(9) 在控制活动中识别出的、针对上述第(8)项第②点所述的"管理层作出会计估计的过程"实施的控制。
(10) 管理层如何复核以前期间会计估计的结果以及如何应对该复核结果。

注册会计师应当复核以前期间会计估计的结果,或者复核管理层对以前期间会计估计作出的后续重新估计,以帮助识别和评估本期的重大错报风险。

注册会计师复核的目的不是质疑以前期间依据当时可获得的信息作出的适当判断。

三、识别和评估重大错报风险

按照《中国注册会计师审计准则第 1211 号——重大错报风险的识别和评估》的规定,注册会计师应当识别和评估与会计估计和相关披露有关的认定层次重大错报风险(包括分别评估固有风险和控制风险)。注册会计师应当作出职业判断,确定其是否为特别风险。如果存在特别风险,注册会计师应当识别针对该风险实施的控制,评价这些控制的设计是否有效,并确定其是否得到执行。

四、应对评估的重大错报风险

按照《中国注册会计师审计准则第 1231 号——针对评估的重大错报风险采取的应对措施》的规定,注册会计师应当针对评估的认定层次重大错报风险,在考虑形成风险评估结果的依据的基础上,设计和实施进一步审计程序。注册会计师应当实施下列一项或多项审计程序:

(1) 从截至审计报告日发生的事项获取审计证据;
(2) 测试管理层如何作出会计估计;
(3) 作出注册会计师的点估计或区间估计。

根据获取的审计证据,如果认为管理层没有为了解和应对估计不确定性采取适当措

施，注册会计师应当：

（1）要求管理层实施追加程序以了解估计不确定性，或者要求管理层重新考虑对点估计的选择或就估计不确定性作出额外披露以应对估计不确定性，并评价管理层的应对措施；

（2）如果管理层的上述应对措施不能充分应对估计不确定性，则在可行的范围内，作出注册会计师的点估计或区间估计；

（3）评价是否存在内部控制缺陷，如果存在内部控制缺陷，则按照《中国注册会计师审计准则第1152号——向治理层和管理层通报内部控制缺陷》的规定进行沟通。

五、披露及审计工作记录

（一）与会计估计相关的披露

注册会计师应当针对所评估的、与会计估计相关披露有关的认定层次重大错报风险，设计和实施进一步审计程序，以获取充分、适当的审计证据。

（二）书面声明

对于管理层就财务报表中的会计估计所作的判断和决策，注册会计师应当评价是否有迹象表明可能存在管理层偏向，即使这些判断和决策孤立地看是合理的。如果识别出可能存在管理层偏向的迹象，注册会计师应当评价这一情况对审计的影响。如果是管理层有意误导，则管理层偏向具有舞弊性质。

（三）实施审计程序之后的总体评价

注册会计师应当根据已经实施的审计程序以及获取的审计证据作出下列评价：

（1）认定层次重大错报风险的评估结果是否仍然适当（包括识别出可能存在管理层偏向的迹象时）；

（2）管理层对于财务报表中会计估计的确认、计量和列报（包括披露）作出的决策，是否符合适用的财务报告编制基础的规定；

（3）是否已经获取充分、适当的审计证据。

如果无法获取充分、适当的审计证据，注册会计师应当评价这一情况对审计的影响，或者按照《中国注册会计师审计准则第1502号——在审计报告中发表非无保留意见》的规定，评价这一情况对审计意见的影响。

注册会计师应当确定，依据适用的财务报告编制基础，会计估计和相关披露是否合理。如不合理，则构成错报。

注册会计师应当对被审计单位作出的与会计估计相关的披露是否足以使财务报表整体实现公允反映进行评价。

（四）书面声明

注册会计师应当要求管理层和治理层（如适用）就以下事项提供书面声明：根据适用的财务报告编制基础有关确认、计量或披露的规定，管理层和治理层（如适用）作出会计估计和相关披露时使用的方法、重大假设和数据是适当的。

注册会计师还应当考虑是否需要获取关于特定会计估计（包括所使用的方法、假设或数据）的书面声明。

（五）与治理层、管理层以及其他相关机构和人员的沟通

按照《中国注册会计师审计准则第 1151 号——与治理层的沟通》和《中国注册会计师审计准则第 1152 号——向治理层和管理层通报内部控制缺陷》的规定，与治理层或管理层进行沟通时，注册会计师应当根据形成重大错报风险评估结果的依据，考虑是否需要沟通与会计估计相关的事项。此外，在特定情况下，法律法规可能要求注册会计师就特定事项与其他相关机构和人员（如监管机构）进行沟通。

（六）审计工作底稿

注册会计师应当遵守《中国注册会计师审计准则第 1131 号——审计工作底稿》的规定，并就下列事项形成审计工作底稿：

（1）通过风险评估程序和相关活动了解到的要点；

（2）进一步审计程序与评估的认定层次重大错报风险之间的联系，包括考虑形成认定层次重大错报风险评估结果的依据；

（3）在管理层没有采取适当措施以了解和应对估计不确定性的情况下，注册会计师的应对措施；

（4）与会计估计相关的、可能存在管理层偏向的迹象，以及就这一情况对审计的影响作出的评价；

（5）依据适用的财务报告编制基础，注册会计师为确定会计估计和相关披露是否合理而作出的重大判断。

第四节　关联方及其交易

一些企业，特别是上市公司，往往利用非公平交易基础上的关联方交易来粉饰财务报表。关联方交易也是财务报表审计业务中重大错报风险比较高的领域。因此，注册会计师有必要对关联方及其交易进行审计，以确定被审计单位是否按照企业会计准则的要求披露所有关联方及关联方交易的相关信息。

一、关联方及其交易的含义

一方控制、共同控制另一方或对另一方施加重大影响，以及两方或两方以上同受一方控制、共同控制或重大影响的，构成关联方。《企业会计准则第 36 号——关联方披露》规定，下列各方构成企业的关联方：该企业的母公司；该企业的子公司；与该企业受同一母公司控制的其他企业；对该企业实施共同控制的投资方；对该企业施加重大影响的投资方；该企业的合营企业；该企业的联营企业；该企业的主要投资者个人及与其关系密切的家庭成员；该企业或其母公司的关键管理人员及与其关系密切的家庭成员；该企业主要投资者个人、关键管理人员或与其关系密切的家庭成员控制、共同控制或施加重大影响的其他企业。

关联方交易是指关联方之间转移资源、劳务或义务的行为，而不论是否收取价款。按照会计准则的规定，关联方交易的类型通常包括下列各项：购买或销售商品；购买或销售商品以外的其他资产；提供或接受劳务；担保；提供资金（贷款或股权投资）；租赁；代理；研究与开发项目的转移；许可协议；代表企业或由企业代表另一方进行债务结算；关键管理人员报酬。

二、关联方及其交易的审计目标

按照企业会计准则的要求识别、披露关联方和关联方交易是被审计单位管理层的责任；实施适当的审计程序，获取充分、适当的审计证据，以确定被审计单位管理层是否按照企业会计准则和相关会计制度的要求识别、披露关联方和关联方交易，是注册会计师的责任。

由于审计的固有限制，即使注册会计师按照审计准则的规定恰当计划和实施了审计工作，也不可避免地存在财务报表中的某些重大错报未被发现的风险。就关联方而言，由于下列原因，审计的固有限制对注册会计师发现重大错报能力的潜在影响会加大：

（1）管理层可能未能识别出所有关联方关系及其交易，特别是在适用的财务报告编制基础没有对关联方作出规定时；

（2）关联方关系可能为管理层的串通舞弊、隐瞒或操纵行为提供更多机会。

正是由于存在未披露关联方关系及其交易的可能性，注册会计师在计划和实施与关联方关系及其交易有关的审计工作时保持职业怀疑尤为重要。

关联方及其交易的审计目标在于：

第一，充分了解关联方关系及其变易，以便能够确认由此产生的、与识别和评估舞弊导致的重大错报风险相关的舞弊风险因素（如有）；根据获取的审计证据，就财务报表受到关联方关系及其交易的影响而言，确定财务报表是否实现公允反映。

第二，如果准则对关联方作出规定，获取充分、适当的审计证据，确定关联方关系及其交易是否已按照准则要求得到恰当识别、会计处理和披露。

三、关联方及其交易的审计程序

为完成上述审计目标，注册会计师应当实施专门的审计程序，以识别和评估关联方及关联方交易相关重大错报风险，并有针对性地设计和实施审计程序予以应对。

（一）识别和评估重大错报风险

根据审计准则的规定，注册会计师应当识别和评估关联方关系及其交易导致的重大错报风险，并确定这些风险是否为特别风险。在确定时，注册会计师应当将识别出的、超出被审计单位正常经营过程的重大关联方交易导致的风险确定为特别风险。

如果在实施与关联方有关的风险评估程序和相关工作中识别出舞弊风险因素，包括与能够对被审计单位或管理层施加支配性影响的关联方有关的情形，注册会计师应当按照《中国注册会计师审计准则第1141号——财务报表审计中与舞弊相关的责任》的规定，在识别和评估舞弊导致的重大错报风险时考虑这些信息。

管理层由一人或少数人控制且缺乏相应的补偿性控制是一项舞弊风险因素。关联方施加的支配性影响可能表现在以下方面：

（1）关联方否决管理层或治理层作出的重大经营决策；

（2）重大交易需经关联方的最终批准；

（3）对关联方提出的业务建议，管理层和治理层未曾或很少进行讨论；

（4）对涉及关联方（或与关联方关系密切的家庭成员）的交易，极少进行独立复核和批准。

此外，如果关联方在被审计单位的设立和日后管理中均发挥主导作用，也可能表明存在支配性影响。

在出现其他风险因素的情况下，存在具有支配性影响的关联方，可能表明存在舞弊导致的特别风险。例如：

（1）异常频繁变更高级管理人员或专业顾问，可能表明被审计单位为关联方谋取利益而从事不道德或虚假的交易；

（2）利用中间机构从事难以判断是否具有正当商业理由的重大交易，可能表明关联方出于欺诈目的，通过控制这些中间机构从交易中获利；

（3）有证据显示关联方过度干涉或关注会计政策的选择或重大会计估计的作出，可能表明存在虚假财务报告。

（二）应对评估的重大错报风险

针对评估的与关联方关系及其交易相关的重大错报风险，注册会计师应设计和实施进一步审计程序，以获取充分、适当的审计证据。注册会计师可能选择的进一步审计程序的性质、时间安排和范围，取决于风险的性质和被审计单位的具体情况。

如果管理层未能按照适用的财务报告编制基础的规定对特定关联方交易进行恰当会计处理和披露，且注册会计师将其评估为一项特别风险，可能实施的实质性程序的例子包括：

（1）如果可行且法律法规或注册会计师职业道德守则未予禁止，向银行、律师事务所、担保人或者代理商等中间机构函证或与之讨论交易的具体细节；

（2）向关联方函证交易目的、具体条款或金额（如果注册会计师认为被审计单位有可能对关联方的回函施加影响，可能降低这一审计程序的效果）；

（3）如果适用并且可行，查阅关联方的财务报表或其他相关财务信息，以获取关联方对关联方交易进行会计处理的证据。

如果存在具有支配性影响的关联方，并且因此存在舞弊导致的重大错报风险，注册会计师将其评估为一项特别风险。除了遵守《中国注册会计师审计准则第1141号——财务报表审计中与舞弊相关的责任》的总体要求外，注册会计师还可以实施诸如下列审计程序，以了解关联方与被审计单位直接或间接建立的业务关系，并确定是否有必要实施进一步的恰当的实质性程序：

（1）询问管理层和治理层并与之讨论；

（2）询问关联方；

（3）检查与关联方之间的重要合同；

（4）通过互联网或某些外部商业信息数据库，进行适当的背景调查；

（5）如果被审计单位保留了员工的举报报告，查阅该报告。

根据实施风险评估程序的结果，注册会计师可能认为在获取审计证据时不对与关联方关系及其交易相关的内部控制实施控制测试是恰当的。但是在某些情况下，针对与关联方关系及其交易相关的重大错报风险，仅实施实质性程序可能无法获取充分、适当的审计证据。例如，被审计单位与其组成部分发生大量的内部交易，有关这些交易的大量信息在一个集成系统中以电子形式生成、记录、处理和报告，注册会计师可能认为不能通过设计有效的实质性程序，将与这些交易相关的重大错报风险降至可接受的低水平。在这种情况下，注册会计师需要测试与关联方关系及其交易记录的完整性和准确性相关的控制。

1. 识别出以前未识别或未披露的关联方或重大关联方交易

如果识别出可能表明存在管理层以前未识别出或未向注册会计师披露的关联方关系或交易的安排或信息，注册会计师应当确定相关情况是否能够证实关联方关系或关联方交易的存在。

如果识别出管理层以前未识别出或未向注册会计师披露的关联方关系或重大关联方交易，注册会计师应当：

（1）立即将相关信息向项目组其他成员通报；

（2）在适用的财务报告编制基础对关联方作出规定的情况下，要求管理层识别与新识别出的关联方之间发生的所有交易，以便注册会计师作出进一步评价，并询问与关联方关系及其交易相关的控制为何未能识别或披露该关联方关系或交易；

（3）对新识别出的关联方或重大关联方交易实施恰当的实质性程序；

（4）重新考虑可能存在管理层以前未识别出或未向注册会计师披露的其他关联方或重大关联方交易的风险，如有必要，实施追加的审计程序；

（5）如果管理层不披露关联方关系或交易看似是有意的，因而显示可能存在舞弊导致的重大错报风险，评价这一情况对审计的影响。

2. 识别出超出正常经营过程的重大关联方交易

对于识别出的超出正常经营过程的重大关联方交易，注册会计师应当：

（1）检查相关合同或协议（如有）。如果检查相关合同或协议，注册会计师应当评价：交易的商业理由（或缺乏商业理由）是否表明被审计单位从事交易的目的可能是为了对财务信息作出虚假报告或为了隐瞒侵占资产的行为；交易条款是否与管理层的解释一致；关联方交易是否已按照适用的财务报告编制础得到恰当会计处理和披露。

在评价超出正常经营过程的重大关联方交易的商业理由时，注册会计师可能考虑以下事项：①交易是否过于复杂（如交易是否涉及集团内部多个关联方）；②交易条款是否异常（如价格、利率、担保或付款等条件是否异常）；③交易的发生是否缺乏明显且符合逻辑的商业理由；④交易是否涉及以前未识别的关联方；⑤交易的处理方式是否异常；⑥管理层是否已与治理层就这类交易的性质和会计处理进行讨论；⑦管理层是否更强调需要采用某项特定的会计处理方式，而不够重视交易的经济实质。

如果管理层的解释与关联方交易条款存在重大不一致，注册会计师需要考虑管理层对其他重大事项作出的解释和声明的可靠性。

（2）获取交易已经恰当授权和批准的审计证据。如果超出正常经营过程的重大关联方交易经管理层、治理层或股东（如适用）授权和批准，可以为注册会计师提供审计证据，表明该项交易已在被审计单位内部的适当层面进行了考虑，并在财务报表中恰当披露了交易的条款和条件。

当然，授权和批准本身不足以就是否不存在舞弊或错误导致的重大错报风险得出结论，原因在于：如果被审计单位与关联方串通舞弊或关联方对被审计单位具有支配性影响，被审计单位与授权和批准相关的控制可能是无效的。

如果存在未经授权和批准的这类交易，且注册会计师与管理层或治理层进行讨论后仍未获取合理解释，可能表明存在舞弊或错误导致的重大错报风险。在这种情况下，注册会计师可能需要对其他类似性质的交易保持警觉。

3. 对关联方交易是否按照等同于公平交易中的通行条款执行的认定

如果管理层在财务报表中作出认定，声明关联方交易是按照等同于公平交易中的通行条款执行的，注册会计师应当就该项认定获取充分、适当的审计证据。

针对关联方交易与类似公平交易的价格比较情况，注册会计师可以比较容易地获取审计证据。但实务中的困难限制了注册会计师获取关联方交易与公平交易在所有其他方面都等同的审计证据。例如，注册会计师可能能够确定关联方交易是按照市场价格执行的，却不能确定该项交易的其他条款和条件（如信用条款、或有事项以及特定收费等）是否与独立各方之间通常达成的交易条款相同。因此，如果管理层认定关联方交易是按照等同于公平交易中通行的条款执行的，则可能存在重大错报风险。

如果管理层认定关联方交易是按照等同于公平交易中通行的条款执行的，则管理层在编制财务报表时需要证实这项认定。管理层用于支持这项认定的措施可能包括：①将关联方交易条款与相同或类似的非关联方交易的条款进行比较；②聘请外部专家确定交易的市场价格，并确认交易的条款和条件；③将关联方交易条款与公开市场进行的类似交易的条款进行比较。

注册会计师应当检查关联方交易披露的充分性，同时就关联方交易为公平交易的披露进行评价。评价管理层如何支持这项认定，可能涉及以下一个或多个方面：①考虑管理层用于支持其认定的程序是否恰当；②验证支持管理层认定的内部或外部数据来源，对这些数据进行测试，以判断其准确性、完整性和相关性；③评价管理层认定所依据的重大假设的合理性。

需要关注的是，有些财务报告编制基础要求披露未按照等同于公平交易中的通行条款执行的关联方交易。在这种情况下，如果管理层未在财务报表中披露关联方交易，则可能隐含着一项认定，即关联方交易是按照等同于公平交易中的通行条款执行的。

（三）其他相关审计程序

1. 评价会计处理和披露

对财务报表形成审计意见时，注册会计师应当评价：

（1）识别出的关联方关系及其交易是否已按照适用的财务报告编制基础得到恰当会计

处理和披露；

（2）关联方关系及其交易是否导致财务报表未实现公允反映。

注册会计师在评价错报是否重大时，考虑错报的金额和性质以及错报发生的特定情况。对财务报表使用者而言，某项交易的重要程度可能不仅取决于所记录的交易金额，还取决于其他特定的相关因素，如关联方关系的性质。

注册会计师按照准则的规定评价被审计单位对关联方关系及其交易的披露，需要考虑被审计单位是否已对关联方关系及其交易进行了恰当汇总和列报，以使披露具有可理解性。当存在下列情形之一时，表明管理层对关联方交易的披露可能不具有可理解性：

（1）关联方交易的商业理由以及交易对财务报表的影响披露不清楚，或存在错报；

（2）未适当披露为理解关联方交易所必需的关键条款、条件或其他要素。

2. 获取书面声明

如果适用的财务报告编制基础对关联方作出规定，注册会计师应当向管理层和治理层（如适用）获取以下书面声明：

（1）已经向注册会计师披露了全部已知的关联方名称和特征、关联方关系及其交易；

（2）已经按照适用的财务报告编制基础的规定，对关联方关系及其交易进行了恰当的会计处理和披露。

在下列情况下，注册会计师向治理层获取书面声明可能是适当的：

（1）治理层批准某项特定关联方交易，该项交易可能对财务报表产生重大影响或涉及管理层；

（2）治理层就某些关联方交易的细节向注册会计师作出口头声明；

（3）治理层在关联方或关联方交易中享有财务或者其他利益。

注册会计师还可能决定就管理层作出的某项特殊认定获取书面声明，如管理层对特殊关联方交易不涉及某些未予披露的"背后协议"的声明。

3. 与治理层沟通

除非治理层全部成员参与管理被审计单位，注册会计师应当与治理层沟通审计工作中发现的与关联方相关的重大事项。

注册会计师与治理层沟通审计工作中发现的与关联方相关的重大事项，有助于双方就这些事项的性质和解决方法达成共识。下列情形是与关联方相关的重大事项的举例：

（1）管理层有意或无意未向注册会计师披露关联方关系或重大关联方交易。沟通这一情况可以提醒治理层关注以前未识别的重要关联方和关联方交易。

（2）识别出的未经适当授权和批准的、可能产生舞弊嫌疑的重大关联方交易。

（3）注册会计师与管理层在按照适用的财务报告编制基础的规定披露重大关联方交易方面存在分歧。

（4）违反适用的法律法规有关禁止或限制特定类型关联方交易的规定。

（5）在识别被审计单位最终控制方时遇到的困难。

第五节　持续经营

企业正常的会计核算是在持续经营这一假设下进行的。持续经营与非持续经营下的会计核算、会计原则以及财务报表的内容与格式等存在本质上的区别。在竞争日益激烈的市场经济环境下，企业可能因财务危机而面临持续经营问题，注册会计师也将承担更大的审计风险。因此，在财务报表审计业务中评估被审计单位的持续经营问题是十分必要的。

一、持续经营假设及持续经营假设可能无法成立的情况

（一）持续经营假设的概念

持续经营假设是指被审计单位在编制财务报表时，假定其经营活动在可预见的将来会继续下去，不拟也不必终止经营或破产清算，可以在正常的经营过程中变现资产、清偿债务。可预见的将来通常是指资产负债表日后 12 个月。

（二）持续经营假设可能无法成立的情况

被审计单位在财务、经营以及其他方面存在的某些事项或情况可能导致对持续经营假设产生重大疑虑。注册会计师对此应当予以充分的关注。

（1）被审计单位在财务方面存在的可能导致对持续经营假设产生重大疑虑的事项或情况主要包括以下 11 项：

①净资产为负或营运资金出现负数。资不抵债有可能使被审计单位在近期内无法偿还到期债务，从而引发债务危机。

②定期借款即将到期，但预期不能展期或偿还，或过度依赖短期借款为长期资产筹资。过度依赖短期借款为长期资产筹资，将使被审计单位长期面临巨大的短期偿债压力，如果无法及时偿还到期债务，将陷入财务困境。

③存在债权人撤销财务支持的迹象。如果被审计单位不再能够获得供应商正常商业信用，意味着无法通过赊购取得生产经营所必需的原材料或其他物资，现金偿付压力巨大。一旦资金短缺，生产经营就有可能中断。

④历史财务报表或预测性财务报表表明经营活动产生的现金流量净额为负。如果被审计单位的营运资金以及经营活动产生的现金流量净额出现负数，表明被审计单位的现金流量可能不能有效维持正常的生产经营，从而影响被审计单位的盈利能力和偿债能力，降低其在市场竞争中的信用等级，最终可能因资金周转困难而导致破产。

⑤关键财务比率不佳。

⑥发生重大经营亏损或用以产生现金流量的资产的价值出现大幅下跌。经营亏损可能是由于被审计单位经营管理不善引起的，也可能是行业整体不景气造成的。巨额经营亏损可能意味着被审计单位丧失盈利能力，并导致其持续经营能力存在重大的不确定性。

⑦拖欠或停止发放股利。

⑧在到期日无法偿还债务。

⑨无法履行借款合同的条款。为了保证贷款的安全，银行往往在借款合同中订有诸如

流动资金保持量、资本支出的限制等条款。一旦被审计单位无法履行这些条款,银行为保全其债权,就有可能要求被审计单位提前偿还借款,从而导致被审计单位的资金周转出现困难。

⑩与供应商由赊购变为货到付款。

⑪无法获得开发必要的新产品或进行其他必要的投资所需的资金。被审计单位无法获得必需的资金,则没有能力在盈利前景良好的项目上进行投资并获取未来收益。当现有产品失去市场竞争力时,将直接影响被审计单位的盈利能力,从而对被审计单位的持续经营能力产生重大影响。

(2) 被审计单位在经营方面存在的可能导致对持续经营假设产生重大疑虑的事项或情况主要包括以下6项:

①管理层计划清算被审计单位或终止经营;

②关键管理人员离职且无人替代;

③失去主要市场、关键客户、特许权、执照或主要供应商;

④出现用工困难,经营高度依赖于科技研发人员、技术熟练工人;

⑤重要原材料供应短缺;

⑥出现非常成功的竞争者。

(3) 被审计单位在其他方面存在的可能导致对持续经营假设产生重大疑虑的事项或情况主要包括以下4项:

①违反有关资本或其他法定要求;

②未决诉讼或监管程序;

③法律法规或政府政策的变化预期会产生不利影响;

④对发生的灾害未购买保险或保额不足。

另外,衍生金融工具潜在的损失可能足以引起对被审计单位持续经营能力的重大疑虑,注册会计师应当考虑被审计单位持续经营假设的合理性。

针对有关可能导致对被审计单位持续经营能力产生重大疑虑的事项或情况的审计证据,注册会计师应当在整个审计过程中保持警觉。注册会计师对此类事项或情况的考虑应当随着审计工作的开展而不断深入。如果被审计单位存在资不抵债、无法偿还到期债务等事项或情况,表明被审计单位可能存在因持续经营问题导致的重大错报风险,该项风险与财务报表整体广泛相关,从而会影响多项认定。

二、持续经营假设的审计目标

根据适用的会计准则和相关会计制度的规定评估持续经营能力是被审计单位管理层的责任。注册会计师的审计目标是:

(1) 就管理层编制财务报表时运用持续经营假设的适当性获取充分、适当的审计证据,并得出结论;

(2) 根据获取的审计证据,可能导致对被审计单位持续经营能力产生重大疑虑的事项或情况是否存在重大不确定性得出结论;

(3) 按照本准则的规定出具审计报告。

三、持续经营假设的审计程序

(一) 风险评估程序和相关活动

在按照《中国注册会计师审计准则第 1211 号——重大错报风险的识别和评估》的规定实施风险评估程序时,注册会计师应当考虑是否存在可能导致对被审计单位持续经营能力产生重大疑虑的事项或情况,并确定管理层是否已对被审计单位持续经营能力作出初步评估。

如果管理层已对持续经营能力作出初步评估,注册会计师应当与管理层进行讨论,并确定管理层是否已识别出单独或汇总起来可能导致对被审计单位持续经营能力产生重大疑虑的事项或情况;如果管理层已识别出这些事项或情况,注册会计师应当与其讨论应对计划;如果管理层未对持续经营能力作出初步评估,注册会计师应当与管理层讨论其拟运用持续经营假设的基础,询问管理层是否存在单独或汇总起来可能导致对被审计单位持续经营能力产生重大疑虑的事项或情况。

在计划审计工作和实施风险评估程序时,注册会计师应当考虑是否存在可能导致对持续经营能力产生重大疑虑的事项或情况及相关的经营风险,评价管理层对持续经营能力作出的评估,并考虑已识别的事项或情况对重大错报风险评估的影响。

(二) 评价管理层对持续经营能力作出的评估

任何企业都可能面临终止经营的风险,管理层应当定期对其持续经营能力作出分析和判断,确定以持续经营假设为基础编制财务报表的适当性。管理层对被审计单位持续经营能力的评估,是注册会计师考虑管理层运用持续经营假设的一个关键部分。注册会计师应当评价管理层对持续经营能力作出的评估。

1. 管理层评估涵盖的期间

在评价管理层对被审计单位持续经营能力作出的评估时,注册会计师的评价期间应当与管理层按照适用的财务报告编制基础或法律法规(如果法律法规要求的期间更长)的规定作出评估的涵盖期间相同。

通常来讲,财务报告编制基础规定了管理层需要在多长期间考虑所有可获得的持续经营信息。持续经营假设是指被审计单位在编制财务报表时,假定其经营活动在可预见的将来会继续下去,而可预见的将来通常是指财务报表日后 12 个月。因此,管理层对持续经营能力的合理评估期间应是自财务报表日起的下一个会计期间。如果管理层评估持续经营能力涵盖的期间短于自财务报表日起的 12 个月,注册会计师应当提请管理层将其至少延长至自财务报表日起的 12 个月。

2. 管理层的评估、支持性分析和注册会计师的评价

纠正管理层缺乏分析的错误不是注册会计师的责任。在某些情况下,管理层缺乏详细分析以支持其评估,可能不妨碍注册会计师确定管理层运用持续经营假设是否适合具体情况。例如,如果被审计单位具有盈利经营的记录并很容易获得财务支持,管理层可能不需要进行详细分析就能作出评估。在这种情况下,如果其他审计程序足以使注册会计师认为管理层在编制财务报表时运用的持续经营假设适合具体情况,注册会计师可能无须实施详

细的评价程序就可以对管理层评估的适当性得出结论。

在其他情况下，注册会计师评价管理层对被审计单位持续经营能力所作的评估，可能包括评价管理层作出评估时遵循的程序、评估依据的假设、管理层的未来应对计划以及管理层的计划在当前情况下是否可行。

注册会计师应当考虑管理层作出的评估是否已考虑所有相关信息，其中包括注册会计师实施审计程序获取的信息。

管理层的评估所遵循的程序包括：对可能导致对其持续经营能力产生重大疑虑的事项或情况的识别、对相关事项或情况结果的预测、对拟采取改善措施的考虑和计划以及最终的评估结论。在考虑管理层的评估程序时，注册会计师需要关注管理层是如何识别可能导致对其持续经营能力产生重大疑虑的事项或情况的，所识别的事项或情况是否完整，是否已经对注册会计师在实施审计程序过程中发现的所有相关信息进行了充分考虑。

在考虑管理层作出的评估所依据的假设时，注册会计师需要考虑管理层对相关事项或情况结果的预测所依据的假设是否合理，并特别关注具有以下几类特征的假设：

(1) 对预测性信息具有重大影响的假设；

(2) 特别敏感的或容易发生变动的假设；

(3) 与历史趋势不一致的假设。

注册会计师应当基于对被审计单位的了解，比较以前年度的预测与实际结果、本期的预测和截至目前的实际结果。如果发现某些因素的影响尚未反映在相关预测中，注册会计师需要与管理层讨论这些因素，必要时要求管理层对相关预测所依据的假设作出修正。

（三）超出管理层评估期间的事项或情况

注册会计师应当询问管理层是否知悉超出评估期间的、可能导致对持续经营能力产生重大疑虑的事项或情况。可能存在已知的事项（预定的或非预定的）或情况是超出管理层评估期间发生的，可能导致注册会计师对管理层编制财务报表时运用持续经营假设的适当性产生怀疑。注册会计师需要对存在这些事项或情况的可能性保持警觉。由于事项或情况发生的时点距离作出评估的时点较远，与事项或情况的结果相关的不确定性的程度也相应增加，因此，在考虑更远期间发生的事项或情况时，只有持续经营事项的迹象达到重大时，注册会计师才需要考虑采取进一步措施。如果识别出这些事项或情况，注册会计师可能需要提请管理层评价这些事项或情况对于其评估被审计单位持续经营能力的潜在重要性。在这种情况下，注册会计师应当通过实施追加的审计程序（包括考虑缓解因素），获取充分、适当的审计证据，以确定是否存在重大不确定性。

除询问管理层外，注册会计师没有责任实施其他任何审计程序，以识别超出管理层评估期间并可能导致对被审计单位持续经营能力产生重大疑虑的事项或情况。

（四）识别出事项或情况时实施追加的审计程序

如果识别出可能导致对持续经营能力产生重大疑虑的事项或情况，注册会计师应当通过实施追加的审计程序（包括考虑缓解因素），获取充分、适当的审计证据，以确定是否存在重大不确定性。

这些程序包括：

第一，如果管理层尚未对被审计单位持续经营能力作出评估，提请其进行评估。

如果管理层没有对持续经营能力作出初步评估，注册会计师应当与管理层讨论运用持续经营假设的理由，询问是否存在导致对持续经营能力产生重大疑虑的事项或情况，并提请管理层对持续经营能力作出评估。

第二，评价管理层与持续经营能力评估相关的未来应对计划，评估这些计划的结果是否可能改善目前的状况，以及管理层的计划对于具体情况是否可行。

评价管理层未来应对计划可能包括向管理层询问该计划。管理层的应对计划可能包括管理层变卖资产、对外借款、重组债务、削减或延缓开支或者获得新的资本。

第三，如果被审计单位已编制现金流量预测，且对预测的分析是评价管理层未来应对计划时所考虑的事项或情况的未来结果的重要因素，评价用于编制预测的基础数据的可靠性，并确定预测所基于的假设是否具有充分的支持。

此外，注册会计师还可能：①将最近若干期间的预测性财务信息与实际结果相比较；②将本期预测性财务信息与截至目前的实际结果相比较。

如果管理层的假设包括第三方通过放弃贷款优先求偿权、承诺保持或提供补充资金或担保等方式向被审计单位提供持续的支持，且这种支持对于被审计单位的持续经营能力很重要，注册会计师可能需要考虑要求该第三方提供书面确认（包括条款和条件），并获得有关该第三方有能力提供这种支持的证据。

第四，考虑自管理层作出评估后是否存在其他可获得的事实或信息。

第五，要求管理层和治理层（如适用）提供有关未来应对计划及其可行性的书面声明。

如果合理预期不存在其他充分、适当的审计证据，注册会计师应当就对财务报表有重大影响的事项向管理层和治理层（如适用）获取书面声明。

由于管理层就持续经营能力而提出的应对计划和其他缓解措施通常基于假设基础之上，注册会计师在进行评价时，取得的审计证据多为说服性而非结论性的，因此，注册会计师应当向管理层获取有关应对计划的书面声明。

此外，尽管被审计单位当前可能是盈利的，但一些特殊的事项或情况可能导致被审计单位发生重大损失。为避免诸如诉讼事项可能发生的巨额赔偿支出，管理层将考虑主动寻求破产保护。在这种情况下，获取管理层和治理层（如适用）声明是非常有必要的。注册会计师可以要求管理层和治理层（如适用）作出如下声明："在财务报表日起的12个月内，管理层和治理层（如适用）没有申请破产保护的计划。"

四、审计结论

注册会计师应当评价是否就管理层编制财务报表时运用持续经营假设的适当性获取了充分、适当的审计证据，并就运用持续经营假设的适当性得出结论。

注册会计师应当根据获取的审计证据，运用职业判断，确定是否存在与事项或情况相关的重大不确定性（且这些事项或情况单独或汇总起来可能导致对被审计单位持续经营能力产生重大疑虑）并考虑对审计意见的影响。

如果注册会计师根据职业判断认为，鉴于不确定性潜在影响的严重程度和发生的可能

性，为了使财务报表实现公允反映，有必要适当披露该不确定性的性质和影响，则表明存在重大不确定性。

如果认为运用持续经营假设适合具体情况，但存在重大不确定性，注册会计师应当确定：

第一，财务报表是否已充分描述可能导致对持续经营能力产生重大疑虑的主要事项或情况，以及管理层针对这些事项或情况的应对计划；

第二，财务报表是否已清楚披露可能导致对持续经营能力产生重大疑虑的事项或情况存在重大不确定性，并由此导致被审计单位可能无法在正常的经营过程中变现资产和清偿债务。

如果已识别出可能导致对被审计单位持续经营能力产生重大疑虑的事项或情况，但根据获取的审计证据，注册会计师认为不存在重大不确定性，则注册会计师应当根据适用的财务报告编制基础的规定，评价财务报表是否对这些事项或情况作出充分披露。

五、对审计报告的影响

（一）被审计单位运用持续经营假设适当但存在重大不确定性

如果运用持续经营假设是适当的，但存在重大不确定性，且财务报表对重大不确定性已作出充分披露，注册会计师应当发表无保留意见，并在审计报告中增加以"与持续经营相关的重大不确定性"为标题的单独部分，具体如下：

第一，提醒财务报表使用者关注财务报表附注中对所述事项的披露；

第二，说明这些事项或情况表明存在可能导致对被审计单位持续经营能力产生重大疑虑的重大不确定性，并说明该事项并不影响发表的审计意见。

《中国注册会计师审计准则第1502号——在审计报告中发表非无保留意见》规定，在极少数情况下，可能存在多个不确定事项。尽管注册会计师对每个单独的不确定事项获取了充分、适当的审计证据，但由于不确定事项之间可能存在相互影响，以及可能对财务报表产生累积影响，注册会计师不可能对财务报表形成审计意见。在这种情况下，注册会计师应当发表无法表示意见。

如果财务报表未作出充分披露，注册会计师应当发表保留意见或否定意见。注册会计师应当在审计报告中说明，存在可能导致对被审计单位持续经营能力产生重大疑虑的重大不确定性。

（二）运用持续经营假设不适当

如果财务报表按照持续经营基础编制，而注册会计师运用职业判断认为管理层在编制财务报表时运用持续经营假设是不适当的，则无论财务报表中对管理层运用持续经营假设的不适当性是否作出披露，注册会计师均应发表否定意见。

如果在具体情况下运用持续经营假设是不适当的，但管理层被要求或自愿选择编制财务报表，则可以采用替代基础（如清算基础）编制财务报表。注册会计师可以对财务报表进行审计，前提是注册会计师确定替代基础在具体情况下是可接受的编制基础。如果财务报表对此作出了充分披露，注册会计师可以发表无保留意见，但也可能认为在审计报告中增加强调事项段是适当或必要的,以提醒财务报表使用者关注替代基础及其使用理由。

（三）严重拖延对财务报表的批准

如果管理层或治理层在财务报表日后严重拖延对财务报表的批准,注册会计师应当询问拖延的原因。如果认为拖延可能涉及与持续经营评估相关的事项或情况,注册会计师有必要实施前述识别出可能导致对持续经营能力产生重大疑虑的事项或情况时追加的审计程序,并就存在的重大不确定性考虑对审计结论的影响。

六、与治理层的沟通

注册会计师应当与治理层就识别出的可能导致对被审计单位持续经营能力产生重大疑虑的事项或情况进行沟通,除非治理层全部成员参与管理被审计单位。

与治理层的沟通应当包括下列方面:
(1) 这些事项或情况是否构成重大不确定性;
(2) 管理层在编制财务报表时运用持续经营假设是否适当;
(3) 财务报表中的相关披露是否充分;
(4) 对审计报告的影响（如适用）。

思考题

1. 注册会计师在什么情况下需要对期初余额进行审计？期初余额的审计目标是什么？
2. 比较数据的审计与期初余额的审计有何联系与区别？
3. 关联方及其交易的审计目标是什么？简要说明通常需要执行哪些专门的审计程序进行关联方交易的审计？
4. 持续经营假设对审计意见有何影响？
5. 被审计单位在财务状况、经营情况等方面出现哪些迹象时可能导致注册会计师对其持续经营能力产生疑虑？
6. 会计估计审计的重点有哪些？主要的审计程序有哪些？

习题及参考答案

第十六章 终结审计

本章要点

审计过程的最后一步是对财务报表整体的合法性、公允性发表意见,并将审计的结果与有关利益各方进行沟通。在终结审计程序前,注册会计师已经完成了有关被审计单位情况的取得、风险的评估和财务报表认定的测试。在审计的终结阶段,注册会计师必须将这些证据整合起来,以形成对财务报表的整体评价。本章主要介绍终结审计的步骤、审计结果的外部沟通和审计结果的内部沟通。终结审计过程中要取得管理层书面声明和律师声明书,编制审计差异调整表和试算平衡表,与治理层的沟通,复核审计工作,进行项目质量复核,最后形成审计意见。

第一节 取得管理层书面声明和律师声明书

在结束审计外勤工作前,注册会计师应完成下列工作:取得被审计单位管理层和律师的书面声明,并就有关事项与被审计单位不同层次的人员进行及时沟通。

一、取得被审计单位管理层书面声明

(一) 管理层书面声明的含义与作用

管理层书面声明是指管理层向注册会计师提供的书面陈述,用以确认某些事项或支持其他审计证据。书面声明不包括财务报表及其认定,以及支持性账簿和相关记录。

管理层书面声明是在审计过程中,注册会计师与管理层就财务报表审计的相关重大事项不断沟通形成的。管理层书面声明具有两方面的作用:一是明确管理层认可财务报表的责任;二是提供具有补充作用的审计证据。

注册会计师应当获取审计证据,以确定管理层认可其按照适用的会计准则和相关会计制度的规定编制财务报表的责任,并且已批准财务报表。在获取此类审计证据时,注册会计师应当考虑查阅治理层相关会议纪要、向管理层获取的书面声明或已签署的财务报表副本。

(二) 将管理层书面声明作为审计证据

1. 可将管理层书面声明作为审计证据的特殊情形

(1) 应当获取管理层书面声明的情形。对于多数事项来说,存在相互印证的审计证据。但对于某些对财务报表具有重大影响的事项来说,如涉及管理层的判断、意图以及仅

限管理层知悉的事实等事项,除存在实施询问程序获得的审计证据之外,不存在其他充分、适当的审计证据。在这种情况下,注册会计师应当就对财务报表具有重大影响的事项询问管理层,并获取其签字确认的书面声明。管理层对其口头声明的书面确认可以降低注册会计师与管理层之间产生误解的可能性。注册会计师要求管理层提供的书面声明可仅限于单独或汇总起来对财务报表产生重大影响的事项。必要时,注册会计师应将对声明事项重要性的理解告知管理层。

(2)应当向管理层获取书面声明的主要事项。具体包括:①管理层认可其设计和实施内部控制,以防止或发现并纠正错报的责任。②管理层认为注册会计师在审计过程中发现的未更正错报,无论是单独还是汇总起来考虑,对财务报表整体均不具有重大影响。未更正错报项目的概要应当包含在书面声明中,或附于书面声明后。

2. 收集审计证据,以支持管理层书面声明

管理层书面声明是一种内部证据,其证明力较弱,本身不构成充分、适当的审计证据,不能作为发表审计意见的基础。因此,当管理层书面声明的事项对财务报表具有重大影响时,注册会计师应当实施下列审计程序,收集充分、适当的审计证据,验证管理层书面声明:①从被审计单位内部或外部获取佐证证据。②评价管理层书面声明是否合理,并与获取的其他审计证据(包括其他声明)一致。③考虑作出声明的人员是否熟知所声明的事项。

3. 管理层书面声明不能替代其他审计证据

注册会计师不应以管理层书面声明替代能够合理预期获取的其他审计证据。如果不能获取对财务报表具有或可能具有重大影响的事项的充分、适当的审计证据,而这些证据预期是可以获取的,即使已收到管理层就这些事项作出的声明,注册会计师仍应将其视为审计范围受到限制。

如果管理层的某项声明与其他审计证据相矛盾,注册会计师应当调查这种情况,获取充分、恰当的审计证据,验证管理层书面声明或者其他审计证据的恰当性。当实施的进一步审计程序证明管理层书面声明是不恰当的时,注册会计师应当重新考虑管理层作出的其他声明的可靠性。

(三)对管理层书面声明的记录

1. 管理层书面声明的形式

注册会计师应当将获取的管理层书面声明作为审计证据,并形成审计工作底稿。管理层书面声明包括书面声明和口头声明。书面声明作为审计证据通常比口头声明可靠,并可避免双方的误解。

书面声明可采取下列形式:①书面声明书;②注册会计师提供的列示其对管理层书面声明的理解并经管理层确认的函;③董事会及类似机构的相关会议纪要,或已签署的财务报表副本。

2. 管理层书面声明书的基本要素

管理层书面声明书一般包括:①标题:书面声明书。②收件人:即接受委托的会计师事务所及签署审计报告的注册会计师。③声明内容:根据审计约定事项的具体情况、财务

报告编制基础等因素，由签字的注册会计师列出各项声明。④签章：管理层书面声明书通常由管理层中对被审计单位及其财务负主要责任的人员签署，在某些情况下，注册会计师也可以向管理层中的其他人员获取管理层书面声明书。⑤日期：管理层书面声明书标明的日期通常接近或与审计报告日一致，但某些交易或事项的声明书日期，可以是注册会计师获取该声明书的日期。

当要求管理层提供声明书时，注册会计师应当要求将声明书径送注册会计师本人。声明书应当包括要求列明的信息，标明适当的日期，并经签署。

3. 管理层书面声明书的主要内容

管理层书面声明正文一般要求列明以下三个方面的内容：

（1）关于财务报表。主要包括：①管理层认可其对财务报告编制的责任。②管理层认可其设计、实施和维护内部控制以防止或发现并纠正错报的责任。③管理层认为注册会计师在审计过程中发现的未更正错报，无论是单独还是汇总起来考虑，对财务报表整体均不具有重大影响。

（2）关于信息的完整性。主要包括：①所有财务信息和其他数据的可获得性。②所有股东会和董事会会议记录的完整性和可获得性。③就违反法规行为事项，被审计单位与监管机构沟通的书面文件的可获得性。④与未记录交易相关的资料的可获得性。⑤涉及下列人员舞弊行为或舞弊嫌疑的信息的可获得性：管理层、对内部控制具有重大影响的雇员、对财务报表的编制具有重大影响的其他人员。

（3）关于确认、计量和列报。主要包括：①对资产或负债的确认或列报具有重大影响的计划或意图。②关联方交易，以及涉及关联方的应收或应付款项。③需要在财务报表中披露的违反法规的行为。④需要确认或披露的或有事项，对财务报表具有重大影响的承诺事项和需要偿付的担保等。⑤对财务报表具有重大影响的合同的遵循情况。⑥对财务报表具有重大影响的重大不确定性事项。⑦被审计单位对资产的拥有或控制情况，以及抵押、质押或留置资产。⑧持续经营假设的合理性。⑨需要调整或披露的期后事项。根据上述事项的复杂程度和重要性，注册会计师可以将其全部列入管理层书面声明书中，也可以就某个事项向管理层获取专项声明。

下面列示了一种常见的管理层书面声明书的范例，仅供参考。

书面声明书

××会计师事务所并××注册会计师：

　　本公司已委托贵事务所对本公司2023年12月31日的资产负债表，2023年度的利润表、股东权益变动表和现金流量表以及财务报表附注进行审计，并出具审计报告。为配合贵事务所的审计工作，本公司就已知的全部事项作出如下声明：

　　1. 本公司承诺，按照《企业会计准则》的规定编制财务报表是我们的责任。

　　2. 本公司已按照《企业会计准则》的规定编制2023年度财务报表，财务报表的编制基础与上年度保持一致，本公司管理层对上述财务报表的真实性、合法性和完整性承担责任。

　　3. 设计、实施和维护内部控制，保证本公司资产安全和完整，防止或发现并纠正错报，是本公司管理层的责任。

续

> 4. 本公司承诺财务报表符合适用的会计准则的规定，公允反映本公司的财务状况、经营成果和现金流量情况，不存在重大错报或漏报。贵事务所在审计过程中发现的未更正错报，无论是单独还是汇总起来考虑，对财务报表整体均不具有重大影响。未更正错报汇总见后附的附件。
> 5. 本公司已向贵事务所提供了：①所有财务信息和其他数据；②所有股东会和董事会的会议记录；③全部重要的决议、合同、章程、纳税申报表等相关资料。
> 6. 本公司所有经济业务均已按规定入账，不存在账外资产或未计负债。
> 7. 本公司认为所有与公允价值计量相关的重大假设是合理的，恰当地反映了本公司的意图和采取特定政策的能力；用于确定公允价值的计量方法符合《企业会计准则》的规定，并在使用上保持了一贯性；本公司已在财务报表中对上述事项作出了恰当披露。
> 8. 本公司不存在导致重述比较数据的任何事项。
> 9. 本公司已提供所有与关联方和关联方交易相关的资料，并已根据《企业会计准则》的规定识别和披露了所有重大关联方交易。
> 10. 本公司已提供全部或有事项的相关资料。除财务报表附注中披露的或有事项外，本公司不存在其他应披露而未披露的诉讼、赔偿、承兑、担保等或有事项。
> 11. 除财务报表附注披露的承诺事项外，本公司不存在其他应披露而未披露的承诺事项。
> 12. 本公司不存在未披露的影响财务报表公允性的重大不确定性事项。
> 13. 本公司已采取必要措施防止或发现舞弊及其他违反法规行为，未发现下列人员的舞弊行为或舞弊嫌疑的信息：①管理层；②对内部控制具有重大影响的雇员；③对财务报表的编制具有重大影响的其他人员。
> 14. 本公司严格遵守了合同规定的条款，不存在因未履行合同而对财务报表产生重大影响的事项。
> 15. 本公司对资产负债表上列示的所有资产均拥有合法权利，除已披露事项外，无其他被抵押、质押或留置资产。
> 16. 本公司编制财务报表所依据的持续经营假设是合理的，没有计划终止经营或破产清算。
> 17. 本公司已提供全部资产负债表日后事项的相关资料，除财务报表附注中披露的资产负债表日后事项外，本公司不存在其他应披露而未披露的重大资产负债表日后事项。
> 18. 本公司管理层确信：①未收到监管机构有关调整或修改财务报表的通知；②无税务纠纷。
> 19. 其他事项。如本公司在银行存款或现金运用方面未受到任何限制、不存在未披露的大股东及关联方占用资金和担保事项。
>
> ××股份有限公司
> 法定代表人：（签名并盖章）
> 财务负责人：（签名并盖章）
> 二〇二四年××月××日

（四）管理层拒绝提供声明时的措施

如果管理层拒绝提供注册会计师认为必要的声明，注册会计师应当将其视为审计范围受到限制，出具保留意见或无法表示意见的审计报告。

在这种情况下，注册会计师应当评价审计过程中获取的管理层其他声明的可靠性，并考虑管理层拒绝提供声明是否可能对审计报告产生其他影响。

二、取得律师声明书

由于注册会计师没有能力去作法律上的判断，注册会计师从管理层获取有关被审计单位期后事项和或有事项等相关信息后，通常会通过向被审计单位的法律顾问或律师进行函

证,并取得律师声明书来证实这些信息是否完整可靠。被审计单位法律顾问或律师对询证函的答复就是律师声明书。一般而言,律师声明书可以提供有力的证据,帮助注册会计师合理确认有关的期后事项和或有事项,从而在一定程度上减少注册会计师对上述事项确认出错或产生误解的可能性。但是,注册会计师并不能直接根据律师的声明形成审计意见。

通常,注册会计师会要求被审计单位向其法律顾问或律师寄发审计询证函。询证函的内容应包括被审计单位对与该律师业务相关的期后事项、或有事项等情况的叙述和评价。律师回函时,应当声明被审计单位有关期后事项和或有事项等的陈述是否真实完整,并对管理层对有关期后事项、或有事项等情况的说明作出相应的评价。在审计实务中,询证函一般都有通用的格式,但由于被审计单位性质、业务范围及管理情况会有很大差别,其律师出具的声明书也各具特点。律师询证函的一般格式如下:

律师询证函

信义律师事务所
刘信义律师台鉴:

　　本公司已聘请××会计师事务所对本公司2023年12月31日(以下简称"资产负债表日")的资产负债表以及截至资产负债表日的该年度利润表及股东权益变动表和现金流量表进行审计。为配合该项审计,谨请贵律师基于受理本公司委托的工作诸如常年法律顾问、专项咨询和诉讼代理等,提供下述资料,并通告××会计师事务所。

　　一、请说明存在于资产负债表日并且自该日起至本函回复日止本公司委托贵律师代理进行的任何未决诉讼。说明中谨请包含以下内容:

　　1. 案件的事实经过与目前的发展进程;

　　2. 在可能的范围内,贵律师对本公司管理层就上述案件所持看法及处理计划(如庭外和解设想)的了解,及您对可能发生结果的意见;

　　3. 在可能范围内,您对可能发生的损失或收益的可能性及金额的估计。

　　二、请说明存在于资产负债表日并且自该日起至本函回复日止本公司曾向贵律师咨询的其他诸如未决诉讼、追索债权、被追索债务以及政府有关部门对本公司进行的调查等可能涉及本公司法律责任的事件。

　　三、请说明截至资产负债表日,本公司与贵律师事务所律师服务费的结算情况(如有可能,请依服务项目区分)。

　　四、若无上述一及二事项,为节省您宝贵的时间,烦请填写本函背面《律师询证函复函》并签章后,按以下地址寄往××会计师事务所(地址:××市××路××号;邮编:××××××)。

　　谢谢合作!

华明股份有限公司(签章)
公司负责人(签章)
2024年1月5日

律师询证函复函

××会计师事务所:

　　本律师于2023年期间,除向华明股份有限公司提供一般性法律咨询服务外,并未接受委托,代理进行或咨询如前述一、二项所述之事宜。

　　另截至2023年12月31日,该公司未积欠本律师事务所任何律师服务费。

　　尚有本律师事务所的律师服务费计人民币　　零　　元,未予付清。

信义律师事务所
律师:刘信义(签章)
2024年1月17日

有时，被审计单位律师可能出于保密或其他目的，对审计询证函所列示内容会拒绝或部分拒绝提供有关的信息。注册会计师在审计过程中应当考虑这种影响。通常，注册会计师会根据律师的职业条件和声誉情况来判断律师声明书的合理性。如果注册会计师熟悉该律师的职业声誉，就不再需要做专门的查询；如果注册会计师对代理被审计单位重大法律事务的律师并不熟悉，则要查询诸如律师的职业背景、声誉及其在法律界的地位。

律师的复函可能只限于其作为聘任律师或法律顾问所关注的事项，或者就重要性而言与注册会计师达成共识的事项，而且律师经常很难对未决诉讼结果作出判断，注册会计师应意识到这种不确定性的存在。对律师声明书应从整体上分析，以便确定它对审计询证函的总体反应，确定它是否符合注册会计师在审计过程中所知的情况。如果律师声明书表明或暗示律师拒绝所要求提供的信息，或是隐瞒信息，或是对被审计单位叙述的情况不加修正，就表明注册会计师的审计范围受到了限制，注册会计师应当考虑这种影响，并重新考虑审计意见的类型和措辞。

第二节　编制审计差异调整表和试算平衡表

在审计过程中，注册会计师在审计中发现的被审计单位会计处理方法与适用的会计准则和相关会计制度不一致，即审计差异内容，项目负责人应当根据审计重要性原则进行初步确认并汇总，编制审计差异调整表，并建议被审计单位进行调整，使调整后的财务报表能够公允反映被审计单位的财务状况、经营成果和现金流量。

一、编制审计差异调整表

（一）审计差异的种类

在完成了各项实质性测试以后，审计小组应当总结和评价审计差异，即分析和确定财务报表中的错报金额，并提出调整财务报表的建议。造成审计差异的原因有很多，有些是交易过程中的错误，有些是会计核算上的错误，有些则可能是故意的错报。由于审计差异会直接影响财务报表的公允性，因此，注册会计师必须予以关注。

审计差异内容按是否需要调整账户记录，可分为核算差异和重分类差异。前者是因被审计单位对经济业务进行了不恰当的会计处理而引起的差异，用审计重要性原则来衡量每一项核算差异，又可分为建议调整的不符事项和不建议调整的不符事项；后者是因被审计单位未按适用的会计准则规定编制财务报表而引起的差异。为便于审计项目的各级负责人综合判断、分析和决定，也为便于编制试算平衡表和被审计单位调整财务报表，通常需要将这些事项汇总，编制审计调整分录汇总表、重分类调整分录汇总表和未调整不符事项汇总表。其参考格式分别见表16-1、表16-2和表16-3。

表 16-1　审计差异调整表——审计调整分录汇总表

被审计单位名称：									索引号：
会计期间或截止日：									页次：
执行人：		日期：			复核人：			日期：	
序号	索引号	调整分录说明	调整分录	明细科目	资产负债表		利润表		被审计单位调整情况及未调整原因
^^^	^^^	^^^	^^^	^^^	借方	贷方	借方	贷方	^^^
		合计	—	—					

表 16-2　审计差异调整表——重分类调整分录汇总表

被审计单位名称：									索引号：
会计期间或截止日：									页次：
执行人：		日期：			复核人：			日期：	
序号	索引号	调整分录说明	调整分录	明细科目	资产负债表		利润表		被审计单位调整情况及未调整原因
^^^	^^^	^^^	^^^	^^^	借方	贷方	借方	贷方	^^^
		合计	—	—					

表 16-3 审计差异调整表——未调整不符事项汇总表

被审计单位名称：									索引号：	
会计期间或截止日：									页次：	
执行人：		日期：				复核人：			日期：	
序号	索引号	调整分录说明	调整分录	明细科目	资产负债表		利润表		被审计单位调整情况及未调整原因	
					借方	贷方	借方	贷方		
		合计			—	—				

（二）审计差异的汇总

审计差异按性质可以分为已知错报、估计错报和差错准备三类：第一类是已知错报，即通过对账户或交易实施详细的实质性测试所确认的未调整的错报或漏报，如计算错误、分类不当或记录错误等；第二类是估计错报，即通过审计抽样或执行分析程序所估计的未调整的错报或漏报；第三类是差错准备，即那些可能存在，但在审计过程中不一定必须查出的错报或漏报，或者说可容忍的差异。

注册会计师应当对已知错报和估计错报进行汇总，汇总的审计差异应是被审计单位未调整的错报或漏报。注册会计师在对各项错报或漏报进行汇总时，应该注意三方面的因素：一是这些错误或漏报在性质上是否重要，即是否涉及舞弊或违法行为；二是这些错误或漏报在金额上是否重要，即是否已经超过重要性水平；三是审计差异产生的原因，即应查明审计差异是由于工作疏忽造成的，还是内部控制本身固有限制造成的。另外，如果前期未调整的错报或漏报尚未消除，且导致本期财务报表严重失实，注册会计师在汇总时也应把它包括进来。审计差异一般采用"审计账项调整分录汇总表"的形式予以汇总，其参考格式见表 16-4。

（三）审计差异的评价与处理

注册会计师在汇总审计差异并形成审计结果后，应当对其重要性和审计风险作最后的总体评价。对财务报表层次的重要性水平进行评价时，注册会计师应当注意重要性水平在审计过程中是否已修正，如果已修正，应以修正后的重要性水平作为评价的基础。注册会计师应当区别下列两种情况，对其分别进行处理：

表 16-4　审计账项调整分录汇总表

被审计单位：S 公司	索引号：913-1
项目：账项调整分录汇总表	截止日/期间：2023 年 12 月 31 日
编制：孙仁	复核：吴亮
日期：2024 年 1 月 29 日	日期：2024 年 1 月 30 日

序号	内容及说明	索引号	调整内容				影响利润表 +（−）	影响资产负债表 +（−）
			借方项目	借方金额	贷方项目	贷方金额		
1	计提存货资产减值损失		资产减值损失	10 453 607.51	存货	10 453 607.51	−10 453 607.51	−10 453 607.51
2	因存货、固定资产计提减值准备而使其账面价值与其计税基础不同，由此确认递延所得税资产		递延所得税资产	7 529 926.95	所得税费用	5 863 154.60	+5 863 154.60	+7 529 926.95
					未分配利润	1 333 417.88		
					盈余公积	333 354.47		
3	核销无法支付的质保金。S 公司原计入了资本公积		资本公积	8 879.32	营业外收入	10 446.26	+10 446.26	—
			应交税费——应交所得税	1 566.94				
4	S 公司生产车间发生的固定资产修理费用等后续支出，应计入管理费用		管理费用	52 740 874.70	主营业务成本	52 740 874.70	—	—

1. 汇总数超过重要性水平

尚未调整的错报或漏报的汇总数超过了重要性水平时，注册会计师可以有两种选择：①提请被审计单位调整财务报表，使调整后的汇总数低于重要性水平；如被审计单位同意采纳，应获取其同意调整的书面确认函。②如果被审计单位管理层不愿对已验证的错报或漏报予以调整，或调整后的汇总数仍高于重要性水平，那么说明存在较大的审计风险，注册会计师应当扩大实质性测试范围，对错报或漏报进行重新评估。如果重新评估后的汇总数低于计划重要性水平，那么注册会计师可以发表无保留审计意见，否则注册会计师应当发表保留或否定的审计意见。

2. 汇总数接近重要性水平

由于审计测试的局限性，注册会计师不可能发现财务报表中存在的全部错报或漏报。即使尚未调整的错报或漏报的汇总数接近重要性水平，但由于该汇总数连同尚未发现的错报或漏报的汇总数可能超过重要性水平，注册会计师也应当实施追加实质性程序或提请被审计单位调整，以降低审计风险，并有助于形成恰当的审计意见。

二、编制试算平衡表

试算平衡表是注册会计师在被审计单位提供未调整财务报表的基础上，考虑调整分录、重分类调整分录等内容后所确定的已审计数和报表反映数的表式。资产负债表、利润表的试算平衡表的参考格式分别见表 16-5 和表 16-6。

表 16-5 资产负债表试算平衡表

被审计单位：S 公司	索引号：8110
项目：资产负债表试算平衡表	截止日：2023 年 12 月 31 日
编制：孙仁	复核：吴亮
日期：2024 年 1 月 19 日	日期：2024 年 1 月 20 日

项目	期末未审数	账项调整 借方	账项调整 贷方	重分类调整 借方	重分类调整 贷方	期末审定数
货币资金	119 712 566.06					119 712 566.06
交易性金融资产						—
应收票据	2 380 346.67					2 380 346.67
应收账款	309 959 510.08					309 959 510.08
预付款项	2 256 282.47					2 256 282.47
其他应收款	112 456.02					112 456.02
其中：应收利息						
应收股利						
存货	1 431 622 996.65		10 453 607.51			1 421 169 389.14
合同资产						
持有待售资产						
一年内到期的非流动资产						—
其他流动资产	1 493 199.01					1 493 199.01
债权投资						—
其他债权投资						—
长期应收款						—
长期股权投资						—
其他权益工具投资						—

续表

项目	期末未审数	账项调整 借方	账项调整 贷方	重分类调整 借方	重分类调整 贷方	期末审定数
其他非流动金融资产						—
投资性房地产						—
固定资产	966 882 962.23					966 882 962.23
在建工程						—
无形资产						—
开发支出						—
商誉						—
长期待摊费用						—
递延所得税资产		7 529 926.95				7 529 926.95
其他非流动资产						—
合计	2 834 420 319.19	7 529 926.95	10 453 607.51	—	—	2 831 496 638.63
短期借款	838 436 800.00					838 436 800.00
交易性金融负债					—	—
应付票据						—
应付账款	776 709 092.45					776 709 092.45
合同负债	10 085 196.67					10 085 196.67
应付职工薪酬	236 148.23					236 148.23
应交税费	17 782 895.02	1 566.94				17 781 328.08
其他应付款	102 640 297.66					102 640 297.66
其中：应付利息	4 302 240.13					4 302 240.13
应付股利	6 726 400.00					6 726 400.00
持有待售负债						—
一年内到期的非流动负债	324 000 000.00					324 000 000.00
其他流动负债						—
长期借款	80 000 000.00					80 000 000.00
应付债券						—
长期应付款						—
预计负债						—
递延收益						—
递延所得税负债						—
其他非流动负债						—

续表

项目	期末未审数	账项调整 借方	账项调整 贷方	重分类调整 借方	重分类调整 贷方	期末审定数
实收资本（或股本）	191 952 000.00					191 952 000.00
资本公积	171 021 007.13	8 879.32				171 012 127.81
其他综合收益						—
盈余公积	132 181 882.72		333 354.47			132 515 237.19
未分配利润	189 374 999.31	4 590 452.91	1 343 864.14			186 128 410.54
合计	2 834 420 319.19	4 600 899.17	1 677 218.61	—	—	2 831 496 638.63

表 16-6　利润表试算平衡表

被审计单位：S 公司　　　　　　　　　索引号：8120

项目：利润表试算平衡表　　　　　　　期间：2023 年度

编制：孙仁　　　　　　　　　　　　　复核：吴亮

日期：2024 年 1 月 29 日　　　　　　　日期：2024 年 1 月 31 日

	项目	未审数	调整金额 借方	调整金额 贷方	审定数
一	营业收入	7 116 153 430.21			7 116 153 430.21
	减：营业成本	6 766 657 807.40	−52 740 874.70		6 713 916 932.70
	税金及附加	51 716 877.65			51 716 877.65
	销售费用	36 634 857.29			36 634 857.29
	管理费用	28 693 048.42	52 740 874.70		81 433 923.12
	研发费用				
	财务费用	81 618 534.58			81 618 534.58
	加：其他收益				
	投资收益				
	公允价值变动收益				
	资产减值损失	−2 342 366.26	−10 453 607.51		−12 795 973.77
	资产处置收益				

续表

项目		未审数	调整金额		审定数
			借方	贷方	
二	营业利润	148 489 938.61	10 453 607.51		138 036 331.10
	加：营业外收入	11 729.99		10 446.26	22 176.25
	减：营业外支出	5 016 810.18			5 016 810.18
三	利润总额	143 484 858.42	10 453 607.51	10 446.26	133 041 697.17
	减：所得税费用	21 569 571.84	-5 863 154.60		15 706 417.24
四	净利润	121 915 286.58	4 590 452.91	10 446.26	117 335 279.93
五	未分配利润	189 374 999.31	4 590 452.91	1 343 864.14	186 128 410.54

第三节 与治理层的沟通

一、沟通事项

（一）注册会计师的责任

注册会计师应当与治理层沟通注册会计师的责任。具体来说，注册会计师应当向治理层传达如下信息：

（1）注册会计师负责对管理层在治理层的监督下编制的财务报表形成和发表审计意见。

（2）财务报表审计并不减轻管理层或治理层对财务报表的责任。除此之外，注册会计师的责任还包括其确定并在审计报告中沟通关键审计事项的责任。

（二）注册会计师计划的审计范围和时间安排

注册会计师应当沟通计划的审计范围和时间安排的总体情况，包括识别出的特别风险。就注册会计师识别出的特别风险进行沟通，可以帮助治理层了解存在特别风险的事项以及需要注册会计师予以特别考虑的原因，有助于治理层履行其对财务报表的监督责任。

注册会计师与治理层沟通计划的审计范围和时间安排时，沟通的事项还包括：

（1）计划如何应对重大错报风险评估水平较高的领域。

（2）实施的计划审计程序或评价审计结果需要的知识的性质及程度，必要时如何利用专家的工作等。

（3）对于上市实体，注册会计师对哪些事项可能需要重点关注因而可能构成关键审计事项所作的初步判断。

（三）审计工作中发现的问题

在终结审计之前，注册会计师应当就审计工作中发现的问题与治理层直接沟通。

1. 注册会计师对被审计单位会计处理质量的看法

注册会计师应当就下列重要会计处理的质量和可接受性与治理层沟通：①选用的会计政策；②作出的会计估计；③财务报表的披露。如果认为某项重大的会计处理不恰当，注册会计师应当向治理层说明理由，并在必要时提请更正。如果不恰当的会计处理未予更正，注册会计师应当考虑该事项对本期和未来期间财务报表的影响，以及对审计报告的影响，并将这种影响告知治理层。

2. 审计工作中遇到的重大困难

注册会计师在审计中遇到的重大困难可能包括：①管理层在提供审计所需信息时出现严重拖延；②不合理地要求缩短完成审计工作的时间；③为获取充分、适当的审计证据需要付出的努力远远超过预期；④无法获取预期的证据；⑤管理层对注册会计师施加的限制；⑥管理层不愿按照注册会计师的要求对持续经营能力作出评估，或拒绝将评估期间延伸至资产负债表日起的 12 个月。在某些情况下，上述困难可能构成对审计范围的限制，注册会计师应当出具保留意见或无法表示意见的审计报告。

3. 已与管理层讨论或书面沟通的、审计中发现的重大事项

已与管理层讨论或书面沟通的重大事项主要包括：①管理层已更正的错报；②对管理层就会计或审计事项向其他专业人士进行咨询的关注；③管理层在首次委托或连续委托中，就会计准则和审计准则应用、审计或其他服务费用与注册会计师进行的讨论或书面沟通。治理层了解这些内容，有利于注册会计师更好地开展审计工作，也有利于治理层更好地履行监督财务报告过程的职责。

如果出现下列情形，注册会计师应当将管理层书面声明中的相关事项提请治理层注意：①除管理层书面声明之外的审计证据很少；②相关的会计处理可能会因被审计单位意图的不同而不同；③管理层对作出注册会计师要求的声明很勉强；④管理层书面声明与其他审计证据不符。在某些情况下，注册会计师应当向治理层提供完整的管理层书面声明书副本，此时，注册会计师应当明确列示根据职业判断认为需要提请治理层关注的事项。

4. 影响审计报告形式和内容的情形

根据中国注册会计师相关审计准则的要求，如果注册会计师在审计过程中发现的重大问题会影响审计报告的形式和内容，注册会计师应当直接与治理层沟通。例如，注册会计师认为发现的重大问题没有得到有效解决而准备发表非无保留意见时，注册会计师此时必须与治理层沟通，说明预期出具非无保留意见的原因。影响审计报告的形式和内容的情形有：

（1）预期出具非无保留意见。

（2）报告与持续经营相关的重大不确定性。

（3）沟通关键审计事项。

（4）注册会计师认为有必要在审计报告中增加强调事项段或其他事项段。

5. 审计中发现的、根据职业判断认为重大且与治理层监督财务报告过程直接相关的所有其他重大事项

注册会计师应当与治理层沟通审计中发现的、与治理层履行对财务报告过程的监督职责直接相关的所有其他重大事项，包括已更正的、含有已审计财务报表的文件中的其他信

息存在的对事实的重大错报或重大不一致的情形等。

（四）注册会计师的独立性

如果被审计单位是上市公司，注册会计师应当就独立性与治理层直接沟通下列内容：①就审计项目组成员、会计师事务所其他相关人员以及会计师事务所按照法律法规和职业道德规范的规定保持了独立性作出声明；②根据职业判断，注册会计师认为会计师事务所与被审计单位之间存在的可能影响独立性的所有关系和其他事项，其中包括会计师事务所在财务报表涵盖期间为被审计单位和受被审计单位控制的组成部分提供审计、非审计服务的收费总额；③为消除对独立性的威胁或将其降至可接受的水平，已经采取的相关防护措施。如果被审计单位是非上市公司，但可能涉及重大的公众利益，注册会计师应当考虑上述沟通事项是否适用。

如果出现了违反与注册会计师独立性有关的职业道德规范的情形，注册会计师应当尽早就该情形及已经或拟采取的补救措施与治理层直接沟通。

（五）补充事项

补充事项可能是注册会计师在财务报表审计中发现的，但与治理层对财务报告过程的监督并不直接相关的事项，也可能是通过审计以外的其他方式注意到的事项。如果存在下列事项，注册会计师应当将其作为补充事项与治理层沟通：①已引起注册会计师注意的事项；②根据职业判断认为与治理层的责任关系较大，且管理层或其他人员尚未与治理层有效沟通的事项。

除非法律法规或协议要求执行审计程序以确定是否发生了补充事项，注册会计师在与治理层沟通这些事项时，应当使其了解：①识别补充事项只是审计的副产品，注册会计师除为形成审计意见实施必要程序外，没有实施额外程序以识别这些事项；②没有专门实施程序以确定是否还存在与已沟通事项性质相同的其他事项；③除不适合与管理层讨论的事项外，已就补充事项与管理层进行讨论。

二、沟通过程

（一）沟通的形式

沟通的形式涉及口头沟通或书面沟通。有效的沟通形式不仅包括正式声明和书面报告等正式形式，也包括讨论等非正式的形式。

注册会计师就下列事项与治理层沟通时，应当采取书面形式：①审计工作中发现的重大问题，注册会计师认为口头沟通不适当时，特别是预期在审计报告中披露的关键审计事项；②注册会计师的独立性。其他事项的沟通既可以采用书面形式，也可以采用口头形式。

如果以口头形式沟通涉及治理层责任的事项，注册会计师应当确信沟通的事项已记录于讨论纪要或审计工作底稿。

注册会计师在确定采用何种沟通形式时，除了考虑特定事项的重要程度外，还应当考虑下列因素：①管理层是否已就该事项与治理层沟通；②被审计单位的规模、经营结构、控制环境和法律结构；③如果执行的是特殊目的财务报表审计，注册会计师是否同时审计该被审计单位的通用目的财务报表；④法律法规的规定；⑤治理层的期望，包括与注册会计师定期会面或沟通的安排；⑥注册会计师与治理层保持联系和对话的数量；⑦治理层的成员是否发生重大变化。

如果就某一重大事项与治理层的某一成员以非正式方式进行讨论，注册会计师应当考虑在随后的正式沟通中概述该事项，以便治理层的其他成员得到完整和对称的信息。

为防止治理层未经注册会计师允许将书面沟通文件提供给第三方，注册会计师应当在书面沟通文件中声明：①书面沟通文件仅供治理层使用，如果被审计单位是集团的组成部分，也可供集团管理层和负责集团审计的注册会计师使用；②注册会计师对第三方不承担责任；③未经注册会计师事先书面同意，沟通文件不得被引用、提及或向其他人披露。

如果法律法规要求注册会计师向监管机构或其他第三方提供为治理层编制的书面沟通文件，注册会计师在提供这些文件前应当事先征得治理层的同意，并对上述声明内容进行适当修改。

（二）沟通的时间安排

注册会计师应当及时与治理层沟通。

沟通的时间因沟通事项的重大程度和性质，以及治理层拟采取的措施等业务环境的不同而不同。注册会计师应当根据具体的业务环境确定适当的沟通时间：①对于审计中遇到的重大困难，如果治理层能够协助注册会计师克服这些困难，或者这些困难可能导致出具保留意见或无法表示意见的审计报告，应尽快予以沟通；②对于注册会计师注意到的内部控制设计或实施中的重大缺陷，应尽快与管理层或治理层沟通；③对于审计中发现的与财务报表或审计报告相关的事项，包括注册会计师对被审计单位会计处理质量的看法，应在最终完成财务报表前进行沟通；④对于注册会计师的独立性，应在最终完成财务报表前或在对独立性威胁及其防护措施作出重大判断时进行沟通；⑤如果同时审计特殊目的财务报表或其他历史财务信息，沟通时间应与通用目的财务报表审计的沟通时间相协调。

可能与沟通时间相关的其他因素包括：①被审计单位的规模、经营结构、控制环境和法律结构；②其他法律法规要求的期限；③治理层的期望，包括对与注册会计师定期会面或沟通的安排；④注册会计师识别出特定事项的时间。

（三）沟通过程的充分性

注册会计师应当评价其与治理层之间的双向沟通是否足以实现审计目标。如果注册会计师无法进行足够的沟通，就可能存在不能获取充分、适当的审计证据的风险。在这种情况下，注册会计师应当考虑沟通不充分对评估重大错报风险的影响，并寻求与治理层讨论这种情况。如果这种情况得不到解决，注册会计师应采取下列主要措施：①根据审计范围受限的程度出具保留意见或无法表示意见的审计报告；②就采取不同措施的后果征询法律意见；③与治理结构中拥有更高权力的组织或人员沟通，或与监管机构等第三方沟通；④解除业务约定。

三、沟通记录

注册会计师应当在审计工作底稿中记录与治理层沟通的重大事项。

如果注册会计师以口头沟通的方式与治理层进行了沟通，则注册会计师应当在工作底稿中记录沟通的时间和沟通对象。

如果注册会计师以书面形式与治理层进行了沟通，应当保存与治理层沟通文件的副本并作为审计工作底稿的一部分。

第四节 复核审计工作

审计结束时，签发审计报告前必须由具有专业知识与丰富经验的注册会计师认真复核所有的工作底稿。通常由会计师事务所的主任会计师负责进行，目的是确保所实施的审计程序充分恰当，所取得的审计证据是充分适当的以及审计结论是客观而公正的。

一、签发审计报告前复核的意义

在签发审计报告前对审计工作底稿进行的全面、最终复核，其意义主要有以下三个方面：

（一）实施对审计工作结果的最后质量管理

审计工作的高质量，在于形成审计意见的正确性。注册会计师在审计工作中将工作成果和工作过程中的各种情况记录于审计工作底稿中，并据此形成审计意见。如果形成的审计意见与审计工作底稿的某些部分存在矛盾，那么，注册会计师的审计工作就失去了有效性。因此，对签发审计报告前的审计工作底稿进行复核，是实施对审计工作结果的最后质量管理，能避免对重大审计问题的遗留或对审计工作情况理解不透彻等情况，以便于形成与审计工作结果一致的审计意见。

（二）确保审计工作达到会计师事务所的工作标准

会计师事务所对开展各项审计工作都应有明确的标准。在会计师事务所内，不同的注册会计师进行工作的质量有很大的不同。因此，必须由主任会计师谨慎地复核，严格保持审计工作质量的一致性，确认审计工作已达到会计师事务所的工作标准。

（三）防止注册会计师因个人偏见所产生的判断失误，降低审计风险

在执行审计的过程中，常常需要注册会计师对各种问题作出专业判断。注册会计师可能期望在整个审计过程中保持客观性，但如有大量问题需要解决而又经过长时间的审计，就容易丧失正确的观察力和判断力，对一些问题作出不符合事实的审计结论。而主任会计师在签发审计报告前对审计工作底稿的全面复核，可以防止注册会计师因个人偏见所产生的判断失误，降低审计风险，作出客观且符合逻辑的审计结论。

二、整理和复核审计工作底稿

在外勤工作中，注册会计师所收集的审计工作底稿一般是分散的、不系统的。编制审计报告以前，注册会计师应根据审计计划拟订的内容、范围和要求，对审计工作底稿进行整理和复核。

第一，注册会计师及其助理人员对各自工作底稿的初步整理。主要是分析是否已完成了规定的审计任务，回顾是否存在遗漏程序，并着重列举审计过程中所发现的问题，提出相应的处理意见。

第二，由项目组内经验较多的人员复核经验较少的人员所执行的工作。在复核已实施的审计工作时，复核人员应当考虑：①审计工作是否已按照法律法规、职业道德规范和审计准则的规定执行；②重大事项是否已提请进一步考虑；③相关事项是否已进行适当咨询，由此形成的结论是否得到记录和执行；④是否需要修改已执行审计工作的性质、时间和范围；⑤已执行的审计工作是否支持形成的结论，并已得到适当记录；⑥获取的审计证据是否充分、适当；⑦审计程序的目标是否实现。

项目负责人应当在审计过程的适当阶段及时实施复核，以使重大事项在出具审计报告前能够得到满意解决。在出具审计报告前，项目负责人应当通过复核审计工作底稿和与项目组讨论，确信获取的审计证据已经充分、适当，足以支持形成的结论和拟出具的审计报告。其复核的主要内容包括对关键领域所作的判断，尤其是执行业务过程中识别出的疑难问题或争议事项、特别风险以及项目负责人认为重要的其他领域。项目负责人应当对复核的范围和时间予以适当记录。

三、复核和分析已审计财务报表

财务报表的最后审阅和工作底稿的最后复核是紧密相关的，有些业务还是交叉进行的。尽管编制财务报表和披露相关信息是被审计单位的责任，但由于注册会计师是会计方面的专家，他们往往会指导被审计单位如何编制财务报表及其附注。注册会计师的作用只是提供业务上的指导，而不是代替客户作出业务上的判断。

在审计结束或临近结束时，应当由项目负责人或主任会计师复核经审计后的财务报表。复核人员应当运用分析程序对财务报表总体进行复核，以确定财务报表整体是否与其对被审计单位的了解一致，并要特别关注是否存在不正常的金额或关联方交易，同时分析所获取的审计证据是否充分、适当。

如果识别出以前未识别的重大错报风险，注册会计师应当重新考虑对全部或部分各类交易、账户余额、披露评估的风险是否恰当，并在此基础上重新评价之前计划的审计程序是否充分，并考虑追加实施进一步审计程序。

在执行分析程序时，比较的一方是被审计单位经审计后的财务报表，另一方通常是注册会计师的预期结果、同行业有关资料或其他相关资料。

第五节 项目质量复核

一、项目质量复核的总体要求

为了保证特定业务执行的质量，除了需要项目组实施组内复核外，会计师事务所还应当制定政策和程序，对特定业务实施项目质量复核，并在出具报告前完成项目质量复核。

项目质量复核是指会计师事务所挑选不参与该业务的人员，在出具报告前，对项目组

作出的重大判断和在准备报告时形成的结论作出客观评价的过程。

对特定业务实施项目质量复核，充分体现了分类控制、突出重点的质量管理理念。值得注意的是，项目质量复核并不减轻项目负责人的责任，更不能替代项目负责人的责任。

二、项目质量复核对象的确定

（一）项目质量复核政策和程序

会计师事务所制定的项目质量复核政策和程序应当包括下列要求：

(1) 对所有上市公司财务报表审计实施项目质量复核。

(2) 规定适当的标准，据此评价上市公司财务报表审计以外的历史财务信息审计和审阅、其他鉴证业务及相关服务业务，以确定是否应当实施项目质量复核。

(3) 对符合适当标准的所有业务实施项目质量复核。

（二）对其他业务实施项目质量复核应考虑的问题

在制定用于确定除上市公司财务报表审计以外的其他业务是否需要实施项目质量复核的标准时，会计师事务所应当考虑下列事项：

(1) 业务的性质，包括涉及公众利益的范围。

(2) 在某项业务或某类业务中已识别的异常情况或风险。

(3) 法律法规是否要求实施项目质量复核。

在实务中，会计师事务所除对上市公司财务报表审计业务必须实施项目质量复核外，还可以自行建立判断标准，确定对那些涉及公众利益的范围较大，或已识别出存在重大异常情况或较高风险的特定业务实施项目质量复核。如法律法规明确要求对特定业务实施项目质量复核，会计师事务所应当对其实施项目质量复核。

三、项目质量复核的具体要求

会计师事务所应当制定政策和程序，以规定：

(1) 项目质量复核的性质、时间和范围。

(2) 项目质量复核人员的资格标准。

(3) 对项目质量复核的记录要求。

会计师事务所的质量管理制度应当对上述事项作出明确和适当的规定，这对于保证项目质量复核工作的有效进行有着重要作用。如果会计师事务所对项目质量复核的性质、时间和范围设计不当，或虽设计得当，但委派的项目质量复核人员的技术资格和客观性存在问题，就无法实现预期的复核目的。

四、项目质量复核的性质

会计师事务所应当根据实现项目质量复核目标的总体要求，并结合具体情况，合理确定项目质量复核的性质。确定复核的性质就是决定采用何种方法实施复核。

会计师事务所通常采用的项目质量复核方法包括：

(1) 与项目负责人进行讨论。

（2）复核财务报表或其他业务对象信息及报告，尤其是考虑报告是否适当。

（3）选取与项目组作出重大判断及形成结论有关的工作底稿进行复核。

除上述方法外，会计师事务所还可以视情况需要，采用其他适当的复核方法。例如，复核有关处理和解决重大疑难问题或争议事项形成的工作底稿、复核重大事项概要等。

五、项目质量复核的范围

会计师事务所应当根据特定业务的复杂程度和出具不恰当报告的风险，确定项目质量复核的范围。

在对上市公司财务报表审计实施项目质量复核时，复核人员应当考虑：

（1）项目组就具体业务对会计师事务所独立性作出的评价。

（2）在审计过程中识别的特别风险以及采取的应对措施。

（3）作出的判断，尤其是关于重要性和特别风险的判断。

（4）是否已就存在的意见分歧、其他疑难问题或争议事项进行适当咨询，以及咨询得出的结论。

（5）在审计中识别的已更正和未更正的错报的重要程度及处理情况。

（6）拟与管理层、治理层以及其他方面沟通的事项。

（7）所复核的审计工作底稿是否反映了针对重大判断执行的工作，是否支持得出的结论。

（8）拟出具的审计报告的适当性。

在对上市公司财务报表审计以外的其他业务实施项目质量复核时，项目质量复核人员可根据情况考虑上述部分或全部事项。

以上是本准则对项目质量复核范围的最低要求。在实务中，会计师事务所对其认为复杂程度很高和出具不恰当报告风险很大的特定业务，可以确定更大的项目质量复核范围。

六、项目质量复核的时间安排

会计师事务所的政策和程序应当要求在出具报告前完成项目质量复核。项目质量复核人员应当在业务过程中的适当阶段及时实施复核，以使重大事项在出具报告前得到满意解决。

如果项目负责人不接受项目质量复核人员的建议，并且重大事项未得到满意解决，项目负责人不应当出具报告。只有在按照会计师事务所处理意见分歧的程序解决重大事项后，项目负责人才能出具报告。

七、项目质量复核人员的资格标准

会计师事务所应当制定政策和程序，明确被委派的项目质量复核人员应符合下列要求：①履行职责需要的技术资格，包括必要的经验和权限；②在不损害其客观性的前提下，提供业务咨询的程度。

（一）复核人员的胜任能力

项目质量复核人员应当具备复核具体业务所需要的足够、适当的技术专长、经验和权限。

在实务中，足够、适当的技术专长、经验和权限由什么构成，应视业务的具体情况而定。此外，上市公司财务报表审计的项目质量复核人员应当具备担任上市公司财务报表审计项目负责人应有的足够、适当的经验和权限。

会计师事务所可根据具体情况，对项目质量复核人员应当具备的复核具体业务所需要的足够、适当的技术专长、经验和权限作出明确的规定，并严格遵照该规定。针对特定业务的需要，选派适当的复核人员。

（二）复核人员的客观性

复核人员能否客观地实施项目质量复核，对复核的效果有重要影响，为此，会计师事务所应当制定政策和程序，保证项目质量复核人员的客观性。

为了保证项目质量复核人员的客观性，在确定项目质量复核人员时，会计师事务所应当避免下列情形：

（1）由项目负责人挑选。
（2）在复核期间以其他方式参与该业务。
（3）代替项目组进行决策。
（4）存在可能损害复核人员客观性的其他情形。

在业务执行过程中，项目负责人可以向项目质量复核人员进行咨询。但是，当咨询问题的性质和范围十分重大时，项目组和复核人员应当谨慎从事，以使复核人员保持客观性。

如果复核人员不能保持客观性，会计师事务所应当委派本所的其他适当人员或聘请具有适当资格的外部人员，担当项目质量复核人员或该项业务的被咨询者。

当进行客观复核的能力受到损害时，会计师事务所的政策应当能够为项目质量复核人员提供替代者。

所谓具有适当资格的外部人员，是指会计师事务所外部的、具有担任项目负责人的必要素质和专业胜任能力的个人。

小型会计师事务所可能缺乏具备复核特定业务所需要的足够、适当的技术专长、经验和权限的项目质量复核人员。在这种情况下，如果小型会计师事务所识别出需要实施项目质量复核的业务，可以聘请具有适当资格的外部人员或利用其他会计师事务所实施项目质量复核。

八、项目质量复核的记录

会计师事务所应当制定政策和程序，要求记录项目质量复核情况，包括：

（1）有关项目质量复核的政策所要求的程序已得到执行。
（2）项目质量复核在出具报告前业已完成。
（3）复核人员没有发现任何尚未解决的事项，使其认为项目组作出的重大判断及形成的结论不适当。

表16-7列示了会计师事务所项目质量复核的"业务复核核对表"。

表 16-7　业务复核核对表

被审计单位：S 公司	索引号：920
项目：业务复核核对表	截止日/期间：2024 年 12 月 31 日
编制：孙仁	复核：吴亮
日期：2025 年 1 月 19 日	日期：2025 年 1 月 23 日

一、项目经理复核

复核事项	是/否/不适用	备注
1. 是否已复核已完成的审计计划，以及导致对审计计划作出重大修改的事项？	是	
2. 是否已复核重要的财务报表项目？	是	
3. 是否已复核特殊交易或事项，包括债务重组、关联方交易、非货币性交易、或有事项、期后事项、持续经营能力等？	是	
4. 是否已复核重要会计政策、会计估计的变更？	是	
5. 是否已复核重大事项概要？	是	
6. 是否已复核建议调整事项？	是	
7. 是否已复核管理层书面声明书，股东（大）会、董事会相关会议纪要，与客户的沟通记录及重要会谈记录，律师询证函复函？	是	
8. 是否已复核审计总结？	是	
9. 是否已复核已审计财务报表和拟出具的审计报告？	是	
10. 实施上述复核后，是否可以确定下列事项：		
（1）审计工作底稿提供了充分、适当的记录作为审计报告的基础？	是	
（2）已按照中国注册会计师审计准则的规定执行了审计工作？	是	
（3）对重大错报风险的评估及采取的应对措施是恰当的，针对存在特别风险的审计领域，设计并实施了具有针对性的审计程序，且得出了恰当的审计结论？	是	
（4）作出的重大判断恰当合理？	是	
（5）提出的建议调整事项恰当，相关调整分录正确？	是	
（6）未更正错报无论是单独还是汇总起来对财务报表整体均不具有重大影响？	不适用	
（7）已审计财务报表的编制符合企业会计准则的规定，在所有重大方面公允反映了被审计单位的财务状况、经营成果和现金流量？	是	
（8）拟出具的审计报告措辞恰当，已按照中国注册会计师审计准则的规定发表了恰当的审计意见？	是	

签字：<u>吴　亮</u>　　　　　　　　　　　　　　　　　　　　　　日期：2025 年 1 月 23 日

续表

二、项目合伙人复核		
复核事项	是/否/不适用	备注
1. 是否已复核审计计划，以及导致对审计计划作出重大修改的事项？	是	
2. 是否已复核重大事项概要？	是	
3. 是否已复核存在特别风险的审计领域，以及项目组采取的应对措施？	是	
4. 是否已复核项目组作出的重大判断？	是	
5. 是否已复核建议调整事项？	是	
6. 是否已复核管理层书面声明书，股东（大）会、董事会相关会议纪要，与客户的沟通记录及重要会谈记录，律师询证函复函？	是	
7. 是否已复核审计总结？	是	
8. 是否已复核已审计财务报表和拟出具的审计报告？	是	
9. 实施上述复核后，是否可以确定：		
（1）对项目负责经理实施的复核结果满意？	是	
（2）对重大错报风险的评估及采取的应对措施是恰当的，针对存在特别风险的审计领域，设计并实施了具有针对性的审计程序，且得出了恰当的审计结论？	是	
（3）项目组作出的重大判断恰当合理？	是	
（4）提出的建议调整事项恰当合理，未更正错报无论是单独还是汇总起来对财务报表整体均不具有重大影响？	是	
（5）已审计财务报表的编制符合企业会计准则的规定，在所有重大方面公允反映了被审计单位的财务状况、经营成果和现金流量？	是	
（6）拟出具的审计报告措辞恰当，已按照中国注册会计师审计准则的规定发表了恰当的审计意见？	是	

签字： 王 军　　　　　　　　　　　　　　　　　　　　　日期：2025 年 1 月 28 日

三、项目质量复核		
复核事项	是/否/不适用	备注
1. 项目质量复核之前进行的复核是否均已得到满意的执行？	是	
2. 是否已复核项目组针对本业务对本所独立性作出的评价，并认为该评价是恰当的？	是	
3. 是否已复核项目组在审计过程中识别的特别风险以及采取的应对措施，包括项目组对舞弊风险的评估及采取的应对措施，认为项目组作出的判断和应对措施是恰当的？	不适用	
4. 是否已复核项目组作出的判断，包括关于重要性和特别风险的判断，认为这些判断恰当合理？	是	

416

续表

复核事项	是/否/不适用	备注
5. 是否确定项目组已就存在的意见分歧、其他疑难问题或争议事项进行适当咨询，且咨询得出的结论是恰当的？	不适用	
6. 是否已复核项目组与管理层和治理层沟通的记录以及拟与其沟通的事项，对沟通情况表示满意？	是	
7. 是否认为所复核的审计工作底稿反映了项目组针对重大判断执行的工作，能够支持得出的结论？	是	
8. 是否已复核审计后的财务报表和拟出具的审计报告，认为审计后的财务报表符合企业会计准则的规定，拟出具的审计报告已按照中国注册会计师审计准则的规定发表了恰当的审计意见？	是	

签字： 石 眉　　　　　　　　　　　　　　　　　　　　　　日期：2025 年 1 月 31 日

第六节　形成审计意见

在审计报告中，注册会计师要在收集和评价审计证据的基础上，清楚地表达对被审计单位财务报表在所有重大方面是否根据适用的会计准则编制所发表的意见。为此，注册会计师应当整理审计证据，评价根据审计证据得出的结论，以作为对财务报表形成审计意见的基础。

在对财务报表形成审计意见时，注册会计师应当根据已获取的审计证据评价是否已对财务报表整体不存在重大错报获取合理保证，并进一步评价财务报表的合法性和公允性，形成对被审计单位财务报表合法性和公允性的审计意见。

一、评价财务报表的合法性

财务报表的合法性是指财务报表是否按照适用的会计准则和相关会计制度的规定编制。在评价财务报表的合法性时，注册会计师应当考虑下列内容：

（一）评价所选择和运用的会计政策

评价被审计单位所选择和运用的会计政策，主要从两个方面进行：第一，合法性，即评价被审计单位选择和运用的会计政策是否符合适用的会计准则和相关会计制度；第二，合理性，即选择和运用的会计政策是否适合于被审计单位的具体情况。

企业会计政策包括具体会计原则和具体会计处理方法。国家在企业会计准则和统一会计制度中规定了会计核算的一般原则和一般会计处理方法。会计核算的一般原则有客观性原则、实质重于形式原则、相关性原则、可比性原则、及时性原则、明晰性原则、谨慎性原则、重要性原则等。这些一般性原则在不同的企业有不同的运用形式与方法，甚至在同一企业不同经济背景下也有不同的运用形式与方法，以使企业提供的会计报告所反映的财务状况、经营成果和现金流量更符合其实际情况。如谨慎性原则是会计核算的一般原则，

在运用于企业固定资产折旧时,可采用的加速折旧方法有年数总和法和双倍余额递减法,企业究竟是采用年数总和法还是双倍余额递减法,或者是对哪几类固定资产采用年数总和法,对另几类固定资产采用双倍余额递减法,则属于具体的会计处理方法,是企业可以根据自身情况加以选择的。具体原则和具体会计处理方法也是指导企业进行会计核算的基础。企业主要会计政策包括:

(1) 合并政策,是指企业编制合并财务报表所采纳的原则。例如,母公司与子公司的会计年度不一致的处理原则;合并范围的确定原则;纳入合并范围的具体子公司;母公司与子公司所采用会计政策是否一致等。

(2) 外币折算,是指企业外币业务折算所采用的方法,以及汇兑损益的处理。如对于外币业务的核算,是采用业务发生当日汇率,还是业务发生的当月1日的汇率;汇兑损益计入当期财务费用,还是计入在建工程成本;对于外币财务报表的折算,是否对资产负债表中的资产和负债项目采用资产负债表日的即期汇率折算,所有者权益项目除"未分配利润"项目外,其他项目采用交易发生日的即期汇率折算;利润表中的收入和费用项目,采用交易发生日即期汇率或者近似汇率折算。按照上述折算产生的外币财务报表折算差额是否计入其他综合收益?

(3) 收入确认,是指收入确认的原则。如是按照新收入会计准则确认收入还是沿用原有的收入会计准则确认收入?

(4) 存货计价,是指企业对存货所采用的具体计价方法。如对存货的计价是采用先进先出法、加权平均法,还是个别计价法等。公司是否采用了成本与可变现净值孰低法进行存货的后续计量?

(5) 长期股权投资的核算,是指对长期股权投资的具体会计处理方法。如企业对长期股权投资采用成本法和权益法的基本原则;对哪些企业的长期股权投资采用成本法,对哪些企业的长期股权投资采用权益法。

(6) 坏账损失及坏账准备的核算,是指企业对坏账损失和坏账准备的具体核算方法。如企业对坏账损失是采用预期信用损失模型还是已发生损失模型计提坏账准备?

(7) 借款费用的处理,是指借款费用的处理方法,即进行资本化,还是费用化?资本化或费用化的具体原则是什么?

(8) 所得税的核算,是指企业所得税的具体会计处理方法,如企业所得税会计处理是采用资产负债表债务法还是其他方法?

(9) 固定资产的核算,是指企业对固定资产核算所采用的具体方法,如固定资产原值的确定方法;固定资产折旧年限和净残值的预计方法;固定资产的具体折旧方法;固定资产减值的具体计提原则和具体方法。

(10) 其他,如无形资产的计价及摊销方法、财产损溢的具体处理程序和方法、研究与开发费用的具体处理原则和方法等。

在我国,适用的会计准则主要是指由国务院财政部门制定的在全国范围内统一执行的会计准则、有关会计准则解释等规范性文件。对于在海外证券市场发行并上市交易证券的上市公司来说,适用的会计准则还包括国际财务报告准则、上市地所在国家或地区适用的会计准则等。

评价会计政策的合法性，就是评价被审计单位实际选择和运用的会计政策是否符合其适用的会计准则的规定，有无选择或运用了会计准则规定不能使用的会计原则或会计处理方法。评价会计政策的合理性，就是评价被审计单位实际选择和运用的会计政策是否符合被审计单位的具体情况。例如，被审计单位属于技术进步快、更新换代迅速的行业，则其对主要生产设备采用年数总和法、双倍余额递减法计提折旧，对其他固定资产采用年限平均法计提折旧，则其选择和运用的固定资产折旧政策就是合理的。但如果对其所有固定资产均采用年数总和法或双倍余额递减法计提折旧，则固定资产折旧政策虽然合法，但不具有合理性，因为像房屋、建筑物等固定资产受技术进步的影响较小，主要受使用情况和年限的影响，不适宜采用年数总和法或双倍余额递减法计提折旧，只适宜采用年限平均法计提折旧。

(二) 评价财务报表所反映信息的质量

相关性、可靠性、可比性和可理解性是企业财务信息质量的主要特征。我国《企业会计准则——基本准则》规定，企业财务信息应当具备可靠性、相关性、可理解性、可比性、实质重于形式、重要性、谨慎性、及时性等质量要求。

评价财务报表的相关性，主要是评价被审计单位提供的财务信息是否与财务报表使用者的经济决策需要相关，是否有助于财务报表使用者对被审计单位过去、现在或者未来的情况作出评价或者预测。

评价财务报表的可靠性，主要是评价被审计单位是否以实际发生的交易或者事项为依据进行会计确认、计量和报告，如实反映符合确认和计量要求的各项会计要素及其他相关信息，保证财务信息真实可靠、内容完整。

评价财务信息的可比性，主要是评价被审计单位提供的财务信息是否具有可比性，即评价被审计单位不同时期发生的相同或者相似的交易或者事项是否采用了一致的会计政策。如果会计政策发生了变更，还应当评价其会计政策是否确需变更，是否已在附注中作出了充分说明。评价被审计单位所采用的会计政策是否与同行业其他企业对相同或者相似的交易或者事项所采用的会计政策一致，财务信息是否口径一致且相互可比。

评价财务报表的可理解性，主要是评价被审计单位所提供的财务信息是否清晰明了，表述清楚，便于财务报表使用者理解和使用。

(三) 评价财务报表的披露

评价财务报表的披露，主要是评价被审计单位财务报表作出的披露是否充分，是否使财务报表使用者能够理解重大交易和事项对被审计单位财务状况、经营成果和现金流量的影响。

企业对外提供的财务会计报告包括财务报表和财务报表附注。一般来讲，财务报表应当包括资产负债表、利润表、现金流量表、所有者权益变动表。财务报表附注至少应当包括重要会计政策和会计估计的说明、或有事项和资产负债表日后事项的说明、关联方关系及其交易的披露、重要资产转让及其出售的说明、企业合并或分立的说明、财务报表中重要项目的明细资料以及有助于理解和分析财务报表的其他事项等。

注册会计师在评价被审计单位财务报表的披露时，应当注意被审计单位所提供的财务

报表是否包括了应当提供的所有报表，其格式和内容是否合规；所提供的财务报表附注是否符合规定的最低要求，内容是否完整并易于理解。

通过实施上述四个方面的评价，注册会计师可形成对被审计单位财务报表合法性的审计意见。

二、评价财务报表的公允性

财务报表的公允性是指被审计单位财务报表在所有重大方面是否公允反映了其财务状况、经营成果和现金流量。在评价财务报表是否作出公允反映时，注册会计师应当考虑下列内容：

（一）评价财务报表的整体合理性

评价财务报表的整体合理性，即评价经管理层调整后的财务报表是否与注册会计师对被审计单位及其环境的了解一致，有无重大错报或漏报。在审计中，注册会计师通过实施了解被审计单位及其环境的程序以及实施实质性程序，对被审计单位有了充分了解，并发现了需要进行审计调整的事项。被审计单位管理层接受审计调整事项后重新编制了财务报表。注册会计师应当评价经调整后的财务报表是否与其所获得的对被审计单位的了解一致。例如，注册会计师了解到，被审计单位所在行业竞争十分激烈，整体行业毛利率下降幅度较大；被审计单位在同行业中处于中上水平，但与其他企业相比，并没有突出的竞争优势，因而也无法免受毛利率下降的影响。如果被审计单位经过调整后的财务报表所反映的情况是其主营业务收入不降反升，毛利率也是稳中有升，则其财务报表可能就是不公允的，因为与注册会计师对其所获得的了解存在重大不一致，可能存在重大错报。当然，如果被审计单位在同行业中处于先进水平，具有技术领先的竞争优势，本年度又有独一无二的新产品投入市场并获得巨大成功，则其财务报表就可能是公允的。

（二）评价财务报表的列报与内容的合理性

评价财务报表的列报与内容的合理性，即评价被审计单位财务报表的列报、结构和内容是否合理。在我国，财政部提供了规范的财务报表的列报格式、结构和内容要求，注册会计师只要评价被审计单位所提供的财务报表的列报、格式和内容是否与规范要求一致，所反映的内容是否与其对被审计单位的了解一致即可。

（三）评价财务报表反映的真实性

评价财务报表反映的真实性，即评价财务报表是否真实地反映了交易和事项的经济实质。这实质上是"实质重于形式"的财务信息质量要求，即企业应当按照交易或者事项的经济实质进行会计确认、计量和报告，不应仅以交易或者事项的法律形式为依据。

通过实施上述三个方面的评价，注册会计师就可以形成对被审计单位财务报表公允性的审计意见。

注册会计师依据上述原则，按照适用的公允列报财务报告框架，从财务报表的合法性和公允性方面对被审计单位的财务报表进行了审计，并确认为形成审计意见而获取的审计证据是充分、适当的，注册会计师就可以出具审计报告了。

思考题

1. 什么是管理层书面声明书？它对注册会计师收集审计证据发表审计意见有何影响？
2. 什么是律师声明书？它对注册会计师收集审计证据发表审计意见有何影响？
3. 审计差异包括哪些类型？汇总审计差异以后如何进行评价和处理？
4. 签发审计报告前如何对已审计财务报表进行复核？
5. 签发审计报告前如何对审计工作底稿进行最终复核？
6. 注册会计师应就哪些事项与治理层沟通？
7. 含有已审计财务报表的文件中的其他信息与财务报表存在重大不一致，或存在对事实的重大错报，注册会计师应当如何处理？
9. 什么是管理层声明？它有什么作用？通常包括哪些内容？
10. 注册会计师与管理层和治理层沟通分别应当包括哪些内容？要达到什么目的？

习题及参考答案

第十七章 审计报告

本章要点

本章主要介绍审计报告的含义、类型、适用条件以及各种形式审计报告的样例。审计报告是审计工作的最终结果,是对审计工作的全面总结,是向审计服务需求者传达所需信息的重要手段,也是表明注册会计师完成了审计任务并愿意承担审计责任的证明文件。审计报告可以分为无保留意见和非无保留意见两种大的类型,具体有无保留意见、保留意见、否定意见和无法表示意见四种审计报告。无保留意见,是指当注册会计师认为财务报表在所有重大方面按照适用的财务报告编制基础编制并实现公允反映时发表的审计意见。当存在下列情形之一时,注册会计师应当发表保留意见审计报告:①在获取充分、适当的审计证据后,注册会计师认为错报单独或汇总起来对财务报表影响重大,但不具有广泛性;②注册会计师无法获取充分、适当的审计证据以作为形成审计意见的基础,但认为未发现的错报(如存在)对财务报表可能产生的影响重大,但不具有广泛性。否定意见是指注册会计师认为财务报表没有在所有重大方面均按照适用的财务报告编制基础编制,未能实现公允反映被审计单位的财务状况、经营成果和现金流量而发表的审计意见。无法表示意见是指注册会计师不能就被审计单位财务报表整体是否在所有重大方面均按照适用的财务报告编制基础编制,以及是否公允反映其财务状况、经营成果和现金流量发表审计意见,也即对被审计单位的财务报表既不发表无保留意见或保留意见,也不发表否定意见。

本章还介绍了关键审计事项段、强调事项段、其他事项段的使用规则等。

第一节 审计报告的含义与种类

一、审计报告的含义

审计报告,是指注册会计师根据审计准则的规定,在执行审计工作的基础上,对财务报表发表审计意见的书面文件。审计报告是审计工作的最终结果,是对审计工作的全面总结,是向审计服务需求者传达所需信息的重要手段,也是表明注册会计师完成了审计任务并愿意承担审计责任的证明文件。

二、审计报告的种类

（一）规范性审计报告和特殊性审计报告

审计报告按其格式和措辞的规范性，可分为规范性审计报告和特殊性审计报告。规范性审计报告是指格式和措辞基本统一的审计报告。审计职业界认为，为了避免混乱，有必要统一审计报告的格式和措辞，便于使用者准确理解其含义。规范性审计报告一般适用于对外公布。特殊性审计报告是指格式和措辞不统一，可以根据具体审计项目的情况来决定的审计报告。特殊性审计报告一般不对外公布。

应当注意的是，注册会计师出具的年度财务报表审计报告有规范的格式和措辞，属于规范性审计报告。

（二）无保留意见审计报告和非无保留意见审计报告

审计报告按其发表审计意见的类型，可分为无保留意见审计报告和非无保留意见审计报告。无保留意见是指当注册会计师认为财务报表在所有重大方面按照适用的财务报告编制基础编制并实现公允反映时发表的审计意见，其审计报告为无保留意见审计报告。非无保留意见审计报告，是指对财务报表发表保留意见、否定意见或无法表示意见的审计报告。

（三）公布目的审计报告和非公布目的审计报告

审计报告按其使用的目的，可分为公布目的审计报告和非公布目的审计报告。公布目的审计报告一般用于对企业股东、投资者、债权人等非特定利害关系者公布财务报表时所附送的审计报告。

非公布目的审计报告一般用于经营管理、合并或业务转让、融通资金等特定目的而实施审计的审计报告。这类审计报告是分发给特定使用者的，如经营者、合并或业务转让的关系人、提供信用的金融机构等。

（四）简式审计报告和详式审计报告

审计报告按其详略程度，可分为简式审计报告和详式审计报告。简式审计报告，又称短式审计报告，一般用于注册会计师对应公布财务报表所出具的简明扼要的审计报告，其反映的内容是非特定多数的利害关系人共同认为的必要审计事项，且为法令或审计准则所规定的，具有标准格式。它一般适用于公布目的。

详式审计报告，又称长式审计报告，一般是指对审计对象所有重要经济业务和情况都要作详细说明和分析的审计报告。它主要用于指出企业经营管理存在的问题和帮助企业改善经营管理，其内容丰富、详细，一般适用于非公布目的。

第二节　审计报告的基本内容

《中国注册会计师审计准则第 1501 号——对财务报表形成审计意见和出具审计报告》规范了注册会计师对财务报表形成审计意见，以及作为财务报表审计结果出具的审计报告

的格式和内容。《中国注册会计师审计准则第 1504 号——在审计报告中沟通关键审计事项》对注册会计师在审计报告中沟通关键审计事项的责任作出规范。《中国注册会计师审计准则第 1502 号——在审计报告中发表非无保留意见》和《中国注册会计师审计准则第 1503 号——在审计报告中增加强调事项段和其他事项段》规定了注册会计师在审计报告中发表非无保留意见、增加强调事项段或其他事项段时，审计报告的格式和内容如何进行相应的调整。《中国注册会计师审计准则第 1521 号——注册会计师对其他信息的责任》和《中国注册会计师审计准则第 1324 号——持续经营》也包含出具审计报告时适用的报告要求。财务报表审计意见的基本类型有四种：无保留意见、保留意见、否定意见和无法表示意见的审计报告。

一、标题

标题应当统一规范为"审计报告"，以突出业务性质，并与其他业务报告相区别。

二、收件人

收件人即注册会计师按照业务约定书的要求致送审计报告的对象，一般是指审计业务的委托人。审计报告应当载明收件人的全称。对于股份有限公司，审计报告收件人一般可用"××股份有限公司全体股东"；对于有限责任公司，收件人一般可用"××有限责任公司董事会"；对于合伙企业，收件人一般可用"××合伙企业全体合伙人"；对于独资企业，收件人一般可直接用"××公司（企业）（该独资企业的名称）"。

三、审计意见

审计意见部分应当说明：财务报表是否在所有重大方面按照适用的财务报告编制基础编制，是否公允反映了被审计单位的财务状况、经营成果和现金流量。

审计意见部分还应当包括下列方面：①指出被审计单位的名称；②说明财务报表已经审计；③指出构成整套财务报表的每一财务报表的名称；④提及财务报表附注；⑤指明构成整套财务报表的每一财务报表的日期或涵盖的期间。根据企业会计准则的规定，整套财务报表的每张财务报表的名称分别为资产负债表、利润表、所有者（股东）权益变动表和现金流量表。此外，由于附注是财务报表不可或缺的重要组成部分，因此也应提及财务报表附注。财务报表有反映时点的，有反映期间的，注册会计师应在审计意见部分指明构成整套财务报表的每一财务报表的日期或涵盖的期间。

四、形成审计意见的基础

该部分应当紧接在审计意见部分之后，并包括下列方面：①说明注册会计师按照审计准则的规定执行了审计工作。②提及审计报告中用于描述审计准则规定的注册会计师责任的部分。③声明注册会计师按照与审计相关的职业道德要求独立于被审计单位，并按照这些要求履行了职业道德方面的其他责任。声明中应当指明适用的职业道德要求，如遵守中国注册会计师职业道德守则。④说明注册会计师是否相信获取的审计证据是充分、适当的，为发表审计意见提供了基础。

五、管理层和治理层对财务报表的责任

管理层对财务报表的责任部分应当说明管理层负责下列方面：①按照适用的财务报告编制基础编制财务报表，使其实现公允反映，并设计、执行和维护必要的内部控制，以使财务报表不存在由于舞弊或错误导致的重大错报；②评估被审计单位的持续经营能力和使用持续经营假设是否适当，并披露与持续经营相关的事项（如适用）。对管理层评估责任的说明应当包括描述在何种情况下使用持续经营假设是适当的。

当对财务报告过程负有监督责任的人员与履行上述责任的人员不同时，管理层对财务报表的责任部分还应当提及对财务报告过程负有监督责任的人员。这种情况下，该部分的标题还应当提及"治理层"或者特定国家或地区法律框架中的恰当术语。

六、注册会计师对财务报表审计的责任

注册会计师对财务报表审计的责任部分应当包括下列内容：①说明注册会计师的目标是对财务报表整体是否不存在由于舞弊或错误导致的重大错报获取合理保证，并出具包含审计意见的审计报告；②说明合理保证是高水平的保证，但并不能保证按照审计准则执行审计在某一重大错报存在时总能发现；③说明错报可能由于舞弊或错误导致。

在说明错报可能由于舞弊或错误导致时，注册会计师应当从下列两种做法中选取一种：①描述如果合理预期错报单独或汇总起来可能影响财务报表使用者依据财务报表作出的经济决策，则错报是重大的；②根据适用的财务报告编制基础，提供关于重要性的定义或描述。

注册会计师对财务报表审计的责任部分还应当包括下列内容：①说明在按照审计准则执行审计工作的过程中，注册会计师运用职业判断，并保持职业怀疑；②通过说明注册会计师的责任，对审计工作进行描述。这些责任包括：第一，识别和评估由于舞弊或错误导致的财务报表重大错报风险，对这些风险有针对性地设计和实施审计程序，获取充分、适当的审计证据，作为发表审计意见的基础。由于舞弊可能涉及串通、伪造、故意遗漏、虚假陈述或凌驾于内部控制之上，未能发现由于舞弊导致的重大错报的风险高于未能发现由于错误导致的重大错报的风险。第二，了解与审计相关的内部控制，以设计恰当的审计程序，但目的并非对内部控制的有效性发表意见。当注册会计师有责任在财务报表审计的同时对内部控制的有效性发表意见时，应当略去上述"目的并非对内部控制的有效性发表意见"的表述。第三，评价管理层选用会计政策的恰当性和作出会计估计及相关披露的合理性。第四，对管理层使用持续经营假设的恰当性得出结论。同时，基于所获取的审计证据，对是否存在与特定事项或情况相关的重大不确定性，从而可能导致对被审计单位的持续经营能力产生重大疑虑得出结论。如果注册会计师得出结论认为存在重大不确定性，审计准则要求注册会计师在审计报告中提请报表使用者注意财务报表中的相关披露；如果披露不充分，注册会计师应当发表非无保留意见。注册会计师的结论基于审计报告日可获得的信息。然而，未来的事项或情况可能导致被审计单位不能持续经营。第五，评价财务报表的总体列报（包括披露）、结构和内容，并评价财务报表是否公允反映相关交易和事项。

注册会计师对财务报表审计的责任部分还应当包括下列内容：①说明注册会计师与治

理层就计划的审计范围、时间安排和重大审计发现等进行沟通,包括沟通注册会计师在审计中识别的值得关注的内部控制缺陷。②对于上市实体财务报表审计,指出注册会计师就遵守关于独立性的相关职业道德要求向治理层提供声明,并与治理层沟通可能被合理认为影响注册会计师独立性的所有关系和其他事项,以及相关的防范措施(如适用)。③对于上市实体财务报表审计,以及决定按照《中国注册会计师审计准则第 1504 号——在审计报告中沟通关键审计事项》的规定沟通关键审计事项的其他情况,说明注册会计师从与治理层沟通的事项中确定哪些事项对当期财务报表审计最为重要,因而构成关键审计事项。注册会计师在审计报告中描述这些事项,除非法律法规不允许公开披露这些事项,或在极其罕见的情形下,注册会计师合理预期在审计报告中沟通某事项造成的负面后果超过产生的公众利益方面的益处,因而确定不应在审计报告中沟通该事项。

七、按照相关要求履行其他报告责任(如适用)

除审计准则规定的注册会计师责任外,如果注册会计师在对财务报表出具的审计报告中履行其他报告责任,应当在审计报告中将其单独作为一部分,并以"对其他法律和监管要求的报告"为标题,或使用适合于该部分内容的其他标题,除非其他报告责任与审计准则所要求的报告责任涉及相同的主题。如果涉及相同的主题,其他报告责任可以在审计准则所要求的同一报告要素部分列示。

如果将其他报告责任在审计准则要求的同一报告要素部分列示,审计报告应当清楚区分其他报告责任和审计准则要求的报告责任。

如果审计报告为其他报告责任单设一部分,应当置于"对财务报表审计的报告"标题下;"对其他法律和监管要求的报告"部分,应当置于"对财务报表审计的报告"部分之后。

八、注册会计师的签名和盖章

审计报告应当由项目合伙人和另一名负责该项目的注册会计师签名和盖章。注册会计师应当在对上市实体整套通用目的财务报表出具的审计报告中注明项目合伙人。审计报告应当载明会计师事务所的名称和地址,并加盖会计师事务所公章。

九、会计师事务所的名称、地址和公章

审计报告应当载明会计师事务所的名称和地址(一般只写明其注册地城市名),并加盖会计师事务所公章。

十、报告日期

审计报告标注的日期为注册会计师完成审计工作的日期。审计报告的日期不应早于注册会计师获取充分、适当的审计证据,并在此基础上对财务报表形成审计意见的日期。

在确定审计报告日期时,注册会计师应当确信已获取下列两方面的审计证据:①构成整套财务报表的所有报表(包括披露)已编制完成;②被审计单位的董事会、管理层或类似机构已经认可其对财务报表负责。

在实务中，注册会计师在正式签署审计报告前，通常把审计报告草稿和已审计财务报表草稿一同提交给治理层。如果治理层批准并签署已审计财务报表，注册会计师即可签署审计报告。注册会计师签署审计报告的日期通常与治理层签署已审计财务报表的日期为同一天，或晚于治理层签署已审计财务报表的日期。

对于上市公司，还要求在"形成审计意见的基础"之后，增加"关键审计事项"段和"其他信息"段。关键审计事项，是指注册会计师根据职业判断认为对当期财务报表审计最为重要的事项。关键审计事项选自与治理层沟通的事项（详见本章第三节）。其他信息，是指在上市实体年度报告中包含的除财务报表和审计报告以外的财务信息和非财务信息。当其他信息与财务报表或者与注册会计师在审计中了解到的情况存在重大不一致时，可能表明财务报表或其他信息存在重大错报（详见本章第四节）。

第三节 在审计报告中沟通关键审计事项

根据《中国注册会计师审计准则第 1504 号——在审计报告中沟通关键审计事项》，注册会计师在对上市实体整套通用目的财务报表进行审计时，需要在审计报告中沟通关键审计事项，此外，还存在其他情形导致注册会计师决定在审计报告中沟通关键审计事项。不过，注册会计师在对财务报表发表无法表示意见时，不得沟通关键审计事项，除非法律法规要求沟通。

一、关键审计事项的定义

关键审计事项，是指注册会计师根据职业判断认为对当期财务报表审计最为重要的事项。关键审计事项选自与治理层沟通的事项。

沟通关键审计事项，旨在通过提高已执行审计工作的透明度来增加审计报告的沟通价值。沟通关键审计事项能够为财务报表预期使用者提供额外的信息，以帮助其了解注册会计师根据职业判断认为对本期财务报表审计最为重要的事项。沟通关键审计事项还能够帮助财务报表预期使用者了解被审计单位，以及已审计财务报表中涉及重大管理层判断的领域。此外，在审计报告中沟通关键审计事项，还能够为财务报表预期使用者就与被审计单位、已审计财务报表或已执行审计工作相关的事项进一步与管理层和治理层沟通提供基础。

在审计报告中沟通关键审计事项以注册会计师已就财务报表整体形成审计意见为背景。在审计报告中沟通关键审计事项并不能代替下列事项：①适用的财务报告编制基础要求管理层在财务报表中作出的披露，或为使财务报表实现公允反映而作出的披露（如适用）；②注册会计师按照《中国注册会计师审计准则第 1502 号——在审计报告中发表非无保留意见》的规定，根据审计业务的具体情况发表非无保留意见；③当可能导致对被审计单位持续经营能力产生重大疑虑的事项或情况存在重大不确定性时，注册会计师按照《中国注册会计师审计准则第 1324 号——持续经营》的规定进行报告；④就单一事项单独发表的意见。

二、关键审计事项的确定

注册会计师应当从与治理层沟通的事项中确定在执行审计工作时重点关注过的事项。确定时,注册会计师应当考虑下列方面:①按照《中国注册会计师审计准则第1211号——通过了解被审计单位及其环境识别和评估重大错报风险》的规定,评估的重大错报风险较高的领域或识别出的特别风险;②与财务报表中涉及重大管理层判断(包括被认为具有高度不确定性的会计估计)的领域相关的重大审计判断;③当期重大交易或事项对审计的影响。

注册会计师应当从根据上述考虑确定的、在执行审计工作时重点关注过的事项中,确定哪些事项对当期财务报表审计最为重要,从而构成关键审计事项。

三、关键审计事项的沟通

注册会计师应当在审计报告中单设一部分,以"关键审计事项"为标题,并在该部分使用恰当的子标题逐项描述关键审计事项。关键审计事项部分的引言应当同时说明下列事项:①关键审计事项是注册会计师根据职业判断,认为对当期财务报表审计最为重要的事项;②关键审计事项的处理是以对财务报表整体进行审计为背景的,注册会计师对财务报表整体形成审计意见,而不对关键审计事项单独发表意见。

如果某些事项导致注册会计师发表非无保留意见,注册会计师不得在审计报告的关键审计事项部分沟通该事项。

在审计报告的关键审计事项部分逐项描述关键审计事项时,注册会计师应当分别索引至财务报表的相关披露(如有),并同时说明下列内容:①该事项被认定为审计中最为重要的事项之一,因而被确定为关键审计事项的原因;②该事项在审计中是如何被应对的。

除非存在下列情形之一,注册会计师应当在审计报告中逐项描述关键审计事项:①法律法规禁止公开披露某事项;②在极其罕见的情形下,如果合理预期在审计报告中沟通某事项造成的负面后果超过产生的公众利益方面的益处,注册会计师确定不应在审计报告中沟通该事项。如果被审计单位已公开披露与该事项有关的信息,则本项规定不适用。

导致非无保留意见的事项,或者导致对被审计单位持续经营能力产生重大疑虑的事项或情况存在重大不确定性,就其性质而言都属于关键审计事项。然而,这些事项不得在审计报告的关键审计事项部分进行描述。注册会计师应当按照适用的审计准则的规定报告这些事项,并在关键审计事项部分提及形成保留(否定)意见的基础部分或与持续经营有关的重大不确定性部分。

如果存在下列情况之一,注册会计师应当在审计报告的"关键审计事项"部分进行说明:①如果注册会计师根据被审计单位和审计业务的具体情况,确定不存在需要沟通的关键审计事项;②仅有的需要沟通的关键审计事项是导致非无保留意见的事项,或者导致对被审计单位持续经营能力产生重大疑虑的事项或情况存在重大不确定性。

注册会计师应当就下列事项与治理层沟通:①注册会计师确定的关键审计事项;②根据被审计单位和审计业务的具体情况,注册会计师确定不存在需要在审计报告中沟通的关键审计事项(如适用)。

四、关键审计事项的举例

下面列举的关键审计事项披露在 XYZ 会计师事务所对上市企业 ABC 公司 20×8 年度财务报表出具的审计报告中。XYZ 会计师事务所在与 ABC 公司治理层沟通过的事项中，选出在执行审计工作时重点关注过的事项，又从这些重点关注过的事项中选出下述事项作为关键审计事项，并在审计报告中披露。

【实例1】商誉

公司合并财务报表中的商誉余额为 146 200.83 万元，商誉减值准备为 70 248.07 万元。公司管理层对商誉至少每年进行减值测试。管理层通过比较被分摊商誉的相关资产组的可收回金额与该资产组及商誉的账面价值，对商誉进行减值测试。预测可收回金额涉及对资产组未来现金流量现值的预测，管理层在预测中需要作出重大判断和假设。由于减值测试过程较为复杂，同时涉及重大判断，我们将商誉减值识别为关键审计事项。

我们就商誉减值实施的审计程序包括：①评估并测试商誉减值的内部控制设计和执行的有效性；②评价管理层聘请的外部估值专家的胜任能力、专业素质及客观性；③与外部专家进行沟通，判断对商誉减值测试所依据的评估和预测采用的相关假设及参数是否合理，评估方法是否恰当；④评价商誉减值的相关测试和披露是否符合相关会计准则的规定；⑤与管理层和治理层就计提商誉减值准备的依据和结果进行讨论；⑥独立聘请相关评估专家对管理层的商誉减值测试过程及结果进行再复核。

【实例2】金融工具的计量

集团关于结构化金融工具的披露包含在附注 5 中。

在集团投资的金融工具中，结构化金融工具占总额的×%。由于集团对金融工具的估价不是依据活跃市场中的价格作出的，所以在估价过程中度量方面存在重大不确定性。因而，这些工具的估价对我们的审计十分重要。集团认为，这些工具因其特有的结构和条款需要利用自建模型进行估价。我们质疑管理层使用这一模型的基本原理，并与治理层进行了沟通。最后，我们的结论是，集团使用这一模型是适当的。为此，我们的审计程序还包括了测试管理层针对该模型开发与校正的控制，并且确认管理层认为无须对模型的结果作出任何调整以反映该模型所依据的假设。这一假设也是市场参与者将在相似情况下使用的假设。

第四节 其他信息

根据《中国注册会计师审计准则第 1521 号——注册会计师对其他信息的责任》的规定，其他信息是指在实体年度报告中包含的除财务报表和审计报告以外的财务信息和非财务信息。其他信息的错报是指对其他信息作出不正确陈述或误导，包括遗漏或掩饰对恰当理解其他信息披露的事项必要的信息。

其他信息可能包括下列方面：①某些金额或其他项目，这些金额或其他项目旨在与财务报表中的金额或其他项目相一致，或对其进行概括，或为其提供更详细的信息；②注册

会计师在审计中了解到的金额或其他项目；③其他事项。

一、注册会计师对其他信息的责任

注册会计师应当阅读和考虑其他信息，是由于当其他信息与财务报表或者与注册会计师在审计中了解到的情况存在重大不一致时，可能表明财务报表或其他信息存在重大错报，两者均会损害财务报表和审计报告的可信性。这类重大错报也可能不恰当地影响审计报告使用者的经济决策。同时，这也可能有助于注册会计师遵循相关的职业道德要求，即要求注册会计师不应当在明知的情况下与以下信息发生关联：①含有严重虚假或误导性的陈述；②含有缺少充分依据的陈述或信息；③存在遗漏或含糊其词的信息，且这种遗漏或含糊其词会产生误导。

无论注册会计师获取其他信息是在审计报告日之前还是之后，均适用注册会计师对其他信息的责任（除适用的报告责任外）。但对于财务信息初步公告和证券发行文件，包括招股说明书，均不适用注册会计师对其他信息的责任。

二、其他信息的审计程序

（一）其他信息的获取与阅读

注册会计师应当：①通过与管理层讨论，确定哪些文件组成年度报告，以及被审计单位计划公布这些文件的方式和时间安排。②就及时获取组成年度报告的文件与管理层作出适当安排。如果可能，在审计报告日之前获取组成年度报告文件的最终版本。③如果部分或全部上述文件在审计报告日后才能取得，要求管理层提供书面声明，声明上述文件的最终版本将在可获取时并且在被审计单位公告前提供给注册会计师，以使注册会计师可以完成本准则要求的程序。

注册会计师应当阅读其他信息。阅读时，注册会计师应当：①考虑其他信息和财务报表之间是否存在重大不一致。作为考虑的基础，注册会计师应将其他信息中选定的金额和其他项目（这些金额或其他项目旨在与财务报表中的金额或其他项目相一致，或对其进行概括，或为其提供更详细的信息）与财务报表中的相应金额和其他项目进行比较，以评价其一致性。②在已获取审计证据和已得出审计结论的背景下，考虑其他信息与注册会计师在审计中了解到的情况是否存在重大不一致。当阅读其他信息时，注册会计师应当对与财务报表或注册会计师在审计过程中了解到的情况不相关的其他信息中似乎存在重大错报的迹象保持警觉。

（二）其他信息的判断与结论

如果注册会计师识别出似乎存在重大不一致，或者知悉其他信息似乎存在重大错报，注册会计师应当与管理层讨论该事项，必要时，执行其他程序以确定：①其他信息是否存在重大错报；②财务报表是否存在重大错报；③注册会计师对被审计单位及其环境的了解是否需要更新。

如果注册会计师得出结论认为其他信息存在重大错报，应当要求管理层更正其他信息。如果管理层：①同意作出更正，注册会计师应当确定更正已经完成；②拒绝作出更正，注册会计师应当就该事项与治理层进行沟通，并要求作出更正。

如果注册会计师得出结论认为审计报告日前获取的其他信息存在重大错报，且在与治理层沟通后其他信息仍未得到更正，注册会计师应当采取恰当措施，包括：①考虑对审计报告的影响，并与治理层沟通，注册会计师计划在审计报告中如何处理重大错报；②解除业务约定。

如果注册会计师得出结论认为审计报告日后获取的其他信息存在重大错报，注册会计师应当：①如果其他信息得以更正，执行具体情形下的必要程序；②如果与治理层沟通后其他信息未得到更正，考虑注册会计师在法律上的权利和义务后采取恰当的措施，提醒审计报告使用者恰当关注未更正的重大错报。

如果注册会计师得出结论认为财务报表存在重大错报，或者注册会计师对被审计单位及其环境的了解需要更新，注册会计师应当根据其他审计准则作出恰当应对。

三、其他信息的报告

当审计报告日存在下列两种情况之一时，审计报告应当包括一个单独部分，以"其他信息"为标题：①对于上市实体财务报表的审计，注册会计师已获取或预期将获取其他信息；②对于上市实体以外其他被审计单位的财务报表审计，注册会计师已获取部分或全部其他信息。

当审计报告包括其他信息部分时，该部分应当包括：

（1）管理层对其他信息负责的说明。

（2）指明：①审计报告日前注册会计师已获取的其他信息（如有）；②对于上市实体财务报表审计，审计报告日后预期将获取的其他信息（如有）。

（3）说明注册会计师的意见未涵盖其他信息，因此，注册会计师对其他信息不发表（或将不发表）审计意见，或形成任何形式的鉴证结论。

（4）描述注册会计师根据本准则的要求，对其他信息进行阅读、考虑、报告的责任。

（5）如果审计报告日前已经获取其他信息，则：①说明注册会计师无任何事项需要报告；②如果注册会计师得出结论认为其他信息存在未更正的重大错报，说明其他信息中的未更正重大错报。

如果发表保留或者否定意见，注册会计师应当考虑引起非无保留意见的事项对说明其他信息的影响。

第五节 无保留意见审计报告

一、无保留意见审计报告的签发条件

无保留意见，是指当注册会计师认为财务报表在所有重大方面按照适用的财务报告编制基础编制并实现公允反映时发表的审计意见。注册会计师经过审计后，认为被审计单位财务报表符合下列所有条件，注册会计师应当出具无保留意见的审计报告：

（1）财务报表已经在所有重大方面按照适用的财务报告编制基础编制，公允反映了被

审计单位的财务状况、经营成果和现金流量。

（2）注册会计师已经按照中国注册会计师审计准则的规定计划和实施审计工作，在审计过程中未受到限制。

综合起来，注册会计师出具无保留意见审计报告的条件：一是财务报表按照财务报告编制基础编制；二是注册会计师的审计范围没有受到重大限制。

二、评价财务报表应考虑的内容

注册会计师应当就财务报表是否在所有重大方面均按照适用的财务报告编制基础编制并实现公允反映形成审计意见。针对财务报表整体是否不存在由于舞弊或错误导致的重大错报，注册会计师应当得出结论，确定是否已就此获取合理保证。

在得出结论时，注册会计师应当考虑下列方面：

（1）是否已获取充分、适当的审计证据；

（2）未更正错报单独或汇总起来是否构成重大错报；

（3）财务报表是否在所有重大方面按照适用的财务报告编制基础编制并实现公允反映。

在评价财务报表是否在所有重大方面按照适用的财务报告编制基础编制时，注册会计师应当特别评价下列内容：

（1）财务报表是否恰当披露了所选择和运用的重要会计政策。作出这一评价时，注册会计师应当考虑会计政策与被审计单位的相关性，以及会计政策是否以可理解的方式予以表述。

（2）所选择和运用的会计政策是否符合适用的财务报告编制基础，并适合被审计单位的具体情况。

（3）管理层作出的会计估计是否合理。

（4）财务报表列报的信息是否具有相关性、可靠性、可比性和可理解性。作出这一评价时，注册会计师应当考虑：①应当包括的信息是否均已包括，这些信息的分类、汇总或分解以及描述是否适当；②财务报表的总体列报（包括披露）是否由于包括不相关的信息或有碍正确理解所披露事项的信息而受到不利影响。

（5）财务报表是否作出恰当披露，使预期使用者能够理解重大交易和事项对财务报表所传递的信息的影响。

（6）财务报表使用的术语（包括每一财务报表的标题）是否适当。

评价时，注册会计师应当考虑被审计单位会计实务的质量，包括表明管理层的判断可能出现偏向的迹象。

在评价财务报表是否实现公允反映时，注册会计师应当考虑下列方面：

（1）财务报表的总体列报（包括披露）、结构和内容是否合理；

（2）财务报表是否公允地反映了相关交易和事项。

三、无保留意见审计报告的关键措辞

无保留意见审计报告应当以"我们认为"作为意见段的开头，并使用"在所有重大方面""公允反映了"等专业术语。

对按照适用的财务报告编制基础（如企业会计准则）编制的财务报表出具的无保留意见审计报告范例如下：

审计报告

ABC 股份有限公司全体股东：

一、审计意见

我们审计了 ABC 股份有限公司（以下简称"公司"）财务报表，包括20×4年12月31日的资产负债表，20×4年度的利润表、现金流量表、所有者权益（或股东权益）变动表以及财务报表附注。

我们认为，后附的财务报表在所有重大方面按照企业会计准则的规定编制，公允反映了公司20×4年12月31日的财务状况以及20×4年度的经营成果和现金流量。

二、形成审计意见的基础

我们按照中国注册会计师审计准则的规定执行了审计工作。审计报告的"注册会计师对财务报表审计的责任"部分进一步阐述了我们在这些准则下的责任。按照中国注册会计师职业道德守则，我们独立于公司，并履行了职业道德方面的其他责任。我们相信，我们获取的审计证据是充分、适当的，为发表审计意见提供了基础。

三、关键审计事项

关键审计事项是我们根据职业判断，认为对本期财务报表审计最为重要的事项。这些事项是在对财务报表整体进行审计并形成意见的背景下进行处理的，我们不对这些事项提供单独的意见。

（一）商誉

公司合并财务报表中的商誉余额为 146 200.83 万元，商誉减值准备为 70 248.07 万元。公司管理层对商誉至少每年进行减值测试。管理层通过比较被分摊商誉的相关资产组的可收回金额与该资产组及商誉的账面价值，对商誉进行减值测试。预测可收回金额涉及资产组未来现金流量现值的预测，管理层在预测中需要作出重大判断和假设。由于减值测试过程较为复杂，同时涉及重大判断，我们将商誉减值识别为关键审计事项。

我们就商誉减值实施的审计程序包括：①评估并测试商誉减值的内部控制设计和执行的有效性。②评价管理层聘请的外部估值专家的胜任能力、专业素质及客观性。③与外部专家进行沟通，判断对商誉减值测试所依据的评估和预测采用的相关假设及参数是否合理，评估方法是否恰当。④评价商誉减值的相关测试和披露是否符合相关会计准则的规定。⑤与管理层和治理层就计提商誉减值准备的依据和结果进行讨论。⑥独立聘请相关评估专家对管理层的商誉减值测试过程及结果进行再复核。

（二）金融工具的计量

集团关于结构化金融工具的披露包含在附注5中。

在集团投资的金融工具中，结构化金融工具占总额的×%。由于集团对金融工具的估价不是依据活跃市场中的价格作出的，所以在估价过程中度量方面存在重大不确定性。因而，这些工具的估价对我们的审计十分重要。集团认为，这些工具因其特有的结构和条款需要利用自建模型进行估价。我们质疑管理层使用这一模型的基本原理，并与治理层进行了沟通。最后，我们的结论是，集团使用这一模型是适当的。为此，我们的审计程序还包括了测试管理层针对该模型开发与校正的控制，并且确认管理层认为无须对模型的结果作出任何调整以反映该模型所依据的假设。这一假设也是市场参与者将在相似情况下使用的假设。

四、其他信息

ABC 公司管理层（以下简称"管理层"）对其他信息负责。其他信息包括年度报告中涵盖的信息，但不包括财务报表和我们的审计报告。

我们对财务报表发表的审计意见不涵盖其他信息，我们也不对其他信息发表任何形式的鉴证结论。

结合我们对财务报表的审计，我们的责任是阅读其他信息，在此过程中，考虑其他信息是否与财务报表或我们在审计过程中了解到的情况存在重大不一致或者似乎存在重大错报。

续

> 基于我们已执行的工作，如果我们确定其他信息存在重大错报，我们应当报告该事实。在这方面，我们无任何事项需要报告。
>
> 五、管理层和治理层对财务报表的责任
>
> 管理层负责按照企业会计准则的规定编制财务报表，使其实现公允反映，并设计、执行和维护必要的内部控制，以使财务报表不存在由于舞弊或错误导致的重大错报。
>
> 在编制财务报表时，管理层负责评估公司的持续经营能力，披露与持续经营相关的事项（如适用），并运用持续经营假设，除非管理层计划清算公司、停止营运或别无其他现实的选择。
>
> 治理层负责监督公司的财务报告过程。
>
> 六、注册会计师对财务报表审计的责任
>
> 我们的目标是对财务报表整体是否不存在由于舞弊或错误导致的重大错报获取合理保证，并出具包含审计意见的审计报告。合理保证是高水平的保证，但并不能保证按照审计准则执行的审计在某一重大错报存在时总能发现。错报可能由舞弊或错误所导致，如果合理预期错报单独或汇总起来可能影响财务报表使用者依据财务报表作出的经济决策，则错报是重大的。
>
> 从与治理层沟通的事项中，我们确定哪些事项对当期财务报表审计最为重要，因而构成关键审计事项。我们在审计报告中描述这些事项，除非法律法规不允许公开披露这些事项，或在极其罕见的情形下，如果合理预期在审计报告中沟通某事项造成的负面后果超过产生的公众利益方面的益处，我们确定不应在审计报告中沟通该事项。
>
> ××会计师事务所　　　　　　　　　　　　中国注册会计师：×××（项目合伙人）
> （盖章）　　　　　　　　　　　　　　　　　　　　　　　　　　（签名并盖章）
> 　　　　　　　　　　　　　　　　　　　　中国注册会计师：×××
> 中国××市　　　　　　　　　　　　　　　　　　　　　　　　　（签名并盖章）
> 　　　　　　　　　　　　　　　　　　　　二〇×五年××月××日

第六节　非无保留意见审计报告

非无保留意见审计报告，包括保留意见、否定意见和无法表示意见的审计报告。

一、保留意见审计报告

（一）签发保留意见审计报告的条件

当存在下列情形之一时，注册会计师应当发表保留意见审计报告：

（1）在获取充分、适当的审计证据后，注册会计师认为错报单独或汇总起来对财务报表影响重大，但不具有广泛性；

（2）注册会计师无法获取充分、适当的审计证据以作为形成审计意见的基础，但认为未发现的错报（如存在）对财务报表可能产生的影响重大，但不具有广泛性。

（二）保留意见审计报告的基本内容与专业术语

保留意见审计报告的基本内容除了包括标准无保留意见审计报告的基本内容外，还应当将"形成审计意见的基础"这一标题修改为"形成保留意见的基础"，在该部分包含对导致发表保留意见的事项的描述。

如果财务报表中存在与具体金额（包括财务报表附注中的定量披露）相关的重大错报，注册会计师应当在形成审计意见的基础部分说明并量化该错报的财务影响。如果无法量化财务影响，注册会计师应当在该部分说明这一情况。如果财务报表中存在与定性披露相关的重大错报，注册会计师应当在形成审计意见的基础部分解释该错报错在何处。如果财务报表中存在与应披露而未披露信息相关的重大错报，注册会计师应当：①与治理层讨论未披露信息的情况；②在形成审计意见的基础部分描述未披露信息的性质；③如果可行并且已针对未披露信息获取了充分、适当的审计证据，那么在形成审计意见的基础部分包含对未披露信息的披露，除非法律法规禁止。

如果因无法获取充分、适当的审计证据而导致发表保留意见，注册会计师应当在形成审计意见的基础部分说明无法获取审计证据的原因。

当由于财务报表存在重大错报而发表保留意见时，注册会计师应当根据适用的财务报告编制基础在审计意见部分说明：注册会计师认为，除形成保留意见的基础部分所述事项产生的影响外，财务报表在所有重大方面均按照适用的财务报告编制基础编制，并实现公允反映。

当由于无法获取充分、适当的审计证据而导致发表保留意见时，注册会计师应当在审计意见部分使用"除……可能产生的影响外"等措辞。

下面是由于注册会计师无法获取充分、适当的审计证据而发表保留意见的审计报告实例：

审计报告

ABC 股份有限公司全体股东：

一、保留意见

我们审计了 ABC 股份有限公司及其子公司（以下简称"集团"）合并财务报表，包括 20×4 年 12 月 31 日的合并资产负债表，20×4 年度的合并利润表、合并现金流量表、合并所有者权益（或股东权益）变动表以及合并财务报表附注。

我们认为，除"形成保留意见的基础"部分所述事项可能产生的影响外，后附的集团合并财务报表在所有重大方面按照企业会计准则的规定编制，公允反映了集团 20×4 年 12 月 31 日的合并财务状况以及 20×4 年度的合并经营成果和合并现金流量。

二、形成保留意见的基础

如财务报表附注×所述，集团于 20×4 年取得了境外 XYZ 公司 30% 的股权，因能够对 XYZ 公司施加重大影响，故采用权益法核算该项股权投资，于 20×4 年度确认对 XYZ 公司的投资收益×元，截至 20×4 年 12 月 31 日合并资产负债表上反映的该项股权投资为×元。由于我们未被允许接触 XYZ 公司的财务信息、管理层和执行 XYZ 公司审计的注册会计师，我们无法就该项股权投资的账面价值以及集团确认的 20×4 年度对 XYZ 公司的投资收益获取充分、适当的审计证据，也无法确定是否有必要对这些金额进行调整。

我们按照中国注册会计师审计准则的规定执行了审计工作。审计报告的"注册会计师对合并财务报表审计的责任"部分进一步阐述了我们在这些准则下的责任。按照中国注册会计师职业道德守则，我们独立于集团，并履行了职业道德方面的其他责任。我们相信，我们获取的审计证据是充分、适当的，为发表保留意见提供了基础。

三、其他信息

集团管理层（以下简称"管理层"）对其他信息负责。其他信息包括年度报告中涵盖的信息，但不包括合并财务报表和我们的审计报告。

我们对合并财务报表发表的审计意见不涵盖其他信息，我们也不对其他信息发表任何形式的鉴证结论。

结合我们对合并财务报表的审计，我们的责任是阅读其他信息，在此过程中，考虑其他信息是否与合并财务报表或我们在审计过程中了解到的情况存在重大不一致或者似乎存在重大错报。

基于我们已执行的工作，如果我们确定其他信息存在重大错报，我们应当报告该事实。如上述"形成保留意见的基础"部分所述，我们无法就20×4年12月31日集团对XYZ公司投资的账面价值以及集团按持股比例计算的XYZ公司当年度净收益份额获取充分、适当的审计证据。因此，我们无法确定与该事项相关的其他信息是否存在重大错报。

四、关键审计事项

关键审计事项是根据我们的职业判断，认为对本期财务报表审计最为重要的事项。这些事项是在对财务报表整体进行审计并形成意见的背景下进行处理的，我们不对这些事项提供单独的意见。除"形成保留意见的基础"部分所述事项外，我们确定下列事项是需要在审计报告中沟通的关键审计事项。

[按照《中国注册会计师审计准则第1504号——在审计报告中沟通关键审计事项》的规定描述每一关键审计事项。]

五、管理层和治理层对财务报表的责任

管理层负责按照企业会计准则的规定编制财务报表，使其实现公允反映，并设计、执行和维护必要的内部控制，以使财务报表不存在由于舞弊或错误导致的重大错报。

在编制财务报表时，管理层负责评估集团的持续经营能力，披露与持续经营相关的事项（如适用），并运用持续经营假设，除非管理层计划清算集团、停止营运或别无其他现实的选择。

治理层负责监督集团的财务报告过程。

六、注册会计师对财务报表审计的责任

我们的目标是对财务报表整体是否不存在由于舞弊或错误导致的重大错报获取合理保证，并出具包含审计意见的审计报告。合理保证是高水平的保证，但并不能保证按照审计准则执行的审计在某一重大错报存在时总能发现。错报可能由舞弊或错误所导致，如果合理预期错报单独或汇总起来可能影响财务报表使用者依据财务报表作出的经济决策，则错报是重大的。

在按照审计准则执行审计的过程中，我们运用了职业判断，保持了职业怀疑。我们同时：

（1）识别和评估由于舞弊或错误导致的财务报表重大错报风险；对这些风险有针对性地设计和实施审计程序；获取充分、适当的审计证据，作为发表审计意见的基础。由于舞弊可能涉及串通、伪造、故意遗漏、虚假陈述或凌驾于内部控制之上，未能发现由于舞弊导致的重大错报的风险高于未能发现由于错误导致的重大错报的风险。

（2）了解与审计相关的内部控制，以设计恰当的审计程序，但目的并非对内部控制的有效性发表意见。

（3）评价管理层选用会计政策的恰当性和作出会计估计及相关披露的合理性。

（4）对管理层使用持续经营假设的恰当性得出结论。同时，基于所获取的审计证据，对是否存在与事项或情况相关的重大不确定性，从而可能导致对集团的持续经营能力产生重大疑虑得出结论。如果我们得出结论认为存在重大不确定性，审计准则要求我们在审计报告中提请报告使用者注意财务报表中的相关披露；如果披露不充分，我们应当发表非无保留意见。我们的结论基于审计报告日可获得的信息。然而，未来的事项或情况可能导致集团不能持续经营。

（5）评价财务报表的总体列报（包括披露）、结构和内容，并评价财务报表是否公允反映交易和事项。

> 除其他事项外，我们与治理层就计划的审计范围、时间安排和重大审计发现（包括我们在审计中识别的值得关注的内部控制缺陷）进行沟通。
>
> 我们还就遵守关于独立性的相关职业道德要求向治理层提供声明，并就可能被合理认为影响我们独立性的所有关系和其他事项，以及相关的防范措施（如适用）与治理层进行沟通。
>
> 从与治理层沟通的事项中，我们确定哪些事项对当期财务报表审计最为重要，因而构成关键审计事项。我们在审计报告中描述这些事项，除非法律法规不允许公开披露这些事项，或在极其罕见的情形下，如果合理预期在审计报告中沟通某事项造成的负面后果超过产生的公众利益方面的益处，我们确定不应在审计报告中沟通该事项。
>
> ××会计师事务所　　　　　　　　　　　　　中国注册会计师：×××（项目合伙人）
> （盖章）　　　　　　　　　　　　　　　　　　　　　　　　（签名并盖章）
>
> 　　　　　　　　　　　　　　　　　　　　　中国注册会计师：×××
> 　　　　　　　　　　　　　　　　　　　　　　　　（签名并盖章）
> 中国××市　　　　　　　　　　　　　　　　　二〇×五年××月××日

二、否定意见审计报告

（一）签发否定意见审计报告的条件

否定意见是指注册会计师认为财务报表没有在所有重大方面按照适用的财务报告编制基础编制，未能实现公允反映被审计单位的财务状况、经营成果和现金流量而发表的审计意见。否定意见说明被审计单位的财务报表不能信赖，因此，无论是注册会计师还是被审计单位，都不希望发表此类意见。在审计实务中，发表否定意见的情况极其罕见。

在获取充分、适当的审计证据后，如果认为错报单独或汇总起来对财务报表的影响重大且具有广泛性，注册会计师应当发表否定意见。

（二）否定意见审计报告的基本内容与关键措辞

否定意见审计报告的基本内容除了包括标准无保留意见审计报告的基本内容外，还应当将"形成审计意见的基础"这一标题修改为"形成否定意见的基础"，在该部分包含对导致发表否定意见的事项的描述，说明注意到的、将导致发表否定意见的所有其他事项及其影响。

在发表否定意见时，注册会计师应当对审计意见部分使用恰当的标题"否定意见"。

当发表否定意见时，注册会计师应当根据适用的财务报告编制基础在审计意见部分说明：注册会计师认为，由于形成否定意见的基础部分所述事项的重要性，财务报表没有在所有重大方面按照适用的财务报告编制基础编制，未能实现公允反映。

当发表否定意见时，注册会计师应当在形成否定意见的基础部分说明：注册会计师获取了充分、适当的审计证据以作为形成否定审计意见的基础。

下面是由于合并财务报表存在重大错报而发表否定意见的审计报告实例：

审计报告

ABC 股份有限公司全体股东：

一、否定意见

我们审计了 ABC 股份有限公司及其子公司（以下简称"集团"）的合并财务报表，包括 20×4 年 12 月 31 日的合并资产负债表，20×4 年度的合并利润表、合并现金流量表、合并所有者权益（或股东权益）变动表以及合并财务报表附注。

我们认为，由于"形成否定意见的基础"部分所述事项的重要性，后附的集团合并财务报表没有在所有重大方面按照企业会计准则的规定编制，未能公允反映集团 20×4 年 12 月 31 日的合并财务状况以及 20×4 年度的合并经营成果和合并现金流量。

二、形成否定意见的基础

如财务报表附注×所述，20×4 年集团通过非同一控制下的企业合并获得对 XYZ 公司的控制权，因未能取得购买日 XYZ 公司某些重要资产和负债的公允价值，故未将 XYZ 公司纳入合并财务报表的范围。按照企业会计准则的规定，该集团应将这一子公司纳入合并范围，并以暂估金额为基础核算该项收购。如果将 XYZ 公司纳入合并财务报表的范围，后附的集团合并财务报表的多个报表项目将受到重大影响。但我们无法确定未将 XYZ 公司纳入合并范围对合并财务报表产生的影响。

我们按照中国注册会计师审计准则的规定执行了审计工作。审计报告的"注册会计师对合并财务报表审计的责任"部分进一步阐述了我们在这些准则下的责任。按照中国注册会计师职业道德守则，我们独立于集团，并履行了职业道德方面的其他责任。我们相信，我们获取的审计证据是充分、适当的，为发表否定意见提供了基础。

三、其他信息

ABC 集团管理层（以下简称"管理层"）对其他信息负责。其他信息包括年度报告中涵盖的信息，但不包括合并财务报表和我们的审计报告。

我们对合并财务报表发表的审计意见不涵盖其他信息，我们也不对其他信息发表任何形式的鉴证结论。

结合我们对合并财务报表的审计，我们的责任是阅读其他信息，在此过程中，考虑其他信息是否与合并财务报表或我们在审计过程中了解到的情况存在重大不一致或者似乎存在重大错报。

基于我们已执行的工作，如果我们确定其他信息存在重大错报，我们应当报告该事实。如上述"形成否定意见的基础"部分所述，集团应当将 XYZ 公司纳入合并范围，并以暂估金额为基础核算该项收购。我们认为，由于年度报告中的相关金额或其他项目受到未合并 XYZ 公司的影响，其他信息存在重大错报。

四、关键审计事项

除"形成否定意见的基础"部分所述事项外，我们认为，没有其他需要在我们的报告中沟通的关键审计事项。

五、管理层和治理层对财务报表的责任

管理层负责按照企业会计准则的规定编制财务报表，使其实现公允反映，并设计、执行和维护必要的内部控制，以使财务报表不存在由于舞弊或错误导致的重大错报。

在编制财务报表时，管理层负责评估集团的持续经营能力，披露与持续经营相关的事项（如适用），并运用持续经营假设，除非管理层计划清算集团、停止营运或别无其他现实的选择。

治理层负责监督集团的财务报告过程。

六、注册会计师对财务报表审计的责任

我们的目标是对财务报表整体是否不存在由于舞弊或错误导致的重大错报获取合理保证，并出具包含审计意见的审计报告。合理保证是高水平的保证，但并不能保证按照审计准则执行的审计在某一重大错报存在时总能发现。错报可能由舞弊或错误所导致，如果合理预期错报单独或汇总起来可能影响财务报表使用者依据财务报表作出的经济决策，则错报是重大的。

续

> 在按照审计准则执行审计的过程中，我们运用了职业判断，保持了职业怀疑。我们同时：
> （1）识别和评估由于舞弊或错误导致的财务报表重大错报风险；对这些风险有针对性地设计和实施审计程序；获取充分、适当的审计证据，作为发表审计意见的基础。由于舞弊可能涉及串通、伪造、故意遗漏、虚假陈述或凌驾于内部控制之上，未能发现由于舞弊导致的重大错报的风险高于未能发现由于错误导致的重大错报的风险。
> （2）了解与审计相关的内部控制，以设计恰当的审计程序，但目的并非对内部控制的有效性发表意见。
> （3）评价管理层选用会计政策的恰当性和作出会计估计及相关披露的合理性。
> （4）对管理层使用持续经营假设的恰当性得出结论。同时，基于所获取的审计证据，对是否存在与事项或情况相关的重大不确定性，从而可能导致对集团的持续经营能力产生重大疑虑得出结论。如果我们得出结论认为存在重大不确定性，审计准则要求我们在审计报告中提请报告使用者注意财务报表中的相关披露；如果披露不充分，我们应当发表非无保留意见。我们的结论基于审计报告日可获得的信息。然而，未来的事项或情况可能导致集团不能持续经营。
> （5）评价财务报表的总体列报（包括披露）、结构和内容，并评价财务报表是否公允反映交易和事项。
> 除其他事项外，我们与治理层就计划的审计范围、时间安排和重大审计发现（包括我们在审计中识别的值得关注的内部控制缺陷）进行了沟通。
> 我们还就遵守关于独立性的相关职业道德要求向治理层提供声明，并就可能被合理认为影响我们独立性的所有关系和其他事项，以及相关的防范措施（如适用）与治理层进行了沟通。
> 从与治理层沟通的事项中，我们确定哪些事项对当期财务报表审计最为重要，因而构成关键审计事项。我们在审计报告中描述这些事项，除非法律法规不允许公开披露这些事项，或在极其罕见的情形下，如果合理预期在审计报告中沟通某事项造成的负面后果超过产生的公众利益方面的益处，我们确定不应在审计报告中沟通该事项。
>
> ××会计师事务所　　　　　　　　　　　　中国注册会计师：×××（项目合伙人）
> （盖章）　　　　　　　　　　　　　　　　　　　　　　（签名并盖章）
> 　　　　　　　　　　　　　　　　　　　　中国注册会计师：×××
> 中国××市　　　　　　　　　　　　　　　　　　　　　（签名并盖章）
> 　　　　　　　　　　　　　　　　　　　　二○×五年××月××日

三、无法表示意见审计报告

（一）签发无法表示意见审计报告的条件

无法表示意见是指注册会计师不能就被审计单位财务报表整体是否在所有重大方面按照适用的财务报告编制基础编制，以及是否公允反映其财务状况、经营成果和现金流量发表审计意见，也即对被审计单位的财务报表既不发表无保留意见或保留意见，也不发表否定意见。

注册会计师发表无法表示意见，不同于注册会计师拒绝接受委托，它是在注册会计师实施了必要审计程序后所形成的结论。注册会计师发表无法表示意见，不是注册会计师不愿意发表无保留、保留或否定意见，而是由于一些重大限制使得注册会计师无法实施必要的审计程序，未能对一些重大事项获得充分、适当的审计证据，从而不能对财务报表整体发表意见。

如果无法获取充分、适当的审计证据以作为形成审计意见的基础，但认为未发现的错报（如存在）对财务报表可能产生的影响重大且具有广泛性，注册会计师应当发表无法表示意见。

在极其罕见的情况下，可能存在多个不确定事项。尽管注册会计师对每个单独的不确定事项获取了充分、适当的审计证据，但由于不确定事项之间可能存在相互影响，以及可能对财务报表产生累计影响，注册会计师不可能对财务报表形成审计意见。在这种情况下，注册会计师应当发表无法表示意见。

典型的审计范围受到限制的情况有：①未能对存货进行监盘；②未能对应收账款进行函证；③未能取得被投资企业的财务报表；④内部控制极度混乱，会计记录缺乏系统性与完整性等。

在承接审计业务后，如果注意到管理层对审计范围施加了限制，且认为这些限制可能导致对财务报表发表保留意见或无法表示意见，注册会计师应当要求管理层消除这些限制。如果管理层拒绝消除这些限制，除非治理层全部成员参与管理被审计单位，注册会计师应当就此事项与治理层沟通，并确定能否实施替代程序以获取充分、适当的审计证据。

如果无法获取充分、适当的审计证据，注册会计师应当通过下列方式确定其影响：①如果未发现的错报（如存在）可能对财务报表产生的影响重大，但不具有广泛性，注册会计师应当发表保留意见。②如果未发现的错报（如存在）可能对财务报表产生的影响重大且具有广泛性，以至于发表保留意见不足以反映情况的严重性，注册会计师应当在可行时解除业务约定（除非法律法规禁止）；如果在出具审计报告之前解除业务约定被禁止或不可行，应当发表无法表示意见。如果解除业务约定，注册会计师应当在解除业务约定前，与治理层沟通在审计过程中发现的、将会导致发表非无保留意见的所有错报事项。

（二）无法表示意见审计报告的基本内容与关键措辞

无法表示意见审计报告的基本内容，在标准无保留审计报告基本内容的基础上进行多方面的修正。

在发表无法表示意见时，注册会计师应当对审计意见部分使用"无法表示意见"作为标题。

在审计意见部分，只强调"我们接受委托"，而非"我们审计了……"。

将"形成审计意见的基础"这一标题修改为"形成无法表示意见的基础"，在该部分包含对导致发表无法表示意见的事项的描述，说明注册会计师无法获取审计证据的原因，以及注意到的、将导致发表无法表示意见的所有其他事项及其影响。

当由于无法获取充分、适当的审计证据而发表无法表示意见时，注册会计师应当：①说明注册会计师不对后附的财务报表发表审计意见；②说明由于形成无法表示意见的基础部分所述事项的重要性，注册会计师无法获取充分、适当的审计证据以作为对财务报表发表审计意见的基础；③修改财务报表已经审计的说明，改为注册会计师接受委托审计财务报表。

当注册会计师对财务报表发表无法表示意见时，审计报告中不应当包含标准无保留意见审计报告中的下列要素：①提及审计报告中用于描述注册会计师责任的部分；②说明注册会计师是否已获取充分、适当的审计证据以作为形成审计意见的基础。

当由于无法获取充分、适当的审计证据而发表无法表示意见时，注册会计师应当修改标准无保留意见审计报告中对注册会计师责任的表述，并仅能包含如下内容：①说明注册会计师的责任是按照中国注册会计师审计准则的规定，对被审计单位财务报表执行审计工作，以出具审计报告；②但由于形成无法表示意见的基础部分所述的事项，注册会计师无法获取充分、适当的审计证据以作为发表审计意见的基础；③说明注册会计师在独立性和职业道德其他要求方面的责任。

当对财务报表发表无法表示意见时，注册会计师不得在审计报告中包含关键审计事项部分，除非法律法规另有规定。

下面是由于注册会计师无法针对财务报表多个要素获取充分、适当的审计证据而发表无法表示意见的审计报告实例：

审计报告

ABC 股份有限公司全体股东：

一、无法表示意见

我们接受委托，审计 ABC 股份有限公司（以下简称"公司"）财务报表，包括 20×4 年 12 月 31 日的资产负债表，20×4 年度的利润表、现金流量表、所有者权益（或股东权益）变动表以及财务报表附注。

我们不对后附的公司财务报表发表审计意见。由于"形成无法表示意见的基础"部分所述事项的重要性，我们无法获取充分、适当的审计证据以作为发表审计意见的基础。

二、形成无法表示意见的基础

我们于 20×5 年 1 月接受公司的审计委托，因而未能对公司 20×4 年年初金额为×元的存货和年末金额为×元的存货实施监盘程序。此外，我们也无法实施替代审计程序获取充分、适当的审计证据。并且，公司于 20×4 年 9 月采用新的应收账款电算化系统，由于存在系统缺陷导致应收账款出现大量错误。截至报告日，管理层仍在纠正系统缺陷并更正错误，我们也无法实施替代审计程序，以对截至 20×4 年 12 月 31 日的应收账款总额×元获取充分、适当的审计证据。因此，我们无法确定是否有必要对存货、应收账款以及财务报表其他项目作出调整，也无法确定应调整的金额。

三、管理层和治理层对财务报表的责任

管理层负责按照企业会计准则的规定编制财务报表，使其实现公允反映，并设计、执行和维护必要的内部控制，以使财务报表不存在由于舞弊或错误导致的重大错报。

在编制财务报表时，管理层负责评估公司的持续经营能力，披露与持续经营相关的事项（如适用），并运用持续经营假设，除非管理层计划清算公司、停止营运或别无其他现实的选择。

治理层负责监督公司的财务报告过程。

四、注册会计师对财务报表审计的责任

我们的责任是按照中国注册会计师审计准则的规定，对被审计单位财务报表执行审计工作，以出具审计报告。但由于"形成无法表示意见的基础"部分所述的事项，我们无法获取充分、适当的审计证据以作为发表审计意见的基础。

按照中国注册会计师职业道德守则，我们独立于公司，并履行了职业道德方面的其他责任。

××会计师事务所　　　　　　　　　　　　中国注册会计师：×××（项目合伙人）
（盖章）　　　　　　　　　　　　　　　　　　　　　（签名并盖章）

　　　　　　　　　　　　　　　　　　　　　中国注册会计师：×××
中国××市　　　　　　　　　　　　　　　　　　　　（签名并盖章）
　　　　　　　　　　　　　　　　　　　　　二○×五年××月××日

第七节 在审计报告中增加强调事项段和其他事项段

一、带强调事项段的审计报告

强调事项段，是指审计报告中含有的一个段落，该段落提及已在财务报表中恰当列报的事项，根据注册会计师的职业判断，该事项对财务报表使用者理解财务报表至关重要。

如果认为有必要提醒财务报表使用者关注已在财务报表中列报，且根据职业判断认为对财务报表使用者理解财务报表至关重要的事项，在同时满足下列条件时，注册会计师应当在审计报告中增加强调事项段：①该事项不会导致注册会计师按照《中国注册会计师审计准则第1502号——在审计报告中发表非无保留意见》的规定发表非无保留意见；②当《中国注册会计师审计准则第1504号——在审计报告中沟通关键审计事项》适用时，该事项未被确定为将要在审计报告中沟通的关键审计事项。

如果在审计报告中包含强调事项段，注册会计师应当采取下列措施：①将强调事项段作为单独的一部分置于审计报告中，并使用包含"强调事项"这一术语的适当标题；②明确提及被强调事项以及相关披露的位置，以便能够在财务报表中找到对该事项的详细描述，强调事项段应当仅提及已在财务报表中列报的信息；③指出审计意见没有因该强调事项而改变。

审计准则中要求增加强调事项段的具体情况有：

《中国注册会计师审计准则第1111号——就审计业务约定条款达成一致意见》规定，如果相关部门要求采用的财务报告编制基础不适用于被审计单位的具体情况，管理层需要在财务报表中对此作出额外披露，以避免财务报表产生误导；在审计报告中增加强调事项段，以提醒使用者关注额外披露。

《中国注册会计师审计准则第1332号——期后事项》规定了两种情况：

第一种情况是，在审计报告日后至财务报表报出日前，如果知悉了某事实，且若在审计报告日知悉该事实可能导致修改审计报告。在这种情况下，注册会计师应当：①与管理层和治理层（如适用）讨论该事项；②确定财务报表是否需要修改；③如果需要修改，询问管理层将如何在财务报表中处理该事项。如果管理层修改财务报表，注册会计师应当：①根据具体情况对有关修改实施必要的审计程序；②将规定的审计程序延伸至新的审计报告日，并针对修改后的财务报表出具新的审计报告。新的审计报告日不应早于修改后的财务报表被批准的日期。如果管理层对财务报表的修改仅限于反映导致修改的期后事项的影响，被审计单位的董事会、管理层或类似机构也仅对有关修改进行批准，注册会计师可以仅针对有关修改将规定的审计程序延伸至新的审计报告日。根据这种情况，注册会计师应当选用下列处理方式之一：①出具新的或经修改的审计报告，在强调事项段或其他事项段中说明注册会计师对期后事项实施的审计程序仅限于财务报表相关附注所述的修改；②修改审计报告，针对财务报表修改部分增加补充报告日期，从而表明注册会计师对期后事项实施的审计程序仅限于财务报表相关附注所述的修改。

第二种情况是，在财务报表报出后，如果知悉了某事实，且若在审计报告日知悉该事实可能导致修改审计报告。在这种情况下，注册会计师应当：①与管理层和治理层（如适用）讨论该事项；②确定财务报表是否需要修改；③如果需要修改，询问管理层将如何在财务报表中处理该事项。如果管理层修改了财务报表，注册会计师应当：①根据具体情况对有关修改实施必要的审计程序；②复核管理层采取的措施能否确保所有收到原财务报表和审计报告的人士了解这一情况；③将规定的审计程序延伸至新的审计报告日，并针对修改后的财务报表修改或出具新的审计报告，新的审计报告日不应早于修改后的财务报表被批准的日期。注册会计师应当在新的或经修改的审计报告中增加强调事项段或其他事项段，提醒财务报表使用者关注财务报表附注中有关修改原财务报表的详细原因和注册会计师提供的原审计报告。如果管理层修改了财务报表，注册会计师应当在新的或经修改的审计报告中增加强调事项段或其他事项段，提醒财务报表使用者关注财务报表附注中有关修改原财务报表的详细原因和注册会计师提供的原审计报告。

《中国注册会计师审计准则第 1601 号——审计特殊目的财务报表的特殊考虑》规定，注册会计师对特殊目的财务报表出具的审计报告应当增加强调事项段，以提醒使用者关注财务报表按照特殊目的的框架编制，因此，财务报表可能不适用于其他目的。

二、带其他事项段的审计报告

其他事项段，是指审计报告中含有的一个段落，该段落提及未在财务报表中列报的事项，根据注册会计师的职业判断，该事项与财务报表使用者理解审计工作、注册会计师的责任或审计报告相关。

如果认为有必要沟通虽然未在财务报表中列报，但根据职业判断认为与财务报表使用者理解审计工作、注册会计师的责任或审计报告相关的事项，在同时满足下列条件时，注册会计师应当在审计报告中增加其他事项段：①未被法律法规禁止；②当《中国注册会计师审计准则第 1504 号——在审计报告中沟通关键审计事项》适用时，该事项未被确定为将要在审计报告中沟通的关键审计事项。

如果在审计报告中包含其他事项段，注册会计师应当将该段落作为单独的一部分，并使用"其他事项"或其他适当标题。其他事项段应置于关键审计事项部分之后。如果其他事项段的内容与其他报告责任部分相关，这一段落也可以置于审计报告的其他位置。

审计准则中要求增加其他事项段的具体情况有：

《中国注册会计师审计准则第 1332 号——期后事项》规定的具体要求与强调事项段相同。

《中国注册会计师审计准则第 1511 号——比较信息：对应数据和比较财务报表》规定，如果上期财务报表已由前任注册会计师审计，并且法律法规不禁止注册会计师提及前任注册会计师对对应数据出具的审计报告，当注册会计师决定提及时，应当在审计报告的其他事项段中说明：①上期财务报表已由前任注册会计师审计；②前任注册会计师发表的意见的类型（如果是非无保留意见，还应当说明发表非无保留意见的理由）；③前任注册会计师出具的审计报告的日期。

如果上期财务报表未经审计，注册会计师应当在审计报告的其他事项段中说明对应数据未经审计。但这种说明并不减轻注册会计师获取充分、适当的审计证据，以确定期初余

额不含有严重影响本期财务报表的错报的责任。

当结合本期审计对上期财务报表出具审计报告时，如果对上期财务报表发表的意见与以前发表的意见不同，注册会计师应当在其他事项段中披露导致不同意见的实质性原因。

如果上期财务报表已由前任注册会计师审计，除非前任注册会计师对上期财务报表重新出具审计报告，否则，注册会计师除对本期财务报表发表意见外，还应当在其他事项段中说明：①上期财务报表已由前任注册会计师审计；②前任注册会计师发表的意见类型（如果发表非无保留意见，还应当说明理由）；③前任注册会计师出具审计报告的日期。

三、带强调事项段和其他事项段的审计报告举例

下面是带强调事项段和其他事项段的无保留意见审计报告的实例：

审计报告

ABC 股份有限公司全体股东：

一、审计意见

我们审计了 ABC 股份有限公司（以下简称"公司"）财务报表，包括20×4年12月31日的资产负债表，20×4年度的利润表、现金流量表、所有者权益（或股东权益）变动表以及财务报表附注。

我们认为，后附的财务报表在所有重大方面按照企业会计准则的规定编制，公允反映了公司20×4年12月31日的财务状况以及20×8年度的经营成果和现金流量。

二、形成审计意见的基础

我们按照中国注册会计师审计准则的规定执行了审计工作。审计报告的"注册会计师对财务报表审计的责任"部分进一步阐述了我们在这些准则下的责任。按照中国注册会计师职业道德守则，我们独立于公司，并履行了职业道德方面的其他责任。我们相信，我们获取的审计证据是充分、适当的，为发表审计意见提供了基础。

三、强调事项

我们提醒财务报表使用者注意财务报表附注×，该附注描述了火灾对公司的生产设备造成的影响。本段内容不影响已发表的审计意见。

四、关键审计事项

关键审计事项是根据我们的职业判断，认为对本期财务报表审计最为重要的事项。这些事项是在对财务报表整体进行审计并形成意见的背景下进行处理的，我们不对这些事项提供单独的意见。

[按照《中国注册会计师审计准则第1504号——在审计报告中沟通关键审计事项》的规定描述每一关键审计事项]

五、其他信息

ABC 公司管理层（以下简称"管理层"）对其他信息负责。其他信息包括年度报告中涵盖的信息，但不包括财务报表和我们的审计报告。

我们对财务报表发表的审计意见不涵盖其他信息，我们也不对其他信息发表任何形式的鉴证结论。

结合我们对财务报表的审计，我们的责任是阅读其他信息，在此过程中，考虑其他信息是否与财务报表或我们在审计过程中了解到的情况存在重大不一致或者似乎存在重大错报。

基于我们已执行的工作，如果我们确定其他信息存在重大错报，我们应当报告该事实。在这方面，我们无任何事项需要报告。

续

六、其他事项

20×3年12月31日的资产负债表、20×3年度的利润表、现金流量表、所有者权益变动表以及财务报表附注由其他会计师事务所审计，并于20×4年3月31日发表了无保留意见。

七、管理层和治理层对财务报表的责任

管理层负责按照企业会计准则的规定编制财务报表，使其实现公允反映，并设计、执行和维护必要的内部控制，以使财务报表不存在由于舞弊或错误导致的重大错报。

在编制财务报表时，管理层负责评估公司的持续经营能力，披露与持续经营相关的事项（如适用），并运用持续经营假设，除非管理层计划清算公司、停止营运或别无其他现实的选择。

治理层负责监督公司的财务报告过程。

八、注册会计师对财务报表审计的责任

我们的目标是对财务报表整体是否不存在由于舞弊或错误导致的重大错报获取合理保证，并出具包含审计意见的审计报告。合理保证是高水平的保证，但并不能保证按照审计准则执行的审计在某一重大错报存在时总能发现。错报可能由舞弊或错误所导致，如果合理预期错报单独或汇总起来可能影响财务报表使用者依据财务报表作出的经济决策，则错报是重大的。

在按照审计准则执行审计的过程中，我们运用了职业判断，保持了职业怀疑。我们同时：

（1）识别和评估由于舞弊或错误导致的财务报表重大错报风险；对这些风险有针对性地设计和实施审计程序；获取充分、适当的审计证据，作为发表审计意见的基础。由于舞弊可能涉及串通、伪造、故意遗漏、虚假陈述或凌驾于内部控制之上，未能发现由于舞弊导致的重大错报的风险高于未能发现由于错误导致的重大错报的风险。

（2）了解与审计相关的内部控制，以设计恰当的审计程序，但目的并非对内部控制的有效性发表意见。

（3）评价管理层选用会计政策的恰当性和作出会计估计及相关披露的合理性。

（4）对管理层使用持续经营假设的恰当性得出结论。同时，基于所获取的审计证据，对是否存在与事项或情况相关的重大不确定性，从而可能导致对公司的持续经营能力产生重大疑虑得出结论。如果我们得出结论认为存在重大不确定性，审计准则要求我们在审计报告中提请报告使用者注意财务报表中的相关披露；如果披露不充分，我们应当发表非无保留意见。我们的结论基于审计报告日可获得的信息。然而，未来的事项或情况可能导致公司不能持续经营。

（5）评价财务报表的总体列报（包括披露）、结构和内容，并评价财务报表是否公允反映交易和事项。

除其他事项外，我们与治理层就计划的审计范围、时间安排和重大审计发现（包括我们在审计中识别的值得关注的内部控制缺陷）进行了沟通。

我们还就遵守关于独立性的相关职业道德要求向治理层提供声明，并就可能被合理认为影响我们独立性的所有关系和其他事项，以及相关的防范措施（如适用）与治理层进行了沟通。

从与治理层沟通的事项中，我们确定哪些事项对当期财务报表审计最为重要，因而构成关键审计事项。我们在审计报告中描述这些事项，除非法律法规不允许公开披露这些事项，或在极其罕见的情形下，如果合理预期在审计报告中沟通某事项造成的负面后果超过产生的公众利益方面的益处，我们确定不应在审计报告中沟通该事项。

××会计师事务所　　　　　　　　　　　　　　中国注册会计师：×××（项目合伙人）
（盖章）　　　　　　　　　　　　　　　　　　　　　　（签名并盖章）
　　　　　　　　　　　　　　　　　　　　　　中国注册会计师：×××
　　　　　　　　　　　　　　　　　　　　　　　　　　（签名并盖章）
中国××市　　　　　　　　　　　　　　　　　　二〇×五年××月××日

第八节　对按照特殊目的编制基础编制的财务报表审计并出具审计报告

《中国注册会计师审计准则第 1601 号——审计特殊目的财务报表的特殊考虑》是针对按照特殊目的编制基础编制的整套财务报表审计制定的。《中国注册会计师审计准则第 1603 号——审计单一财务报表和财务报表特定要素的特殊考虑》规范注册会计师对单一财务报表，财务报表的特定要素、账户或项目审计相关的特殊考虑。

特殊目的编制基础，是指用以满足财务报表特定使用者财务信息需求的财务报告编制基础。特殊目的编制基础包括公允列报框架和遵循性框架。特殊目的财务报表审计包括但不限于对财务报表组成部分的审计、对合同遵守情况的审计和对简要财务报表的审计。

需要指出的是，特殊目的审计业务除了适用上述审计准则外，同时要遵守《中国注册会计师审计准则第 1501 号——对财务报表形成审计意见和出具审计报告》的规定。

一、审计中的特殊考虑

注册会计师运用审计准则执行特殊目的财务报表审计时，应恰当处理与下列方面相关的特殊考虑：一是业务承接；二是业务计划和执行；三是对财务报表形成审计意见并出具报告。

（一）承接业务时的考虑

在特殊目的财务报表审计中，为确定管理层编制财务报表时采用的财务报告编制基础的可接受性，注册会计师应当了解下列方面：

（1）财务报表的编制目的；

（2）财务报表预期使用者；

（3）管理层为确定财务报告编制基础在具体情况下的可接受性所采取的措施。

特殊目的的审计业务一般有特定的用途，是为了满足特定使用者的特定需要。例如，按计税基础编制的财务报表，是为了满足向税务机关申报纳税的需要，其特定使用者为被审计单位管理层和税务机关。注册会计师在计划审计工作时，应通过与委托人沟通，详细了解所审计信息的用途和可能的使用者。

（二）计划和执行审计工作时的考虑

在计划和执行特殊目的财务报表审计工作，注册会计师应当确定在运用与审计相关的所有审计准则时是否需要根据业务的具体情况作出特殊考虑，包括了解被审计单位会计政策选择及应用的情况。

在财务报表是按照合同条款编制的情况下，注册会计师应当了解被审计单位管理层在编制的财务报表中，对合同作出的所有重要解释。如果采用其他的解释，将导致财务报表中列报的信息产生重大差异，则管理层对合同作出的解释就是重要的。

（三）形成审计意见和出具审计报告时的考虑

注册会计师应当按照《中国注册会计师审计准则第 1501 号——对财务报表形成审计

意见和出具审计报告》的规定，评价财务报表是否恰当提及或说明适用的财务报告编制基础。在财务报表按照合同条款编制的情况下，注册会计师应当评价财务报表是否恰当说明对财务报表编制所依据的合同作出的所有重要解释。

对于特殊目的财务报表审计，审计报告的内容还应当包括：

(1) 说明财务报表的编制目的，并在必要时说明财务报表预期使用者，或者提及含有这些信息的特殊目的财务报表附注。

(2) 如果管理层在编制特殊目的财务报表时可以选择财务报告编制基础，在说明管理层对财务报表的责任时，提及管理层负责确定适用的财务报告编制基础在具体情况下的可接受性。

(3) 强调事项段，目的是提醒审计报告使用者关注财务报表按照特殊目的编制基础编制，因此，财务报表可能不适用于其他目的。注册会计师应当将强调事项段置于适当的标题下。

二、对财务报表组成部分出具的审计报告

（一）财务报表组成部分的含义

注册会计师可能应委托人的要求，对财务报表的一个或多个组成部分发表审计意见。所谓财务报表组成部分，是相对于整套财务报表而言的，其表现形式包括以下四种：

(1) 单个财务报表，如资产负债表、利润表、现金流量表、所有者权益（或股东权益）变动表、资产减值表等。

(2) 财务报表特定项目，如资产负债表中的应收账款、存货、长期股权投资、无形资产，利润表中的主营业务收入等。

(3) 特定账户，如库存商品、库存现金、银行存款等。

(4) 特定账户的特定内容，如对某一特定客户的应收账款、主营业务收入中的某种产品的销售收入等。

对于这种类型的业务，注册会计师可以作为一项独立的业务予以承接，也可以连同财务报表审计一起承接。

（二）确定审计范围应考虑的因素

在确定财务报表组成部分的审计范围时，注册会计师应当考虑与所审计的财务报表组成部分相互关联，且可能对其有重大影响的其他业务报表项目。

由于财务报表项目是相互关联的，如销售与应收款项（包括应收账款和应收票据）、存货与应付账款（包括应付账款和应付票据），在对财务报表的组成部分出具报告时，注册会计师不仅要考虑所审计的财务报表组成部分，也要考虑与其相关的其他财务信息。例如，对营业收入进行审计，注册会计师应当考虑现销时的现金收入与赊销时的应收账款和应收票据等；对物资采购业务进行审计，注册会计师应当同时考虑现购时的现金支出与赊购时的应付账款和应付票据等。

（三）对重要性概念的应用

对财务报表组成部分出具审计报告也应当考虑重要性概念。注册会计师应当从对财务报表组成部分出具审计报告的角度考虑重要性概念。

由于仅对财务报表组成部分出具审计报告，与对整套财务报表进行审计相比，在确定其重要性水平时运用的判断基础不同，所确定的重要性水平相对较低。这意味着，与对整套财务报表出具报告时对该组成部分的审计相比，注册会计师通常要实施更广泛的审计程序，收集更多的审计证据。并且，注册会计师主要应从财务报表组成部分使用者依据组成部分财务信息进行经济决策的角度来考虑如何确定重要性水平。

（四）出具审计报告的特殊考虑

1. 审计报告不应后附整套财务报表

审计报告后附的信息通常被认为与审计报告相关，在对财务报表组成部分出具审计报告时，注册会计师可能并没有对整套财务报表实施审计。如果将整套财务报表附于审计报告后，就极有可能使信息使用者误认为整套财务报表已经注册会计师审计。为避免信息使用者误认为对财务报表组成部分出具的审计报告与整套财务报表相关，注册会计师应当提请委托人不应将整套财务报表附于审计报告后。

2. 对审计意见部分的特殊考虑

审计意见部分应当说明财务报表组成部分是否按照规定的编制基础编制，指明财务报表组成部分的编制基础，或提及规定编制基础的协议。

3. 已对财务报表整体出具审计报告的特殊考虑

如果已对整套财务报表出具否定意见或无法表示意见的审计报告，注册会计师不应在同一审计报告中对组成部分发表无保留意见；除非满足相关条件，注册会计师才可以单独对组成部分出具无保留意见审计报告。

三、对合同的遵守情况出具的审计报告

委托人可能委托注册会计师对合同的遵守情况出具审计报告。常见的合同遵守情况包括：①贷款合同的遵守情况；②专利建设转让协议的遵守情况。在这类合同或协议中，双方往往会约定，客户不仅要提供经注册会计师审计的财务报表，还应聘请注册会计师对其遵守合同中约定的有关财务与会计事项的情况进行审计，并根据审计意见评价客户遵守合同的情况。

（一）一般要求

并非所有的关于合同遵守情况的业务注册会计师都可以接受，只有当合同遵守情况的总体方面与会计和财务事项相关，而且在注册会计师的专业胜任能力范围之内时，注册会计师才可以承接该项审计业务。如果该项业务的某些方面超出了注册会计师的专业胜任能力，注册会计师就应当考虑利用专家的工作。

（二）出具审计报告的特殊考虑

在对合同的遵守情况出具的审计报告中，注册会计师应当在审计意见部分指明已经对合同所涉及的会计与财务事项的遵守情况进行了审计，说明被审计单位是否遵守了合同的特定条款。为了防止审计报告被不适当地使用，注册会计师还应当在报告中增加对审计报告使用规定的强调事项段，指明审计报告仅供被审计单位与签订合同的另一方使用，不可作其他用途。

四、对简要财务报表出具的审计报告

（一）一般要求

为了满足某些财务报表使用者对被审计单位财务状况和经营成果主要情况的了解，被审计单位有时会依据年度已审计财务报表编制一份简要财务报表。并非在所有情况下注册会计师都可以对这样的简要财务报表出具审计报告，只有在注册会计师已经对简要财务报表所依据的财务报表发表了审计意见的前提下，才可对简要财务报表出具审计报告。

（二）简要财务报表的审计程序

为了对简要财务报表发表审计意见，注册会计师应当实施下列程序：

（1）评价简要财务报表是否恰当披露了其简化性质，并指出其所依据的财务报表。

（2）在简要财务报表不是附于其所依据的财务报表之后时，注册会计师要评价简要财务报表是否清楚地说明了可以从哪些途径获取其所依据的财务报表。

（3）比较简要财务报表和其所依据的财务报表中的相关信息，确定简要财务报表是否与其所依据的财务报表中的相关信息一致，或者能够从所依据的财务报表中的相关信息重新计算得到。

（4）评价简要财务报表中是否包含了必要的信息，这些必要的信息使简要财务报表在特定环境下不会产生误导。

上述审计程序可以使注册会计师获取必要的证据，对简要财务报表是否与其所依据的已审计财务报表一致发表意见。

（三）出具审计报告的考虑

（1）标题。简要财务报表应冠以适当的标题，指明其所依据的已审计财务报表，如"根据以20×8年12月31日为会计期间截止日的已审计财务报表编制的简要财务报表"。

（2）措辞。由于简要财务报表并不包含年度已审计财务报表中的所有信息，可以说大大少于已审计的年度财务报表的内容，所以注册会计师在对简要财务报表发表审计意见时，不应使用"在所有重大方面""公允反映"等术语，以免使报告使用者误认为简要财务报表包含了企业会计准则和相关会计制度所要求的所有披露。

（四）审计报告的要素

鉴于该业务的特殊性，对简要财务报表出具的审计报告应当包括下列要素：

（1）标题。要明确指明其所依据的已审计财务报表。

（2）收件人。其为按照业务约定书要求的致送审计报告的对象，即审计委托人，通常与所依据的已审计财务报表的审计报告的收件人一致。

（3）指出简要财务报表所依据的已审计财务报表。

（4）审计意见。审计意见部分应说明简要财务报表中的信息是否与其所依据的已审计财务报表一致。如果对已审计财务报表发表的是非无保留意见，注册会计师即使对简要财务报表的编制感到满意，也应在报告中指出，注册会计师对简要财务报表所依据的已审计财务报表出具了非无保留意见的审计报告。提及对已审计财务报表出具的审计意见的日期

和意见类型。如对简要财务报表所依据的财务报表发表了非无保留意见,还应说明发表该意见的理由及影响。

(5) 强调事项段。强调事项段应指出,为了更好地理解被审计单位的财务状况、经营成果和注册会计师实施审计工作的范围,简要财务报表应当与已审计财务报表及其审计报告一并阅读,或提醒财务报表使用者注意财务信息附注中对上述事项的说明。

(6) 注册会计师签字和盖章。

(7) 会计师事务所的名称、地址和盖章。

(8) 报告日期。报告日期不应早于注册会计师获取充分、适当的审计证据(包括管理层完成了简要财务报表编制的证据、管理层对简要财务报表承担责任的证据)并在此基础上形成审计意见的日期。简要财务报表审计报告的日期不应早于其所依据的已审计财务报表的审计日期。

第九节 期后事项

由于会计分期的存在,注册会计师在审计被审计单位某一年度的财务报表时,除了对会计年度内发生的交易和事项实施审计程序外,还必须考虑所审会计年度之后发生和知悉的事项对财务报表和审计报告的影响,以保证发表审计意见的恰当。

一、期后事项的含义与种类

(一) 期后事项的含义

期后事项,是指财务报表日至审计报告日之间发生的事项,以及注册会计师在审计报告日后知悉的事实。具体包括三个时段期后事项,如图 17-1 所示。

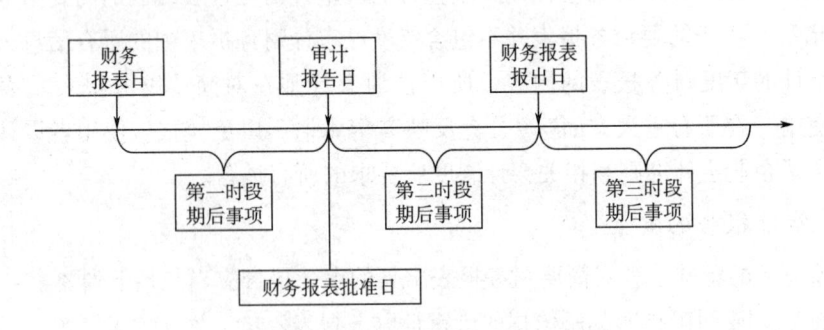

图 17-1 期后事项分段示意图

审计报告日一般不早于注册会计师获取充分、适当的审计证据(包括管理层认可对财务报表的责任且已批准财务报表的证据),并在此基础上对财务报表形成审计意见的日期。财务报表报出日是指被审计单位对外披露已审计财务报表的日期。期后事项可能会影响被审计单位财务报表的公允性,进而影响注册会计师对财务报表的审计意见,所以注册会计师必须充分考虑期后事项对财务报表的影响。

从上面的内容可以看出,财务报表日后的时期被分成了三个阶段,如图 17-1 所示,即财务报表日至审计报告日（A段）、审计报告日至财务报表报出日（B段）以及财务报表报出日以后（C段）。相应地，期后事项被划分为第一个时段是财务报表日后至审计报告日，我们可以把在这一期间发生的事项称为"第一时段期后事项"；第二个时段是审计报告日后至财务报表报出日，我们可以把这一期间发现的事项称为"第二时段期后事项"；第三个时段是财务报表报出日后，我们可以把这一期间发现的事项称为"第三时段期后事项"。注册会计师对审计报告日前后的期后事项的责任有所不同。

（二）期后事项的种类

根据期后事项对财务报表影响的不同，可以将期后事项分为两类，即资产负债表日后调整事项和资产负债表日后非调整事项。

1. 资产负债表日后调整事项

资产负债表日后调整事项是指对资产负债表日已经存在的情况提供了新的或进一步证据的事项，这类事项需要提请被审计单位调整被审计年度的财务报表。这类事项的主要情况出现在被审计单位资产负债表日之前，因此其带来的财务影响应当在被审计年度的财务报表中反映出来。如果这类期后事项的金额重大，注册会计师就应当提请被审计单位对被审计年度财务报表进行调整。资产负债表日后调整事项通常包括下列事项：

（1）资产负债表日后诉讼案结案，法院判决证实了企业在资产负债表日已经存在现时义务，需要调整原先确认的与该诉讼案件相关的预计负债，或确认一项新负债。例如，被审计单位由于某种原因被起诉，法院于资产负债表日后判决被审计单位应赔偿对方损失。因这一负债实际上在资产负债表日之前就已存在，所以，如果赔偿数额很大，注册会计师应考虑提请被审计单位增加资产负债表有关负债项目的金额，并加以说明。

（2）资产负债表日后取得确凿证据，表明某项资产在资产负债表日发生了减值或者需要调整该项资产原先确认的减值金额。例如，资产负债表日被审计单位认为可以收回的大额应收款项，因资产负债表日后债务人宣告破产而无法收回。在这种情况下，注册会计师应当考虑提请被审计单位增加计提坏账数额，调整财务报表有关项目的金额。

（3）资产负债表日后进一步确定了资产负债表日前购入资产的成本或售出资产的收入。例如，在资产负债表日以前或资产负债表日，被审计单位根据合同规定将商品发出，当时认为符合收入确认的条件要求，所以确认了收入并结转了相关成本，并在财务报表上进行列报。但资产负债表日后取得的证据证明，该批已确认为销售的商品确实已经退回，如果金额较大，注册会计师应提请被审计单位调整财务报表有关项目的金额。

（4）资产负债表日后发现了财务报表舞弊或差错。例如，注册会计师在资产负债表日后发现或知悉，由于舞弊或差错导致财务报表中存在错报。如果注册会计师认为错报金额较大，就应当提请被审计单位调整财务报表有关项目的金额。

2. 资产负债表日后非调整事项

资产负债表日后非调整事项是指表明资产负债表日后发生的情况的事项。这类事项不需要调整被审计年度财务报表，但注册会计师应当提请被审计单位在财务报表附注中就重要的事项披露其性质、内容，及其对财务状况和经营成果的影响。这类事项的主要情况出现在被审计单位资产负债表日之后，因此不影响财务报表的金额。但这些事项如果不加以

反映，可能会影响报表使用者对财务报表的正确理解。

被审计单位在资产负债表日后发生的非调整事项通常包括下列事项：重大诉讼、仲裁、承诺；资产价格、税收政策、外汇汇率发生重大变化；因自然灾害导致资产发生重大损失；发行股票和债券以及其他巨额举债；资本公积转增资本；发生巨额亏损；发生企业合并或处置子公司；财务报表时日企业利润分配。

注册会计师应当严格区分两类期后事项，不能混淆。区分两类期后事项的关键是看该事项的主要情况是出现在被审计单位的资产负债表日前还是资产负债表日后。如果确认某事项的主要情况在资产负债表日前发生，就应当根据重要性概念考虑提请被审计单位调整被审计年度财务报表；如果某事项的主要情况发生在资产负债表日后，就不应当在被审计年度的财务报表中反映该事项的财务影响，注册会计师只需要提请被审计单位在财务报表附注中进行适当披露。需要注意的是，两类期后事项的划分不受期后事项发生时间的影响，也就是说，两类期后事项都有可能出现在审计报告日前，也有可能出现在审计报告日后。

二、财务报表日至审计报告日之间发生的事项

(一) 主动识别第一时段期后事项

注册会计师应当设计和实施审计程序，获取充分、适当的审计证据，以确定所有在财务报表日至审计报告日之间发生的、需要在财务报表中调整或披露的事项均已得到识别。但是，注册会计师并不需要对之前已实施审计程序并已得出满意结论的事项执行追加的审计程序。

财务报表日至审计报告日之间发生的期后事项属于第一时段期后事项。对于这一时段的期后事项，注册会计师负有主动识别的义务，应当设计专门的审计程序来识别这些期后事项，并根据这些事项的性质判断其对财务报表的影响，进而确定是进行调整还是披露。

(二) 用以识别期后事项的审计程序

注册会计师应当按照审计准则的规定实施审计程序，以使审计程序能够涵盖财务报表日至审计报告日（或尽可能接近审计报告日）之间的期间。

通常情况下，针对期后事项的专门审计程序，其实施时间越接近审计报告日越好。越接近审计报告日，也就意味着距离财务报表日越远，被审计单位这段时间内累积的对财务报表日已经存在的情况提供的进一步证据也就越多；越接近审计报告日，注册会计师遗漏期后事项的可能性也就越小。

在确定审计程序的性质和范围时，注册会计师应当考虑风险评估的结果。这些程序应当包括：

(1) 了解管理层为确保识别期后事项而建立的程序。

(2) 询问管理层和治理层（如适用），确定是否已发生可能影响财务报表的期后事项。注册会计师可以询问根据初步或尚无定论的数据作出会计处理的项目的现状，以及是否已发生新的承诺、借款或担保，是否计划出售或购置资产等。

(3) 查阅被审计单位的所有者、管理层和治理层在财务报表日后举行会议的纪要，在

不能获取会议纪要的情况下，询问此类会议讨论的事项。

（4）查阅被审计单位最近的中期财务报表（如有）。

除上述审计程序外，注册会计师可能认为实施下列一项或多项审计程序是必要和适当的：

（1）查阅被审计单位在财务报表日后最近期间内的预算、现金流量预测和其他相关的管理报告；

（2）就诉讼和索赔事项询问被审计单位的法律顾问，或扩大之前口头或书面查询的范围；

（3）考虑是否有必要获取涵盖特定期后事项的书面声明以支持其他审计证据，从而获取充分、适当的审计证据。

（三）知悉对财务报表有重大影响的期后事项时的考虑

在实施上述审计程序后，如果注册会计师识别出对财务报表有重大影响的期后事项，应当确定这些事项是否按照适用的财务报告编制基础的规定在财务报表中得到恰当反映。

如果所知悉的期后事项属于调整事项，注册会计师应当考虑被审计单位是否已对财务报表作出适当的调整。如果所知悉的期后事项属于非调整事项，注册会计师应当考虑被审计单位是否在财务报表附注中予以充分披露。

（四）书面声明

注册会计师应当要求管理层和治理层（如适用）提供书面声明，确认所有在财务报表日后发生的、按照适用的财务报告编制基础的规定应予调整或披露的事项均已得到调整或披露。

三、注册会计师在审计报告日后至财务报表报出日前知悉的事实

（一）被动识别第二时段期后事项

在审计报告日后，注册会计师没有义务针对财务报表实施任何审计程序。审计报告日后至财务报表报出日前发现的事实属于第二时段期后事项，注册会计师针对被审计单位的审计业务已经结束，要识别可能存在的期后事项比较困难，因而无法承担主动识别责任。

在这一阶段，被审计单位的财务报表并未报出，管理层有责任将发现的可能影响财务报表的事实告知注册会计师。当然，注册会计师还可能从媒体报道、举报信或者证券监管部门告知等途径获悉影响财务报表的期后事项。

（二）知悉第二时段期后事项时的考虑

在审计报告日后至财务报表报出日前，如果知悉了某事实，且若在审计报告日知悉可能导致修改审计报告，注册会计师应当与管理层和治理层（如适用）讨论该事项；确定财务报表是否需要修改；如果需要修改，询问管理层将如何在财务报表中处理该事项。

1. 管理层修改财务报表时的处理

如果管理层修改财务报表，注册会计师应当根据具体情况对有关修改实施必要的审计程序；同时，除非下文述及的特定情形适用，注册会计师应当将用以识别期后事项的上述

审计程序延伸至新的审计报告日，并针对修改后的财务报表出具新的审计报告。新的审计报告日不应早于修改后的财务报表被批准的日期。

此时，注册会计师需要获取充分、适当的审计证据，以验证管理层根据期后事项所作出的财务报表调整或披露是否符合适用的财务报告编制基础的规定。

在有关法律法规或适用的财务报告编制基础未禁止的情况下，如果管理层对财务报表的修改仅限于反映导致修改的期后事项的影响，被审计单位的董事会、管理层或类似机构也仅对有关修改进行批准，注册会计师可以仅针对有关修改将用以识别期后事项的上述审计程序延伸至新的审计报告日（简称"特定情形"）。在这种情况下，注册会计师应当选用下列处理方式之一：

（1）修改审计报告，针对财务报表修改部分增加补充报告日期，从而表明注册会计师对期后事项实施的审计程序仅限于财务报表相关附注所述的修改。

在这种处理方式下，注册会计师修改审计报告，针对财务报表修改部分增加补充报告日期，而对管理层作出修改前的财务报表出具的原审计报告日期保持不变。之所以这样处理，是因为原审计报告日期告知财务报表使用者针对该财务报表的审计工作何时完成；补充报告日期告知财务报表使用者自原审计报告日之后实施的审计程序仅针对财务报表的后续修改。

（2）出具新的或经修改的审计报告，在强调事项段或其他事项段中说明注册会计师对期后事项实施的审计程序仅限于财务报表相关附注所述的修改。

2. 管理层不修改财务报表且审计报告未提交时的处理

如果认为管理层应当修改财务报表而没有修改，并且审计报告尚未提交给被审计单位，注册会计师应当按照《中国注册会计师审计准则第1502号——在审计报告中发表非无保留意见》的规定发表非无保留意见，然后再提交审计报告。

3. 管理层不修改财务报表且审计报告已提交时的处理

如果认为管理层应当修改财务报表而没有修改，并且审计报告已经提交给被审计单位，注册会计师应当通知管理层和治理层（除非治理层全部成员参与管理被审计单位）在财务报表作出必要修改前不要向第三方报出。如果财务报表在未经必要修改的情况下仍被报出，注册会计师应当采取适当措施，设法防止财务报表使用者信赖该审计报告。例如，针对上市公司，注册会计师可以利用证券传媒等刊登必要的声明，防止使用者信赖审计报告。注册会计师采取的措施取决于自身的权利和义务以及所征询的法律意见。

四、注册会计师在财务报表报出日后知悉的事实

（一）没有义务识别第三时段的期后事项

财务报表报出日后知悉的事实属于第三时段期后事项，注册会计师没有义务针对财务报表实施任何审计程序。但是，并不排除注册会计师通过媒体等其他途径获悉可能对财务报表产生重大影响的期后事项的可能性。

（二）知悉第三时段期后事项时的考虑

在财务报表报出后，如果知悉了某事实，且若在审计报告日知悉可能导致修改审计报

告,注册会计师应当:

(1) 与管理层和治理层(如适用)讨论该事项;

(2) 确定财务报表是否需要修改;

(3) 如果需要修改,询问管理层将如何在财务报表中处理该事项。

应当指出的是,需要注册会计师在知悉后采取行动的第三时段期后事项是有严格限制的:①这类期后事项应当是在审计报告日已经存在的事实。②该事实如果被注册会计师在审计报告日前获知,可能影响审计报告。只有同时满足这两个条件,注册会计师才需要采取行动。

1. 管理层修改财务报表时的处理

如果管理层修改了财务报表,注册会计师应当采取下列措施:

(1) 根据具体情况对有关修改实施必要的审计程序。例如,查阅法院判决文件、复核会计处理或披露事项,确定管理层对财务报表的修改是否恰当。

(2) 复核管理层采取的措施能否确保所有收到原财务报表和审计报告的人士了解这一情况。

在修改了财务报表的情况下,管理层应当采取恰当措施(如上市公司可以在证券类报纸、网站刊登公告,重新公布财务报表和审计报告),使所有收到原财务报表和审计报告的人士了解这一情况。注册会计师需要对这些措施进行复核,判断它们是否能达到这样的目标。例如,上市公司管理层刊登公告的媒体是否是中国证券监督管理委员会指定的媒体,若仅刊登在其注册地的媒体上,则异地的使用者可能无法了解这一情况。

(3) 延伸实施审计程序,并针对修改后的财务报表出具新的审计报告。

除非上文所述的特定情形适用,将用以识别期后事项的上述审计程序延伸至新的审计报告日,并针对修改后的财务报表出具新的审计报告,新的审计报告日不应早于修改后的财务报表被批准的日期。

(4) 如果上文所述特定情形适用,修改审计报告或提供新的审计报告。

需要注意的是,注册会计师应当在新的或经修改的审计报告中增加强调事项段或其他事项段,提醒财务报表使用者关注财务报表附注中有关修改原财务报表的详细原因和注册会计师提供的原审计报告。

2. 管理层未采取任何行动时的处理

如果管理层没有采取必要措施确保所有收到原财务报表的人士了解这一情况,也没有在注册会计师认为需要修改的情况下修改财务报表,注册会计师应当通知管理层和治理层(除非治理层全部成员参与管理被审计单位),注册会计师将设法防止财务报表使用者信赖该审计报告。

如果注册会计师已经通知管理层或治理层,而管理层或治理层没有采用必要措施,注册会计师应当采取必要措施,以设法防止财务报表使用者信赖该审计报告。

思考题

1. 在什么情况下注册会计师应发表无保留意见审计报告？
2. 哪些报告属于非无保留意见审计报告？
3. 如何在审计报告中表述关键审计事项？
4. 在什么情况下注册会计师应发表保留意见审计报告？
5. 在什么情况下注册会计师应发表否定意见审计报告？
6. 在什么情况下注册会计师应发表无法表示意见审计报告？
7. 在什么情况下注册会计师应出具带强调事项段的审计报告？
8. 在什么情况下注册会计师应出具带其他事项段的审计报告？
9. 注册会计师对其他信息承担哪些责任？
10. 对特殊目的框架财务报表审计业务出具审计报告有哪些方面的特殊考虑？
11. 什么是期后事项？期后事项分为哪两种类型？各自对财务报表有何影响？
12. 注册会计师对审计外勤工作结束日之前和之后发生的期后事项的责任有什么不同？对审计报告有何影响？
13. 注册会计师对审计报告日后发现的事实应当如何进行处理？

习题及参考答案

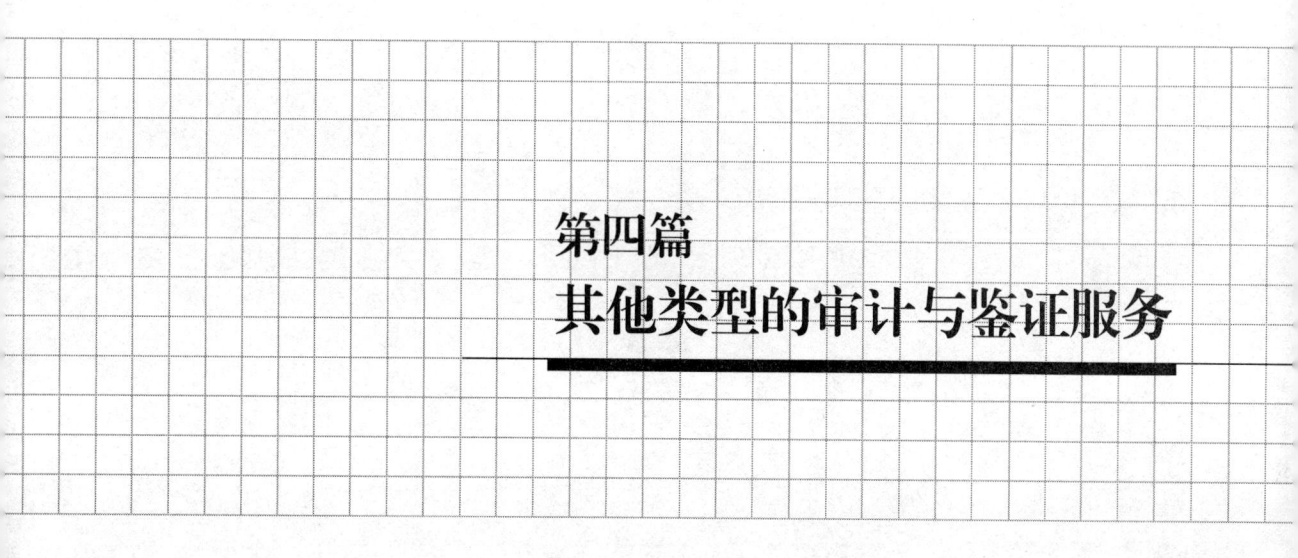

第四篇
其他类型的审计与鉴证服务

第十八章　财务报表审阅与其他鉴证服务

本章要点

鉴证业务是指注册会计师对鉴证对象信息提出结论,以增强除责任方之外的预期使用者对鉴证对象信息信任程度的业务。鉴证业务包括历史财务信息审计、历史财务信息审阅和其他鉴证业务。本书前面各章所介绍的内容均为历史财务信息审计的内容。本章主要介绍财务报表审阅、内部控制审计、预测性财务信息审核。财务报表审阅是指注册会计师接受委托,在实施审阅程序的基础上,说明是否注意到某些事项,使其相信财务报表没有按照适用的会计准则和相关会计制度的规定编制,未能在所有重大方面公允反映被审阅单位的财务状况、经营成果和现金流量。内部控制审计,是指注册会计师接受委托,对被审计单位特定基准日财务报告内部控制设计与运行的有效性进行审计,发表审计意见。预测性财务信息审核是指注册会计师接受委托,对被审核单位的盈利预测进行检查与复核,并发表审计意见。预测性财务信息,是指被审核单位依据对未来可能发生的事项或采取的行动的假设而编制的财务信息。预测性财务信息可以表现为预测、规划或两者的结合,可能包括财务报表或财务报表的一项或多项要素。

第一节　鉴证业务概述

一、鉴证业务的产生与发展

鉴证业务（assurance service）也称保证服务、认证业务或可信性保证业务,它是20世纪90年代中后期国际会计师行业对注册会计师专业鉴证性服务的一个新的概括和提法,既是注册会计师专业服务产品向纵深开发的结果,也是注册会计师专业服务从"审计"向"鉴证"的一次重大跨越。

最早有组织地致力于鉴证业务的研究与开发的是美国注册会计师协会（AICPA）。1993年,AICPA探讨并指出了审计的未来发展方向是鉴证业务。1994年,AICPA成立了鉴证业务特别委员会（SCAS）,对审计的发展进行专门研究。此后,AICPA成立了鉴证业务执行委员会（ASEC）,对鉴证业务的具体执业准则、有待发展的鉴证业务进行系统的研究。加拿大的特许会计师协会（CICA）和澳大利亚的会计职业组织等也成立了相关机构进行鉴证业务的研究。

1993年5月,美国注册会计师协会在新墨西哥州圣达菲召开了审计/保证会议,这次

会议注意到了用户对审计和其他鉴证服务需求的下降，以及用户对鉴证业务的范围和效用方面的不满，并决定开发一项广阔的计划，重塑鉴证业务的未来，以增加其价值。为此，AICPA 于 1994 年正式成立了以毕马威（KPMG）合伙人 Robert K. Elliott 为主席的临时性机构——鉴证业务特别委员会（SCAS，通称为 Elliott 委员会）。1996 年底，该委员会通过网站发布了翔实的报告，通称为"Elliott 报告"。1997 年，AICPA 成立了一个永久性的机构——鉴证业务执行委员会（ASEC），Ronald S. Cohen、Robert L. Bunting、Susan C. Rucker、Thomas E. Wallance 等先后担任主席。值得一提的是，美国注册会计师职业界于 1998 年发布的《CPA 远景报告：2011 年及以后》在展望未来的五大核心服务领域时，"保证与信息真实性"服务位列第一。

加拿大特许会计师协会（CICA）于 1995 年 8 月组建了以 KPMG 合伙人 Axel N. Thesberg 为主席的鉴证业务工作组（TFAS），旨在开发和实施一项拓展鉴证业务的计划，并确保注册会计师（CA）在保证领域的优势。TFAS 于 1995 年 12 月、1997 年 6 月分别向 CICA 管理委员会（BOG）提交了一份中期报告，1998 年 1 月发表了最终报告。CICA 根据最终报告的建议成立了鉴证业务发展委员会（ASDB），主席为德勤（Deloitte & Touche）合伙人 John W. Beech，现任主席为安永（Ernst & Young）合伙人 Doug McPhie。

AICPA 和 CICA 之间就鉴证业务的研究，尤其是新鉴证业务产品的开发方面进行了密切的合作。AICPA 和 CICA 合作开发的鉴证业务领域包括：风险评估（risk assessment）、业绩计量（performance measurement）、系统质量（systems quality）、电子商务（e'commerce）、养老（eldercare），尤其是针对电子商务鉴证业务产品的网誉认证（webtrust）和信息系统可靠性鉴证业务产品系统认证（systrust），联合开发了一系列原则与标准。

澳大利亚注册会计师协会（ASCPA）与澳大利亚特许会计师协会（ICAA）于 1997 年成立了以安永合伙人 Stuart Alford 为主席的鉴证业务联合工作组（JASTF）。JASTF 于当年 12 月发布了一份报告，讨论了未来发展的一些关键问题，并提议成立研究与创新委员会（RIB）。RIB 于 1998 年 7 月成立，直至 1999 年 4 月 ASCPA 宣布退出。1999 年 6 月，澳大利亚会计研究基金会管理委员会宣布将审计准则委员会（ASB）更名为审计和保证准则委员会（AuASB）。

国际会计师联合会（IFAC）下属的审计实务委员会（IAPC）于 1997 年 8 月发布了一份名为《信息可靠性报告》的征求意见稿，得到了积极回应。IAPC 在进行重大修改之后，于 1999 年 3 月以"鉴证业务"为名重新发布了征求意见稿，最终于 2000 年 6 月正式发布了《鉴证业务国际准则》，为鉴证业务提供了总体框架，并针对高保证程度业务规定基本原则和主要程序。2002 年，国际审计和鉴证准则委员会（IAASB）重新划分 CPA 的业务类型，并将 IASE100 分拆为《鉴证业务的国际框架》和 ISAE 2000《鉴证对象为历史财务信息之外的鉴证业务》。2003 年，IAASB 发布上述两个文件的征求意见稿，建议取代 ISAE 100《鉴证业务》，并废止 ISA 120《审计准则的国际框架》。2005 年 1 月，IAASB 正式发布了 ISAE 3000《除历史财务信息审计和审阅之外的鉴证业务》。此后，IAASB 定期更新相关准则，并汇总发布《国际质量管理、审计、审阅、其他鉴证业务和相关服务公告手册》（Handbook of International Quality Management, Auditing, Review, Other Assurance, and Related Services Pronouncements）。

应该说，致力于鉴证业务的研究与开发的初衷是着眼于注册会计师行业的未来发展。进入20世纪90年代以后，传统的财务报表审计已经成为一个相对成熟的服务产品，社会期望甚高，同业竞争激烈，诉讼风险加大，迫使注册会计师行业另辟蹊径，在咨询和鉴证方面进行拓展。市场对提高信息质量方面的显著需求和注册会计师自身的能力，很自然地促使注册会计师鉴证类专业服务在完成由审计到鉴证的过渡之后，很快又开始向鉴证业务跨越，并将其作为行业发展的远景方向。

近年来，可持续发展报告（ESG）鉴证成为社会各界关注度很高的鉴证业务。2015年，第21届联合国气候大会通过《巴黎协定》，可持续发展信息的披露得到前所未有的重视，中国也提出了新达峰目标和碳中和愿景。在欧盟委员会发布《公司可持续发展报告指令》、美国证券交易委员会发布《上市公司气候数据信息披露规则》提案后，国际可持续准则理事会（ISSB）2023年6月正式发布了两项国际财务报告可持续披露准则，于2024年1月1日正式生效，并规定企业的可持续披露报告应与财务报告一并发布。这意味着可持续发展信息披露与鉴证的规则正在形成。目前，提供可持续发展报告（ESG）鉴证的机构不限于会计师事务所，鉴证标准也不一而足，包括国际审计与鉴证准则理事会（IAASB）《国际鉴证业务准则第3000号（修订版）——除历史财务信息审计或审阅以外的鉴证业务》（ISAE3000）、《国际鉴证业务准则第3410号——温室气体报表鉴证业务》（ISAE3410）和《AA1000审验标准V3》等标准。IAASB计划在2024年底正式发布《可持续鉴证准则第5000号——可持续鉴证业务的一般要求》（ISSA5000），或将促进可持续发展报告（ESG）鉴证标准的统一。[①] 与此同时，我国也在加快制定可持续发展报告披露准则和可持续发展报告鉴证准则。

IAASB将提高全球审计和鉴证准则的一致性和质量，反映审计和鉴证在促进世界经济信任方面的关键作用，列为《2024—2027年战略和工作计划》。我国注册会计师行业正在通过准则更新、事务所一体化管理、信息化建设和人才培养，与相关部门协同发力，持续不断地推进审计与鉴证业务的高质量发展。

二、鉴证业务的定义

鉴证业务是指注册会计师对鉴证对象信息提出结论，以增强除责任方之外的预期使用者对鉴证对象信息信任程度的业务。

上述定义可从以下几个方面加以理解：

（1）鉴证业务的用户是"预期使用者"，即鉴证业务可以用来有效地满足预期使用者的需求；

（2）鉴证业务的目的是改善信息的质量或内涵，增强除责任方之外的预期使用者对鉴证对象信息的信任程度，即以适当保证或提高鉴证对象信息的质量为主要目的，而不涉及为如何利用信息提供建议；

（3）鉴证业务的基础是独立性和专业性，通常由具备专业胜任能力和独立性的注册会

---

① 北京注册会计师协会行业发展战略委员会ESG课题组. 中国ESG可持续信息鉴证的现状与建议[J]. 新理财，2024，（04）：62-66.

计师来执行，注册会计师应当独立于责任方和预期使用者；

（4）鉴证业务的"产品"是鉴证结论，注册会计师应当对鉴证对象信息提出结论，该结论应当以书面报告的形式予以传达。

三、鉴证业务的基本要素

（一）鉴证业务的三方关系

鉴证业务涉及的三方关系人包括注册会计师、责任方和预期使用者。责任方与预期使用者可能是同一方，也可能不是同一方。

鉴证业务以提高鉴证对象信息的可信性为主要目的。由于鉴证对象信息（或鉴证对象）是由责任方负责的，因此，注册会计师的鉴证结论主要是向除责任方之外的预期使用者提供的。在某些情况下，责任方和预期使用者可能来自同一企业，但并不意味着两者就是同一方。例如，某公司同时设有董事会和监事会，监事会需要对董事会和管理层提供的信息进行鉴证。

由于鉴证结论有利于提高鉴证对象信息的可信性，有可能对责任方有用，在这种情况下，责任方也会成为预期使用者之一，但不是唯一的预期使用者。例如，在财务报表审计中，责任方是被审计单位的管理层，此时被审计单位的管理层便是审计报告的预期使用者之一，同时预期使用者还包括企业的股东、债权人、监管机构等。

因此，是否存在三方关系人是判断某项业务是否属于鉴证业务的重要标准之一。如果某项业务不存在除责任方之外的其他预期使用者，那么，该业务不构成一项鉴证业务。

鉴证业务还涉及委托人，但委托人不是单独存在的一方，委托人通常是预期使用者之一，委托人也可能由责任方担任。

1. 注册会计师

注册会计师，是指取得注册会计师证书并在会计师事务所执业的人员，有时也指其所在的会计师事务所。如果鉴证业务涉及的特殊知识和技能超出了注册会计师的能力，注册会计师可以利用专家协助执行鉴证业务。在这种情况下，注册会计师应当确信包括专家在内的项目组整体已具备执行该项鉴证业务所需的知识和技能，并充分参与该项鉴证业务和了解专家所承担的工作。

2. 责任方

在直接报告业务中，责任方是指对鉴证对象负责的组织或人员。例如，在系统鉴证业务中，注册会计师直接对系统的有效性进行评价并出具鉴证报告，该业务的鉴证对象是被鉴证单位系统的有效性，责任方是对该系统负责的组织或人员，即被鉴证单位的管理层。

在基于责任方认定的业务中，责任方是指对鉴证对象信息负责并可能同时对鉴证对象负责的组织或人员。例如，企业聘请注册会计师对企业管理层编制的持续经营报告进行鉴证。在该业务中，鉴证对象信息为持续经营报告，由该企业的管理层负责，企业管理层为责任方。该业务的鉴证对象为企业的持续经营状况，它同样由企业的管理层负责。

责任方可能是鉴证业务的委托人，也可能不是委托人。

注册会计师通常提请责任方提供书面声明，表明责任方已按照既定标准对鉴证对象进行评价或计量,无论该声明是否能为预期使用者获取。

3. 预期使用者

预期使用者是指预期使用鉴证报告的组织或人员。责任方可能是预期使用者,但不是唯一的预期使用者。

注册会计师可能无法识别使用鉴证报告的所有组织和人员,尤其在各种可能的预期使用者对鉴证对象存在不同的利益需求时。此时,预期使用者主要是指那些与鉴证对象有重要和共同利益的主要利益相关者,例如,在上市公司财务报表审计中,预期使用者主要是指上市公司的股东。注册会计师应当根据法律法规的规定或与委托人签订的协议识别预期使用者。

(二)鉴证对象与鉴证对象信息

1. 鉴证对象与鉴证对象信息的形式

在注册会计师提供的鉴证业务中,存在多种不同类型的鉴证对象,相应地,鉴证对象信息也具有多种不同的形式,主要包括:

(1)当鉴证对象为财务业绩或状况时(如历史或预测的财务状况、经营成果和现金流量),鉴证对象信息是财务报表;

(2)当鉴证对象为非财务业绩或状况时(如企业的运营情况),鉴证对象信息可能是反映效率或效果的关键指标;

(3)当鉴证对象为物理特征时(如设备的生产能力),鉴证对象信息可能是有关鉴证对象物理特征的说明文件;

(4)当鉴证对象为某种系统和过程时(如企业的内部控制或信息技术系统),鉴证对象信息可能是关于其有效性的认定;

(5)当鉴证对象为一种行为时(如遵守法律法规的情况),鉴证对象信息可能是对法律法规遵守情况或执行效果的声明。

鉴证对象信息是按照标准对鉴证对象进行评价和计量的结果。如责任方按照会计准则和相关会计制度(标准)对其财务状况、经营成果和现金流量(鉴证对象)进行确认、计量和列报(包括披露,下同)而形成的财务报表(鉴证对象信息)。

鉴证对象信息应当恰当反映既定标准运用于鉴证对象的情况。如果没有按照既定标准恰当反映鉴证对象的情况,鉴证对象信息可能存在错报,而且可能存在重大错报。

2. 鉴证对象的特征

鉴证对象具有不同的特征,可能表现为定性或定量、客观或主观、历史或预测、时点或期间。这些特征将对下列方面产生影响:①按照标准对鉴证对象进行评价或计量的准确性;②证据的说服力。

3. 适当的鉴证对象应当具备的条件

鉴证对象是否适当是注册会计师能否将一项业务作为鉴证业务予以承接的前提条件。适当的鉴证对象应当同时具备下列条件:

(1)鉴证对象可以识别;

(2)不同的组织或人员对鉴证对象按照既定标准进行评价或计量的结果合理一致;

（3）注册会计师能够收集与鉴证对象有关的信息，获取充分、适当的证据，以支持其提出适当的鉴证结论。

不适当的鉴证对象可能会误导预期使用者。如果注册会计师在承接业务后发现鉴证对象不适当，应当视其重大与广泛程度出具保留结论或否定结论的报告。

不适当的鉴证对象还可能造成工作范围受到限制。如果注册会计师在承接业务后发现鉴证对象不适当，应当视受到限制的重大与广泛程度，出具保留结论或无法提出结论的报告。

在适当的情况下，注册会计师可以考虑解除业务约定。

（三）标准

1. 标准的含义与类型

标准是指用于评价或计量鉴证对象的基准，当涉及列报时，还包括列报（包括披露）的基准。

标准可以是正式的规定，如编制财务报表所使用的会计准则和相关会计制度；也可以是某些非正式的规定，如单位内部制定的行为准则或确定的绩效水平。

正式的规定通常是一些"既定的"标准，是由法律法规规定的，或是由政府主管部门或国家认可的专业团体依照公开、适当的程序发布的。例如，编制财务报表时，其标准是权威机构发布的会计准则和相关会计制度；编制内部控制报告时，标准可能是已确立的内部控制规范或指引；编制遵循性报告时，标准可能是适用的法律法规。

非正式的规定通常是一些"专门制定的"标准，是针对具体的业务项目"量身定做"的，包括企业内部制定的行为准则、确定的绩效水平或商定的行为要求等。

标准的类型不同，注册会计师在评价标准是否适合于具体的鉴证业务时，所关注的重点也不同。

2. 适当的标准应当具备的特征

适当的标准应当具备下列所有特征：

（1）相关性：相关的标准有助于得出结论，便于预期使用者作出决策；

（2）完整性：完整的标准不应忽略业务环境中可能影响得出结论的相关因素，当涉及列报时，还包括列报的基准；

（3）可靠性：可靠的标准能够使能力相近的注册会计师在相似的业务环境中，对鉴证对象作出合理一致的评价或计量；

（4）中立性：中立的标准有助于得出无偏向的结论；

（5）可理解性：可理解的标准有助于得出清晰、易于理解、不会产生重大歧义的结论。

注册会计师基于自身的预期、判断和个人经验对鉴证对象进行的评价和计量，不构成适当的标准。

注册会计师应当考虑运用于具体业务的标准是否具备上述特征，以评价该标准对此项业务的适用性。在具体鉴证业务中，注册会计师评价标准各项特征的相对重要程度需要运用职业判断。

标准可能是由法律法规规定的，或由政府主管部门或国家认可的专业团体依照公开、适当的程序发布的，也可能是专门制定的。采用标准的类型不同，注册会计师为评价该标准对于具体鉴证业务的适用性所需执行的工作也不同。

3. 预期使用者获取标准的方式

标准应当能够为预期使用者获取，以使预期使用者了解鉴证对象的评价或计量过程。标准可以通过下列方式供预期使用者获取：

（1）公开发布；

（2）在陈述鉴证对象信息时以明确的方式表述；

（3）在鉴证报告中以明确的方式表述；

（4）常识理解，如计量时间的标准是小时或分钟。

如果确定的标准仅能为特定的预期使用者获取，或仅与特定目的相关，鉴证报告的使用也应限于这些特定的预期使用者或特定目的。

（四）证据

1. 获取取证据的要求

注册会计师应当以职业怀疑态度计划和执行鉴证业务，获取有关鉴证对象信息是否不存在重大错报的充分、适当的证据。

注册会计师应当及时对制订的计划、实施的程序、获取的相关证据以及得出的结论作出记录。

注册会计师在计划和执行鉴证业务，尤其在确定证据收集程序的性质、时间和范围时，应当考虑重要性、鉴证业务风险以及可获取证据的数量和质量。

职业怀疑态度是指注册会计师以质疑的思维方式评价所获取证据的有效性，并对相互矛盾的证据，以及引起对文件记录或责任方提供的信息的可靠性产生怀疑的证据保持警觉。

2. 证据的充分性和适当性

证据的充分性是对证据数量的衡量，主要与注册会计师确定的样本量有关。所需证据的数量受鉴证对象信息重大错报风险的影响，即风险越大，可能需要的证据数量越多；所需证据的数量也受证据质量的影响，即证据质量越高，可能需要的证据数量越少。

证据的适当性是对证据质量的衡量，即证据的相关性和可靠性。

在考虑证据的相关性时，注册会计师应当能够认识到：

（1）特定的程序可能只为某些认定提供相关的证据，而与其他认定无关；

（2）针对同一项认定，可以从不同来源获取证据或获取不同性质的证据；

（3）只与特定认定相关的证据并不能替代与其他认定相关的证据。

证据的可靠性受其来源和性质的影响，并取决于获取证据的具体环境。注册会计师通常按照下列原则考虑证据的可靠性：

（1）从外部独立来源获取的证据比从其他来源获取的证据更可靠；

（2）内部控制有效时内部生成的证据比内部控制薄弱时内部生成的证据更可靠；

（3）直接获取的证据（如观察控制活动的实施）比间接获取或推论（如询问控制活

动的实施）得出的证据更可靠；

（4）以文件记录形式（无论是纸质、电子或其他介质）存在的证据比口头形式的证据更可靠；

（5）从原件获取的证据比从传真或复印件获取的证据更可靠。

如果针对某项认定从不同来源获取的证据或获取的不同性质的证据能够相互印证，与该项认定相关的证据通常具有更强的说服力。例如，从企业外部独立来源获取的信息可以增强注册会计师对责任方提供认定的信任程度。相反，如果从不同来源获取的证据或获取的不同性质的证据不一致，则可能表明某项证据不可靠，注册会计师应当追加必要的程序予以解决。

注册会计师可以考虑获取证据的成本与所获取信息有用性之间的关系，但不应仅以获取证据的困难和成本为由减少不可替代的程序。在评价证据的充分性和适当性以支持鉴证报告时，注册会计师应当运用职业判断，并保持职业怀疑态度。

3. 重要性

在确定证据收集程序的性质、时间和范围，评估鉴证对象信息是否不存在错报时，注册会计师应当考虑重要性。

所谓重要性，是指鉴证对象信息中存在错报的严重程度。重要性取决于在具体环境下对错报金额和性质的判断。如果一项错报单独或连同其他错报可能影响预期使用者依据鉴证对象信息作出的经济决策，则该项错报是重大的。

重要性包括数量和性质两方面的因素。注册会计师应当综合数量和性质因素考虑重要性。在具体业务中评估重要性以及数量和性质因素的相对重要程度，需要注册会计师运用职业判断。

重要性与鉴证业务风险之间存在直接的关系，这种关系是一种反向的关系。重要性水平越高，鉴证业务风险越低；重要性水平越低，鉴证业务风险越高。注册会计师在确定证据收集程序的性质、时间和范围，以及评估鉴证对象信息是否不存在错报时，应当考虑这种反向关系。

4. 鉴证业务风险

鉴证业务风险是指在鉴证对象信息存在重大错报的情况下，注册会计师提出不恰当结论的可能性。

在直接报告业务中，鉴证对象信息仅体现在注册会计师的结论中，鉴证业务风险包括注册会计师不恰当地提出鉴证对象在所有重大方面遵守标准的结论的可能性。

应当说明的是，鉴证业务风险并不包含下面这种情况，即鉴证对象信息不含有重大错报，而注册会计师错误地发表了鉴证对象信息含有重大错报的结论的风险。

鉴证业务风险通常体现为重大错报风险和检查风险。重大错报风险是指鉴证对象信息在鉴证前存在重大错报的可能性。检查风险是指某一鉴证对象信息存在错报，该错报单独或连同其他错报是重大的，但注册会计师未能发现这种错报的可能性。

注册会计师对重大错报风险和检查风险的考虑受具体业务环境的影响，特别是受鉴证对象性质，以及所执行的是合理保证鉴证业务还是有限保证鉴证业务的影响。

不同保证程度的鉴证业务，要求注册会计师将鉴证业务风险降至不同的水平。合理保证的保证程度高于有限保证的保证程度，因此，注册会计师在合理保证鉴证业务中可接受的风险水平要低于有限保证鉴证业务中可接受的风险水平。

5. 证据收集程序的性质、时间和范围

证据收集程序的性质、时间和范围因具体业务的不同而不同。从理论上说，即便是针对同一项业务或同一个认定，也可能存在多种不同的证据收集程序。注册会计师应当清楚表达证据收集程序，并以适当的形式运用于合理保证的鉴证业务和有限保证的鉴证业务。

合理保证的鉴证业务和有限保证的鉴证业务都需要运用鉴证技术和方法，收集充分、适当的证据。与合理保证的鉴证业务相比，有限保证的鉴证业务在证据收集程序的性质、时间、范围等方面是有意识地加以限制的。例如，财务报表审阅业务是一项有限保证的鉴证业务，在该业务中，注册会计师主要通过询问和分析程序来获取充分、适当的证据。

无论是合理保证还是有限保证的鉴证业务，如果注意到某事项可能导致对鉴证对象信息是否需要作出重大修改产生疑问，注册会计师应当执行其他足够的程序，追踪这一事项，以支持鉴证结论。

合理保证是一个有关注册会计师收集必要的证据以便对鉴证对象信息整体提出结论的概念。在合理保证的鉴证业务中，为了能够以积极方式提出结论，注册会计师应当通过下列不断修正的、系统化的执业过程，获取充分、适当的证据：

（1）了解鉴证对象及其他的业务环境事项，在适用的情况下包括了解内部控制；

（2）在了解鉴证对象及其他的业务环境事项的基础上，评估鉴证对象信息可能存在的重大错报风险；

（3）应对评估的风险，包括制定总体应对措施以及确定进一步程序的性质、时间和范围；

（4）针对已识别的风险实施进一步程序，包括实施实质性程序，以及在必要时测试控制运行的有效性；

（5）评价证据的充分性和适当性。

6. 记录

注册会计师应当记录重大事项，以提供证据支持鉴证报告，并证明其已按照鉴证业务准则的规定执行业务。至于某一事项是否属于重大事项，需要注册会计师根据具体情况进行判断。重大事项通常包括：

（1）引起特别风险的事项；

（2）实施鉴证程序的结果，该结果表明鉴证对象信息可能存在重大错报，或需要修正以前对重大错报风险的评估和针对这些风险拟采取的应对措施；

（3）导致注册会计师难以实施必要程序的情形；

（4）导致提出非保留结论的事项。

对需要运用职业判断的所有重大事项，注册会计师应当记录推理过程和相关结论。如果对某些事项难以进行判断，注册会计师还应当记录得出结论时已知悉的有关事实。

注册会计师应当将鉴证过程中考虑的所有重大事项记录于工作底稿。

在运用职业判断确定工作底稿的编制和保存范围时，注册会计师应当考虑，使未曾接触该项鉴证业务的有经验的专业人士了解实施的鉴证程序，以及作出重大决策的依据。

（五）鉴证报告

1. 出具鉴证报告的总体要求

注册会计师应当出具含有鉴证结论的书面报告，该鉴证结论应当说明注册会计师就鉴证对象信息获取的保证。注册会计师应当考虑其他报告责任，包括在适当时与治理层沟通。

2. 鉴证结论的两种表述形式

在基于责任方认定的业务中，注册会计师的鉴证结论可以采用下列两种表述形式：①明确提及责任方认定，如"我们认为，责任方作出的'根据×标准，内部控制在所有重大方面是有效的'这一认定是公允的"。②直接提及鉴证对象和标准，如"我们认为，根据×标准，内部控制在所有重大方面是有效的"。

在直接报告业务中，注册会计师应当明确提及鉴证对象和标准。

3. 提出鉴证结论的积极方式和消极方式

在合理保证的鉴证业务中，注册会计师应当以积极方式提出结论，如"我们认为，根据×标准，内部控制在所有重大方面是有效的"或"我们认为，责任方作出的'根据×标准，内部控制在所有重大方面是有效的'这一认定是公允的"。

在有限保证的鉴证业务中，注册会计师应当以消极方式提出结论，如"基于本报告所述的工作，我们没有注意到任何事项使我们相信，根据×标准，×系统在任何重大方面是无效的"或"基于本报告所述的工作，我们没有注意到任何事项使我们相信，责任方作出的'根据×标准，×系统在所有重大方面是有效的'这一认定是不公允的"。

4. 注册会计师不能出具无保留结论报告的情况

（1）工作范围受到限制。工作范围受到限制可能导致注册会计师无法获取必要的证据以便将鉴证业务风险降至适当水平。对任何类型的鉴证业务，如果注册会计师的工作范围受到限制，注册会计师应当视受到限制的重大与广泛程度，出具保留结论或无法提出结论的报告。在某些情况下，注册会计师应当考虑解除业务约定。

（2）责任方认定未在所有重大方面作出公允表达。如果注册会计师的结论提及责任方的认定，且该认定未在所有重大方面作出公允表达，注册会计师应当视其影响的重大与广泛程度，出具保留结论或否定结论的报告。

（3）鉴证对象信息存在重大错报。如果注册会计师的结论直接提及鉴证对象和标准，且鉴证对象信息存在重大错报，注册会计师应当视其影响的重大与广泛程度，出具保留结论或否定结论的报告。

（4）标准或鉴证对象不适当。标准或鉴证对象不适当可能会误导预期使用者。在承接业务后，如果发现标准或鉴证对象不适当，可能误导预期使用者，注册会计师应当视其重大与广泛程度，出具保留结论或否定结论的报告。

标准或鉴证对象不适当还可能造成注册会计师的工作范围受到限制。在承接业务后，如果发现标准或鉴证对象不适当，造成工作范围受到限制，注册会计师应当视受到限制的重大与广泛程度，出具保留结论或无法提出结论的报告。在某些情况下，注册会计师应当考虑解除业务约定。

四、鉴证业务的种类

（一）基于责任方认定的业务和直接报告业务

按照鉴证对象信息是否以责任方认定的形式为预期使用者所获取，可将鉴证业务分为基于责任方认定的业务和直接报告业务。

在基于责任方认定的业务中，责任方对鉴证对象进行评价或计量，鉴证对象信息以责任方认定的形式为预期使用者获取。如在财务报表审计中，被审计单位管理层（责任方）对财务状况、经营成果和现金流量（鉴证对象）进行确认、计量和列报（评价或计量）而形成的财务报表（鉴证对象信息）即为责任方的认定，该财务报表可为预期使用者获取，注册会计师针对财务报表出具审计报告。这种业务属于基于责任方认定的业务。

在直接报告业务中，注册会计师直接对鉴证对象进行评价或计量，或者从责任方获取对鉴证对象评价或计量的认定，而该认定无法为预期使用者获取，预期使用者只能通过阅读鉴证报告获取鉴证对象信息。如在内部控制鉴证业务中，注册会计师可能无法从管理层（责任方）获取其对内部控制有效性的评价报告（责任方认定），或虽然注册会计师能够获取该报告，但预期使用者无法获取该报告，注册会计师直接对内部控制的有效性（鉴证对象）进行评价并出具鉴证报告，预期使用者只能通过阅读该鉴证报告获得内部控制有效性的信息（鉴证对象信息）。这种业务属于直接报告业务。

基于责任方认定的业务和直接报告业务的区别主要表现在以下四个方面。

（1）预期使用者获取鉴证对象信息的方式不同。在基于责任方认定的业务中，预期使用者可以直接获取鉴证对象信息（责任方认定），而不一定要通过阅读鉴证报告。

在直接报告业务中，可能不存在责任方认定，即便存在，该认定也无法为预期使用者所获取。预期使用者只能通过阅读鉴证报告获取有关的鉴证对象信息。

（2）注册会计师提出结论的对象不同。在基于责任方认定的业务中，注册会计师提出结论的对象可能是责任方认定，也可能是鉴证对象。此类业务的逻辑顺序是：首先，责任方按照标准对鉴证对象进行评估和计量，形成责任方认定，注册会计师获取该认定；其次，注册会计师根据适当的标准对鉴证对象再次进行评估和计量，并将结果与责任方认定进行比较；最后，注册会计师针对责任方认定提出鉴证结论，或直接针对鉴证对象提出结论。

在直接报告业务中，无论责任方认定是否存在、注册会计师能否获取该认定，注册会计师在鉴证报告中都将直接对鉴证对象提出结论。

（3）责任方的责任不同。在基于责任方认定的业务中，由于责任方已经将既定标准应用于鉴证对象，形成了鉴证对象信息（即责任方认定）。因此，责任方应当对鉴证对象信息负责。责任方可能同时也要对鉴证对象负责。例如，在财务报表审计中，被审计单位管理层既要对财务报表（鉴证对象信息）负责，也要对财务状况、经营成果和现金流量（鉴证对象）负责。

在直接报告业务中，无论注册会计师是否获取了责任方认定，鉴证报告中都不体现责任方的认定，责任方仅需要对鉴证对象负责。

(4) 鉴证报告的内容和格式不同。在基于责任方认定的业务中，鉴证报告的引言段通常会提供责任方认定的相关信息，进而说明其所执行的鉴证程序并提出鉴证结论。

在直接报告业务中，注册会计师直接说明鉴证对象、执行的鉴证程序，并提出鉴证结论。

下面，我们以预测性财务信息审核作为基于责任方认定的业务的例子，以IT系统鉴证作为直接报告业务的例子，对两类业务的区别进行比较（见表18-1）。

表18-1 基于责任方认定的业务与直接报告业务区别例解

区别	业务类型	
	基于责任方认定的业务 （预测性财务信息的审核）	直接报告业务 （IT系统鉴证）
预期使用者获取鉴证对象信息的方式	预期使用者不通过预测性财务信息的审核报告便可获取责任方认定，即企业的预测性财务信息	可能不存在责任方认定（公司管理层关于IT系统可应用性、安全性、完整性和可维护性等方面控制有效性的评价报告），或虽然存在，但该认定无法为预期使用者获取；预期使用者只能通过鉴证报告获取上述信息
提出结论的对象	鉴证对象信息，即所审核的预测性财务信息	鉴证对象，即IT系统可应用性、安全性、完整性和可维护性等方面控制的有效性
责任方的责任	责任方对鉴证对象信息负责，即对预测性财务信息负责	责任方对鉴证对象负责，即对IT系统可应用性、安全性、完整性和可维护性等方面控制的有效性负责
鉴证报告	以书面形式提供预测性财务信息的审核报告，明确提及责任方认定。 例如："我们审核了后附的ABC股份有限公司（以下简称'ABC公司'）编制的预测（列明预测涵盖的期间和预测的名称）……"	以书面形式提供鉴证报告。直接提及鉴证对象和标准，无须提及责任方认定。 例如："我们对ABC公司20×1年×月×日至20×2年×月×日期间IT服务系统可应用性、安全性、完整性和可维护性等方面控制有效性进行了审查……"

（二）合理保证的鉴证业务与有限保证的鉴证业务

按照鉴证业务的保证程度，可将鉴证业务分为合理保证的鉴证业务和有限保证的鉴证业务。

合理保证的鉴证业务的目标是注册会计师将鉴证业务风险降至该业务环境下可接受的低水平，以此作为以积极方式提出结论的基础。如在历史财务信息审计中，要求注册会计师将审计风险降至该业务环境下可接受的低水平，对审计后的历史财务信息提供高水平保证（合理保证），在审计报告中对历史财务信息采用积极方式提出结论。这种业务属于合理保证的鉴证业务。

有限保证的鉴证业务的目标是注册会计师将鉴证业务风险降至该业务环境下可接受的水平，以此作为以消极方式提出结论的基础。如在历史财务信息审阅中，要求注册会计师将审阅风险降至该业务环境下可接受的水平（高于历史财务信息审计中可接受的低水平），对审阅后的历史财务信息提供低于高水平的保证（有限保证），在审阅报告中对历史财务信息采用消极方式提出结论。这种业务属于有限保证的鉴证业务。

合理保证的鉴证业务和有限保证的鉴证业务的区别主要表现在以下几个方面：

（1）目标不同。合理保证的目标是将鉴证业务风险降至具体业务环境下可接受的低水平，以此作为以积极方式提出结论的基础，并对鉴证后的信息提供高水平的保证。

有限保证的目标是将鉴证业务风险降至具体业务环境下可接受的水平，以此作为以消极方式提出结论的基础，并对鉴证后的信息提供低于高水平的保证。但该保证水平应当是一种有意义的保证水平，即能够在一定程度上增强预期使用者对鉴证对象信息的信任。

（2）证据的收集程序不同。在合理保证的鉴证业务中，为了能够以积极方式提出结论，注册会计师应当通过一个不断修正的、系统化的执业过程，获取充分、适当的证据。其证据收集程序包括五个阶段：①了解鉴证对象及其他的业务环境事项，在适用的情况下也包括了解内部控制；②在了解鉴证对象及其他的业务环境事项的基础上，评估鉴证对象信息可能存在的重大错报风险；③应对评估的风险，包括制定总体应对措施以及确定进一步程序的性质、时间和范围；④针对已识别的风险实施进一步程序，包括实施实质性程序，以及在必要时测试控制运行的有效性；⑤评价证据的充分性和适当性。

与合理保证的鉴证业务相比，有限保证的鉴证业务在证据收集程序的性质、时间、范围等方面是有意识地加以限制的，主要采用询问和分析程序获取证据。

（3）所需证据的数量和质量不同。注册会计师需要获取充分、适当的证据作为其对鉴证对象提供某种水平保证的基础。相对于有限保证的鉴证业务而言，合理保证的鉴证业务提供的保证程度相对较高，与此相应，对证据数量和质量的要求也就更为严格。

（4）鉴证业务风险不同。鉴证业务风险通常体现为重大错报风险和检查风险。重大错报风险是指鉴证对象信息在鉴证前存在重大错报的可能性。对同一个鉴证对象与鉴证对象信息进行鉴证，不管注册会计师提供的是合理保证还是有限保证，其重大错报风险均不存在差异。但检查风险则不然，它是指某一鉴证对象信息存在错报，该错报单独或连同其他错报是重大的，但注册会计师未能发现这种错报的可能性。检查风险的高低显然取决于注册会计师所实施的证据收集程序的性质、时间和范围。由于有限保证的鉴证业务的证据收集程序在上述方面受到有意识的限制，因此，其检查风险高于合理保证的鉴证业务。相应地，有限保证的鉴证业务的风险水平高于合理保证的鉴证业务的风险水平。

（5）鉴证对象信息的可信性不同。与有限保证的鉴证业务相比，注册会计师在合理保证的鉴证业务中实施的证据收集程序更为系统和全面，收集的证据更充分，提供的保证水平更高，相应地，鉴证后的鉴证对象信息也更为可信。

（6）提出结论的方式不同。合理保证和有限保证提供的保证水平不同，鉴证后鉴证对象信息的可信性也不同，为了使预期使用者能够清楚地了解两者的区别，两者提出结论的方式也不同。合理保证的鉴证业务要求注册会计师以积极方式提出结论，有限保证的鉴证业务要求注册会计师以消极方式提出结论。

下面，我们以财务报表审计作为合理保证鉴证业务的例子，以财务报表审阅业务作为有限保证鉴证业务的例子，对两类业务的区别进行比较（见表18-2）。

表 18-2　合理保证的鉴证业务与有限保证的鉴证业务区别例解

区别	业务类型	
	合理保证的鉴证业务 （财务报表审计）	有限保证的鉴证业务 （财务报表审阅）
鉴证业务目标	在可接受的低审计风险下，以积极方式对财务报表整体发表审计意见，提供高水平的保证	在可接受的审阅风险下，以消极方式对财务报表整体发表审阅意见，提供有意义水平的保证。该保证水平低于审计业务的保证水平
证据收集程序	通过一个不断修正的、系统化的执业过程，获取充分、适当的证据，证据收集程序包括检查记录或文件、检查有形资产、观察、询问、函证、重新计算、重新执行、分析程序等	通过一个不断修正的、系统化的执业过程，获取充分、适当的证据，证据收集程序受到有意识的限制，主要采用询问和分析程序获取证据
所需证据数量	较多	较少
鉴证业务风险	较低	较高
鉴证对象信息的可信性	较高	较低
提出结论的方式	以积极方式提出结论。例如："我们认为，ABC公司财务报表已经按照企业会计准则和《××会计制度》的规定编制，在所有重大方面公允反映了ABC公司20×1年12月31日的财务状况以及20×2年度的经营成果和现金流量。"	以消极方式提出结论。例如："根据我们的审阅，我们没有注意到任何事项使我们相信，ABC公司财务报表没有按照企业会计准则和《××会计制度》的规定编制，未能在所有重大方面公允反映被审阅单位的财务状况、经营成果和现金流量。"

不管是合理保证的鉴证业务还是有限保证的鉴证业务，其保证水平一般都是事先约定好的，而不是根据注册会计师的工作执行情况再确定是提供高水平的保证还是提供低水平的保证。当然，如果业务环境变化影响到预期使用者的需求，或预期使用者对该项业务的性质存在误解时，注册会计师也可以应委托人的要求，考虑同意变更业务的保证水平。在实务工作中，保证水平的确定本身是一个相当复杂的问题，它在很大程度上取决于法律法规和执业准则的要求，以及注册会计师的职业判断。

正确理解鉴证业务准则中的保证概念，首先要将它们与"绝对保证"的概念作区分。这里，对绝对保证、合理保证和有限保证作界定是有必要的。绝对保证是指注册会计师对鉴证对象信息整体不存在重大错报提供百分之百的保证。合理保证是一个与积累必要的证据相关的概念，它要求注册会计师通过不断修正的、系统的执业过程，获取充分、适当的证据，对鉴证对象信息整体提出结论，提供一种高水平但非百分之百的保证。与合理保证相比，有限保证在证据收集程序的性质、时间、范围等方面受到有意识的限制，它提供的是一种适度水平的保证。可以看出，三者提供的保证水平逐次递减。前文已经区分过合理保证与有限保证，这里关键是要区分绝对保证与合理保证。正确理解合理保证与绝对保证的关系，有助于减轻注册会计师承担不必要的责任的风险。

由于下列因素的存在，将鉴证业务风险降至零几乎不可能，也不符合成本效益原则：

1. 选择性测试方法的运用

注册会计师要在合理的时间内以合理的成本完成鉴证任务,通常只能采用选取特定项目和抽样等选择性测试的方法对被鉴证单位的信息进行检查。选取特定项目实施鉴证程序的结果不能推断至总体;抽样也可能产生误差,在采用这两种方法的情况下,都不能百分之百地保证鉴证对象信息不存在重大错报。

2. 内部控制的固有局限性

例如,在决策时的人为判断可能出现错误和由于人为失误而导致内部控制失效;内部控制可能由于两个或更多的人员进行串通或管理层凌驾于内部控制之上,而使内部控制被规避。小型企业拥有的员工通常较少,限制了其职责分离的程度,业主凌驾于内部控制之上的可能性更大。

3. 大多数证据是说服性而非结论性的

证据的性质决定了注册会计师依靠的并非完全可靠的证据。不同类型的证据,其可靠程度存在差异,即使是可靠程度最高的证据,也有其自身的缺陷。例如,对应收账款进行函证,虽然提供的证据相对比较可靠,但受到被询证者是否认真对待询证函、是否能保持独立性和客观性、是否熟悉所函证事项等诸多因素的影响。尽管注册会计师在设计询证函时要考虑这些因素,但是很难能百分之百地保证函证结果的可靠性。

4. 在获取和评价证据以及由此得出结论时涉及大量判断

在获取证据时,注册会计师可以选择获取何种类型和何种来源的证据;获取证据之后,注册会计师要依据职业判断,对其充分性和适当性进行评价;最后依据证据得出结论时,更是离不开注册会计师的职业判断。

5. 在某些情况下鉴证对象具有特殊性

例如,鉴证对象是矿产资源的储量、艺术品的价值、计算机软件开发的进度等。

(三) 审计、审阅与其他鉴证业务

按照鉴证对象信息和保证程度的不同,可将鉴证业务分为历史财务信息审计、历史财务信息审阅和其他鉴证业务。

历史财务信息审计是指鉴证对象信息为历史财务信息的合理保证鉴证业务。在历史财务信息审计业务中,注册会计师作为独立第三方,运用专业知识、技能和经验对历史财务信息进行审计并以积极方式发表专业意见,旨在提高财务报表的可信赖程度。传统的财务报表审计业务即为一种典型的历史财务信息审计业务。财务报表审计的目标是注册会计师通过执行审计工作,对财务报表的下列方面发表审计意见:①财务报表是否按照适用的会计准则和相关会计制度的规定编制;②财务报表是否在所有重大方面公允反映被审计单位的财务状况、经营成果和现金流量。由于审计存在固有限制,审计工作不能对财务报表整体不存在重大错报提供绝对保证。

历史财务信息审阅是指鉴证对象信息为历史财务信息的有限保证鉴证业务。在历史财务信息审阅业务中,注册会计师作为独立第三方,运用专业知识、技能和经验对历史财务信息进行审阅并以消极方式发表专业意见,旨在提高财务报表的可信赖程度。传统的财务报表审阅业务即为一种典型的历史财务信息审阅业务。财务报表审阅的目标,是注册会计

师在实施审阅程序的基础上，说明是否注意到某些事项，使其相信财务报表没有按照适用的会计准则和相关会计制度的规定编制，未能在所有重大方面公允反映被审阅单位的财务状况、经营成果和现金流量。在财务报表审阅业务中，要求注册会计师将审阅风险降至该业务环境下可接受的水平（高于财务报表审计中可接受的低水平），对审阅后的财务报表提供低于高水平的保证（即有限保证），在审阅报告中对财务报表采用消极方式提出结论。

其他鉴证业务是指除历史财务信息审计和审阅业务以外的鉴证业务。简单地说，其他鉴证业务的鉴证对象信息不是历史财务信息。其他鉴证业务的保证程度分为合理保证和有限保证。有限保证的其他鉴证业务的风险水平高于合理保证的其他鉴证业务的风险水平。

五、其他鉴证业务的一般程序

（一）一般程序

其他鉴证业务的一般程序包括承接与保持业务、计划与执行业务、利用专家的工作、获取证据、考虑期后事项、形成工作记录、编制鉴证报告等，与审计工作的程序基本相同。

（二）其他鉴证业务报告

注册会计师应当根据具体业务环境选择短式报告或长式报告，将信息有效地传达给预期使用者。

短式鉴证报告应当包含下列基本内容：

1. 标题

鉴证报告的标题应当清晰表述其他鉴证业务的性质。

2. 收件人

鉴证报告的收件人是指鉴证报告应当提交的对象，在可行的情况下，鉴证报告的收件人应当明确为所有的预期使用者。

3. 鉴证对象信息（适当时也包括鉴证对象）的界定与描述

鉴证报告中对鉴证对象信息（适当时也包括鉴证对象）的界定与描述主要包括：

（1）与评价或计量鉴证对象相关的时点或期间；

（2）鉴证对象涉及的被鉴证单位或其组成部分的名称；

（3）对鉴证对象或鉴证对象信息的特征及其影响的解释，包括解释这些特征如何影响对鉴证对象按照既定标准进行评价或计量的准确性，以及如何影响所获取证据的说服力。

如果在鉴证结论中提及责任方的认定，注册会计师应当将该认定附于鉴证报告后，或在鉴证报告中复述该认定，或指明预期使用者能够从何处获取该认定。

4. 使用的标准

鉴证报告应当指出评价或计量鉴证对象所使用的标准，以使预期使用者能够了解注册会计师提出结论的依据。注册会计师可以将该标准直接包括在鉴证报告中。如果预期使用者能够获取的责任方认定中已包括该标准，或容易从其他来源获取该标准，注册会计师也可以仅在鉴证报告中提及该标准。

注册会计师应当根据具体业务环境考虑是否披露：

(1) 标准的来源，以及标准是否为公开发布标准；如果不是公开发布标准，应当说明采用该标准的理由；

(2) 当标准允许选用多种计量方法时，采用的计量方法；

(3) 使用标准时作出的重要解释；

(4) 采用的计量方法是否发生变更。

5. 适当时，对按照标准评价或计量鉴证对象存在的所有重大固有限制的说明

如果根据标准评价或计量鉴证对象存在重大固有限制，且预期鉴证报告的使用者不能充分理解，注册会计师应当在鉴证报告中明确提及该限制。

6. 责任方的界定，以及对责任方和注册会计师各自责任的说明

如果用于评价或计量鉴证对象的标准仅能为特定使用者所获取，或仅与特定目的相关，注册会计师应当在鉴证报告中指明该鉴证报告的使用仅限于特定使用者或特定目的。

7. 按照其他鉴证业务准则的规定执行业务的说明

注册会计师应当在鉴证报告中界定责任方以及责任方和注册会计师各自的责任。对于直接报告业务，注册会计师应当指明责任方对鉴证对象负责；对于基于认定的业务，注册会计师应当指明责任方对鉴证对象信息负责。注册会计师的责任是对鉴证对象信息独立地提出结论。

8. 工作概述

注册会计师应当在鉴证报告中说明，该项其他鉴证业务是按照其他鉴证业务准则的规定执行的。如果存在针对该项其他鉴证业务的具体准则，注册会计师应当根据该准则的规定决定是否在鉴证报告中特别提及该准则。

为使预期使用者了解鉴证报告所表达的保证性质，注册会计师应当参照相关的审计准则和审阅准则，在鉴证报告中概述已执行的鉴证工作。如果没有相关鉴证业务准则对特定鉴证对象的证据收集程序作出规定，注册会计师应当在概述时更具体地说明已执行的工作。

在有限保证的其他鉴证业务中，为使预期使用者理解以消极方式表达的结论所传达的保证性质，注册会计师对已执行工作的概述通常比在合理保证的其他鉴证业务中更加详细。

在有限保证的其他鉴证业务中，对已执行工作的概述应当包括下列内容：

(1) 指出证据收集程序的性质、时间和范围存在的限制，必要时，说明没有执行合理保证的其他鉴证业务中通常实施的程序；

(2) 说明由于证据收集程序比合理保证的其他鉴证业务更为有限，因此，获得的保证程度低于合理保证的其他鉴证业务的保证程度。

9. 鉴证结论

注册会计师应当在鉴证报告中清楚地说明鉴证结论。如果鉴证对象信息由多个方面组成，注册会计师可就每个方面分别提出结论。

虽然提出这些结论并非都需要执行相同水平的证据收集程序，但注册会计师应当根据某一方面执行的工作是合理保证还是有限保证，决定该方面结论的适当表达方式。

在适当情况下，注册会计师应当在鉴证报告中告知预期使用者提出该结论的背景，比

如，注册会计师的结论中可能包括"本结论是在受到鉴证报告中指出的固有限制的条件下形成的"的措辞。

在合理保证的其他鉴证业务中，注册会计师应当以积极方式提出结论，如"我们认为，根据×标准，内部控制在所有重大方面是有效的"或"我们认为，责任方作出的'根据×标准，内部控制在所有重大方面是有效的'这一认定是公允的"。

在有限保证的其他鉴证业务中，注册会计师应当以消极方式提出结论，如"基于本报告所述的工作，我们没有注意到任何事项使我们相信，根据×标准，×系统在任何重大方面是无效的"或"基于本报告所述的工作，我们没有注意到任何事项使我们相信，责任方作出的'根据×标准，×系统在所有重大方面是有效的'这一认定是不公允的"。

如果存在下列事项，且判断该事项的影响重大或可能重大，注册会计师不应当提出无保留结论：

（1）由于工作范围受到业务环境、责任方或委托人的限制，注册会计师不能获取必要的证据将鉴证业务风险降至适当水平，在这种情况下，应当出具保留结论或无法提出结论的报告；

（2）如果结论提及责任方认定，且该认定未在所有重大方面作出公允表达，注册会计师应当提出保留结论或否定结论；如果结论直接提及鉴证对象及标准，且鉴证对象信息存在重大错报，注册会计师应当提出保留结论或否定结论；

（3）在承接业务后，如果发现标准或鉴证对象不适当，可能误导预期使用者，注册会计师应当提出保留结论或否定结论；如果发现标准或鉴证对象不适当，造成工作范围受到限制，注册会计师应当出具保留结论或无法提出结论的报告。

如果某事项造成影响的重大与广泛程度不足以导致出具否定结论或无法提出结论的报告，注册会计师应当提出保留结论，并在报告中使用"除……的影响外"等措辞。

如果责任方认定已指出并适当说明鉴证对象信息存在重大错报，注册会计师应当选择下列一种方式提出鉴证结论：

（1）直接对鉴证对象和使用的标准提出保留结论或否定结论；

（2）如果业务约定条款特别要求针对责任方认定提出结论，注册会计师应当提出无保留结论，并在鉴证报告中增加强调事项段，说明鉴证对象信息存在重大错报且责任方认定已对此作出了适当说明。

如果提出无保留结论之外的其他结论，注册会计师应当在鉴证报告中清楚地说明提出该结论的理由。

10. 报告日期

鉴证报告应当注明报告日期，以使预期使用者了解注册会计师已考虑截至报告日发生的事项对鉴证对象信息和鉴证报告的影响。

11. 其他信息或解释

注册会计师可以在鉴证报告中增加不会影响鉴证结论的其他信息或解释。这些信息或解释主要包括：①注册会计师和其他参加具体业务的人员的资格和经验；②重要性水平；③在该业务的特定方面发现的问题及相关建议。鉴证报告中是否包含此类信息取决于该信息对预期使用者需求的重要程度。增加的信息应当与注册会计师的结论清楚分开，并在措辞上不影响鉴证结论。

长式报告除包括基本内容外,还包括:①对业务约定条款的详细说明;②在特定方面发现的问题以及提出的相关建议。

在长式报告中,注册会计师应当将发现的问题及相关建议与鉴证结论清楚分开,并以适当措辞指出这些问题和建议不会影响鉴证结论。

第二节　财务报表审阅

一、财务报表审阅的含义和目标

财务报表审阅业务,是指注册会计师对历史财务信息执行的审阅业务。在提供财务报表审阅服务时,注册会计师对所审阅信息是否不存在重大错报提供有限保证,并以消极方式提出结论。

财务报表审阅的目标,是注册会计师在实施审阅程序的基础上,说明是否注意到某些事项使其相信财务报表没有按照适用的会计准则和相关会计制度的规定编制,未能在所有重大方面公允反映被审阅单位的财务状况、经营成果和现金流量。

根据《中国注册会计师审阅准则第 2101 号——财务报表审阅》(以下简称《财务报表审阅准则》)的规定,注册会计师应当签订业务约定书,计划审阅工作,确定审阅程序,记录为审阅报告提供证据的重大事项和执行审阅业务的证据,形成审阅结论,出具审阅报告。

根据《财务报表审阅准则》的规定,注册会计师应当主要通过询问和分析程序获取充分、适当的证据,作为得出审阅结论的基础。注册会计师实施的审阅程序以询问和分析程序为主,通常只有在有理由相信财务报表可能存在重大错报的情况下,注册会计师才会实施追加的或更为广泛的程序。由于实施的审阅程序有限,注册会计师通过实施审阅程序不能提供在财务报表审计中要求的所有证据,不能获取足以支持合理保证的证据,审阅业务对所审阅的财务报表不存在重大错报提供有限保证,注册会计师以消极方式表达审阅结论。

二、财务报表审阅的程序

如前所述,财务报表审阅主要实施询问和分析程序,通常包括以下内容:

1. 了解被审阅单位及其环境

注册会计师应当了解被审阅单位及其环境的情况主要包括:市场供求与竞争、经营的周期性或季节性、产品生产技术的变化、经营风险、行业的现状及发展趋势、行业的关键指标及统计数据、环保要求及问题、行业适用的法律法规、行业特定会计惯例及问题、行业其他特殊惯例等。

2. 询问被审阅单位采用的会计准则和相关会计制度、行业惯例

注册会计师应当询问被审阅单位采用的会计准则和相关会计制度,包括采用的会计政策和作出的会计估计,并判断其是否符合有关规定和要求。

3. 询问被审阅单位对交易和事项的确认、计量、记录和报告的程序

询问了解被审阅单位对交易和事项的确认、计量、记录和报告的程序，即财务信息系统的处理流程，可以帮助注册会计师识别和理解交易和事项的主要类别，以及各类主要交易和事项的会计处理过程。

4. 询问财务报表中所有重要的认定

对于不同的财务报表项目，注册会计师关注的认定可能并不相同。注册会计师尤其应当关注那些具有重大错报风险的项目的认定，如存货、应收账款、营业收入等。

5. 实施分析程序，以识别异常关系和异常项目

分析程序是指注册会计师通过研究不同财务数据之间以及财务数据与非财务数据之间的内在关系，对财务信息作出评价。分析程序还包括调查识别出的、与其他相关信息不一致或与预期数据严重偏离的波动和关系。在财务报表审阅业务中，注册会计师实施的分析程序通常应当包括：将本期财务报表与前期财务报表比较；将财务报表与预期的经营成果和财务状况比较；确定某些特定的财务报表要素之间的关系是否符合根据被审阅单位的经验或行业常规预期应当存在的某种可预测的模式等。

6. 询问股东会、董事会以及其他类似机构决定采取的可能对财务报表产生影响的措施

被审阅单位的重大经营活动和决策一般都会反映在其股东会、董事会（包括下设的诸如审计委员会、提名委员会、薪酬和考核委员会、风险管理委员会等专门委员会）的会议纪要中。注册会计师应当获取和查阅这些会议纪要，并就其中可能对财务报表产生影响的措施询问被审阅单位的董事、监事和相关高级管理人员。

7. 阅读财务报表，以考虑是否遵循指明的编制基础

注册会计师应当关注财务报表的实际编制基础与被审阅单位在财务报表附注中披露的编制基础是否一致。

8. 获取其他注册会计师对被审阅单位组成部分财务报表出具的审计报告或审阅报告

被审阅单位的组成部分，是指被审阅单位的部门、分支机构、子公司、合营企业和联营企业等，其会计信息包含于主审注册会计师所审阅的财务报表中。注册会计师在作为主审注册会计师时，应当获取其他注册会计师为被审阅单位组成部分出具的审计报告或审阅报告，关注这些报告的意见类型及其对所审阅财务报表的影响，以决定审阅报告的结论类型。

在实施询问程序时，注册会计师应当特别向负责财务会计事项的人员询问下列事项：所有交易是否均已记录；财务报表是否按照指明的编制基础编制；被审阅单位业务活动、会计政策和行业惯例的变化；在实施上述八项程序时发现的问题。除此之外，注册会计师还应当询问在资产负债表日后发生的、可能需要在财务报表中调整或披露的期后事项，但注册会计师没有责任实施程序以识别审阅报告日后发生的事项。

三、财务报表审阅的结论和报告

在完成财务报表的审阅程序后，注册会计师应当复核和评价根据审阅证据得出的结论，以此作为表达有限保证的基础。审阅报告应当包括下列要素：

1. 标题

审阅报告的标题应当统一规范为"审阅报告"。

2. 收件人

审阅报告的收件人应当为审阅业务的委托人，审阅报告应当载明收件人的全称。

3. 引言段

审阅报告的引言段应当说明：①所审阅财务报表的名称、日期或涵盖的期间。②被审阅单位管理层的责任和注册会计师的责任。按照适用的会计准则和相关会计制度的规定编制财务报表，是被审阅单位管理层的责任；按照《财务报表审阅准则》的要求对被审阅单位的财务报表实施审阅工作并出具审阅报告，是注册会计师的责任。需要注意的是，如果无法对所审阅财务报表提供任何保证，则审阅报告中应当删除本段中对注册会计师责任的表述。

4. 范围段

审阅报告的范围段应当说明审阅的性质，以提示委托人和审阅报告的其他使用者，避免不恰当地使用或依赖审阅报告。具体包括下列内容：①审阅业务所依据的准则；②审阅主要限于询问和实施分析程序，提供的保证程度低于审计；③注册会计师没有实施审计，因而不发表审计意见。需要注意的是，如果无法对所审阅财务报表提供任何保证，则审阅报告中应当删除本段内容。

5. 结论段

注册会计师应当根据实施审阅程序的情况，在结论段中提出下列结论之一：

（1）无保留结论。当同时满足下面两个条件时，注册会计师对所审阅的财务报表提出无保留结论：其一，注册会计师没有注意到任何事项使其相信财务报表没有按照适用的会计准则和相关会计制度的规定编制，未能在所有重大方面公允反映被审阅单位的财务状况、经营成果和现金流量；其二，注册会计师已经按照《财务报表审阅准则》的规定计划和实施审阅工作，在审阅过程中未受到限制。

（2）保留结论。当存在下面两种情况之一时，注册会计师对所审阅的财务报表提出保留结论：其一，注册会计师注意到某些事项使其相信财务报表没有按照适用的会计准则和相关会计制度的规定编制，未能在所有重大方面公允地反映被审阅单位的财务状况、经营成果和现金流量，这些事项虽然影响重大，但其影响尚未达到"非常重大和广泛"的程度，尚不足以导致注册会计师提出否定结论；其二，注册会计师的审阅范围受到重大限制，该范围限制虽然影响重大，但其影响尚未达到"非常重大和广泛"的程度，尚不足以导致注册会计师无法提供任何保证。

在上述第二种情况下，注册会计师还需要在审阅报告的范围段中提及审阅范围受限制的情况，通常表述为"除下段（说明段）所述事项外，我们按照《中国注册会计师审阅准则第 2101 号——财务报表审阅》的规定执行了审阅业务"。在提出保留结论的情况下，审阅报告的结论段中需要使用"除了上述……所造成的影响外"等术语。

（3）否定结论。如果注册会计师注意到某些事项使其相信财务报表没有按照适用的会计准则和相关会计制度的规定编制，未能在所有重大方面公允地反映被审阅单位的财务状况、经营成果和现金流量，并且这些事项对财务报表的影响非常重大和广泛，以至于注册

会计师认为仅提出保留结论不足以揭示财务报表的误导性或错报的严重程度，则应当对财务报表提出否定结论。

在提出否定结论时，审阅报告的结论段中应当使用"由于受到前段所述事项的重大影响"等术语。

（4）无法提供任何保证。如果存在重大的范围限制，并且范围限制的影响非常重大和广泛，以至于注册会计师认为不能提供任何程度的保证时，则注册会计师不应提供任何保证。

在无法提供任何保证的审阅报告中，注册会计师应当删除引言段中对于注册会计师责任的描述，删除范围段，在说明段中说明审阅范围受限的情况，并在结论段中使用"由于受到前段所述事项的重大影响""我们无法对财务报表提供任何保证"等术语。

6. 注册会计师的签名和盖章

审阅报告应当由注册会计师签名并盖章。

7. 会计师事务所的名称、地址及盖章

审阅报告应当载明会计师事务所的名称、地址，并加盖会计师事务所公章。地址一般只需标注到其所在城市的名称即可。

8. 报告日期

审阅报告的日期是指注册会计师完成审阅工作的日期，该日期不应早于被审阅单位管理层批准财务报表的日期。

【例18-1】审阅报告参考格式

1. 无保留结论的审阅报告

审阅报告

ABC 股份有限公司全体股东：

我们审阅了后附的 ABC 股份有限公司（以下简称"ABC 公司"）财务报表，包括 2023 年 12 月 31 日的资产负债表，2023 年度的利润表、股东权益变动表和现金流量表以及财务报表附注。这些财务报表的编制是 ABC 公司管理层的责任，我们的责任是在实施审阅工作的基础上对这些财务报表出具审阅报告。

我们按照《中国注册会计师审阅准则第 2101 号——财务报表审阅》的规定执行了审阅业务。该准则要求我们计划和实施审阅工作，以对财务报表是否不存在重大错报获取有限保证。审阅主要限于询问公司有关人员和对财务数据实施分析程序，提供的保证程度低于审计。我们没有实施审计，因而不发表审计意见。

根据我们的审阅，我们没有注意到任何事项使我们相信财务报表没有按照企业会计准则和《××会计制度》的规定编制，未能在所有重大方面公允反映被审阅单位的财务状况、经营成果和现金流量。

××会计师事务所　　　　　　　　　　　　中国注册会计师：×××
（盖章）　　　　　　　　　　　　　　　　　（签名并盖章）
　　　　　　　　　　　　　　　　　　　　中国注册会计师：×××
　　　　　　　　　　　　　　　　　　　　　（签名并盖章）
中国××市　　　　　　　　　　　　　　　二〇二四年××月××日

2. 保留结论的审阅报告

审阅报告

ABC 股份有限公司全体股东：

（引言段和范围段同上，略）

ABC 公司管理层告知我们，存货以高于可变现净值的成本计价。由 ABC 公司管理层编制并经过我们审阅的计算表显示，如果根据企业会计准则规定的成本与可变现净值孰低法计价，存货的账面价值将减少××元，净利润和股东权益将减少××元。

根据我们的审阅，除了上述存货价值高估所造成的影响外，我们没有注意到任何事项使我们相信财务报表没有按照企业会计准则和《××会计制度》的规定编制，未能在所有重大方面公允反映被审阅单位的财务状况、经营成果和现金流量。

××会计师事务所　　　　　　　　　　　　　　　　中国注册会计师：×××
（盖章）　　　　　　　　　　　　　　　　　　　　　（签名并盖章）
　　　　　　　　　　　　　　　　　　　　　　　　中国注册会计师：×××
　　　　　　　　　　　　　　　　　　　　　　　　　（签名并盖章）

中国××市　　　　　　　　　　　　　　　　　　　二〇二四年××月××日

3. 否定结论的审阅报告

审阅报告

ABC 股份有限公司全体股东：

（引言段和范围段同上，略）

如财务报表附注××所述，ABC 公司在编制财务报表时对各合营企业的长期股权投资以成本法核算。根据企业会计准则的规定，ABC 公司应当对各合营企业的长期股权投资采用权益法核算。

根据我们的审阅，由于受到前段所述事项的重大影响，财务报表未能按照企业会计准则和《××会计制度》的规定编制。

××会计师事务所　　　　　　　　　　　　　　　　中国注册会计师：×××
（盖章）　　　　　　　　　　　　　　　　　　　　　（签名并盖章）
　　　　　　　　　　　　　　　　　　　　　　　　中国注册会计师：×××
　　　　　　　　　　　　　　　　　　　　　　　　　（签名并盖章）

中国××市　　　　　　　　　　　　　　　　　　　二〇二四年××月××日

4. 无法提供任何保证的审阅报告

审阅报告

ABC 股份有限公司全体股东：

我们接受委托，对后附的 ABC 股份有限公司（以下简称"ABC 公司"）财务报表（包括 2023 年 12 月 31 日的资产负债表，2023 年度的利润表、股东权益变动表和现金流量表以及财务报表附注）进行审阅。这些财务报表的编制是 ABC 公司管理层的责任。

为了审阅的需要，我们向 ABC 公司管理层及有关人员就若干重大事项进行了询问，但 ABC 公司管理层及有关人员拒绝对我们的询问作出回答。我们的审阅范围受到了严重的限制，我们无法确定这些事项对 ABC 公司财务报表整体合法性的影响程度。

由于受到前段所述事项的重大影响，我们无法对财务报表提供任何保证。

××会计师事务所　　　　　　　　　　　　　　　　中国注册会计师：×××
（盖章）　　　　　　　　　　　　　　　　　　　　　（签名并盖章）
　　　　　　　　　　　　　　　　　　　　　　　　中国注册会计师：×××
　　　　　　　　　　　　　　　　　　　　　　　　　（签名并盖章）

中国××市　　　　　　　　　　　　　　　　　　　二〇二四年××月××日

第三节 内部控制审计

为了规范注册会计师执行企业内部控制审计业务，明确工作要求，保证执业质量，根据《中国注册会计师鉴证业务基本准则》及相关执业准则，财政部于 2010 年 4 月 15 日颁布了《企业内部控制审计指引》（简称《审计指引》），中国注册会计师协会于 2011 年 10 月 11 日颁布了《企业内部控制审计指引实施意见》（简称《审计指引实施意见》），明确注册会计师对企业实施内部控制审计。2023 年 12 月 8 日，财政部、证监会发布《关于强化上市公司及拟上市企业内部控制建设推进内部控制评价和审计的通知》（财会〔2023〕30 号），要求上市公司及拟上市企业加强内部控制建设，开展内部控制评价，聘请会计师事务所实施财务报告内部控制审计。注册会计师应严格遵照《审计指引》和《审计指引实施意见》等相关规范的要求，以财政部等五部委 2008 年 6 月 28 日颁布的《企业内部控制基本规范》和 2010 年 4 月 26 日颁布的《企业内部控制应用指引》为评价企业内部控制是否有效运行的基础标准，对上市公司及拟上市企业财务报告内部控制实施审计。注册会计师应勤勉尽责，充分了解和掌握上市公司及拟上市企业财务报告内部控制建设和实施情况，综合判断上市公司及拟上市企业财务报告内部控制有效性，独立、客观、公正地发表审计意见，提高内部控制审计质量。当然，注册会计师在执行内部控制审计业务时，除遵守《审计指引》和《审计指引实施意见》外，还应当遵守中国注册会计师相关执业准则。

一、内部控制审计概述

（一）内部控制审计的重要性

内部控制是企业重要的管理活动，旨在实现企业战略目标，提高经营效率和效果，增强财务信息的真实性和可靠性，促使企业遵守相应的法律、法规等。21 世纪初发生的"安然事件""世通事件"等一系列公司财务报表舞弊事件，使人们认识到健全而有效的内部控制对预防类似事件的发生至关重要，企业的利益相关者逐渐从重视财务报告本身的可靠性转向注重对保证财务报告可靠性机制的审核，希望通过过程的有效保证结果的有效。投资者要求企业披露其内部控制相关信息，并要求注册会计师审计这些相关信息，以增强信息的可靠性。例如，美国《萨班斯-奥克斯利法案》（简称"SOX 法案"）的 404 条款和日本《金融商品交易法》要求注册会计师对企业管理层就财务报告内部控制的评价进行审计。

在我国，企业内部控制特别是财务报告内部控制，是加强财会监督、遏制财务造假、提高上市公司会计信息质量的重要基础。国发〔2020〕14 号文件明确提出"严格执行上市公司内控制度，加快推行内控规范体系，提升内控有效性"。国办发〔2021〕30 号文件要求"进一步明确会计核算、内部控制、信息化建设等要求"。尽管财政部会同证监会等相关部门，不断健全企业内部控制规范体系，逐步建立了上市公司实施、注册会计师审计、政府监管推动的内部控制实施机制，着力推动上市公司提升内部控制水平，上市公司实施企业内部控制规范总体取得一定成效，但部分上市公司仍存在对内部控制重视程度不够、内部控制缺陷标准不恰当、内部控制评价和审计未充分发挥应有作用等问题。

为高度重视内部控制建设，切实提升上市公司财务报告内部控制的有效性，充分发挥内部控制在上市公司财务报告中的控制关口前移、提升披露透明度、保护投资者权益等方面的重要作用。我国《企业内部控制基本规范》要求会计师事务所对企业内部控制的有效性进行审计、出具审计报告，《审计指引》和《审计指引实施意见》专门对内部控制审计工作进行了规范。

第一，内部控制审计为企业内部控制的经营目标成功实现提供外部助力。企业规模的扩大和内部职能部门的增多更需要企业内部协调一致，节约资源，防止工作差错和舞弊，提高经营效率，以便在竞争中立于不败之地。企业客观上要求建立完善的包括组织结构、业务程序在内的具有自我控制和自我调节功能的管理机制，企业当局希望内部审计人员能够涉足更广泛的经营管理领域，能够满足组织的各种服务需求。审计人员逐渐在财务审计的基础上把重点转移到企业经营管理领域，审计由单纯的防护性目的发展到促进企业改善经营管理中内部控制设计和执行的建设性目的。

第二，内部控制审计为企业财务信息使用者提供了可信赖程度的保障。当企业财务信息使用者无法获取内部控制评价报告，或者即使能够获取但是基于责任方的认定进行鉴证很费时间，注册会计师会选择直接对企业内部控制的有效性进行测量和评价，根据结果出具报告，信息使用者由此获得鉴证对象信息（注册会计师出具的报告），基于内部控制对降低财务报表重大错报可能性的考虑，将大大提高信息使用者对于财务报表的可信赖程度。

第三，内部控制审计为财务报表审计人员提供实质性程序的工作依据。财务报表审计的实质性程序应建立在风险评估和控制测试的基础上。内部控制设计和执行的有效性情况，是财务报表审计人员确定其工作方法、抽样重点、审计范围和审计程序的重要基础，这也是现代审计的特征。审计人员通过测试被审计单位内部控制系统的健全程度来确定其对审计资料的信赖程度。如果内部控制不健全，审计工作就要进行较全面的详细审查，反之，内部控制系统完善严密，财务报表审计人员就可省时、省力地完成任务。

（二）内部控制审计的含义

内部控制审计是指注册会计师接受委托，对被审计单位特定基准日财务报告内部控制设计与运行的有效性进行审计，发表审计意见。内部控制审计的范围，主要是企业为了合理保证财务报告及相关信息真实完整、资产安全而设计和执行的内部控制。用以合理保证资产安全的内部控制，可能涉及合理保证经营效率和效果、经营管理合法合规的内部控制。

1. 企业内部控制审计基于特定基准日

注册会计师基于基准日（如12月31日）内部控制的有效性发表意见，而不是对财务报表涵盖的整个期间的内部控制的有效性发表意见。但这并不意味着注册会计师只关注特定基准日当天的内部控制，而是要考察企业一个时期内（足够长的一段时间）内部控制的设计和运行情况。例如，注册会计师可能在6月份对企业的内部控制进行测试，发现问题

后提请企业进行整改，假设在 7 月份整改，而企业的内部控制在整改后要运行一段时间（至少 1 个月）才可观察整改效果，则 9 月份注册会计师还需再对整改后的内部控制进行测试。因此，虽然注册会计师是对企业 12 月 31 日（基准日）内部控制的设计和运行发表意见，但这里的基准日不是一个简单的时点概念，而是体现内部控制这个过程向前的延伸性。注册会计师所采用的内部控制审计的程序和方法也体现了这种延伸性。

2. 财务报告内部控制与非财务报告内部控制

《审计指引》第四条第二款规定，注册会计师应当对财务报告内部控制的有效性发表审计意见，并对内部控制审计过程中注意到的非财务报告内部控制的重大缺陷在内部控制审计报告中增加"非财务报告内部控制重大缺陷描述段"予以披露。

财务报告内部控制是指企业为了合理保证财务报告及相关信息真实完整而设计和运行的内部控制，以及用于保护资产安全的内部控制中与财务报告可靠性目标相关的控制，主要包括下列政策和程序：

（1）保证充分、适当地记录并准确、公允地反映企业的交易或事项；

（2）合理保证按照企业会计准则的规定编制财务报表；

（3）合理保证收入和支出的发生以及资产的取得、使用或处置经过适当授权；

（4）合理保证及时防止或发现并纠正未经授权的、对财务报表有重大影响的交易或事项。

非财务报告内部控制是指除财务报告内部控制之外的其他控制，通常是指为了合理保证经营的效率效果、遵守法律法规、实现发展战略而设计和运行的控制，以及用于保护资产安全的内部控制中与财务报告可靠性无关的控制。注册会计师应关注非财务报告内部控制重大缺陷情况，督促上市公司及拟上市企业不断完善内部控制体系，提升内部治理水平。

3. 企业内部控制评价与注册会计师内部控制审计

现代审计的主流是以财务报表审计为代表的对信息的检验。而随着企业经营活动和经济全球化的不断发展、社会民主意识对政府和社会团体等机构信息披露要求的不断提高，审计范围越来越广泛，审计的类型越来越多，人们对审计也越来越关心。审计是为了确认有关行为是否妥当，或者行为人所给的信息（陈述、认可）是否可靠，由独立第三方所进行的一种检验。审计对于注册会计师而言，主要是财务报表审计。SOX 法案之后，美国开始实施财务报告内部控制审计，日本、加拿大等也相继制定相关的审计准则并适时推出这项制度安排。这说明除了传统的财务报表审计外，还要有一套新的审计制度安排，即内部控制审计。也就是说，需要对内部控制预期目标的实现进行检查和评价，即建立一套内部控制评价和报告体系来提高内部控制的有效性，加强内部控制信息的透明度。这套内部控制评价与报告体系既要求管理层对内部控制的有效性进行评价，也要求中介机构对其进行审计。

《审计指引》第三条规定，建立健全和有效实施内部控制、评价内部控制的有效性，是被审计单位董事会（或类似决策机构，下同）的责任。按照《审计指引》的要求，在实施审计工作的基础上对内部控制的有效性发表审计意见，是注册会计师的责任。被审计单位对以下行为负有直接责任：按照规定编制财务报告；构建内部控制体系，并不断改进和维护，以使其发挥应有的作用；在期末出具内部控制自评报告。而注册会计师的责任只是对内部控制的有效性发表意见，对被审计单位的内部控制有效性本身不负有任何责任。

4. 整合审计

《审计指引》第五条规定，注册会计师可以单独进行内部控制审计，也可以将内部控制审计与财务报表审计整合进行（以下称"整合审计"）。

理解这一规定，有两点需要明确：一是内部控制审计与财务报表审计是两种不同的审计业务，两种审计的目标不同；二是内部控制审计与财务报表审计可以整合起来进行。

（1）内部控制审计与财务报表审计的异同。内部控制审计要求对企业内部控制设计和运行的有效性进行测试，财务报表审计也要求了解企业的内部控制，并在需要时测试内部控制，这是两种审计的相同之处，也是整合审计中可以整合的部分。但由于两种审计的目标不同，《审计指引》要求在整合审计中，注册会计师对内部控制设计和运行的有效性进行测试，要同时实现两个目标：①获取充分、适当的证据，支持在内部控制审计中对内部控制有效性发表的意见；②获取充分、适当的证据，支持其在财务报表审计中对控制风险的评估结果。

（2）两种审计的整合。财务报告内部控制审计与财务报表审计通常使用相同的重要性（重要性水平），在实务中两者很难分开。因为注册会计师在审计财务报表时需获得的信息在很大程度上依赖注册会计师对内部控制有效性得出的结论，注册会计师可以利用在一种审计中获得的结果为另一种审计中的判断和拟实施的程序提供信息。

实施财务报表审计时，注册会计师可以利用内部控制审计的结果来修改实质性程序的性质、时间安排和范围，并且可以利用该结果来支持分析程序中所使用的信息的完整性和准确性。在确定实质性程序的性质、时间安排和范围时，注册会计师需要慎重考虑识别出的控制缺陷。实施内部控制审计时，注册会计师需要评估实质性程序所发现问题的影响。最重要的是，注册会计师需要重点考虑财务报表审计中发现的财务报表错报对评价内部控制有效性的影响。

（三）内部控制审计的目标

内部控制审计的目标是就基准日企业内部控制设计与运行的有效性获取合理保证。也就是说，内部控制审计的主要作用是对企业内部控制设计与运行的有效性进行评价，对内部控制设计与运行的有效性本身不负有任何责任。所以，注册会计师不仅要对内部控制体系进行了解，也要对其设计和运行的有效性组织测试。所谓内部控制的有效性，是指内部控制体系能够为被审计单位实现经营目标提供保障的程度，包括设计的有效性和运行的有效性。

1. 设计的有效性

设计的有效性是指所设计的内控体系是否能够保障目标的实现。具体到财务报告目标来说，判断相关内部控制的设计是否有效的标准，即是否能够防止或发现并纠正财务报告的重大错报。具体到实务中，设计有效性的主要标准体现为设计的合规性和适宜性。合规性是指内部控制的设计是否符合相关指引的规定。而适宜性则是指内部控制体系的构建是否与实际情况相结合、是否与被审计单位自身条件相契合，而不是直接借鉴其他公司成熟

的内部控制体系。

2. 运行的有效性

运行的有效性是指内部控制体系能否被准确无误地理解，能否按照设计的意图有效地发挥作用。另外，对内控体系进行运行有效性评价，是在设计有效性评价的基础上进行的。如果内部控制的设计不符合有效性标准，则对其进行运行有效性的评价是没有意义的。因为即使内控体系的执行是有效的，无效的设计也必然会产生无效的结果，最终对其运行有效性的评价结果还是无效的。如果设计有效的内部控制没有得到适当的运行，那么，对其运行有效性的评价也应当是无效的。

（四）内部控制审计的原则

注册会计师应当坚持风险导向审计的基本原则，利用自上而下的审计方法。因为这种方法能够在一定程度上降低审计成本，也能够提高审计效率。注册会计师在进行审计工作时，应重点关注内部控制风险较大的领域。在这些领域花费较多的时间和精力，可以降低审计风险，防范审计失败。在风险导向审计原则的指导下，注册会计师要对企业各项活动进行风险识别和评估。注册会计师在实施审计程序的过程中，要不断地修正审计程序的性质、范围和时间安排等，使它们能够与内控风险水平相适应。这些工作的进行，当然是建立在注册会计师能够不断地获得关于被审计单位的信息的前提之下。

与传统的制度内部控制审计相比，风险导向原则下内部控制审计的优势比较明显：一方面，风险导向内部控制审计进一步扩大了审计范围。内部控制评价阶段、内部控制审核阶段和内部控制审计阶段是传统的内部控制审计发展所经历的三个阶段。内部控制审计对象的范围也随着经济的发展而不断扩大。注册会计师需要首先了解被审计单位的内外部环境，对与财务报告相关的内部控制风险进行识别和评估。在这些工作完成之后，要针对所发现的风险实施各种审计程序，以帮助企业完善内部管理。另一方面，风险导向内部控制审计对企业风险的识别和应对更加重视。风险导向内部控制审计对企业的公司治理结构、生产经营和内部控制制度中可能存在的风险更加关注，并对发现的风险采取适当的应对措施。制度内部控制审计往往是一种事后评价、监督行为，是在企业生产经营结果产生后开展的，这对已经造成的损失是没有任何补救作用的。而风险导向内部控制审计是一种防患于未然的评价、监督行为，事先预测内部控制各环节中可能存在的风险，对这些风险可能造成的影响进行评估，然后采取相应的防范措施。

风险导向原则下的内部控制审计具体程序应包括以下内容：第一，在承接审计业务和制订审计计划之前，注册会计师要实施一些必要的审计程序，充分了解企业内部控制体系的构建与运行，在此基础上决定是否承接该项业务。这样做是为了在源头上降低审计风险。如果内部控制缺陷比较严重、风险较大，则可以直接拒绝承接该项业务。这样就把风险控制在了一个较低的水平。第二，确定承接审计业务后，注册会计师需要对内控风险进行评估。这是为了评价内控体系的可信赖度。在进行这项工作时，注册会计师需要在对企业所有风险进行综合了解、分析、评价之后，根据风险大小的相对顺序来确定审计范围，然后有目标、有重点地开展评估。第三，完成了风险评估之后，还需要实施进一步的审计程序。注册会计师应当将主要审计资源分配到风险较高的部分，使得这些部分能够被重点

"照顾"。这样做的目的也是降低审计风险。第四，在完成了以上工作之后，注册会计师需要做一项相当于中期检查的工作，也就是评价之前实施的审计测试程序是否恰当，评价收集的审计证据是否适宜，即重新评价内控风险。做完这些工作之后，再对审计风险是否在可接受的范围之内作出判断。第五，完成了所有的前期工作之后，注册会计师需要综合分析所收集的审计证据，在坚持独立、谨慎等职业道德的前提下，出具符合规定的内控审计报告。注册会计师可以利用以前年度的审计工作，以尽量减少重复审计，降低审计成本。当然，注册会计师在利用以前年度的审计工作时，要考虑被审计单位的内部控制环境是否发生变化，以确定利用程度。

（五）内部控制审计的整体流程

在了解依据什么样的标准来进行审计后，接着需要研究如何进行审计，也就是采用什么样的流程、按什么步骤、用什么方法进行审计。审计人员必须计划和执行审计程序，获取充分而适当的证据，才能合理保证内部控制的有效性。这是内部控制审计业务的核心和灵魂，也是审计人员最关注的问题。内部控制审计流程具体分为三个阶段（见图18-1）：第一阶段是计划审计工作阶段。第二阶段是实施审计工作阶段。在这一阶段要采用"自上而下方式"，首先，了解企业内部控制的程序，识别公司层次的控制，识别重大账户、列报及与之相关的认定，了解错报可能的来源，选择拟测试的控制；然后对流程层面进行控制测试，主要包括测试控制设计的有效性和测试控制执行的有效性及确定对内部控制有效性的评价。而评价确定的缺陷主要是对重大缺陷的评价。第三阶段是完成审计工作阶段。这一阶段是最终形成审计意见的阶段，主要包括审计工作汇总和发表独立审计意见两个步骤。其中，审计工作汇总包括形成审计意见、获取管理层的书面声明及书面沟通。

二、计划内部控制审计工作

《审计指引》第六条指出，注册会计师应当恰当地计划内部控制审计工作，配备具有专业胜任能力的项目组，并对助理人员进行适当的督导。为了更有效和更高效地实施内部控制审计，审计人员应根据企业所处的环境和经营特点等，结合财务报表审计中对财务报告内部控制的了解，考虑审计上的重要性，从而恰当地计划内部控制审计工作，配备具有专业胜任能力的项目组，并对助理人员进行适当的督导。注册会计师可以对内部控制与财务报表进行整合审计，也可以单独进行内部控制审计，但应当分别对内部控制和财务报表发表审计意见，出具审计报告时可以合并报告也可以单独报告。在整合审计中，注册会计师应当计划和实施对控制设计和运行有效性的测试，以同时实现下列目标：获取充分、适当的证据，支持其在内部控制审计中对内部控制有效性发表的意见；获取充分、适当的证据，支持其在财务报表审计中对控制风险的评估结果。

（一）接受内部控制审计委托

注册会计师应当在了解被审计单位基本情况的基础上，考虑自身能力和能否保持独立性，初步评估审计风险，确定是否接受委托。一般来说，注册会计师在接受委托之前应确信：①委托单位的董事会承担建立内部控制并保证其有效性的责任；②董事会根据适当的、可验证的标准对其内部控制的有效性作出评价；③客观上存在或可以收集到证据来支

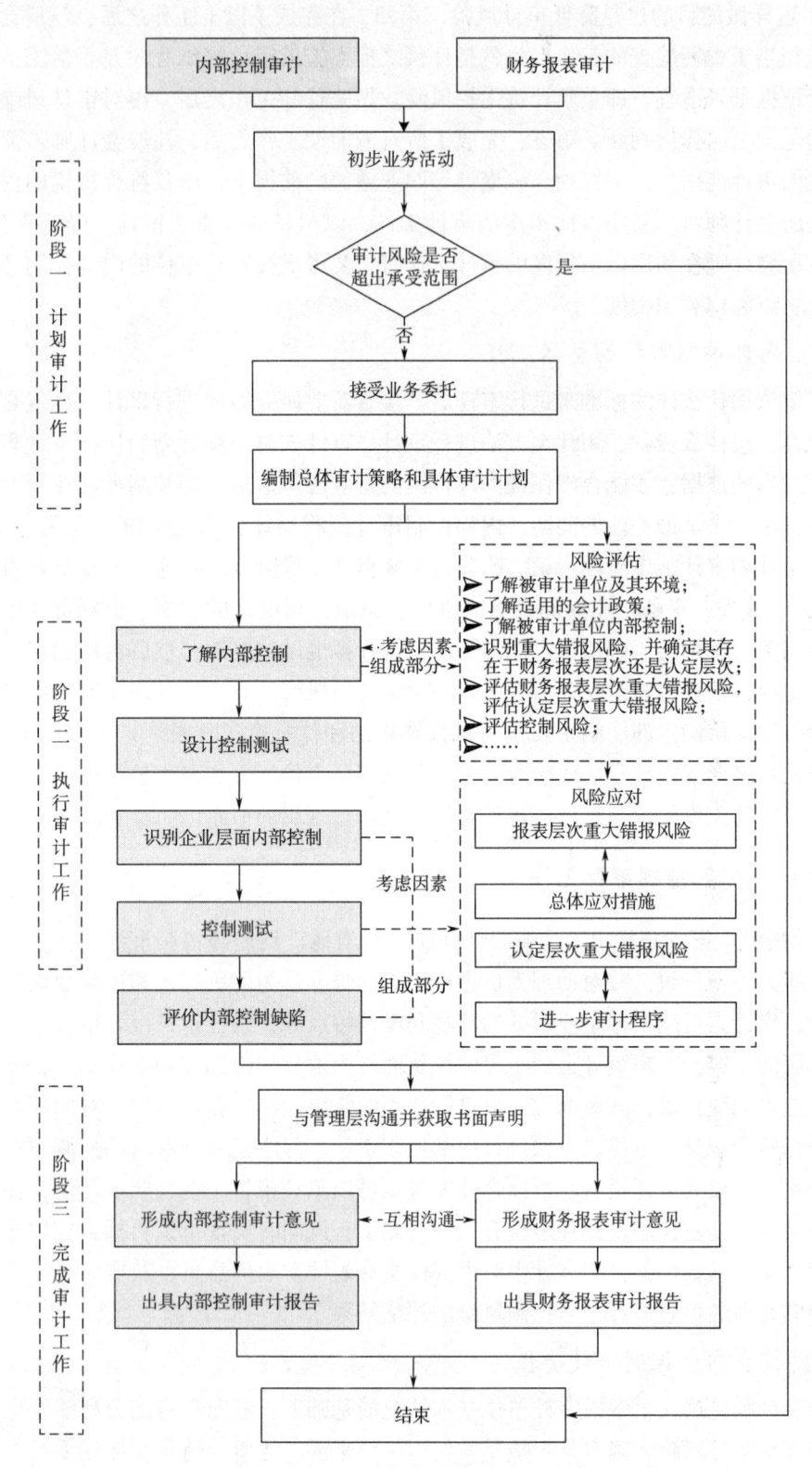

图 18-1 内部控制与财务报表的整合审计流程示意图

持董事会对内部控制的评价，或者说，董事会关于其内部控制有效性的认定是可以通过收集证据加以验证的。

如果接受委托，会计师事务所应当与委托人就约定事项达成一致意见，并签订业务约定书。业务约定书应当包括以下主要内容：

(1) 委托目的；
(2) 委托业务的性质；
(3) 审计范围；
(4) 被审计单位管理层的责任和注册会计师的责任；
(5) 内部控制的固有限制；
(6) 评价内部控制有效性的标准；
(7) 报告分发和使用的限制。

(二) 编制内部控制审计计划

1. 总体要求

注册会计师必须就内部控制审计业务进行充分的计划以便获取足够的证据来形成审计结论。审计计划的编制应当在充分了解被审计单位内部控制情况的基础上进行，包括选派合适的人员、拟定实施的程序、安排程序的实施时间、确定评价的标准、实施过程的监督等。整合审计中项目组人员的配备比较关键。在计划审计工作时，项目合伙人需要统筹考虑审计工作，挑选相关领域的人员组成项目组，同时对项目组成员进行培训和督导，以合理安排审计工作。

对内部控制的评价必须依据一定的标准，审计准则建立机构、有关监管部门和其他由专家组成的组织按照规定的程序发布的标准都可以成为内部控制的评价标准。财政部等五部委制定的《企业内部控制基本规范》和《企业内部控制应用指引》是注册会计师评价企业内部控制是否运行的基础标准。

在计划审计工作时，注册会计师应当评价下列事项对财务报表、内部控制以及审计工作的影响：①与企业相关的风险；②相关法律法规和行业概况；③企业组织结构、经营特点和资本结构等相关重要事项；④企业内部控制最近发生变化的程度；⑤与企业沟通过的内部控制缺陷；⑥重要性、风险等与确定内部控制重大缺陷相关的因素；⑦对内部控制有效性的初步判断；⑧可获取的、与内部控制有效性相关的证据的类型和范围。除了考虑以上因素外，审计人员还要了解财务报告内部控制审计与财务报表审计的关系，对企业进行风险评估，评价企业的规模和结构复杂程度，考虑是否使用其他人员（如内部审计人员）的测试工作，这些都有助于审计人员制订适当的审计计划，节约审计时间和资源，提高审计效率。注册会计师应当向董事会或管理层获取书面声明或书面认定，以及内部控制手册、流程图、调查问卷和备忘录等文件。董事会关于内部控制的书面认定应当包括的内容有：①确认董事会在建立和保持内部控制方面的责任；②声明董事会已经对内部控制的有效性进行了评价；③声明董事会已作出特定日期与财务报表相关的内部控制有效性的认定；④声明董事会在其声明书中已经揭示了其内部控制设计和执行中存在的重大缺陷；⑤声明董事会已向注册会计师告知发生的重大舞弊，以及虽不属重大但涉及管理人员或在

内部控制过程中起关键作用的员工的其他舞弊；⑥声明在董事会作出声明之后内部控制有无变化、是否出现了一些可能影响内部控制的因素，包括董事会针对内部控制的重大缺陷所采取的改进措施等。如果董事会拒绝出具书面认定，则应认为注册会计师的审核范围受到了限制，并要考虑董事会其他声明的可靠性。

2. 重视风险评估的作用

根据《审计指引》第八条的规定，在内部控制审计中，注册会计师应当以风险评估为基础，确定重要账户、列报及其相关认定，选择拟测试的控制，并确定针对所选定控制所需收集的证据。内部控制的特定领域存在重大缺陷的风险越高，应当给予该领域的审计关注就越多。内部控制不能防止或发现由舞弊导致错报的风险，通常高于其不能防止或发现由错误导致错报的风险。注册会计师应当更多地关注高风险领域，而没有必要测试那些即便有缺陷也不会有合理可能性导致财务报表重大错报的控制。进行风险评估和确定审计程序时，注册会计师应当考虑企业组织结构、经营流程或业务单元的复杂程度可能产生的重要影响。

注册会计师应当对被审计单位概况、主要经营活动及所在行业进行了解，并且对内部控制风险进行评估。在评估内部控制风险时，应当考虑以下因素：

（1）被审计单位所在行业的情况，包括行业景气程度、经营风险、技术进步等；

（2）被审计单位的内部情况，包括企业的组织结构、经营特征、资本构成、生产和业务流程、员工素质等；

（3）被审计单位近期在经营和内部控制方面的变化；

（4）董事会的诚信、能力及发生舞弊的可能性；

（5）董事会评价内部控制有效性的方法和证据；

（6）对重要性水平、固有风险及其他与确定内部控制重大缺陷有关的因素的初步判断；

（7）特定内部控制的性质及其在内部控制整体中的重要性；

（8）对内部控制有效性的初步判断。

财会〔2022〕8号特别指出，针对当前多发的上市公司财务造假和相关内部控制缺陷，提升上市公司财务报告内部控制有效性，内部控制审计的主要目标是评估和应对为迎合市场预期或特定监管要求、谋取以财务业绩为基础的私人报酬最大化、骗取外部资金、侵占资产、违规担保、内幕交易、操纵市场等动机，对财务报告信息作出虚假记载、误导性陈述或者重大遗漏的风险，特别是防范上市公司董事、监事、高级管理层和实际控制人等"关键少数"的舞弊风险。

此外，注册会计师还需要关注与评价被审计单位财务报表发生重大错报的可能性和内部控制有效性相关的公开信息，以及企业经营活动的相对复杂程度。

风险评估的理念及思路应当贯穿于整个审计过程。实施风险评估时，可以考虑固有风险及控制风险。在计划审计工作阶段，对内部控制的固有风险进行评估，作为编制审计计划的依据之一；根据对控制风险评估的结果，调整计划阶段对固有风险的判断，这是一个持续的过程。

3. 企业舞弊风险及其应对

在计划和实施内部控制审计工作时，注册会计师应当考虑财务报表审计中对舞弊风险的评估结果。在识别并测试企业层面控制和选择其他控制进行测试时，注册会计师应当评价企业的控制是否足以应对已识别的由舞弊导致的重大错报风险，并评价为应对管理层凌驾于控制之上的风险而设计的控制。

企业为应对管理层凌驾于控制之上的风险可能采取的控制包括：针对重大的非常规交易的控制，尤其是针对导致会计处理延迟或异常的交易的控制；针对期末财务报告流程中编制的分录和作出的调整的控制；针对关联方交易的控制；与管理层的重大估计相关的控制；能够减弱管理层伪造或不恰当操纵财务结果的动机及压力的控制。

4. 利用其他相关人员的工作

在计划审计工作时，注册会计师需要评估是否利用他人（包括企业的内部审计人员、内部控制评价人员、其他人员，以及董事会及其审计委员会指导下的第三方）的工作及其利用的程序，以减少可能本应由注册会计师执行的工作。

如果决定利用内部审计人员的工作，注册会计师可依据《中国注册会计师审计准则第 1411 号——利用内部审计人员的工作》的规定，利用被审计单位内部审计人员对内部控制所作的测试和评价来了解内部控制和评估控制风险。内部审计的工作结果也是董事会、管理层评价内部控制有效性的重要基础。如果拟利用他人的工作，注册会计师应当考虑被审计单位内部审计人员的专业能力、独立性及工作范围。在内部控制审计中，注册会计师利用他人工作的程度还受到与被测试控制相关风险的影响。与某项控制相关的风险越高，可利用他人工作的程度越低，注册会计师就越需要对该项控制亲自进行测试。如果其他注册会计师负责对被审计单位的一个或多个分部、分支机构、子公司等组成部分的财务报表和内部控制的审计，那么，注册会计师应当按照《中国注册会计师审计准则第 1401 号——对集团财务报表审计的特殊考虑》的规定，确定是否利用其他注册会计师的工作。

审计人员在对内部控制进行审计的过程中，要对其他人员执行的测试进行了解，有充分的证据确定是否采用相关测试工作（相关测试工作是指由其他人员执行的，为公司财务报告内部控制设计和执行有效性提供证据的测试，或者为公司财务报表的潜在错报提供证据的测试）。这种测试工作通常和审计人员亲自执行测试的时间、性质和范围相似。审计人员要判断其他人员执行的相关测试工作结果是否可以确定控制缺陷、舞弊或者财务报表的错报，如果可以，那么审计人员就要考虑这些工作结果将如何影响审计程序和审计结论。审计人员还要评价使用其他人员相关测试工作的范围。

以下是审计人员使用其他人员测试工作从而减少自己执行程序的领域：

（1）了解公司内部控制时审计人员执行的程序；
（2）风险评价时审计人员执行的程序；
（3）测试控制有效性时审计人员执行的程序；
（4）测试会计账户和披露时审计人员执行的实质性测试。

三、实施内部控制审计工作

在计划审计工作的基础上，实施内部控制审计工作主要包括：自上而下的内部控制审

计方法、了解内部控制及其测试设计、识别企业层面内部控制、测试控制设计和运行的有效性、与内部控制相关的风险与拟获取证据的关系、连续内部控制审计时的特殊考虑等内容。

（一）自上而下的内部控制审计方法

《审计指引》第十条规定，注册会计师应当按照自上而下的方法实施审计工作。自上而下的方法是注册会计师识别风险、选择拟测试控制的基本思路。SOX法案颁布后，众多专家、学者及专业机构都对如何审计财务报告内部控制提出了各自的方法。PCAOB于2004年发布了《审计准则第2号——与财务报表审计协同进行的对财务报告内部控制的审计》（简称"AS2"），并于2006年发布了《审计准则第5号——与财务报表审计相整合的财务报告内部控制审计》（简称"AS5"）替代AS2；日本也在2007年2月发布了《财务报告内部控制评价与审计准则》，CICA于2007年发布了《与财务报表审计整合的财务报告内部控制审计》。综观这些报告或准则，其中的一个共同特点就是基本使用了自上而下方式实施内部控制审计。在内部控制审计中，审计人员应当运用自上而下的方式对内部控制进行了解，以便选择拟进行测试的控制，然后对业务流程层面的内部控制进行测试与评价。也就是说，自上而下的方式要求审计人员从公司层面控制开始，然后将工作逐渐下移至重要账户、重要过程，最后展开到存在于过程、交易或应用层面的具体控制活动。这种方法将引导审计人员把注意力放在导致财务报表及相关列报的重大错报可能存在的账户、列报及认定上。之后，审计人员将验证其对公司业务流程中风险的了解，并选择拟进行测试的控制，那些控制足以应对已评估的每一个相关认定的错报风险。自上而下的方法按照下列思路展开：

（1）从财务报表初步了解内部控制的整体风险；
（2）识别企业层面控制；
（3）识别重要账户、列报及相关认定；
（4）了解错报的可能来源；
（5）选择拟测试的控制。

在财务报告内部控制审计中，自上而下的方法始于财务报表层次，从注册会计师对财务报告内部控制整体风险的了解开始，然后注册会计师将关注重点放在企业层面的控制上，并将工作逐渐下移至重大账户、列报及相关认定。这种方法将引导注册会计师把注意力放在显示有可能导致财务报表及相关列报发生重大错报的账户、列报及认定上。之后，注册会计师验证其了解到的业务流程中存在的风险，并就已评估的每个相关认定的错报风险选择足以应对这些风险的业务层面控制进行测试。在非财务报告内控审计中，自上而下的方法始于企业层面控制，并将审计测试工作逐步下移到业务层面控制。需要说明的是，自上而下的方式描述了审计人员在识别风险及测试的控制时的连续思维过程，但并不一定是审计人员将要执行审计程序的顺序。

（二）了解内部控制并设计控制测试

在了解内部控制阶段，审计人员需要了解被审计单位的内部控制五要素、识别企业层面的控制、估计审计委员会监督的有效性、识别重要的财务报表项目和披露、识别相关的财务报表认定、识别重要的交易过程和类别、了解期末财务报告的过程、识别拟测试的控制活动。审计人员了解内部控制通常所采用的方法有：询问有关管理、监督和执行人员，检查公司文件，观察有关业务处理控制的运行情况，执行穿行测试程序等。但是仅仅通过询问不能为控制设计和运行的有效性提供充分证据，需要将询问和其他测试手段结合使用才能得出企业层面内部控制有效性的结论。

了解内部控制的主要目的是确定要测试的内部控制。尽管内部控制审计的对象是作为整体与财务报告相关的内部控制，但是审计人员没有必要测试所有的控制活动，只有与保证财务报表可靠性的重要认定所对应的控制活动才是必须测试的。审计人员应采用自上而下的方式确定要测试的控制活动：

（1）了解、识别、评价总体控制的设计有效性；
（2）从财务报表层次开始识别重要账户及其业务循环；
（3）识别与每一个重要的账户相关的认定；
（4）明确重要的账户与业务循环的链接关系；
（5）识别重要的交易类别和交易的过程；
（6）应用控制测试识别可能产生错误或舞弊的环节；
（7）确定与认定相关的控制活动；
（8）明确各控制活动和重要账户及认定的链接关系。

（三）识别企业层面内部控制

从财务报表层次初步了解财务报告内部控制整体风险是自上而下方法的第一步。通过了解企业与财务报告相关的整体风险，注册会计师首先可以识别出为保持有效的财务报告内部控制而必需的企业层面内部控制。对企业层面内部控制的评价，可能增加或减少本应对其他控制进行的测试。此外，由于对企业层面内部控制的评价结果将影响注册会计师测试其他控制的性质、时间安排和范围，因此，注册会计师可以考虑在执行业务的早期阶段对企业层面内部控制进行评价。

1. 评价企业层面控制的精确度

不同的企业层面控制在性质和精确度上存在差异，这些差异可能对其他控制及其测试产生影响。

（1）某些企业层面控制，如企业经营理念、管理层的管理风格等与控制环境相关的控制，对及时防止或发现并纠正相关认定的错报的可能性有重要影响。虽然这种影响是间接的，但这些控制仍然可能影响注册会计师拟测试的其他控制以及测试程序的性质、时间安排和范围。

（2）某些企业层面控制旨在识别其他控制可能出现的失效情况，能够监督其他控制的有效性，但还不足以精确到及时防止或发现并纠正相关认定的错报。当这些控制运行有效时，注册会计师可以减少对其他控制的测试。

（3）某些企业层面控制本身能够精确到足以及时防止或发现并纠正相关认定的错报。如果一项企业层面控制足以应对已评估的错报风险，注册会计师就不必测试与该风险相关的其他控制。

2. 企业层面控制的内容

（1）与内部环境相关的控制。内部环境，即控制环境，包括治理职能和管理职能，以及治理层和管理层对内部控制及其重要性的态度、认识和措施。良好的控制环境是实施有效内部控制的基础。

（2）针对管理层（董事会、经理层）凌驾于控制之上的风险而设计的控制。该控制对所有企业保持有效的内部控制有重要影响。注册会计师可以根据对企业舞弊风险的评估作出判断，选择相关的企业层面控制进行测试，并评价这些控制能否有效应对管理层凌驾于控制之上的风险。

（3）企业的风险评估过程。风险评估过程包括识别与财务报告相关的经营风险和其他经营管理风险，以及针对这些风险采取的措施。首先，企业的内部控制能够充分识别企业外部环境（经济、政治、法律法规、竞争者行为、债权人需求、技术变革等方面）存在的风险；其次，充分且适当的风险评估过程需要包括对重大风险的估计、对风险发生可能性的评估以及确定应对风险的方法。注册会计师可以先了解企业及其内部环境的其他方面的信息，以初步了解企业的风险评估过程。

（4）对内部信息传递和财务报告流程的控制。财务报告流程的控制可以确保管理层按照适当的会计准则编制合理、可靠的财务报告并对外报告。

（5）对控制有效性的内部监督和自我评价。企业对控制有效性的内部监督和自我评价可以在企业层面实施，也可以在业务流程层面实施，包括：对运行报告的复核和核对，与外部人士的沟通，对其他未参与控制执行人员的监控活动，将信息系统记录数据与实物资产进行核对等。

此外，企业层面控制还包括：集中化的处理和控制（包括共享的服务环境）；监控经营成果的控制；针对重大经营政策和风险管理实务而采取的控制。

3. 关注错报来源

为了进一步了解潜在错报的可能来源，作为选择拟测试控制的一部分，注册会计师应当执行下列工作：

（1）了解潜在错报的可能来源以选择拟测试的控制；

（2）了解与相关认定有关的交易的处理流程，包括这些交易如何生成、批准、处理及记录；

（3）验证注册会计师已识别出的业务流程中可能发生重大错报（包括舞弊导致的错报）的环节；

（4）识别管理层用于应对这些潜在错报的控制；

（5）识别管理层用于及时防止或发现未经授权的导致财务报表发生重大错报的资产取得、使用或处置的控制。

审计人员也应当了解信息技术如何影响公司的交易流程。系统的开发、变更和保护，系统的运行和管理，以及系统的安全性等都是重要的控制点。对信息技术中风险及控制的识别并不是一个单独的评价。相反，它是自上而下方法不可或缺的一部分，该方法被用于识别重大账户、列报、认定及拟测试的控制，还被用于评估风险和分配审计资源。

执行穿行测试通常是实现了解错报来源的最有效方式。穿行测试是指追踪某笔交易从发生到最终被反映在财务报表中的整个处理过程。在执行穿行测试时，注册会计师使用的文件和信息技术应当与企业员工使用的相同。注册会计师在执行穿行测试时，通常需要综合运用询问、观察、检查相关文件及重新执行控制等程序。在执行穿行测试时，针对重要处理程序发生的环节，注册会计师可以询问企业员工对企业规定程序及控制的了解程度。这些试探性提问连同穿行测试中的其他程序，可以帮助注册会计师充分了解业务流程，识别必要控制设计无效或出现缺失的重要环节。试探性提问不限于关注穿行测试所选定的单笔交易，这有助于注册会计师了解业务流程处理的不同类型的重大交易。

（四）测试内部控制设计和运行的有效性

《审计指引》第十四条规定：注册会计师应当测试内部控制设计与运行的有效性。如果某项控制由拥有必要授权和专业胜任能力的人员按照规定的程序与要求执行，能够实现控制目标，表明该项控制的设计是有效的。如果某项控制正在按照设计运行，执行人员拥有必要授权和专业胜任能力，能够实现控制目标，表明该项控制的运行是有效的。

设计不当表明控制存在缺陷甚至重大缺陷，注册会计师在测试控制运行的有效性时，首先要考虑控制的设计。注册会计师在测试控制设计与运行的有效性时，应当综合运用询问适当人员、观察经营活动、检查相关文件、穿行测试和重新执行等方法。注册会计师测试控制有效性实施的程序，按提供证据的效力，由弱到强的排序为：询问、观察、检查、穿行测试和重新执行。其中询问本身并不能为得出控制是否有效的结论提供充分、适当的证据。执行穿行测试通常足以评价控制设计的有效性。

1. 测试内部控制设计的有效性

（1）编制控制流程图。控制流程图是对企业控制系统的程序和过程的图形化表示，可分为水平流程图和垂直流程图。水平流程图是将程序中所涉及的部门或职能以水平的方式描述在页面上的流程图。通常，代表某一部门或职能所承担的活动、应遵守的控制制度和文件资料的流程被反映在同一垂直列上。水平流程图用于描述内部控制系统，因此又被称为系统流程图。垂直流程图以从上到下的形式反映某程序的连续步骤，适用于具体的业务流程控制。

控制流程图是了解内部控制的有用工具。编制控制流程图时要注意添加文字说明以便阅读者很容易地了解相关控制。控制流程图还具有反映妨碍认定风险的重要作用。如果控制流程图不反映真实情况，就可能出现风险认识错误。因此，编制控制流程图时一定要对内部控制的现状进行仔细分析。一般情况下，被审计单位在设计内部控制时都会编制控制流程图，审计人员可以在被审计单位的控制流程图基础上确认流程图的合理性后予以应用。

（2）识别控制不能保证认定成立的风险。控制不能保证认定成立的风险源于缺少应该有的控制或者控制未被执行或者现有的控制不合理。比如，销货业务会计处理中存在这些可能性：没有对顾客的反馈作专案追查；忘记检查有无尚未开具收款账单的发货和尚未登记入账的销货业务。这些可能性就是所要识别的风险。

（3）识别关键控制。业务处理过程中容易发生偏差的环节是需要控制的环节，通常称为控制环节或控制点。根据其发挥的作用程度，控制点可以分为关键控制点和一般控制

点。那些业务处理过程中发挥作用最大、影响范围最广,甚至是决定全局成效的控制点,对保证整个业务活动的控制目标具有至关重要的影响,被称为关键控制点;相比之下,那些只能发挥局部作用、影响特定范围的控制点就是一般控制点。

(4) 编制控制风险矩阵表。控制风险矩阵表是用文字和表格将认定不能成立的风险和作用于降低风险的业务处理控制链接起来的矩阵。该矩阵表的内容包括:控制不能保证认定成立的风险;认定不能成立的风险和业务处理控制的关系;业务处理控制的具体内容;控制目标;会计认定;控制的种类;控制执行人;控制的执行制度;控制文本。

(5) 控制设计的评价。内部控制的评价方法有两种:一种是肯定或否定记录评价结果,如果是肯定的,说明业务处理控制已建立健全;如果是否定的,则说明业务处理控制未建立健全。另一种是预先规定评分标准,并确定目标分值,对内部控制的实际状况进行打分,将实际得分与目标分值进行比较,差异表示需要改善或者加强的部分。

2. 测试内部控制运行的有效性

内部控制运行的有效性取决于控制的运行是否如设计的一样,执行控制活动的人是否拥有必要的授权和胜任能力以有效地执行控制。有些企业,特别是规模较小的企业,可能利用第三方的帮助来完成一些财务报告工作。在评价负责被审计单位财务报告的人员的胜任能力及相关控制时,审计人员可以考虑该被审计单位人员与其他帮助完成财务报告工作的人员的合并胜任能力。

审计人员测试控制有效性的证据取决于实施程序的性质、时间和范围的组合。此外,就单项控制而言,测试(程序)性质、时间和范围的不同组合也可以为控制的相关风险(评估)提供充分的证据。

(1) 控制测试的性质。控制测试的性质主要是审计程序(包括询问、观察和重新执行控制活动在内的混合程序)的选择。某些种类的测试,就本质而言,比其他测试更能证实控制的有效性。审计人员实施的以下测试,按照通常能够提供的证据,由少至多排列:询问、观察、检查相关文件、穿行测试、重新执行控制。询问本身并不能为控制有效性的结论提供充分的证据。

提供适当证据的(控制)有效性测试的性质在很大程度上取决于准备测试的控制的性质,包括运行该控制是否产生书面的运行证据。某些控制的运行,如管理理念、经营风格就可能没有书面证据;规模较小、业务较简单的被审计单位可能缺乏正式的控制运行记录。这种情况下,询问和其他控制测试程序,如观察活动、检查非正式的书面记录、重新执行某些控制,可以提供控制是否有效的充分证据。

(2) 控制测试的时间。控制测试的时间是指足以确定被审计单位内部控制有效性的测试时点或期间。较长期间的控制测试与较短期间的控制测试相比,能够提供更多的控制有效性的证据。此外,测试时间越接近管理层的评估日,能提供的证据也越多。审计人员应当权衡控制测试应当更接近评估日实施,还是应当在足够长的时间范围内实施,以获取运行有效性的充分证据。

在管理层评估中指明的日期之前,管理层可能为提高控制效率、效果,弥补控制不足而改变公司的控制。如果审计人员认为这些新控制实现了控制标准的相关目标,在足够长的时间内有效,可以通过控制测试评估其设计和运行的有效性,就不需要为财务报告的内部控制发表意见而测试被替代控制的设计和运行有效性。如果被替代控制的运行有效性对控制风险评估有重大影响，审计人员应当在适当时测试被替代控制的设计和运行有效性。

（3）控制测试的范围。控制测试的范围是指与所有重要的财务报表项目和披露相关的认定对应的控制活动。控制测试的范围越广，需要获取的证据就越多。审计人员为报告特定日期的控制有效性，除应取得期中某时点控制运行有效性的证据，还应当确定需要哪些证据以证实剩余期间控制的执行情况。

为了将期中时点的测试结果更新至年末，审计人员需要获取的额外证据受到以下因素的影响：评估日之前测试的特定控制，包括控制的相关风险、性质和测试的结果；期中时点获取的关于有效性的证据的充分性；剩余期间的长短；期中时点之后，财务报告内部控制发生重大变化的可能性。某些情况下，如评估上述因素时发现向前滚动时期内部控制失效的可能性较低，则向前滚动程序仅实施询问即可。

（五）与内部控制相关的风险与拟获取证据的关系

在测试所选定控制的有效性时，注册会计师需要根据与控制相关的风险确定所需获取的证据。与控制相关的风险包括控制可能无效的风险和因控制无效而导致重大缺陷的风险。与控制相关的风险越高，注册会计师需要获取的证据就越多。

1. 与某项控制相关的风险受下列因素的影响
（1）该项控制拟防止或发现并纠正的错报的性质和重要程度；
（2）相关账户、列报及其认定的固有风险；
（3）相关账户或列报是否曾经出现错报；
（4）交易的数量和性质是否发生变化，进而可能对该项控制设计或运行的有效性产生不利影响；
（5）企业层面控制（特别是对控制有效性的内部监督和自我评价）的有效性；
（6）该项控制的性质及执行频率；
（7）该项控制对其他控制（如内部环境或信息技术一般控制）有效性的依赖程度；
（8）该项控制的执行或监督人员的专业胜任能力，以及其中的关键人员是否发生变化；
（9）该项控制是人工控制还是自动化控制；
（10）该项控制的复杂程度，以及在运行过程中依赖判断的程度。

针对每一相关认定，注册会计师都需要获取控制有效性的证据，以便对内部控制整体的有效性单独发表意见。

对于控制运行偏离设计的情况（即控制偏差），注册会计师需要考虑该偏差对相关风险评估、需要获取的证据以及控制运行有效性结论的影响。

注册会计师通过测试控制有效性获取的证据，取决于实施程序的性质、时间安排和范围的组合。就单项控制而言，注册会计师应当根据与该项控制相关的风险，适当确定实施程序的性质、时间安排和范围，以获取充分、适当的证据。

测试控制有效性实施的程序，其性质在很大程度上取决于拟测试控制的性质。某些控制可能存在文件记录，反映其运行的有效性，而另外一些控制，如管理理念和经营风格，

可能没有书面的运行证据。对缺乏正式运行证据的企业或企业的某个业务单元，注册会计师可以通过询问并结合运用观察活动、检查非正式的书面记录和重新执行某些控制等程序，获取有关控制有效性的充分、适当的证据。

2. 控制有效性的测试涵盖期间与提供控制有效性的证据数量成同方向变化

注册会计师需要获取内部控制在企业内部控制自我评价基准日前足够长的期间内有效运行的证据。对控制有效性的测试实施的时间安排越接近企业内部控制自我评价基准日，所提供的控制有效性的证据越有力。因此，《审计指引》第十七条规定，注册会计师在确定测试的时间安排时，应当在下列两个因素之间作出平衡，以获取充分、适当的证据：

（1）尽量在接近企业内部控制自我评价基准日实施测试；

（2）实施的测试需要涵盖足够长的期间。

在企业内部控制自我评价基准日之前，管理层可能为提高控制效率、效果或弥补控制缺陷而改变企业的控制。如果新的控制实现了相关控制目标，运行足够长的时间，并且注册会计师能够测试并评价该项控制设计和运行的有效性，则无须测试被取代的控制。如果被取代的控制设计和运行的有效性对控制风险的评估有重大影响，注册会计师则需要测试该项控制的有效性。

3. 期中测试结果的合理延伸

注册会计师执行内部控制审计业务通常旨在对企业内部控制自我评价基准日（通常为年末）内部控制的有效性发表意见。如果已获取有关控制在期中运行有效性的证据，注册会计师应当确定还需要获取哪些补充证据，以证实在剩余期间控制的运行情况。在将期中测试的结果更新至年末时，注册会计师需要考虑下列因素，以确定需获取的补充证据：

（1）期中测试的特定控制的有关情况，包括与控制相关的风险、控制的性质和测试的结果；

（2）期中获取的有关证据的充分性、适当性；

（3）剩余期间的长短；

（4）期中测试之后，内部控制发生重大变化的可能性及变化情况。

（六）连续内部控制审计时的特殊考虑

在连续审计中，注册会计师在确定测试的性质、时间安排和范围时，还需要考虑以前年度执行内部控制审计时了解的情况。

影响连续审计中与某项控制相关的风险的因素，除"（五）与内部控制相关的风险与拟获取证据的关系"中所列的10项因素外，还包括：

（1）以前年度审计中所实施程序的性质、时间安排和范围；

（2）以前年度对控制的测试结果；

（3）上次审计之后控制或其运行流程的变化，尤其是IT环境的变化。

在考虑上述风险因素以及连续审计中可获取的进一步信息之后，只有当认为与控制相关的风险水平比以前年度有所下降时，注册会计师在本年度审计中才可以减少测试。

为保证控制测试的有效性，使测试具有不可预见性，并能应对环境的变化，注册会计师需要每年改变控制测试的性质、时间安排和范围。每年在期中不同的时段测试控制，并增加或减少所执行测试的数量和种类，或者改变所使用测试程序的组合等。

四、内部控制审计评价

（一）评价内部控制缺陷的总体要求

如果控制的设计或运行不能使管理层或员工在正常履行职责的过程中及时防止或发现错报，则表明内部控制存在缺陷。内部控制存在的缺陷包括设计缺陷和运行缺陷。设计缺陷是指缺少为实现控制目标所必需的控制，或现存控制设计不适当，即使正常运行也难以实现控制目标。运行缺陷是指现存设计完好的控制没有按设计意图运行，或执行人员没有获得必要授权或缺乏胜任能力以有效地实施控制。

如果某项控制的设计、实施或运行不能及时防止或发现并纠正财务报表错报，则表明内部控制存在缺陷。如果企业缺少用以及时防止或发现并纠正财务报表错报的必要控制，同样表明存在内部控制缺陷。

内部控制的缺陷，按严重程度可分为重大缺陷、重要缺陷和一般缺陷。

（1）重大缺陷是指一个或多个控制缺陷的组合可能导致企业严重偏离控制目标。具体到财务报告内部控制上，就是内部控制中存在的可能导致不能及时防止或发现并纠正财务报表重大错报的一个或多个控制缺陷的组合。

（2）重要缺陷是指一个或多个控制缺陷的组合，其严重程度和经济后果低于重大缺陷，但仍有可能导致企业偏离控制目标。具体就是内部控制中存在的严重程度不如重大缺陷，但足以引起企业财务报告监督人员关注的一个或多个控制缺陷的组合。

（3）一般缺陷是指重大缺陷、重要缺陷之外的其他缺陷。

注册会计师需要评价其注意到的各个控制缺陷的严重程度，以确定这些缺陷单独或组合起来是否构成重大缺陷。但是，在计划和实施审计工作时，不要求注册会计师寻找单独或组合起来不构成重大缺陷的控制缺陷。

下列迹象可能表明企业的内部控制存在重大缺陷：

（1）注册会计师发现董事、监事和高级管理人员舞弊；

（2）企业更正已经公布的财务报表；

（3）注册会计师发现当期财务报表存在重大错报，而内部控制在运行过程中未能发现该错报；

（4）企业审计委员会和内部审计机构对内部控制的监督无效。

财务报告内部控制缺陷的严重程度取决于：

（1）控制缺陷导致账户余额或列报错报的可能性；

（2）因一个或多个控制缺陷的组合导致潜在错报的金额大小。

控制缺陷的严重程度与账户余额或列报是否发生错报无必然对应关系，而取决于控制缺陷是否可能导致错报。评价控制缺陷时，注册会计师需要根据财务报表审计中确定的重要性水平，支持对财务报告控制缺陷重要性的评价。注册会计师需要运用职业判断，考虑并衡量定量和定性因素，同时要对整个思考判断过程进行记录，尤其是详细记录关键判断

和得出结论的理由。而且,对于"可能性"和"重大错报"的判断,在评价控制缺陷严重性的记录中,注册会计师需要给予明确的考量和陈述。

如果注册会计师确定发现的一个控制缺陷或多个控制缺陷的组合将导致审慎的管理人员在执行工作时认为自身无法合理保证按照企业会计准则的规定记录交易,那么,应当将这一个控制缺陷或多个控制缺陷的组合视为存在重大缺陷的迹象。

(二) 评价内部控制缺陷的基本步骤

1. 考虑已发现的控制缺陷与防止或发现财务报表出现重大错报是否直接关联

与财务报告认定间接相关的控制通常是那些为促进其他控制有效运行的控制,作为财务报告内部控制整体设计的一部分;一些公司层面控制和信息系统总体控制也可能与一个或多个财务报告认定直接相关;注册会计师在评估与财务报告认定只是间接相关的控制缺陷的严重性时,应当考虑由此缺陷(或同类缺陷汇总)导致的可能出现或已经出现的控制缺陷的可能性和重大程度;在评估信息系统总体控制缺陷时,注册会计师应当针对在其基础上运行的系统自动控制的可靠性,考虑单独或汇总的影响;考虑企业战略、经营效率效果、资产安全、法律法规等其他目标。

2. 确定一个缺陷或缺陷汇总是否存在合理的可能性导致重大错报

注册会计师需要评估缺陷(无论单独或汇总)导致财务报表出现重大错报的可能性。注册会计师在评价一个缺陷或缺陷汇总是否存在合理的可能性导致财务报表出现重大错报时,可以考虑一些有关"可能性"的风险因素。

3. 确定一个缺陷或缺陷汇总可能导致财务报表出现重大错报的重大程度

注册会计师需要从定量的角度出发,考虑是否存在合理的可能性导致财务报表出现重大错报,其不能被一个控制或控制组合所预防或及时发现,而且对财务报告或相关领域产生重大影响。对于重要性(如对财务报告在金额上产生重大影响)的考虑,应当与财务报告审计的评价依据一致。注册会计师需要从定性的角度出发,考虑一个缺陷或缺陷汇总导致出现重大错报的相关因素,以及对依赖此信息的人员的预期需要考虑的其他因素。

4. 重要性判断

注册会计师需要运用职业判断,评估缺陷的重要程度是否足以引起企业相关监管人员的关注,同时也要考虑与此缺陷或缺陷汇总相关的企业特有的事实和环境。

5. 考虑补偿性控制

注册会计师应当评估补偿性控制,决定已确认的控制缺陷或缺陷汇总是否存在合理的可能性导致财务报表出现重大错报。为了得出补偿性控制有效运行的结论,注册会计师应当获取其运行有效的证据。以一定程度的精确性有效运行的补偿性控制单独或组合起来,将可能预防或发现财务报表出现重大错报,因而会减少或减轻已确认的控制缺陷所导致的潜在影响。注册会计师应该在评估控制缺陷严重性之前适当考虑补偿性控制。

6. 确认是否不属于控制缺陷

某些情况(如重大审计调整、重述以前年度已公布的财务报告)可能并不是由控制缺陷本身导致的。这些情况通常包括了特有的事实和环境,并且被定性的因素所影响。

7. 最后的定性判断

在评估一个缺陷或缺陷汇总的严重性时,注册会计师应当考虑一名足够知情、有胜任能力且客观的管理人员是否会认为此控制缺陷或缺陷汇总为重大缺陷。如果存在产生重大错报的风险相当高的情况,此控制缺陷或缺陷汇总应当被视为重大缺陷。

(三)评价内部控制缺陷举例

1. 评价单个控制缺陷举例

下面以未按时进行公司间对账为例,说明如何评价财务报告内部控制的控制缺陷。某公司每月处理大量的公司间常规交易。公司间的单项交易并不重大,主要是涉及资产负债表的活动。公司制度要求逐月进行公司间对账,并在业务单元间函证余额。注册会计师了解到,目前公司没有按时开展对账工作,但公司管理层每月执行相应的程序对挑选出的大额公司间账目进行调查,并编制详细的营业费用差异分析表来评估其合理性。基于上述情况,注册会计师可以确定此控制缺陷为重要缺陷。理由是:该控制缺陷引起的财务报表错报可以被合理地预计为介于重要和重大之间,公司间单项交易并不重大,这些交易限于资产负债表项目,而且每月执行的补偿性控制应该能够发现重大错报。

仍使用上例。公司每月处理的大量公司间交易涉及广泛的业务活动,包括公司间的存货转移、研究开发成本向业务单元的分摊,公司间单项交易常常是重大的。公司制度要求逐月进行公司间对账,并在业务单元间函证余额。注册会计师了解到,目前公司没有按时开展对账工作,这些账目经常出现重大差异。而且,公司管理层没有执行任何补偿性控制来调查重大的公司间账目差异。基于上述情况,注册会计师可以确定此控制缺陷为重大缺陷。理由是:该控制缺陷引起的财务报表错报可以被合理地预计为重大,公司间单项交易常常是重大的,而且涉及大范围活动,在公司间账目上尚未对账的差异是重要的,这种错报常常发生,财务报表错报可能出现,而且补偿性控制无效。

2. 评价多个控制缺陷举例

例如,注册会计师识别出以下控制缺陷:

(1)对特定信息系统访问控制的权限分配不当;

(2)存在若干明细账不合理交易记录(交易无论是单项的还是汇总的,都不重要);

(3)缺乏对受不合理交易记录影响的账户余额的及时对账。

上述每个缺陷均单独代表一个重要缺陷。基于这一情况,注册会计师可以确定这些重要缺陷合并构成重大缺陷。因为,就个别重要缺陷而言,这些缺陷有一定可能性各自导致金额未达到重要性水平的财务报表错报,但这些重要缺陷影响同类会计账户,有一定可能性导致内部控制不能防止或发现并纠正重大错报的发生。因此,这些重要缺陷组合在一起符合重大缺陷的定义。

五、完成内部控制审计工作

完成内部控制审计工作应包括形成内部控制审计意见、获取管理层书面声明、内部控制相关事项沟通等。

(一)形成内部控制审计意见

注册会计师需要评价从各种来源获取的证据,包括对控制的测试结果、财务报表审计中发现的错报以及已识别的所有控制缺陷,以形成对内部控制有效性的审计意见。在评价

证据时，注册会计师需要查阅本年度与内部控制相关的内部审计报告或类似报告，并评价这些报告中提到的控制缺陷。

在对企业内部控制的有效性形成意见后，注册会计师应当评价企业管理层内部控制评估报告中对财务报告和相关信息的真实性、完整性，以及与资产安全相关的内部控制的表达是否符合有关法律法规的要求。如果注册会计师确认管理层的财务报告内部控制年度报告要素不完整或表述不恰当，则应在报告中增加说明段，以解释其确认的原因。如果注册会计师确认必要的内部控制重大缺陷披露未在所有重大方面公允表达，则应当出具否定意见的审计报告。

只有在审计范围没有受到限制时，注册会计师才能对内部控制的有效性形成意见。如果审计范围受到限制，注册会计师需要解除业务约定或出具无法表示意见的内部控制审计报告。

(二) 获取管理层书面声明

注册会计师需要取得企业管理层认可的书面声明，书面声明需要包括下列内容：

(1) 企业董事会认可其对建立健全和有效实施内部控制负责；

(2) 企业已对内部控制的有效性作出自我评价，并说明评价时采用的标准以及得出的结论；

(3) 企业没有利用注册会计师执行的审计程序及其结果作为自我评价的基础；

(4) 企业已向注册会计师披露识别出的内部控制所有缺陷，并单独披露其中的重大缺陷和重要缺陷；

(5) 对于注册会计师在以前年度审计中识别的、已与审计委员会沟通的重大缺陷和重要缺陷，企业是否已经采取措施予以解决；

(6) 在企业内部控制自我评价基准日后，内部控制是否发生重大变化，或者存在对内部控制具有重要影响的其他因素。

此外，书面声明中还包括导致财务报表重大错报的所有舞弊，以及不会导致财务报表重大错报但涉及管理层和其他在内部控制中具有重要作用的员工的所有舞弊。

如果企业拒绝提供或以其他不当理由回避书面声明，注册会计师需要将其视为审计范围受到限制，解除业务约定或出具无法表示意见的内部控制审计报告。同时，注册会计师需要评价企业拒绝提供书面声明对其他声明（包括在财务报表审计中获取的声明）的可靠性产生的影响。

注册会计师需要按照《中国注册会计师审计准则第1341号——书面声明》的规定，确定声明书的签署者、声明书涵盖的期间以及何时获取更新的声明书等。

(三) 内部控制相关事项沟通

注册会计师需要与企业沟通审计过程中识别的所有控制缺陷，对于其中的重大缺陷和重要缺陷，需要以书面形式与董事会和经理层沟通。《中国注册会计师审计准则第1152号——向治理层和管理层通报内部控制缺陷》要求注册会计师以书面形式及时向治理层通报审计过程中识别出的值得关注的内部控制缺陷。

值得关注的内部控制缺陷包括重大缺陷和重要缺陷。对于重大缺陷，注册会计师需要以书面形式与企业的董事会及其审计委员会进行沟通。如果认为审计委员会和内部审计机构对内部控制的监督无效，注册会计师需要就此以书面形式直接与董事会和经理层沟通。对于重要缺陷，注册会计师需要以书面形式与审计委员会沟通。

虽然并不要求注册会计师执行足以识别所有控制缺陷的程序，但注册会计师需要沟通其注意到的所有内部控制缺陷。如果发现企业存在或可能存在舞弊或违反法规行为，注册会计师需要按照《中国注册会计师审计准则第1141号——财务报表审计中与舞弊相关的责任》《中国注册会计师审计准则第1142号——财务报表审计中对法律法规的考虑》的规定，确定并履行自身的责任。

六、出具内部控制审计报告

注册会计师通过必要的审计程序审计企业内部控制有效性后，根据审计情况发表独立审计意见，出具独立审计报告。注册会计师应当在审计报告中清楚地表达对内部控制有效性的意见，并对出具的审计报告负责。注册会计师可以选择出具关于企业财务报表和财务报告内部控制的合并报告（既包括对财务报表的审计意见，也包括对财务报告内部控制的审计意见）或单独报告。

（一）标准内部控制审计报告的要素

当注册会计师出具的无保留意见的内部控制审计报告不附加说明段、强调事项段或任何修饰性用语时，该报告称为标准内部控制审计报告。标准内部控制审计报告包括下列要素：

1. 标题

内部控制审计报告的标题统一规范为"内部控制审计报告"。

2. 收件人

内部控制审计报告的收件人是指注册会计师按照业务约定书的要求致送内部控制审计报告的对象，一般是指审计业务的委托人。

3. 引言段

本段说明企业的名称和内部控制已经过审计。

4. 企业对内部控制的责任段

本段说明按照《企业内部控制基本规范》《企业内部控制应用指引》《企业内部控制评价指引》的规定，建立健全和有效实施内部控制并评价其有效性是企业董事会的责任。

5. 注册会计师的责任段

本段说明在实施审计工作的基础上对财务报告内部控制的有效性发表审计意见，并对注意到的非财务报告内部控制的重大缺陷进行披露是注册会计师的责任。

6. 内部控制固有局限性的说明段

内部控制无论如何有效，都只能为企业实现控制目标提供合理保证。内部控制实现目标的可能性受其固有限制的影响，注册会计师需要在本段说明内部控制具有固有局限性，存在不能防止和发现错报的可能性。此外，由于情况的变化可能导致内部控制变得不恰当，或对控制政策和程序遵循的程度降低，根据内部控制审计结果推测未来内部控制的有

效性具有一定风险。

7. 财务报告内部控制审计意见段

如果符合下列所有条件，注册会计师应当对财务报告内部控制发表无保留意见：

（1）企业按照《企业内部控制基本规范》、《企业内部控制应用指引》、《企业内部控制评价指引》以及企业自身内部控制制度的要求，在所有重大方面保持了有效的内部控制。

（2）注册会计师已经按照《审计指引》的要求计划和实施审计工作，在审计过程中未受到限制。

8. 非财务报告内部控制重大缺陷描述段

对于审计过程中注意到的非财务报告内部控制缺陷，如果发现某项或某些控制对企业发展战略、法规遵循、经营的效率效果等控制目标的实现有重大不利影响，确定该项非财务报告内部控制缺陷为重大缺陷，应当以书面形式与企业董事会和经理层沟通，提醒企业加以改进；同时在内部控制审计报告中增加本段，就重大缺陷的性质和对实现相关控制目标的影响程度进行披露，提示内部控制审计报告使用者注意相关风险，但无须对其发表审计意见。

9. 注册会计师的签名和盖章

10. 会计师事务所的名称、地址及盖章

11. 报告日期

如果内部控制审计和财务报表审计整合进行，那么注册会计师对内部控制审计报告和财务报表审计报告需要签署相同的日期。

（二）非标准内部控制审计报告

1. 带强调事项段的非标准内部控制审计报告

注册会计师认为财务报告内部控制虽不存在重大缺陷，但仍有一项或者多项重大事项需要提请内部控制审计报告使用人注意的，需要在内部控制审计报告中增加强调事项段予以说明。注册会计师需要在强调事项段中指明，该段内容仅用于提醒内部控制审计报告使用者关注，并不影响对财务报告内部控制发表的审计意见。

2. 否定意见的内部控制审计报告

注册会计师认为财务报告内部控制存在一项或多项重大缺陷的，除非审计范围受到限制，需要对财务报告内部控制发表否定意见。注册会计师出具否定意见的内部控制审计报告，还需要包括重大缺陷的定义、性质及对财务报告内部控制的影响程度。

3. 无法表示意见的内部控制审计报告

注册会计师只有实施了必要的审计程序，才能对内部控制的有效性发表意见。注册会计师审计范围受到限制的，需要解除业务约定或出具无法表示意见的内部控制审计报告，并就审计范围受到限制的情况，以书面形式与董事会进行沟通。

注册会计师在出具无法表示意见的内部控制审计报告时，需要在内部控制审计报告中指明审计范围受到限制，无法对内部控制的有效性发表意见，并单设段落说明无法表示意见的实质性理由。注册会计师不应在内部控制审计报告中指明所执行的程序，也不应描述内部控制审计的特征，以避免报告使用者对无法表示意见产生误解。注册会计师在已执行的有限程序中发现财务报告内部控制存在重大缺陷的，需要在内部控制审计报告中对重大缺陷作出详细说明。

4. 期后事项与非标准内部控制审计报告

在企业内部控制自我评价基准日并不存在，但在该基准日之后至审计报告日之前（简称"期后期间"）内部控制可能发生变化，或出现其他可能对内部控制产生重要影响的因素。注册会计师需要询问是否存在这类变化或影响因素，并获取企业关于这些情况的书面声明。

注册会计师知悉对企业内部控制自我评价基准日内部控制有效性有重大负面影响的期后事项的，需要对财务报告内部控制发表否定意见。注册会计师不能确定期后事项对内部控制有效性的影响程度的，需要出具无法表示意见的内部控制审计报告。

在出具内部控制审计报告之后，如果知悉在审计报告日已存在的、可能对审计意见产生影响的情况，注册会计师需要按照《中国注册会计师审计准则第1332号——期后事项》的规定办理。

【例18-2】企业内部控制审计报告范例

1. 标准内部控制审计报告

内部控制审计报告

××股份有限公司全体股东：

按照《企业内部控制审计指引》及中国注册会计师执业准则的相关要求，我们审计了××股份有限公司（以下简称"××公司"）2023年×月×日的财务报告内部控制的有效性。

一、企业对内部控制的责任

按照《企业内部控制基本规范》《企业内部控制应用指引》《企业内部控制评价指引》的规定，建立健全和有效实施内部控制并评价其有效性是企业董事会的责任。

二、注册会计师的责任

我们的责任是在实施审计工作的基础上，对财务报告内部控制的有效性发表意见，并对注意到的非财务报告内部控制的重大缺陷进行披露。

三、内部控制的固有局限性

内部控制具有固有局限性，存在不能防止和发现错报的可能性。此外，由于情况的变化导致内部控制变得不恰当，或对控制政策和程序的遵循程度降低，根据内部控制审计结果推测未来内部控制有效性具有一定的风险。

四、财务报告内部控制审计意见

我们认为，××公司按照《企业内部控制基本规范》及相关规定在所有重大方面保持了有效的财务报告内部控制。

五、非财务报告内部控制的重大缺陷

在内部控制审计过程中，我们注意到××公司的非财务报告内部控制存在重大缺陷［描述该缺陷的性质及对实现相关控制目标的影响程度］。由于存在上述重大缺陷，我们提醒报告使用者注意相关风险。需要指出的是，我们并不对××公司的非财务报告内部控制发表意见或提供保证。本段内容不影响对财务报告内部控制有效性发表的审计意见。

××会计师事务所　　　　　　　　　　　　中国注册会计师：×××
（盖章）　　　　　　　　　　　　　　　　　（签名并盖章）
　　　　　　　　　　　　　　　　　　　　中国注册会计师：×××
　　　　　　　　　　　　　　　　　　　　　（签名并盖章）

中国××市　　　　　　　　　　　　　　　　二〇二四年××月××日

2. 带强调事项段的无保留意见内部控制审计报告

内部控制审计报告

××股份有限公司全体股东：

　　按照《企业内部控制审计指引》及中国注册会计师执业准则的相关要求，我们审计了××股份有限公司（以下称"××公司"）2023年×月×日的财务报告内部控制的有效性。

　　["一、企业对内部控制的责任"至"五、非财务报告内部控制的重大缺陷"参见标准内部控制审计报告相关段落表述。]

　　六、强调事项

　　我们提醒内部控制审计报告使用者关注，（描述强调事项的性质及对内部控制的重大影响）。本段内容不影响对财务报告内部控制发表的审计意见。

　　××会计师事务所　　　　　　　　　　　　　　　中国注册会计师：×××
　　（盖章）　　　　　　　　　　　　　　　　　　　　　（签名并盖章）
　　　　　　　　　　　　　　　　　　　　　　　　　中国注册会计师：×××
　　　　　　　　　　　　　　　　　　　　　　　　　　　（签名并盖章）

　　中国××市　　　　　　　　　　　　　　　　　　二〇二四年××月××日

---

3. 否定意见内部控制审计报告

内部控制审计报告

××股份有限公司全体股东：

　　按照《企业内部控制审计指引》及中国注册会计师执业准则的相关要求，我们审计了××股份有限公司（以下称"××公司"）2023年×月×日的财务报告内部控制的有效性。

　　["一、企业对内部控制的责任"至"三、内部控制的固有局限性"参见标准内部控制审计报告相关段落表述。]

　　四、导致否定意见的事项

　　重大缺陷，是指一个或多个控制缺陷的组合，可能导致企业严重偏离控制目标。

　　[指出注册会计师已识别出的重大缺陷，并说明重大缺陷的性质及对财务报告内部控制的影响程度。]

　　有效的内部控制能够为财务报告及其信息的真实完整提供合理保证，而上述重大缺陷使××公司内部控制失去这一功能。

　　五、财务报告内部控制审计意见

　　我们认为，由于存在上述重大缺陷及其对实现控制目标的影响，××公司未能按照《企业内部控制基本规范》和相关规定在所有重大方面保持有效的财务报告内部控制。

　　六、非财务报告内部控制的重大缺陷

　　[参见标准内部控制审计报告相关段落表述。]

　　××会计师事务所　　　　　　　　　　　　　　　中国注册会计师：×××
　　（盖章）　　　　　　　　　　　　　　　　　　　　　（签名并盖章）
　　　　　　　　　　　　　　　　　　　　　　　　　中国注册会计师：×××
　　　　　　　　　　　　　　　　　　　　　　　　　　　（签名并盖章）

　　中国××市　　　　　　　　　　　　　　　　　　二〇二四年××月××日

4. 无法表示意见内部控制审计报告

内部控制审计报告

××股份有限公司全体股东：

我们接受委托，对××股份有限公司（以下简称"××公司"）2023年×月×日的财务报告内部控制进行审计。

[删除注册会计师的责任段，"一、企业对内部控制的责任"和"二、内部控制的固有局限性"参见标准内部控制审计报告相关段落表述。]

三、导致无法表示意见的事项

[描述审计范围受到限制的具体情况。]

四、财务报告内部控制审计意见

由于审计范围受到上述限制，我们未能实施必要的审计程序以获取发表意见所需的充分、适当证据，因此，我们无法对××公司财务报告内部控制的有效性发表意见。

五、识别的财务报告内部控制重大缺陷

[如在审计范围受到限制前执行有限程序未能识别出重大缺陷，则应删除本段。]

重大缺陷，是指一个或多个控制缺陷的组合，可能导致企业严重偏离控制目标。

尽管我们无法对××公司财务报告内部控制的有效性发表意见，但在我们实施有限程序的过程中发现了以下重大缺陷：

[指出注册会计师已识别出的重大缺陷，并说明重大缺陷的性质及对财务报告内部控制的影响程度。]

有效的内部控制能够为财务报告及其信息的真实完整提供合理保证，而上述重大缺陷使××公司内部控制失去这一功能。

六、非财务报告内部控制的重大缺陷

[参见标准内部控制审计报告相关段落表述。]

××会计师事务所 （盖章）	中国注册会计师：××× （签名并盖章） 中国注册会计师：××× （签名并盖章）
中国××市	二○二四年××月××日

第四节　预测性财务信息审核

一、预测性财务信息审核概述

（一）预测性财务信息的含义

根据《中国注册会计师其他鉴证业务准则第3111号——预测性财务信息的审核》（以下简称《预测性财务信息审核准则》）的规定，预测性财务信息是指被审核单位依据对未来可能发生的事项或采取的行动的假设而编制的财务信息。预测性财务信息可能包括财务报表整体（包含资产负债表、利润表、股东权益变动表和现金流量表以及财务报表附注在内的一整套财务报表）或财务报表的一项或多项要素（如其中的某一张财务报表，或者某一张财务报表中的一个或多个项目等）。以一套完整的财务报表形式出现的预测性财务

信息通常称为预测性财务报表。

预测性财务信息可以作为内部管理工具，用于评价拟进行的资本投资，或者提供给其他人员作为决策所需的信息，比如向潜在投资者提供的未来预期信息、向贷款者提供的现金流量预测之类的文件等。

预测性财务信息所涵盖的期间可以有一部分是历史期间（比如在2024年4月编制2024年全年的预测性财务报表时，其中1~3月份的数据是已实现数），但不能全部是历史期间，必须至少有一部分属于未来期间。

（二）预测性财务信息依据的假设

预测性财务信息不可避免地带有高度的主观性，并且在编制过程中需要作出大量的估计和判断，需要依据一定的假设编制。《预测性财务信息审核准则》指出，编制预测性财务信息所依据的假设可以分为以下两类：

1. 最佳估计假设

最佳估计假设是指截至编制预测性财务信息日，管理层对预期未来发生的事项和采取的行动作出的假设。

2. 推测性假设

推测性假设是指管理层对未来事项和采取的行动作出的假设，该事项或行动预期在未来未必发生。例如，在大力发展新质生产力的背景下，重污染企业管理层正在考虑实施绿色创新战略，部分业务面临重大转型，但该转型的效果具有较大的不确定性。

最佳估计假设和推测性假设的主要区别在于管理层对于假设的事项或行动在未来发生的可能性的判断不同。这两种假设的划分直接决定了以之为基础的预测性财务信息的分类，也决定了注册会计师评价假设时采用的审核程序以及是否需要获取支持性证据。

（三）预测与规划

预测性财务信息可以表现为预测、规划或两者的结合。

预测是指管理层在最佳估计假设基础上编制的预测性财务信息。被审核单位（如证券发行人）的管理层在对未来经营业绩所作最佳估计假设的基础上编制的预测性财务信息，即盈利预测，就是一种最典型的预测。

规划是指管理层基于推测性假设，或同时基于推测性假设和最佳估计假设编制的预测性财务信息。规划信息多见于"如果……那么……"的分析中，即在给定的推测性假设下估算相关财务指标的可能结果。例如，假定市场占有率分别为5%、10%和20%，在此基础上分别推算每种情况下可能实现的销售收入，假定的市场占有率数据属于推测性假设，所预测的销售收入属于规划。

在很多情况下，预测性财务信息可以表现为预测和规划的结合。例如，管理层可以编制2024年度的预测和2025—2028年各年度的规划，并在同一份文件中列报。如果同一份文件中既包含预测，又包含规划，则应当清楚地标明哪些信息属于预测，哪些信息属于规划。

（四）预测性财务信息审核的目标

1. 对预测性财务信息所依据的假设进行审核

如果预测性财务信息依据最佳估计假设编制，注册会计师应当确定有无证据表明最佳估计假设不合理;如果预测性财务信息依据推测性假设编制,注册会计师应当确定推测性假设与信息的编制目的是否相适应。

2. 对预测性财务信息的编制、列报和披露进行审核

注册会计师应当确定:预测性财务信息是不是在假设的基础上恰当编制的;预测性财务信息是否已恰当列报,所有重大假设是否已充分披露,包括是否对采用的假设是最佳估计假设还是推测性假设进行了说明;预测性财务信息的编制基础与历史财务报表是否一致,是否选用了恰当的会计政策;预测性财务信息是否存在政策风险、合规风险;企业的 ESG 表现、社会责任承担情况等内部治理水平。

(五) 预测性财务信息审核的保证程度

根据《预测性财务信息审核准则》的规定,注册会计师在预测性财务信息审核中,对不同事项提供的保证程度是不同的。在同一份预测性财务信息审核报告中往往会出现消极保证和积极保证并存的情况。

1. 不对预测性财务信息的结果能否实现发表意见

由于预测性财务信息在很大程度上受被审核单位管理层主观判断的影响,其所涉及的事项和行动在未来未必发生。注册会计师虽然能够获得证据以支持编制预测性财务信息所适用的假设,但这类证据具有推测的性质,完全不同于历史财务信息审计中所获取的证据。因此,注册会计师不应当对预测性财务信息的结果能否实现发表意见。

2. 对管理层采用的假设的合理性提供有限保证

根据所能获取的评价预测性财务信息所依据假设合理性的支持性证据,注册会计师很难以积极的方式对假设不存在重大错报发表意见,而只能判断有无任何证据表明假设不合理。因此,注册会计师对管理层采用的假设的合理性仅提供有限保证。但是,如果注册会计师根据职业判断认为能够提供足够的保证程度,也可以对假设以积极方式提供保证。

3. 对预测性财务信息的列报和编制提供合理保证

《预测性财务信息审核准则》规定,注册会计师需要对预测性财务信息是否依据假设恰当编制并按照适用的会计准则和相关会计制度的规定进行列报以积极方式发表意见,即提供合理保证。

二、预测性财务信息审核的程序

在确定审核程序的性质、时间和范围时,注册会计师应当考虑各种因素,如预测性财务信息存在重大错报的可能性、管理层编制预测性财务信息的能力、预测性财务信息受管理层主观判断影响的程度、基础数据的恰当性和可靠性等,还要结合以前期间执行业务过程中所了解的情况。

对于最佳估计假设,注册会计师应当评估支持管理层作出假设的信息的来源和可靠性。支持假设的信息包括内部来源的信息,如预算、劳动合同、专利许可使用等可能对预测性财务信息及其所依据的假设产生重大影响的领域。例如,被审核单位的销售高度依赖于少数重要客户,并且其所处行业内各企业争夺客户的竞争相当激烈,而在编制预测性财务信息时,被审核单位依据的假设却是能够在预测期间留住现有的所有重要客户。注册会

计师对这一领域就应当特别关注。注册会计师通常应当对敏感领域实施更详细的审核程序，同时应当提请被审核单位在预测性财务信息中充分披露该领域的有关情况。

另外，当接受委托审核预测性财务信息的一项或多项要素时，注册会计师应当考虑该要素与财务信息其他要素之间的关联关系；当预测性财务信息包括本期部分历史信息时，注册会计师应当考虑需要对历史信息实施的程序的范围。

注册会计师应当就下列事项向管理层获取书面声明：

（1）预测性财务信息的预定用途；
（2）管理层作出的重大假设的完整性；
（3）管理层认可对预测性财务信息的责任。

三、审核报告

（一）审核报告的要素

注册会计师出具的预测性财务信息审核报告应当包括下列内容：

（1）标题。标题一般统一规范为"审核报告"。

（2）收件人。收件人一般为审核业务约定书的委托人，也可能是审核业务约定书中指明的其他致送对象。审核报告应当载明收件人的全称。

（3）指出所审核的预测性财务信息。对预测性财务信息作出的界定和描述，应当与后附的管理层签署的预测性财务信息一致。

（4）提及审核预测性财务信息时依据的准则。

（5）说明管理层对预测性财务信息（包括编制该信息所依据的假设）负责。

（6）适当时，提及预测性财务信息的使用目的和分发限制。

（7）以消极方式说明假设是否为预测性财务信息提供合理基础。

（8）对预测性财务信息是否依据假设恰当编制，并按照适用的会计准则和相关会计制度的规定进行列报发表意见。

（9）对预测性财务信息的可实现程度作出适当警示，说明预测性财务信息可能与实际结果存在差异。该警示表明注册会计师不对该预测性财务信息未来的可实现程度作出保证。

（10）注册会计师的签名及盖章。

（11）会计师事务所的名称、地址及盖章。

（12）报告日期。报告日期应为完成审核工作的日期。报告日期不应早于被审核单位管理层批准和签署预测性财务信息的日期。

（二）审核意见

预测性财务信息审核意见分为无保留意见、保留意见、否定意见和无法表示意见。

如果认为预测性财务信息的列报不恰当，注册会计师应当对预测性财务信息出具保留或否定意见的审核报告，或解除业务约定。

如果认为一项或多项重大假设不能为依据最佳估计假设编制的预测性财务信息（预测）提供合理基础，或在给定的推测性假设下，一项或者多项重大假设不能为依据推测性假设编制的预测性财务信息（规划）提供合理基础，注册会计师应当对预测性财务信息出具否定意见的审核报告，或解除业务约定。

如果审核范围受到限制，导致无法实施必要的审核程序，注册会计师应当解除业务约定，或出具无法表示意见的审核报告，并在报告中说明审核范围受到限制的情况。

【例 18-3】预测性财务信息审核报告参考格式

1. 无保留意见审核报告（以预测为基础）

审核报告

ABC 股份有限公司：

我们审核了后附的 ABC 股份有限公司（以下简称"ABC 公司"）编制的预测（列明预测涵盖的期间和预测的名称）。我们的审核依据是《中国注册会计师其他鉴证业务准则第 3111 号——预测性财务信息的审核》。ABC 公司管理层对该预测及其所依据的各项假设负责。这些假设已在附注××中披露。

根据我们对支持这些假设的证据的审核，我们没有注意到任何事项使我们认为这些假设没有为预测提供合理基础。而且，我们认为，该预测是在这些假设的基础上恰当编制的，并按照××编制基础的规定进行了列报。

由于预期事项通常并非如预期那样发生，并且变动可能很大，实际结果可能与预测性财务信息存在差异。

××会计师事务所　　　　　　　　　　　　　　中国注册会计师：×××
（盖章）　　　　　　　　　　　　　　　　　　（签名并盖章）
　　　　　　　　　　　　　　　　　　　　　　中国注册会计师：×××
　　　　　　　　　　　　　　　　　　　　　　（签名并盖章）

中国××市　　　　　　　　　　　　　　　　　二〇二四年××月××日

2. 无保留意见审核报告（以规划为基础）

审核报告

ABC 股份有限公司：

我们审核了后附的 ABC 股份有限公司（以下简称"ABC 公司"）编制的规划（列明规划涵盖的期间和规划的名称）。我们的审核依据是《中国注册会计师其他鉴证业务准则第 3111 号——预测性财务信息的审核》。ABC 公司管理层对该规划及其所依据的各项假设负责。这些假设已在附注××中披露。

ABC 公司编制规划是××目的。由于 ABC 公司尚处于营业初期，在编制规划时运用了一整套假设，包括有关未来事项和管理层行动的推测性假设，而这些事项和行动预期在未来未必发生。因此，我们提醒信息使用者注意，该规划不得用于××目的以外的其他目的。

根据我们对支持这些假设的证据的审核，在推测性假设（列明推测性假设）成立的前提下，我们没有注意到任何事项使我们认为这些假设没有为规划提供合理基础。我们认为，该规划是在这些假设的基础上恰当编制的，并按照××编制基础的规定进行了列报。

即使在推测性假设中所涉及的事项发生，但由于预期事项通常并非如预期那样发生，并且变动可能重大，因此实际结果仍然可能与预测性财务信息存在差异。

××会计师事务所　　　　　　　　　　　　　　中国注册会计师：×××
（盖章）　　　　　　　　　　　　　　　　　　（签名并盖章）
　　　　　　　　　　　　　　　　　　　　　　中国注册会计师：×××
　　　　　　　　　　　　　　　　　　　　　　（签名并盖章）

中国××市　　　　　　　　　　　　　　　　　二〇二四年××月××日

思考题

1. 财务报表审阅与财务报表审计有何不同？
2. 预测性财务信息审核的目标是什么？注册会计师对预测性财务信息提供何种程度的保证？
3. 什么是内部控制审计？
4. 注册会计师进行预测性财务信息的审核的目的是什么？
5. 如何实施内部控制审计？
6. 内部控制审计报告的类型有哪些？

习题及参考答案

第十九章 其他类型审计

> **本章要点**
>
> 审计按其目的和对象不同可以分为财务报表审计、经营审计和合规审计;按审计人员的不同可以分为注册会计师审计、内部审计和政府审计。本书前面各章所介绍的审计主要是指注册会计师进行的财务报表审计。本章主要介绍经营审计、合规审计,以及内部审计与政府审计。经营审计是指对一个组织的经营活动或其中约定的部分是否达到预定的目标所进行的系统检查,以评估被审计组织的经营业绩,挖掘经营管理的潜力,并为改进经营管理提出建议。合规审计,是为查明和确定被审计单位财务活动或经营活动是否符合有关法律、法规、规章制度、合同、协议和有关控制标准而进行的审计。国家审计是指国家或政府机构所设立的审计机构组织实施的审计监督活动。内部审计是一种独立、客观的确认和咨询活动,它通过运用系统、规范的方法,审查和评价组织的业务活动、内部控制和风险管理的适当性和有用性,以促进组织完善治理、增加价值和实现目标。

第一节 经营审计

一、经营审计概述

（一）经营审计的含义

经营审计是指对一个组织的经营活动或其中约定的部分是否达到预定的目标所进行的系统检查,以评估被审计组织的经营业绩,挖掘经营管理的潜力,并为改进经营管理提出建议。

经营审计通常被认为是对经营活动的效果和效率进行的审计。经营活动的效果是指经营活动对既定目标的完成情况,如生产出高质量的产品、建立合理的内部控制系统。效率则是指在完成经营活动目标的过程中对资源的使用情况,如以最低成本生产出高质量的产品和保证内部控制系统的有效执行。对效率和效果进行的审计,还有管理审计、绩效审计等类似的称谓。在大多数情况下,这些提法之间没有本质的区别。[①]

《美国政府审计准则》（2003年修订版）中将经营审计的定义进行了扩展:经营审计

---

① 整理自［美］阿尔文·A. 阿伦斯,等. 审计与保证服务:整合法［M］. 9版. 张龙平,等,译,大连:东北财经大学出版社,2005:491.

是指对照客观标准，客观地、系统地收集和评价证据，对项目的绩效和管理进行独立的评价，对前瞻性的问题进行评估或对有关最佳实务的综合信息或某一深层次问题进行的评估。绩效审计还要为负责监督和采取纠正措施的有关各方在改进项目经营和决策以及加强公共责任方面提供信息。绩效审计包含的目标十分广泛，包括，为项目的效果性和结果、经济性和效率性、内部控制、法律和其他规定的遵循情况进行评估；提供前期的分析、指导或总括性的信息。[①]

（二）经营审计与财务报表审计的主要区别

1. 审计目标不同

就注册会计师执行的财务报表审计来说，审计目标是对被审计财务报表的合法性和公允性进行审计，并发表审计意见。而经营审计的目标是评估组织的业绩，挖掘组织经营管理的潜力，并为改善经营管理提出建议。经营审计通过将组织的经营情况同管理层或委托人规定的目标（如计划、预算、标准、方针政策等）进行比较，或与其他适当的计量标准进行比较，来评价经营活动的业绩。通过对经营活动进行深入调查研究，结合实践经验和职业判断，寻找改进经营管理的途径，并进一步提出改进工作和作出决策的建议。

2. 审计依据不同

财务报表审计有现成的审计依据，即专业机构正式发布的会计准则和一些会计惯例。经营审计没有既定和统一的审计依据，它需要一些"特定的目标"，这些特定的目标具有与公认会计原则相同的作用，事实上，建立评价标准本身就是经营审计的一个组成部分。除此以外，经营审计的评价标准是灵活的，特定目标往往只适用于某个审计项目。

简单地说，经营审计的评价标准就是某项工作的效果性和效率性。但在经营审计之前，需要确定具体的标准。注册会计师可以与被审计单位管理层以及利用审计结果的单位或个人共同讨论和协商确定具体评价标准，也可以通过以下方法确定：

（1）利用被审计单位的内部标准，如公司确定的目标、历史水平、政策、程序、文件、承诺、预算、公司计划以及公司的业务容量等。但注册会计师不能盲目使用管理层确定的考核技术，只有当他们确信管理层的评价标准或考核技术符合逻辑而且有效时，才可以将其确定为审计评价标准。

（2）外部的衡量标准，如法律规定、合同条款、行业标准、劳动效率研究结果、趋势和业绩比较数据、权威性文件。

（3）以前相同审计业务的经验。注册会计师不应试图找到十分精确的标准，而应该关注是否存在浪费，是否存在成本更低或更有效的方法。

3. 审计范围不同

财务报表审计侧重于对历史财务信息进行审计，因此，审计范围仅限于那些直接影响财务报表公允表达的事项。而经营审计包括了被审计单位影响经济性、效率性和效果性的各个方面，因此审计范围不仅涉及财务领域，还涉及非财务领域。比如，被审计单位管理层经营决策的落实情况、计划的执行情况、控制系统的有效性等等。

---

① 引自美国政府审计准则［M］. 2003年修订版. 审计署审计科研所，译. 北京：中国财政经济出版社，2004.

以对内部控制的研究和评价来看经营审计和财务报表审计范围的不同。根据 COSO 报告的内容，内部控制的目标包括提高经营效率，取得好的经营效果；合理保证财务报告的可靠性；遵循有关的法规制度。可以看出，内部控制的第一项目标与经营审计密切相关，另外两项目标也会影响经营的效率和效果。因此，评价内部控制是否达到了既定的目标是经营审计中经常涉及的内容。在财务报表审计中，对内部控制的研究和评价也是非常重要的一项工作。但是，经营审计和财务报表审计中对内部控制进行研究和评价的目的和范围是截然不同的。在经营审计中，研究内部控制的目的是评估内部控制的效果和效率，挖掘提高内部控制效果和效率的潜力，并向管理层提出改进的建议。因此，经营审计中需要研究与效果和效率相关的所有方面，比如，关注营销部门制定的政策和程序，以确定营销工作是否有效。在财务报表审计中，研究和评价内部控制的目的是确定需要对财务报表实施的实质性程序，因此只需要评价内部控制中影响财务报表公允表达的事项。

4. 审计报告使用者不同

财务报表审计报告的使用者众多，一般为财务报表使用者，如股东、特定的债权人和投资者，对上市公司来说，广大社会公众都可能成为财务报表审计报告的使用者，因此审计报告一般采用标准格式。经营审计报告使用者一般是特定的，通常是被审计单位管理层。经营审计报告使用者的范围相对有限，且经营审计的内容因审计项目而异，因此审计报告一般采用非标准格式。

（三）经营审计师的资格

内部审计师、政府审计师和注册会计师都可以执行经营审计。执行经营审计的审计师并没有特别的资格要求，也就是说，经营审计师并不需要获得任何特别的证书或执照才能执行经营审计业务。执行经营审计业务的审计师，无论是内部审计师、政府审计师以及注册会计师，都应当恪守职业道德规范，保持适当的职业关注，在坚持客观性和正直性的前提下满足被审计单位的要求。

专业胜任能力是作为经营审计师的重要条件。因为经营审计一般涉及非财务领域，而且在这些领域中从事审计需要特殊的技能，经营审计师可能要面临各种各样的经营和管理问题，需要查找存在的问题并提出改进建议，所以专业胜任能力是至关重要的，而且经营审计中对审计师专业胜任能力的要求要高于财务报表审计中对审计师的要求。尽管如此，从事经营审计的审计组织通常还需要在经营审计中利用专家的工作，如聘请工程师、精算师、统计师、系统分析师等。

相比较而言，经营审计中对审计师的独立性要求比较宽松。例如，美国注册会计师协会管理咨询业务标准中要求注册会计师具有正直性和客观性，而没有禁止注册会计师在提供管理咨询服务时与委托人存在利益关系，只是要求注册会计师要向委托人讲明所存在的利益关系，如注册会计师向委托人提出的改进建议涉及向该事务所或与该事务所有关的单位购买某种产品或服务，双方即存在利益关系。

在经营审计中，内部审计师有着独特的地位和作用。因为相比于外部审计师，内部审计师更熟悉本单位的经营状况，这对于有效执行经营审计非常重要。但并非所有的经营审计都是由内部审计师来完成的，内部审计师也并非只从事经营审计。

二、经营审计的过程

与财务报表审计相同，经营审计通常也包括三个阶段：计划阶段、实施阶段和终结阶段。

（一）计划阶段

在计划阶段，注册会计师需要就审计业务的目标、范围以及评价标准与委托人或相关方达成协议，配备合适的审计师，了解被审项目以及取得必要的背景资料。注册会计师要掌握被审计项目应该如何运行，有关控制程序应该如何发挥作用，识别那些难以控制或容易出问题的环节。以购货业务为例，以下几点均为关键点：

(1) 关于购货品种和数量的决策；
(2) 取得最优价格的步骤；
(3) 验收货物的方法（保证收到货物的数量和质量均符合要求）。

如果审计师认为上述三个方面为最佳购货功能的最主要的特征，那么下一步的测试就可以集中在这三个方面。

注册会计师应该在计划阶段与委托人就评价标准进行商讨，以便于收集和评价审计证据。计划阶段确定的评价标准并不是一成不变的。在审计实施阶段，委托人和注册会计师都可能会发现预先确定的评价标准并不完善或者不恰当，通常双方要在得出审计结论之前就评价标准达成一致意见。

（二）实施阶段

在经营审计中，审计师同样需要获取充分、适当的审计证据，为得出审计结论提供合理的基础。在财务报表审计中获取审计证据的方法同样适用于经营审计。由于内部控制和经营程序是经营审计的重要组成部分，因此，检查内部文件、观察和询问是常用的方法。

1. 检查内部文件

检查管理层所使用的进行日常管理和控制的内部文件有助于发现存在问题的环节。这里的内部文件也包括内部审计报告，审计师尤其要注意那些提出了问题但管理层尚未采取任何措施的内部报告，这些报告可以帮助审计师找出管理系统及控制程序的薄弱环节。

2. 观察

审计师实地察看相关人员正在从事的活动或执行的程序也是发现缺陷和薄弱环节的一个好办法。审计师必须明确被审查的活动是否是以有效的方式操作的，是否有另外的方法能够以更低的成本或更高的效率达到同样的目标。例如，设备或原材料积压过多、设备闲置、工作人员工作作风松散、质量检查员把关不严、有大量的返工产品、还可利用的原材料和设备被废弃等现象均可以通过观察来发现。

3. 询问

对于经营审计来说，在收集证据的过程中需要大量使用询问方法，包括书面和口头的方式。通过向被审计单位的有关人员进行询问，可以掌握关于被审计项目的重要信息，被询问人员所作的评论、印象（感想）和建议对审计师发现缺陷、寻找改进的措施极为有用。审计师能否成功地获得有用的信息，在很大程度上取决于审计师是否具有创造性的提问能力和技巧。一般说来，审计师应采取非批判的和开放随意的方式提问。比如，审计师应问"你们如何知道所收到的进货在数量上和质量上都是你单位所订购的货物呢？"，而不应问"你们为什么不使用预先编号的验货单呢？"

由于经营审计并不强调准确性这一目标，相对于财务报表审计而言，检查有形资产、函证、重新计算和重新执行程序在经营审计中运用较少。

（三）终结阶段

在终结阶段，注册会计师需要评价审计证据，提出审计结论和建议，并提交审计报告。注册会计师可以从以下几个角度进行证据评价并得出结论：

（1）确定问题所在——即确定什么是低效的，什么是无效的，什么是错误的，等等；

（2）确定这种情况是个别现象还是普遍现象；

（3）按对成本、工作绩效或其他方面的影响来确定问题的严重程度；

（4）找出产生问题的原因；

（5）明确对问题负责的人员；

（6）确定可能的改进方法或预防的方法，形成建设性的意见。

明确审计结论和建议之后，注册会计师就可以编写审计报告，并提交给委托人。

三、经营审计报告

经营审计报告通常没有第三方使用者，因此，经营审计报告对措辞的要求并不是很严格。而且由于经营审计内容的多样性，经营审计报告无法采用统一的格式，而是依据具体的审计范围、审计结果和审计建议编写。审计报告的表达应当完整、准确、客观、简明和有说服力。而且，经营审计报告通常不对整个审计结果形成总体意见，而是对具体的审计发现进行评价，因为经营审计没有一套公认的评价标准。

经营审计报告通常包括审计目标和范围、审计结果和结论两部分内容。审计报告对审计目标和范围加以说明有助于报告使用者理解审计结果和注册会计师的建议。委托人对审计业务提出的限制也应在审计报告中加以说明。此外，概括地说明审计方法也是有益的，可以说明为什么要使用某种方法，所使用的标准的来源和运用情况。注册会计师还要在审计报告中提醒报告使用者，经营审计报告一般主要报告问题（缺陷）和需要改进的方面，而不是报告被审计单位的优点。

审计报告中还应当报告重要的审计发现（结果）和审计结论。注册会计师能提出什么样的建议、提出多少建议，取决于该项审计业务的目的和范围以及注册会计师在审计中所收集到的信息和所得出的结论。注册会计师应当以建议书的形式建议被审计单位应采取何种措施纠正错误、改进工作。建议书也可以不限于那些能够客观确定的事项，对于本次审计没有审查，或由于本次业务的限制没能得出适当结论的事项，注册会计师均可以提出作进一步调查研究的建议。注册会计师对进一步调查研究的建议通常要加以解释，说明这样做可以产生的效果。报告最好还要说明注册会计师是根据被审计单位某个期间的审查结果和结论而作出的审计报告。

第二节 合规审计

一、合规审计概述

(一) 合规审计的含义

合规审计是为查明和确定被审计单位财务活动或经营活动是否符合有关法律、法规、规章制度、合同、协议和有关控制标准而进行的审计。在绝大多数情况下,合规性审计是针对政府法规标准的遵循情况进行审计,因为任何企业、非营利组织、政府机关和个人都必须遵守政府制定的法律法规,政府部门和企事业单位都可以成为合规审计的对象。因此,我们可以把合规审计划分为政府合规审计和企业合规审计。对企业实施的合规审计的内容主要包括:审查被审计单位的会计人员是否遵守了本单位制定的业务处理程序,审查工资标准是否符合国家最低工资标准的规定,审查被审计单位是否遵守了与银行或其他债权人签订的合同或协议的规定。许多以政府部门为对象的合规审计都是由于国家向有关部门或地方政府部门提供财政资助,要求对接受资助的部门进行审计而引起的,这种审计的内容不限于合规审计,但其中包括对被资助单位执行法律法规的情况进行审计。我国开展的财经法纪审计,如对严重违反国家现金管理规定、银行结算规定、成本开支范围、税法规定等行为所进行的审计,也是一种合规审计。或者有观点认为合规审计等同于财经法纪审计。[①]

合规审计与财务报表审计的密切关系可以说是合规审计最显著的特征。从财经法纪审计的角度看,可以将其看作财务报表审计的一个分支。财务报表审计是合规审计的基础,因为法律法规的执行情况必然反映到财务报表当中,只有对其财务报表进行审计,才能够发现被审计单位违法违规的事实以及对财务报表的影响。

(二) 合规审计的目标

由于合规审计与财务报表审计的密切联系,决定了财务报表审计的目标基本上适用于合规审计,同时,在财务报表审计目标的基础上,要增加确定被审计单位遵守特定法律法规的情况这一特定的审计目标。

合规审计的目标因审计项目而异,如对政府投资项目进行合规审计的目标与政府审计机关进行财经法纪审计的目标就不同。假如对一个政府投资项目进行合规审计,其具体审计目标可以包括:确定支出金额是否全部用于允许的范围;确定项目的受益人是否符合规定;确定配套资金是否确已足额提供(如果投资项目需要有配套资金的话);确定项目是否达到预期目标。

从财经法纪审计的角度来看,则其审计目标为查实违反财经法纪问题的情节,保证国家制定的财经法纪的贯彻执行,保证企业行为的合法性和合规性,并按有关法规作出处理或移交有关部门追究法律责任或行政责任。

---

① 中国会计学会,编.中国会计研究文献摘编[M].审计卷.大连:东北财经大学出版社,2002:891.

二、合规审计的程序

财务报表审计的程序同样适用于合规审计,即要经过计划阶段、实施阶段和终结阶段,但合规审计在不同的阶段有自己的特点。

(一) 计划阶段

计划阶段的重要工作之一就是要熟悉被审计单位或被审计项目以及被审计单位所处行业所适用的法律法规,明确审计所须遵守的法律法规范围;利用了解被审计单位行业状况、法律环境与监管环境以及其他外部因素的方式获取相关信息;向管理层询问被审计单位为遵守有关法律法规而采用的政策和程序,以及对被审计单位经营活动可能产生重要影响的法律法规;与管理层讨论在识别、评价和处理诉讼、索赔与税务纠纷时采用的政策和程序,与审计组成部分的其他注册会计师讨论适用于该组成部分的法律法规。

在编制合规审计计划时还需要特别注意下列内容:

(1) 识别与被审计项目有关的法律法规,确定哪些法律法规如果没有得到遵守将会对财务报表产生直接或间接的影响;

(2) 评估被审计单位违法违规的风险,包括评价内部控制对被审计单位遵守有关的法律法规的保证程度;

(3) 根据评价的结果设计测试程序,以便确定被审计单位遵守法律法规的情况,这些程序要能够合理保证发现被审计单位有意和无意的违法违规行为。

从财经法纪审计的角度看,计划阶段最突出的工作就是立案。财经法纪审计主要由政府审计机关执行,需要立案审查的通常应当是由有关方面委托承办的严重违反财经法纪的问题,如上级审计机关或其他部门转来批办的、群众检举揭发的,或者在财务报表审计等其他审计业务中发现的违纪金额大、性质严重、情节恶劣、后果危害大的问题。

(二) 实施阶段

在实施阶段,需要执行必要的审计程序,以确定被审计单位的管理层是否明确哪些法律法规对其财务报表可能有直接或间接的影响,掌握管理层是否忽视了有关的法律和法规。

在合规审计中,需要了解被审计单位内部控制的设计和执行情况,特别要关注关于保证有关法律法规得到执行的内部控制程序。如果被审计单位管理层对本单位所适用的法律法规并不清楚,则被审计单位违反法律法规的可能性将大大增加。

实施审计时,注册会计师必须设计和执行专门的审计程序来完成合规审计的特定审计目标,收集充分的证据以支持审计结论。可以采取下列程序:

(1) 参考在以前年度审计过程中所掌握的情况,考虑前次审计中发现的或可能存在的误报的性质、原因和金额;

(2) 与企业的财务主管、法律顾问沟通;

(3) 向被审计单位管理层索取声明书,管理层在声明书当中要声明管理层有责任遵守法律法规,并已经向注册会计师披露了对财务报表有直接和间接影响的法律法规;

(4) 审核有关拨款、协议或合同;

（5）审核管辖监督被审计单位遵守有关法律法规的机构的会议记录；

（6）向资金提供机构的负责人了解提供资金的范围、限制条件和资金使用方面的规定。

从财经法纪审计的角度看，实施阶段的核心工作就是调查取证，查清案情。

（三）终结阶段

合规审计报告的使用范围不如财务报表审计报告广泛。合规审计报告的呈送对象取决于审计的委托方。如果合规审计是由部门或企业管理层安排的，由企业管理层自行聘请注册会计师完成合规审计，审计的结果通常是报告给被审计单位的有关负责人，管理层是合规审计报告的主要使用者。如果某个组织机构要确定它所制定的制度或提出的要求是否得到了有关个人或组织的贯彻执行，这个组织就会聘请注册会计师来对有关个人或组织进行合规审计。例如，对纳税人交纳所得税情况进行审计，就是由政府税务部门聘请会计师对所得税申报单位进行审计，审计报告就应当呈报给税务部门。

对财经法纪审计来说，终结阶段的主要工作是定案。定案的关键是定性，即以违纪事实为根据，以国家颁布的法律法规为标准，论定案件的性质。

三、合规审计报告

合规审计报告与财务审计报告在内容和格式上有很多共同之处，归纳起来，合规审计报告包括以下要点：

（1）说明对被审计单位的财务报表进行了审计并出具了审计报告，要提及审计报告的日期。

（2）说明审计的依据，即所遵循的审计准则。

（3）说明遵守某种法律法规或规定是被审计单位管理层的责任，注册会计师在对财务报表进行审计时实施了必要的审计程序，对被审计单位遵守法律法规的情况进行了测试。

（4）说明被审计单位是否存在违反法规的行为，违反法规行为对财务报表的影响程度如何。

（5）对违反法规的行为给予详细的说明。

（6）说明注册会计师在出具财务审计报告时已经充分考虑了上述违反法规的行为，即合规审计报告不影响财务审计报告。

（7）说明合规审计报告的使用范围。

财经法纪审计的审计报告一般应当包括如下内容：违纪单位、违纪当事人的一般情况；主要违纪事实，要详细列出事实、后果，有关人员的责任；违纪性质和处理意见；附件，指核实的审计证据，包括原件、复印件、影印件、照片等等。[①]

[①] 中国会计学会，编．中国会计研究文献摘编［M］．审计卷．大连：东北财经大学出版社，2002：891.

第三节 国家审计

一、国家审计的组织模式及意义、目标与特征

(一) 国家审计的组织模式及意义

国家审计是指国家或政府机构所设立的审计机构组织实施的审计监督活动。国家审计机关是代表国家行使审计监督的机关。国家审计是加强财政经济监督不可缺少的工具,其主要任务是对政府机关和行政事业单位的财政收支、财务收支活动的合法性和有效性进行审查。

目前,世界上许多国家都建立了与本国国情相适应的国家审计组织,负责本国的国家审计工作。虽然各国国家审计组织的称谓不尽相同,职责也存在差别,但就其基本组织模式来看,大致有四种类型,即议会领导型、政府领导型、司法型和财政部领导型。

议会领导型是指国家的国家审计组织由议会(或国会)直接领导,依照国家法律赋予的权力,对各级政府机关的财政经济活动和公共企业事业单位的财务活动独立行使审计监督权,并对议会负责。议会领导型国家审计的代表国家有美国和英国。政府领导型是指国家审计组织直接由各级政府领导,按照国家赋予的权限,对各级政府所属部门、各单位的财政收支、财务收支活动进行审计监督,并对政府负责。我国国家审计是政府领导型的代表。司法型的国家审计独立于政府或议会,根据审计结果进行独立裁决,代表国家是日本。财政部领导型是指国家审计组织直接由政府财政部门领导的模式。

我国国家审计组织分三个层次:一是国务院设立审计署,在国务院总理领导下,主管全国的审计工作。审计长是审计署的行政首长。二是省、自治区、直辖市、设区的市、自治州、县、自治县、不设区的市、市辖区的人民政府的审计机关,分别在省长、自治区主席、市长、州长、县长、区长和上一级审计机关的领导下,负责本行政区域内的审计工作。地方各级审计机关对本级人民政府和上一级审计机关负责并报告工作,审计业务以上级审计机关领导为主。三是审计机关根据工作需要,经本级人民政府批准,可以在其审计管辖范围内设立派出机构。派出机构根据审计机关的授权,依法进行审计工作。

为加强党中央对审计工作的领导,构建集中统一、全面覆盖、权威高效的审计监督体系,更好发挥审计监督作用,我国实现中央和地方党委审计委员会制度。中央审计委员会作为党中央决策议事协调机构,其主要职责是,研究提出并组织实施在审计领域坚持党的领导、加强党的建设方针政策,审议审计监督重大政策和改革方案,审议年度中央预算执行和其他财政支出情况审计报告,审议决策审计监督其他重大事项等。中央审计委员会办公室设在审计署。

(二) 国家审计的目标

国家审计机构作为国家的代表,以维护国家利益为宗旨,从广义上讲,其审计目标就是维护国家在社会经济活动中的权益不受侵犯。从狭义上讲,审计目标主要取决于审计的内容。国家审计从内容上来说,可以是财务审计,可以是合规审计,也可以是经营审计。

因此，国家审计的基本目标与其他各种审计的基本目标是相同的，包括：

（1）真实性目标，即对经济资料和经济事项的真实性加以确认。这里的真实性包括经济活动的存在性、会计记录的完整性、计价的合理性、会计期间归属的正确性等。

（2）合法性目标，即对财务收支和经济活动及其处理是否符合国家法律法规、主管机构和单位内部的规章制度及合同等的规定给予认定。

（3）有效性目标，即对财务收支活动和经济活动在执行过程中是否经济、有效和高效率给予确认。

国家审计机构在执行不同的审计时，需要侧重不同的审计目标：财务审计强调真实性和合法性审计目标；合规审计强调合法性目标；经营审计强调有效性目标。

（三）国家审计的特征

国家审计与内部审计和注册会计师审计比较而言，有其自身的特征，主要表现在以下几个方面：

1. 审计对象特殊

国家审计属于宏观审计，其对象包括国民经济各部门、各行业的宏观调控部门和职能管理部门及企事业单位。政府部门本身就是监督机构，对它们进行审计，就是对监督部门进行再监督，既包括审查监督各政府部门自身的财政收支、财务收支活动，也包括审查和评价该部门的职能的履行情况、工作效果和工作效率、法律法规的执行情况。如对财政税务机关的审计，既要审查其财政税收政策的正确性和有效性，又要审查其本身的财务和业务活动的真实性、合法性和有效性。审计对象的特殊性决定了国家审计的内容广泛而复杂，包括财务审计、合规审计和经营审计。

2. 审计依据政策性强

政府部门和行政事业单位所受的法律约束与其他经济组织是不同的。政府职能部门是管理部门，其作用必须通过贯彻执行国家的法律法规、方针政策和规章制度来实现，行政事业单位的收支必须遵守国家的专门规定。因此，在审查这些部门和单位的职能的履行情况和业务活动情况时，必须严格地以相关的法律法规、方针政策和规章制度作为审计的依据。

3. 审计方式方法多样化

国家审计内容的综合性决定了其审计方式方法的多样性。在审计方式上，可以是通常的"上审下"，也可以采取"联合审""同级审""同步审""就地审""延伸审"等多种方式。在方法上，可以根据审计项目的要求灵活运用各种审计方法。

二、国家审计准则

国家审计准则是指国家审计人员对政府及其各部门单位进行审计时必须遵循的规范。国家审计准则一般是由国家最高审计组织制定的，如美国的国家审计准则就是由美国审计总署（GAO）制定和颁布的，我国制定国家审计准则的权威机关是审计署。

一般国家审计准则大体上包括一般准则、现场作业准则和报告准则三个部分。一般准则通常包括对审计人员独立性、业务技能、职业谨慎和保守秘密等方面的要求；现场作业准一般包括制订审计计划、对现场工作进行监督、遵守法律和制度、收集和评价审计证据、归集和整理审计文件资料等方面的规定；报告准则则规范审计报告的形式、审计报告的内容、审计报告的表达和审计报告的发送。

审计署于 2010 年 9 月 1 日颁布了《中华人民共和国国家审计准则》，共七章：

第一章，总则。本章主要说明制定国家审计准则的意义、依据、作用，审计准则的适用范围，审计机关的地位和对审计工作的一般要求。

第二章，审计机关和审计人员。本章对审计机关和审计人员应该具备的资格条件及执业行为作出综合性的规范。

第三章，审计计划。本章规范审计计划、审计工作方案制订的根据和内容。

第四章，审计实施。本章对审计程序、审计证据、审计记录和重大违法行为检查处理等审计实务进行规范。

第五章，审计报告。本章规范了审计报告的内容和形式、审计决定以及整改检查等。

第六章，审计质量控制和责任。本章对审计机关内部控制制度要素和内容予以规范。

第七章，附则。本章对国家审计机关和人员工作特例（即不适用本准则的业务情况）、地方国家审计机关执行本准则等问题进行规范。

三、国家审计的程序与方法

（一）审计程序

国家审计程序是国家审计组织在进行审计时，从开始到结束的审计工作步骤和顺序。根据《中华人民共和国审计法》（以下简称《审计法》）第五章的规定，国家审计程序分为三个阶段，即准备阶段、实施阶段和终结阶段。《审计法》中关于审计程序的规定，是国家审计人员实施审计的法律依据，也是维护国家利益和被审计单位合法权益的重要保证。

1. 准备阶段

（1）编制审计项目计划。审计项目计划是审计机关在一定时期（年度）内对需要审计的事项所作的具体规划。根据《审计法》的规定，国家审计机关应对国务院各部门和地方各级人民政府及其各部门的财政收支、国有的金融机构和企业事业组织的财务收支，以及其他依照《审计法》的规定应当接受审计的财政收支、财务收支的真实性、合法性和效益性进行审计监督。由于审计的范围广，单位多，内容复杂多样，时间有限，要想在一定的时间内完成审计任务，充分发挥审计在国民经济中的监督作用，国家审计机关必须对审计工作进行统筹安排，编制审计项目计划，以指导、控制和促进审计工作。

（2）确定被审计单位和被审计项目。按照审计项目计划的时间安排，确定相应的被审计单位和被审计项目。在实际执行过程中，如果有上级交办或其他临时需要审计的项目，可对原审计项目计划进行调整，并报请审计机关批准执行。

（3）组织审计力量。实施项目审计，需要配备审计人员，组成审计小组。审计小组是审计机构派出审计人员实施具体审计项目的组织形式，至少要两人。其具体职责包括：拟订审计工作方案，实施审计，收集审计证据，编写审计工作底稿，撰写审计报告，征求被审计单位意见，报送审计报告，对审计事项立卷归档，检查审计意见和审计决定的落实情况，进行后续审计。

（4）拟订审计工作方案。审计工作方案是审计小组按照每一被审计单位（或项目）实施审计的具体工作安排，是审计项目计划的具体化，它对明确审计的范围和重点，明确审计责任，合理组织和协调审计工作具有重要的作用。审计工作方案的内容包括：被审计单位或被审计项目的名称，审计方式，审计依据，审计范围及审计时间，审计人员的组成和分工，审计实施步骤等。在拟订审计工作方案前，审计人员应对被审计单位的有关情况进行必要的了解，使审计工作方案能够切合实际。

2. 实施阶段

（1）下达审计通知书。审计通知书是审计组织发给被审计单位、对被审计单位进行审计的书面通知，是审计人员执行审计任务、行使审计监督权的依据和证明。被审计单位收到审计通知书后，应按审计通知书的要求做好审计前的各项准备工作。审计通知书的主要内容包括：审计机关名称，被审计单位名称，审计范围、内容、时间，审计组成员及职务和职称，对被审计单位的要求等。

（2）实施审计。根据审计工作方案的时间安排，在送达审计通知书，后审计人员进驻被审计单位开始实施审计。审计人员进驻后的第一项工作是通过召开"见面会"，与被审计单位有关领导、财会和内部审计等部门的负责人以及有关工作人员取得联系，说明审计的目的、内容、时间等，以取得被审计单位领导和员工的支持与配合，同时听取被审计单位的意见及有关情况介绍，协商确定有关审计事宜，如确定与审计组的联络人员，确定并公布接待来访的地点、时间等。

对被审计单位实施具体审计之前，审计组还需要对被审计单位的情况进行深入、细致的了解，尤其要重视对被审计单位的内部控制进行了解、测试和评价，根据新掌握的情况和内部控制可信赖程度适当修改和补充审计方案。审计方案修改后，审计组就可以分头实施审计方案，运用各种审计方法对被审计事项进行审查，收集审计证据，并认真做好审计记录，即编制审计工作底稿。

（3）出具审计报告。审计报告是审计小组实施审计后，对被审计单位财政收支、财务收支的真实性、合法性和效益性进行评价，提出意见和建议，作出审计结论的书面文件，是审计小组向其派出审计机关提出的内部工作文书。一般来说，凡是审计机关正式发出审计通知书的审计事项，均应出具书面审计报告。

审计报告的主要内容有：审计的基本情况（审计的范围、内容、方式、时间以及被审计单位概况说明）；审计中发现的问题；对审计事项的评价和结论；依据的法律法规、政策和有关规定；审计处理意见和改进建议。

（4）征求被审计单位意见。审计小组讨论修改后的审计报告要送交被审计单位征求意见，这一步骤是根据《审计法》的规定安排的。《审计法》第四十四条规定："审计组对审计事项实施审计后，应当向审计机关提出审计组的审计报告。审计组的审计报告报送审计机关前，应当征求被审计单位的意见。被审计单位应当自接到审计组的审计报告之日起十日内，将其书面意见送交审计组。审计组应当将被审计单位的书面意见一并报送审计机关。"法律之所以要作出这一规定，一是通过让被审计单位核实有关内容，对不妥之处加以指正，完善审计报告，提高审计质量；二是保护被审计单位的合法权益，增强执法的严肃性。

对于被审计单位提出的书面意见，属于审计报告中事实不清或有出入的，审计小组应当进一步核实；属于审计报告中的适用法律法规不准确或错误的，审计小组应当根据有关法律法规以及具体情况认真研究核实，必要时对报告进行修改。如果被审计单位在规定期限内未提出书面意见，可视作其对审计报告无异议。

3. 终结阶段

（1）审议审计报告。派出审计机关要对审计组提交的审计报告和被审计单位的书面意见进行审定。审议审计报告是审计机关对审计报告所列内容进行复核审理，作出最后判断，形成最终评价的过程。审议审计报告是《审计法》中所规定的重要环节，可使审计工作质量得到充分的保证。

审议审计报告的内容包括：审计事项的事实是否清楚；收集的证明材料是否具有客观性、相关性、合法性和充分性；适用的法律、法规、规章和具有普遍约束力的决定、命令是否准确；提出的审计意见是否可行、是否具有针对性；对查出问题的定性是否准确，初步处理意见是否恰当；对被审计单位提出的异议是否进行了认真研究；审计过程是否遵循了法定的程序。

（2）出具审计报告和审计决定。审计报告、审计决定是审计机关在审定审计组的审计报告后作出的，发给被审计单位及有关单位，对审计事项表达审计结果和审计机关态度、意见的行政法律文书。《审计法》第四十五条规定："审计机关按照审计署规定的程序对审计组的审计报告进行审议，并对被审计单位对审计组的审计报告提出的意见一并研究后，出具审计机关的审计报告。对违反国家规定的财政收支、财务收支行为，依法应当给予处理、处罚的，审计机关在法定职权范围内作出审计决定；需要移送有关主管机关、单位处理、处罚的，审计机关应当依法移送。审计机关应当将审计机关的审计报告和审计决定送达被审计单位和有关主管机关、单位，并报上一级审计机关。审计决定自送达之日起生效。"可见，审计报告、审计决定两种审计文书分别适用于不同的审计结果。审计机关通过对审计报告进行审定，如果未发现被审计单位有违反国家规定的财政收支、财务收支行为，不需要进行经济处理、处罚的，则只对被审计单位的财政收支、财务收支情况得出结论，进行评价，提出审计建议，出具审计报告；如果发现被审计单位有违反法律、法规的行为，应依法进行经济处理、处罚的，则需作出审计决定。

（3）进行后续审计。后续审计是指在审计决定发出后的规定期限内，对被审计单位执行审计决定的情况所进行的审计。实行后续审计的目的有两个：第一，确保审计决定的贯彻执行，维护审计监督的权威性和严肃性；第二，验证审计结论的正确性，提高审计工作质量。

后续审计不是每个审计项目必需的步骤。一般而言，问题较多、性质严重而且审计决定不是在短期内就能得到贯彻执行的项目需要进行后续审计。后续审计的范围取决于审计决定的内容，即根据审计决定，审阅被审计单位或其他有关单位的财务、会计资料以及与财政收支、财务收支有关的业务、管理等资料和资产，逐项检查决定事项的落实情况，撰写后续审计报告，报送派出审计机关，并将有关资料存入审计档案。对拒不执行审计决定

的被审计单位,应当提请有权处理的机关、单位依法处理。审计机关通报或者公布审计结果,应当保守国家秘密、工作秘密、商业秘密、个人隐私和个人信息,遵守法律、行政法规和国务院的有关规定。

(4) 受理审计行政复议。审计行政复议是行政复议的一种,是审计行政复议机关根据审计行政相对人的申请,依法解决审计争议的活动。审计行政复议是为了维护和监督审计机关依法行使审计职权,防止和整改违法或不当的具体审计行政行为,保护被审计单位的权益。根据《行政复议条例》的规定,审计行政相对人对法律、法规规定范围内的具体审计行政行为不服,可以向有管辖权的审计行政复议机关提出审计行政复议申请,审计行政复议机关对符合受理条件的审计行政复议申请应当受理,并及时组织力量进行审理,作出复议决定。

审计行政复议的主体是享有复议管辖权的审计行政复议机关,一般是指作出有争议的具体审计行政行为的审计机关的上一级审计机关。特殊情况下,享有审计行政复议管辖权的审计行政复议机关是指作出有争议的具体审计行为的审计机关,如对审计署作出的具体审计行政行为不服引起的复议,审计署仍然为复议机关。个别情况下,享有审计行政复议管辖权的审计行政复议机关指的是法律规定的其他机关,如对审计机关和其他行政机关以共同名义作出的具体行政行为不服引起的复议,以他们的共同上一级行政机关作为复议机关。

审计行政复议的前提条件是审计行政相对人的申请。对于发生的审计行政行为,如果审计行政相对人不提出复议申请,审计行政复议机关无权对其进行审计行政复议。上级审计机关如果发现下级审计机关作出的具体审计行政行为违法或不当,只能通过审计机关内部行政监督程序予以整改,而不能按行政复议程序处理。

审计行政复议的内容是有争议的具体审计行政行为,包括:对审计机关作出的行政处理不服的;对审计机关作出的行政处罚不服的;对审计机关采取的行政强制措施不服的;认为审计机关的具体审计行政行为侵犯法定经营自主权的;申请审计机关履行法定职责,审计机关拒绝履行或不予答复的;认为审计机关违法要求履行义务的;认为审计机关侵犯其他财产权的;法律法规规定可以申请复议的其他具体审计行政行为等。

审计行政复议的程序大体上由四个步骤组成,即申请、受理、决定、送达。审计行政复议决定的种类包括:维持决定;补正程序决定;撤销、变更决定。审计行政复议结束后,有关的复议资料应归入审计档案。

审计工作结束时,审计小组应将具有保存价值的文件资料按照一定的要求归类、装订、立卷,建立审计档案。审计档案是国家档案的重要组成部分,它真实地记录了审计项目的过程及结果,对今后审计案情的查考以及审计理论、教学的研究可提供重要的依据。

(二) 审计方法

审计方法是审计主体实施审计程序、完成审计目标的手段,是审计程序的支持和延伸,只有借助于审计方法,审计程序才能得以实施,审计目标才能得以实现。

国家审计的内容广泛,故其方法是包括各种审计方法的一个完整的方法体系。如果按照审计的内容来说,国家审计将运用财务审计、合规审计和经营审计所使用的各种方法。

财务审计主要侧重于证、账、表的审查，最多使用的是一些查账方法，包括顺查法、逆查法、详查法、抽查法、核对法、审阅法等；合规审计在对会计资料和其他资料进行审查的基础上，侧重于使用一些审计调查方法，包括观察法、询证法、盘存法等；经营审计则多需要使用一些分析方法，如比较分析、比率分析、因素分析、趋势分析等。审计人员需根据每个具体的审计项目的内容和要求，有效地使用审计方法。

四、国家审计报告与处理意见

（一）国家审计报告

国家审计报告是国家审计机关的审计人员根据审计工作完成情况撰写的审计报告。国家审计报告由实施审计的审计组起草，经审计机关批准，报送国务院或各级地方人民政府及其授权和委托部门，并附送被审计单位，如涉及重大问题，应同时报送上一级审计机关，发送被审计单位的主管部门、有关部门及所属审计机关。需进行后续审计的，还应提出后续审计报告。

（二）处理意见

这里的处理意见是指国家审计机关在审议审计组的审计报告后出具的审计机关的审计报告和审计决定。国家审计机关所作出的审计报告和审计决定是国家行政机关的行政行为，具有强制性，一经作出就具有强制接受审计结论、强制执行审计处理决定的效力。为确保审计机关依法行政、准确行政，审计报告和审计决定只能由国家审计机关最高行政会议或授权的专门会议作出。

1. 审计报告应当包括下列内容
（1）审计的范围、内容、方式及时间；
（2）对审计事项的评价意见和评价依据；
（3）责令被审计单位自行整改的事项；
（4）改进被审计单位财政收支、财务收支管理的意见和建议。

2. 审计决定应当包括下列内容
（1）审计的范围、内容、方式和时间；
（2）被审计单位违反国家规定的财政收支、财务收支的行为；
（3）定性、处理、处罚决定及其依据；
（4）处理、处罚决定执行的期限和要求；
（5）依法申请复议的期限及受理机关。

审计报告和审计决定均具有法律效力，但由于内容不同，其法律效力也有所不同。审计决定具有强制性，自送达之日起，被审计单位必须无条件执行。如果被审计单位拒不执行审计决定，审计机关可提请本级人民政府或被审计单位上级机关进行处理。

第四节 内部审计

一、内部审计的定义、目标与特征

(一) 内部审计的定义

内部审计的产生与发展经历了漫长的历史过程，萌芽于奴隶社会，形成于中世纪，发展于19世纪后期。它因财产所有权与经营权的分离而产生，因管理层次增多、分权管理的开始而发展，因管理内容复杂、管理难度的加大而最终形成完善的组织和理论体系，即现代内部审计。随着科学的进步和社会经济结构的变革，生产力得到了不断的提高，企业规模越来越大，管理层次越来越多，企业外部竞争越来越激烈，生产关系越来越复杂，经营者已经不可能直接进行全面管理。这就要求部门、单位设置专门机构或专职人员来加强内部经济监督和管理。现在，内部审计不仅是审计监督体系的一个重要组成部分，而且成为企业管理体系的一个重要组成部分，内部审计的职能范围在不断扩大。

《第1101号——内部审计基本准则》（简称《内部审计基本准则》）中指出，内部审计是一种独立、客观的确认和咨询活动，它通过运用系统、规范的方法，审查和评价组织的业务活动、内部控制和风险管理的适当性和有用性，以促进组织完善治理、增加价值和实现目标。

这一定义反映了国际、国内内部审计实务的最新发展变化，与国际内部审计师协会（IIA）对内部审计的定义完全接轨。国际内部审计师协会在内部审计最新定义中将内部审计界定为一种"确认"和"咨询"活动。"确认"就是指通过监督检查，对被审计的事项予以鉴证，并在此基础上提出评价意见和建议。"咨询"是在评价的基础上提出意见和建议，是评价的进一步发展。因此，从内涵上来看，确认和咨询包含了监督和评价的含义。相对于"监督"所体现的内部审计的查错纠弊功能，现代内部审计更强调由"咨询"所体现的内部审计的价值增值功能。

(二) 内部审计的目标

内部审计经历了不同的发展阶段，在每个发展阶段都伴随着审计目标的不断扩展。早期的内部审计，审计内容主要是财务审计，审计目标主要是揭露经济业务和会计记录中的差错和舞弊行为，即查错纠弊。随着现代经济和科学技术的发展，企业竞争日益加剧，为了提高企业的市场应变和竞争能力，强化内部经营管理和内部控制，内部审计开始向以评价企业经营管理活动为重点的经营审计和管理审计拓展，审计目标逐渐转变为对生产经营的经济性、效率性、效果性进行评价和建议。

2001年，国际内部审计师协会颁布了《内部审计实务标准》，强调内部审计是一种独立、客观的确认和咨询活动，旨在增加组织的价值和改善组织的运营。内部审计通过应用系统的、规范的方法，评价并改善风险管理、控制和治理过程的效果，帮助组织实现其目标。

《内部审计基本准则》将内部审计的目标界定为"促进组织完善治理、增加价值和实现目标",进一步明确了内部审计在提升组织治理水平、促进价值增值和实现组织目标中的重要作用。内部审计的目标已经从协助组织的管理成员有效履行职责转向了帮助组织增加价值,为组织提供增值服务。对内部审计目标的更高定位进一步提升了内部审计在组织中的地位和影响力,提升了内部审计的层次。

(三) 内部审计的特征

内部审计作为审计的一种形式,具有审计的一般特征。内部审计作为审计的一种特殊形式,还具有区别于外部审计和注册会计师审计的特征,具体表现在以下几个方面:

1. 服务的内向性

在我国审计体系中,审计署对国务院总理负责并报告工作,地方各级审计机关对本级人民政府和上一级审计机关负责并报告工作,会计师事务所和注册会计师对审计委托人负责并报告工作,这些都是外部审计,被审计单位与审计人之间没有组织上的关系。而内部审计机构在本部门、本单位主要负责人的直接领导下,对本部门、本单位的业务活动、内部控制和风险管理进行审计,对本部门、本单位的领导负责并报告工作。内部审计机构与被审计单位同在一个组织内,内部审计人员是本部门、本单位领导在经济管理方面的助手和参谋。服务的内向性是内部审计最基本的特征。

内部审计与外部审计一样,都具有监督和服务双重职能,担负着监督部门、单位的经济活动和为加强改善部门、单位经营管理服务的双重作用,但两者的侧重点不同。外部审计侧重于外部监督,内部审计则侧重于内向服务。内部审计进行内部监督本身就是在为本部门和本单位的直接管理者提供服务,这是由内部审计的组织地位和利益导向决定的。内部审计作为组织内部的一个职能部门,在企业管理层的直接领导下工作,内部审计人员的经济利益与本部门、本单位息息相关。这决定了内部审计必须也必然为本部门、本单位的利益服务。

2. 审计范围的广泛性

内部审计作为对一个部门或一个单位的综合经济监督,其范围是相当广泛的:既可以对部门、单位的整个经济活动过程进行监督,又可以对部门、单位的计划、预算、合同、协议的合理性进行审计,还可以对部门、单位的工作效率、管理水平进行审计,或者对部门、单位遵守法律、法规、合同、制度、操作规程的情况进行审计。因此,现代内部审计有时很难明确区分财务审计和经营审计,也就是说,内部审计既可以进行财务审计,又可以进行经营审计和合规审计;既可以进行全面审计,又可以进行专题审计;既可进行定期审计,又可以进行不定期审计。

3. 相对的独立性

内部审计机构作为部门、单位的一个职能部门,与部门、单位有着千丝万缕的联系。一方面,审计人员的行为受到部门、单位负责人的牵制;另一方面,审计人员的利益又与部门、单位的利益休戚相关。所以,内部审计的独立性与权威性是相对的:首先,在组织上无独立性而言,只有在对本单位下属组织进行审计时才具有独立性;其次,由于内部审计人员是本单位职员,也影响了他对本单位审计时的客观公正性。总之,内部审计无论是在组织上、经济上还是精神上,其独立性都会受到一定的限制。

除了上述几个主要特征外,内部审计还具有审计方式的灵活性、审计时间的经常性和及时性、审计结论的非强制性等几个特征。

二、内部审计领导模式

实务中,内部审计的领导模式较多,如财务部主任领导制、财务总监领导制、总经理领导制、董事长领导制、董事会(或下设审计委员会)领导制、党委领导制等。

各种模式的特点、区别如表 19-1 所示:

表 19-1 内部审计各种领导模式比

领导模式	报告路线	工作重点	独立性	优点	缺点
财务部领导制	向财务部主任汇报	侧重于发现并纠正会计处理方面的问题	仅独立于一般财务人员	对监督对象较为熟悉,监督成本也较低	工作范围仅限于对财务工作的监督,无法对管理层与治理层进行监督
财务总监领导制	向财务总监汇报	侧重于发现并纠正会计处理方面的问题	独立于财务部门	对监督对象较为熟悉,监督成本也较低	工作范围仅限于对财务工作的监督,无法对管理层与治理层进行监督
总经理领导制	向总经理汇报	服务于管理层的日常决策,并向总经理汇报发现的问题	独立于财务总监、财务部门和其他部门	内部审计机构的地位得到提升,有助于管理决策效能提升	无法独立、客观地评价管理层的受托责任履行情况;难以跟踪管理层问题以识别和应对腐败风险
董事长领导制	向董事长报告	服务于公司治理,发挥监督和咨询作用	独立企业管理层和有关部门	有利于发挥内部审计的监督与咨询作用,特别是可以通过监督管理层行为提高公司治理效率	两职合一情况下,治理效能难以发挥
审计委员会领导制	向审计委员会报告	全方位监督管理层经营和管理,以及组织运营情况	独立于管理层和各部门	独立性提高,可以有效发挥公司治理效能	工作效率受影响,监督成本增加
党委领导制	向公司党委、总审计师报告	服务于党委对党员和企业治理层、管理层监督	独立性受党委组成人员影响	有利于党委领导,实现企业组织战略经营与党和国家战略部署保持一致	政治功能强化,专业经济监督功能可能弱化,监督成本提高

三、内部审计准则

内部审计准则是制约、协调与评价内部审计活动和内部审计人员的规范性、权威性要求。由于内部审计是由本单位内部的机构和人员进行的审计,所以,如何配备审计人员以及如何进行审计工作在很大程度上要由各单位自行决定,就是说,内部审计准则不具备法律强制性。尽管如此,内部审计准则作为一种普遍认可的职业标准和行为规范,仍有相当大的影响力,它可以有效地促进内部审计人员素质和业务能力的提高;指导内部审计人员正确履行职责，为内部审计和外部审计的协调创造有利的条件；为衡量和评价内部审计工作的效果提供依据。

中国内部审计协会于 2003 年发布了首批内部审计准则，包括《内部审计基本准则》《内部审计人员职业道德规范》以及 10 项内部审计具体准则。此后又陆续修订发布了五批共 23 项内部审计具体准则和 6 个实务指南，形成了由内部审计基本准则、内部审计人员职业道德规范、内部审计具体准则和内部审计实务指南构成的较为完善的内部审计准则体系。

随着经济社会的发展，内部审计面临着新的发展机遇和挑战，各类组织对内部审计的重视程度日益提高，对内部审计准则也提出了新的更高的要求，内部审计在理念、目标、职能和内容等方面都发生了很大变化。国际内部审计师协会根据内部审计实务的最新发展变化，多次对内部审计实务框架的结构和内容进行更新和调整。这些修订和完善充分反映了内部审计发展的最新理念，如更加重视内部审计在促进组织改善治理、风险管理和内部控制中发挥的作用，以及重视内部审计的价值增值功能等。在我国，随着内部审计的转型和发展，内部审计的理念、目标和定位也逐渐由"查错纠弊"向防范风险和增加价值方向转变。与此同时，我国广大内部审计机构和内部审计人员也在不断创新审计方式方法，拓展审计领域，积累了许多宝贵经验，从而使得原有内部审计准则中的一些规定已不能适应新形势下内部审计工作的发展要求。基于以上原因，中国内部审计协会对 2003 年以来发布的内部审计准则进行了全面、系统的修订。

其中，第 2308 号准则自 2016 年 3 月 1 日起施行；第 2309 号准则自 2019 年 6 月 1 日起施行。新修订的第 2205 号准则自 2021 年 3 月 1 日起施行；第 1101 号准则自 2023 年 7 月 1 日起施行。

此次修订将内部审计准则划分为三个层次，同时对准则体系采用四位数编码进行编号。具体说明如下：

第一层次包括内部审计基本准则和内部审计人员职业道德规范，即《第 1101 号——内部审计基本准则》和《第 1201 号——内部审计人员职业道德规范》。

第二层次为具体准则，分为作业类、业务类和管理类三大类。其中，作业类准则编号为 2100，涵盖了内部审计程序和技术方法方面的准则，包括审计计划、审计通知书、审计证据、审计工作底稿、结果沟通、审计报告、后续审计、审计抽样、分析程序等 9 项具体准则，编码分别为第 2101 号至第 2109 号；业务类准则编号为 2200，包括内部控制审计、绩效审计、信息系统审计、对舞弊行为进行检查和报告、经济责任审计等 5 项具体准则，编码分别为第 2201 号至第 2205 号；管理类准则编号为 2300，包括内部审计机构的管理、与董事会或者最高管理层的关系、内部审计与外部审计的协调、利用外部专家服务、人际关系、内部审计质量控制、评价外部审计工作质量、审计档案工作、内部审计业务外包管理等 9 项具体准则，编码分别为第 2301 号至第 2309 号。

第三层次为实务指南，编码是 3000。第 3101 号为审计报告，第 3201 号至 3205 号分别为建设项目审计、物资采购审计、高校内部审计、经济责任审计和信息系统审计。

四、内部审计程序

内部审计程序是指内部审计机构及人员进行审计时从开始到结束的审计工作步骤和顺序。根据我国内部审计准则的规定，内部审计工作的主要程序是：编制审计计划及项目审计方案；通知被审计单位；实施审计；与被审计单位沟通审计结果；出具审计报告；实施后续审计并编制后续审计报告。

（一）编制审计计划及项目审计方案

内部审计机构和内部审计人员应当全面关注组织风险，以风险为基础组织实施内部审计业务。内部审计机构应当根据组织的风险状况、管理需要及审计资源的配置情况，编制年度审计计划，并报经组织党委（党组）、董事会（或者主要负责人）或者最高管理层批准。内部审计机构应当根据年度审计计划确定的审计项目和时间安排，选派内部审计人员开展审计工作。审计项目负责人应当根据被审计单位情况编制项目审计方案。

内部审计机构应当在本年度编制下年度审计计划，并报经组织党委（党组）、董事会（或者主要负责人）或者最高管理层批准；审计项目负责人应当在审计项目实施前编制项目审计方案，并报经内部审计机构负责人批准。编制年度审计计划应当结合内部审计中长期规划，在对组织风险进行评估的基础上，根据组织的风险状况、管理需要和审计资源的配置情况，确定具体审计项目及时间安排。

（二）通知被审计单位

内部审计机构应当根据经过批准后的年度审计计划和其他授权或者委托文件编制审计通知书。内部审计机构应当在实施审计3日前，向被审计单位或者被审计人员送达审计通知书。特殊审计业务的审计通知书可以在实施审计时送达。必要时，审计通知书可以抄送组织内部相关部门。

（三）实施审计

内部审计人员可以运用审核、观察、监盘、访谈、调查、函证、计算和分析程序等方法，深入了解被审计单位的情况，审查和评价业务活动、内部控制和风险管理的适当性和有效性，关注被审计单位业务活动、内部控制和风险管理中的舞弊风险，对舞弊行为进行检查和报告。内部审计人员在实施审计时，应当关注数字化环境对内部审计工作的影响。内部审计人员应当获取相关、可靠和充分的审计证据，以支持审计结论、意见和建议，并在审计工作底稿中记录审计程序的执行过程、获取的审计证据，以及作出的审计结论。

（四）与被审计单位沟通审计结果

内部审计机构应当在审计报告正式提交之前，与被审计单位、组织的适当管理层就审计概况、审计依据、审计发现、审计结论、审计意见和审计建议进行认真、充分的沟通，听取其意见。如果被审计单位对审计结果有异议，审计项目负责人及相关人员应当进行核实和答复。沟通一般采取书面或者口头方式。内部审计机构应当将沟通结果的有关书面材料作为审计工作底稿归档保存。

（五）出具审计报告

审计报告是内部审计人员就被审计事项作出审计结论、提出审计意见和审计建议的书面文件。内部审计人员应当在审计实施过程结束后,以经过核实的审计证据为依据,形成审计结论、意见和建议,出具审计报告。如有必要,内部审计人员可以在审计过程中提交期中报告,以便及时采取有效的纠正措施来改善业务活动、内部控制和风险管理。

内部审计机构还应当建立健全审计报告分级复核制度,明确规定各级复核的要求和复核人员的责任。

(六)实施后续审计并编制后续审计报告

后续审计是指内部审计机构为跟踪检查被审计单位针对审计发现的问题所采取的纠正措施及其改进效果而进行的审查和评价活动。内部审计机构负责人可以适时安排后续审计工作,并将其列入年度审计计划。内部审计机构可以在规定期限内,或者与被审计单位约定的期限内实施后续审计。

内部审计机构负责人如果初步认定被审计单位管理层对审计发现的问题已采取了有效的纠正措施,可以将后续审计作为下次审计工作的一部分。内部审计人员应当根据后续审计的实施过程和结果编制后续审计报告。

五、内部审计报告

(一)内部审计报告的编制要求

在我国,内部审计机构在实施审计后,通常都要编制详式审计报告。内部审计报告的编制应当符合下列要求:

(1)实事求是、不偏不倚地反映被审计事项的事实;
(2)要素齐全、格式规范,完整反映审计中发现的重要问题;
(3)逻辑清晰、用词准确、简明扼要、易于理解;
(4)充分考虑审计项目的重要性和风险水平,对于重要事项应当重点说明;
(5)针对被审计单位业务活动、内部控制和风险管理中存在的主要问题或者缺陷提出可行的改进建议,以促进组织实现目标。

(二)内部审计报告的内容

内部审计报告的内容因审计项目的不同而不同,但包括的要素是基本一致的。审计报告主要包括下列要素:

1. 标题
2. 收件人
3. 正文

审计报告的正文主要包括下列内容:

(1)审计概况,包括审计目标、审计范围、审计内容及重点、审计方法、审计程序及审计时间等;
(2)审计依据,即实施审计所依据的相关法律法规、内部审计准则等规定;
(3)审计发现,即对被审计单位的业务活动、内部控制和风险管理实施审计过程中所发现的主要问题的事实;
(4)审计结论,即根据已查明的事实,对被审计单位业务活动、内部控制和风险管理所作的评价；

(5) 审计意见，即针对审计发现的主要问题提出的处理意见；

(6) 审计建议，即针对审计发现的主要问题提出的改善业务活动、内部控制和风险管理的建议。

4. 附件

审计报告的附件应当包括针对审计过程、审计中发现问题所作出的具体说明，以及被审计单位的反馈意见等内容。

5. 签章

6. 报告日期

7. 其他

（三）审计报告的编制、复核与报送

审计组应当在实施必要的审计程序后及时编制审计报告，并征求被审计对象的意见。被审计单位对审计报告有异议的，审计项目负责人及相关人员应当核实，必要时应当修改审计报告。审计报告经过必要的修改后，应当连同被审计单位的反馈意见及时报送内部审计机构负责人复核。

内部审计机构应当将审计报告提交给被审计单位和组织的适当管理层，并要求被审计单位在规定的期限内落实纠正措施。已经出具的审计报告如果存在重要错误或者遗漏，内部审计机构应当及时更正，并将更正后的审计报告提交给原审计报告接收者。

内部审计报告通常一式多份，内部审计机构应当将其中一份及时归入审计档案，妥善保存。

思考题

1. 如何建立经营审计的评价标准？
2. 经营审计项目是如何确定的？
3. 执行经营审计最大的难点是什么？为什么？
4. 合规审计与财务报表审计有哪些相同之处和不同之处？
5. 经营审计报告应包括哪些内容？
6. 合规审计的目标是什么？
7. 合规审计有哪些特征？
8. 合规审计报告包括哪些内容？
9. 什么是国家审计？国家审计有何特征？
10. 国家审计的程序分为哪几个阶段？
11. 内部审计有哪些特征？
12. 内部审计报告在编制时应满足哪些要求？
13. 审计人员对于内部审计中发现的问题应如何处理？

习题及参考答案